“十二五”普通高等教育本科国家级规划教材

现代田径训练高级教程

孙　南
主编　熊西北
张英波

北京体育大学出版社

策划编辑：佟 晖
责任编辑：佟 晖
责任校对：韩培付
版式设计：李 鹤

图书在版编目（CIP）数据

现代田径训练高级教程 / 孙南, 熊西北, 张英波主编. -- 北京 : 北京体育大学出版社, 2021.1
ISBN 978-7-5644-3188-4

Ⅰ. ①现… Ⅱ. ①孙… ②熊… ③张… Ⅲ. ①田径运动－运动训练－高等学校－教材 Ⅳ. ①G820.2

中国版本图书馆CIP数据核字(2019)第142717号

现代田径训练高级教程
XIANDAI TIANJIN XUNLIAN GAOJI JIAOCHENG **孙南 熊西北 张英波 主编**

出版发行：北京体育大学出版社
地 址：北京市海淀区农大南路1号院2号楼2层办公B-212
邮 编：100084
网 址：http://cbs.bsu.edu.cn
发 行 部：010-62989320
邮 购 部：北京体育大学出版社读者服务部 010-62989432
印 刷：北京虎彩文化传播有限公司
开 本：787mm × 1092mm 1/16
成品尺寸：185mm × 260mm
印 张：31.25
字 数：800千字
版 次：2021年1月第1版
印 次：2021年1月第1次印刷
定 价：120.00元

前 言

“田径训练”是我国体育院校和系科广泛开设的重点课程，且课时比例相当之大。但是，长期以来，并没有专门针对体育院校使用的田径训练教材，田径训练的内容往往被设为一节而见于各类田径教科书的“项目”篇章之中，这种习惯性的安排，由于篇幅和格式的限定，其深度、广度和知识的前沿性等方面都大打折扣，远不能满足教师和学生的实际需要。

鉴于此，我们希望编写一本面向体育院校的田径训练教材，以满足教学和训练的日常之需。这一设想得到了教育部的肯定，所以，本教材被列为“十一五”和“十二五”国家级规划教材；这一计划还得到了中国田径协会、国家体育总局科研所、北京体育大学、广州体育学院、清华大学等单位的认同和赞许，它们派出了一流的专家、教授和教练员参与到撰稿的行列之中；这一工作也得到了北京体育大学出版社和教务处的鼎力支持，它们专门安排了资深的编辑和管理工作者来协助和负责全书的筹划与出版事宜。

书名定为《现代田径训练高级教程》，其“高级”主要体现为不再重复“一般训练学”和“田径基础理论”的内容，这将更加贴近在校大学生（尤其是高年级学生）的实际学习需要。另外，突出“实用性”和“前沿性”也是本书各位编写者的共识，具体表现为：在决定运动成绩的复杂结构中筛选出关键性的影响因素，其目的是促进对项目特性的深入认识；运动员技术分析的对象基本定位为世界纪录保持者（或世界顶级运动员），并附有连续技术动作图片，这将有助于读者在学习、观览现代田径技术高端表现的同时，领会其内在实质和潮流趋势；在庞大的训练体系中只介绍专项技术和主导型身体素质训练的重点与方法，从而有益于学生在就业后能够清醒地开始并不断地完善其教练工作。积极引用国际田径联合会和田径发达国家的训练理论和成果，由我国优秀训练团队的教练员和科研工作者直接介绍他们的成功经验，是本书的又一特点。

本教材也可以作为体育院校研究生和我国各类田径教练员业务学习的参考书籍。

现代田径运动训练实践和理论的发展日新月异。不断学习、不断探索、不断切磋是全体编写者在本书付梓时的共同心声，这其中自然包含着一种期望，那就是能够及时聆听到读者朋友们的批评和指正。

由于本书作者较多，在此不一一列出。作者姓名出现在各自编写章、节之后的署名中。在此，谨向为本书撰稿的作者表示衷心的感谢。

孙南

2019年2月于北京体育大学

目录 CONTENTS

第一章 田径运动项目的特性及训练发展趋势

第一节 短跨类项目特性分析

田径短跑、跨栏类项目均属于动作周期性速度类项目。短跑项目是在追求人类自身奔跑速度的极限，“谁是世界第一飞人？”成为世人关注的焦点；跨栏项目被称作是“跨越障碍的短跑”，也是田径比赛中引人入胜的项目之一。这两个项目有着一些共同的项目特性。

一、短跑、跨栏项目主导竞技能力

1. 速度

速度是短跨类项目最主要的竞技能力之一。

短跑、跨栏项目训练比赛的最终目的是力争在一定的短距离中跑得最快、跨得最快。因此，人体所具备的速度能力是短跑、跨栏项目的第一要素。

速度在短跑、跨栏项目中主要体现为起跑时的反应速度，人体完成一个跑、跨周期的动作速度以及由步频和步长构成的位移速度。

人体在某段距离中的最高速度称为“绝对速度”，人体的最大绝对速度是获得短跑、跨栏优异成绩的最主要的竞技能力。人体以最大绝对速度在途中跑并保持一段距离的能力是获得优异成绩的重要保证；在跨栏跑中则体现在跨栏步和栏间跑的一个最短跨栏周期的最高速度，能够保持几个栏间的能力。其次，人体在完成短跑、跨栏全部过程中所表现出的控制动作的时空能力被为“速度节奏”“栏间节奏”，这是人体适应项目特性、规律所表现出来的高超技艺能力，也可以称其为短跨类项目的“技能能力”，这是短跑、跨栏运动员不可缺少的一种竞技能力。

短跑、跨栏运动员所具备的反应速度、动作速度、位移速度、速度节奏是影响运动成绩的几个主要方面，任何一个部分通过训练得到的提高，都会对运动成绩产生影响。

2. 力量

力量是各项身体素质的基础，也是获得速度的前提保证。因此，力量是短跨类项目最主要的竞技能力之一。

肌肉的收缩力量使人体做功，对人体的位移产生影响。在短跑、跨栏项目中，人体以支撑、蹬地、摆动、扒地等多种形式完成跑、跨技术动作，这些技术动作都需要肌肉力量做保证。肌肉力量的大小，决定着人体完成这些动作或某一周期动作速度的快慢，也决定着蹬伸、支撑、跨越、扒地等技术动作的实际效果。

人体参与短跑、跨栏运动的肌肉包括腿部肌群、臂部肌群、身体核心区域肌群（腰、腹、髋、臀部各肌群）等，除了这些肌群本身的收缩力量外，这些肌群协同参与工作所表现出的综合快速力量是短跑、跨栏项目所需要的特殊力量，也可以称为专项力量。在短跑、跨栏项目中，专项力量所表现出的形式为肌肉收缩的爆发力。

由于短跑和跨栏是在高速奔跑的情况下完成技术动作的，身体的任何左右晃动、过大的上下起伏，都会影响跑、跨的速度。因此，控制身体姿态稳定的肌群力量和核心部位肌群力量也是短跑、跨栏运动员所必须具备的重要力量。

人体在高速的奔跑跨越中，几十次的在重力和冲力作用的情况下用脚与地面接触，不仅需要落地时支撑有力，还需要用力蹬离地面，这就要求踝关节必须具备强有力的支撑力量和弹性力量，这种力量决定着跑、跨技术动作的质量和实际效果，因此应引起特别的重视。

3. 协调性

短跑、跨栏项目均是在高速度的情况下完成各种技术动作，人体的协调性是保证完成这些动作不可缺少的一种竞技能力。高度发展的身体协调性，取决于人体大脑指挥肌肉协同工作的能力，它能最大限度地调动人体神经—肌肉参与运动，并能够按照项目的特点完成对动作节奏的控制。因此，协调性是掌握跑、跨项目技术的重要保证。在比赛中，跑、跨运动员在高速度条件下所表现出来的放松、协调的跑、跨技术是他们获得优异成绩的保证。

二、短跑、跨栏项目神经—肌肉工作特点

1. 人体大脑的神经反应与传导

短跑、跨栏项目在起跑时，人体听觉系统获取发令信号后传递到大脑中枢，大脑即刻指挥肌肉参与起跑，并快速完成起跑动作。这种听信号、蹬起跑器的时间称为短跑、跨栏运动员的反应时间。与普通人和一般运动员相比，优秀的短跑、跨栏运动员起跑动作反应时间较

短，100毫秒左右，而普通人则是300毫秒，甚至400毫秒。完成起跑后大脑神经系统继续指挥肌肉按照技术动作要求，进行协同工作，使肌肉收缩、放松，完成目标任务。人体的这种经过神经传导指挥运动系统进行工作的能力通过训练是可以得到提升的。神经系统传导速度的提高及动作自动化的形成为短跑、跨栏项目运动员成绩的提高提供了生理学基础。通过训练，短跑运动员完成跑的一个周期动作和跨栏运动员完成跨栏的一个周期的动作时间可以缩短，动作速度可以提高，并且能够以这样的周期速度连续完成多个周期动作，从而缩短了运动员的整体跑、跨时间，提高了运动员的位移速度。

2. 肌肉工作特性

在起跑最初几步还没有产生较大的速度时，人体以腿部肌肉主动收缩为主，其他肌肉群协同参与工作。当人体产生一定的速度后，人体跑、跨腾空后的落地由于冲力较大，迫使腿部肌肉做出退让性工作，肌肉被动拉长后，完成支撑动作，然后主动收缩产生更大的力量，从而推动人体位移。这种肌肉先退让，被动拉长后收缩的“超等长收缩”形式，以及脚的落地、支撑、扒地等实现各肌群协同用力的工作形式成为短跑训练选择练习手段和方法的主要依据。

对于短跑和跨栏项目，我们应该认识到，人体在跑、跨过程中，不是仅仅腿部肌肉参与工作，而是全身各部分肌肉都相应地参与了协同工作，其中，上肢肌肉的主动收缩完成了摆臂的动作，身体核心区域腰、腹、髋部的肌肉收缩控制着身体的正确位置，这种与腿部肌肉收缩用力的协同配合，使得人体能够较好地完成全部跑、跨过程。因此，我们在考虑腿部肌肉的主要工作特性时，还必须考虑完成跑、跨动作时的相关肌群的工作形式和工作状态，为这些肌群力量的提高选择合理科学的训练方法和手段，使这些肌群的力量得到同步提高，才能确保短跑、跨栏成绩的提高。

三、短跑、跨栏项目供能特点

根据人体生理学的知识，我们得知，短跑、跨栏项目属于短距离速度性项目，其供能的形式以三磷酸腺苷（ATP）、磷酸肌酸（CP）供能为主，两种能源物质储存在肌肉中，可使肌肉直接收缩，产生力量。这是短距离项目肌肉工作最初做功的主要能量。但是，这两种能源物质在肌肉里的储存量较少，仅仅能供应肌肉收缩6~8秒，而后便是肌糖原进行糖酵解后合成新的磷酸肌酸、三磷酸腺苷再供肌肉收缩。因此在这6秒左右的时间里，谁能够以最佳的用力方式、最放松的状态发挥出最高的速度，谁就能够以这种最高的速度惯性维持较长的距离。这在100米短跑项目上体现得最充分。普通人6秒左右时间仅仅能够跑完大约40米的距离，而优秀的短跑运动员则能跑到60米左右。人体的这种能力可以通过一定的训练得到提高，这是短跑训练的生理学基础。提高不同供能系统能力的训练方法见表1-1。

表1-1 提高供能系统能力的训练方法以跑的练习为例

	磷酸原系统	乳酸系统	有氧系统
持续时间 →	0~10秒	10秒~2分+	1~60分+
跑的距离 →	20~80米	80~600米	300米~15千米+ 或持续跑
练习强度 →	最大	80%~100%	50%~80%
重复次数 →	3~4次	1~5次	3~20+次
次间恢复 →	2~3分	30秒~10分	30秒~3分
练习组数 →	1~4组	1~4组	1~4组
组间恢复 →	5~8分	5~20分	5~8分

（引自国际田联教练员培训教材，2008）

在距离稍长的短跨项目中，如200米、400米、400米跨栏等项目中，糖酵解成为一种主要的供能形式。对于短跑、跨栏跑项目，糖酵解供能的合理利用，供能转换的速度，肌肉合理利用磷酸肌酸、三磷酸腺苷能量提高肌肉收缩的效率等，成为其供能所要考虑的关键问题。

四、短跑、跨栏关键技术环节的力学分析

1. 起跑和起跑后加速跑阶段的支撑反作用力分析

在短跑、跨栏项目中，运动员听到发令枪枪声后立即起跑。由于短跑、跨栏项目均采用蹲踞式起跑技术动作，起跑后人体的身体重心在脚落地支撑点的前上方，因此，用力蹬地施加在身体重心后方地面的作用力，必将产生一定的支撑反作用力作用于人体，推动人体前进。起跑后的加速跑，最初几步要求身体保持一定的前倾姿势，使脚的落地点基本在身体重心之后，并逐步移到身体重心下方。因此，起跑和起跑后加速阶段的最初几步，完成蹬地任务的髋、膝、踝三个关节伸直的蹬伸力量决定着起跑阶段作用力的大小，是人体快速摆脱静止状态，产生位移速度的关键（图1-1）。

图1-1 起跑和起跑后加速跑阶段

多项实验研究的结果认为，膝关节在130~135度时，要想尽快伸直膝关节主要是靠股四头肌和臀大肌主动收缩的作用，因此短跑、跨栏的各种练习手段也是以提高这些肌群的主动收

缩力量为主的。目前的研究认为，针对短跑起跑阶段肌肉主动收缩用力的一些常用练习手段仍然是十分有效的，可以在训练中继续使用。从优秀运动员起跑图片中可以清楚地看到髋、膝、踝三个关节蹬直的技术动作。

2. 途中跑阶段速度和作用力分析

20世纪80年代前后，人们开始利用高速摄像机拍摄短跑运动员途中跑的技术动作，发现运动员在高速奔跑中腿并没有完全蹬直，根据这一点，人们提出“如果腿没有蹬直，支撑反作用力的作用力线应该如何表示呢？力的作用怎么通过人体重心呢？”，这些疑问引起了对“支撑反作用力是否是跑步中推动人体前进的力”的讨论。

图1–2是世界冠军贝利100米跑跑出9.84秒成绩时途中跑的技术动作解析图。从图中我们可以清楚地看到，运动员的蹬地腿的膝关节始终是弯曲的，没有蹬直。这与运动员起跑阶段的技术动作有着明显的不同。

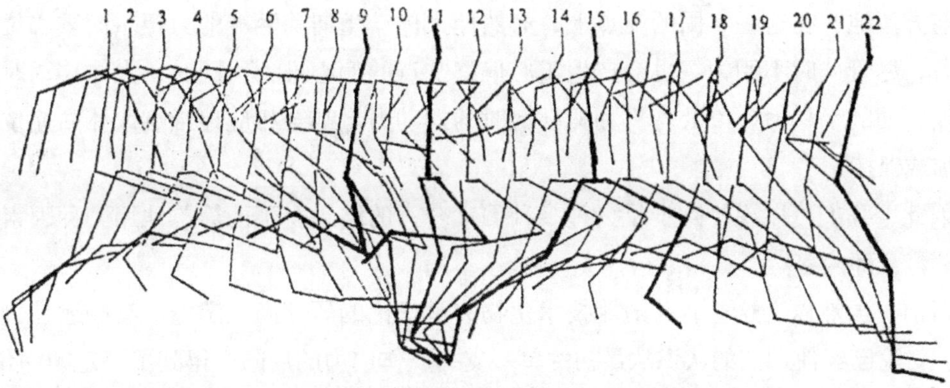

图1–2　贝利（9.84秒）途中跑技术单线图

经过研究和讨论，人们认为，当人体在途中跑产生较高的速度后，人体重心的位移速度能够达到10~12米/秒，此时上体已经直立，脚的落地点在人体重心的前面，而且越是优秀的短跑运动员，落地点离身体重心越远，按照支撑反作用力的理论已经无法解释这个时候的力的作用，因为此时的支撑反作用力是一种阻力。传统的技术理论认为这个时候运动员应该积极屈膝缓冲，减缓这种阻力带来的减速，在人体重心移过支撑点后再进行髋、膝、踝三个关节的积极蹬伸，以产生更大的反作用力推动人体前进。但是研究者发现，途中跑中运动员膝关节的蹬伸幅度与起跑阶段相比明显减小，而且始终没有像起跑阶段那样蹬直，而髋关节却从前方往后的伸展幅度比起跑阶段明显加大，加之摆动至人体前方的大腿、小腿也随髋关节的向后伸展相应地做出了有力的回摆、扒地动作。这与起跑阶段跑的技术动作有着明显的区别。研究认为，正是这种快速有力地从前向后用力的技术动作，使人体重心产生了快速向前位移的效果。此时支撑反作用力已经不是人体位移的主要作用力，而是肌肉工作产生的功率在起作用，输出功率越大，对已经产生的速度影响越大。这种功率主要表现在高速移动的人体重心前方支撑点的轻快有力的回扒动作上。就如同把前进的人体看作是一个车轮，两条腿在轮子快速前移过程中不断地飞快蹬地，使车轮产生更高的速度。

如果我们把人体各部分肌肉收缩看作是发动机的工作，那么高速奔跑时两条腿的摆动、扒地就是发动机转动的叶片。人体起跑阶段相当于汽车前进时的1档、2 档，力量大、输出功率小，以使人体摆脱静止状态。随着速度增加后，蹬地的力量逐渐减小，而输出的功率却不断增加，机器的转速提高，达到4档、5档的高速转动，以产生更高的速度。短跑途中跑时速度不断提高，可达到每秒12米以上，而作用于地面的力却在减小，运动员跑得更加轻快，输出功率逐渐增大，这与发动机工作原理相近，只有这样解释，才能更加合理地解释人体高速奔跑时，支撑点在身体前方，而不是像起跑阶段在身体后方，用支撑反作用力推动身体位移的原理。

如果我们把人体看作是一个刚体，由于高速奔跑时人体重心的速度位移很快，脚在人体重心前方落地，在这一牢固的支点上，必然使人体产生向前翻转的力矩。而重心位移至支点前方时，尽管此时不用力，也会产生重心偏移支点的偏心推力。同时，人体移动时髋部有一定角度转动的平移力，以及臂部和腿部此时的摆动力量都会相应地影响人体高速位移时速度的增加或保持。

因此，我们可以说，跑步是一种多种因素合力的结果，不能简单地用一种因素、一种原理去解释全部内容。

目前，虽然以上这些有关短跑技术生物力学理论的研究尚无定论，有些还在争论之中，但是，讨论已经使人们的认识从最初的单一支撑反作用力的局限中得到了一定的深化。

随着科学技术的发展，人们认识到，影响短跑速度的因素不仅仅是肌肉主动收缩带来的支撑反作用力，还应该有其他力学条件的作用。研究认为：在途中跑中肌肉的工作状态是腿部肌肉先退让，被动拉长后再收缩的“超等长收缩”形式，短跑的练习应该按照这样的肌肉工作原理去设计，因此就出现了跳深、高重心支撑跑、直腿前摆扒地跑等练习手段。

人们通过对途中跑的技术分析，认识到膝关节在140~150度快速伸直时，主要是股后群肌肉的力量在起作用，就开始围绕大腿后群肌肉力量的增长设计练习方法和手段，如俯卧收小腿、俯卧跪起、高桌俯卧游泳打腿、拉橡皮筋向后摆腿、后退跑等。

3. 步长和步频

多年来，研究跑步技术的人们一直把步频和步长看作是评价一个运动员技术好坏的尺度，从而对运动员的跑步技术给予指导。许多短跑技术理论的文献中都把影响短跑速度的因素构成明确表示为：

速度=步长×步频

由于运动员的身高、腿长均不相同，怎样才能对他们的步长和步频进行科学合理的对比呢？专家和学者研究认为，可以使用步长和步频指数来评价运动员的步长和步频是否合适。

它排除了运动员的身高、腿长所带来的不均等因素，对研究分析运动员实际状况下的技术有着重要的意义。

步频指数=步频×身高，步长指数 =步长/身高。

波兰的短跑专家认为，优秀运动员合理的步频、步长指数应该至少达到：

步频指数：男子≥8，女子≥7.5。

步长指数：男子≥1.2，女子≥1.15。

从图1-3中可以看到，如果步频和步长都达到最大时，速度也最大。但是由于二者在一定情况下是相互制约的，步频加快，步长会受到限制；而步长加大，步频也会相应减慢，所以图1-3中用二者的一个连接弧线表示短跑最高速度步长和步频的最佳匹配，意味着次最大步长与次最高步频是运动员的最佳选择。从某种意义上说，频率更是节奏的一种反映。

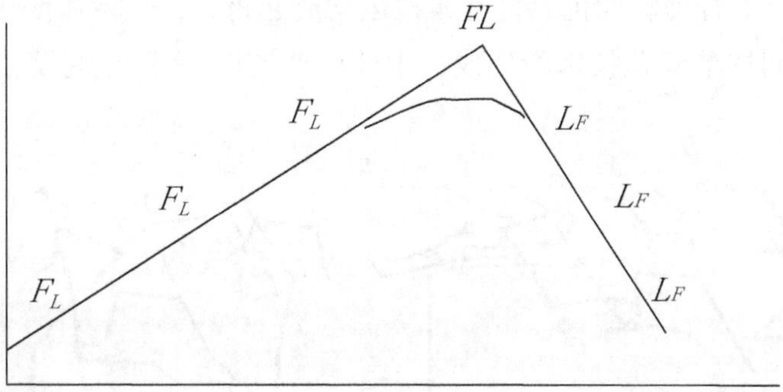

图1-3　100米跑平均步长、步频的关系示意图（F=步频　L=步长）

此外，我们可以从图1-3中步长和步频对速度的作用线斜率上看出，步频线不如步长线陡峭，这说明步长对速度的贡献率要大于步频。针对不同运动员的特点而言，有的需要牺牲步频来换取步长，有的需要牺牲步长来换取步频；而且，在运动员不同的水平时期这种变化都是不同的。但是，必须懂得，从能量消耗的角度考虑，单位时间内的高动作频率将会消耗更多的能量，且难以做到放松、省力。

由于人的最高步频的决定因素主要受先天的神经传导速度所决定，后天的训练虽然能够有所提高，但是提高的幅度较小，所以，我们必须清楚地认识到，短跑运动员步长的增大对短跑速度的贡献要明显大于步频。因此，我们在长期的多年短跑训练中应该注意：首先，以围绕不断提高步长的训练为主；其次，不断提高高速奔跑中的放松协调能力，以保证维持最高步频的能力和提高步频，提高动作速度；再次，不断地调整和摸索自己最佳的步长与步频的合理匹配；最后，学会在全程跑中合理分配体力与速度。这些都是提高短跑速度的关键因素。

4. 跨栏项目的专项速度

世界优秀跨栏跑运动员最快跨栏周期速度突破了1秒的大关，意味着110米跨栏运动员完成一个跨栏步和三步栏间跑（简称为“三步一跨”跨栏周期）的9米多的距离只需要不到1秒的时间。跑出12.91秒世界纪录的杰克逊最快跨栏周期达到0.98秒，并能将其最快栏周期连续维持5个栏的距离，占全程的41.55%。创造12.88秒世界纪录的刘翔最快跨栏周期则达到0.96秒，他能以0.97秒持续跑3个栏。优秀跨栏运动员这种最快跨栏周期速度和维持这种速度的能力是他们取得优异成绩的关键。

优秀跨栏运动员的这种周期速度依赖于他们合理的周期技术结构。从图1-4的跨栏技术示意图中，我们可以看到中国跨栏运动员周期速度慢主要是因为周期技术结构不合理。中国跨栏运动员起跨点近，造成重心向上腾越，过栏速度慢；栏间第一步小，第二步太大，第三步步长变化大，节奏不合理。而世界优秀跨栏运动员起跨远，过栏速度快，栏间三步步长差距小，这有利于栏间快节奏跑技术的形成，中外运动员110米跨栏周期技术结构的对比见表1-2。

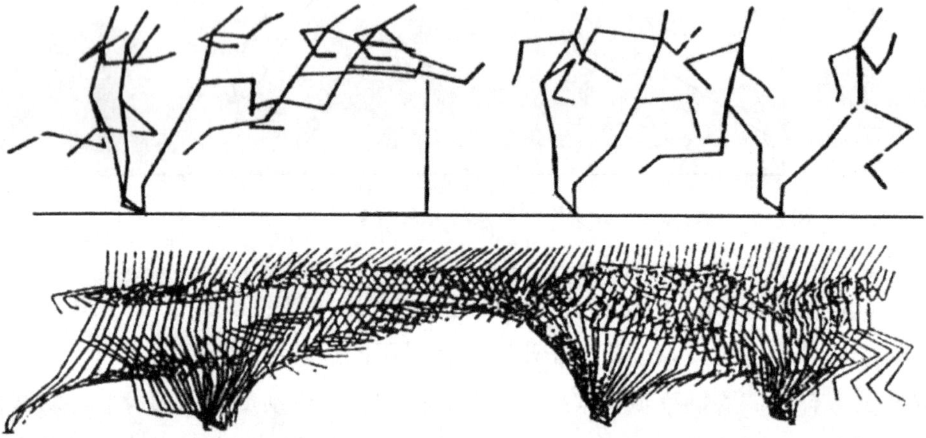

图1-4 跨栏运动员跨栏步动作示意图

表1-2 中国跨栏运动员与世界优秀跨栏运动员110米跨栏周期技术结构的对比

类别	世界优秀跨栏运动员	中国跨栏运动员
起跨点距栏架	2.20~2.30米	2.10~2.15米
落地点距栏架	1.50~1.60米	1.45~1.55米
第一步	1.50~1.70米	1.40~1.50米
第二步	2.10~2.15米	2.20~2.30米
第三步	1.80~1.90米	1.85~1.95米

（据相关资料整理）

此外，直道跨栏跑所需要的专项速度由于有栏间距离的限定，优秀运动员不论身高差距有多大，自然步幅有多长，都必须在特定的距离中用三步完成栏间跑技术动作。这就对运动员的平跑速度是一种限制，运动员无法以更大的步幅来提高速度，只能用更快的频率进行栏间跑。跨栏运动员提高专项速度主要体现在步频上，谁的栏间跑步频快、节奏快，谁就具有更高的跨栏运动水平和发展潜力。一些身材较高、腿比较长、步幅较大的运动员在栏间跑时动作无法伸展，只好缩小动作幅度，加快步频，完成栏间跑。而一些身材虽然不是很高的运动员，却因为能够跑出很快的步频，而跻身于世界优秀运动员的行列。中国优秀跨栏运动员刘翔创造了世界纪录，正是因为他在技术上充分体现出灵巧、协调、动作速度快、栏间跑节奏好、步频快的特点，他的平跑速度不是世界最高水平，但他的专项速度、栏间跑速度是世界一流的。

（熊西北　李铁录）

第二节　跳跃类项目特性分析

田径运动中的跳跃类项目包括跳远、跳高、三级跳远、撑竿跳高四个项目，均属于短距离速度与弹跳力量类项目。它们有着共同的技术环节：助跑，准备起跳，起跳，腾空，落地。由于这四个项目都是通过一定的助跑获得必需的速度，然后利用起跳使身体腾空，力争创造使身体能够越过更高高度和最远距离的最佳条件，因此，这些项目有着一些共同的特性。

一、跳跃类项目主导竞技能力

1. 速度与速度节奏

速度与速度节奏是决定田径跳跃类项目运动水平高低的最主要因素，是最重要的主导竞技能力。

田径跳跃类项目必须通过一定距离的助跑，获得项目需要的最佳速度，然后通过起跳技术环节，将水平速度转换为垂直速度，并在合理的角度下，使身体能够飞越得最高，跳跃得最远。跳跃项目所需要的这种较高的水平速度和最理想的垂直速度均体现出此类项目的速度特性。同时，这种速度需要经过一定的助跑节奏和起跳节奏来体现项目的技术需求，是一种具有较强的控制能力的速度。如果没有这种速度节奏的控制能力，速度在跳跃类项目中就无法发挥作用。我们可以看到，一些优秀的短跑运动员虽然具备非常好的速度水平，但是缺乏速度节奏感，最终无法成为优秀的跳跃运动员。因此，速度与速度节奏是该类项目重要的特性之一。

在跳跃类项目中起主要作用的速度是身体的“位移速度”，这种速度达到最高点时称为“绝对速度”。人体所能够获得的绝对速度是人体完成跳跃项目各个技术环节的基础，绝对速度水平越高，速度的储备越好，能够提供的速度节奏控制潜力越大，运动员就越有可能达到更高的运动水平。另外，在田径跳跃类项目的起跳环节，需要以最快的“动作速度”完成起跳，才能体现出跳跃项目所需的爆发力和弹跳力。“起跳快”是跳跃项目共同的技术特征，而要想很好地做到这一点，必须要有“动作速度”做保证。

因此，田径跳跃类项目的速度主要体现在人体的“位移速度”和“动作速度”方面。

2. 弹跳性力量

在跳跃类项目中，运动员是以跳得远、跳得高来体现自身能力的。在起跳过程中，肌肉爆发性地用力，使人体跳跃腾空，这充分显示出了肌肉速度力量在起跳中改变人体运动方向的作用，这种把人体抛向空中的肌肉爆发力效果，不是以力量的大小为计算单位的，而是以跳的高度或远度来体现的，在实际训练中我们常称之为弹跳性力量，即“弹跳力”，这是跳跃项目运动员的主导竞技能力之一。弹跳力是肌肉爆发用力和肌肉被动拉长后快速收缩的集中体现，同时要有髋、膝、踝三个关节的协同用力，以及由踝关节和脚蹬离地面的角度所决定，这些与跳跃类项目实际技术动作比较接近的跳跃形式，能够反映出运动员较强的速度力量，虽然属于反应性力量类素质，但是在田径跳跃类项目中，人们还是习惯称之为“弹跳力”。

跳跃类项目所需要的弹跳力不是简单静止状态下突然发力的速度力量，如立定跳跃、原地跳起摸高等运动形式所表现出来的弹跳力和肌肉爆发力，而是在一定运动速度下的借速度用力的弹跳力，也称之为“借力用力”的弹跳力。一名跳跃运动员是否具有较高水平的借速度用力的能力，是判断其发展潜力和以后能否成为优秀运动员的标志。打破世界跳高纪录的朱建华和打破世界三级跳远纪录的爱德华兹就是跳跃运动员借速度用力的成功典范。如果单独论速度、力量，他们都不是该项目最优秀的运动员，但是他们借助速度完成起跳的腾跃能力却是世界一流的，凭借这种出色的能力，他们打破了世界纪录。当然，这中间也有很大的技术成分，因此，衡量优秀跳跃类项目运动员力量素质水平时，我们必须考虑到其卓越的弹跳力（肌肉力量与合理跳跃技术的结合），这也是我们选拔和训练跳跃类项目运动员时要考虑的因素。

3. 身体控制能力与动作的灵巧协调性

由于跳跃类项目在高速奔跑中要完成起跳、腾空后的各种复杂技术动作，还要在巨大冲力下保证落地的安全性，因此，运动员身体的控制能力和高度灵巧的协调性是此类项目运动员重要的竞技能力之一。

没有高水平的身体控制能力，跳远运动员起跳常常出现“马失前蹄”，无法完成起跳；三级跳远运动员的身体失去平衡，难以继续完成第二跳、第三跳；撑竿跳高运动员甚至越过横杆即将获得成功时仍然将横杆蹭掉。因为，跳跃类项目的运动员必须在高速中完成这些动作，其难度相当之大。这就要求跳跃类项目运动员比其他项目运动员更需要具备高水平的身体控制能力，而身体控制能力的基础是身体灵巧协调性。为了达到这一点，跳跃类项目的运动员常常用单杠、双杠、吊绳、垫上技巧、各种空翻等体操类练习手段来提高身体灵巧协调性。只有具备短跑运动员的速度、体操运动员的灵巧、投掷运动员的力量，才能够成为最优秀的跳跃类项目运动员。可以说，跳跃类项目的运动员应该是田径运动各项目中最灵巧的运动员，是身体素质最全面的典范。

随着跳跃类项目的发展，运动员身体条件越来越重要，这也成为“体能”的一个重要组成部分，在选拔运动员时应给予高度的重视。

二、跳跃类项目神经—肌肉工作特点

跳跃类项目的起跳动作是技术的关键环节，完成高质量的起跳动作需要运动员具有良好的力量素质和弹跳力。跳跃类项目所需的这种弹跳力称为“专项力量”，是运动员完成专项技术时神经—肌肉系统协同工作所表现出的特殊力量。

（一）起跳阶段力的变化

在跳跃类项目快速助跑接起跳的跑跳结合技术中，腿部肌肉在起跳腿着地支撑时受到了强大的外冲击力，肌肉和肌腱内的感受器接收到强大的刺激，使神经发出了高强度的兴奋冲动，从而调动和募集尽可能多的肌纤维参与工作，这才能完成强有力的起跳。

大量研究表明，起跳腿的支撑跳跃能力主要取决于起跳腿屈膝缓冲时的缓冲幅度。起跳腿的支撑能力越强，起跳腿屈膝缓冲的幅度相对合理，获得垂直冲量就越大，向上跳起的效果就越好；同时，起跳腿缓冲幅度的减少，相应地缩短了缓冲时间，较早地进入了蹬伸动作阶段，这有利于缩短脚落地的制动时间，从而减少起跳中水平速度的损失。

在起跳过程中，起跳腿肌肉完成了一个拉长缩短的周期过程，即“超等长收缩”。这种肌肉收缩形式使参与工作的肌群在快速的“离心拉长—向心收缩周期”中能够爆发出巨大的力量，有研究表明，优秀跳高运动员起跳腿起跳蹬地的力量可以达到8000牛顿，这是一般的跳跃形式所根本达不到的，只有在一定速度的冲击下，优秀跳跃运动员神经—肌肉协同工作，完成“超等长收缩”才能够达到，这是跳跃类项目起跳过程中肌肉工作最明显的特征。

神经—肌肉协同工作完成“超等长收缩”体现出的力量也被称作“反应性力量”，它具有以下特点：① 人体受到强大的外冲击力作用，使肌肉完成被动的离心拉长，这种外冲击力要远远大于人体肌肉收缩的最大力量能力；② 肌肉收缩方式由离心拉长转为向心收缩，肌肉完成由离心拉长到向心收缩的时间非常短，一般不超过200毫秒。

了解以上起跳阶段力的产生和变化，以此指导训练，使跳跃类项目的力量训练以肌肉的“超等长收缩”练习为主，在提高肌肉快速伸缩力量的基础上，努力提高人体水平的位移速度、动作速度，以便获得起跳技术动作的最佳效果，这是非常重要的。

（二）影响肌肉力量的生理学因素

根据生理学方面的理论我们得知，影响肌肉力量的几个主要因素是：①肌纤维的横断面积；②肌纤维类型和运动单位；③肌肉收缩时动员的肌纤维数量；④肌纤维收缩时的初长度；⑤神经系统的机能状态。

没有强大的肌肉力量就不可能完成跳跃类项目所需的起跳。虽然肌肉横断面的增加可以增加力量，但同时也会给跳跃类项目运动员带来体重增加的负担，有的时候甚至会得不偿失。因此，跳跃类项目的力量训练更重要的是考虑募集更多的运动单位和肌纤维参与工作，拉长肌肉的初长度，提高神经系统工作的兴奋性和神经冲动频率。跳跃类项目的力量训练应以提高上述方面的能力为主，而增加肌肉横断面积的力量训练只是辅助手段，这应该是跳跃类项目与其他项目力量训练的明显区别。

跳跃类项目常采用的快速助跑接起跳、跳深等练习，既具有超等长收缩训练的特点，又能十分有效地提高神经系统的兴奋性，因而是发展反应性力量的有效训练手段。此外，各种拉伸运动是跳跃类项目运动员拉长肌肉初长度，增加动作幅度，提高肌肉收缩力量，以及防止损伤的重要手段，在训练中不可忽视。

三、跳跃类项目供能特点

跳跃类项目肌肉工作的特点是在短距离的高强度快速跑进后完成起跳动作，要求人体在短时间内（5~8秒）发挥出最高的速度，爆发出尽可能大的快速力量。根据人体肌肉供能的特点，跳跃类项目属于无氧供能，以磷酸原系统（ATP-CP）供能为主，其他供能形式很少。跳跃类项目这种在短时间内获得最大功率的运动能力主要取决于ATP-CP系统的供能能力。

跳跃类项目是短距离加速跑后完成一次或多次的跳跃运动，这种多次重复性的大强度运动还要求人体具有快速的能量恢复能力。

在ATP-CP系统分解供能过程中，三磷酸腺苷（ATP、ADP和AMP）、磷酸肌酸（CP）需要特定的酶参与能量释放反应，主要包括：ATP酶、肌酸激酶等，其中，肌酸激酶的活性和CP的储备量是影响ATP-CP系统供能能力的关键因素。肌酸激酶的活性升高，使CP转化为ATP的速度提高，人体的无氧功率，即单位时间内ATP-CP系统做功的能力也会随之提高，人体的最大爆发力和最大速度能力也将得到提高。

研究表明，人体在跳跃运动中，虽然每次跳跃的时间较短，但是，在多次跳跃之间的休息间隔中，人体都必须在短时间内尽快完成ATP-CP系统能量物质的再储备，才能迎接下一次试跳。随着运动次数的增加和总运动时间的延长，跳跃类项目运动员所具备的能量物质再储备的能力也是十分重要的。

在跳跃类项目中，跳高和撑竿跳高项目称为“马拉松跳跃项目”，具有比赛时间较长的特点。跳高和撑竿跳高项目往往需要在比赛2个小时以后达到最高高度，表现出最好成绩，这就需要该项目的运动员具有较强的能量物质再储备能力，才能够完成比赛。这与马拉松运动员2个小时以后决出胜负的特点相似。马拉松运动员的成绩是累加而成的，而跳高和撑竿跳高运动员却需要在相对疲劳的情况下去冲击难度最大的最高高度。

生理学研究证明，全身肌肉中ATP-CP系统供能能力仅能持续8秒左右。这一系统供能能力的强弱，直接影响着人体的绝对速度能力，因此，跳跃类项目运动员要提高短距离跑的绝对速度，就要发展磷酸原系统的供能能力。发展这一系统的训练方法最好是采用持续10秒以内的全速跑，重复进行练习，中间间歇休息时长30秒以上。如果间歇休息时长短于30秒，则会由于磷酸原系统恢复不足，产生乳酸堆积。

四、跳跃类项目关键技术环节的力学分析

跳跃类项目包括跳高、跳远、三级跳远和撑竿跳高，其中撑竿跳高具有一定的特殊性（人体离地后并未真正腾空，而是借助撑竿完成一系列的动作；且助跑时一直手持撑竿，对技术另有要求），所以，本节的一般性讨论对象不包括撑竿跳高。跳跃类项目的基本运动形态均是由水平助跑转入抛射运动，运动成绩体现在抛射运动过程中人体在空中越过的远度或高度。从跳跃技术动作分析，决定跳跃类项目成绩的关键技术环节是助跑、准备起跳和起跳。

（一）决定跳跃成绩的因素

人体重心腾起初速度、人体重心腾起角度和腾起瞬间的身体重心高度是决定跳跃类项目成绩的三个决定因素，见图1-5。

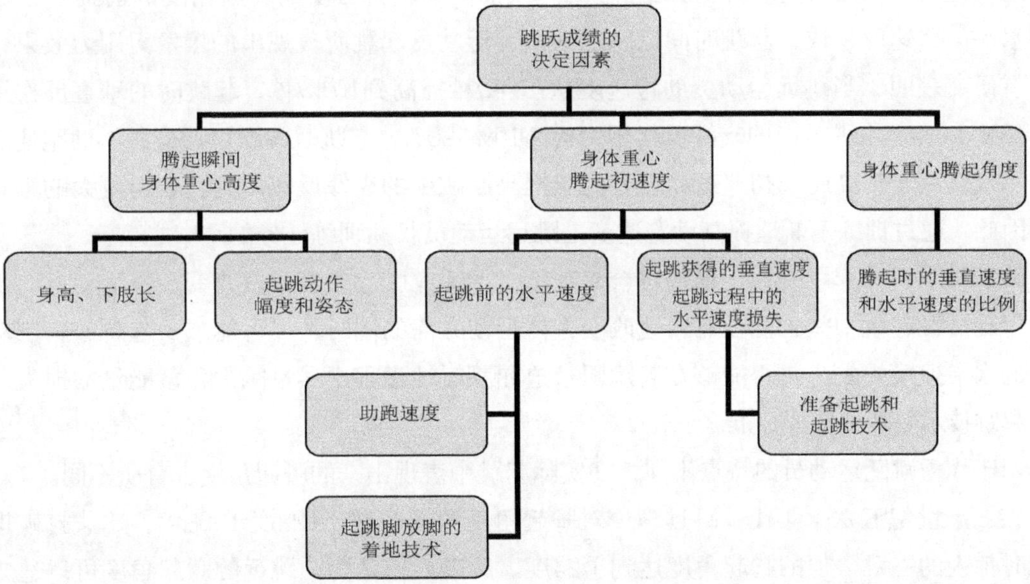

图1-5　跳跃成绩的决定因素示意图

我们可以将跳跃成绩的构成分为几个部分。

跳高项目成绩为H，其构成为：$H = H_1 + H_2 - H_3$，其中H_1为人体离地瞬间身体重心的高度；H_2为人体重心腾起的高度；H_3为人体重心腾起的高度与横杆高度的差值。从世界优秀跳高运动员的成绩构成和各部分所占比例表（表1-3）中，可以清楚地看到跳高成绩的构成因素。

表1-3　跳高成绩的构成及各部分所占比例表　　（单位：米）

运动员	性别	身高	成绩	H_1		H_2		H_3	
				高度值	%	高度值	%	高度值	%
Ritter	女	1.78	2.03	1.23	60.0	0.88	43.4	−0.08	−3.9
Staf	女	1.80	2.01	1.19	59.2	0.89	44.3	−0.07	−3.5
Genadi	男	2.02	2.38	1.43	60.1	1.07	45.0	−0.12	−5.0
Conway	男	1.84	2.34	1.30	55.6	1.24	53.8	−0.22	−9.4

跳远项目成绩为S，其构成为$S = S_1 + S_2 + S_3$，其中S_1为人体离地瞬间重心垂直投影点离起跳板前沿的距离，称为起跳距离；S_2为人体腾空后身体重心飞行的远度，称为飞行距离；S_3为人体腾空后落地瞬间身体重心与脚落地点之间的距离，称为落地距离。从下面一名优秀男子跳远运动员跳出8.42米的成绩构成分析表中可以了解跳远成绩的构成因素，见表1-4。

表1-4　跳远成绩（8.42米）的构成及各部分所占比例表

技术环节	起跳距离S_1	飞行距离S_2	落地距离S_3	总距离
距离值（米）	0.41	7.22	0.79	8.42
所占比例(%)	5	86	9	100

跳跃过程中，在不超过起跳腿肌力负荷和不影响获得必要的腾起角度的前提下，起跳前的水平位移速度越快，起跳时间也随之缩短，运动员起跳所表现出的爆发力用力效果也越好。有研究表明，当跳远运动员助跑速度从7.5米/秒提高到10米/秒，起跳时的垂直反作用力提高15%~20%，水平方向的支撑反作用力提高10%~20%，起跳时间缩短30毫秒。助跑速度的提高不仅有利于提高腾起初速度，也有利于提高起跳中的支撑反作用力，获得更大的垂直速度，因此，通过训练不断地提高助跑速度是跳远运动员长期训练任务的重中之重。

跳跃类项目的起跳是为了形成符合专项特点的适宜腾起角度，以改变人体运动方向。因此，运动员在起跳中是否能在有效地改变人体运动方向的同时，尽可能减少起跳放脚制动所造成的水平速度损失，是否能够在起跳腿被迫屈膝缓冲过程中尽量减少积蓄能量的损失，是判断起跳技术好坏的重要标准。

由于优秀跳跃运动员的特点不同，在实际起跳中表现出来的腾起角度也有所不同。

在二十世纪五六十年代，跳远理论对腾起角度的描述是18~22度.1968年，比蒙打破世界纪录时惊人的一跳，他的腾起角度达到了24度。所以人们认为，跳远的腾起角度可以适当提高到20~24度。美国的优秀运动员刘易斯助跑速度极快，达到了11.4米/秒，他在腾起角度仅为19度的情况下打破了世界纪录，但由于起跳不充分，他的跳远动作不能使人们看到更加完美的起跳技术和漂亮的腾空飞越技术。

刘易斯的跳远是速度冲跳法，没有充分跳起来，没有获得更大的腾起角度，腾空高度不够高，另外，从艺术欣赏的角度看，动作也不够漂亮和完美，他之所以能够达到世界顶级水平，原因在于他是世界上最优秀的短跑运动员之一。大多数优秀跳远运动员虽然也具备了较好的速度水平，但其100米仅能达到10秒2~10秒5，很难像刘易斯那样跑进9秒9，然而，由于这些运动员采用的跳远技术更加合理，不仅跑得快，同时也跳得高，所以，他们的成绩同样达到了世界顶级水平。由此可见，跳远需要的是速度和起跳的完美结合，应体现出跑得快、跳得高的高超技艺。

世界著名跳远运动员古巴名将佩德罗索跳出过24.8度的腾起角度，比赛摄像机在他腾空时常常只能拍到他的两条腿。苏联著名跳远运动员埃米杨100米速度只有10秒5，但他却跳出了8米80的好成绩，其腾起角度达到了24.6度。因此，有研究认为，如果跳远运动员的速度不能继续提高，那就只有提高腾起角度，才能获得更远的远度。

跳远腾起角度，从原来的18~22度发展到20~24度，目前已有顶级运动员超过了24度，这说明跳远运动的实践在不断地发展变化。数学模型计算表明，以中国优秀跳远运动员现有的速度为基准，如果能够跳出25.3度的腾起角度，那么跳远成绩就可以达到世界一流水平。因此，有必要在理论上论证并认同在保持一定速度的条件下，跳远腾起角度可以适量加大（拟为22~26度）。

跳高技术在理论上要求尽量向垂直方向起跳，才能跳得更高。人们总是认为，越接近90度的腾起角度就会跳得越高。但由于越过横杆的技术要求，所以运动员俯卧式跳高的腾起角度为65~70度。背越式跳高出现后，人们曾经希望能够向接近垂直方向的角度起跳，但是，随着助跑速度的越来越快，背越式跳高的腾起角度反而减小，目前优秀背越式跳高运动员的腾起角度仅达到50度左右，在48~52度的范围。这说明，助跑速度越快，起跳离横杆的距离相对就远，腾起角度则有可能减小。

跳跃类项目的跳远是在运动员助跑速度不容易继续提高的情况下，提出用腾起角度增加的方法，使运动员跳得更高，来获取更远的距离。跳高的助跑速度从俯卧式到早期背越式，再到现代背越式，助跑速度一直在继续提高，腾起角度却在不断减小。从这个意义上来说，跳跃类项目在追求速度和起跳腾起完美地结合方面，不断探索着最佳的组合模式，其具体体现因项目、因人而异。速度越快，腾起角度可能会减小；速度无法继续提高时，则要追求腾起角度的增大。这是跳跃类项目在技术训练中必须考虑的重要因素。

（二）跳跃类项目各基本技术环节的共有特点

1. 助　跑

助跑技术是跳跃类各项目的主要技术环节之一。跳跃运动员必须具备与优秀短跑运动员一样的步幅开阔、放松自然、跑的动作富有弹性且有力的短跑技术，才能获得最大的速度。助跑是跳跃运动员为强有力的起跳积蓄能量的过程，助跑速度是他们起跳腾空飞行的主要动力源。助跑速度决定着跳跃项目的成绩，与跳跃成绩高度相关。

跳跃项目的助跑从技术外形来看，分为直线助跑和弧线助跑两种。这与项目特点有关，但不管采用哪种形式的助跑，都需要注意以下几个方面：

（1）跑的技术动作必须放松自然，身体重心高，踝关节支撑有力，手臂和腿的摆动配合协调，跑得要富有弹性，步幅开阔；

（2）助跑应在保证达到良好起跳效果的前提下尽可能提高速度，且在最后几步积极加速，在放脚起跳时达到助跑的最佳速度；

（3）虽然跳跃类各项目助跑的距离、速度和节奏会因项目的特点、运动员的身体条件、训练水平而有所不同，但对于任何一名跳跃运动员来说，都要力争保持一定的助跑稳定性，并具有良好的助跑节奏感，这是跳跃项目对运动员的基本要求，也是跳跃运动员要准确稳定地踏上起跳点所必需的，这对跳跃类项目是十分重要的；

（4）助跑时应保持身体重心的平稳移动，步长、步频相对稳定，从而提高助跑的准确性。

2. 准备起跳

近些年的研究表明，跳跃运动员起跳前的助跑最后两步的动作与前面的助跑技术有一定的变化和不同，这两步是助跑连接起跳的关键环节，这两步技术动作正确与否，直接关系到运动员成绩的好坏。因此，许多研究人员对跳跃项目“倒二步”技术进行了研究。

为了有利于起跳动作的顺利完成，世界优秀运动员在助跑的最后两步体现出与前面助跑不同的特点，大腿没有前面助跑时抬得高，前摆的大小腿折叠的角度增大，以适应最后两步节奏加快的需要；落地支撑时腿的膝关节弯曲角度减小，使身体重心微微下降，在最后一步摆动腿支撑落地缓冲时使身体重心在整个运动过程中降至最低点，为人体从跑的动作向跳的动作转换做好准备；此时，两腿剪绞的速度加快，出现最后两步频率快于前面助跑的现象，并形成最后一步步长缩短的“短步起跳”技术。这种“倒二步”技术有利于运动员从助跑顺利地进入起跳，使身体各环节处于跳跃项目所需要的合理位置，以便为顺势连贯的起跳做好准备，为完成出色的起跳创造有利条件。

过去的教科书把这两步归于助跑技术，现在大量研究结果表明，这两步动作与前面助跑技术明显不同，有着自己的技术特征，应该单独进行研究。因此，提出了“准备起跳”的技术阶段，以便强调这一技术的重要性，让运动员知晓这两步技术与助跑技术的区别。我们必须清楚地认识到，尽管这两步的合理技术在慢速条件下可以模仿，但是必须在高速助跑下完成才有实际意义。一些优秀运动员在这两步技术中也会体现出自己的不同特点，如美国优秀运动员比蒙创造男子跳远世界纪录时的一跳，最后一步为助跑的最大步幅，与技术理论要求有所不同。跳跃类各个项目的技术对最后两步也会提出不同的要求，运动员在实际中也可以体现不同的技术风格，但是，研究者们的讨论是从生物力学条件出发，考虑最理想的状况，从而提出最佳的技术模式，这对人们正确理解合理的技术是有重要意义的。

优秀运动员所体现出来的“倒二步”技术特征，一方面是长期训练的结果，另一方面也是他们的天赋决定的，体现出他们天生具有的、自然的“借力用力”的准备起跳技术。因此，在选拔跳跃项目运动员时，要特别注意他们的这一天赋特点。

3. 起跳

起跳是跳跃技术的关键环节，其目的是改变人体运动的方向，从水平位移转变为抛射运动，飞越尽可能远的远度或更高的高度。

起跳技术包括运动员起跳腿放脚着地—被迫屈膝缓冲—蹬摆配合—蹬伸离地等各技术环节。完成这些技术环节后，人体才可能按照不同跳跃项目的要求，获得腾空后的飞行姿态，取得最终的成绩。由于不同跳跃项目起跳的目的不同，因此，其起跳技术在起跳腿的着地角度、膝关节屈膝程度、起跳角度等方面也表现出不同的特点（图1-6、图1-7）。跳高起跳的着地角度小于跳远，膝关节最大缓冲时的角度小于跳远，而腾起角度要远远大于跳远、三级跳远，这样才能获得更快的垂直速度和更高的腾起高度。

图1-6　跳高起跳动作示意图

图1-7　跳远起跳动作示意图

起跳脚着地时，起跳腿基本呈伸直状态，这时起跳脚完成了快速的回摆扒地动作，并以全脚掌着地支撑，经短暂的屈膝缓冲后，迅速转入蹬伸环节，通过摆动腿、臂协调有力的蹬摆配合，使起跳腿充分蹬伸，髋、膝、踝三个关节充分伸展，产生出爆发性用力的效果，使人体腾空跳起。起跳放脚落地、支撑缓冲、摆动蹬伸的三个环节必须衔接紧密，连接自然，一气呵成，才能体现出跳跃项目所需的爆发力。

良好的跳跃类项目起跳动作应具有的基本特征为如下几项。

（1）起跳腿和脚要积极完成回摆扒地式放脚着地动作，以全脚掌着地支撑。

（2）摆动腿摆动积极有力，起摆时机早，摆动速度快，摆动幅度大。

（3）起跳腿屈膝缓冲幅度小，蹬伸充分。

（4）起跳动作速度快，起跳时间短，蹬摆配合协调。

（5）起跳过程中保持较高的身体重心高度。

4. 空中动作

跳跃类项目在起跳腿蹬离地面后，人体进入腾空飞行阶段。根据抛射运动原理，人体腾空后如果不受外力作用影响，身体重心的飞行轨迹不会改变。跳跃类项目空中动作的主要目的是维持身体平衡，以获得最远的远度，或使身体顺利地越过横杆，并为安全落地做好准备。

在身体腾空无支撑的状态下，人体利用身体各环节的相向运动和补偿特点顺利地完成空中动作。尽管人体总重心的运动轨迹不可能改变，但是运动员可以通过改变身体各环节的不同动作幅度和速度，改变转动惯量和角速度的关系，以控制人体在空中的旋转速度，使之有利于人体控制空中的平衡，获得更好的成绩。如：走步式跳远的空中动作利用左右腿、左右臂的前后摆动动作维持了身体左右的平衡，利用下肢的直腿向后摆动和屈腿向前摆动，造成两腿动作的转动惯量差，加快了下肢向前运动的速度，同时两臂的动作正好与两腿的动作相反，上下肢之间产生的转动惯量减慢了上体向前运动的速度。这种动作带来了转动惯量和角速度新的对应关系，虽然并未改变角动量的总量，但有效地克服了身体的前旋，既维持了身体的平衡，又有利于下肢环节的积极前移高举，从而为双腿更好地前伸落地做好准备。

5. 落地动作

落地动作对于跳跃类高度项目来说，主要是保证落地的安全，对运动成绩几乎没有影响。

在跳跃类远度项目中，落地技术完成的质量对成绩有一定的影响。在跳远、三级跳远项目中，不管运动员采取哪种空中技术，当腾空至最高点，完成空中的交换腿或挺身动作后，运动员开始收腹举腿前伸小腿准备落地，两臂积极地前摆，配合两腿做出相向运动；当双脚落入沙坑的同时，前压脚掌、顺势屈膝缓冲、送髋向前，使身体尽快移过落地点；同时，两臂配合身体的前移完成后摆动作，以保持身体的平衡，防止落地后的身体后倒或后坐，影响远度成绩。

（章碧玉　熊西北）

第三节　投掷类项目特性分析

投掷类项目包括投掷铅球、铁饼、标枪、链球四个项目，是田径运动中力量与速度力量相结合的最典型的运动项目。虽然投掷类各项目的器械、采用的运动形式各有差异，但主要的竞技能力存在着一些相同之处，从而表现出田径运动投掷类项目所独有的特性。

一、投掷类项目主导竞技能力

（一）投掷运动员的力量

1. 快速力量和爆发力

投掷运动员在力量能力方面的表现最为突出，运动员除了具备较高的绝对力量水平外，还必须具有强大的快速力量和爆发力水平，才能将器械投掷得更远。这是投掷运动员在力量能力方面的明显标志，也是其主导竞技能力之一。

2. 专项力量

用运动员竞技能力时空结构相协同的观点分析，投掷运动员的力量除了应在空间要素中包括克服内部阻力和克服外部阻力两大类别的力量能力外，还应在时间要素中包括外在的技术过程要求和内在的适宜用力时机，才能使力量在实际投掷中发挥最大的作用，我们把这种力量称为专项力量。这种专项力量最终的体现取决于运动员机体为满足专项竞技需要而表现出的心理控制能力、神经—肌肉协调能力，以及各个要素间的协同工作水平。

有关投掷理论研究表明，投掷运动员的专项力量主要分为专项基础能力、专项技能能力和专项投掷能力三个渐进层次（图1–8），每个层次体现出不同的力量特点。

能力层次越高，对运动员训练水平和神经—肌肉调控水平的专项要求越高。在训练实践中，必须注重依据肌肉收缩用力性质和运动员特点来设计和选择不同类别的专项力量训练手段。同时，在客观上还要求教练员能够根据运动员的训练水平、年龄阶段和训练时期的具体情况，创造性地设计、安排和灵活应用三个层次训练手段的多种组合，才能够有效地提高专项力量水平。

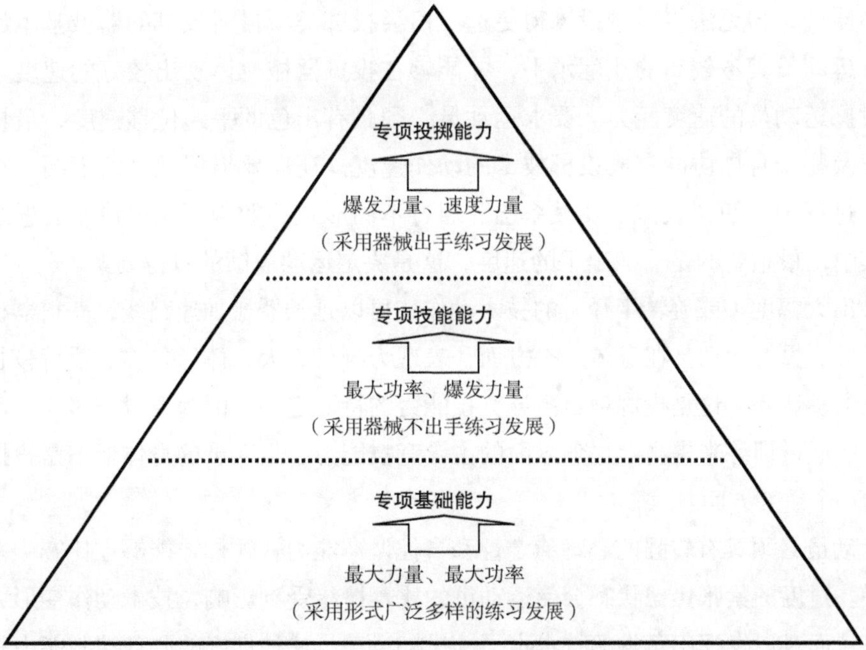

图1–8　投掷运动员专项力量的三个基本渐进层次

（二）动作协同性与节奏感

根据投掷运动员竞技能力时空特征研究，投掷运动员投掷器械时身体各部位肌肉在神经系统指挥下协同工作的能力是取得该类项目优异成绩的关键。人体各部位大小肌群协同工作，要组成人体力量运动链，才能使器械获得鞭打用力的最佳出手速度。运动链中任何一个环节出现问题，或是某部位肌肉力量薄弱，或是协同性不够，都会使运动链的最佳用力状态减弱，出现力的“泄漏”，达不到投掷项目的用力要求。投掷类项目完成技术动作的这种高度的协同性取决于运动员身体的协调性和神经系统的灵活性，因此，投掷运动员必须通过大量的协调性练习和身体灵活性的练习来提高神经—肌肉协同工作的能力。

此外，投掷运动员的时空特征还体现在投掷技术的节奏感方面。良好的节奏感是投掷运动员按照技术要求完成一系列动作的保证，它可以使人体在各个技术环节按照要求，体现出时间、空间上的不同比例，从而使技术动作更加准确，连贯流畅，一气呵成。良好的节奏感不仅要求运动员具有较高水平的力量能力，同时要具有良好的技能能力。

因此可以说，动作的协同能力和节奏感是投掷类项目的核心主导竞技能力之一。

（三）投掷运动员的速度

投掷运动员的速度指专项所需要的速度，表现为投掷运动员在整个投掷过程中完成技术动作的速度和器械出手速度，是投掷专项能力的一个重要方面，也是其主导竞技能力之一。

投掷运动员如果只有力量，而没有专项所需的速度，则只能是“大力士”，也许能够举起最重的器械，却无法将器械投掷得更远。田径投掷类项目所投掷的器械基本属于“轻器械”，只有运动员具备较高的速度水平，才能够在投掷器械时体现出较好的速度力量和爆发力水平。投掷运动员的速度能力，要求运动员必须具有出色的平跑位移速度，最快的挥臂鞭打速度，以及整个身体协同完成投掷技术的动作速度，还需要根据项目的不同，在投掷器械的准备动作过程中，使“人体—器械系统”通过不同形式的助跑，获得快速的直线或旋转运动速度。其中，最重要的是器械出手的速度，这是决定运动成绩的首位要素。

为了做出大幅度（或旋转半径）的技术动作，可以延长器械加速路线，获得器械理想的加速和用力效果。投掷运动员在身体形态方面，表现为身材高大、体形匀称、手臂较长、手掌较大、全身肌肉发达等。这是投掷项目主导竞技能力的特征之一。因为，没有这样的身体条件做基础，就无法通过训练来提高上述各方面的主导竞技能力。运动员的身体形态是投掷类项目运动员体能的一个重要方面。

投掷运动员必须具有较强的心理稳定性和自控调节能力，这样才能够在比赛中发挥出训练的最高水平。过度的紧张焦虑状态会使运动员的比赛情绪受到影响，技术动作变形，用力顺序遭到破坏，从而难以发挥出正常的技术水平。投掷运动员这种良好的心理控制能力是其正确技术充分发挥的保障。

二、投掷类项目神经—肌肉工作特点

田径运动投掷类项目的比赛属于非同场对抗项目，在比赛时运动员之间没有直接的身体接触，运动员成功的关键在于对自己身心的精确动员，对技术动作的控制和超越。他们应主要关注于如何成功地发挥出自己的技术水平，如何能够连贯、快速、高效地完成加速过程，以及如何做好器械快速出手动作，发挥出高强度的爆发力量。

（一）投掷技术动作程序、本体感觉或动觉、肌肉功能的不断完善和优化

动作程序是在人体执行动作前、在大脑皮质水平上预先组织好的一系列动作指令，它决定了投掷技能性动作的基本细节。这些程序化的指令通过投掷运动员长期的训练，已经基本达到自动化水平。运动员可以在比赛和训练中反复重复投掷技术，并在提示中逐步改进提高。

骨骼肌是投掷运动员产生力量的基本物质条件。骨骼肌各种类型的组织和结构具有三个重要功能：①完成有意识的运动；②执行专项技术动作程序；③在下意识情况下借助人体本体感觉或动觉来维持身体动作和姿态。如在投掷助跑和旋转运动过程中，克服重力或器械离心力来维持身体姿态，并在最后用力过程中加快技术动作的完成。

高效率的投掷技术动作是投掷技术动作程序、本体感觉或动觉、骨骼肌功能的不断完善和优化等多方面神经—肌肉因素协同作用所带来的结果。

（二）高效率地集中注意力与适宜的心理唤醒（兴奋性）水平

高效率地集中注意力对于投掷运动员动员更多的运动单位参与工作，产生大强度的快速投掷用力过程非常重要。而适宜的心理唤醒（兴奋性）水平是完成协调、准确运动技术动作所必要的先决条件。由于田径运动中的投掷技术动作相对复杂，同时又需要表现出很高的动作连贯性，对动作速度和力量的要求也很高，所以，运动员需要根据自己的实际状况，确定自己适宜的训练和比赛中的心理唤醒（兴奋性）水平，过高或过低都不利于创造理想运动成绩。

（三）高度的肌肉内部协调水平

单个的神经冲动，通过引起有关运动单位发生轻微的肌纤维收缩，进而使肌肉产生收缩。运动单位是指一个单独的运动神经元，以及由它所支配的所有骨骼肌纤维。每个运动神经元只能支配一种类型的肌纤维。生理学将肌纤维相应地分为Ⅰ型、Ⅱa型和Ⅱb型，在单独的一个运动单位里不存在混合的肌纤维类型。

当神经冲动的频率增加时，引起肌纤维的平稳、持续的收缩，称为神经冲动的叠加。同步是指神经冲动传送到各种类型的运动单位的适宜时机，通过同步激活运动单位协调配合参与身体活动，运动员才能够完成协调、有力的动作。

投掷运动员的专项力量训练能够增加运动单位的同步性，这可能是因为高度专门化的力量训练能够促进募集更多的运动单位参与工作，达到了高度的肌肉内部协调水平，从而使动作速度得到提高和发展。

当需要肌肉产生力时，被募集的肌纤维遵循一定的顺序参与工作。当肌肉收缩时首先参与的是Ⅰ型肌纤维，其次是Ⅱa型肌纤维，最后是Ⅱb型肌纤维。只有进行大强度的力量训练时，才能动员更多的肌纤维参与工作。如果只进行较小强度的运动，则只能动用和训练Ⅰ型肌纤维，见图1-9。这说明了投掷运动员的训练和比赛要严格控制强度的重要性。

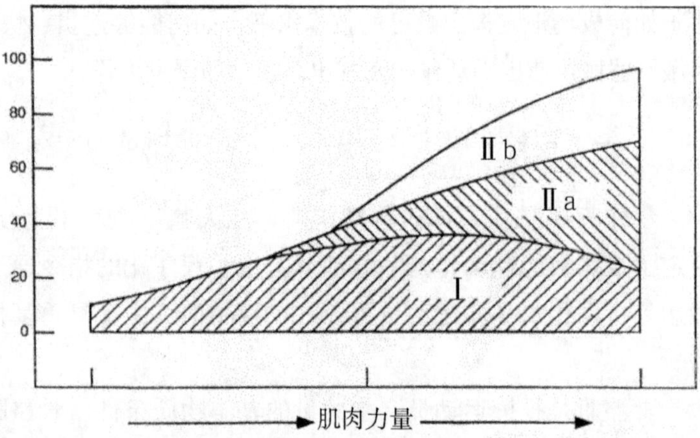

图1-9 肌纤维的募集顺序示意图

（四）有效地利用本体感觉和神经—肌肉反射机能完成技术动作

有效地利用本体感觉和神经—肌肉反射机能，强化连续快速动作和衔接时机的控制，是投掷运动员训练的一个重要方面。

反射是在中枢神经系统参与下，机体对刺激感受器所发生的规律性反应。反射活动是在一定的神经反射弧结构里进行的，一个典型的反射弧由感受器（接受刺激的器官或细胞）、感觉神经元、中间神经元、运动神经元、效应器（发生反应的器官或细胞）五个部分组成，反射弧是神经系统的基本工作单位。

肌肉的活动由中枢神经系统控制。尽管骨骼肌称为随意肌，但不是所有的肌肉活动都是由意识来控制的。在投掷运动中，大量的神经—肌肉活动是在“下意识”的情况下发生的。如投掷运动员在高速直线和旋转运动中做出的身体平衡和空间定向动作，以及最后用力前“超越器械”后肌肉由拉长状态向缩短过程的高速转换，这些都需要前庭器官、神经—肌肉反射弧和肌梭等本体感受器反射功能的强化和高效利用才能实现。

（五）投掷运动员身体核心部位力量的关键作用

投掷运动员身体核心部位力量发挥着力量传递、组合和控制的功能，对投掷运动技术具有关键的支持作用，并具有良好的预防运动损伤的功能。因此，它对于提高投掷技术动作的实效性非常关键。

（1）在投掷运动员的人体环节运动链中，动作的发力是以髋部的旋转和伸展为基础的，而且力量和速度也是通过核心区传递到四肢末端完成投掷的。

（2）来自人体中枢神经系统的动作信号指令—动作程序，以及来自前庭器官、小脑、延髓、脊髓和肌梭等本体感觉信息，都是首先到达由人体骨盆、脊柱、髋部所构成的核心区域。

（3）投掷运动员身体核心部位处于上下肢身体的结合部位，在完成投掷技术动作过程中起到关键的发力和承上启下的枢纽作用。

（4）投掷运动员身体核心部位的力量对于获得投掷技术动作过程中身体的稳定、平衡，深层小肌肉群对于身体姿势的固定，神经系统对于肌肉系统完成动作支配的理想效果等，都非常关键。

（六）肌肉拉伸—缩短周期的优化及长度—张力关系

投掷运动员在肌肉缩短之前使肌肉积极、快速地拉伸，能够通过肌梭—传入感觉神经—脊髓—传出运动神经—主动肌（收缩）和对抗肌（抑制）所组成的反射弧，增加肌肉收缩的速度和力量。由此加强肌肉从离心拉伸到向心收缩的动力性过渡能力，即肌肉收缩形式转换过程，从而提高了投掷过程的动作速度和爆发力效果。

投掷运动员在主要肌群用力前充分利用肌肉组织的长度—张力关系也很重要。肌肉受到刺激产生收缩的长度，称为长度—张力关系。肌肉被拉伸到安静状态下长度的120%时收缩，所产生的张力将超过肌肉被拉伸到大于这个长度或安静状态时长度收缩产生的张力。这主要是因为肌肉收缩时在肌肉周围和内部连接组织中弹性成分作用的结果。这说明过度的拉长或没有拉长比适度拉长所产生的力量要小。投掷运动员在力量训练时应该充分认识到这一特性，以保证肌肉进行适宜拉长度的训练。

三、投掷类项目供能特点

根据运动生理学原理我们知道，肌肉收缩可利用的供能系统主要有三个：磷酸原系统、乳酸系统和有氧系统，三个系统是同时参与工作的，但随运动强度和时间的不同，各自产生的作用有所区别，见图1-10。

投掷运动员在完成高强度、短暂和快速的专项技术动作时，所依赖的主要供能系统为磷酸原系统。因此，在优秀投掷运动员的训练过程中，尤其是在赛前准备和比赛期，较多安排了以大强度、高速度、少重复次数、充分恢复为特征，以提高磷酸原系统供能能力为目的的训练方法和手段，这在优秀投掷运动员长期和年度训练计划中占据重要的位置。田径投掷项目与短跑、跳跃项目，在能量供应和提高磷酸原供能系统的训练方法基本相同。

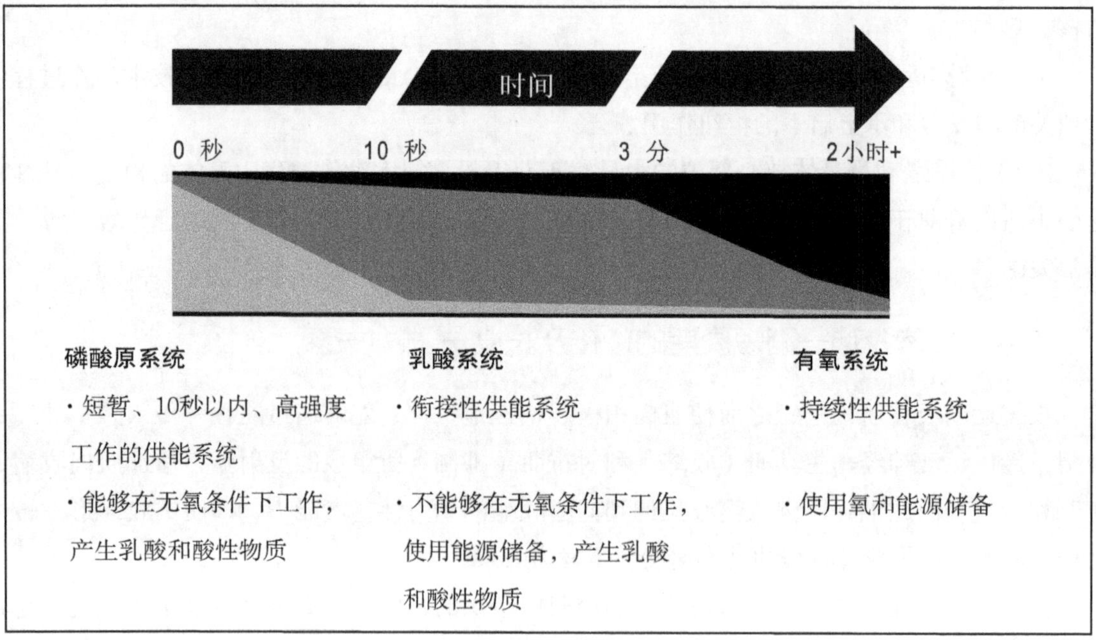

图1-10　三个供能系统

四、投掷类项目关键技术环节的力学分析

（一）投掷类项目共同的技术特点

依据投掷技术原理得知，投掷器械的出手速度、出手角度和出手高度是影响投掷运动成绩的三个重要因素。

1. 出手速度

影响投掷运动成绩最重要的因素是出手速度（V_0）。世界上许多优秀铅球运动员的出手速度超过14米/秒，铁饼运动员的出手速度可以决定75%的投掷距离，链球运动员的出手速度每增加1米/秒，距离就会增加5米，标枪运动员的出手速度可达到28米/秒。

研究结果表明，如果器械出手角度和出手高度保持不变，出手速度的增加会大幅度提高运动成绩。由于出手高度和出手角度在一定情况下是相对稳定的，因此，投掷运动员的训练主要是围绕如何不断提高运动员的出手速度而进行的。

2. 出手角度

由于投掷类各项目使用的器械不同，技术要求也不同，因此，有着不同的投掷出手角度。研究认为，投掷铅球出手角度为41~42度，投掷铁饼出手角度为35~37度，掷标枪的出手角度为30~36度，投掷链球的出手角度约为44度。由于投掷链球在最后用力阶段投掷运动员“与链球方向相反”即向后倾斜，因此在实践中，该阶段产生的离心力通常会下降（投掷距离在80米以上的离心力可达到300牛顿），以这样的身体姿势再加大链球的倾斜角度是没有意义的。尤里·谢迪赫创造86.74米世界纪录时的出手角度仅为41.1度。因此，优秀运动员投掷器械的实际出手角度与理论要求有一定的差距，大都略偏小些。这主要是因为运动员的身体形态、技术状况和能力各有不同，体现在技术方面的出手角度也是在大致相同的情况下，各有差别。

3. 出手高度

出手高度是影响投掷成绩的一个重要因素，主要取决于运动员的身高、臂展以及器械出手瞬间身体的技术姿态。但是，由于这一因素是相对稳定的，因此，它只能在一定程度上影响投掷成绩。有人认为出手高度只起到附属的作用，因为投掷的绝对距离越长，出手高度越不重要。但是投掷链球的出手高度却与其他投掷项目不同，由于有较长的把手和链子，因此技术因素对出手高度的影响较大。

4. 身体姿态的扭紧状态

投掷类项目共同的技术特点还体现在器械出手前身体的扭紧状态。在完成人体—器械系统预先的加速度后，要求髋轴超越肩轴，形成良好的身体扭紧状态，这对器械出手最后用力阶段的加速非常重要。如果不能及时形成最后用力前身体的扭紧状态，就意味着转髋蹬伸技术动作，以及肩轴最后超越髋轴所产生的力量不能立即传递到投掷器械上，造成出手阶段器械的实际加速路线较大幅度地缩短，使髋部和腿部的肌肉力量无法充分利用。投掷器械最后阶段的速度急剧增加主要是通过突出的扭矩作用而获得的。扭紧躯干内部肌群，使它们产生更大的张力。当完成最大扭矩而达到最大张力时，立即释放，才能保证完整技术动作的爆发式用力，并在最后阶段获得尽可能大的用力效果。

四个投掷项目的技术对身体扭紧状态均提出了要求，这就说明身体扭紧状态是投掷项目共同的技术特点。

（二）投掷类项目不同的技术特点

1. 铅　球

（1）加速运行的轨迹。在规则允许的情况下，充分利用场地的直径，最大限度地增加铅球出手前的加速运行距离，是推铅球的技术要求。旋转推铅球技术通过旋转增加铅球运行的距离，以提高最后的出手速度。从生物力学的角度考虑，旋转推铅球会进一步加大对铅球的用力距离，更利于运动成绩的发挥。速度快、力量大、身材高大、臂展长的运动员更适合运用旋转推铅球技术。

（2）滑步推铅球和旋转推铅球技术的生物力学参数比较分析（表1-5）。较高的初始速度可达到4米/秒，是旋转推铅球技术的主要特征。在双支撑的最后用力姿势下铅球可能再次获得加速。在旋转阶段获得的加速效果明显大于滑步推铅球技术，铅球速度可由1.4米/秒增至12.1米/秒。

表1-5　滑步推铅球和旋转推铅球技术的生物力学参数比较

	滑步推铅球	旋转推铅球
铅球加速轨迹总长度	2.6米	4.8米
铅球加速前阶段轨迹长度	0.3~0.7米（短~长技术类型）	最大3米
腾空阶段结束时铅球速度	3米/秒	4米/秒
最后用力预备姿势开始时铅球速度	2.6米/秒	1.4米/秒
最后用力加速阶段铅球速度	11.2米/秒	12.1米/秒
最后用力阶段用力距离	1.5~1.78米	直到1.8米
最后用力预备姿势双脚距离	1.1~1.45米	0.6~0.9米
铅球出手高度	不取决于技术方式的选择	
铅球出手速度	13.5~13.8米/秒	13.5米/秒
铅球出手角度	40.5~41.5度	39.5~42.5度
髋与抵趾板水平距离	0.44米	0.22米
动作的连贯性	较低	较高
成功试掷的数量	较高	容易受到干扰

（引自国际田联教练员培训和认证系统高级教程，2006）

旋转推铅球技术的劣势主要是它容易受到干扰，并且增加了投掷犯规的频率。另外，旋转推铅球最后用力、双腿和投掷臂同时伸展过程中与地面失去接触；在双腿和投掷臂伸展用力已经超过它们的最大限度之后上体继续旋转；旋转动作向直线动作转换过程中的协调等，都是旋转推铅球技术可能出现问题的地方。因此，在训练中要高度重视早期协调性的发展和技术训练。

（3）推铅球的主要特点可概括为如下几个方面。

①铅球的加速是一个起伏的过程，即当滑步开始后，铅球的速度可达到2~3米/秒，但当右脚落地缓冲后会有所下降，尤其是一些低水平的运动员。

②一些优秀运动员降低了滑步的距离（约50%），采用短长节奏技术，这样有利于最后用力阶段动作的有效完成。

③最后用力准备阶段双脚的较宽距离的站位比较窄距离的站位更有利于运动员腿部力量的充分利用。

④最后用力阶段当左脚落地后，身体左侧的内扣会使右肩、投掷臂及铅球在滑步中的运行速度加速增至最大值。

⑤双腿及髋部的适宜运动方式增加了身体转动用力，有利于右肩速度向投掷臂的转移与传递。

⑥一般情况下，铅球出手瞬间，双腿跳离地面（跳投）会增加铅球出手速度，提高运动成绩。

2. 铁 饼

（1）出手速度。掷铁饼的出手速度和与它关联的各种因素，如加速路线、路线特征和时机特点，都是掷铁饼生物力学研究讨论的核心因素。铁饼和肩、髋、膝等特定身体部位速度—时间的变化模式特征，见图1-11。

（2）人体和铁饼质心的加速路线。竞赛规则和投掷圈不允许运动员通过很长距离的助跑为铁饼加速。因此，为了获得适宜的加速路线，掷铁饼演化出各种各样的旋转技术类型。

人体与铁饼质心移动轨迹反映出投掷技术人体—器械系统典型的空间运动特征，优秀运动员的技术呈现出，人体带动器械旋转并向投掷方向推进的倒“7”形人体质心垂直投影在水平面上的轨迹和铁饼质心围绕人体运动的大半径加速路线。但值得注意的是，实际投掷中可以见到一些大半径、大幅度，甚至超出投掷圈边沿的铁饼运行路线，其中存在着一定的个体差异。

最后用力的加速路线距离对于铁饼的出手速度具有决定性的影响。然而，每个运动员都应该根据自己的力量水平和身体特点选择最佳加速路线。掷铁饼运行路线的特征包括：铁饼完成超过两周的旋转运行路线，铁饼大约在投掷圈边沿的上方出手，以及第二周的铁饼运行路线与出手角度一致，见图1-12。

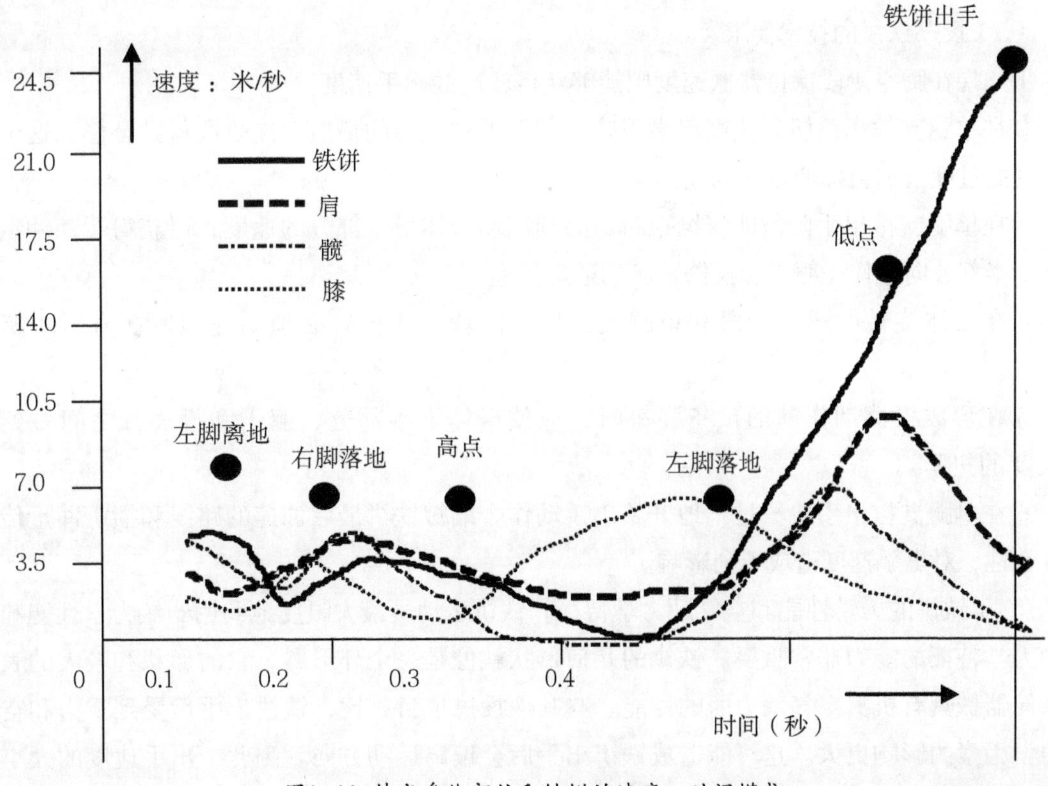

图1-11 特定身体部位和铁饼的速度—时间模式

（引自国际田联教练员培训和认证系统高级教程，2006）

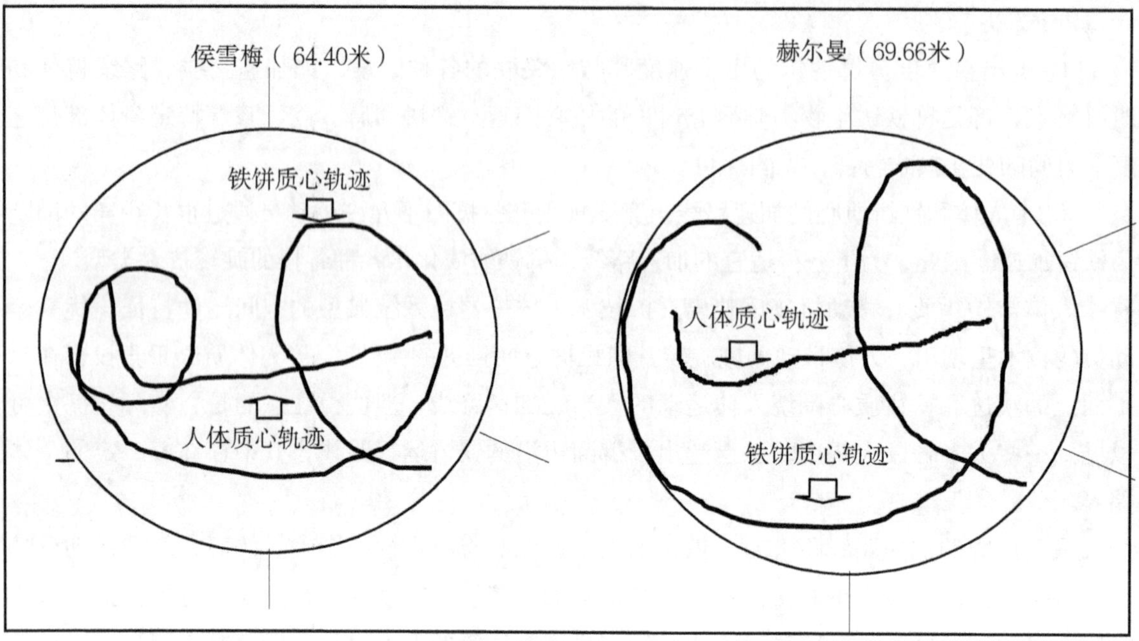

图1-12 侯雪梅与赫尔曼人体与铁饼质心轨迹俯视示意图

（3）投掷铁饼的技术要求。

①如果在腾空阶段保持器械速度则能够获得较高的出手速度。

②在单腿支撑出手阶段速度略微下降，却能够在随后的最后加速阶段得到补偿，这个阶段速度的过度增加会降低运动成绩。

③在单腿支撑出手阶段即将结束时，必须制动身体下半部分的速度，以获得运动冲量从身体下半部分向上体（躯干和投掷臂）的适宜传递。

④在人体旋转的腾空阶段和单腿支撑出手阶段，投掷臂必须明显地留在身后（超越器械）。

⑤在形成投掷动作前的预备姿势时，应使身体下半部分、躯干和投掷臂之间做到最大限度的扭紧。

⑥在单腿支撑出手阶段过早地开始出手动作会缩短铁饼最后加速的路线和损害冲量传递的有效性，对出手速度造成不利影响。

（4）铁饼的力学性能和空气动力学特征。铁饼运动员最大限度地利用器械力学性能和空气动力学特征的能力非常重要。铁饼的几何形状就像是一个环形翼，它的形状和较大的表面积，使器械具有机翼空气动力面的性能。与其他投掷项目相比，铁饼出手后受到重力和空气动力学因素的影响更大。这可能造成铁饼出手后会偏离运动方向。因此，出手速度的大小、方向以及铁饼出手动作决定着铁饼飞行姿态。

铁饼出手时人体传递给铁饼的转动冲量，使它能够以5~8秒/周的速率自转。这足够使铁饼像陀螺一样旋转，在飞行过程中起到自身转动轴的作用，保持自身的稳定状态，见图1-13。如果自转速率太低，铁饼就会翻转或者晃动。

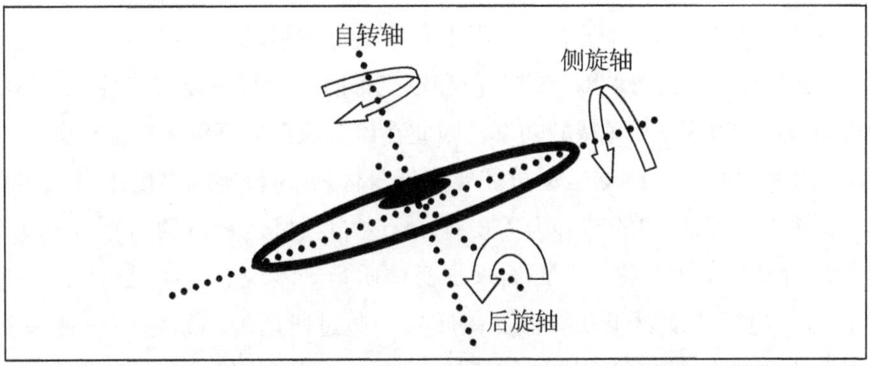

图1-13　铁饼出手后在飞行中的自转轴、侧旋轴和后旋轴

一般来说，空中铁饼的姿态可以用三个角度进行描述，见图1-14。

出手角：铁饼质心移动轨迹与水平面之间的夹角。

姿态角：铁饼平面与水平面之间的夹角。

攻击角：铁饼平面与铁饼质心移动轨迹之间的夹角。

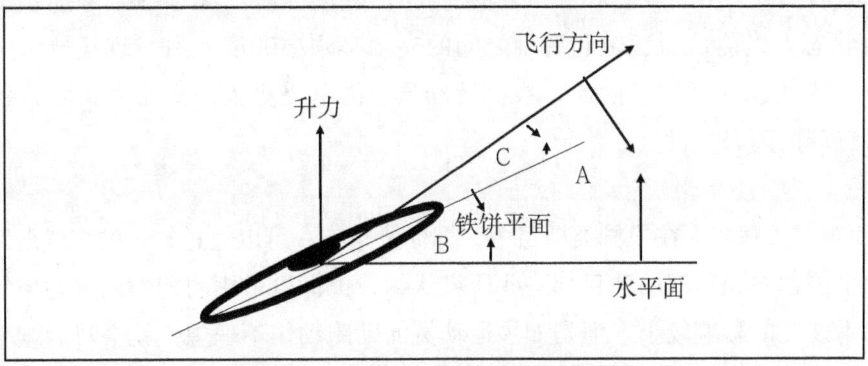

图1-14　铁饼出手即刻的出手角（A）、姿态角（B）和攻击角（C）

当空气阻力最小和升力相对较大时，铁饼的飞行距离最远。关于这些重要的角度，有研究结果提出了下列适宜范围：出手角35~37度；攻击角10~15度，使铁饼后沿的倾斜度低于飞行路线10~15度。

在顺风状态下，适宜的出手角要大（大于40度）、攻击角要小。在顶风状态下，适宜的出手角要小（小于30度）、攻击角要大。与顺风状态相比，在顶风状态下出手角度的错误会造成运动成绩下降。运动员必须学会“借风投掷”，观察铁饼边沿的向下倾斜度，以调整铁饼的出手角度。

女子铁饼在飞行中具有更大的空气动力学优势，其原因在于：相对于铁饼的重量而言，接触气流的铁饼表面积相对更大，高达65%。男子铁饼在一般情况下，由于具有更加突出的

“陀螺效应”特性，铁饼飞行更加稳定。因此，在强烈顶风的情况下，男子仍然能够高质量投出铁饼，并取得较好成绩，而女子铁饼则不太可能。

3. 链　球

链球运动员在较高的旋转速度下，作用于人体—链球系统上的离心力高达运动员体重的5倍，需要付出很大的努力去协调双支撑阶段和单支撑阶段的身体姿态来维持身体的平衡。在投掷最后用力阶段将产生约1万瓦特的功率，因此在该阶段需要高度集中注意力。

（1）离心力和向心力。链球运动员需要降低身体质心/轨迹的高度来减少离心力和向心力的负面影响。每转一圈增加的离心力需要有一个来自投掷运动员的向心力与其平衡，这一点可以通过提高运动员的力量潜力，结合增加身体质量来实现。链球运动员还应通过技术调整来抵消离心力，包括移动躯干和降低身体质心。通过所谓的“屈膝”→ 单支撑阶段的最后一部分→膝关节的明显弯曲和跟进腿的着地来完成。屈膝是优秀技术的特点之一，世界上最好的运动员能使身体质心与链球方向相反。髋在链球运行的高点阶段降低，在低点阶段升高。这样，链球运动员就能产生更大的向心力。

（2）身体各轴的转动力。髋轴和肩轴之间的转动力矩使躯干肌肉形成了一个预张力，释放转动力矩就能产生动量。这个原则对于掷链球来说非常重要，并且在每一圈的旋转中都能得到应用。转动力矩形成于单支撑阶段，又在双支撑阶段释放出来使链球加速。现代掷链球技术是要试图形成一个由伸展的双臂和肩轴构成的等边三角形，并要在所有阶段使这个三角形保持伸直状态。以前认为髋轴和肩轴之间的夹角必须在90度左右，现代技术由于链球旋转半径较长，夹角仅为60度。因此，投掷运动员要能承受更大的离心力，要具备更好的稳定性才能与链球的离心力对抗。

4. 标　枪

（1）助跑与投掷步。在投掷类项目中，掷标枪是唯一可以通过较长的直线助跑来获得一定的器械出手前预先加速度的项目。一些研究认为，掷标枪采用周期性助跑动作的助跑速度对于标枪出手速度的影响较小。但是如果运动员的助跑动作不理想，就会对后续采用非周期性动作的投掷步产生一定的负面影响。

采用非周期性动作的五步或七步的投掷节奏非常关键，除了需要保持已经获得的助跑速度外，还要使直接参与最后用力鞭打出手动作的主要肌群扭紧。此外，准备投掷出手动作的左侧支撑制动和出手动作过程的标枪的加速对于获得理想的出手速度非常重要。投掷步的最后两步——交叉步和支撑制动步，对于掷标枪的投掷距离具有最重要的影响。交叉步的要求是低、平、快，它是投掷步五步节奏中最长的一步，比其他步的平均步长大约10%~20%。支撑制动步是投掷步的最后一步，主要目的是在出手动作前形成身体的拉紧和满弓。理想的支撑制动步的长度和向后引枪姿势的保持，有助于在出手动作中实现人体动量向标枪的有效传递，以获得更大的出手速度。

（2）交叉步结束、支撑制动步开始时身体的适宜后倾角度。交叉步结束、支撑制动步开始时身体的后倾角度，是最后用力身体适宜准备姿势的一个重要指标，理想的身体后倾角度为相对于垂直方向30~36度，由于标枪的纵轴与运动员身体的纵轴相垂直，此时标枪的适宜姿态角也是30~36度。

（3）标枪的加速路线。标枪的加速路线是获得更高出手速度的重要因素。与其他投掷项目相比，标枪的加速路线要长得多。它从助跑阶段开始，直到标枪出手，总长度可达到25~35米。标枪在最后用力阶段的加速开始于交叉步结束右脚落地、进入支撑制动步时，直到标枪出手时结束。从理论上来说，标枪的加速路线应该尽可能直，相对于运动员—标枪系统的运动方向只能发生轻微的偏离。但事实上，偏离现象却常常发生，见图1-15。

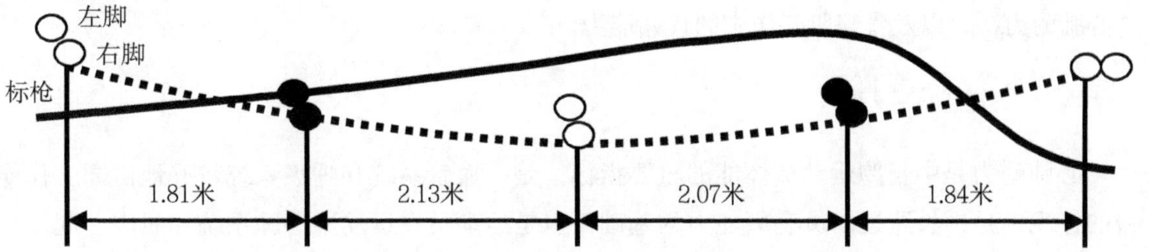

图1-15　乌维赫恩掷标枪最后四步脚的位置和标枪轨迹的俯视图（94.44米）

（引自国际田联教练员培训和认证系统高级教程，2006）

（4）标枪的出手角、姿态角、攻击角和偏航角。标枪本身具有空气动力学特性，对于运动员的技术质量和器械飞行距离影响很大。掷标枪的适宜出手角度为30~36度。标枪姿态角的最适宜状态是稍大于出手角和攻击角。标枪的攻击角要尽可能地小，尤其对于水平较低的标枪运动员来说，过大的攻击角会影响标枪的飞行距离。在顶风或顺风的情况下，采用负攻击角是有利的，即出手角大于姿态角。研究发现，当气流方向与标枪纵轴仰角之间的夹角为10~16度时，可获得标枪飞行最理想的升力—阻力比率。标枪在最后用力鞭打出手动作过程中，常常发生其纵轴向两侧偏离的情况，这个侧向偏离的角度叫作偏航角。偏航角容易造成标枪在最后用力和出手后的飞行过程中发生转向，应该尽可能地把它控制在最小的程度之内。

（张英波）

第四节　中长跑类项目特性分析

田径中长跑类项目分为中距离跑、长距离跑和超长距离跑。虽然跑的距离有所不同，但是根据项目的共同特点，其主导竞技能力却有许多相同之处。

一、中长跑类项目主导竞技能力

中长跑运动的训练特点主要表现为在保持高度发展的耐力水平的同时，速度水平得到明显提高；在保持高度发展的专项竞技能力的同时，整体训练水平得到全面提高。因此，中长跑运动员主导竞技能力主要表现为高度发展的心血管系统和呼吸系统的工作能力，也称为“心肺耐力”，以及骨骼肌工作中的代谢能力。

（一）心肺耐力

心肺耐力是中长跑运动员体能的重要指标，是心血管系统和呼吸系统较好地协同工作能力的体现，是中长跑运动员有氧能力的基础，也是运动员在运动中心肺系统和肌肉一起工作的持久工作能力。人体运动时，部分氧气在肺部进行交换，当血液通过肺泡时，氧气和血红蛋白结合并随血液运送到心脏，通过心脏泵血功能，循环系统将携氧血液运送到人体所有的器官和系统中。在细胞组织中，氧气通过有氧代谢将一些物质（主要是碳水化合物和脂肪）转化成ATP，以供应身体活动和维持内部平衡所需的能量。在中长跑运动中，心肺耐力的强弱直接影响着运动员的专项运动能力。

（二）能量代谢能力

人体的物质和能量代谢能力决定着中长跑运动员的运动能力和机能水平。研究表明，人体能量代谢系统可分为磷酸原系统、糖酵解系统和有氧系统。中长跑运动时，人体骨骼肌收缩，肌细胞内的能量供应也是由这三个供能系统分解能源物质来完成的。这三大供能系统在中长跑各项目运动时供能的比重各不相同，其供能能力的高低，决定了运动员的运动能力和体能水平的高低。中长跑由于运动时间较长，其能量供应主要由糖酵解系统和糖原有氧系统来保证。

磷酸原系统和糖酵解系统过程都是不需要消耗氧的无氧代谢过程，它们构成人体运动时的无氧代谢系统。无氧代谢系统是短时间极量运动时能量的主要来源。在中长跑运动过程中，虽然运动强度较低，持续时间较长，但在加速和冲刺阶段，其能量也是由磷酸原与糖酵解系统提供的。

有氧代谢供能系统是中长跑运动的主要供能系统。其中糖和脂肪是有氧代谢的主要能量物质。以这些物质的有氧代谢提供能量的运动，就称为有氧运动，其运动能力也就是通常所说的有氧耐力。高水平的有氧耐力有助于运动员承受大运动量负荷的训练，在中长跑运动训练和比赛中有效地抵抗疲劳，同时也有益于训练和比赛间或训练和比赛后的快速恢复。机体恢复快，运动员再次进行运动或比赛的能力就强，因此，它具有重要的训练意义。

在长时间大强度运动中，人体内存在蛋白质和氨基酸参与供能，在1小时有氧代谢跑的能量消耗中，蛋白质供能的数量仅占4.4%。因此，无论人体是安静还是运动时，蛋白质供能代谢都不是能量的主要来源，它的分解代谢和合成代谢平衡是维持生命活动的基础。三大供能系统的供能特点见表1-6。

表1-6　三大供能系统的供能特点

系统名称	能源物质	输出功率	供能时间
①ATP-CP系统	ATP、CP	最大	最大做功6~8秒
②糖酵解系统	肌糖原、血糖	约为①的50%	30~60秒达最大,可维持2~3分钟
③有氧系统	肌糖原、血糖	约为②的50%	1~2小时
	脂肪	约为②的25%	理论上无限

现代中长跑训练中特别强调三种供能系统的“综合训练”，如通常在有氧耐力训练后进行有氧与无氧混合训练，最后进行以ATP-CP系统和糖酵解代谢为主的大强度训练。优秀中长跑运动员的速度训练一般是在专项训练或大强度训练后，机体尚处在一定乳酸堆积的条件下来进行的，以此来促进运动员速度耐力水平的提高。

（三）速度与耐力

虽然有氧耐力是中长跑运动员的竞技能力基础，但是随着中长跑运动员训练水平和运动成绩的不断提高，无氧代谢供能比例相应增加，其训练特征也逐渐发生着变化。研究表明，近些年世界优秀中长跑运动员每千克体重的心脏容积和最大摄氧量等指标并无明显变化，说明有氧能力没有明显提高，但是运动员的运动能力却在不断发展，运动成绩不断提高。其竞技能力进一步提高的主要原因不在于心血管系统功能的改善，而主要在于骨骼肌代谢能力的提高。这种提高需要进行速度训练和速度耐力训练才能获得，因此，无氧能力和速度训练在目前的中长跑项目训练中应得到高度重视。速度与速度耐力训练已成为中长跑训练的重要组成部分。

二、中长跑类项目神经—肌肉工作特点

中长跑是以克服自身体重向前水平位移的运动项目，要求运动员的体重相对较轻。由于距离和跑速的不同，跑的技术动作有不同程度的差异，距离越长，跑的用力程度、动作的速度和幅度就越小，步长就越短。比赛中连续运动时间长是中长跑项目竞技的基本特征之一，这就要求对运动员机体进行适应性改造，包括改善机体能源物质的存储状况、提高机体的物

质代谢功能、提高运动器官的运动功能以及心理耐受力。中长跑运动员的各种基本运动素质都会综合地反映在运动员跑完全程的平均速度上，运动员的专项能力主要取决于多方面的体能状况，其中专项耐力水平对运动成绩起着重要的作用。

现代中长跑的跑速越来越快，人体在较长的时间内，需要消耗大量的能量来满足比赛所需要的高速度，同时中枢神经系统和肌肉要连续不断地接受较强的刺激。在技术方面要求运动员的后蹬力量增加，后蹬时间缩短，后蹬的动作速度越来越快，后蹬角度变小，后蹬时按髋、膝、踝三个关节顺序伸展，后蹬全过程身体重心前移距离加长。运动员在全程跑进中动作轻松协调、蹬伸有力、脚弓富有弹性和节奏感强，能够最大限度地将人体的综合机能和专项身体素质有机地结合起来，最大限度地提高了专项技能。

尽管中长跑项目跑的距离不尽相同，但中长跑的技术动作结构基本相同。随着距离与速度的变化，其运动学特征改变：中距离跑的各种参数值相对较高，随着跑的距离加长，步长与步频相应缩短和降低，支撑与腾空的持续时间和它们之间的比例也相应改变，见表1-7 。

表1-7　部分中长跑项目的运动学特征

距离(米)	成绩	平均速度(米/秒)	步长与腿长之比	平均频率(步/秒)	腾空与支撑时间比	身体总重心垂直位移(米)
800	1:48.1	7.40	2.24	3.50	1.09	0.050
1500	3:38.2	6.88	2.18	3.48	1.08	0.055
5000	13:42.7	6.08	2.09	3.22	0.94	0.048

（根据麦肯钦柯、奥卓林的材料整理）

三、中长跑类项目供能特点

从运动生理学特征来看，中长跑分别属于极限下强度与大强度的肌肉活动，其能量代谢特点是有氧代谢、无氧糖酵解和磷酸原三种供能系统兼有的混合代谢。代谢类型随项目距离的增加而使有氧供能的比例递增，同时无氧供能比例递减，能量总消耗递增，其中ATP-CP系统供能所占比例较小。中长跑运动对运动员心血管系统机能状况、有氧耐力、力量耐力和速度耐力水平均有很高的要求。优秀的中长跑运动员既要有良好的耐力能力做基础，又要具备较高的速度水平与突出的专项速度耐力。

中长跑属于极限下强度的项目，有氧代谢和无氧代谢的比例，800米约为7：3，1500米约为1：1，比赛过程中氧债可达20~30升，血液中乳酸大量增加，可达270~300毫克，最大摄氧量可达75~80毫升/千克/分，肺活量4.5~5.5升。可见，中跑运动员必须有很强的心肺系统功能才能具备承受后半程高浓度代谢产物血乳酸的能力和调整pH值的能力。糖酵解系统供能是中跑速度耐力素质的基础。研究表明，当组织缺氧达70%时，糖酵解系统供能即开始。无氧酵解的供能能力，可用人体负氧债的能力来衡量。人体的有氧供能能力是无氧供能能力的基础。高度无氧能力应建立在高度发展水平的有氧能力的基础上。因为高度有氧供能能力不仅有助于更有效地促进氧化过程，更快地消除无氧过程中积累的乳酸，而且还能有效地提高肌肉中糖原的贮备量，而肌糖原贮备量又与无氧能力有关。

长跑属于大强度的运动项目，其有氧代谢占绝对优势，有氧代谢和无氧代谢的比例，5000米约为4：1，10000米约为9：1。高水平运动员最大摄氧量可达80毫升/千克/分。研究表明，影响有氧代谢供能的生理学因素主要包括两个方面，氧气的供应和能源物质的含量，其中氧气的供应是决定有氧供能能力的主要因素。人体最大摄氧量的大小是人体内有氧氧化能力的标志，而有氧氧化能力又是长跑耐力素质的基础。

人体运动时能量的供应是通过三大能量代谢系统的供能，神经、骨骼、肌肉等系统协调工作来实现的。任何一个运动项目对能量代谢，神经、肌肉、骨骼等系统的功能都有着特殊的要求，而且人体作为严格复杂的系统，任何一个运动项目均不可能单纯依靠某个能量代谢系统的工作来完成能量的供应，而是三大能量代谢系统相互影响，协同完成能量的供应。中长跑训练与比赛所需要的速度、力量、耐力、协调、灵敏和柔韧等素质的提高相关，需要通过改善运动员的能量代谢、神经、肌肉、骨骼等系统的功能，使之符合中长跑运动项目的需求来实现。因此，在中长跑运动训练中，必须根据专项比赛的需要，着重提高运动员主要供能系统的代谢能力，有效地改善运动员的心血管、肌肉与神经等系统的功能。

在运动实践中，中长跑运动员通常以“乳酸阈”（也称无氧阈）跑速或心率来制订有氧训练方案，评价训练效果，诊断身体机能状况。乳酸阈是根据血乳酸浓度值和运动强度两者变化的关系而提出的。在递增负荷运动中，血乳酸浓度会随运动强度的增加由缓慢递增转变为快速升高，在此过程中，血乳酸浓度有一个快速积累的起点（OBLA）。有学者将此起点定为4毫摩尔/升。它表示在长时间运动中，血乳酸浓度保持稳态水平的最大有氧代谢能力。此起点血乳酸的积累与清除速率相等。因此，乳酸阈是有氧耐力好坏的灵敏指标，它不仅反映了呼吸循环系统的供氧能力，而且更能反映运动肌肉对氧的利用能力，考虑到不同个体的差异，又有学者提出了“个体无氧阈”的概念，其血乳酸浓度值不是固定的4.0毫摩尔/升，而是2.0~7.5毫摩尔/升。

不同专项的优秀中长跑运动员的无氧阈值有所不同，参考范围见表1-8。

表1-8　不同专项的优秀中长跑运动员无氧阈的参考范围

项目(米)	女子(米/秒)	男子(米/秒)
800	4.3~4.7	4.5~4.9
1500	4.6~5.0	4.6~5.2
3000	4.7~5.2	4.9~5.4
10000	>5.0	>5.2

经过科学系统的训练，中长跑运动员的无氧阈水平可以得到提高，使乳酸速度曲线右移（即无氧阈跑速提高）。当运动员身体机能状况下降时，曲线可能会保持不变，甚至左移（即无氧阈跑速下降）。在实践应用中，教练员可以在训练的不同阶段安排测试，并根据测

试结果来制订有氧训练方案和评价有氧训练效果。在同一项目不同运动员之间，可进行有氧代谢能力大小的比较；对运动员纵向测试，可以反映运动员有氧代谢能力提高的程度。需要强调的是，根据测定乳酸阈值作为制定中长跑运动员有氧耐力的适宜强度时，存在着一个灵活的幅度，作为最大稳态的乳酸是一个平均值，其波动范围在（4.0±0.5）毫摩尔/升。

近些年来，随着世界田坛竞赛体制的革新与训练体系的日益完善，各国加强了对中长跑科学训练的研究。训练中广泛应用现代运动生理学、运动生物化学、运动医学、心率遥测仪、血乳酸监测仪等先进理论、方法以及仪器，为中长跑运动员的能量代谢与科学训练提供了准确的机体机能信息，进一步加快了中长跑项目训练的科学化进程。

四、中长跑类项目关键技术环节的力学分析

途中跑是中长跑的主要阶段，掌握正确的途中跑技术对中长跑运动员而言具有重要的意义。中长跑途中跑一个周期中经历两次单脚支撑状态和两次腾空状态。就单腿的动作而言，在一个周期中经历了支撑和摆动两个时期，这两个时期又被离地、着地、最大缓冲三个瞬间分为折叠前摆、下压准备着地、着地缓冲和后蹬四个阶段。当两腿同时处于摆动时期时，人体处于腾空状态。

途中跑的动作是在人体已具备了一定水平速度的情况下完成的。人体的向前运动是后蹬的支撑反作用力所产生的补充速度与该瞬间已具有的水平速度联合作用的结果。

中长跑途中跑的关键技术环节主要包括以下几个方面。

1. 着地缓冲

支撑反作用力是影响跑速的主要外力之一。在整个支撑时期，它的大小与方向是一直变化的。这个力的量值取决于运动员的质量、跑的速度和肌肉用力情况。脚着地瞬间的支撑反作用力是向后上方的，这样就产生了制动，使缓冲阶段的跑速降低。着地缓冲阶段的主要任务是减少地面对人体的冲击，减少水平速度的损失，为尽快转入后蹬创造有利条件。衡量一名运动员着地缓冲技术优劣的主要标准，就是看他在这个阶段水平速度损失的情况。水平速度损失少的运动员着地缓冲技术相应较好。通过尽量使着地点靠近身体总重心的投影点和合理的缓冲动作，可以使制动力减小到最低程度。支撑腿在整个支撑时期首先要承受身体向前下方的冲力，然后通过髋、膝、踝三个关节的弯曲进行缓冲，脚着地前，摆动腿大腿积极下压，小腿顺势前摆并做扒地动作，着地腿的膝关节是弯曲的，和足跟几乎在一条垂直线上，这对缓冲动作的完成具有积极的作用。

优秀中长跑运动员的脚落点距身体投影线较近，为20~30厘米。阻碍人体前进的力主要是支撑反作用力的向后水平分力，脚着地点距身体重心投影线较近才能减少这个分力。如果脚着地距身体重心投影线远，则支撑反作用力的向后水平分力就大；反之则小。而垂直分力的大小和持续时间取决于运动员的跑速、身体质量、身体各环节动作的协调程度、支撑腿肌

肉的紧张度，以及支撑腿着地瞬间脚着地点与身体总重心投影点之间的距离。速度越快，步幅越大时，可能会改变小步幅轻快跑，脚落地点近的动作结构，这将更接近于短跑的途中跑技术。

脚着地后，小腿后侧肌群和大腿前侧肌群应积极而协调地退让，以减缓着地的制动力。这样就使伸肌得到预先拉长，为后蹬创造有利条件。在伸肌退让的同时，应迅速屈踝、屈膝和屈髋完成缓冲动作。在缓冲过程中，屈膝是起主导作用的。这时，身体靠惯性向前运动，使机体获得一个短暂的休息。未参与工作的肌群应适度地放松，主要表现在骨盆向摆动腿一侧倾斜，摆动腿的膝关节低于支撑腿的膝关节。

2. 后蹬与前摆

后蹬与前摆是途中跑技术的主要阶段，也是产生跑进动力的阶段。当身体重心移到支撑点正上方时开始后蹬，后蹬的开始也是积极前摆的开始，后蹬结束的瞬间也是前摆达到最高点之时。积极前摆可增加后蹬力量，有力的后蹬可促进前摆效果，只有使后蹬与前摆协调配合，才能产生更大的前进动力。

后蹬产生的支撑反作用力是向前上方的，前摆的惯性又加大了这个推动人体前进的力量。后蹬腿的三个关节要充分伸展，用力的顺序是伸髋—伸膝—伸踝。摆动腿屈膝前摆，并带动髋部前送，摆腿前摆不高是现代中长跑技术的主要特点。

后蹬结束时，后蹬腿的膝关节不应完全伸直，一般为160~170度。在支撑腿快速蹬伸的同时，摆动腿屈膝前摆，更能充分地发挥蹬摆的前进动力，并使后蹬的方向与跑的方向保持一致。后蹬时产生的支撑反作用力的方向应当通过人体重心并与跑的方向相吻合。要做到这一点，摆动腿起着重要的作用。前摆的方向不正，必然影响后蹬的方向，因此，必须保持两脚和两膝的动作与跑的方向一致。后蹬角一般在50度左右，若后蹬角过大，其支撑反作用力的向前水平分力就小，从而使跑速减慢。在保证合理技术的前提下，减小后蹬角是改进中长跑技术，提高跑速的有效方法。

通过观察与分析王军霞和曲云霞的技术动作，发现她们的着地缓冲技术与后蹬的合理性主要体现在以下几个方面：

（1）在着地前的一瞬间，摆动腿是向下、向后积极着地的动作，使着地点靠近身体重心，这样就减少了前蹬的阻力和腾空时间。

（2）前支撑时间更加缩短，前支撑时间明显短于后蹬时间，说明着地缓冲柔和圆滑，这样才能使前支撑迅速过渡到后蹬动作中去。相比之下，王军霞的着地缓冲技术更加完善。

（3）缓冲肌群在退让时十分协调快速，所以踝、膝、髋关节的缓冲动作非常平稳和柔和，并使前支撑阻力降低至最低的程度。

（4）增加了蹬伸的用力过程。大幅度地伸踝、伸髋增加了蹬伸肌群收缩的作用和时间，使蹬伸更加有力和有效，使人体向前位移效果更佳。踝关节大幅度地伸展，既能提高末端关节用力的效果，还能减少后蹬的角度，提高向前的实效性。大幅度地伸髋，既能加快重心前移，减少后蹬角度，加大水平分力，还能为有力地前摆抬腿创造良好条件。王军霞和曲云霞三个关节缓冲过程中的角度变化见表1-9。

表1-9　王军霞和曲云霞缓冲过程中踝、膝、髋三个关节的角度变化

姓名	踝关节角度	膝关节角度	髋关节角度
王军霞	19~25度	12~13度	12~17度
曲云霞	24~29度	17~21度	9~12度

中长跑有一半以上的距离是在弯道上跑的，跑时身体应稍向左倾斜，右臂摆动的幅度较大，右脚着地时脚掌稍内旋。身体向左倾斜的程度与速度成正比。

3. 腾　空

后蹬腿蹬离地面后，人体进入腾空阶段。蹬地腿的小腿应迅速向大腿折叠，形成以髋关节为轴，以大腿长度为半径的摆动过程。优秀运动员都重视大小腿的折叠动作，不过高地向后甩小腿，而是在脚上抬的同时膝向前摆。这样就缩短了摆动半径，加快了摆动的角速度。

人体腾空后，沿惯性向前运动，又获得了一个短暂的休息。这时肌肉群都应适度地放松，尤其是两腿的肌肉，以减轻小腿部毛细血管的压力，使更多的血液流入肌肉，供应氧和能量物质；同时也使静脉血管舒张，增加回心血液，带走代谢物质，避免因代谢物质堆积而造成肌肉过早疲劳。中长跑运动员必须具有肌肉用力和放松交替的能力，这样才能节省能量消耗，保持用较快的速度跑完全程。

4. 上体和两臂

中长跑途中跑时，上体应采取稍前倾的姿势，前倾的角度为3~5度。这种姿势对发挥蹬摆力量有利，并能保持自然步长。前倾过大或后仰都会造成紧张。在跑的过程中，上体前倾角度变化范围为2~3度，后蹬瞬间前倾角度增大，腾空时前倾角度减小。摆臂动作能保持身体的平衡，更主要的作用是增强蹬摆效果。应当把臂部摆动产生的能量转移到推动人体前进的合力中去。两臂弯曲约90度，两肩放松，做前后自然摆动，肘关节的角度在垂直部位可大一些，以利于两臂肌肉的放松。

（袁运平）

第五节　竞走项目特性分析

竞走是运动员的两脚与地面保持接触，连续向前迈进的过程，没有（人眼）可见的腾空。同时要求摆动腿从脚跟触地瞬间至垂直部位应该伸直（即膝关节不得弯曲）。这是国际田径联合会（以下简称国际田联）的竞走定义。“竞”代表竞速，也就是比谁走得快；“走”代表走步，即不允许跑。这是一项体能主导类耐力性长距离周期性运动项目。竞走比

赛的独特之处是技术有上述的规则要求，裁判员执裁时凭借主观判罚，因此，竞走运动员在比赛中经常会遇到技术犯规被取消比赛资格。可以说，竞走是“竞速”能力与“技术”能力的高度统一，这是竞走项目的本质特性。

一、竞走项目主导竞技能力

竞走属于体能主导类耐力性项群，是对技术有特殊要求的周期性竞速项目。竞走运动员的竞技能力取决于其专项训练水平、竞走技术的规范程度、经济性与实效性、合理的战术运用及良好的心理智能水平。竞走项目竞技能力的主要影响因素，见图1-16。

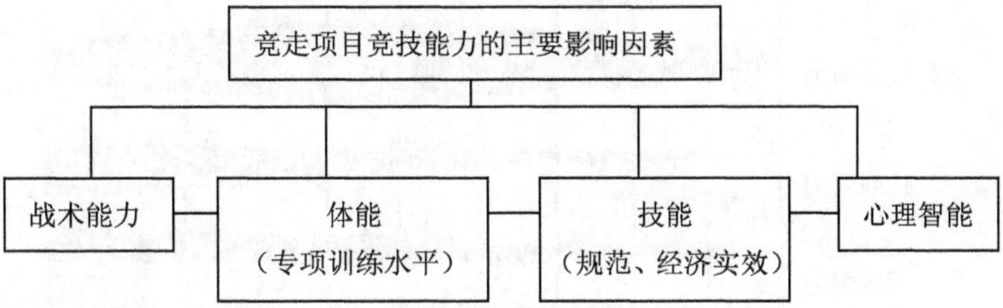

图1-16　竞走项目竞技能力的主要影响因素

20世纪80年代以后，世界性竞走比赛（世界杯、世界锦标赛和奥运会）的竞争程度日趋激烈，竞走运动水平得到快速提高。从现代竞走运动的发展趋势来看，运动员竞技能力的显著特征表现在重视技能，特别是技术动作的规范性；突出体能，尤其是专项体能的逐步提高。在高度发展专项耐力的同时，突出专项速度耐力水平的提高；在促进专项竞技能力提高的前提下，重视全面训练水平的整体发展。

从竞走项目的供能特征和竞走项目的性质来看，决定竞走运动员竞技能力的主要因素是运动员的有氧代谢和有氧/无氧混合代谢系统的能力与运动支撑器官承受长时间工作的负荷能力。此外，竞走运动员的专项技术对整体竞技能力的发展起着至关重要的作用。其主要特征不仅表现为技术的经济性与实效性，更重要的是技术必须符合竞走定义，竞走定义规范了竞走技术动作，准确地划定了走与跑的动作界限，揭示了现代竞走技术的基本特征。

从竞走动作特征分析，竞走运动技术属于典型的周期性动作结构，要求运动员在全程运动中保持最高的平均速度。随着竞走运动员训练水平和运动成绩的不断提高，无氧代谢供能比例相应增加，其训练特征也逐渐发生着变化。研究表明，近年来世界优秀竞走运动员的心脏容积和最大摄氧量等指标均无明显变化，其竞技能力进一步提高的主要原因不是心血管系统的功能改善，而主要是骨骼肌代谢能力的提高。为此，有氧/无氧混合能力和专项速度耐力训练已成为竞走训练中的重要组成部分。

大量实践证明，高度发展的有氧代谢能力可以为竞走运动员取得优异成绩奠定坚实的基础，有氧、无氧、混合代谢能力与专项速度耐力水平是决定竞走运动员专项运动成绩的关键因素。现代竞走运动训练与比赛的负荷量大，特别是负荷强度要求越来越高，对运动员机体的各器官功能，尤其是心血管系统和呼吸系统、能量代谢系统及神经—肌肉系统均提出了更高的要求。从图1-17中可以看出，竞走运动员各训练阶段的训练重点均有所侧重。有氧耐力从一般准备阶段开始逐渐增加，进入专项准备阶段后则逐渐降低；乳酸代谢耐力由小到大，在专项准备阶段后期达到最大，而后逐渐减少；抗酸耐力和无氧耐力是从准备阶段到最后的比赛阶段由小到大逐渐提高的，但总比例仍然小于有氧代谢耐力与乳酸代谢耐力，见图1-17。

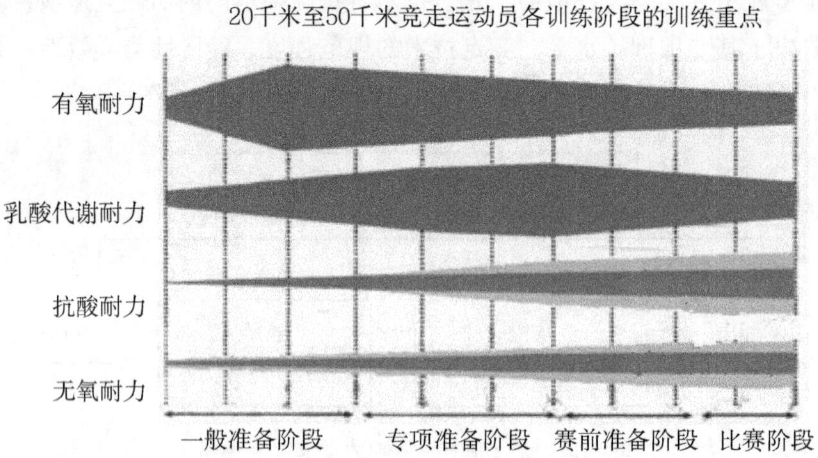

图1-17　竞走专项耐力在各训练阶段的重点

二、竞走项目神经—肌肉工作特点

竞走是一项以有氧代谢为主的运动，肌肉长时间地持续（无间歇）工作是其最大的特点。运动员机体在单位时间内能耗较低但全程总能耗高。竞走比赛的最初阶段主要依靠糖原（50%以上）供能，后由脂肪（50%以下）供能，生理负荷经常达到极限水平。因此，运动员体内能源物质储备的多少，有氧代谢能力的高低及运动器官组织抗疲劳能力的强弱，是竞走运动员神经—肌肉工作的主要特征。

高速竞走的动作频率主要取决于人体大脑皮质内运动中枢的灵活性和各中枢的协调性、肌纤维的比例和工作状况。神经过程灵活性好，兴奋与抑制转换速度快，有利于动作的迅速交替；各肌群间协调关系的改善，可减少因对抗肌群紧张而产生的阻力，有利于速度（速率）的发挥。因此，良好的中枢神经系统和肌肉系统的功能是竞走运动员专项竞技能力的重要生理基础。

另外，由于现代竞走比赛的竞争日趋激烈，速度越来越快，长时间的运动所产生的代谢物质（乳酸）和能源的消耗将冲击大脑皮质的耐受性，这也造成了神经中枢的疲劳和脑细胞释放抑制性神经递质，从而影响体内其他器官系统功能的正常发挥。

竞走技术动作是中枢神经支配下的肌肉协同工作的集中体现，长期高强度的肌肉工作，能够引起神经—肌肉的功能性改变，出现机能节省化现象。当然，如果负荷控制不当，也可能造成不同程度的组织损伤，影响竞技能力的提高和训练的正常进行。因此，良好而稳定的中枢神经系统和强壮的骨骼肌系统是竞走专项能力提高的重要物质基础。

影响竞走运动成绩的主要因素是步长与步频。由于竞走比赛是田径中唯一靠人为判罚的特殊项目，因此竞走技术不仅受人体高度、解剖结构、各关节的柔韧性、灵活性和协调性及后蹬角度和力量等因素的限制和影响，而且还受运动员的技术形态（步态），尤其是步长与步频的制约。竞走的步长只能在一定范围内通过增加后蹬力量与前摆幅度及髋关节旋转来获得。有关研究表明：近30年来，世界优秀竞走男运动员的步长在110~125厘米，没有增加的迹象，由此看出步长已经没有大潜力可挖，重要的是保持全程步长的稳定。

竞走频率是影响竞走运动成绩提高的重要因素，步频的提高与保持主要受神经—肌肉系统的支配。因此，在训练中，应在保持适宜步长的前提下，努力提高步频，尤其是改善比赛全程中步长、步频的稳定性。为此，我们设计了青少年竞走运动员和高水平竞走运动员步频、步长与时间的配合类型参考表（表1-10、表1-11）。教练员可根据每个运动员的个人特点和技术风格选择最佳的步长、步频配合类型。

表1-10　青少年竞走运动员的步频、步长与时间配合类型

项目		时间（分）						
5000米		28：00	27：00	26：00	25：00	24：00	23：00	22：00
10000米		56：00	54：00	52：00	50：00	48：00	46：00	44：00
类型	步频(步/分)	步长（厘米）						
A	180~190	100~96	103~99	107~102	111~106	114~109	119~114	124~119
B	191~200	95~91	98~95	101~98	105~100	108~104	113~108	118~114
C	201~210	90~87	94~90	97~93	99~95	103~100	107~103	113~108

表1-11　高水平竞走运动员的步频、步长与时间配合类型

项目		时间（分）							
青少年	5000米	23：30	23：00	22：30	22：00	21：30	21：00	20：30	20：00
	10000米	47：00	46：00	45：00	44：00	43：00	42：00	41：00	40：00
成年	20千米	1：34：00	1：32：00	1：30：00	1：28：00	1：26：00	1：24：00	1：22：00	1：20：00
	50千米	3：55：00	3：50：00	3：45：00	3：40：00	3：35：00	3：30：00	3：25：00	3：20：00
类型	步频(步/分)	步长（厘米）							
A	193~199	110~107	113~109	115~111	117~113	121~116	123~119	125~122	127~123
B	200~206	106~103	108~105	111~108	113~110	116~113	119~116	122~119	123~120
C	207~213	102~99	104~101	107~104	110~106	113~109	116~111	119~114	119~116
D	214~220	98~95	100~97	104~101	106~103	109~106	111~108	114~111	115~112

三、竞走项目供能特点

竞走是典型的周期性耐力项目，其能量代谢特点是磷酸原、糖酵解和有氧代谢三种供能系统的综合供能（混合代谢）。这三种代谢类型随着比赛距离的增加，以有氧代谢为主的混合代谢的比例也随之提高。因此，长距离竞走运动员既要有良好的耐力做基础，又要具备很高的速度耐力水平。

在长时间竞走运动中，提供能量的主要物质是糖和脂肪。糖的供能主要体现在运动前期，以及比赛途中加速超越和冲刺阶段。运动中后期，脂肪供能的比例明显增加，成为整个运动阶段中重要的供能方式。高水平竞走运动员体内的糖原储备高，脂肪氧化能力强。与低水平运动员相比，高水平竞走运动员在完成相同输出功率或者相同摄氧量强度的运动时，具备更强的利用脂肪供能的能力，而且糖与脂肪能量代谢的平衡调节能力好，能在比赛过程中维持良好的体能，在超长距离的竞走运动中，糖原储备低下是引起运动性疲劳的重要因素之一。

长距离竞走项目的负荷特点决定了竞走运动员必须具备超长的肌肉工作能力和充足的能量物质（脂肪和碳水化合物）储备。有氧供能能量物质的再储备速度要比无氧供能能量物质慢得多。通常情况下，有氧供能物质的再储备可能需要几天的时间才能完成。因此，在高强度的竞走训练和比赛中，合理的营养物质质量和数量及搭配都是非常重要的。竞走运动员的能量物质储备速度越快，人体的新陈代谢就越能尽快恢复平衡（产生超量恢复）。

在3小时的竞走运动中，平均能量消耗从46.2千焦/分上升到55.4千焦/分，呼吸商从0.92下降到0.66。这说明在运动后期，糖作为供能物质所占的比例逐渐减小，脂肪供能比例逐渐增大。高水平竞走运动员与低水平运动员相比，在完成相同输出功率或者相同摄氧量强度运动时，能更多地利用脂肪供能而节省糖的燃烧，与此同时，高水平竞走运动员机体内往往具有更高的糖原储备。

竞走比赛中后期能量供应物质的改变，会直接影响运动员的最高速度，这种现象在50千米竞走的后程最为常见。此外，在2~4小时的竞走运动中，能量供求的不平衡极有可能会影响运动员的竞走步态，而这在该项目竞赛中是非常容易被判罚的，是技术犯规的一个致命的导因。因此，能量供应也可反映出代谢和技术之间的内在联系。

四、竞走项目关键技术环节的力学分析

竞走是依靠裁判员肉眼观察并进行主观判罚的长距离耐力性竞速项目。竞走技术对竞走运动员整体竞技能力的发挥起着至关重要的作用。其主要特征不仅表现为技术的经济性与实效性，更重要的是技术必须符合竞走定义。

（一）竞走的周期动作结构

途中走是竞走的主要阶段，掌握正确的途中竞走技术对竞走运动员而言具有重要的意义。在竞走的一个动作周期中（以一条腿完成前摆、落地、蹬伸离地的动作结构为例），可将竞走技术分为着地—垂直—蹬伸—离地—后摆—垂摆—前摆—着地。

在一个动作周期中，竞走运动员的一条腿经历了支撑和摆动两个阶段，这两个阶段又被离地、着地、最大缓冲三个瞬间分为折叠前摆、下压准备着地、着地缓冲和后蹬四个阶段，见图1-18、图1-19。

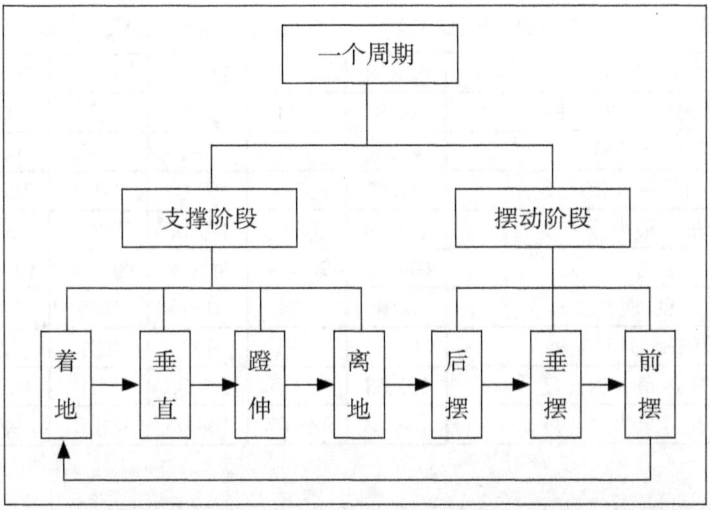

图1-18 竞走一个周期的阶段划分（根据一条腿的运动技术特征）

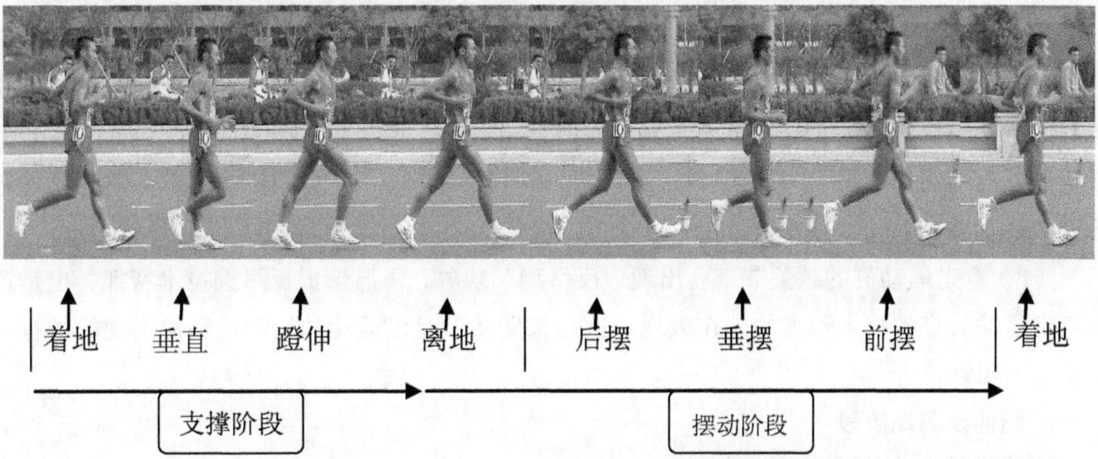

图1-19 以左腿为例说明竞走一个周期的阶段划分

（二）竞走关键技术环节——支撑阶段

1. 着地缓冲至垂直支撑阶段

该阶段是从足踵接触地面开始，至身体重心垂直于地面的动作过程。由于竞走比赛规则中明确规定了下肢的技术动作，“前腿在触地的瞬间必须伸直（即膝关节不弯曲）直至身体垂直面”，因此，该阶段的下肢技术是关键之一。

（1）膝关节角度变化是最为重要的下肢技术。在一个竞走动作周期内，处于直腿（膝关节角度不小于180度）时间的长短，是裁判员判罚的一个主要因素。我国优秀竞走运动员膝关节角度大于180度的时间及左右膝关节最大值，见表1-12。

表1-12　我国优秀竞走运动员膝关节大于180度的时间及左右膝关节最大值特征

	姓名	李××	朱××	虞××	韩××	崔××	平均
男子组	左膝关节>180°时间（秒）	0.18	0.24	0.22	0.20	0.20	0.21 ± 0.02
	右膝关节>180°时间（秒）	0.18	0.23	0.21	0.21	0.20	0.21 ± 0.02
	左膝关节角度最大值（度）	193.90	203.00	191.02	200.20	194.70	194.0 ± 1.79
	右膝关节角度最大值（度）	191.79	205.00	197.00	201.10	196.40	192.0 ± 5.09
女子组	姓名	柏××	姜××	时××	蒋××	何××	平均
	左膝关节>180°时间（秒）	0.16	0.24	0.22	0.20	0.20	0.20 ± 0.03
	右膝关节>180°时间（秒）	0.18	0.23	0.21	0.21	0.20	0.21 ± 0.02
	左膝关节角度最大值（度）	192.56	190.72	197.35	187.17	185.80	190.20 ± 5.34
	右膝关节角度最大值（度）	188.43	189.87	194.95	186.75	193.10	188.00 ± 2.34

从表1-12中可以看出，所有运动员一个周期中的角度变化基本相同，并且男女之间没有显著差异，左右膝关节直腿时间都大于160毫秒。因此在左右膝关节直腿现象上，几乎没有一个运动员出现犯规技术。

（2）该阶段的主要任务是着地缓冲，即最大限度地减少前支撑产生的阻力。脚跟领先在身体重心的投影点前着地（脚掌与地面形成28~30度的夹角）。着地时支撑腿处于自然伸直状态，与地面形成63~67度的夹角。随着脚掌的圆滑滚动，降低了着地阻力，使身体重心平稳前移。

（3）竞走运动员的膝关节直立出现“反弓型”现象，下肢形成反弓型技术特征，也是评价竞走运动员直腿技术程度的外在表现，这是长期从事竞走运动的运动员经常出现的特有的专业运动现象。

2. 蹬伸至离地阶段

该阶段是从身体重心移过支撑垂直面，至脚趾蹬离地面时的动作过程。该阶段的主要任务是通过支撑腿有力的蹬伸与摆动腿的前摆及上肢和躯干等部位的协调配合，使身体获得平稳的动作位移速度。

（1）支撑反作用力反映了后蹬效果。支撑反作用力水平分力的大小取决于对地面施力的大小与施力的角度。水平分力对身体向前运动具有极其重要的作用。竞走运动员在结束后蹬时的蹬地角叫后蹬角，后蹬角一般为63~67度。后蹬的效果取决于下列因素：①蹬地的力量，根据$F=mv/t$ 公式，如果在单位时间内后蹬的力量F越大，则人体向前移动的速度v越大（F表示力量，m表示人体质量，v表示速度，t表示时间）。②蹬地的速度，根据$F=mv/t$ 的公式，如蹬地力量相同，则速度v与蹬地时间t成反比，即蹬地时间越短，获得的速度越快。③蹬地的角度，由于人体结构的特点，后蹬角度受到一定的限制。后蹬角度过大会增加垂直分力，造成身体重心上下起伏过大和缩短步长。后蹬角度过小，同样影响身体重心的上下起伏，同时由于前支撑角的减小，增加了着地的阻力。④蹬地的方向，后蹬用力的方向，应力求与前进方向一致，如果后蹬方向偏左或偏右，则产生向左或向右的分力，影响身体重心移动的直线性，降低后蹬的效果。另外，腿着地瞬间支撑反作用力的方向是向后上方的，这样就产生了制动，使前支撑阶段中的走速降低。通过脚良好的滚动缓冲着地动作能减小制动力量。

（2）后蹬结束时身体重心的位置。世界优秀竞走运动员一般是在两脚的前1/3处，而一般竞走运动员在两脚中间处，这一现象说明后蹬是否充分和有效，见图1-20、图1-21。

图1-20　优秀竞走运动员的重心位置

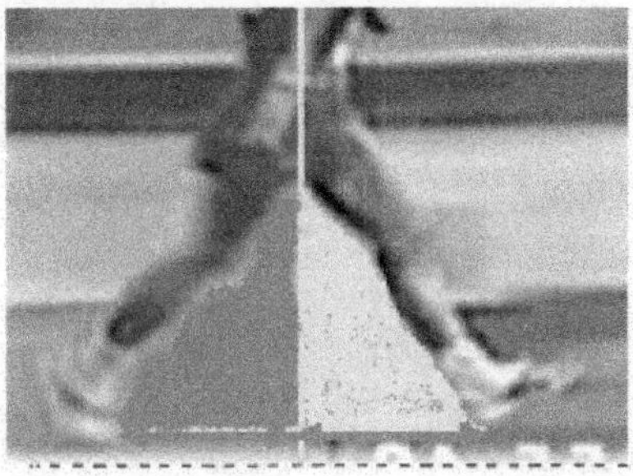

图1-21　一般竞走运动员的重心位置

（三）竞走关键技术环节——摆动时期

1. 后摆至垂摆阶段

该阶段是从足尖离地面开始，至身体重心垂直于地面的动作过程。该阶段的主要任务是蹬离地面的摆动腿迅速放松并随着同侧髋部转动和前摆，即顺惯性摆动。

（1）脚尖离地面近，防止大腿上抬是该阶段动作的关键和主要特征。因此，此时同侧髋关节、膝关节和踝关节放松并有一定的下沉现象。

（2）对侧的躯干，尤其是肩臂部放松对于配合整体动作的完成具有重要的作用，见图1-22。

图1-22　竞走时上下肢的配合动作

2. 前摆至着地阶段

该阶段是从身体重心移过重心支撑垂直面，至前脚跟刚一接触地面时的动作过程。该阶段的主要任务是摆动腿随着同侧髋部转动和前摆，要顺惯性向前摆动，在将要着地前大腿做出制动，小腿顺惯性前摆，足跟领先着地。

（1）摆动腿的大腿由“被动”摆动变为“主动”摆动，也就是后摆是髋部带动腿部摆动，而这一阶段是腿部带动髋部前摆。

（2）摆动腿的大腿和小腿均应注意低空摆动，以便使身体重心平稳移动。

（四）竞走技术的三个要素

竞走技术要求运动员做到“一个重心，两个支撑点，三个转动”。“一个重心”是指身体重心要平稳。“两个支撑点”是指前脚支撑点和后脚支撑点要处于合适的位置，同时与身体重心要保持正确的位置。“三个转动”是指在竞走过程中运动员髋关节应做好上下、前后、左右转动，并且保持一定的动作幅度，这样才能体现出竞走的正确技术。

（王林　宋玉梅）

第二章 田径教练员与运动员

第一节 田径教练员

一、优秀田径教练员的职业特征

田径运动项目众多，发展历史较长，成绩水平已经接近人体能力的极限，高水平竞技田径运动更是对运动员的成长发育程度、体能和技能水平，以及心智能力都提出了很高的要求。各级田径教练员在选材、培养和充分发掘运动员潜力方面，做出了很大的努力，帮助运动员刻苦训练从而达到一定的运动技术水平，取得较好的成绩。在高水平运动员多年训练和比赛过程中，若想保持职业优势，就必须充分认识优秀田径教练员所具有的职业特征。

（一）不断努力学习，迅速掌握前沿训练理念和善于运用现代科技成果

田径运动伴随着现代奥林匹克运动的发展，已经经历了一个多世纪的岁月，在其运动技术水平的演进过程中，历史经验和现在的训练实践都证明，田径运动成绩的任何突破，都与掌握前沿的训练理念和运用现代科技成果密不可分。在现代科学技术飞速发展、信息交流规模不断加大、科技成果广泛传播和全球化趋势的大背景下，田径教练员若想在其职业发展上有所成就，就必须以现代科学方法为指导，运用科学的思维方式，善于发现、借鉴、分析、学习和运用与田径运动训练有关的各个学科的科技成果。田径教练员在追求卓越的道路上，

应该具备学习和钻研态度，就像欧洲田径教练员协会主席、英国著名男子十项全能运动员汤普森的教练弗兰克·迪克于2008年11月在国际田联地区北京发展中心举办的国际田联精英跳跃教练员培训班上所说的："或许你所具备的唯一可保持的竞争优势，就是具有比你的对手更快的学习能力。"

（二）创新田径运动技术，实践先进训练方法

"工欲善其事，必先利其器"，积极创新和实践先进的运动技术和训练方法，历来是优秀田径教练员在本职工作中探索的主题。2004年，雅典奥运会男子110米栏冠军，我国运动员刘翔磨炼出的快速栏间节奏跨栏技术，"东方神鹿"王军霞展现出的高步频中长跑技术，美国跳高运动员弗兹贝里勇敢实践的背越式跳高技术，35次创造世界纪录的"撑竿跳高沙皇"布勃卡探索出的自由起跳技术，以及苏联铅球运动员巴里什尼科夫尝试出的旋转推铅球技术，都对他们自身的成绩突破和田径运动技术的演进带来巨大促进。训练方法和手段的创新与实践，更是优秀运动员攀登运动技术水平高峰的直接载体，正如刘翔的教练孙海平所说，"我认为，刘翔要想再提高，也一定要再寻求新的手段""在常规训练之外，必须独辟蹊径""一切成绩都来自训练，靠理念创新"。

（三）训练过程、内容、方法和手段的系统性与阶段性的统一

绝大多数田径运动项目对运动员体能、技能、心理能力和智能水平都提出了较高的要求，要使运动员达到运动技术水平的高峰需要经历多年系统训练过程。在这一过程的各个阶段都具有不同的训练任务、要求和内容，要达到训练过程、内容、方法和手段的系统性与阶段性的统一。

田径教练员和运动员训练目标的实现，必须以健全的多年训练体制为保证。例如国际田联实施的三级教练员培训和认证体系；我国目前实行的，包括中小学课外训练、业余体校和竞技运动学校，以及国家、省市和高校优秀运动队的三级训练体制。其目的都是保证人才有序、合理地流动与衔接，防止各级训练自行其是，为了暂时或局部利益而过早地片面追求专项运动成绩，形成揠苗助长。针对这种状况，国内外已有的一些相应对策正在逐步发挥着一定程度的积极作用，例如：制定各运动项目的运动员在不同年龄阶段的训练大纲；建立与多年训练各阶段基本任务相适应的竞赛制度；建立相应的奖励制度，鼓励中小学、业余体校、运动学校及俱乐部的教练员认真完成基础训练和初级专项训练的任务。田径运动自身特点和上述保障因素，都使田径教练员的执教体现出在系统基础训练中的鲜明阶段性。

（四）担当多种角色

田径教练员的重要任务之一是指导协助运动员实现他们的运动生涯目标，教练员在此过程中，需要担当很多角色和完成多方面的任务。对于运动员来说，优秀田径教练员的角色与

作用见表2-1。

表2-1　优秀田径教练员的角色与作用

角色	作用
教师	帮助运动员树立正确的人生观，进行品德培养，传授田径运动知识
训练者	设计、计划和实施田径运动训练和比赛过程
激励者	不断给运动员以鼓励，激发、强化他们的训练和比赛动机
纪律监督者	在日常生活和训练方面与运动员共同制定纪律要求，并进行监督
管理者	对运动员的生活环境和训练过程进行积极有效的管理
科学家	掌握前沿训练理念和善于运用现代科技成果，根据运动员的具体要求和情况，积极创新田径运动技术和实践先进的训练方法
宣传员	正面应对公众和适度接触媒体，帮助运动员树立良好形象
社会工作者	为运动员担当多方面的社会工作，协助他们处理各种社会和人事关系，为他们人生道路上的教育和职业发展提供切实的帮助
顾问	在运动员遇到各种挑战、困惑和面临问题时，共同分析并对其提出有益的指导和建议
朋友	努力成为运动员的朋友，及时提供多方面的关怀和帮助，分享他们的痛苦和快乐
学生	密切注意、发现和积极肯定运动员的独到经验和见解，虚心学习运动员的各种优秀品质、敬业和拼搏精神

（五）爱岗敬业、坚忍的意志和执着精神

高水平田径运动员的训练过程对人的意志品质提出了比较高的要求，尤其是从事指导高水平竞技田径运动员训练和比赛的教练员，应爱岗敬业，努力培养运动员攀登运动技术和运动成绩水平的高峰。坚定的信念和永不言弃的执着精神是优秀田径教练员必须具备的首要品质。

二、田径教练员的教练观与道德规范

（一）田径教练员的教练观

田径教练员在日常的本职工作中起什么作用和完成什么任务都需要不断做出决策，田径教练员们面临的最大挑战就是如何按照准则做出决策。人的价值观指导着行动，而教练观则指导着日常的训练和比赛行为。作为教练员，在培养运动员良好的体育道德和公平竞赛意识方面承担着重要的职责，所传授的这些优秀品质将伴随运动员的一生。

比赛取胜固然是重要的，它是竞技体育的基础，然而，“不惜一切代价去取得胜利”的观念完全忽视了运动员的发展。假如将运动员的长远发展作为唯一重要的事情，那么田径教练员的教练观就可以概括为“运动员第一，获胜第二”，其基本含义为：

（1）田径运动应当是个人生活的一部分，而不是生活的全部。

（2）运动员对教练员本人及其工作的尊重和理解。

（3）运动员和教练员共同认定成绩提高的重要性，努力达成共识，完成共同目标。

（4）遵守竞赛规则和崇尚公平竞争精神。

（5）运动员充分发掘出自己的潜能就应被视为成功。

（6）对竞争对手和比赛裁判员的尊重。

教练观决定了一个教练员的决策和行动。多年来中外高水平田径运动员的训练和比赛的长期实践已经证明，一个好的教练员必须有正确的教练观，否则他的工作效率就会降低，难以取得成功。教练观的培养应当伴随教练员的整个执教生涯。

（二）田径教练员的道德规范

教练员个人的职业道德可以反映出他的是非观念，并决定着教练员的行为举止。教练员的职业道德观并不是一成不变的，它在教练员的一生当中将不断发展，或逐渐走向成熟，正如孩子的行为举止通常在道德观念方面没有成人那样成熟，但会随年龄的增加而逐步成熟起来。当教练员和运动员一起训练时，教练员不仅要知道自身的道德观，还要意识到队员的道德观。

1. 公平竞赛和良好体育道德

一般来说，人们对于体育参与的一个重要议题就是：人们普遍认为体育塑造人的良好性格。大多数人赞同这一观点。而有些人可能会说，体育实际上揭示了并造就了人的性格。一方面教练员在运动员的身体发展和道德培养方面起着至关重要的作用；另一方面，教练员自身的不良行为举止将影响到运动员，并对运动员的身心及其社会行为产生一系列不良的后果，或者使运动员被迫离开教练员，摆脱其影响。人的正直诚实的完整性是不可分割的。一个人在生活中任何一方面的不良行为不可能不影响到他的整个价值观体系。我们处于一个充满竞争的社会，教练员和运动员在田径运动中的欺骗行为，不可能不被带到他们必须竞争的日常现实世界中去。

“公平竞赛”可以被看作是实施训练和参与竞争的指导思想。作为体育运动的基础，人们同样会认为体育运动是一种精神追求，因为它强调的是积极参与。而从职业道德方面考虑，在所有体育运动中，公平竞争和良好的体育道德是一个整体，缺一不可。公平竞争已经不仅仅表示在田径运动规则允许的范围内参与运动和比赛，它还体现了人的思维方式，而不是一种简单的行为方式，它涵盖了一个人对友谊、尊重他人、正确地参与等精神概念的理解。下面所列出的态度和行为代表了我们对公平竞争和良好体育道德指导思想的认识。

（1）为所有运动员提供平等的参与机会。

（2）遵守竞赛规则。

（3）尊重裁判员并服从裁决。

（4）尊重对手。

（5）在任何时候都要保持诚实、尊严和控制自我。

很多人都会赞成公平竞赛和良好的体育道德，但是并非所有教练员和运动员都能够真正理解，这种理念必须通过学习和实践而获得。良好的态度和行为，不是我们在比赛环境下做出一个简单决定就能自动获得，而是需要不断地学习和体验。

2. 田径教练员的职业道德

公平竞赛的含义并非只是按照规则参加比赛。它是一种思维方式，而不仅仅是一种行为方式。公平竞赛可以表示为一种教练员的指导思想，包括友谊、尊重他人和正确参赛态度等概念。教练员的职业道德思想也包括了一些必须面对的热点问题，包括消除欺骗、反对使用兴奋剂，利用规则投机取巧，身体暴力和污秽性语言，剥削、机会不均等，以及过度的商业化和腐败现象。

体育运动是一种文化活动，公平地参与体育运动为每个人的发展提供了机会，教练员、运动员通过自我认识、自我决定、自我表达和自我实现参与体育运动，并从中获得技能、展示个人能力、提高个人成就、增加与社会的互动、促进道德成熟、感受健康和快乐。体育运动提高了处于社会中的人的积极参与精神和责任感。

有人说田径运动比其他体育项目的地位更高，它的很多技能是其他项目的基础。现代训练理论源于田径运动，并在此基础上得到了充实。在所有体育项目中，它的国际化程度最高，是历届奥运会的关注中心。田径教练员能够培养出几代运动员，在田径运动发展中的贡献最大，处于优先地位，同时，这伴随的也是一种责任。这种责任通过每一位教练员的工作内容，以及他的工作方式体现出来。教练员的形象会直接反映到运动员、其他教练员以及那些没有参与教练工作的人的印象中。不论这些田径教练员在工作中是否获得了报酬，或是志愿者，他们都是这项运动的代表，在这项运动中处于一个较高的层次。

不论是公平竞赛意识的培养还是良好体育道德的行为和态度的培养，都不是运动员参与体育运动时自发的结果。这需要通过教练员树立正面的模范形象让他们学习，并持续、明确地进行强化什么是理想的和非理想的行为教育。因而，教练员的作用是至关重要的，是田径运动中公平竞赛职业价值观的使者、教育者和守护者。作为教练员，应该了解并评价自己的人生观；评价并培养自己的教练观；培养自己的职业道德准则；将培养出的职业道德准则付诸教练工作实践；了解并评价自己队员的道德理念；并要设计出一个积极的计划以培养队员的职业道德。

运动员和教练员的关系对运动员的道德培养具有基础性的影响，在任何情况下，教练员的行为都应当起到适宜的模范作用。基于这一点，很多教练员都设计了一个职业道德准则来指导自己的决定和行动。

（三）国际田联教练员职业道德准则

国际田联在制定教练员职业道德准则方面，发挥了积极的领导作用，率先在奥林匹克运动的国际管理机构中制定了这样的准则。国际田联制定教练员职业道德准则的基本原理是：公平竞赛职业道德理念应是完整的，而不是在人们参与体育运动时所能够随意选择的元素。这些道德理念适用于人的能力和活动行为的各个层次，它们既包括休闲体育，也包括竞技体育。

道德准则提供了一个很好的道德框架，来抵御现代社会所带来的各种压力和负面影响。在人们进行有目的运动的多种情况下，这些压力中的许多情况显然已经对体育运动传统的基础，及建立在这个基础上的公平竞赛和良好体育道德造成了破坏。

教练员首要的任务就是通过挖掘运动员成绩潜力来推动运动员的培养进程。教练员要为运动员的长远利益着想，这远比考虑运动员的短期利益重要得多。不管是休闲田径运动还是竞技田径运动，教练员的职业道德都要应用于他的能力的各个层次和全部的工作使命中。为了完成这一任务，田径教练员必须首先具有职业道德，并做到以下几点。

1. 尊重人权

教练员必须尊重基本的人权，即平等权，在以下方面没有歧视：性别、种族、肤色、国籍、语言、宗教、政治、出身或地位等。这种尊重必须延伸到保持人的尊严，并承认每个人对田径运动和社会整体所做出的贡献。此外，教练员必须尊重每名运动员参与田径运动的基本权利，不受到身体伤害和性骚扰，以及避免不适宜的身体侵犯、不正当性要求和性行为。

2. 遵守竞赛规则

教练员必须承认并遵守由国际田联、国家协会或其他被承认的主管机构制定的相应的田径竞赛规则。在训练和比赛中，不仅要遵守竞赛规则字面意义的要求，还要遵守规则所体现的精神，从而保证所有运动员参赛机会均等。尊重并积极服从裁判员判决，相信其判决是为了保证比赛的公平性。

教练员必须认识到自己有责任鼓励队员像自己一样遵守竞赛规则。这包括他们对对手、其他教练员和裁判员所持的态度和采取的行为方式。教练员有责任对自己队员的行为和表现施加影响，同时要鼓励提高他们的独立性和自我判断能力，使他们认识到应当对自己的决定、行为以及表现负责。

教练员在禁用兴奋剂和其他提高成绩的违禁物质和方法中起到正面、积极的领导作用。教练员的这种领导作用应当包括教育自己的队员，告知他们使用禁用物质和方法会对他们的职业道德和身体造成很大的影响和损害。

3. 尊重其他教练员

教练员必须认识到所有教练员都有平等的权利，希望自己的队员能够获得成功，当然这是在遵守规则的前提下取得的。教练员要想别人怎么对待自己，首先就要学会怎样对待别人，与同事交往时保持谦虚，与男女同行交往时尊重对方，用大家公认的职业方式对相应的人进行观察、建议以及批评，但是不应让公众看到或听到。

教练员不应公开地或者私下劝说正在接受训练的运动员离开他原来的团队而加入自己的团队。然而，假如我是教练员，一名运动员提出要跟我训练，而此时他正跟随其他教练员训练，我应当尽快地告知他当前的教练员。而此名运动员当前想要离开的教练应当牢记：所有教练员都应当首先为运动员的利益着想。如果确定是运动员希望换教练，显然他与教练员的训练关系已经僵化，在这种情况下，教练员要协同工作，从而确保工作交接顺利。

4. 对精通业务的尊重

虽然没有任何事物可以取代实际的教练经验，但是教练员也应当持有大家认可的教练资格，应当认识到获得教练资格是一个持续的过程，需要通过参加认证培训课程和参加训练实践，从而获得知识的更新。

教练员必须确保他们为运动员创造的训练环境，以及设置的体能和心理的训练难度是适宜的。这种适宜性体现在训练中必须考虑运动员的年龄、发育和技术水平，以及提供必要的安全保证。这对于年轻或发展程度较低的运动员尤其重要。

5. 尊重教练员形象

教练员必须尊重自己的形象，有责任通过自己的工作和工作方式，在运动员、其他教练员，以及那些没有参与教练工作的人面前展示自己的形象。教练员应当认识到自己的作用，还包括通过田径运动对运动员进行人生观教育，而不仅仅限于教授田径运动本身。

为了传达一个正面的形象，教练员时刻要使自己的行为举止保持高标准，不但要注意自己的外表，还要注意自己的行为。行为举止要与国际田联以及国家协会的标准一致。特别要注意的是，教练员在训练中不得抽烟，训练前也不得饮酒，甚至也不允许他们在呼吸中带有酒气，这些都会影响到他们的执教能力。

6. 尊重团队精神

教练员要与对运动员培养起到作用的所有个人和机构进行合作。教练员应当把学到的知识和自己的实践经验作为一种资源与他人分享，为田径运动的发展和提高做出贡献。

国际田联教练员职业道德准则重点强调了教练员行为举止的要点，田径教练员应该积极地提醒自己肩负的责任。其提出教练员的首要作用是通过挖掘运动员的潜力来促进运动员的个人发展进程。这可以让教练员看到运动员长远发展的重要性。

三、田径教练员的知识与能力结构

现代高水平田径训练和比赛，对于教练员的知识和能力结构提出了更高的要求，具体内容如下。

（一）知识结构

1. 专

田径运动各个项目的教练员都是某一领域的专家，熟知自己的专项，能够解决本专项训练和比赛中遇到的各种问题，使运动训练过程切合实际和科学化。“专”是对田径教练员最基本的要求。只有在知识结构上“专”，才可能深入研究专项运动训练的系统结构，才能围绕专项特殊需要和问题，提出更加具体和细致的解决方案。

2. 博

田径教练员在“专”的基础上，还要具备以专项为核心，对与专项相关的学科有相当广博的知识储备。高水平田径训练和比赛是复杂的多学科综合体，涉及自然科学和社会科学等多方面的知识和方法。知识面单一的教练员，往往在训练过程中仅能从自己狭隘的专业观点出发，容易采用片面的做法，难以对复杂的训练过程的各个因素做到深刻和系统的理解，无法全面解决训练和比赛中的疑难问题。

3. 新

田径教练员需要不断学习新知识和提高认识层次，获取先进的知识和理念，从而丰富和充实自己的知识储备，跟上现代田径运动不断进步和知识更新的步伐，才能够站在本专项发展的前沿，迅速了解和认识田径运动训练的最新信息，实现训练过程、方法和手段的不断突破和创新。

4. 等水平借鉴

“等水平借鉴”的观点认为，一名优秀的田径教练员借鉴其他专业理论知识往往能达到同样优秀的水平。这种“等水平借鉴”效应一般来说是由教练员智能水平决定的。他们往往以原专业为范例，利用已形成的思维方式和方法来掌握新的专业知识。“等水平借鉴”效应是教练员走向“博”的过程中的一种较为普遍的方法。

5. 相邻移植

“相邻移植”的观点认为，从相邻专业移植而掌握的知识，是通往“博”的便捷之路。田径教练员在研究本专项训练和比赛的过程中，往往涉及与之相邻的项目或专业的知识，并逐渐引用相邻的项目或专业的知识，这种情况在田径运动训练中较为常见，而且具有较大的成功率。

可以说，“等水平借鉴”效应规定了“博”的深度，“相邻移植”效应则表现了达到“博”的较普遍的途径。通过“等水平借鉴”和“相邻移植”效应，田径教练员可以从“专”到“博”，从“专”到“新”。“专”是“博”与“新”的前提，“博”与“新”是“专”的升华。

（二）能力结构

1. 高标准的专业素养和执行能力

具有扎实的专业理论知识、相关学科知识、专项训练过程的设计和实施及现场分析和解决各种实际问题的能力。

2. 掌握现代科学方法论，具有职业思维和行为方式

具有大科学观与系统思维的能力，在对项目的发展进行整体和全过程的思考基础上，锻造出“超常规思维，跨越式提高”的职业思维和行为方式。

3. 具有清晰的战略和发展的眼光

能够不断地站在项目发展的新高度上，高屋建瓴地观察和分析自己所从事的运动项目在世界范围内发展的趋势和特征。

4. 出色的学习、分析和创新能力

具有收集信息、学习、分析和创新能力，善于接受新知识、新思维和新理念。

5. 先进科研成果、训练理念的直接和高效应用能力

不断提高训练质量和效率是现代田径运动发展的直接动力，通过教练员对于田径运动训练过程的主导作用，使先进科研成果、训练理念得到直接和高效的应用，是田径运动训练和比赛能力提高的最直接和最有效的途径。

四、田径教练员的培训与认证

近年来，许多有条件的国家和地区都制定了各自的田径教练员培训与认证系统。在这里，我们着重介绍国际田联近年来不断发展和完善的田径教练员培训与认证系统（CECS）。

作为国际田联发展计划的主要组成部分，国际田联教练员培训和认证系统帮助了一些会员协会，这些协会是不具备大量的资源来制定教练员培训任务的。国际田联教练员培训和认证系统同时也为教练员职业发展之路提供了强有力的支持。

国际田联教练员培训和认证系统从1991年实施至今，也在不断地更新和完善，已经成为国际田联发展战略的关键环节。国际田联教练员培训与认证系统欲达成下列目标。

（1）结合传统的教练员培训和认证系统与现有的国际田联少儿及青少年田径发展计划和国际田联田径学院，以组成一个综合的系统。

（2）提高教练员的能力，实行国际田联少儿田径训练和比赛计划，能够“牵手引导”儿童向真正的田径青少年运动员（13~15岁）的过渡。

（3）创建一条清晰的教练员发展道路，也能很好地反映和支持运动员的发展道路。在这个系统中，入门级别课程更加容易实现并具有更强的现实性，而高级别课程则更有挑战性和专门性。教练员应根据自己的潜力和实际情况，沿着这条发展道路前行。

（4）提供一个注重能力而不是以知识为导向的方案。不断更新教材内容，把最新的实践及技术信息和灵活的互动式媒体相结合，确保未来的发展。

国际田联教练员培训和认证系统的意图在于针对一些临时组织的课程的弱点，通过提供给国际田联会员协会三个不同等级的标准化的教育和培训课程来帮助他们提高。因为这些协会不具备合格的讲师、课程和教育支持材料。当然，其中一个关键性的目标是，确保在任何一个国家或地区参加课程学习的学员，都能获得本系统同一的高质量培训。事实上，国际田联教练员培训和认证系统是所有体育项目中，在世界范围内第一个用七种语言提供的标准化课程、教材、讲师培训和评估程序的一套完备系统。

国际田联教练员培训和认证系统的长远目标有以下几个。

（1）确保每个国家或地区都有足够的符合国际标准的教练员，使每个国家或地区的田径运动计划得到有效的开展。

（2）确保每个国家或地区最终能够培养出本国的教练员，在不依赖一些外部资源的情况下，培养出具备同样国际标准的教练员。

现在，国际田联教练员培训和认证系统中额外的目标还包括以下内容。

（1）为教练员提供能力、知识，以及对田径理论和实践的理解，这样教练员就能给所有运动员提供更多的机会，不分年龄、性别、种族和能力，来发掘他们的潜能。

（2）促进教练员伦理和道德方面的发展。

（3）提供全球通用的标准化课程，采用全球申请形式，引领教练员们获得专业资格。

（4）做出适当的努力来协助社区田径运动的发展，尊重社区的价值观。

（5）增加妇女的机会，使她们成为具有同样资格的田径教练员。

（6）不断努力使田径运动成为学校首选的体育运动。

第二节　田径运动员

一、田径运动员训练生涯的形成与发展

如前所述，高水平竞技田径运动对运动员的生长发育状况、体能、技能、心理能力和智能水平都提出了较高的要求，要使运动员达到运动技术水平的高峰，需要长期系统的训练和教育。田径运动员的训练和比赛生涯，也是他们体现人生价值和对社会做出贡献的重要部分。

下面是加拿大学者提出的“运动员长期培养”系统，以及国际田联划分的田径运动员的发展阶段。

（一）七阶段“运动员长期培养”系统

1. 儿童积极运动阶段

（1）年龄：0~6岁。

（2）目标。

① 每天把娱乐和身体活动结合起来。

② 培养身体运动方式和与动作有关的技能。

③ 生长发育和运动发展同步。

④ 把重点放在与下列动作有关的技能发展上：跑、跳、滚、转、投、接。

⑤ 在安全的环境下进行尝试性探险。

⑥ 每天进行身体活动。

国际田联也意识到在这个阶段中跑、跳、投活动的重要性，国际田联建议为年龄更小的孩子组织娱乐活动，并提出了这方面的专门内容。

2. “利用运动玩耍”阶段

（1）年龄：男孩6~9岁，女孩6~8岁。

（2）目标。

① 与运动基础有关的一般性全面发展。

② 把心理、认知、情感素质吸收到运动计划中。

③ 田径运动基础因素：跑、跳、滚、投。

④ 采用实心球、利用体重的练习发展力量。

⑤ 介绍运动的基本道德原则。

⑥ 训练没有阶段结构，但具有良好的计划结构。

⑦ 每天进行身体活动。

在国际田联近年来推出和采用的“少儿田径”第一级水平上，建议孩子们以娱乐方式参与田径运动。计划中的部分内容包括发展协调性、速度和技能等，以及首次采用规则。

3. “学习训练”阶段

（1）年龄：男孩9~12岁，女孩8~11岁。

（2）目标。

① 运动技能的全面发展。

② 动作技能的主要学习阶段，在进入训练阶段之前必须获得基本技能。

③ 把心理、认知、情感素质吸收到运动计划中。

④ 采用实心球、利用体重的练习发展力量。

⑤ 选材。

⑥ 每周训练1~3次选择项目的练习和参与其他运动。

国际田联建议9~11岁时，要学习田径运动的基本技能。逐步与对手直接接触，循序渐进地控制学习压力。孩子们接触组织者、裁判员，鼓励他们承担责任和开始发展他们的心理和认知素质。

4. “为练而练”阶段

（1）年龄：男孩12~16岁，女孩11~15岁。

（2）目标。

① 发展运动专门技能，发展有氧能力和力量基础。

② 把心理、认知、情感素质吸收到运动计划中。

③ 发展基本心理技能。

④ 开始进行发展力量的轻负荷练习。

⑤ 发展辅助活动能力（知识、控制、准备活动、力量等）。

⑥ 年轻运动员选材。

国际田联也推出了13~15岁的计划，要进行不间断的身体素质训练（力量、耐力等）。让年轻运动员发展所有田径运动项目的跑、跳、投的专门技能（技术）。以团队形式与对手直接接触。

5. “为赛而练”阶段

（1）年龄：男孩16~23岁，女孩15~21岁。

（2）目标。

① 发展与专项有关的身体性技能。

② 加强与专项有关的技术性技能。

③ 把心理、认知、情感技能吸收到运动计划中。

④ 培养取得成绩的最佳心理状态。

⑤ 运动员训练专门化。

国际田联也建议在这个阶段参与17~23岁水平的锦标赛，使训练条件向与更高水平比赛兼容的状态延伸。

6. “为赢而练”阶段

（1）年龄：男孩19岁（含）以上，女孩18岁（含）以上。

（2）目标。

① 发展和保持最佳身体素质。

② 完善技术性技能。

③ 谨慎地使训练适应于比赛。

④ 医务监督和恢复，预防伤害。

⑤ 辅助活动的最佳化。

国际田联建议在这个阶段参与成年水平的锦标赛，这是田径运动员竞技运动生涯的最高境界。

7. 积极运动和健康生活方式回归阶段

（1）年龄：田径运动员结束竞技运动生涯之后。

（2）目标。

① 在比赛之后或之外，对于积极运动和健康生活方式的回归。

② 实现从比赛活动向保持健康或寻找其他身体运动方式的成功过渡。

这个系统把田径运动员的生涯发展划分为七个阶段，其具有两方面的优势。

① 纳入了年龄很小的儿童阶段。对于这个阶段，绝对有必要为孩子们提供有组织的身体活动，以弥补他们社会性身体活动的不足。

② 在高水平运动实践之外或之后，为成年人的积极身体运动提出了建议。

（二）国际田联划分的五级田径运动员发展阶段

与以上观念类似，国际田联进一步划分了田径运动员的发展阶段及对应年龄，见表2-2。

表2-2　国际田联划分的田径运动员发展阶段及对应年龄

	训练年限（年）	年龄（岁）
第一阶段——少儿田径	1~3	7~11
第二阶段——田径多项目	3~5	11~13
第三阶段——项类发展	4~7	13~15
第四阶段——专项发展	6~9	15~18
第五阶段——提高成绩	8~10及以上	18及以上

1. 第一阶段——少儿田径

适宜生物年龄为7~11岁。发展基本灵敏、平衡、协调和速度，田径运动跑、跳和投的能力，体验全面运动能力，漂浮、滑动、接、踢和击打动作。

2. 第二阶段——田径多项目

适宜生物年龄为11~13岁。优化各种运动能力，发展关键动作技能，如果在这个阶段没有发展好这些动作技能，运动员将无法挖掘其运动潜力而达到理想运动竞技水平。

3. 第三阶段——项类发展

适宜生物年龄为13~15岁。绝大多数运动员在这个阶段经历他们的身体生长高峰期。身体生长高峰期开始的平均年龄：男孩14岁，女孩12岁。

4. 第四阶段——专项发展

适宜生物年龄为15~18岁。开始执行个体化的训练计划。

5. 第五阶段——提高成绩

适宜生物年龄为18岁以上。进行以提高成绩为主要目标的大强度和高频次训练，训练、比赛、赛前减小运动量和提高强度的负荷准备、恢复和心理准备的高度个体化。

上述对于田径运动员发展阶段的划分方式，体现出了前面所讨论的教练观中“运动员第一”的指导思想和“以人为本”的精神。

二、田径运动员的成长与培养系统

从少年儿童到精英田径运动员的长期培养和发展过程中，运动员必然经历许多的发展机会和关键转折。尽管各个国家或地区田径运动员的种族、文化背景、地域环境、社会形态和田径运动发展水平有很大的差异，但其共性是很多的。国际田联针对田径运动员生涯的五个发展阶段，所构制的田径运动员成长与培养系统的简图见图2-1。

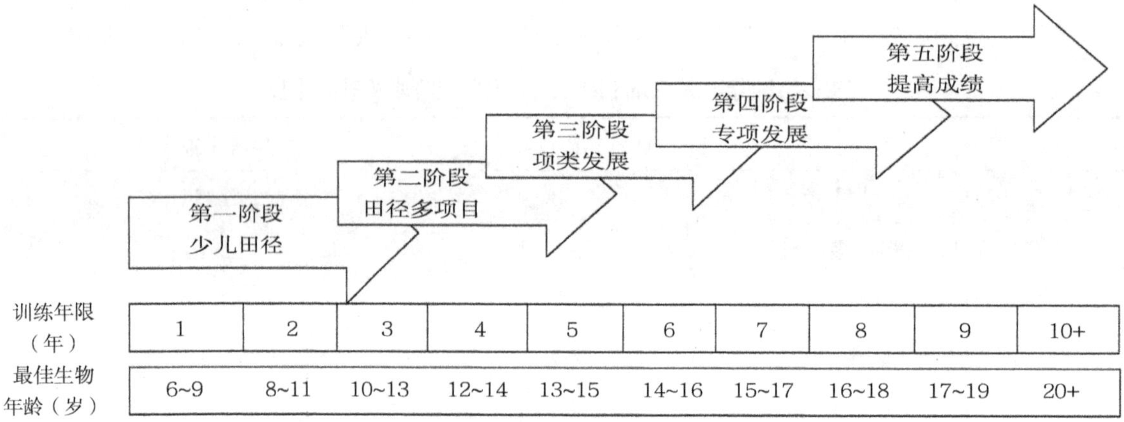

图2-1 田径运动员成长与培养的五级系统教练过程

（张英波）

第三章　短跑训练

一、影响短跑运动成绩的关键因素

短跑运动成绩取决于：肌肉组织快速收缩的神经生理控制周期的强弱，运动员在专项条件下，多年系统训练所承担的高强度负荷的能力，以及比赛中、在最短的时间内尽可能将最高成绩表现出来的能力。

一般而言，影响短跑运动员运动成绩的主要因素有以下几个。

（一）中枢神经系统的工作能力

短跑运动对运动员神经中枢系统的要求有以下两个方面。

1. 募集、发动全身进入状态的能力

在短时间中能够爆发出强烈的神经冲动，动员短跑运动员更多的肌纤维参与运动，加快单位时间内的动作频率（步频），并通过多年训练形成神经—肌肉系统的快速传导通路。

2. 在高速运动中的动作协调能力

提高单个动作速度、不同肌群之间的协调用力能力。

（二）身体的机械工作能力

指参与运动的躯干、四肢，即由骨骼肌和骨骼组成的运动系统。运动训练不可能使之新生，而是使它们的工作能力达到一个较高的水平。

短跑运动员的骨骼肌要以强而有力的收缩给地面一个较大的作用力，进而通过从地面的反作用力获得一个较大的位移（步长）。在周期性的工作中尽快地从极度放松状态转变成紧张收缩状态，并且要在疲劳的状态下仍保持这种转换的能力。优秀短跑运动员的肌肉组成以快（白）肌为主。

短跑运动员的身材应该考虑身高、体重、四肢比例、肌肉结构四个方面。一般是中等或中等以上身材，肌肉发达且成束形，皮下脂肪较少，下肢较长，大腿比小腿稍短；踝围细，跟腱长且扁平，清晰；脚趾齐且较短等。

通过对2008年北京奥运会男、女100米和200米跑决赛运动员的相关数据的分析，我们看到：经过多年的系统专项训练，达到世界顶级水平的100米男运动员的年龄在25岁左右，200米男运动员在26岁左右。达到世界顶级水平的100米和200米女运动员的年龄在26岁左右。值得注意的是，世界顶级的男、女短跑运动员的群体之中均包含不少30岁以上的大龄运动员，取得最好成绩的年龄跨度也在10岁这样一个较宽的范围之内。1.96米的身高可获得奥运会100米和200米冠军，身高1.67米的男运动员和身高1.57米的女运动员也能跻身于世界最好短跑运动员的行列之中，身高跨度男运动员达到26厘米，女运动员达18厘米，见表3-1。

表3-1　2008年北京奥运会男、女100米和200米获得前八名运动员的平均年龄和平均身高统计

项目	年龄最大值	年龄最小值	平均年龄	身高最大值	身高最小值	平均身高
男子100米	30岁	21岁	24.38岁	1.96米	1.70米	1.825米
男子200米	32岁	21岁	26.00岁	1.96米	1.67米	1.792米
女子100米	32岁	21岁	25.88岁	1.75米	1.57米	1.663米
女子200米	32岁	22岁	25.88岁	1.75米	1.63米	1.690米

短跑运动员的主要身体素质应包括以下几个方面。

（1）快速力量，包括加速能力、最大速度能力以及速度耐力（保持最大速度的能力）。

（2）力量能力，包括快速能力、反应力量（在拉长—缩短周期中的快速伸缩能力）、最大力量、启动力量。

（3）耐力，包括基础耐力、短时耐力、速度耐力。

（4）柔韧和灵活性，包括关节灵活性、躯干和腿部肌肉的伸展柔韧性。

（三）呼吸、心血管循环系统的能力

呼吸、心血管循环系统保证着肌肉工作的能量需求、氧气的输送以及二氧化碳的排出。氧气的输送能力主要取决于呼吸器官的能力，例如肺活量和心血管系统。其中，心脏压缩最大输出量和压缩频率（供血量的大小、心率及心搏出量）是一个很重要的因素，心脏的供血越好，氧气的输送越佳。为了保证多年训练的系统性，防伤防病，坚实的有氧基础是基本条件。

短跑运动的大强度训练可使得人体内产生大量的自由基，特别是在有氧训练水平低而进行较激烈的运动的状态下。自由基与许多疾病有关，例如：氧中毒、炎症、免疫失调、衰老、营养失调、粥样硬化、高血压、铁血损伤、癌症、肺病、胃肠道失调、肌肉萎缩等。研究证明，耐力训练可以改善机体抗氧化酶体系的机能，可以提高肌肉中抗氧化酶的活性，从而保证在休息状态与低强度运动时更有效地清除自由基及其衍生物。

（四）能量的储备

肌肉收缩的直接能源是ATP。但ATP在肌肉中的储量是十分有限的，只能在一个极为短暂的连续工作时间（0.5秒）中保证肌肉的收缩。肌肉的继续收缩必须依靠ATP的再合成来补充。肌肉工作强度的提高及时间的延长要依靠下列的能源。

（1）CP（磷酸肌酸）的无氧分解保证了ATP再合成。

（2）碳水化合物（糖原或葡萄糖）的无氧分解保证了ATP、CP的再合成，同时生成乳酸。肌肉工作中形成的乳酸，一部分在肌肉中氧化，另一部分则进入血液和肝细胞中，继续参与糖原的合成。糖原继续分解成葡萄糖，葡萄糖被血液送入肌肉之中，在肌肉收缩中保证肌肉糖原的再合成。

在短跑运动中，ATP、CP、糖原与葡萄糖的储备和再合成的能力将直接影响短跑运动的专项成绩。

（五）外因条件

专项比赛的条件决定了训练工作的方式特征，如训练强度、时间、生物力学的特性等。最原始的标准是运动员克服外界阻力的能力（小、大、极度）。教练员要考虑专项的比赛时间特征（一次性、重复性、连续性）、强度特征（最大、次最大和中等）。

二、优秀运动员技术分析

（一）起跑和途中跑技术

1. 弯道起跑

图3-1是卡尔·刘易斯技术分析。卡尔·刘易斯，男，1961年7月1日出生，身高1.88米，体重80千克，100米成绩9.92秒，200米成绩19.75秒。

图3-1　卡尔·刘易斯起跑技术图

图3-1　卡尔·刘易斯起跑技术图（续）

㊲　㊱　㉟　㉞

㊶　㊵　㊴　㊳

㊺　㊹　㊸　㊷

㊽　㊼　㊻

图3-1　卡尔·刘易斯起跑技术图（续）

世界著名短跑运动员卡尔·刘易斯的蹲踞式起跑技术体现了身材高大、体态修长、技术型运动员的特征。“各就位”至“预备”两个技术动作，四肢、腰部及头状态都具备了放松和自然的特点（图3-1 ①~③）。

起跑的爆发力来源于双腿，因此身体的重心不必太向前倾，以避免给予手臂过多体重的压力，使得双腿蹬起跑器的力量不够，并且摆动腿的向前摆动也因此受到影响。在听到发令枪枪声后，刘易斯迅速摆动双臂，同时双脚蹬离起跑器。后腿积极前摆，前腿则充分蹬伸，前脚在离开起跑器的瞬间，踝、膝和髋关节充分伸展，膝角接近180度（图3-1④）。

双腿蹬离起跑器后，刘易斯的摆动腿有一个积极主动着地的动作，使得第一步有力地着地后蹬，同时使得身体重心迅速前移（图3-1 ③~⑮）。

起跑的前五步，刘易斯保持了一个非常积极的上体前倾，摆动腿的摆动自然流畅，大小腿的折叠积极。着地腿以强有力的充分蹬伸而获得更大的地面反作用力。双臂积极摆动，完整的起跑技术协调，有明显的位移感，同时给我们以美的享受。

2. 途中跑

图3-2是对博尔特2008年北京奥运会100米决赛创造9.69秒世界纪录时（75~80米）的技术分析。

（1）博尔特的支撑腿在着地阶段后转换成摆动腿时以一个非常小的膝关节角度向前移动（图3-2 ⑩~⑭，图3-2 ㉑~㉔）。紧接着是摆动腿非常放松地折叠向后上方摆动，紧靠着髋关节的旋转轴心，以非常快速的角速度向前摆动。

（2）着地前，小腿有一个非常积极的后扒地动作，着地脚落在比较接近身体重心投影点之前，由于摆动腿快速和强有力的着地动作，使得身体在着地的前蹬阶段几乎没有遇到更多的前蹬阻力。在支撑腿着地瞬间，摆动腿已经摆过支撑腿（图3-2 ㉓~㉔）。同时身体快速地移过身体重心与着地点的垂直投影线。

（3）在支撑阶段，博尔特的髋关节伸展快速有力，离地瞬间踝关节充分蹬伸并获得推动身体向前的水平力量（图3-2 ⑫~⑯）。

（4）在博尔特完整途中跑的技术中可以发现，他的上肢保持得相当平稳，几乎没有任何摇摆的动作。这归功于他躯干部位极为显著的稳定性。上肢和腰部在支撑和腾空阶段都保持正直和稍微前倾，保证在高速运动中的身体平衡状态。

（5）值得进一步思考的是博尔特摆动腿的前摆阶段，手臂的摆动显示出一个非常小的肘关节角度（图3-2 ⑮~⑱）。这使得他的摆臂半径短而快速，摆臂动作紧凑而省力。

从博尔特完整的一套复步的图片中，可以看到他的技术动作优美伸展，自然流畅，蹬摆结合完美，一气呵成。腾空后身体放松伸展，有明显的位移感，是世界优秀短跑运动员的技术经典之作。

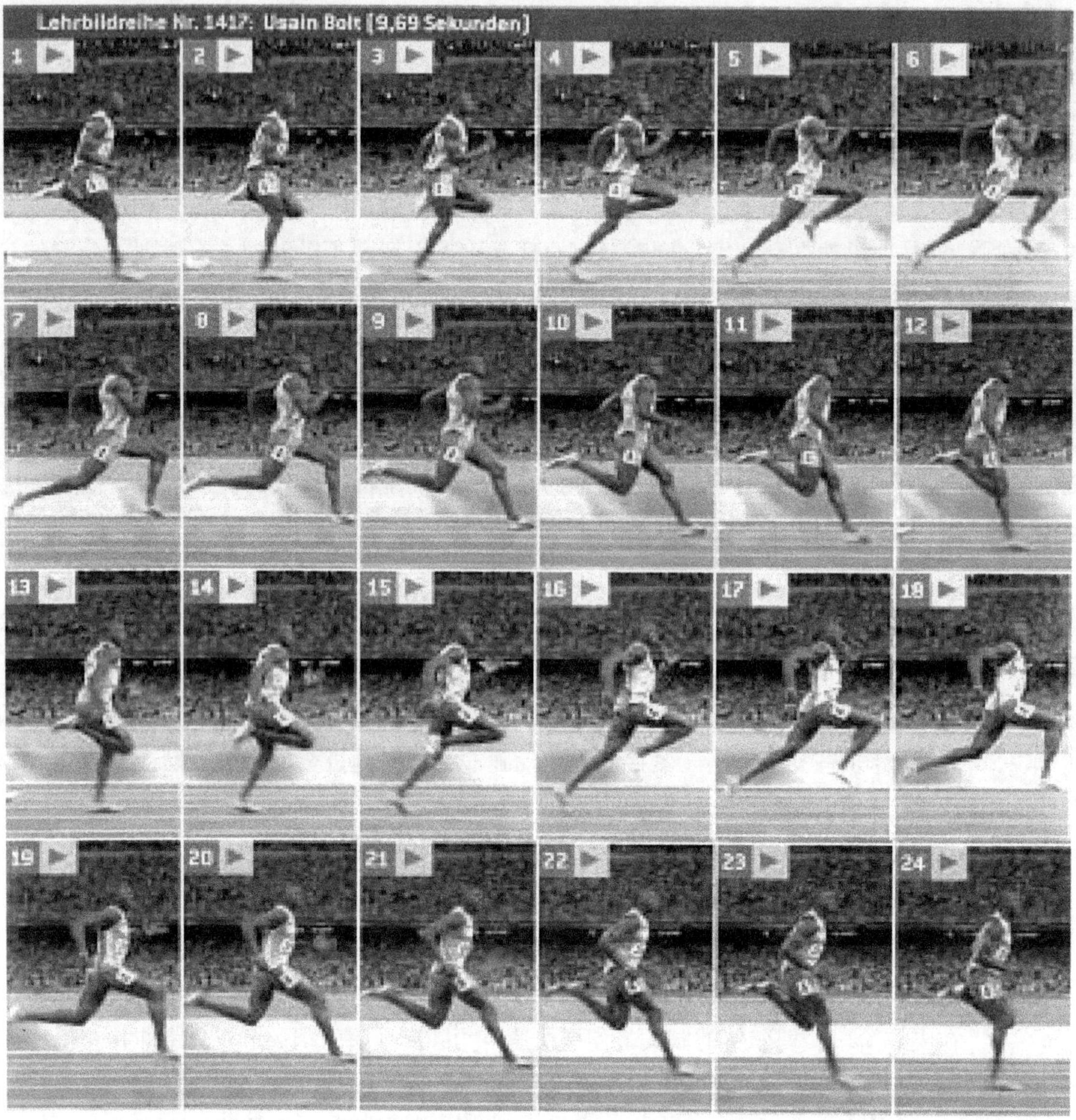

图3-2 博尔特途中跑技术图

（二）短跑运动员的百米速度分配

分析世界高水平的男、女短跑运动员和中国优秀男子短跑运动员的百米速度曲线比较图（见图3-3，均值=9.90秒为世界优秀男子短跑运动员，均值=11.06秒为世界优秀女子短跑运动员，均值=10.36秒为中国优秀男子短跑运动员），发现其所呈现出的趋势为：优秀的短跑运动员是那些能够达到更高的速度，并且加速阶段更长的运动员，而后者是区别优秀和一般短跑运动员的主要标志。分析中外高水平男子短跑运动员的百米速度全程曲线，中国运动员除了在最高速度阶段和加速距离上较世界顶级短跑运动员有明显的不足之外，后程的速度下降率也存在较大的差距（世界3.25%，中国7.54%）。

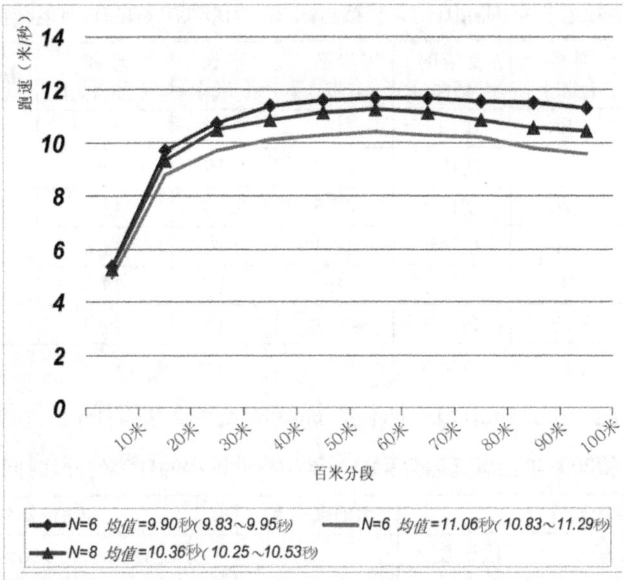

图3-3 世界高水平的男、女短跑运动员和中国优秀男子短跑运动员的百米速度曲线比较图

（三）100米运动员的步长和步频

如表3-2、表3-3所示，世界顶级的男子短跑运动员大多用45步左右完成100米全程。2008年北京奥运会男子100米比赛前八名的平均步数为45.38步。中国目前最优秀的五名男子短跑运动员100米的平均步数为46.36步。南京第十届全运会男子100米比赛的前十八名运动员，预赛100米的平均步数为48.08步；决赛的七名运动员100米的平均步数为46.91步。

表3-2 第29届奥运会男子百米决赛的运动员运动学数据

姓名	国籍	成绩（秒）	反应时（秒）	身高（米）	步数（步）	平均步长（米）	平均步频（步/秒）	步长／身高	步频×身高
Usain Bolt	JAM	9.69	0.17	1.96	41.1	2.43	4.24	1.24	8.31
Thompson R.	TRI	9.89	0.13	1.86	44.7	2.28	4.52	1.20	8.40
Walter Dix	USA	9.91	0.13	1.80	48.4	2.07	4.88	1.15	8.78
Charandy M.	AHO	9.93	0.17	1.70	46.4	2.16	4.67	1.27	7.94
Powell Asafa	JAM	9.95	0.13	1.90	44.4	2.25	4.46	1.19	8.48
Michael Frater	JAM	9.97	0.15	1.70	49.5	2.02	4.96	1.19	8.44
Marc Burns	TRI	10.01	0.15	1.85	43.4	2.30	4.34	1.25	8.02
Darvis Patton	USA	10.03	0.14	1.83	45.1	2.28	4.50	1.21	8.23
平均数		9.92	0.15	1.83	45.38	2.21	4.57	1.21	8.32

表3-3 2008年好运北京国际田径大奖赛进入男子100米决赛的中国运动员运动学数据

姓名	成绩（秒）	身高（米）	反应时（毫秒）	步数（步）	步长（米）	步频（步/秒）	步长/身高	步频×身高
张培萌	10.23	1.86	0.148	45	2.22	4.40	1.19	8.18
胡凯	10.24	1.77	0.155	45.9	2.18	4.48	1.23	7.93
陆斌	10.35	1.76	0.180	47.5	2.10	4.58	1.19	8.01
温永毅	10.36	1.70	0.145	47.4	2.10	4.57	1.23	7.76
梁嘉宏	10.36	1.84	0.196	46	2.17	4.44	1.17	8.16
平均	10.31	1.78	0.170	46.36	2.15	4.49	1.20	8.00

博尔特2008年北京奥运会和2009年柏林世锦赛的百米分短时间、分段速度见表3-4。

表3-4 博尔特2008年北京奥运会和2009年柏林世锦赛的100米分段时间、分段速度

2008年北京奥运会			100米分段	2009年柏林世锦赛		
分段时间（秒）	10米分段（秒）	分段速度（米/秒）		分段时间（秒）	10米分段（秒）	分段速度（米/秒）
1.86	1.85	5.40	10米	1.89	1.89	5.29
2.87	1.02	9.80	20米	2.88	0.99	10.10
3.78	0.91	10.99	30米	3.78	0.99	11.11
4.65	0.87	11.49	40米	4.64	0.86	11.63
5.50	0.85	11.76	50米	5.47	0.83	12.04
6.32	0.82	12.19	60米	6.29	0.82	12.19
7.14	0.82	12.19	70米	7.10	0.81	12.34
7.96	0.82	12.19	80米	7.92	0.82	12.19
8.79	0.84	11.90	90米	8.75	0.83	12.04
9.69	0.90	11.11	100米	9.58	0.83	12.04

资料来源：Leichtathleiti ktraining.德. 2009年，第10、11期，第39页。

在周期性运动项目中，单位时间里高动作频率的代价是消耗更多能源。因此快的动作频率并不具备经济、节能和省力的理念。周期性运动项目比的是单位时间内的位移距离，而不是单位时间内的动作频率。因此从能量消耗的角度上认识，步长更具有经济性的特征。中国运动员在步幅上较国外优秀运动员有比较明显的差距，而他们表现出相对较高的步频数据也是在步长较小的背景下取得的。

三、专项技术训练的重点与方法

20世纪80年代中期以来，国际上开展了对于短跑技术重新认识的生物力学讨论，德国学者瓦泽（Waser）认为："短跑速度的产生，主要是通过快速的伸髋动作，而相对较少地依靠快速蹬伸和蹬地技术。着地之后前蹬阶段的积极扒地技术比蹬地技术更重要。"德国学者维曼（Wiemann）将1991年世锦赛100米冠、亚军刘易斯和伯勒尔的途中跑技术动作参数与日本

运动员的技术动作参数进行比较分析，发现在蹬地过程中，两组运动员的膝关节和踝关节的伸展速度没有明显差异，但髋关节的伸展速度却有很大差异，前者大大高于后者。这说明髋关节的伸展速度对跑的速度有很大的影响。此外，前者的支撑腿在脚触地之前瞬间的后摆动作的速度也明显高于后者。“在腿部的髋、膝、踝三大主要肌群中，髋关节伸肌和踝关节屈肌对跑速的影响最大，在一个跑的周期中，髋关节周围的肌群所完成的全部机械功是膝关节的14.6倍和踝关节的2.3倍。”“腿部坐骨神经肌在着地阶段的主要作用是伸髋，并且同时有伸膝作用，是影响短跑速度快慢的主要肌群。”

李庆通过高水平短跑运动员的生物力学试验，认为：“不论从短跑技术的外形及形成短跑动作的肌肉用力，都可将短跑的全过程分为两个不同的专项阶段。在短跑的起跑阶段中，着地时间相对较长，运动员有相对足够的时间运用腿部伸肌收缩的最大力量完成蹬伸动作，在这个阶段中主要是通过腿部伸肌运用收缩性最大力量的工作方法进行肌肉收缩。起跑阶段是短跑运动员摆脱身体静止状态的加速过程。腿部主要伸肌的着地肌电面积数据表明，起跑阶段呈现较高的活性。起跑阶段之后，运动员上肢已经正直，膝关节在着地时，由于前蹬距离的加长，阻力增加，膝关节先被迫弯曲到着地周期时的最小膝角（在152~135~158度之间变化），然后再蹬伸。由于从20米之后着地时间平均仅有110~99毫秒，这意味着运动员已没有充分的时间去蹬伸，只是积极扒地就已经结束了着地周期。就膝和踝关节而言，这是一种典型的快速拉长—收缩周期的动作。”科米（Komi）证明在这种快速的拉长—收缩周期中，肌肉在进行退让性工作时将一部分能量储存起来，并在蹬伸阶段中加以释放。在这种典型的拉长—收缩周期中，运动员可以更多地利用肌肉弹性势能收缩用力，从而减少肌肉主动收缩时所消耗的能量，特别是塑胶跑道的广泛运用，更益于运动员利用跑道本身的弹性达到加速的目的。另外在加速跑阶段中运动员已经获得了较高的水平速度，这时他们应该学会利用惯性跑而达到节省能量的目的。德国弗赖堡（Freiburg）研究组也从力量训练的角度将这种在快速拉长—收缩周期的运动中的单独力量定义为快速反应收缩力量，并总结它的特点和专门训练的方法。起跑阶段之后，腿部肌肉的工作形式是在这种典型的拉长—收缩周期运动中，以快速反应收缩力量，来进行工作，要注意充分利用肌肉的弹性势能。

在短跑的两个不同专项阶段中，腿部屈、伸肌的工作角色有一个微妙转变的过程。在起跑阶段，以腿部前群伸肌的收缩性最大力量为主，起跑阶段之后至终点，腿部后群肌参与伸髋的成分有上升的趋势。

在很长的一段时间里，短跑运动员的力量训练重点集中在力量房中的杠铃训练，主要以半蹲和全蹲发展腿部伸肌的最大力量。毫无疑问，这种最大力量在短跑起跑阶段中起着决定性作用，并且是影响快速反应收缩力量的关键因素。但我们还是忽视了快速反应收缩力量的系统性训练和训练方法的选择。现在我们认识到了这个问题，特别是一些发展快速反应收缩力量的专门训练方法在训练中占的比例，以及它在全年训练周期中的安排，在训练中绝不能被忽视。因为在起跑阶段之后的阶段，要占100米全程的70%~80%，此时，快速反应收缩力量起着决定性的作用。

短跑运动属于典型的远端支撑的周期性项目。远端支撑伸髋运动的主动肌群以大腿后群肌、臀大肌、股二头肌、半腱半膜肌为主，主要训练方法有负重（杠铃）弓箭步走、双腿交换负重上箱跳、橡皮条牵阻前后摆腿、仰卧伸髋练习、悬吊练习等。快速反应收缩力量的训练方法主要是各种单足、双足、跨步跳、跳台阶、跳深等退让性的肌肉收缩练习。各种跑的专门练习，如小步跑、高抬腿跑、车轮跑、直腿后扒地跑，也是技术性、针对性很强的短跑专项练习手段，切不可每次课流于形式。每堂课应坚持高质量地完成，并不断提高动作难度、频率、练习距离等，循序渐进，持之以恒，必将产生良好的技术效果。

不同年龄阶段的短跑运动员应有不同的训练重点和任务。我们认为，在选材和短跑训练的初级阶段——主要是10~14岁这个年龄阶段的少年运动员，不应进行短跑的专项训练，而要以全面身体训练为主，通过短跑的基础训练培养有才能的孩子们对短跑运动的兴趣。在这个年龄阶段，要着重注意发展少年运动员双腿、双臂的动作频率，避免错过运动员提高动作频率的最佳发展时期（12~14岁）。

而后在短跑运动员的基础和发展训练阶段，在全面训练的基础上，逐渐增加专项训练的内容和手段（15~16岁的少年短跑专项训练的周训练课次一般为4~5次），开始发展和提升专项素质，协调地发展运动员上下肢肌肉力量。在快速跑中体会协调和放松的技术，逐渐形成正确的短跑技术。逐渐增加训练负荷，适当地提高训练强度。通过训练和比赛提高心理的适应能力。在这一阶段，主要的训练任务是：① 快速能力，形成正确的技术（技术纠正）；② 全面身体肌肉的训练；③ 加强腿部后群肌肉和韧带的柔韧性训练；④ 提高有氧能力；⑤ 发展协调能力；⑥ 通过比赛提高技术和心理水平。

在这一阶段的训练内容有以下几个。

1. 正确的起跑姿势

（1）“各就位”的身体位置。

① 用脚量距法来确定前、后起跑器到起跑线的距离。

② 前、后起跑器的距离因人而异，在此阶段以习惯为准。随着年龄的增长，运动水平的提高，前、后起跑器的距离也会有所改变。

③ 两手的间隔基本与肩同宽或稍宽。

④ 肘关节伸直以便减轻手的负担。

⑤ 后腿膝关节置于跑道上。

⑥ 两脚稳固地蹬在起跑器上。

⑦ 颈部、上体放松，稍含胸。

⑧ 肩的位置应处于起跑线上。

⑨ 体重均等地分置于手臂和腿上，处于稳定状态。

⑩ 摒弃一切杂念，进入要进行比赛的想象之中。

（2）预备姿势。

① 随着预备的口令，慢慢地伸开膝关节，前腿膝关节角度约为90度，后腿膝关节呈120~135度。

② 以膝关节为中心，用脚牢牢地蹬住起跑器。

③ 由起始的位置，慢慢地伸膝前移，使身体呈前倾状态。

④ 腰部保持紧张，以膝关节为中心支撑体重。

⑤ 肩位移过起跑线。

⑥ 目视前方两步的距离。

⑦ 全部精力专注于发令枪枪声。

（3）合理的起动姿势。

① 听到枪声后的反应是强有力地蹬伸，前腿以与地面成45度的角度有力地蹬离起跑器，以膝关节为中心带动髋关节伸展。

② 后腿迅速有力地向上方送摆。

③ 加强摆臂的动作。

（4）起跑后的加速跑。

① 提高步长和步频以达到加速的目的，此阶段充分利用大腿的前群肌的强有力的收缩完成蹬伸动作。

② 逐渐提高身体的前倾角度，并过渡到自然跑。

2. 快速跑的专项训练手段

（1）蹲踞式起跑。训练起跑技术，快速反应能力。最大速度的训练，起跑至30米，5~6分钟间歇。

（2）行进间跑。训练加速能力，10~30米，2~3次重复。次最大速度至最大速度，起跑至60米，4~6次重复。

（3）改善步频的训练。放松大步跑—加快频率跑。

（4）改善步长的训练。放松大步跑—快速跑—放松大步跑。

（5）加速跑。次最大速度—最大速度的加速，10~40米，4~6次重复。

（6）最大速度跑，10~40米，3~5次重复，2~8分钟间歇。

3. 注意事项

（1）应在相对安静、身体状态好并充分预热的情况下进行速度训练。

（2）精神要高度集中，较好的力量状态是速度训练的前提。

（3）间歇休息时间要充分。

（4）在速度训练课中，尽量不要安排其他身体素质的训练内容。

针对17~19岁的青少年短跑运动员，可根据运动员本身的特点划分为短跑（100米、200米），长短跑（400米）。训练课次增加至5~6次/周。通过训练主要提高短距离跑的能力、加速能力，实现因人而异的理想技术。训练课的时间、密度、数量和质量也应系统地提高。这个阶段的青少年短跑运动员要通过不同级别的比赛丰富参赛经验，体会高水平竞技的感觉。他们中间的优秀者将有资格参加市级和省级青少年田径运动会、全国青年田径锦标赛、亚洲青年田径锦标赛，甚至世界青年田径锦标赛。在这一阶段，专项训练的主要任务有：①蹲踞式起跑后速度的提高；②达到尽量高的最大速度，使最大速度的距离尽量延长；③达到最大速度后的速度下降尽可能地少、慢；④正确学习和掌握弯道跑的技术。

这个阶段训练的重点是在加速和最大速度阶段中速度曲线的提高。在这个训练阶段之后，女孩子的最大速度可从8米/秒提高到9~10米/秒，而男孩子的最大速度可在训练阶段结束之后提高到10~11米/秒。这个阶段运动成绩的提高主要通过三个明显的标志来显现：①快速能力的提高；②纠正错误的动作，形成正确的技术；③训练后表现出的低乳酸能力。

这个阶段的训练要使青少年运动员有一个自然的增长过程，有些短跑专项训练的手段（如负重跑、牵引跑及力量训练中的大重量负荷）都不要运用。避免早期专项化和过度训练导致下一阶段训练的成绩停滞。

在这个训练阶段，技术训练的经济性非常重要，短跑专项成绩的停滞不前主要是技术上的缺陷，因此，定期的技术评估是必不可少的。更多的、复杂的生物力学的分析可能为时过早，但一些简单实用的运动学测试和分析是非常必要的。例如：分段成绩、分段速度、全程步数、步长和步频、着地和腾空时间。

步长和步频因人而异，是根据个人条件的自然现象。步频的提高主要是快速能力的增长，而步长则是短跑专项力量在起主要作用。在这个阶段，发展步频能力应优先于发展步长能力。

经过系统合理的训练，短跑运动员进入20岁之后，逐渐步入高水平运动训练阶段，此阶段要不断地提高自己的专项成绩，继而达到本人运动生涯的顶峰。

短跑运动员进入高水平运动训练阶段的专项技术训练重点是训练方法和手段更加接近专项比赛的动作特点。在训练方法的选择和安排上体现了手段的简而精。减少训练内容中的一般训练方法，加大专项训练在整体训练结构中的比例。在这个训练阶段特别要注意因人而异，针对优秀运动员多年训练的个人特点，扬长避短，选择长期以来行之有效的训练手段和方法。在年训练周期安排上也要体现出小周期、转换快的特点。由于在这个训练阶段运动员在训练和比赛中要承受更大的专项强度，因此训练前后的肌肉拉伸、放松，训练后的按摩针灸以及营养品进补恢复措施就显得尤为重要。美国运动医学学会年鉴中汉斯大夫的报告指出："大强度训练之后，在显微镜下主要工作肌群的微细肌纤维组织有惊人的撕裂损伤现象。"这可能是今后拉伤的累积和最大隐患。兰姆（Lamb）的研究也发现力竭性离心收缩后骨骼肌纤维Z线有断裂的现象，并且血液中出现延迟性的肌酸激酶（CK）活性升高，他认为超负荷运动后产生的肌肉酸痛是由于肌纤维损伤引起的。在高水平运动训练阶段，恢复训练的意义被提到与训练同样重要的议事日程上来。没有恢复，有效果的训练就不会持续长久。

在这个训练阶段，要继续发展专项力量，坚持提高步长。主要专项技术训练方法以各种多级跳、单足跳、跳深和牵阻跑组成，男子短跑运动员的百米跑平均步长与身高比的指数要达到1.22左右。当运动员的步长达到相对稳定和较高水平后，用牵引跑和高速跑台提高运动员单位时间内的快速动作频率。高水平的男子短跑运动员的百米平均步频应在4.5步/秒以上，除非具备超群的步长能力。虽然卡尔·刘易斯平均步频只有4.32步/秒，博尔特只有4.24步/秒，但他们的步长无人能比。

四、主导性身体素质训练的重点与方法

（一）主导性身体素质训练的重点

身体素质包括：力量、速度、耐力、柔韧和灵敏性。

发展运动员的最大力量（又称绝对力量）、速度力量、力量耐力和专项力量，逐步加大训练负荷数量、训练负荷强度、专项力量训练的比重，对其进行与专项运动技术用力结构一致，而又与运动技术训练紧密结合的力量训练，是提高专项运动能力的有效方法。

1. 发展最大力量

速度项目的运动员发展最大力量，多采用改进肌肉和肌间协调性的方法。

研究表明，肌肉收缩一次甚至显示出最大力的时候，只有50%~60%的肌纤维参与工作。通过最大力量的40%~60%负重练习，逐步加快动作频率，同时逐步增加重复的次数，就可以大大提高肌肉纤维参加工作的数量，同时既提高了肌肉的协调性，又不增加肌肉的重量，对提高运动员的速度是非常有益的。

2. 发展爆发力量

爆发力量是指运动员在最短时间内肌肉收缩时所表现出来的力量。

发展爆发力量对短跑项目是非常重要的。爆发力量有利于反应速度的改善，有利于整体速度力量水平的提高。一般多采用最大力量的70%~90%的重量练习，用极限或接近极限的速度完成动作，其用力结构与专项技术用力结构一致时效果是最好的。

3. 发展速度力量

速度力量是指运动员肌肉收缩的力量与速度综合到一起的特殊力量。

短跑运动员发展速度力量，一般多采用最大力量的30%~50%的重量练习，逐步提高完成动作的速度，逐步增加练习次数和组数，这既有利于爆发力量的改善，又利于速度力量耐力的改善，更有利于专项运动能力的提高。

4. 发展力量耐力

力量耐力是指运动员在克服外部阻力时肌肉连续工作坚持尽可能长的时间或重复尽可能多的次数的能力。

发展短跑运动员的力量耐力，主要是增加其肌肉中毛细血管的数量和肌红蛋白的含量，改进输氧功能，提高糖酵解的能力和增大其承受最大氧债的能力。力量耐力虽然与速度项目和力量项目有一定的相关性，但应用最多的是耐力项目。快速的、长时间的力量耐力训练，既有利于心血管系统、代谢系统功能的改善，又有利于专项运动能力的提高。

所有短跑运动员都需要某种程度的将速度、力量和耐力相结合的能力。力量水平取决于项目距离和持续时间。力量能力在跑的项目的发展中将发挥日益重要的作用。在全面训练的结构中必须认真寻找最有效的练习方法来发展专项力量。选择和安排力量练习时应遵循以下原则：①与跑的动作结构相一致；②符合力量—时间结构的特定要求和不同比赛距离对生物机能系统的特定要求；③预防和纠正肌群发展不平衡。应选择可发展直接和间接参与动作的肌群的练习，并有计划地发展力量弱的肌群。力量训练必须考虑下列因素。①支撑阶段所需力量取决于支撑时间和前进所需的力量冲力；②比赛距离影响支撑时间和前进所需的力量冲力；③所采用的练习或多或少与不同跑速下运动的动作结构相符。

爆发力取决于有机统一的两个组成部分——力量和速度。爆发力的大小取决于参与运动的所有肌群紧张的能力，只有在完善肌肉和肌间协调性的情况下，才可能表现出爆发力。

研究表明，以尽量快的速率进行较重负荷（最高强度的75%~90%）的练习能够有效地提高速度力量水平，这是因为肌肉中的快肌纤维只有在接受高强度刺激时才参与工作。以最快动作速度进行较轻负荷练习，能够比慢速练习更好地提高动作速度，如采用最高强度30%的负荷练习可使肌肉发挥出动作的最佳机械效率。

练习的性质对发展运动素质的结果有影响，练习与所发展的素质客观存在的结构生理特点越一致，则运动素质的变化越大。发展速度力量和动作速度的方法是有区别的，发展速度力量用极限速度加适宜的阻力（以最大力量的50%~75%的负重）进行训练，发展动作速度用极限速度加小重量的负重（以最大力量的10%~20%的负重）进行训练。

另外，有研究者认为，力量和爆发力的训练只是有助于增加步长的观点是不正确的。研究已证实，腿部和上体伸肌力量的增长会影响步长，而屈肌发达影响步频。

对美国运动员训练计划的分析表明，他们的力量训练计划有很大差异。有的运动员全年只有两个月的力量训练，杠铃重量50千克左右。而另一些运动员则全年都安排力量训练。

通过分析1990年美国短跑发展协会提出的有助于达到技术要求的相应力量练习计划内容，可以看出该计划的负重抗阻（包括肩负杠铃练习和各种专门练习器的练习）。练习有几个特点：一是肩负杠铃练习的重量较轻（负重量为自身体重的25%~80%），但强调完成练习的动作速度，如用运动员自身体重的80%的重量做快速半蹲起时，要求用4秒钟完成5次半蹲起；二是肩负杠铃练习的动作结构多用单腿做以发展伸髋肌群的动作（类似弓箭步走的动作）；三是在用专门练习器进行伸膝肌群和足跖屈肌群抗阻练习时，重视肌群离心退让动作的训练，具体做法是肌群在向心克制收缩（举起重物）过程时用双腿，然后在离心退让还原时只用单侧腿放下重物。

美国休斯敦大学曾培养出很多世界级短跑运动员（如刘易斯、马什等）。他们在秋季的身体素质训练阶段，每周安排3次力量训练。在其他时间，则根据运动员是否参加比赛，每周安排1次至2次力量训练（星期二1次，如无比赛，星期五加1次）。当接近全美锦标赛或全美大学生锦标赛时，则可能完全取消用杠铃进行的力量训练。他们所采用的周期性安排包括三种不同的方式。方式一的特点是量小、速度快。这类力量训练在比赛阶段过后进行4~6周，作为一种衔接性的训练。这样有助于运动员掌握正确的技术。方式二是力量训练的主要手段，其主要特点是强度与速度适中，如每组用最大强度负荷的75%~85%，做5次，共做4组。方式三的特点是最大量及低速度，如1×1~3（运动员的最大负荷量）。它接着方式二进行或在比赛阶段不能安排长时间训练时及疲劳时进行。

核心力量是力量中的辅助手法，但以往并没有得到足够的重视。近年来，有关核心力量的讨论和实践在运动训练学界热烈展开。核心的主要作用是稳定身体，是肌肉发力的基础，这一点日益得到公认。从跑步到投掷等各项体育运动中，稳定的核心是有效发挥人体生物力学功能的关键因素，从而使肌肉发力最大化并最大限度减小关节的负荷。“核心稳定性”被定义为：能够整合运动链、能够控制腿和髋以上躯干的姿势和躯干运动、保证力量顺利产生，保证力量在运动链上各个环节直至肢体末端的有效传输和控制力量的能力。我们将核心肌群的功能理解为中枢神经系统预设的程序，这个程序整合局部的、单关节和多个关节上的肌群活动，在保持整体稳定的同时完成体育动作。近端的稳定性是远端灵活性的基础，在这个基础上可以建立从近端向远端的发力模式，并且可以通过肌群的协同作用力在完成远端动作的同时保护远端关节。评估动态核心能力是一项重要任务，其中包括对躯干特定功能和三维运动能力的评估。人体骨骼肌系统的核心包括脊柱、髋部、骨盆、下肢近端和腹部。核心肌群包括躯干和骨盆肌肉，其主要作用是保持脊柱和骨盆的稳定性。在各项体育运动中，核心肌群的作用是协助肌肉发力、协助动能从躯干近端（大部位）向远端（小部位）的传输。附着在髋关节、骨盆和脊柱上的肌肉在躯体中央集合，协同发挥必要的、多样的稳定功能来保证远端各环节发挥特定的功能。因此，近端稳定性是远端灵活性和远端完成功能任务的基础。

核心力量训练的方法主要是通过自身调整不稳定的身体状态，达到训练神经—肌肉系统的平衡和控制能力以及本体感觉的一种练习方式。这种训练操作通常使用健身球、摆动板、泡沫球、平衡盘或单侧支撑训练，以增加核心运动能力和稳定性。使用不稳定的装置进行力量训练不仅可以提高所训练肌群的力量水平和本体感受能力，还可以激活核心肌群的参与。近年来被我国运动训练界所尝试和采用的悬吊训练是核心力量训练行之有效的方法。悬吊训练最初用于骨科手术和骨骼、肌肉系统慢性疾病的康复，后来逐步用于运动员的体能训练和伤后康复锻炼。北欧各国和德国等的高水平运动员在体能训练中增加悬吊手段，主要用于加强中央躯干部位深层肌肉力量，专家推测这种在不稳定状态下进行的力量训练能够激活躯干肌肉和身体各大肌群之间的神经—肌肉协调收缩能力，从而提高在高度不稳定状态下（如高速运动中）的运动能力。悬吊训练通过强化躯干肌肉，强化非主导侧肢体运动能力等手段提高身体在高速运动中的平衡、控制能力，加强力量在运动链上的传导。必须指出的是，短跑运动是运动员在肢体高速运动下，维持身体平衡的运动项目，因此，核心力量的训练对短跑运动员意义重大。

（二）主导性身体素质训练的方法

在高水平训练阶段，国内外的短跑运动员主导性身体素质训练除了利用杠铃、壶铃、哑铃、联合器械等进行传统的抗阻练习外，还采用大量的与专项动作结构和发力特点结合更紧密的练习方法。

1. 负重力量训练

负重力量训练在性质上一般被认为是短跑运动的一般或基础性的力量训练，是一种克服外部阻力的力量训练，主要形式是以杠铃练习为主发展最大力量和力量耐力，采用高翻、提拉、抓举、卧推、深膝蹲、半蹲、负重跳跃等手段，在短跑运动员的全年训练中要系统安排。

以杠铃为主的负重练习是我国短跑训练在全年各个训练时期都特别重视的练习，但以准备期最为重视。在第一准备期（冬训）开始时，首先进行4~6周的肌肉建设性训练，也就是力量耐力的训练，其目的是适当增大有关肌肉的横断面及配合这一阶段恢复和提高心血管系统的功能，逐步增加总动员负荷的需要。这种练习一般每周安排2~3次，负荷强度由小到中（最大强度的50%~60%），重复次数与组数较多，有间歇密度要求（每课可选择3~4个手段，每个手段进行6~8组练习，每组完成8~15次）。在结束肌肉的建设性训练后，逐步转入改善和发展肌肉内协调性的训练，也就是大力量训练，其目的主要是提高中枢神经系统和运动神经系统的兴奋冲动能力以及肌肉对神经冲动作出的充分反应，动员更多肌纤维（肌肉运动单位）参加工作的能力。这种练习在准备期中要放在十分重要的位置上系统进行。根据不同阶段和情况，每周一般安排2次左右，负荷强度大（最大强度的75%~100%），重复次数与组数较少或稍少（每课可选择2~3个手段，每个手段进行4~6组练习，每组完成1~5次），多采用金字塔式的安排（负荷重量由轻至重，强度越大，完成次数越少）。在我国，这种训练一般是根据短跑运动员的具体情况，相对固定几个主要手段（多为高翻或提拉，深膝蹲或半蹲），在全年不同时期反复进行的。

为逐步提高训练强度和能力，一般多采用递增法提高难度，即在每一段完成相同要求的练习，3~4周后主动减去最低起始重量的一组练习，而在原最大重量之上增加重量更大的一组练习（完成组数与次数基本不变，只是强度逐步变化），这种强度的递增变化在整个准备期训练中可循环往复数次（包括主动递减），能较为有效地发展最大力量能力。锻炼和提高神经系统高度兴奋、动员和集中的能力，对主要手段的极限强度练习一般也要有计划地安排实施。在比赛期，负重力量训练在次数、负荷和强度等方面均有减小的趋势，为防止最大力量的消退和有利于赛前专项技术训练，一般每周保持1次负重力量练习（选择2~3个主要手段，每个手段进行4~5组训练，每组用70%~75%的强度重复5次）。在多年训练实践中，我国几乎所有的短跑教练员都倾向于把负重训练与跳跃训练结合进行，认为这是基础力量向快速力量转化的重要途径，可以获得更好的训练效果。

2. 超等长训练法

超等长训练是使肌肉先被迫进行离心收缩，紧接着迅速转为向心收缩的训练方法。在田径短跑项目中发展爆发力或速度力量时，超等长练习是被广泛采用的练习方法。超等长训练方法主要有三种形式：①各种快速跳跃练习；②不同高度和形式的跳深练习；③利用专门的器械进行练习。前两种形式在训练实践中应用得更加广泛。

早在20世纪60年代，苏联的维尔霍山斯基就系统、深入地研究了超等长练习方法。他认为跳深是超等长练习的主要形式之一。在进行跳深练习时，跳跃次数应根据运动员的训练水平和基础而定。有基础的运动员一周跳2次。在一个主要训练期内跳深训练课次不应多于40次。研究表明，0.6~1.68米高度的跳深练习，可以发挥肌肉转移工作的最大速度能力，若把跳深高度再提高，则由于改变了起跳动作结构，大大降低了肌肉由离心收缩转为向心收缩的速度，从而失去训练的意义。跳深练习比其他力量练习或杠铃练习的持续影响要多6~8天，因此比赛前10~14天进行跳深练习的次数不应太多。

适用于其他练习的某些运动训练原则也适用于超等长练习。其中被广泛接受的最基本原则之一是逐渐增加负荷的原则。由于超等长训练的重点是发展爆发力，而爆发力是力量与速度的结合，或者是短时间内发挥出的最大力量。因此，在训练中既要采用阻力性超量负荷，又要采用短暂性的超量负荷。在超等长练习中，阻力性超量负荷的形式通常是一个肢体或整个身体运动方向的迅速改变。短暂性超量负荷则是当运动员集中于尽量迅速而有力地完成动作时产生的。

专门性原则也适用于超等长练习。一些超等长练习动作主要是发展跑时的蹬摆力量，另一些用于提高跳跃能力，再有一些则可能专门发展躯干扭转肌的力量。专门性超等长练习的使用取决于运动员个人所期望达到的目的。

各种动作也能产生超量负荷的效果。这一概念的意思就是在一个专门的动作幅度内利用牵张反射原理。如果动作幅度过大，那么就不能发动反射性动作而使原来的目的成为泡影。然而，就肢体的动作幅度和参与工作的肌肉而言，尽管许多超等长练习是专门用于某些特殊的运动技巧的，但它们仍可以用加大幅度的形式来完成。也就是说，肢体可以用更大的幅度进行运动，尽管这样的动作幅度已超过了专项技术所要求的幅度 。

苏联短跑运动员瓦列里·鲍尔佐夫把他的成功在很大程度上归功于超等长训练，正是由于他取得的卓越成绩，超等长训练得到了广泛推广。1972年奥运会，年仅20岁的鲍尔佐夫以10.14秒的成绩取得了100米比赛的冠军。

研究证明，超等长训练能提高弹跳力。一般认为，超等长训练提高爆发力可能归因于肌肉弹性的增加和神经—肌肉功能的适应性变化，肌肉弹性的增加可能是由于肌肉在快速拉长—缩短的周期中受刺激后牵张反射能力得到了提高。

伊・维尔科夫等的研究指出，30米单足跳和跨步跳计时的成绩与60米蹲踞式起跑的成绩高度相关，相关系数均在0.80以上。但也有人指出，就肌电活动而言，在跨步跳中，股二头肌的工作性质与跑时相比较区别较大，而单足跳时股二头肌的工作性质与跑时相比较没有实质性的区别，并据此认为，单足跳是短跑训练的一个有效手段，跨步跳要有限制地使用，至少赛前少练。

3. 等动力量训练

跑的负重抗阻力量练习，其肌肉收缩形式大多是等张收缩。等张练习有很多长处，但也有其不足之处。其优点主要有：①能有效地发展动力性力量；②能更好地发展神经—肌肉的协调性；③能更有效地发展肌肉耐力和增大肌肉体积；④有利于提高肌肉的收缩速度；⑤能产生混合训练效果；⑥能使更多的肌群得到锻炼，并能产生良好的心理效应。其缺点主要是：①不能在整个工作过程中保证肌肉每一次负荷都相等，因此肌肉只能在活动过程中的某个阶段承受最大负荷；②只能按力量最弱的关节角度来安排负荷，易造成某些角度上肌肉负荷不足，因而解决不了肌肉全范围训练这一关键问题；③在运用极限重量或快速等张性练习时，易出现受伤的风险。

因此，当等动力量训练的概念和等动训练器出现后，有关科研人员和教练员也进行了这方面的尝试与实验。

该训练方法能使肌肉获得较全面的力量增长是公认的。尤其是在快速下进行等动训练，力量比慢速训练的增长更大。国内外已有实验表明，慢速等动训练只能在慢速运动中表现出所获得的最大力量，在快速运动时就表现不出；而快速等动训练后，肌肉不仅在快速运动中能表现出最大力量，在慢速运动中也能表现出应有的最大力量。

等动练习方法的优点主要有：①可使肌肉在动作的全过程中承受适宜的负荷量，并能使肌肉在整个运动范围都受到最大阻力，因此可使肌肉进行全范围训练，这样可取得其他力量练习方法所达不到的训练效果；②可根据运动员的力量能力，使动作速度在很大范围内变化，这样有助于增加参与工作的肌纤维数量，也能使完成动作时的速度接近比赛速度；③能在较短的时期内明显提高肌肉力量和一般工作能力；④缩短练习时间；⑤不易出现肌膜炎和受伤的可能；⑥进行等动练习时，可明显降低肌肉疼痛的感觉。

其主要缺点有：①由于等动练习的速度受到控制，因此限制了爆发力量的发展；②肌肉只能在向心收缩的状态完成动作，一般等动练习器上不能进行退让性练习；③动作的起止点无阻力，导致在起止点位置时的肌肉不能达到最大负荷；④大多数专项的动作特征受到限制；⑤不能使关节灵活性达到很高的指标；⑥经费不足的单位难以购置等动练习器。

等动、等长、等张训练后有关指标的比较见表3-5。

表3-5 等动、等长、等张训练后有关指标的比较

比较项目	等 动	等 长	等 张
力量增长率	优秀	差	良好
耐力增长率	优秀	差	良好
整个运动范围内力量增长	优秀	差	良好
每次训练课所费时间	良好	优秀	差
完成训练的容易性	良好	优秀	差
对专项技术的适应性	优秀	差	良好
减小肌肉酸痛的可能性	优秀	良好	差
减小损伤的可能性	优秀	良好	差
改善动作技巧	优秀	差	良好

有人为了观察杠铃、联合器械和等动训练对短跑速度的影响，将20名运动员分成三组，各组的训练负荷量基本统一，进行三个月的训练。每周进行3次力量训练，跑的速度训练每周2次。三个月后，进行检查测验，项目是30米和100米跑、立定五级跳、体前屈（见表3-6）。研究发现：等动训练的效果要比杠铃和联合器械好，它有助于发展起跑速度及最大速度，改善弹跳能力、柔韧性和灵活性。

表3-6 力量训练效果（增长值）

组别	30米跑（秒）	100米跑（秒）	立定五级跳（厘米）	体前屈深度（厘米）
第1组	0.15	0.12	45	–1.5
第2组	0.06	0.12	20	0
第3组	0.18	0.26	42	8

我们认为，在进行肌肉的建设性训练时，等动训练，特别是快速的等动练习，不失为是一种对短跑力量十分有益的补充，由于它具有保证动作速度的优势，所以可弥补前述的大重量等张训练的诸如动作速度低的缺点与不足。

4. 增加与降低难度的跑的练习

除了各种跳跃和跳深练习外，增加和降低一定难度的跑的练习，也被广泛地采用。这种练习被认为是在用力结构、用力时间、动作速度和用力方向等方面与专项技术结合相对紧密的专项力量训练方法。增加一定难度的跑的练习主要有负重跑、上坡跑和抗阻牵引跑等。降低一定难度的跑的练习主要有助力牵引跑、下坡跑等练习。

（1）负重跑

博斯科等人设计了让运动员全天穿负重背心来增加阻力，并在实验仪器上进行跳和跑的实验。跳的实验内容包括在阻力平台上的蹲跳、反向动作跳、障碍跳以及15秒连续跳。运动员的蹲跳成绩从42.9厘米提高到47.7厘米（$p<0.001$）。最高跑速和蹲跳的相关系数为0.68。

负重背心跑可促使肌肉伸张收缩过程（弹性力）的作用加强，从而提高了缓冲阶段的肌肉硬度，同时也就加大了肌肉承担负荷的能力。威尔斯特的研究表明，全天穿负重背心，三周为一个训练阶段与三周以上为一个训练阶段的效果相似。

（2）上坡跑

孔兹和考夫曼对以最大速度上坡跑进行了生物力学分析。他们认为当运动员步长增大时，上坡跑可发展臀伸肌群的力量。因此，通过此种方法训练能提高平地跑速。另外，他们还认为这种训练可减少脚与地面的接触时间，对运动员快速蹬离地面起着积极的作用，但很少用其来作为短跑技术的专门模仿练习。实践证明，上坡跑对发展短跑加速十分有益，它可以促进步长和步频，使跑的动作更加放松自如。

（3）抗阻牵引跑

无论是拉雪橇、轮胎，还是使用阻力伞、塑胶片等，都是发展跑速的常用的方法。这些方法实质上就是增强运动员的抗阻能力，发展力量（特别是髋部、膝部的伸肌群和踝部的屈肌群），并以一定的速度持续跑下去。使用轮胎或雪橇的优点是容易变换轮胎或雪橇的大小或在轮胎内放置重物以增加阻力（轮胎或雪橇的重量为10~25千克）。最大力量训练与抗阻练习组合，可加强力量向速度转化。安德姆斯等人的研究证实，实验组将深蹲与快速的速度力量练习相结合，比只做深蹲或快速的速度力量练习的对照组能显著（$p<0.0001$）提高爆发力。

将抗阻力跑的阻力控制在运动员体重的5%~8%是可取的。这样可使运动员跑的动作结构与全速跑时相同，并发展专项爆发力。抗阻力超过运动员体重的8%就需要更大的后蹬推力，这会延长落地缓冲阶段，改变蹬地角度，降低步长和步频。

塔巴契尼克认为，抗阻力的练习（上坡跑、负重跑、拖轮胎跑等）常常可用于改善专项力量。这种练习需要人体耗费较大的力量和增大肌肉的活动，使更多的肌纤维和神经纤维得到募集，这种训练效应就可以作用于比赛动作。但此方法也存在不足，尤其是会对运动员的短跑技术产生不利影响。为此，塔氏于1988年开始实验一种经改良过的——他称为“速度伞”和“短跑伞”的训练。对此方法的生物力学特征的测试结果表明，采用短跑伞训练的效果要比其他任何改善极限速度、起跑速度和速度耐力的训练方法都好。采用此方法训练的运动员100米和200米跑的成绩分别可以提高0.2~0.4秒和0.8~1.1秒。上述运动员不是初级训练者，而是比较优秀的运动员。由于塔巴契尼克1989年从苏联移居美国，因此这种方法最早是运用于美国运动员的训练。这种伞的作用是当运动员跑起来时，固定在身后的伞就会自动打开，产生阻力。跑速越快，阻力越大。伞有小、中、大三种不同型号，产生的阻力大小不同（小型伞9磅，中型伞13磅，大型伞22磅，1磅＝0.454千克）。可根据不同的训练目的，用一种型号或几种型号相结合的训练，几种型号相变化和相组合的训练可使训练达到最佳效果。目前美国、意大利和东欧一些国家的主教练已开始试用这种训练法。但也有一些著名教练对此持审慎的态度。

（4）助力跑训练

①下坡跑。早在20世纪60年代，一些专家就对下坡跑进行了研究和应用。研究认为，下坡跑的积极效果是运动员在斜坡上跑时，除了其支撑运动器官的肌肉力量之外，又补充了一个与运动方向一致的分力。利用斜坡的目的是提高最大跑速。下坡跑继之以直道平跑有助于达到“超速度”。在下坡跑时，速度的增长是依靠提高步频（平均提高13%）；至直道平跑时，步频比一般情况下的步频平均提高17%。下坡跑的缺点是在支撑阶段减少了后蹬和增加了前蹬，助长了“制动式”技术的形成。此外，在一系列研究中，也发现步长和蹬地力减小。因此一般不推荐使用斜角大于3度的斜坡跑道。

自20世纪70年代以来，下坡跑训练逐渐被一些田径强国所采用。如美国有些教练员在一年中安排两个为期8周的下坡跑（坡度4度）。第1周的星期一、三、五场地跑12×40码（1码＝0.9144米），每次跑完顺惯性跑20码。后6周的速度练习主要是下坡跑。下坡跑的速度要比普通跑道快0.4~0.5秒。在第6周，除下坡跑外，适当地配合普通跑道跑。开始的比例为10次下坡跑，5~6次跑道跑，以后逐渐使两种跑的比例相同。最后全部转为普通跑道跑。第8周，速度练习已全部在运动场上了。

②助力牵引跑。加助力牵引跑是利用专门的仪器产生一定的拉力（最早人们曾利用自行车、摩托车、小汽车等），半强制性地使运动员按非正常速度和节奏跑的训练方法，如使用得当能有效地发展最大速度能力。研究认为，牵引机的牵引力应为20~30牛顿，牵引速度应比本人的最大速度快0.5~1.0米/秒。这种牵引跑可减少落地缓冲和蹬地时间，由于增加了步长和步频，跑速可增加5%。牵引力超过30牛顿会干扰动作协调性，并增加身体倾斜度，使双脚“锤击”地面，延长落地缓冲时间，减少蹬地力量。近年牵引机的发明，使得加助力训练更加易于控制。

5. 利用活动跑道训练屈髋肌群

一些研究认为，利用活动跑道可提高运动员的屈髋肌群的快速收缩能力，从而提高步频。在活动跑道上跑时，运动员的主要用力是在两腿的摆动上，而在支撑的瞬间，主要工作是由电动机来完成的。这样随着电动机转速的提高，运动员必须加快两腿交替前摆的动作速度，才能在活动跑道上持续快跑一定的时间，从而达到提高步频的目的。另外，借助活动跑道可有效地改进跑的结构和改正某些技术错误。活动跑道装置的构造特点是迫使运动员支撑腿落到转动带上离身体总重心的投影点较近，从而防止了诸如甩小腿的动作。近年来，美国已生产出用电脑控制速度的活动跑台。

6. 利用新型运动鞋训练踝关节跖屈肌群

这种鞋的外形和内部结构都与众不同，它比普通运动鞋多一层宽厚的附加底。附加底位于鞋底的前半部分（附加的部分宽约6英寸，长从鞋尖到足弓中部），使鞋后半部分悬空。其设计原理是使穿鞋者的脚跟失去支撑，跟腱自然就会紧张，同时腓肠肌、比目鱼肌就会收缩。穿这种鞋进行走、跑、跳训练时，对小腿三头肌和足底的小肌群的刺激相对较大，能有效地发展该部位的力量。

足底的小肌群训练对保证正常、系统的短跑专项力量是至关重要的。在实践中往往有这种情形，运动员因足底的小肌群有不同程度的伤病，使各种专项力量的练习，特别是各种跳跃和快跑练习难以进行，进而影响了专项运动成绩的提高。

7. 组合训练法：负重—跳跃—加速跑结合训练法

国际上还流行一种让运动员先做力量练习（指负重力量练习），接着进行多级跳，最后以绝对速度进行短距离跑练习的方法。跳跃练习应在技术不走样的前提下尽可能快速地完成。所有的跳跃和快速跑练习都应在体力完全恢复后再重复进行，这样才能确保神经—肌肉系统功能的恢复并能使神经系统募集运动肌所有纤维参与高频率收缩活动。在专项准备期（该时期的训练目的是最大限度地发展爆发力及其肌肉由弹性形变产生力量的能力）的训练课的安排举例如下。

第一天，先进行强度从最大力量的50%开始递增，重复次数随之递减的力量训练；接着做10次连续跳跃6个低栏和10次30米连跳的多级跳练习；最后进行由5×30米跑、3×50米跑和2×60米跑组成的速度训练。

第二天，先完成几组纯动力性力量练习，接着进行10次连续跳跃6个低栏、10次五级蛙跳和10次30米连跳，最后以10次30米斜坡跑或10次交替进行的30米拖轮胎跑（女子拖7千克重的轮胎，男子拖10千克重的轮胎）和30米徒手疾跑练习结束训练。

从生理学分析，在负重力量练习时，特别是负荷强度达80%~100%时，神经系统募集肌纤维克服阻力并进行收缩活动的效果比其他任何时候都好得多。多次举起较重的重量时，做功肌肉的肌纤维会处于被最大限度募集的状态。因此，如果肌纤维通过慢速高阻抗活动得到了大量募集，那么随即使其以高频率（几乎达100%）收缩来产生积累能量是非常重要的。

以上的训练法各有特点，但亦有某种程度的不足。如前所述，抗阻牵引跑的阻力过大、下坡跑时跑道的坡度过大、助力牵引跑的拉力过大等，都会带来不同程度的负面影响。因此在训练中，应充分发挥各种训练方法的长处，并加以有机的组合，取长补短，才能收到良好的效果。

五、训练过程与控制

（一）训练周期理论和训练控制

20世纪60年代，苏联著名运动训练学学者马特维耶夫在总结前人的运动训练实践经验的基础上，提出了著名的运动训练周期论学说。他认为竞技状态发展有其客观规律性，在整个训练年度之中需要经历下列三个阶段。

（1）准备期。运用一般基础训练手段，发展全面的身体素质，训练负荷以量为主，培养和准备良好的竞技状态。

（2）比赛期。发展专项训练手段，提高专项的身体能力，训练负荷以专项强度为主，在比赛中达到运动成绩的最高水平。

（3）过渡期。积极性恢复，将训练状态保持在一个确定的水平上。

训练周期理论的主要思想核心是以年度为时间单位，划分出准备期、比赛期和过渡期三个训练周期，并考虑训练量和训练强度、一般身体训练和专项训练在不同训练时期的安排比例和特点，即在准备期以训练量和一般身体训练为主，在比赛期以训练强度和专项训练为主构成了它的运动训练周期理论。全年的比赛安排呈现出单高峰的特征。

近40年，训练周期理论影响了很多国家不同水平的运动员，特别对青少年运动员的训练至今仍然具有指导性的意义。但毕竟受时代、自然科学发展状况、竞技体育发展水平等众多的主客观因素的限制和影响，传统的训练周期理论对于现代运动训练和竞技体育的发展趋势和特点解释不足，特别是对高水平运动员的训练规律缺乏科学的方向指导。

一个训练系统不仅是建立在逻辑和经验的基础之上，而且要更多地借助于生物学的知识。训练的过程不是一个人为设计周期中的累加现象，而是一个复杂的由很多部分组成的整体，运动员竞技状态的形成和专项运动成绩的提高是长期运动训练和身体器官的适应性的结果。另外，专项训练的负荷量要大幅度增加，专项训练的负荷量应作为衡量和鉴定高水平运动训练的唯一标准，而不是一般训练负荷量，从一般身体素质的准备转变到高水平运动训练是二十世纪五六十年代的概念。现代运动训练将训练过程视为机能性运动系统。系统机能的提高和发展主要以生物科学的理论为依据，即运动员身体器官对训练负荷所产生的适应性。现代运动训练的理念表现为训练内容的专项化以及训练目标的模型化。

随着社会经济发展、体育商业化和职业化的深入，商业性短跑比赛、各类大奖赛、黄金联赛等的增加，加之重大比赛的高额出场费等，使许多运动员必须在全年内一直保持较高的竞技水平，越来越多的短跑运动员采用了多周期训练安排的形式，没有过去那种明显地把全年分为准备期、竞赛期与过渡期等，而是根据专项要求和个人特点来进行全年训练的安排，使运动员随时都进行比赛的强度刺激，因而运动员随时也都可以参加比赛。其主要表现为准备期缩短、专项体能训练的比例加大、比赛期延长。这样就有效地促进了运动员体能与比赛能力的提高，也为短跑运动员创造优异的运动成绩提供了更多的机会。但这种高强度比赛的安排，若缺少科学、合理的休息、调整，就极易造成运动员损伤的发生。

（二）现代运动训练模式——“板块结构”

现代竞技体育和科学技术飞速发展，人们对传统训练理论以及新的训练理念进行总结和探索，提出了现代运动训练模式——“板块结构”。

相对于传统模式在准备期中平行发展多种身体素质，“板块结构”集中在三至四周内有选择性地确定较少的训练发展目标加以实现（不超过两个），使高水平运动员在相对集中的时间内，接受比较大的训练刺激，并且便于在每个训练板块中通过素质，比赛和生理、生化医学指标集中检查训练效果。这就是“板块结构”的核心设想。

三到四个这样的板块构成了训练准备期，同时在年训练周期之中，完成不同的训练负荷和目标的转换。在“板块结构”理论中，准备期同样安排比赛，在比赛期也安排主要的基础训练（如最大力量）。因为在高水平运动训练中，训练的刺激已达不到对运动员的强度要求和兴奋点，这必须通过比赛来实现。“板块结构”的系列成果将通过训练的置后效应以及身体器官的适应性来完成。

“板块结构”主要有三个阶段。

（1）增长阶段。提高基础能力、有氧、最大力量和基本技术。

（2）转换阶段。提高专项能力，挖掘器官潜力，主要发展专项耐力、力量耐力、专项技术的准备。

（3）目标实现阶段。保持专项快速力量的一个最高水平，赛前准备。

在“板块结构”的重点课次中，65%~70%的训练时间应用于重点提高和发展1~2种主要素质，从而使得训练负荷更加集中和将足够的训练部分用于期望的训练影响。

现代高水平运动训练的周训练次数达到9~14次。一般包括至少两个重点课次，负荷量和强度都达到极限。以增加肌肉横断面的力量训练课中的训练负荷强度使得肌肉组合代谢的恢复过程受阻，因此，重点力量训练课后最少在20小时之后再进行下一单元的训练，并且应安排一个负荷较小的恢复训练日（在重点课次大的训练负荷量和强度之后，应执行负荷明显下降的调整训练日）。

高水平运动训练中的训练单元的任务尽量少而精，要简单明确。“板块结构”中训练课的任务应少于三个。以一种主要素质为主，一种为辅。而青少年运动训练则要注意全面发展和训练的趣味性。

（三）短跑运动员训练周期的设想

从一个热爱体育运动的青少年成长为一名优秀的短跑运动员需要长期训练的积累。一般分成两个阶段，一是青少年基础训练阶段，12~19岁，大约需要6年的时间；二是高水平运动训练阶段从19岁开始到退役有6~8年时间。在高水平运动训练阶段分不同的多年训练周期，大都是以4年一个全运会周期或4年一个奥运会周期来运行的。

在青少年基础训练阶段，运动员通过身体素质的全面发展为以后的提高、升级奠定了坚实的基础。在这个训练阶段中，任何早期的专项训练都会对运动员将来的发展带来极为不利的影响。在以一个重大比赛（全运会、奥运会）为目标的4年训练周期中，通常以年度为最小的单位实施计划。一般来说，在一年中有两次比较重大的赛事，因此短跑运动员的年训练计划基本是呈双周期的竞技高峰来设定的。年度的训练计划的制订包括以下几个基本部分。

1. 短跑运动员年度训练计划目标的设定

（1）要根据运动员的实际情况和专项水平制定出明确的、有绝对性评价的成绩指标，对于短跑运动员来说，即100米、200米或400米的专项成绩指标。另外，作为相对性评价，可以把重大比赛中的名次设定为目标，并与平时的训练强度检查相结合来提高训练学习的动机。

（2）在短跑项目中，技术能力的评价和检查是十分重要的。通过各种比赛的录像和分段计时确认全程和分段的步长、步频以及分段成绩，并与前次或以前的比赛数据加以比较，找出提高之处以及与设定目标的差距，以便在之后的训练之中改善和提高。

（3）形态和体能目标同样是短跑运动员重要的发展指标。形态方面包括身高、体重、脂肪厚度等，体能方面包括腰腹力量、背肌力量、腿部肌肉的力量、上肢力量、主动肌和被动肌的比例、向心和离心收缩的比例、柔韧性、反应速度，以及在拉长—缩短周期形式中的爆发力等。另外，阶段性、定期的生理、生化检测也是检查训练效果、控制训练以及确定训练目标的科学依据。

（4）战术目标是根据比赛的规模和赛次制定出参加各轮比赛的参赛方案和成绩目标。例如：含有预、次、复、决四个轮次的大型比赛，需要通过各轮比赛逐渐提高竞技状态和比赛成绩，循序渐进地在决赛中达到最好的竞技状态；而在只有8名运动员参加1组的大奖赛和总决赛中则更多地需要运动员更早更快地调动、动员自己的状态，全力地投入比赛之中。另外，强化心理调节和训练，以防止在重大比赛中发挥失常的现象出现。

2. 短跑运动员年训练周期的划分和制定

短跑运动员年度双高峰的训练周期构成分为：准备期1、比赛准备期、比赛期1、准备期2、比赛准备期、比赛期2、赛后过渡期。

准备期1大致从上一年度的11月中旬到来年的3月底或4月初。在这个漫长的训练时期首先要用一至两个训练板块，用约四周发展运动员的有氧能力和全面的身体素质。然后利用不同的训练板块分别重点发展力量、技术、混氧能力和最高速度能力。在这个训练阶段训练强度不要过大，相对运动量则是全年最大的阶段。

比赛准备期从4月初至5月上旬，需要4~6周的时间。主要训练任务是作为专项的准备阶段，在一般性身体素质训练的基础上，提高专项性的身体素质。训练重点以速度、技术为中心。运动负荷由量转化为质的变化，提高训练的强度。在本阶段和大赛之前应积极参加一些竞争不是很激烈的热身赛，以适应比赛气氛，尝试比赛的节奏过程，并通过热身赛逐渐提高专项强度，为大赛做好准备。

比赛期1要从5月中旬持续至7月中下旬。这个训练阶段的主要任务是保持从准备期和比赛准备期所获得的训练能力，调整好比赛的良好竞技状态，在比赛中发挥自己最好的竞技水平。

准备期2是在上半年的重大比赛完成之后，利用一个月左右的时间恢复调整因训练和赛事而带来的身心疲劳。这个阶段的训练任务与准备期1有些相似，但整个训练周期时间很短。主要是恢复有氧和混氧能力，保持力量和速度能力。

第二个比赛准备期仅有三周左右时间，训练任务基本同第一个比赛准备期相同。

比赛期2大约从9月中下旬开始，全力在重大比赛中表现出自己最佳的竞技能力和专项水平。

赛后过渡期从10月中旬至11月中旬，主要任务是积极性休息、治病疗伤，特别注意心理层面的恢复、认真总结全年的训练和比赛情况。

3. 短跑运动员不同训练周期的周训练计划示例

（1）准备期1。

以德国国家田径队男子短跑组训练计划为例，第一准备期即将结束的最后一周，训练安排如下：

星期一：

上午：力量，协调性。6组×5次单足跳，6组×5次跨步跳，4组×10次跨步跳，10组×5次跳栏架，4组×20米高抬腿，4组×20米站立式起跑。

下午：快速能力和快速耐力。4组×40米站立式起跑，2组×4次×60米加速跑（6分6秒，2分钟间歇），3组×300米（33分5秒，12分钟间歇）

星期二：

协调性，技术，快速能力和快速耐力。2组×（10米、20米、30米）站立式起跑，4组×20米蹲踞式起跑，4组×40米蹲踞式起跑，6组×60米（6分3秒，4分钟间歇），120米（12分2秒，10分钟间歇），180米（19分5秒，15分钟间歇），120米（12分2秒）。

星期三：

上午：力量。6组×8次深蹲（最大力量的70%，次最大动作速度），6组×8次大腿后群屈肌（最大力量的70%），一般力量（腹、背、上肢肌群等）。

下午：协调，组合练习，节奏跑，力量。4组×20米小步跑，6组×20米高抬腿，2组×4次草地技术跑，4组×8次跳障碍。

星期四：

技术，速度，速度耐力。4组×20米蹲踞式起跑，4组×40米蹲踞式起跑，3组×4次×50米接力交接练习，180米（19分5秒，10分钟间歇），220米（23分5秒，10分钟间歇），120米（12分2秒，10分钟间歇）。

星期五：

力量。8组×6次深蹲（最大力量的85%，次最大动作速度），8组×6次大腿后群屈肌（最大力量的85%），30分钟抛实心球训练。

星期六：

协调性，技术，快速能力和快速耐力。2组×（10米、20米、30米）高抬腿跑，2组×（20米、40米、60米）站立式起跑，6组×100米（10分6秒、10分4秒、10分2秒、10分2秒、

10分4秒、10分6秒）

星期日：休息。

（2）比赛准备期。

以中国田径队男子短跑组2008年北京奥运前的周训练计划为例，时间为4月底。

星期一：协调性，专项力量，腰、背肌力量。核心力量练习组合（8练习）×1组，上坡跑40米×4（100%强度），腰、背肌力量×1组，100米变节奏跑×4组（70%~80%强度）。

星期二：速度，接力技术。不同接力区的短程交接棒（约50米×4次，100%强度），40米站立式起跑×3组（4分48秒～4分28秒，2分钟间歇），60米×2组（6分21秒～6分17秒，4分钟间歇），80米 ×1组（8分14秒）。

星期三：力量训练。全蹲，80%×6，85%×4，90%×3，95%×2。抓举，75%~80%强度，6×3组。跳深练习6×3组，立定五级跳×4次，100米草地技术跑×6次。

星期四：不平衡条件下的核心力量训练。协调性，柔韧性，一般耐力。悬吊训练的3个练习手段×2组，髋部肌群的柔韧性练习×1组，上坡跑40米×4组（100%强度），越野跑15分钟。

星期五：速度，接力技术。不同接力区的短程交接棒（约50米×4次，100%强度），60米×2组（6分4秒，6分10秒，3分钟间歇），150米×3组（15分8秒，15分29秒，15分35秒，10~15分钟间歇）。

星期六：力量耐力，混氧能力。橡皮条前摆腿10次×2组，单组力量全蹲65%~80%×12次，软道60米弹性跳×3组，200米×6组（70%强度，间歇2分钟）。

星期日：休息。

小结：短跑运动员不同时期的周训练计划的制订，要根据个人特点和比赛的重要程度慎重考虑。准备期的周训练计划要遵循“板块结构”原则，有侧重地完成一至两项训练任务。比赛准备期的周训练计划要突出专项训练的内容和强度。

六、接力跑的训练特点

4×100米接力项目涵盖了短跑的所有技术，在高度紧张的激烈竞争中完成交接棒的动作，这在任何短跑的单项比赛中都是体会不到的。接力比赛中，要求每个队员都要互相了解，具有责任感、自我约束力和团结进取的意识。对青少年运动员培养集体主义精神，增强团队的凝聚力有着非常特殊的意义。集体项目的训练和竞赛更容易激发出运动员的个人体能潜力和思想创造力，是非常有利于小学、中学开展的运动项目。在每年赛季开始之际，班级之间、学校之间、俱乐部之间、区县之间、城市之间应该大量开展接力比赛，这对于提高短跑运动员的速度能力有着重要的意义。

男子4×100米接力的成绩应该是四名短跑运动员的百米最好成绩之和，再减去2.2秒左右。若交接棒极为顺畅，可以减少2.7秒以上。因此在接力跑的训练过程中，提高交接棒技术的训练十分重要。

（一）接力棒的握法

（1）棒置于拇指和食指中间的位置，握住棒的后端。

（2）第一、三棒运动员右手持棒，第二、四棒运动员左手持棒。

（二）传递棒的方法

下压式传递法是安全性能高、能够发挥臂长优势、使用得较为普及的方法。青少年短跑运动员从中学训练阶段就应该开始学习和掌握正确的下压式传接棒技术，这样随着年龄和专项水平的提高，接力队同伴的更换，就会有一个更加自然的衔接和适应过程。

（三）起动时的身体姿态

（1）第二、四棒运动员预备的位置位于靠跑道外侧的预跑线内（近于接力区一端），正对内侧的第一、三棒运动员。右脚在前，左脚在后，前后脚间隔同蹲踞式起跑的距离，但左右宽度稍大，从而使身体的稳定性提高。

（2）第三棒运动员位于跑道内侧，正对外侧的第二棒运动员。左脚在前，右脚在后。

（3）前腿屈膝100～110度支撑重心，腰、膝、肩前倾。

（4）回头注视同伴和助跑线。

（四）助跑线的确定

（1）助跑线的距离从助跑区的后沿开始向后丈量，具体距离因人而异，需要通过二人长期的磨合训练而确定。一般而言，初学者为6米多，而高水平的接力队员之间助跑距离可达到9米以上。

（2）在训练和比赛中，通常采用脚量法来确定这个距离，用有色的胶带做标记。

（五）传接的位置

（1）接棒运动员看到前一棒运动员跑到助跑线的标记处，立即起动跑出。

（2）交接的位置应在进入接力区的10~13米。

（六）交接过程

（1）第一、三棒运动员切跑道内沿，第二、四棒运动员切跑道外沿，交接过程在跑道中间完成。

（2）传棒者伸臂将接力棒的前端推压到接棒运动员的手中（虎口内），棒尖方向稍偏于接棒运动员的身体位置。

（3）交接的过程节奏要快而准确。

（七）交接棒的位置

4×100米接力交接棒的位置如图3-4所示。

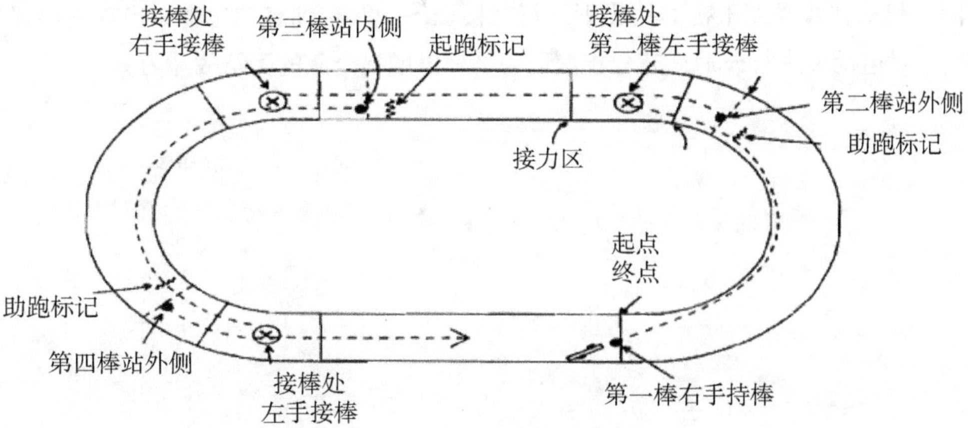

图3-4 4×100米接力的交接棒位置

（八）接力成员的配置

作为一名教练员，要根据运动员的特点合理配置接力成员，以取得最佳的成绩，一般来讲，应把握以下几点。

（1）第一棒运动员应该是起跑好、擅长弯道技术、比赛发挥稳定、沉着冷静、具有良好心理素质的队员。他的良好表现会给全队以士气和信心。

（2）第二棒运动员应是全队速度数一数二，兼项200米，并具有强烈的进取心和个性的运动员，头脑清醒，传接技术全面。

（3）第三棒运动员应擅长弯道技术，传接棒技术好，200米的专项运动员最为合适。他肩负着领先要保持和扩大优势，落后要奋力追赶的重任。

（4）第四棒运动员应具有稳定的竞技能力，绝对速度快，心理状态沉着冷静，并具有顽强的拼搏精神。

接力队训练的主要内容包括：原地的手型和交接练习，慢跑中的交接练习，4人中速跑中的（约120米距离）传接练习，分区的短程高速传接练习，半程（200米，每人跑50米左右）高速传接练习，4×100米全程跑练习等。

接力队的训练组织、管理、控制相对比较复杂，在多数情况下，队员来自不同的教练员、队伍、单位等，主教练要正确处理好主力队员和替补队员之间、自己训练的队员和其他队员之间、主教练和助理教练之间的关系。通过训练和比赛过程不断地尝试和磨合不同的阵容，在重大比赛前期，根据运动员当时的竞技状态，接力队运动员合理配置的特点来选拔确定接力队最后的人选。

接力队的训练需要处理好以下几个问题：①接力训练强度大，因此在接力训练中要处理好速度训练和接力训练的关系；②在周训练计划的安排中，合理地计划接力课和速度课的间隔时间；③在接力训练中，运动员的状态、强度和环境气氛很难达到比赛，特别是重大比赛中的状况，因此，要在训练中探索接棒运动员早或晚起动情况下的补救措施；④在有内外道运动员同时起动视线受到干扰的情况下进行交接训练；⑤在训练和比赛中出现失误现象，要找出原因，对运动员进行鼓励，充分相信运动员，以增强全队的团结战斗力。

（李庆　李汀　余维立　黄淡伟　何莉）

第四章 跨栏跑训练

一、影响跨栏跑运动成绩的关键因素

每一个运动项目，都有自己的特性与规律。运动员要想有所建树，就必须深刻了解该项目所具有的技术特征，抓住其牵一发而动全身的核心因素，这样才不会事倍功半，才能避免将大量的精力荒废在“无用功”上。但同时，任何一个项目的成功又都不是由某个单一因素决定的，其中有关键因素，也有诸多的辅助因素，且它们相互关联、相辅相成、密不可分。特别是运动员达到一个高水平的境地后，任何一个细小的环节都有可能成为影响其继续提高和突破的重要因素；也可以说，每一个优异成绩的出现，都是其综合能力整体效应的结果。从此角度考虑，我们将影响跨栏跑运动成绩的主要因素阐述如下。

（一）身体形态

鉴于运动员在跑动过程中要跨过一定高度的栏架，特别是110米栏，具有相当的高度，因此对运动员的身高要有一定的要求。表4-1是世界优秀（成绩在13秒以内）男子110米跨栏运动员身高、体重的调查统计，13名运动员的身高全部在1.80米以上，其中除罗伯斯以外，又均在1.90米以内，平均身高为1.86米。这表明：第一，身高对110米栏的成绩具有一定影响；第二，身高虽然不能太矮，但也不宜过高，因为栏间的距离是固定的，步长也要限制在一定范围内，并不是越大越好，更多是需要动作速率，身材过于高大的运动员肯定会在步频上受到限制。因此，对于110米跨栏来讲，身高在1.85~1.90米、上下肢比例均匀就足以够用。女子100米栏和400米栏，由于其栏架高度相对较低，因此对身体形态的要求不是太过苛刻。

由于跨栏跑不仅需要运动员跨越具有一定高度的栏架，同时还要求在快速过栏的情况下有力地支撑住身体的重量，迅速转入栏间跑，因此，体重也不宜过大，从表4-1中可以看出，在13名优秀运动员中，除个别力量型运动员外，体重均在90千克以内，平均为83千克。另外，从外观上看，绝大部分跨栏运动员都具有腿长、膝踝关节围度小、跟腱长而清晰的形态特征。

综上所述，身体形态虽然算不上是最关键的因素，但应该作为选拔跨栏运动员，特别是110米栏运动员最基本的身体条件，应给予重视。

表4-1　世界优秀运动员（13秒以内）身高、体重

姓名	成绩（秒）	身高（米）	体重（千克）
罗伯斯	12.87	1.92	80
刘翔	12.88	1.89	85
阿诺德	12.90	1.85	82
杰克逊	12.91	1.82	73
约翰逊	12.92	1.80	76
金多姆	12.92	1.85	91
内赫米亚	12.93	1.85	77
皮尔斯	12.94	1.85	80
特拉梅尔	12.95	1.88	84
奥利弗	12.95	1.90	93
杜库雷	12.97	1.87	81
克里尔	12.98	1.85	85
加西亚	13.00	1.90	88
平均	12.93	1.86	83

（二）身体素质

1. 速　度

对于任何田径项目来讲，速度都是运动员取得优异成绩的关键素质之一，只是不同的项目具有不同的特性，对速度的需求也不尽相同。更准确地说，应该是在具有良好的基础速度之上，必须具有符合自己项目特性的专项速度。如跨栏跑，特别是直道栏的项目特性，孙海平指导曾将其简单概括为“带障碍的短跑”。根据这样的定义，跨栏项目运动员的速度能力应该具有以下两方面的特性。

第一，既然是短跑，速度就注定是不可缺少的基本要素，也就是说，一个跨栏运动员，首先必须具有良好的绝对速度水平，这是取得优异成绩的最基本的保证，有人将速度比喻成跨栏跑的灵魂。相关研究表明，110米平跑成绩与110米跨栏成绩之间相关系数为0.68，这足以证明其关系密切，以及速度对于跨栏成绩的重要程度。目前，对于世界优秀跨栏运动员的速度水平，没有太多的数据统计，但也有一些资料可做参考，比如，内赫米亚的百米成绩可达10.17秒，110米跨栏成绩为12.93秒；刘翔，虽然没有正式的百米成绩，但其站立式100米跑在11秒以内是经常性的指标；特拉梅尔正式百米比赛成绩为10.04秒，可与一般世界水平的短跑运动员相媲美；杜库雷200米成绩是20.70秒，作为法国接力队成员获得2005年世锦赛4×100米接力冠军。这些都表明，一个成绩出色的世界级跨栏运动员必须同时具备出色的速度水平，这是不容置疑的。

第二，既然是“带障碍的短跑”，就肯定会因“障碍”的存在而不同于一般的短跑。由于要在跑动过程中跨越栏架，加之固定的栏间距离限定，运动员不可能像百米短跑那样尽情地狂奔，发挥个人的最高速度。据有关研究表明，世界优秀110米跨栏运动员的最快栏周期的平均速度为9.50米/秒，与世界顶级短跑运动员途中跑最快10米分段平均速度12.05米/秒相去甚远。因此，对于跨栏运动员来说，一个非常关键的问题就是如何提高速度利用率进而提高其专项速度能力，这对运动员提高专项成绩起着更为重要的作用。最直观、最有说服力的例子就是我国运动员刘翔，如果仅就其绝对速度水平，他恐怕很难与欧美运动员相比，在现有的世界高水平跨栏运动员中，他的速度也不会排在前列。但是，他的专项成绩却出类拔萃，名列世界前茅。原因之一就是他能够使自己的现有速度得到充分的利用与发挥，具有超强的专项速度能力。

表4-2是世界优秀运动员（成绩在13秒以内）的专项最大速度段的时间，除特拉梅尔外，3~7栏的时间都在4秒大关之内，平均3.95秒，专项成绩平均高达12.93秒。而特拉梅尔虽然这个阶段稍弱于其他运动员，但他在起跑至第3栏却表现出超强的专项速度能力，因此才有可能表现出与其他运动员不相上下的成绩水平。这些都充分表明，如果不具备极为出色的专项速度能力，就不可能成为世界顶尖水平的跨栏运动员。

表4-2　世界优秀运动员的专项最大速度段的时间　　（单位：秒）

	3~7栏	成绩
罗伯斯	3.95	12.87
刘翔	3.91	12.88
奥列弗	3.94	12.95
特拉梅尔	4.01	12.95
约翰逊	3.98	12.93
阿诺德	3.90	12.90
金多姆	3.98	12.98
平均值	3.95	12.92

综合以上两点，对跨栏运动员来讲，良好的绝对速度是必备的基本素质，没有这个基础，

也就失去了可利用的空间；但必须通过正确的技术手段，使速度得以充分发挥，转化为有效的专项速度，这才是最终的目的，也是每个跨栏运动员应该努力追求的最高境地。

2. 力　量

由于跨栏与短跑都属速度力量性项目，所需要的力量特征应基本相似，因此在这里不多论述一般的力量能力，只是根据跨栏项目的特性，重点提示如下两点。

（1）身体核心部位力量。鉴于跨栏动作的特殊性，运动员不论是在跑动过程中，还是在跨越栏架的动作上，都必须要有极强的腰、髋部位的力量做保障。对此，孙海平指导曾经有过非常明确的论述："以往的力量训练主要靠杠铃、深蹲来发展腿部股四头肌的力量，对腰髋和上体没有什么帮助。这造成我们大多数运动员在跑动过程中光靠两条腿发力，不光费劲、实效性不高，而且持续不了多久，不符合我们专项的特点。""经过不断摸索，根据人体结构原理，我们逐步将力量训练的重点转移到身体的腰、腹、髋等核心部位。因为这些部位基本上是在人体的正中间，发力的实效性应该是最好的。也可以说，髋是发动机，有了强大的发动机，人自然就跑得快。所以，近些年我们一直采用大量的方法手段来发展腰、髋部的力量，收效明显。"孙指导的这一观点在跨栏项目中得到普遍的认可与推广，成为运动员力量训练的重点内容之一，也成为近年来我国跨栏整体水平有较大提升的重要因素之一。因此，将腰、髋部力量作为跨栏运动员的核心部位力量来给予特别的重视与加强，应是非常重要的，也是没有疑义的。

（2）下肢力量，特别是踝关节的支撑力量。很多有关跨栏项目的文献都对跨栏运动员下肢支撑力量的重要性给予过明确的肯定与论述，这里利用实际图例再给予进一步的印证。图4-1是刘翔（左）与国内其他运动员下栏着地瞬间脚支撑的图像，可以看出，刘翔的支撑力度明显好于另外的运动员，脚跟距地面的距离明显高于另外的运动员，这样可以直接、快速地转入栏间跑，大大提高水平速度的利用率并减少一些不必要的转换过程。而踝关节支撑力量较弱的运动员，在转入栏间跑之前，足跟会有一个"回落—再提起"的动作过程，而且在比赛过程中，这样的动作要重复进行10次，其间要多"消耗"多少能量与时间？因此，下肢支撑力量对于跨栏跑，特别是直道栏这种转瞬即逝的短距离项目来说，其意义不言而喻。

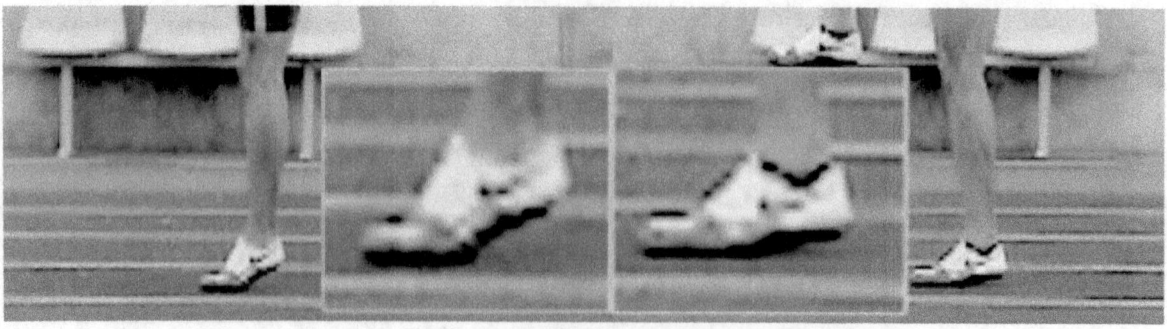

图4-1　刘翔（左）与其他运动员下栏支撑比较

3. 灵活、协调与柔韧性

跨栏跑是一个技术相对复杂的项目，运动员在快速的跑动过程中，还要不断地完成跨越栏架的动作，完成起跨与摆动腿的蹬摆配合、上下肢协调用力等一系列肢体动作。因此，对于跨栏运动员而言，具有快速灵活的动作转换能力，以及全身良好的协调与柔韧性，是必备的素质能力。

（三）技 术

田径是一项体能类项目，出众的身体条件与素质是创造优异成绩必不可少的基本要素，但多年的实践和世界大赛成功的经验证明，田径更应该是一项灵巧技术类项目，必须将体能与技术高度结合，才能完美体现项目的特点。良好的身体能力必须有正确、合理的技术做保障，才能充分发挥其作用，创造出持续稳定的高水平成绩，才能在竞争日趋激烈的世界大赛中顶住压力，正常甚至超常发挥水平。这一点，对于跨栏跑这样技术性强、比赛过程中“变数”较大的项目来说，尤其重要。刘翔在2004年雅典奥运会夺冠后，曾有国外的一些同行评论说，这是他们有史以来见过的最好的跨栏技术。事实也确实如此。客观地讲，中国乃至亚洲的绝大多数运动员，在身体形态与能力方面，无法与欧美运动员比拼，要想立足世界田坛，必须有出色的技术加以弥补，而刘翔正是用他精湛的技术对此给予了完美的演绎。比如，2006年他以12.88秒打破世界纪录的比赛中，在10个栏周期中，时间为1秒和1秒以内的有6个，其中最快的一个栏周期达到0.96秒。据有关资料记载，这应该是有史以来最快的栏周期速度。这正是他技术方面的过人之处，也使得他在各种客观环境下屡创佳绩。

事实证明，在跨栏跑这样技术含量较高的项目上，运动员技术的优劣，将直接关系到运动成绩的高低和稳定性。提高技术是我国运动员弥补身体能力上的先天不足、缩小与世界水平差距的出路之一。

（四）节 奏

节奏是跨栏运动员应该具有的最重要的品质，甚至可以说是制胜的法宝之一。虽然跨栏与短跑同属速度力量性项目，同样是要靠速度取胜，但有所不同的是，短跑运动员的速度主要取决于步频和步长两个因素，而跨栏由于其栏间距离和栏间跑步数的固定，运动员的速度能力更多地侧重于步频。谁能以最快的节奏、在最短的时间内完成栏间跑，谁就掌握了制胜的法宝。对此，大量事实也给予了充分的证实。

图4-2、图4-3是德国的安茨卡等人对不同水平的110米栏运动员进行研究的结果。图4-2是不同水平110米栏运动员的速度，其中成绩均值14.63秒出自德国青年锦标赛组，14.24秒出自德国全国锦标赛组，13.69秒出自欧洲锦标赛组，13.20秒者出自欧洲冠军法国运动员卡瑞斯坦（Caristan）。图4-3是不同级别的110米栏运动员的过栏腾空时间和栏间时间（栏间时间是指栏周期总时间减去过栏腾空时间，实际上包括了栏间三步的时间和起跨支撑时间）的对

比。图4-3是把卡瑞斯坦的参数作为100%，以其他几组运动员与卡瑞斯坦的相对百分数做出的。由图4-3可见，在腾空时间方面，几组对照组的参数均低于卡瑞斯坦，德国青年组、德国成年组和欧洲锦标赛组分别为卡瑞斯坦的91%、98%和96%；而在栏间时间方面，几组对照组的参数均比卡瑞斯坦高，呈现和成绩水平呈反比的趋势，德国青年组、德国成年组和欧洲锦标赛组分别为卡瑞斯坦的119%、114%和109%。这充分说明，从总体上讲，决定110米栏成绩水平高低的首要因素是栏间跑的能力水平。

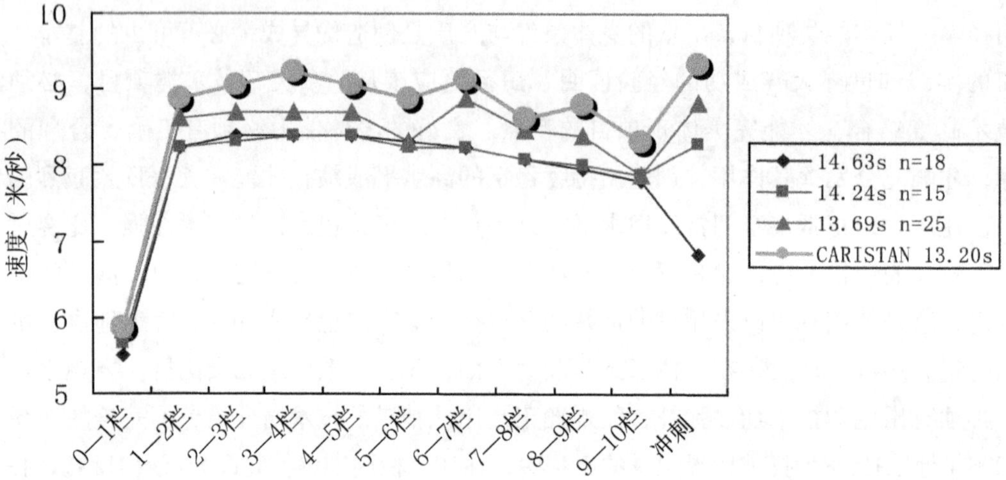

图4-2　不同水平110米栏运动员的速度

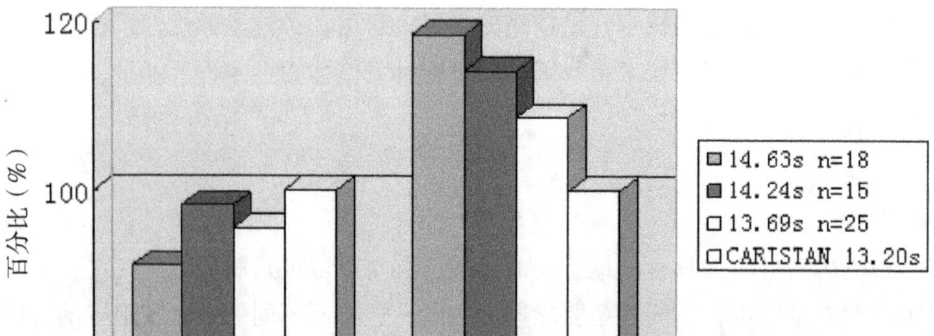

图4-3　不同级别的110米栏运动员的对比（依安茨卡等）

根据在20世纪80年代中期对我国最好的4名110米栏运动员的研究，最短栏周期时间对跨栏运动员的重要性，相当于途中跑最高速度对百米运动员的重要性。从某种意义上讲，最短栏周期时间在一定程度上决定了其后各个栏周期时间。因此，缩短运动员最短栏周期时间对整体成绩水平的提高有着十分重要的现实意义。研究结果同时表明，运动员好成绩跑次的最短栏周期的栏间跑第一步、第二步支撑时间和起跨步支撑时间均短于次成绩的参数，是栏周期时间不同的主要差距所在，其中栏周期4步的总支撑时间、栏间跑第2步支撑时间具有显著性差异（$p<0.05$），而过栏腾空时间和栏间跑各步腾空时间均无显著差异。经回归分析最终表明，男子运动员的栏间跑第一步、第二步支撑时间和跨栏步步频三项指标对最短栏周期时间的贡献率最大。由此可见，加快栏间节奏是缩短栏周期的最佳途径之一。

另外，通过长期对刘翔和史冬鹏的技术进行监测表明，仅就单纯的过栏时间来讲，史冬鹏与刘翔没有差异，甚至还略优于刘翔，但最终的专项成绩却差距甚大，其差别主要体现在栏间节奏上。如表4-3数据所示，史冬鹏和刘翔相比，栏间时间总计（栏间时间＝栏间三步时间＋起跨步支撑时间）是主要的差距，栏间时间总计的时差大于总成绩的差距。

表4-3　刘翔和史冬鹏的对比　（单位：秒）

	刘翔	史冬鹏	差值
成绩	13.39	13.70	0.31
栏间时间总计	9.13	9.47	0.34
腾空时间总计	4.26	4.23	-0.03

无论是以往的研究结果，还是现实情况，都充分表明，不同水平运动员之间体现在过栏时间的差异并不大，最大的差距是体现在栏间跑的速度上，而决定栏间跑速度的重要原因就是快速的栏间节奏，这也是一个跨栏运动员在速度、力量、速度耐力，以及神经系统对肌肉的调控等综合能力方面的完美体现，是创造优异成绩必备的素质与前提条件。

二、优秀运动员技术分析

优秀运动员技术与运动员的专项能力密切关联，二者之间互为因果。首先，专项技术是建立在专项能力基础上的，没有强大的专项能力（关键肌群的专项力量水平等），就根本无从表现最好技术；同时好的技术（正确的概念、协调、节奏感等）又能将专项能力更加充分地发挥，使技术动作完成得更加省力、有效。

孙海平指导说过，110米栏的“速度不是在跑道上跑出来的，那只是一个结果，很大的因素是取决于你是如何进行训练的那个过程，看你的专门速度和专门力量是怎么训练的”。技术只是一个外在的表现，其内核是那些对完成技术动作起主导作用的肌群的综合能力，在技术训练的过程中，准确地理解和把握这一点是十分重要的。

由于110米栏的技术难度较高，它的大部分技术都适用于100米栏和400米栏。因此本章仅将110米栏技术作为重点进行介绍。

（一）起跑和起跑后的加速跑

110米栏从起跑线到第一个栏架的距离是13.72米，除去一定的起跨距离外，还有11.50~11.70米，身材高大的运动员在这段距离可以采用7步起跨的技术。在世界顶级运动员当中，只有古巴的罗伯斯和美国的奥列弗采用7步起跨的技术，其他运动员如刘翔、约翰逊、特拉梅尔等人均采用8步起跨的技术（刘翔后来也改为7步）。美国人认为："身材高大的运动员起跑后应努力采用8步跑至第一栏，这样有利于保持栏间三步的适宜节奏，因为这8步当中最后三步的步长与随后的栏间三步步长基本上是一致的。"采用8步起跨技术的运动员是将跨栏步的摆动腿放在起跑器的后抵脚板，起跨腿放在前抵脚板，采用7步起跨技术的则反之。7步起跨技术的运动员前起跑器和起点线之间的距离比8步起跨技术的要短一些，而前、后起跑器之间的距离要稍大。两种技术在第一栏的起跨点与栏架之间的距离（简称起跨距）略有不同，7步技术的起跨距略长于8步技术的起跨距。

直道栏的起跑和起跑后的加速跑与100米跑没有本质的不同，也表现为随着步数的增加步长逐渐加大、上体逐渐抬起，7步起跨技术的运动员起跑后上体抬起的幅度更大一些。

从采用8步起跨技术的运动员起跑后第七步落地时足尖所处的位置看，通常在离起跑线10米处（100米跑的起跑线）或距离此点很近，也就是说此时距离第一栏还有3.80~3.90米（图4-4⑨）。采用7步起跨技术的第六步的落地点与第一栏的距离比采用8步技术运动员的第七步落点稍微远一些。

⑩ ⑨ ⑧ ⑦ ⑥ ⑤ ④ ③ ② ①

图4-4 刘翔起跑至第一栏各步离地瞬间图

图4-5为苏联学者克里沃诺索夫关于110米栏起跑—第一栏的各步步长方案。但是上述步长、距离似乎未考虑起跑器到起跑线还有一定的距离（如"普通"式起跑的前起跑器距离起跑线还有0.40米左右，"加长式"的则更多一些），因此无论是7步起跨还是8步起跨，步长总计都应该把这段距离考虑进去。

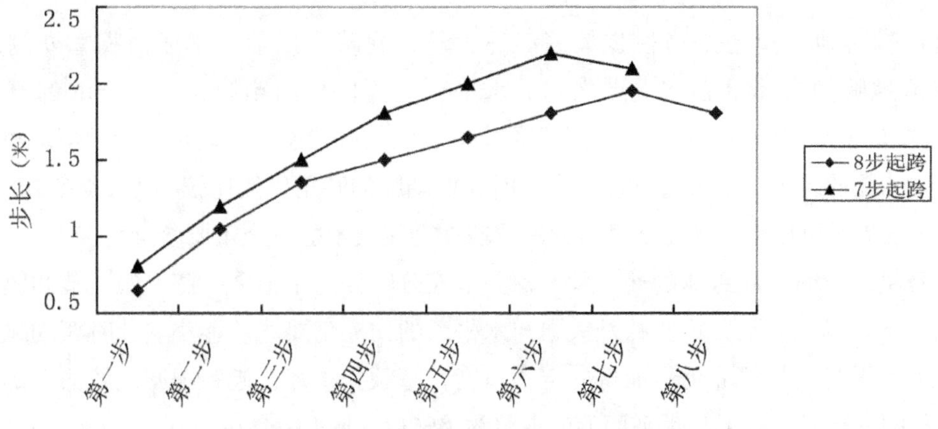

图4-5　起跑—起跨的步长变化趋势（依克里沃诺索夫等）

对于那些起跑加速能力很强的采用8步起跨技术的运动员，如约翰逊和特拉梅尔，其起跑第一步的共同特征是摆动腿蹬离后抵脚板之后能够迅速落地，落点超过起跑线后离线很近，前摆过程中膝关节并不刻意折叠，小腿折叠和地面基本平行，从离开抵脚板到再着地，摆动腿的足尖在空间的轨迹相对低平，在起跨腿蹬离前抵脚板后0.06秒左右即着地。这样就使支撑点和身体重心连线与地面的前夹角相对较小，并且使下一步的蹬地、加速更加连贯。这种膝关节不充分折叠的前摆在前三步都比较明显。（图4-6）

①　②　③

图4-6　约翰逊起跑前三步摆动腿膝角

（二）跨栏步

跨栏步的任务就是在保持已经获得的水平速度的基础上，以尽可能高的水平速度及重心，尽可能低平的轨迹越过栏架，并为之后的栏间跑创造尽可能好的初始条件。

1. 起　跨

从起跨脚落地至离地是跨栏步最关键的时段，起跨脚以前脚掌或前脚掌外侧缘积极落地，在落地瞬间身体重心和支点之间的水平距离要比栏间跑第二、三步的都要大（图4-7①）。在整个起跨阶段，运动员上体要保持一定的前倾状态。在攻栏阶段，摆动腿要充分折叠，在摆动腿的踝关节前移过支撑腿大腿时，摆动腿的膝角仍然比较小（图4-7③），此时摆动腿膝角的大小可以作为评定运动员起跨阶段摆动腿技术的一个重要参量。

在起跨离地瞬间，起跨腿的髋、膝、踝关节充分蹬伸，不但踝、膝、髋关节和躯干要基本上形成一条直线，而且更重要的是大腿与水平面的前夹角要尽可能小。此时摆动腿的大腿已经与水平面平行，膝关节仍然保持一定的角度，膝领先于踝，起跨腿同侧臂的手部与眼睛处于大致相同的高度，躯干与水平面的前夹角约为66度（图4-7④）。

①　②　③　④

图4-7　罗伯斯起跨技术

2. 过栏腾空

进入腾空后运动员身体重心抛物线的轨迹不会改变，只是通过四肢和躯干一系列复杂且连贯的配合，完成跨栏。此时须注意：一是摆动腿前摆的高度不要过高，脚、小腿、大腿依次尽可能“贴”着栏架过栏（图4-8②、③），身体重心过栏后，摆动腿的髋关节持续地伸展，完成下压式着地；二是起跨腿的向前提拉不要过早，当摆动腿的脚甚至膝关节越过栏架时，起跨腿的膝关节依然位于髋关节的后面（图4-8③）；三是起跨腿同侧臂配合起跨腿向前加速提拉和大幅度的向后划摆，在身体重心前移过栏后，脚落地瞬间，上体仍然保持着前倾状态，头部在触地支撑脚的正上方或略微领先的位置（图4-8⑤）。

①　②　③　④　⑤

图4-8　罗伯斯过栏技术

世界顶级110米栏运动员的过栏腾空时间是各不相同的，因为运动员的跨栏步的步长不尽相同，过栏时间相对较长的运动员过栏步的距离也相对较长，两类不同技术风格的运动员都创造过优异的成绩。

3. 落地距离

对世界优秀的110米栏运动员的观察表明，起跨落地距离因人而异，且极具个人特点的。即使是同一名运动员，在一次比赛中的各个栏表现也不相同，而不同比赛在同一个栏的表现也不一样。根据我们的观察与研究，世界顶级运动员的下栏点具有很大的个体差异，范围为1.35~1.80m。

图4-9是2007年大阪世界田径锦标赛男子110米栏决赛运动员过第五栏时的图片。图中第3、5、9道分别是罗伯斯、特拉梅尔和刘翔。由图可见，特拉梅尔的下栏落地点明显比罗伯斯和刘翔远，其原因之一是他的起跨点也相对较近。刘翔的一些比赛也有此现象。如他创造12.88秒的世界纪录时的下栏点也明显比亚军阿诺德远，这样尽管从落地的时间看要晚于阿诺德，但他此时身体重心的位置则比阿诺德相对靠前，更接近终点线。

图4-9 不同的起跨和落地距离

落地距离远的原因除和起跨点有关，还和个人的跨栏步步长的大小有关。据多年的观察与研究，一些跨栏步步长较大的世界优秀运动员，并不是刻意追求出来的，而是在多年的训练和比赛中自然形成的。而且他们较大的跨栏步是与栏间跑的时间短、节奏快相伴相随的。因此，尽管他们的过栏腾空时间相对长一些，但由于该步的步长较大，过栏的速度并不慢，身体重心腾起的高度也并不高，从而可能具有更快的起跨水平速度。

这个现象提示我们，一些世界优秀运动员在大赛当中表现出最快专项速度时，不可能将注意力单纯指向及集中在起跨和落地距离上，而每次比赛当中影响每个栏起跨过程的条件也是不同的，运动员必须根据临场情况适时调控。其核心是不管起跨和落地距离是否变化，都能够保障自己尽可能快地越过栏架并且平稳流畅地过渡到栏间跑。前世界纪录创造者内赫米亚曾称赞刘翔的技术为“在栏间自由地穿梭”，如“丝绸般地流畅”。从这个意义上讲，是否具备这种调控能力，以及这种调控能力的高低是优秀运动员和一般运动员的分界线。

（三）栏间跑

栏间跑第一步和第三步的摆动腿和第二步的支撑蹬地腿，由起跨腿完成技术动作；起跨腿既是栏间跑第二步的支撑蹬地腿又是第一、三步的摆动腿，也就是说起跨腿既承担了起跨步，还要承担栏间跑当中步长最大的第二步的蹬地。按照短跑的术语——蹬地支撑腿和摆动腿来比较跨栏跑与100米途中跑在速度变化、栏间跑的动作结构等方面的不同，除速度外，100米跑身材高大者途中跑的步长接近2.70米，远远大于优秀110米栏运动员栏间跑最大的2.10米左右的步长；在动作外观上，二者最大的不同之一是摆动腿膝关节折叠的幅度，世界优秀110米栏运动员的栏间跑摆动腿膝角明显大于100米运动员的摆动腿膝角，大小腿折叠得没有短跑运动员那么紧。

1. 栏间跑第一步

栏间跑第一步效果与下栏着地紧密相连。在栏间跑第一步支撑腿前脚掌触地瞬间，其膝关节基本保持伸直，足关节处于较为充分的跖屈状态，髋关节和足关节的连线和地面接近垂直；此时运动员躯干仍要保持一定的前倾状态，身体重心在支点的上方；起跨腿已经基本提拉前摆至身体的正前方，其膝关节接近胸部，肩轴和髋轴基本处于一个面，避免因为身体过大的扭转而造成的身体重心侧向的偏移（图4-10①）。由于这样特定的动作结构，第一步蹬伸的效果主要取决于运动员支撑腿伸髋肌群、足跖屈肌群的专项力量能力。世界优秀运动员能够在第一步整个支撑蹬伸阶段始终保持着充分的足跖屈提踵，足跟不黏地，踝关节缓冲下降的幅度很小。第一步离地瞬间，摆动腿的大腿和地面基本平行，同侧臂充分后摆。

① ② ③ ④ ⑤ ⑥

图4-10　刘翔栏间跑第一步

2. 栏间跑第二步

第二步落地瞬间，落地支撑点与身体重心垂点之间的距离比较小，这是110米栏的栏间跑和100米跑的另一个不同之处，此时小腿与地面接近垂直，摆动腿的膝关节也即将前移超越支撑腿的膝关节，这能使重心更快地前移过支点（图4-11①）。第二步的步长是栏间跑三步当中最长的，支撑腿的伸髋和伸膝的幅度均大于世界优秀100米跑运动员在最高速度段的特征（图4-11③）。也就是说栏间跑第二步的步长和加速是通过加大伸髋、伸膝的幅度获得的。

以往的教科书均认为栏间跑第二步是最接近平跑的，但忽略了一个现象，即此步的摆动腿的动作和100米跑明显不同，摆动腿的膝关节最大折叠时的角度远远大于100米跑的同类参数，在离地瞬间，摆动腿膝角已经接近80度了（图4-11③）。由图4-11可见，在整个支撑阶段，运动员摆动腿的膝关节角度明显大于100米跑运动员的角度，摆动腿大小腿折叠时的踝关节甚至一直处于低于膝关节的位置，踝关节所处位置远远没有像100米跑那样大小腿折叠得非常紧且明显高于膝关节、接近臀部。

①　②　③　④　⑤　⑥

图4-11　刘翔栏间跑第二步

图4-12是罗伯斯栏间跑第二步和短跑运动员100米跑途中跑摆动腿前移过支撑腿时相膝关节折叠程度的对比。

图4-12　110米栏栏间跑和100米跑摆动腿膝关节折叠程度

3. 栏间跑第三步

栏间跑第三步的落地点与重心之间的距离也比较短，这和第二步相仿，但由于该步步长要略小于上一步，并且要为起跨步的积极落地做准备等，摆动腿的膝关节折叠也并不充分，只是大腿屈肌群配合蹬地腿的蹬伸迅速前摆。在整个支撑阶段，摆动腿的膝角基本上呈现持续增加的状态，明显大于第二步同一时相的角度。这种极具专项特点的“直”腿摆动，缩短了各步落地的时间间隔，提高了步频，但是因其转动半径长，就势必会对运动员的屈大腿肌群提出更高的要求。（图4-13）

① ② ③ ④ ⑤ ⑥

图4-13　刘翔栏间跑第三步

图4-14是罗伯斯在2008年北京奥运会（成绩为12.93秒）的栏间跑第一、二步和第三步（也称为起跨步）落地瞬间的比较画面。起跨步的重心与支点之间的水平距离要明显大于栏间跑第一、二步，小腿与地面的前夹角明显较大，躯干前倾的程度也不如第一、二步。这显示第三步的落地距离缩短，为身体更积极地向前攻栏做好准备，落地瞬间的水平制动力可能更小。

① ② ③

图4-14　栏间跑第一、二步和起跨步落地瞬间比较

研究表明，上述的现象是和每步落地瞬间身体重心的水平速度以及每步的任务有很大的关系，落地瞬间的水平速度越高，则重心与支点之间的距离相对越大。如果落地瞬间的速度相对较低，则重心与支点之间的距离应相对近，就有利于重心前移，快速蹬伸；而当速度

低，支点远离重心时，势必会增加支撑蹬伸的时间、降低步频，进而影响速度。

4. 冲　刺

110米栏第十栏至终点的距离为14.02米，除去1.50米左右的下栏距离，这段距离还约有12.50米。110米栏的冲刺和短跑没有本质的不同，都要求运动员注意积极前后摆臂，努力保持步频，像100米跑那样冲向终点和撞线。

（四）100米栏

110米栏的大部分技术对100米栏都适用。但是女子栏架的高度大大低于高栏，栏间距离相对较短，女运动员的力量也较小，因此无论是跨栏技术，还是栏间跑技术，与高栏相比还是有一定程度的不同。如100米栏栏间跑第一步落地瞬间，支撑腿的膝关节还保持一定的弯曲（图4–15①）；栏间跑第二、三步摆动腿膝关节折叠的程度也比110米栏的充分（图4–15②③）。对100米栏起跨技术的研究表明，优秀100米栏运动员起跨时有较高的水平速度和较低的垂直速度、较短的支撑时间，支撑阶段伸髋的角速度较高，起跨和下栏落地瞬间支撑点和身体重心之间的距离越近越好。

①　　②　　③

图4–15　100米栏的下栏和栏间跑

（五）400米栏

对400米栏的研究表明，以尽可能少的栏间步数跑尽可能多的栏是获得400米栏优异成绩的极为重要的条件之一。步长能力最好的男子运动员是美国的摩西和凯文·扬，他们可以在全程所有的栏周期采用栏间13步的技术。2008年北京奥运会冠军泰勒采用1~7栏13步、最后3个栏14步的技术。

图4–16是我国男子400米栏的全国纪录创造者孟岩（49.19秒）和泰勒（2008年北京奥运会冠军）的步数对比示意图。孟岩用栏间13步的技术只能完成4个栏周期，然后过渡到14步技术完成2个栏周期，再过渡成15步技术完成最后3个栏。

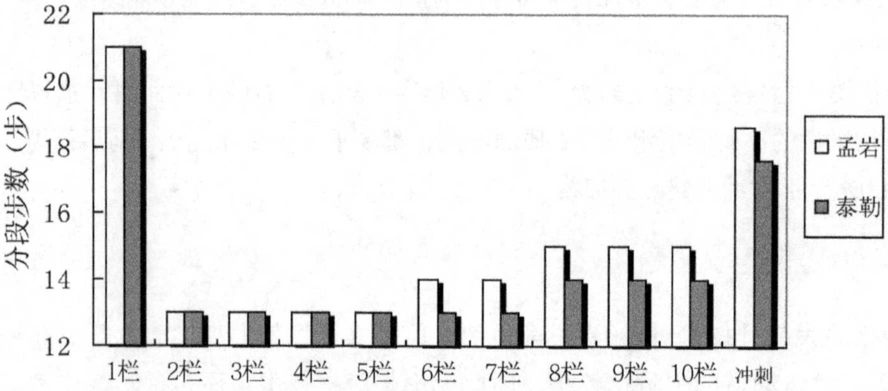

图4-16　孟岩和泰勒分段步数对比

世界优秀女子运动员一般采用前五栏15步，后五栏17步的技术，2005年世界田径锦标赛冠军、俄罗斯的佩琼基娜采用1~7栏15步，最后3个栏17步的技术；北京奥运会冠军，牙买加的沃克采用1~7栏15步，7~9栏16步，最后1栏17步的技术；2007年世锦赛冠军、澳大利亚的劳琳森则采用1~5栏14步，5~8栏15步，8~9栏16步，最后1栏17步的技术。

由于栏架比较低，400米栏的跨栏技术难度相对较小。需要注意的是，在跨越弯道栏时用左腿起跨的运动员的跑动路线要偏向跑道的外侧一点，以防起跨脚从栏架外绕过被判犯规取消比赛资格。

分析表明，2008年北京奥运会女子400米栏决赛前三名的共同特征是：起跑至第一栏的步数都在23步以内，前7个栏周期均采用栏间15步的技术（第二名和第三名可以做到前8栏的栏间跑均为15步）；最后3个栏分别采用16步和17步技术。冠军和亚军的身高为1.65米，竟然能够采用这样的栏间技术，这反映出她们具备了非常高的专项力量能力。另外，冠军沃克和亚军托斯塔的100米栏的个人历史最好成绩竟然都高达12.75秒，季军丹弗斯的100米栏的个人历史最好成绩为12.96秒，也具备了很高的水准。这也从一个侧面提示我们，专项力量和速度水平对提高专项成绩的重要性。

除了相对较少的栏间步数，决定400米栏成绩的另外一个非常重要的因素是合理分配体力、保持良好的栏间及全程节奏。

图4-17是2008年奥运会亚军托斯塔（53.70秒）和冠军沃克（52.64秒）、世界田径锦标赛冠军佩琼基娜（52.90秒）下各栏的累积时间差示意图。该图是以冠军下各个栏的时间为基准，以托斯塔和冠军的时间差做图，其中负值表示她领先冠军，正值则相反。曲线下降表示领先的幅度加大，上升则相反。由图4-17可见，托斯塔从下第一栏开始就领先沃克0.26秒，下第6栏时最多领先了0.40秒。但是在过第六栏之后，她的曲线开始呈现上升趋势，特别是第八栏至终点阶段曲线呈现了陡升的趋势，在过第九栏时已经被沃克超过，从下第六栏至终点

总共输了1.46秒，其中冲刺阶段和冠军的差值就占了总成绩差值的58.5%左右。和佩琼基娜相比，尽管具体数值不同，但是显示出来的趋势基本相同。这充分表明托斯塔的全程节奏不够稳定，体力分配不够合理，前程的速度偏快，造成后程减速过多。

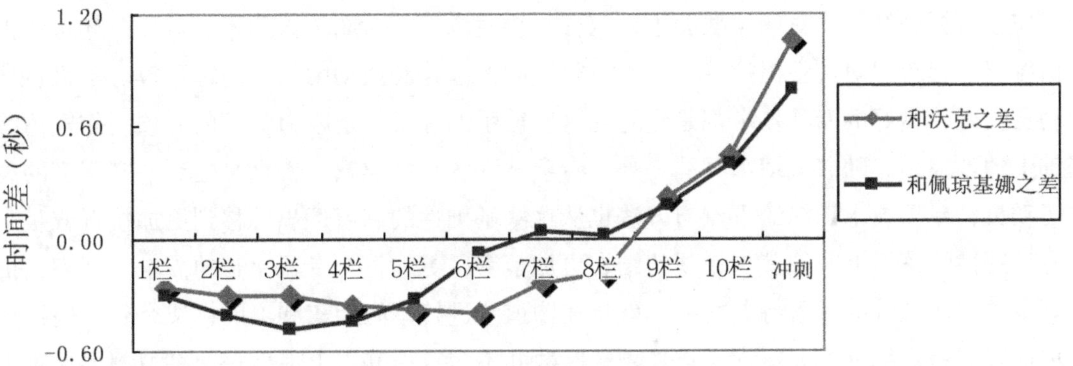

图4-17　托斯塔和其他运动员各个栏的累积时间差

图4-18是1987年世锦赛冠军摩西（47.46秒）和2008年奥运会冠军泰勒（47.25秒）下各栏的累积时间差示意图。摩西在下第四栏时略落后于泰勒，但从第四至第七栏提速的幅度有过大之嫌，第四至八栏总共反超了0.49秒。但是此后则难以保持速度了，第八栏至终点阶段曲线亦呈现陡升的趋势，从下第八栏领先0.34秒到最后总成绩落后0.21秒，总共相差了0.55秒。

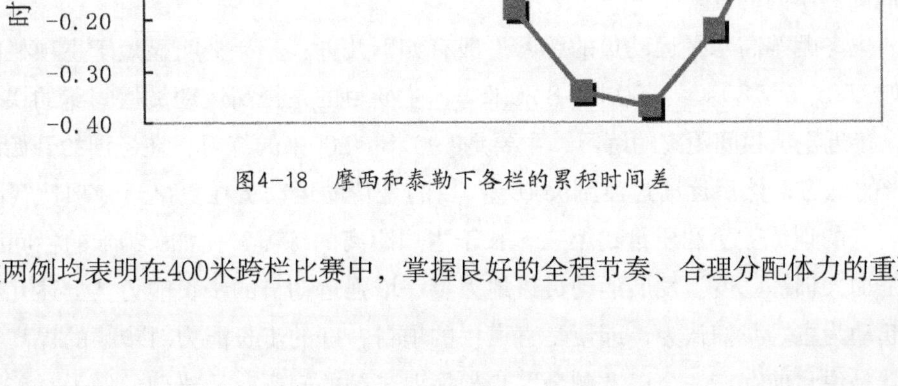

图4-18　摩西和泰勒下各栏的累积时间差

上述两例均表明在400米跨栏比赛中，掌握良好的全程节奏、合理分配体力的重要性。

三、专项技术训练的重点与方法

世界优秀跨栏运动员的技术主要表现在栏间跑的快速节奏、快速过栏技术及流畅的跨跑、跑跨相结合的能力。因此，专项技术训练应该紧紧围绕这个中心进行。一般情况下，专项技术的训练是建立在一些徒手的和带一定阻力负荷的专项动作模仿练习基础之上的，这些练习包括跨栏坐练习、对墙（扶肋木、双杠）攻栏练习、对墙（扶肋木、双杠）起跨腿提拉模仿练习、起跨腿对抗性提拉练习，以及行进间的起跨和摆动腿的专门练习等。不可否认，运动员正确、良好的专项技术都是建立在这些徒手的和带一定阻力负荷的专项动作模仿练习基础上的。但是，随着成绩水平的提高、专项技术的日臻成熟，特别是达到一定程度的高水平运动员，专项技术训练的重点与方法也从这些基础性的练习逐步转移到更加接近或基本接近专项特性的练习上，使其与专项的结合更加紧密，更加符合专项比赛的需求。刘翔、史冬鹏等专项技术训练的显著特点之一，就是在跑道上进行不同距离和不同栏架个数，但接近于专项比赛的跨栏跑练习。每堂课重复跑的次数并不多，但基本上最后一次练习都要求跑出相对较高的强度，且每次练习之间有相对充分的时间间隔。另外，每次正式过栏技术训练之前都要进行将近1小时的髋关节周围肌群的专项力量练习。

（一）完整栏间跑节奏的过栏练习

完整栏间跑节奏是指栏间跑3步的过栏练习，是刘翔等高水平运动员采用最多的过栏练习，包括以下内容。

1. 栏架数量不同的练习

根据不同的训练目的设置不同的栏架数量。经常采用的有过8栏、10栏和12栏的重复跑练习（站立式起动），主要目的用于发展、提高专项能力和速度耐力。

栏架数量少于5栏的练习通常都采用听枪或不听枪的蹬起跑器的起动方式，一般是起动过1栏×1次＋起动过2栏×1次＋起动过3栏×（1~2）次的组合进行，目的是完善起跑技术、发展专项加速能力。

2. 栏间距离不同的练习

刘翔、史冬鹏等高水平运动员的练习一般有如下几种：第一，明显短于主项栏间距离的练习，比如7.50米、7.80米、8.00米、8.20米等，主要目的是提高运动员栏间跑的快速节奏能力；第二，接近主项栏间距离的练习，主要是8.90米和9.00米的练习，在冬训的开始阶段，多采用8.90米的练习，然后逐渐过渡到9.00米，目的是帮助运动员在更接近专项比赛距离的情况下保证一定的训练数量和质量；第三，长于主项距离的练习，比如9.20米的栏间距离的练习，目的是加大训练强度、发展运动员蹬地力量、增强运动员的步长能力。上述几种练习均以站立式起动为主。我们认为，即便是直道栏的项目，好的步长能力对步频的提高也有一定的益处。就是说目前存在一个以“剩余”步长换取步频的问题。最典型的例子是美国优秀女子100米和100米栏运动员德弗斯，她曾多次获得世界大赛的100米冠军，她的百米技术属于典型的步长型风格（她以10.82秒获得1992年奥运会100米金牌，全程只用了48步多，步长/身高值为1.27），但在世界大赛的100米栏比赛中，她的栏间跑的步频也很高，否则她是无法获得世界大赛100米栏冠军的。这充分说明了步长和步频之间既矛盾又统一的关系。因此，提高运动员的步频能力，除了采用提高肌肉收缩速度的训练方法，也应考虑以“剩余”步长换取步频的训练方法。

（二）特殊节奏的过栏练习

所谓特殊节奏是指栏间跑步数不是3步的过栏练习。如一步一跨的过栏练习和栏间跑5步的过栏练习。一步一跨过多个栏架练习的主要目的是通过增加起跨的难度，提高运动员过栏的灵活性和协调性，建立合理的稳固的过栏动力定型；而增加栏间距离5步一跨的练习，由于栏间距离的增长和水平速度的加快，特别是第5步时的速度已经相对较高，旨在使运动员在高速奔跑的条件下以更加快速的动作完成过栏。上述练习主要安排在完整过栏技术练习之前。跨栏重复性练习、周训练计划距离见表4-4、表4-5。

表4-4　跨栏重复性练习（依美国拉尔夫·林德曼，约翰·米拉）

方法	目标
起跑过2~3栏	起跑技术，加速跑节奏
重复过4~6栏	加速阶段到最高速度阶段的过渡技术
重复过8~12栏	速度耐力
重复过6~10栏，男子采用8.5~8.8米的栏间距，女子采用6.5~7米的栏间距	栏间距缩短能加快栏间3步的动作频率，加快栏间节奏
重复过4~6栏，男子采用12.5~13米的栏间距，女子采用11.5~12米的栏间距	栏间距延长后采用5步过栏有助于运动员在更快速度下快速过栏

表4-5　刘翔、史冬鹏周训练计划举例

星期	训练内容
星期一	负重抗阻训练：杠铃高翻、下蹲等，上肢哑铃侧举、前举、俯卧飞鸟、臂弯举等
星期二	缩短栏间距离（根据不同时期距离为7.5米、8.2米、8.5米等）的过栏练习
星期三	身体训练+150米×（3~4组）重复跑
星期四	联合器械组合力量练习
星期五	完整过8~12栏练习（栏间距离9.0米）
星期六	身体训练，30米×（3~5组），加速跑、120米×（5~6组）重复跑

（三）利用比赛促进专项技术训练

随着世界田径运动的发展、赛事的增多，以及思想观念的转变与更新，比赛已经逐步成为高水平运动员有效的训练手段之一，“以赛带练”模式对成绩水平的促进作用也愈加彰显。第一，比赛是一种高质量、大强度的训练。从理论上讲，运动员在比赛中技术动作的运用及承受的运动强度都是最大的，也是平时训练无法达到的。因此，将其作为训练的一个组成部分，对于运动员掌握过硬的专项技术动作有极大的促进作用。第二，比赛是检验训练效果的最佳途径。通过比赛可以有效地检验运动员技术运用的合理程度，为今后改进训练方法及手段提供依据。第三，比赛是积累经验、加强心理训练的最佳方法。在当今竞技体育的竞争日趋白热化的情况下，运动员在比赛场上所体现的已不仅仅是技术、战术和体能上的较量，而是一场包括思想作风、意志品质、心理素质及赛场经验在内的综合能力的全面较量。竞技赛场残酷激烈和瞬息万变，只有不断地在实践中去积累，在比赛场这个“真枪实弹”的特定环境中去磨砺，特别是在与强手的激烈对抗中才能获得真实的感知和全面的锻炼与提升。一切从实战出发，正是“三从一大”训练原则的精华所在。第四，比赛是调节训练的有效手段。比赛可以将运动员从长期训练的枯燥无味中解脱出来，提高其情绪和兴趣，特别是成绩有所提高时，更可以激发其训练的积极性和热情。而且从统计学上讲，参赛的次数越多，创造好成绩的机遇与概率也就越大。以刘翔为例，2005—2007年他从年初的室内赛季开始，直至9月底赛季结束，都会频繁地参加各类国际赛事，其中包括欧洲的室内比赛和室内世界锦标赛，5月初参加当年赛季的第一场室外国际大奖赛，6月赴美国参加两场国际大奖赛，7月赴欧洲参加3场国际田联黄金联赛和超级大奖赛……刘翔在2005—2007年的年度最好成绩和世界纪录都是在这些比赛中创造的。可以说，这几年刘翔参加各类比赛的次数是中国运动员中最多的，他参加各类国际比赛的次数可能也是有史以来所有中国运动员中最多的。仅以2003年为例，即使在“非典”疫情严重影响训练比赛达四个月之久的情况下，他依然全年参加了国内外的各类比赛20场35赛次。经过这种经常性的高水平竞争和与高手之间的强强对决，不仅提高了练习强度，完善了全程技术和节奏，在技术上、能力上、心理上逐步成长和成熟，成为国际化的超一流水平运动员。

因此，多参加比赛、把比赛与训练融为一体、赛练结合、以赛促练，这不仅是国际田坛发展的趋势，更是高水平运动员专项技术训练行之有效的手段之一。

（四）400米栏的训练

鉴于400米栏项目对运动员平跑以及栏间节奏控制能力的特殊要求，在400米栏训练的各个阶段，都必须重视节奏的训练。运动员掌握节奏的能力在训练的早期阶段就应该放在重要的地位。其有效的方法手段之一是采用缩短栏间跑的距离和降低栏架高度的栏间跑练习：具体做法是，女子栏架高度为61~76厘米，男子栏架高度为76~91厘米，栏间跑步数为8~11步，速度为比赛时的90%~110%，这种练习是减少栏间步数、按照运动员比赛的栏间跑实际步长所进行的练习，实质是使有关肌群的用力、跑动的节奏和速度近似实际比赛的练习。如：

（标准栏间距离35米－过栏步距离3米）/栏间跑步数（13）＝2.46米（栏间跑每步步长）

缩短栏间距离为：2.46米×11＋3.00米＝30.06米

根据上述公式，栏间跑步数分别为14、15、16、17步所对应的缩短的栏间距离见表4-6：

表4-6 根据不同的栏间跑步数模式所对应缩短的栏间距离一览表

比赛栏间跑的步数	对应缩短的栏间距离（米）
栏间13步（2.46米）	30.06
栏间14步（2.29米）	28.19
栏间15步（2.13米）	26.43
栏间16步（2.00米）	25.0
栏间17步（1.88米）	23.68

上述近似比赛节奏的过10栏的练习，由于缩短了栏间距离（以栏间跑13步的技术跑11步的练习为例），这样对及早建立正确的节奏，强化专项力量，完成相对较大的运动量等都有所助益。

表4-7给出了练习强度为比赛速度不同百分比的，以不同比赛栏间跑步数模式设计的缩短栏间距离的方案。表中左边第一列为运动员比赛实际的栏间跑步数，表中第一行是训练时不同的栏间跑步数，根据这两个参数即可方便地查到具体的栏间距离，从而设计不同的练习方案。如以13步和15步模式栏间跑11步的练习（练习强度为比赛速度的100%）对应的栏间距离分别为30.06米和26.47米；而练习强度为比赛速度的90%，以13步和15步模式栏间跑11步的练习对应的栏间距离分别为27.05米和23.82米。

表4-7 不同强度的减少栏间步数练习的栏间距离（单位：米）

练习强度为比赛速度的100%									
栏间跑步数模式	9步栏距	10步栏距	11步栏距	12步栏距	13步栏距	14步栏距	15步栏距	16步栏距	17步栏距
13步	25.14	27.60	30.06	32.52	35.00				
14步	23.61	25.90	28.19	30.48	32.77	35.00			
15步	22.20	24.33	26.47	28.60	30.73	32.87	35.00		
16步	21.00	23.00	25.00	27.00	29.00	31.00	33.00	35.00	
17步	19.94	21.82	23.71	25.59	27.47	29.35	31.24	33.12	35.00
练习强度为比赛速度的98%									
栏间跑步数模式	9步栏距	10步栏距	11步栏距	12步栏距	13步栏距	14步栏距	15步栏距	16步栏距	17步栏距
13步	24.64	27.05	29.46	31.87	34.30				
14步	23.14	25.38	27.63	29.87	32.11	34.30			
15步	21.76	23.84	25.94	28.03	30.12	32.21	34.30		
16步	20.58	22.54	24.50	26.46	28.42	30.38	32.34	34.30	
17步	19.54	21.38	23.24	25.08	26.92	28.76	30.62	32.46	34.30

续表

练习强度为比赛速度的96%

栏间跑步数模式	9步栏距	10步栏距	11步栏距	12步栏距	13步栏距	14步栏距	15步栏距	16步栏距	17步栏距
13步	24.13	26.50	28.86	31.22	33.60				
14步	22.67	24.86	27.06	29.26	31.46	33.60			
15步	21.31	23.36	25.41	27.46	29.50	31.56	33.60		
16步	20.16	22.08	24.00	25.92	27.84	29.76	31.68	33.60	
17步	19.14	20.95	22.76	24.57	26.37	28.18	29.99	31.80	33.60

练习强度为比赛速度的94%

栏间跑步数模式	9步栏距	10步栏距	11步栏距	12步栏距	13步栏距	14步栏距	15步栏距	16步栏距	17步栏距
13步	23.63	25.94	28.26	30.57	32.90				
14步	22.19	24.35	26.50	28.65	30.80	32.90			
15步	20.87	22.87	24.88	26.88	28.89	30.90	32.90		
16步	19.74	21.62	23.50	25.38	27.26	29.14	31.02	32.90	
17步	18.74	20.51	22.29	24.05	25.82	27.59	29.37	31.13	32.90

练习强度为比赛速度的90%

栏间跑步数模式	9步栏距	10步栏距	11步栏距	12步栏距	13步栏距	14步栏距	15步栏距	16步栏距	17步栏距
13步	22.63	24.84	27.05	29.27	31.50				
14步	21.25	23.31	25.37	27.43	29.49	31.50			
15步	19.98	21.90	23.82	25.74	27.66	29.58	31.50		
16步	18.90	20.70	22.50	24.30	26.10	27.90	29.70	31.50	
17步	17.95	19.64	21.34	23.03	24.72	26.42	28.12	29.81	31.50

练习强度为比赛速度的88%

栏间跑步数模式	9步栏距	10步栏距	11步栏距	12步栏距	13步栏距	14步栏距	15步栏距	16步栏距	17步栏距
13步	22.12	24.29	26.45	28.62	30.80				
14步	20.78	22.79	24.81	26.82	28.84	30.80			
15步	19.54	21.41	23.29	25.17	27.04	28.93	30.80		
16步	18.48	20.24	22.00	23.76	25.52	27.28	29.04	30.80	
17步	17.55	19.20	20.86	22.52	24.17	25.83	27.49	29.15	30.80

练习强度为比赛速度的86%

栏间跑步数模式	9步栏距	10步栏距	11步栏距	12步栏距	13步栏距	14步栏距	15步栏距	16步栏距	17步栏距
13步	21.62	23.74	25.85	27.97	30.10				
14步	20.30	22.27	24.24	26.21	28.18	30.10			
15步	19.09	20.92	22.76	24.60	26.43	28.27	30.10		
16步	18.06	19.78	21.50	23.22	24.94	26.66	28.38	30.10	
17步	17.15	18.77	20.39	22.01	23.62	25.24	26.87	28.48	30.10

（依：美国加里·温科勒）

需要指出的是，表4-7提到的所谓的练习强度为比赛速度百分比的变化，是通过缩短栏间距离来调控的。如以完整13步模式为例，其比赛速度的98%、96%、94%、90%练习的栏间距离由标准的35米分别减少至34.30米、33.60米、32.90米和31.50米；以13步模式跑11步的练习，其比赛速度的98%、96%、94%、90%练习的栏间距离由30.06米分别减少至29.46米、28.86米、28.26米和27.05米。也就是说，降低速度是减小每一步的步长，而步频则保持相对地稳定，使栏间跑的节奏也相对稳定，从而帮助运动员在保证一定训练强度的前提下，增强掌控栏间节奏的能力。

四、主导性身体素质训练的重点与方法

在高水平训练阶段，身体训练的重点和方法应更加紧密地结合专项特点，贴近专项所需。110米跨栏跑的技术对运动员髋部力量的要求非常高，摆动腿和起跨腿的过栏动作都要有较大的幅度，需要有强大的髋部力量做保证。根据项目的这一核心特点，要极为重视发展和强化髋关节周围肌群快速伸屈的收缩能力，重视提高髋关节周围肌群的柔韧性。另外，在负重抗阻练习中要把完成动作的速度放到重要的位置，同时注重神经—肌肉系统的协同用力。

（一）大量的身体柔韧性练习

这里主要指运动员主动拉伸和教练员辅助的被动拉伸练习。

（1）伸髋、伸大腿肌群的拉伸练习。（图4-19）

（2）大腿前群肌的拉伸练习。（图4-20）

（3）大腿内收肌群的拉伸练习。（图4-21）

（4）躯干肌群、伸肩肌群的拉伸练习。（图4-22）

图4-19 伸髋、伸大腿肌群的拉伸练习

图4-20 大腿前群肌的拉伸练习

图4-21 大腿内收肌群的拉伸练习

图4-22 躯干肌群、伸肩肌群的拉伸练习

（二）摆动腿过栏模仿练习

该练习包括徒手和附加阻力的训练，每组连续做10~12次。可以使用橡皮带缚在运动员腰部后面，以增加运动员向前的阻力，也可以同时在摆动腿小腿上负沙袋进行训练。教练员可以在栏前提示和控制运动员脚过栏的运动方向。（图4-23）

图4-23 摆动腿过栏模仿练习

（三）起跨腿过栏模仿练习

徒手和附加阻力的起跨腿过栏模仿练习，附加阻力可以使用橡皮带和小腿负沙袋，也可以对抗队友和教练员施加的阻力。可以在一组负重抗阻练习后，马上进行一组去掉阻力的用最快速度完成的练习。（图4-24）

图4-24 起跨腿过栏模仿练习

（四）控制抛物线的前抛实心球练习

在实心球前后抛练习的基础上，练习者站在离墙6米左右的位置，将球前抛至墙上。为了下肢和躯干有关肌群发力的方向更加符合起跑蹬起跑器的动作，要求运动员控制实心球出手的角度，类似“平射炮”的发射角度，使抛物线的轨迹尽可能平直，球打到对面墙上的高度与出手时的高度相仿。

（五）加压的快速伸髋和屈髋练习

该练习非常强调速度，要求运动员以尽可能快的速度完成练习。（图4-25）

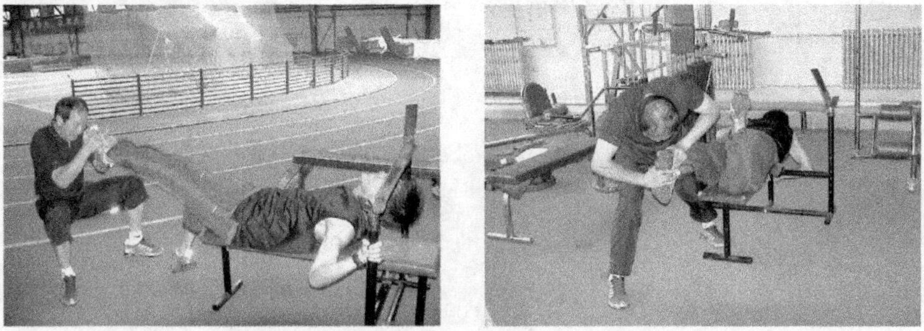

图4-25 加压的快速伸髋和屈髋练习

（六）肩负杠铃高抬腿跑练习

发展腿部支撑能力的训练，采用肩负杠铃做高抬腿跑30米，此练习主要发展运动员腿部关节的支撑力量，特别是踝关节的支撑力量，这对提高摆动腿过栏后着地支撑能力有着非常重要的作用。

（七）背负杠铃片俯卧抬上体+徒手快速对抗俯卧抬上体练习

发展腰腹力量可以在其他传统训练手段的基础上，采用仰卧腹部负重练习、俯卧腰背部负重练习，背负杠铃片仰卧起坐+徒手快速仰卧起组合练习、背负杠铃片俯卧抬上体+徒手快速对抗俯卧抬上体的组合练习等。（图4-26）

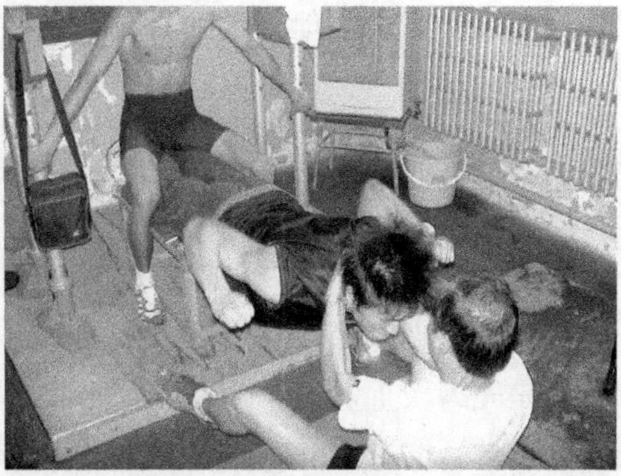

图4-26 俯卧抬上体练习

（八）加阻力的起跨步模仿练习

在运动员腰部和摆动腿膝部附加橡皮带，运动员手扶双杠重复做起跨蹬摆练习。（图4-27）

（九）模仿栏间跑腿部幅度的极限速度练习

前后有橡皮带控制运动幅度，要求腿一触及橡皮带即刻反向运动，加快动作频率。（图4-28）

图4-27 加阻力的起跨步模仿练习

图4-28 模仿栏间跑腿部幅度的极限速度练习

另外，关于神经系统和肌肉的协调用力问题，孙海平指导也有一些独到的见解和有效的训练方法。他说："以往的训练大都是单因素的东西，力量就是力量、速度就是速度，这样大脑皮质的兴奋点都是单一的和局部的，然后再花大量的时间将这些单一的东西进行组合和转化，在人力、物力、时间上造成了极大的浪费，也拉长了运动员成材的年限。而现在，我们提出一个概念叫高效率的全面训练，或者叫多因素训练法，即在一个练习手段里面，包含多种训练因素。以起跨腿原地支撑向前提拉练习为例，在完成过程中，当运动员腿向前提拉时，我会向后给他一些阻力，把一些力量训练因素加在里面；而当他动作快要结束时，我会顺势向前推一下，给他一些助力，帮助他加快动作速度，这就又把速度因素融进里面。这只是一个简单的例子，实际上我们很多的训练都是把这几个因素融在一起同时进行的。它的好处在于神经系统的多点刺激与兴奋，练习的结果可以直接对专项起作用。"

关于多种训练手段练习的间隔时间和前后次序的问题，以往的训练理论是先安排速度训练，让运动员在身体状态最好的时候练习速度，练完以后可能会安排一些其他的如力量练习或弹跳训练。而刘翔等在速度训练之前，安排很多辅助的力量或速度力量训练，包括杠铃训练，都是先蹲大重量，然后是快速的。又如周三和周六的跑，在跑之前让刘翔完成3组强度很大的拉胶带的练习，再进行技术和速度训练，结果照样可以跑出比较高的强度。

五、训练过程与控制

（一）训练周期划分

中国田径过去大都是学习和沿用苏联的训练体系，全年分为三个大周期，即准备期、比赛期和休整期。准备期主要是冬训和夏训，时间比较长；比赛期主要是春秋两季为数不多的几个比赛；然后是过渡期，就是全年比赛结束后的休整。但近些年来，随着赛事的增多，特别是冬春季室内比赛的普及，几乎全年都可以有赛事安排，因此这个模式不论是从形式上还是观念里都已经被打破。特别是高水平运动员，为了适应日益增多的各类国际比赛，其训练周期和训练安排也潜移默化地发生了较大的变化，小周期、快节奏、强度高，成为很多高水平运动员的主导训练模式，特别是在训练负荷方面，甚至发生了质的变化。孙海平指导说："从目前世界优秀运动员来看，在训练中的变化，特别是训练负荷方面的变化，主要体现在训练强度上，而不是训练量上，这是当今世界高水平运动员训练的一个最为显著的特点。刘翔一周的快跑量最多也就是2000多米。一般周三练150米跑×4组，共计为600~700米，周六也就是6~7个120米，共计800米左右。再加上2次技术课，把跨栏的距离全加上，也就是2000多米。运动员到了一定水平后，训练要维持在一定的高度上，不能够起伏过大，大起大落。"

而另外一个显著的特点就是强化专项训练，尽管整个训练过程包括的内容、类别很多，比如一般身体训练、专项身体训练、技术训练、力量训练等，但所有的训练都要以专项为中心，这也是当今高水平运动员训练的一个趋势。比如过去是将整个训练比作一个圆，各项训练内容都在这个圆里划分，各占多少比例。但经过多年特别是近几年的摸索、总结，孙海平指导认为没有必要人为地划分比例，这个训练占多少、那个占多少。现代训练最讲究的就是效应，就是一切都要围绕专项这个中心来安排、来进行。整个圆都可以认同为是专项训练，一切都要围绕着专项这个中心来安排、来进行。当然，"并不是每天都要跨栏才叫专项训练，而是要着眼于这个练习手段的目的是什么，是不是和专项有关系，是否对促进专项成绩有帮助"。这些为在新时期下高水平运动员更加合理地安排训练提供了客观参考依据。总之，就整体趋势看，现在各个不同的训练阶段更加注意密切结合专项的需求，即便是在室内训练期间，技术训练的强度也保持在相对较高的水平上，以刘翔、史冬鹏为例，他们2007年4月中旬的某些技术练习的强度指标都达到或接近了个人的历史最好水平。

表4-8、表4-9是美国跨栏运动员训练计划示例，文献资料表明，他们一般把年训练划分为准备训练期、训练前期和训练后期三个阶段，也有人将年训练计划划分为秋季预备期、室内预备期、室内比赛期、室外预备期和比赛期。

表4-8　100米栏和110米栏运动员训练计划示例

准备训练期	
星期一	准备活动 6组×100米放松大步跑 柔韧性练习 5组×30米上坡蛙跳 放松活动
星期二	准备活动 15分钟持续跑 循环练习
星期三	准备活动 2组×5次×100米跑，每次时间控制在15~16秒，组间休息45秒 6组×50米上坡跑 放松活动 伸展练习
星期四	准备活动 6组×100米跑，80%强度 放松大步跑 跨栏柔韧性练习 行进间过栏练习 放松活动 伸展练习
星期五	准备活动 6组×300米跑，每组时间控制在45~50秒 3~5分钟休息 负重跳跃练习 放松活动 伸展练习
星期六	准备活动 跨栏柔韧性练习 拉重物50米跑 循环练习 放松活动 伸展练习
训练前期	
星期一	准备活动 跨栏训练 用低栏进行技术训练（逐渐将栏架升高至比赛高度） 1组×300米 1组×250米 1组×200米 1组×150米 放松活动 伸展练习

续表

星期二	准备活动 跨栏训练 调整栏高和栏距进行速度训练 负重训练
星期三	准备活动 跨栏技术模仿练习 柔韧性练习 15~20分钟有氧耐力跑
星期四	准备活动 跨栏训练 技术训练 4组×120米跨栏跑，摆3~4个栏（调整栏高和栏间距），发展速度耐力 放松活动 伸展练习
星期五	准备活动 跨栏技术训练和柔韧性练习 3~4次起跑过三个栏练习 2组×100米放松大步跑 放松活动 伸展练习
星期六	比赛
训练后期	
星期一	准备活动 跨栏跑柔韧性训练 跨栏跑技术训练 3组过8个栏的跨栏跑，将距离延长至150米 放松活动 伸展练习
星期二	准备活动 跨栏跑柔韧性训练 跨栏速度训练（将栏距缩短以强调动作频率） 力量训练 放松活动
星期三	准备活动 跨栏技术模仿练习 柔韧性练习 6~8次100米放松大步跑

续表

星期四	准备活动 跨栏柔韧性训练 技术训练 3~4次起跑过5个栏练习 3组×120米跨栏跑，摆11个栏，栏间距比正常距离缩短1英尺（约30.5厘米） 放松活动
星期五	只进行准备活动
星期六	参加重大比赛

（依美国拉尔夫·林德曼，约翰·米拉）

表4-9　400米栏运动员训练计划示例

秋季预备期	
星期一	循环训练法 循环练习：30个俯卧撑，10次团身跳，100米跑，30步弓箭步走，40次车轮蹬，200米跑，10次引体向上，加上其他个人选择的练习（包括实心球和跳绳）。循环训练中间休息时间为0~30秒，整组练习持续15分钟 放松活动
星期二	跳跃及躯干练习 在草地上两腿轮流跳60米，跳8组 躯干练习：俯卧撑、仰卧起坐等躯干练习
星期三	山坡跑练习 跑两次4组200~250米的山坡跑，每次跑完走回原地
星期四	提高短跑速度和跨栏技术 滚式起跑（向前倾斜身体直到失去平衡后跑出去） 高抬腿跑 踢臀跑 小步跑练习 带栏架的走或跑的练习 跨越4个栏，栏架高68.5厘米栏间距离20米，跑6~8次
星期五	加速跑及循环训练 滚式起跑 蹲踞式起跑，跨2个栏 循环训练与周一相同
星期六	有氧代谢训练 快速跑100~200米，每组中间走50米 连续15分钟的变速跑
星期日	休息
室内预备期	
星期一	提高短跑速度和爆发力
星期二	跨栏技术，举重，多级跳

续表

星期三	山坡跑，力量耐力
星期四	举重，躯干练习，游泳
星期五	加速跑，乳酸耐力
星期六	快速跑，躯干练习
星期日	休息
室内比赛期	
星期一	提高短跑速度和爆发力
星期二	跨栏技术，举重
星期三	乳酸耐力，力量耐力
星期四	举重，躯干练习，游泳
星期五	加速跑
星期六	比赛
星期日	休息
室外预备期和比赛期	
星期一	跨栏技术，举重，躯干练习
星期二	乳酸耐力，400米跨栏跑
星期三	躯干练习快速跑
星期四	400米跨栏跑起跑，举重
星期五	躯干练习，快速跑
星期六	比赛
星期日	休息

（依：美国加里·温科勒）

（二）对运动员比赛和大强度技术训练课的监测和评价

利用一定的科技手段，对运动员比赛和大强度技术训练课进行系统的监测和评价，已成为现代帮助高水平运动员调整、控制和更加合理安排训练的有效手段之一。最常采用的方法是用数码摄像机记录运动员比赛和训练的过程，然后通过图像软件解析，得出他们的分段时间、过栏时间等参数，进行对比分析和评价。

1. 直道栏比赛的评价

运动员比赛的全程时间结构可以视为一个“系统”。该系统是运动员专项运动能力的综合体现。这个系统是由运动员通过各种不同距离的时间子系统构成的，如由起跑至跨越若干栏架的时间、途中高速越过若干栏架的时间，以及后程分段时间等子系统构成；而上述子系统又是由起跑、各个栏周期的时间和终点冲刺等单个段落时间的子子系统构成。在全程时间系统当中，各个段落的时间对成绩有不同的影响和贡献。

根据项目特性以及研究惯例，一般是将运动员从鸣枪起跑至摆动腿越过第三个栏架后触地瞬间（简称为起跑至下第三栏）划分为第一个复合段落时间，把下第三栏至下第七栏划分为第二个复合段落时间，把下第七栏至终点划分为第三个复合段落时间。这三个段落的分段时间分别代表着直道栏运动员的专项加速能力、专项保持高速的能力和专项速度耐力。而上述的前两个分段指标又可以组合成起跑至下第七栏指标，用以评定运动员的综合的速度能力。以往的研究表明，该指标和总成绩程高度正相关；从总体上讲，直道栏运动员通过这段距离的时间越短，比赛成绩就越好。解析结果表明，目前世界顶级的110米栏运动员的该项指标可以在8.55秒以内。因此，110米栏的训练首先要抓好这方面的训练。

表4-10、表4-11是110米栏总成绩和起跑至下第七栏时间（中心趋向值）的关系，教练员可以参照此关系，按照不同级别运动员的实际水平制定阶段训练目标。

表4-10　世界顶级110米栏运动员的分段时间指标（单位：秒）

专项指标	参数
起跑至下第三栏	<4.55
下第三栏至第七栏	<4.00
最短栏周期	<1.00
起跑至下第七栏	<8.55
下第七栏至终点	<4.45

表4-11　起跑至下第七栏时间的关系（单位：秒）

总成绩	起跑至下七栏时间
……	……
13.00	8.62
13.10	8.67
13.20	8.73
13.30	8.78
13.40	8.84
13.50	8.89
……	……

关于下第七栏至终点阶段的训练，应该在提高专项最大速度能力（第三至七栏）的基础上提高。刘翔在2004年雅典奥运会之前，该段能力的改善（从13.30秒左右提高到13.06秒）也显示了一种“态势”，即下第七栏至终点阶段的提高有随其第三至第七栏速度的提高而同步的趋势（图4-29）。

（1）刘翔成绩从13.34秒提高到13.17秒时，三个阶段提高的幅度大致相仿。

（2）从13.17秒提高到13.06秒时，后两段提高的幅度明显大于起跑至下第三栏阶段。

（3）从总体看，第七栏至终点段的提高有和第三至第七栏段同步提高的趋势。

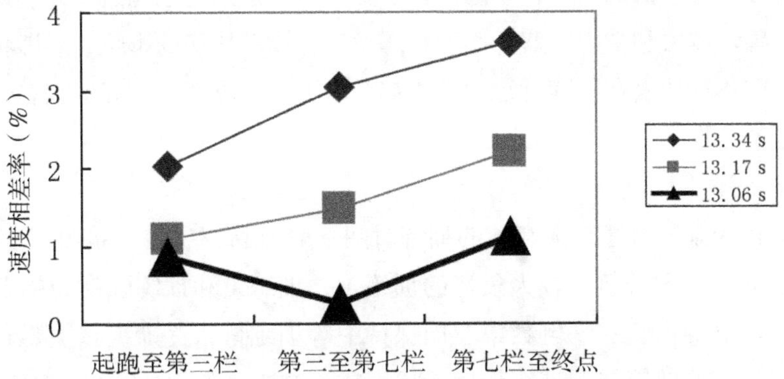

图4-29 刘翔参加雅典奥运会前和世界顶级运动员的速度相差率示意图

2. 大强度技术训练课的监测与评价

除了比赛，对运动员大强度技术训练课进行系统的监测与评价，也是教练员了解和监控训练的有效方法之一。由于运动员大量的练习是站立式起动，因此可以将运动员后脚起动时离地瞬间作为解析判读的起始点，把运动员起跨腿每次起跨离地瞬间，摆动腿越过每个栏架触地瞬间作为判读点。以刘翔、史冬鹏为例，2007年他们栏间距离9.00米过12栏练习（站立式起动）的个人历史最好指标分别为13.39秒和13.70秒，当年他们所获得的最好成绩分别为12.92秒和13.19秒（刘翔排名当年世界第一位，还以12.95秒首次获得世锦赛冠军，史冬鹏为个人历史最好成绩，同时获得世锦赛第五名，排名世界第十位）。又如，解析结果表明，刘翔2004年雅典奥运会出发前的倒数第二堂大强度技术训练课，表现出很高的训练强度，创造了训练的纪录，站立式起动的110米全程练习（标准栏距）跑出了12.90秒左右的成绩，最短栏周期时间为1.00秒，并出现了两次。此前两周的一次未刻意做赛前安排的比赛还跑出了13.06秒的个人历史最好成绩，这些信息都反映出刘翔的状态达到了非常高的境地，最终刘翔在雅典奥运会上跑出12.91秒，获得冠军，创造了历史。他们的训练最好指标可以为其他运动员训练的评价提供一定的参考。

（三）赛前训练安排

运动训练是一个长期、系统的过程，由诸多的训练阶段所组成，而且不同的阶段有不同的训练任务和目的。其中，赛前特别是大赛前的训练，应该说在整个训练过程中具有特殊而重要的意义，是牵一发而动全身的阶段。因为，这个时期的训练安排是否得当、方法手段选择得是否合理，都会直接影响其训练效果的好坏，进而影响其比赛时的竞技状态和比赛结果的好坏。

1. 训练任务

大赛前的训练任务，严格地讲，就是要在前面系统训练的基础上，通过对训练内容、手段、负荷量、负荷强度等方面的调整，使运动员的专项素质达到甚至超过个人的最高水平，专项技术更加熟练完善，体力和精力旺盛，心理状态稳定，没有伤病的影响，对即将到来的比赛做好全面、充分的准备。如果在比赛时运动员能够在以上几个方面达到好的状态，那么所进行的赛前训练应算是成功的。

2. 训练周期的安排

如果前期训练较为系统有序，大赛前的训练时间一般为4周左右。一般的安排规律是：①倒数第四周为调整周（前面进行了较大负荷的训练），训练量和训练强度为中下，目的是使运动员的体力得到较好的恢复；②倒数第三周保持中等训练量，逐渐提高主要专项素质和专项技术训练的强度；③倒数第二周训练量比前一周略为减少，努力使主要专项素质和专项技术的突出强度达到或接近个人最高水平；④最后一周的训练量和训练强度为中下，注意熟练完善专项技术的关键环节，力求使运动员的体力和神经都得到较好的恢复。上述只是一般规律的安排，教练员可根据运动员的具体情况有针对性地灵活掌握。尤其是高水平运动员，个体差异很大，赛前安排也极具个性化。比如，孙海平指导的赛前训练安排是比较平稳的，技术训练的强度没有大起大落。因此在赛前只要做一些微调，把一些主要的训练因素抓住，比赛基本上就不会出问题。以刘翔参加雅典奥运会的赛前情况为例：刘翔是18日从北京出发，24—27日比赛，每天1个赛次。孙海平根据刘翔出发前技术训练课强度已经达到当时最好指标的状况，安排了10天的赛前训练。前3天做了一个比较大的调整，以调整时差为主。之后4天刘翔练了3次技术课、3次专项力量课、2次150米跑，还有1次半课的身体训练。其中3次专项力量是作为10天当中的重点来练，特别是出发之前的那堂课，强度练得最大。一般情况下，高强度专项力量课的恢复需要3天时间，到第3天的状态就不会影响他的大强度训练课和比赛了。因为出发前的那次课强度很大，为了保险起见，增加了1天恢复的时间。4天以后再练第2次课，在赛前2天的时候做了1次模仿，一共3次课。这样的安排主要是考虑到当时刘翔的体力是绝对没有问题的，只要给他一天时间，晚上好好睡一觉，第二天就可以恢复。

3. 心理准备

诸多成功与失败的事实充分证明，运动员比赛时的心理状态对其在比赛中水平的发挥有着重要的影响，特别是跨栏这种对技术要求极高、易受干扰和易出意外的项目，运动员的心理素质就显得更为重要。因此在大赛前的训练中，良好的心理准备与培养，增强其抗压力、抗干扰、自信心、随机应变的自我调节的能力，也是不可缺少的组成部分。

（1）积极鼓励运动员，增强其自信心。调动和鼓励运动员的干劲，以表扬和肯定运动员的长处和优点为主，对仍然存在的不足要以积极的方式提出，努力使运动员相信自己的实力，从而充满信心地参加比赛。

（2）制定符合实际的比赛目标。赛前制定的目标必须符合运动员的实际，过高和过低都不利于运动员以最佳的心态参加比赛。

（3）了解、分析比赛的形势。充分了解比赛中各方面的情况与形势，并给运动员进行清楚、透彻的分析和解释，使运动员对即将参加的比赛有充分的心理准备，减少盲目性。

（4）预料比赛中可能出现的问题。充分估计比赛中可能会出现和发生的问题，制定有效的应对措施，以避免在比赛过程中出现问题时而手足无措。

（李爱东　李汀）

第五章 中长跑训练

一. 影响中长跑运动成绩的关键因素

中距离跑简称中跑，属于高速度的耐力项目。运动员的体能特征主要表现为速度耐力突出，运动员必须具备用较高的速度跑完全程的能力，才能取得优异成绩。在跑的周期和力的作用方面，中跑与短跑相同，不同之处是中跑更加注意跑的节奏和放松能力。中跑属于极限下强度的运动项目，比赛时它们的无氧代谢过程比重（主要是糖酵解过程）可能超过有氧过程或与之相近。中跑项目对速度耐力要求较高，其专项耐力与运动员的速度、力量能力的联系更紧密。但速度、力量的绝对指标并不能保障这类项目的专项耐力和运动成绩的提高。只有针对这类项目耐力的生理特点进行专项性的耐力训练才能取得成效。研究表明，中跑无氧代谢和有氧代谢的比例分别是：800米约为7：3、1500米约为5：5。因此，中跑运动员必须具有很强的心肺功能和骨骼肌无氧供能系统，才能具备缓冲后半程高浓度的血乳酸的能力和调整pH值的能力。可见，运动员的无氧代谢能力、有氧与无氧混合代谢能力和有氧代谢能力是决定中跑运动成绩的重要因素。

长距离跑简称长跑，长跑是以耐力为主的运动项目，有氧代谢占绝对优势。长跑项目的耐力在相当大的程度上是由运动员的有氧能力决定的。在比赛中，高水平运动员最大摄氧量可达80毫升/（千克·分）$^{-1}$左右。长跑运动成绩与运动员的最大摄氧量水平以及其他有氧代谢指标有关，同时也取决于机能节省化的程度和合理地分配体力的能力。尽管长跑和中跑相比，两者在许多方面有相同之处，但在跑的技术和训练方法等方面，又都有不同的特点。长跑要求运动员在保持一定速度的同时，更注重的是要跑得持久。随着运动员运动水平的接近和竞争的激烈，对速度的要求越来越高。研究表明，长距离跑有氧代谢和无氧代谢的比例分别是：5000米约为8：2、10000米约为9：1。可见，运动员的有氧代谢能力和有氧与无氧混合代谢能力是决定长跑运动成绩的重要因素。从心理角度分析，长跑更需要长时间的、稳定的、连续的、顽强的意志品质。

影响长跑运动员的有氧耐力发展水平和运动成绩的因素有三个方面：①运动中所必需的能源物质的储存；②为肌肉工作提供ATP所必需的有氧代谢能力；③肌肉、关节、韧带等支撑运动器官对长时间耐力工作的承受能力。因此，提高运动员的摄氧、输氧及用氧能力，保持体内适宜的糖原和脂肪的储存量，以及提高肌肉、关节、韧带等支撑运动器官对长时间负荷的承受能力，是发展长跑运动员有氧耐力和提高专项运动成绩的基本途径。研究表明，长跑运动员要创造运动佳绩，除与训练方法有关的体能训练、技战术与心智训练有关外，还与海拔高度、比赛气候、比赛场地、赛程安排等因素有关。

影响中长跑运动成绩的因素有以下几个。

（一）肌纤维类型及其比例

人体骨骼肌中的红肌纤维是中长跑运动员耐力素质的重要物质基础。红肌纤维在结构上具有肌原纤维粗、横纹少、神经末梢多的特点；在机能上具有潜伏期长、不易疲劳、持续收缩时间长、呼吸氧化能力强的功能；其收缩主要依赖肌糖原、游离脂肪酸的氧化释能。研究表明，人体红肌纤维的比例与最大摄氧量水平呈正相关性。在进行负荷强度要求人体以最大摄氧量的65%以下氧供应的运动时，红肌纤维的糖原随着负荷时间的延续而显著减少，但白肌纤维内糖原消耗并不显著。这说明，在有氧供应充足的情况下，人体长时间的持续活动主要依赖于红肌纤维及其内部的能量物质分解释能。显而易见，红肌纤维是有氧耐力素质的物质基础。近些年来，随着世界中长跑运动水平的不断提高，中长跑运动员的速度素质水平越来越高，速度训练也越来越受到重视。所以，在中长跑运动员（特别是中跑运动员）的选材中，应该将那些具有先天红肌纤维比例较高的运动员作为优先考虑选拔的对象。

研究表明，从事不同代谢性质运动项目训练的运动员，其肌纤维类型百分组成和糖酵解酶活性有明显的项目特征（表5-1），说明以上两项因素在决定无氧耐力方面发挥重要作用。糖的酵解能力除与体内肌糖原含量有关外，更主要的决定于组织中糖酵解酶的活性。优秀中跑运动员剧烈运动时肌肉乳酸和血乳酸都可以达到很高水平，其中肌乳酸可达25毫摩尔/千克，血乳酸达35毫摩尔/升。

表5-1 不同项目运动员肌纤维组成和无氧代谢酶活性的比较

项目	慢肌（%）	乳酸脱氢酶［微当量（克·分）$^{-1}$］	磷酸化酶［微当量（克·分）$^{-1}$］
男子短跑	24.0	1287	15.3
男子中长跑	51.9	868	8.4
男子长跑	69.4	764	8.1
女子短跑	27.4	1352	20.0
女子中长跑	60.0	744	12.6

（二）神经系统对酸性物质的耐受能力与神经过程的稳定性

在中跑运动中，机体乳酸增多可使血液pH值降低，虽然肌肉和血液中的缓冲物质能够在一定的程度上缓解酸性物质在体内的快速累积，但是最终无法阻止肌肉和血液的pH值向酸性方向发展。在安静状态下人体血液的pH值平均为7.4，骨骼肌细胞液的pH值为7.0左右。在剧烈运动时，骨骼肌细胞内和血液的pH值均可能发生明显变化，骨骼肌细胞液的pH值可能降到6.3左右，血液pH值可能降到7.0左右。研究表明，神经系统对运动肌群的驱动和对不同肌群活动的协调作用是影响无氧耐力的一个重要因素，大量酸性物质能够影响神经系统的上述功能，从而影响运动过程中运动单位的激活和中枢控制的协调性。系统进行中跑无氧耐力训练，可以明显提高神经系统对酸性物质的耐受能力，同时也可提高血液中的“碱储备”与碳酸酐酶的活性，提高机体缓冲和消除乳酸的能力，从而提高无氧运动能力。

在长跑运动中，运动员神经过程是否稳定，是决定其运动技术动作在跑进过程是不是依然保持高度协调与稳定的重要因素之一，也是运动员成功地进行比赛的必要条件之一。在长跑比赛过程中，各种因素都可能影响运动技能稳定性的保持，如过分的心理紧张、逐步加深的机体疲劳、不习惯的外界环境、对手之间的激烈竞争、观众的影响等。若运动员神经过程具有长时的稳定性，将意味着神经机能对疲劳具有高度的抵抗能力。这种能力在运动的后段不仅直接影响着肢体活动的稳定性，而且对提高物质代谢的调节能力也具有直接作用。

（三）能量物质的储备量

足够的肌糖原含量是肌肉进行中长跑糖酵解与有氧供能的前提条件，在进行无氧运动时，并不是所有的肌糖原都参加酵解过程。研究表明，肌肉进行5分钟最大强度运动就已感到力竭，但肌肉中仍有肌糖原，说明在无氧运动时，肌糖原并不全部参加无氧分解供能。肌糖原数量过少会抑制乳酸生成和降低无氧代谢能力，肌糖原影响无氧代谢的临界值为40毫摩尔/千克体重，因此，肌糖原含量越高，无氧运动能力也就越强。

中跑运动员无氧耐力的提高主要取决于肌肉内糖酵解供能的能力、肌肉缓冲乳酸的能力和脑细胞对血液pH值变化的耐受能力的增强。中跑运动中主要能源来自肌糖原的无氧酵解，它主要受肌纤维类型百分组成和糖酵解酶催化活性的影响。由于乳酸供能实际上是糖原的酵解过程，其代谢产物（乳酸）会使体内的pH值下降，从而造成运动性疲劳。所以，体内糖原含量、糖酵解酶活性、快肌纤维比例，机体缓冲乳酸的能力和脑细胞（机体）对pH值下降的耐受能力均是影响乳酸供能的重要因素。研究表明，肌糖原含量高，糖酵解酶活性高，快肌纤维比例高，肌肉无氧糖酵解能力就强。肌糖原含量不足可以明显影响中长跑运动员的运动成绩，相反，增加肌糖原储备，提高心血管功能与骨骼肌的代谢能力则能够有效地提高中长跑运动员的专项耐力水平。

长跑运动员完成肌肉长时间工作所必需的能量在有氧氧化供能与无氧乳酸供能两种能量供应来源的基础上通过化学反应而获得。人体体内能源物质，尤其是糖原、游离脂肪酸的储备量，是决定长跑运动员耐力水平的重要因素。体内糖原储备量大，标志着运动员在较高强度的负荷下持续工作的潜力大；其体内游离脂肪酸含量多，则意味着连续工作的能力强。长期系统的训练，可以有效改善机体能量供应系统的调节能力。如在运动中不必将机体糖原过多消耗，就可较早地运用体内游离脂肪酸参与氧化分解供能。这样，既有利于维持体内血糖的正常值以满足脑细胞的需要，又能使高pH值能量物质尽早参与供能。

（四）最大摄氧量水平

最大摄氧量是反映长跑运动员有氧耐力的主要客观指标。我国优秀中长跑运动员的最大摄氧量可达70毫升（千克·分）$^{-1}$左右，而世界优秀运动员的最大摄氧量可高达80毫升/千克/分以上，可见有氧耐力与运动成绩是密切相关的。

在中长跑运动项目中，氧供应充足与否完全决定着能量物质分解释能水平的高低；而氧供应充足与否，在很大程度上取决于最大摄氧量水平的高低。有氧代谢能力是由摄氧能力、输氧能力、用氧能力三个有机部分决定的。从本质上讲，肌细胞内能量的物质化释能所需要的氧量，决定着能量供应水平，而肌细胞内氧量充足与否，则取决于肺通气量、血液中红细胞数量、血红蛋白量、心输出量和毛细血管的分布密度的大小。这是因为肺通气量决定着从外界吸入体内氧量的能力，血红蛋白则决定着血液载氧能力的高低，每分输出量决定着单位时间内体内输氧量的多少，毛细血管的分布密度决定着肌纤维内氧与二氧化碳的交换能力。因此，改善运动员心血管系统的功能是提高最大摄氧量的关键。

（五）意志品质

长跑运动员的耐力素质是在克服疲劳的情况下所表现出来的一种运动能力。要提高耐力素质就必须克服疲劳的干扰。克服疲劳的干扰与克服疲劳的心理意志力的大小有高度的相关性。也就是说，运动员意志品质越顽强，机体克服疲劳的能力就越强。因此，在耐力训练中，教练员要不断挖掘运动员的心理潜力，磨炼其顽强的意志品质，同时，在中长跑运动中，运动员要努力克服由于精神疲劳或肌肉疲劳所引起的难受、烦躁、痛苦等心理障碍，并不断通过自我暗示、自我激励产生或增强克服困难的内驱力。

运动员除必须具备优良的体能水平之外，跑的节奏战术、速度与速度分配能力也是影响中跑运动成绩的最重要的内容，运动员在比赛前一定要充分考虑和合理安排。中跑运动员比赛中的速度分配一般有四种：均匀跑型、先慢后快型、先快后慢型、速度突变型。现代中长跑是高速度耐力的较量，强有力的最后冲刺是获胜的关键。如世界优秀男子中跑运动员塞巴斯蒂安·科的100米成绩为10.39秒，塞·奥伊塔的成绩为10.60秒。他们都能在1500米比赛的最后300米跑出37~38秒的成绩，这是因为他们具有扎实的速度基础。

二、中跑运动员的技术

中跑技术与短跑技术基本相同，但由于各项目之间的距离不同，因此在技术动作的速度、幅度及用力程度上有所不同。现代中跑技术的发展，不是单纯强调步频、步幅的提高，而是在保持高步频的基础上以放松协调的动作、有节奏地表现出正确技术，并达到动作自动化，从而节省能量。运动生物力学分析表明，参与工作的肌肉及时放松，能减少工作负荷。对抗肌放松能使关节有较大的灵活性，能够为利用惯性创造条件。肌肉的及时放松是肌肉快速用力的前提和准备。肌肉的高度放松的协调能力是技术动作高度自动化的结果，这也是衡量中跑运动技术及水平的重要标准。

现代中跑技术是建立在合理性、实效性、经济性三大特点的基础之上的，并呈现出了高速度、高频率、节省化、重心平稳、动作自然、放松省力的动作特征。合理的中跑技术，不仅要看运动员的动作外形，更重要的是要看跑的技术的力学合理性、技术的实效性和节省能量的效率，这同时也是现代中跑运动技术发展的方向。

中跑各个项目的完整技术均分为起跑、起跑后的加速跑、途中跑和终点跑等主要技术阶段。

（一）起跑和起跑后的加速跑

中长跑比赛采用站立式起跑，起跑时双手不得触地；起跑只有“各就位”和鸣枪两个阶段。中跑一般采用低姿的站立式起跑，起跑是“各就位”到跑出第一步落地前的动作。其任务是听到枪声后，使身体迅速摆脱静止状态，获得向前的动力，快速跑出。当听到“各就位”口令后，运动员先做一两次深呼吸，轻松地走到起跑线后，两腿前后站立，有力腿在前，紧靠起跑线后沿。前脚脚跟与后脚脚尖距离约一脚长，左右间隔约半脚，后腿用前脚掌站立。手臂的动作有两种：一种是两臂一前一后，另一种是两臂在体前自然下垂。两腿弯曲和上体的前倾程度，依战术而定，即起跑速度越快，两腿弯曲和上体前倾程度越大。颈部放松，眼向前看5~10米处，整个身体保持稳定姿势。注意听枪声。

运动员听到枪声后，两腿用力蹬地，后腿蹬地后迅速前摆，两臂配合两腿的蹬摆做快而有力的前后摆动，使身体快速向前冲出进入加速跑阶段。加速跑的任务主要有两个：一是根据战术需要抢占有利位置，二是在较短的时间内达到预定的速度并转入途中跑。在加速跑时，两腿应迅速有力地蹬伸，两臂要积极地摆动，在短时间内达到预定速度。加速跑的距离依项目、个人训练水平及战术而定。一般中跑的加速距离稍长。无论在直道或弯道上起跑，都应该按切线方向朝着有利的位置跑去，由于1500米以上项目采用不分道起跑，起跑后的加速跑应在规则允许的范围内，抢占有利的战术位置，然后按照既定速度节奏进入途中跑。

（二）途中跑

途中跑是中跑全程的主要阶段，掌握正确的途中跑技术对于提高中跑运动成绩具有重要的意义。途中跑应强调轻松、省力、节奏好。以优秀中跑运动员尤伯斯·奥地基和迪特尔·鲍曼为例（图5-1）。在跑的过程中，躯干前倾不超过4~5度，且变化范围不超过2~3度。前脚掌着地瞬间支撑反作用力是向后上方的，故脚应落在离身体重心投影点20~30厘米处（图5-1①）。途中跑的一个动作周期分为两个支撑阶段和两个腾空阶段。支撑和腾空时间可以作为评定跑的技术的标准。另外，运动员的跑速、形态和训练水平，以及距离的长短所决定的步长与步频的协调比例，也是评定中长跑运动技术的有效指标。

图5-1　尤伯斯·奥地基与迪特尔·鲍曼的1500米跑途中跑

图5-1　尤伯斯·奥地基与迪特尔·鲍曼的1500米跑途中跑（续）

图5-1　尤伯斯·奥地基与迪特尔·鲍曼的1500米跑途中跑（续）

1. 后蹬与前摆

后蹬与前摆是途中跑技术产生跑进动力的主要阶段。在一个跑的周期中，当身体重心移过支点上方时，开始后蹬与前摆动作。后蹬产生的支撑反作用力是向前上方的，蹬摆所产生的力应当通过人体重心并与跑的方向相吻合，协调的用力蹬、摆是跑的关键动作。其中支撑腿髋关节、踝关节伸直的时间及速度与异侧大腿同侧髋前摆的速度，对推动运动员身体重心向前的效果及动作幅度意义较大。积极的前摆可增加后蹬力量，有力的后蹬可促进前摆效果，只有使后蹬与前摆协调配合，才能产生更大的前进动力。在摆动腿膝关节迅速有力地向前摆出，带动同侧骨盆前送的同时，后蹬腿的三个主要关节迅速蹬伸。有效的蹬摆技术特点是后蹬的发力要以髋为轴积极伸展，用力顺序是伸髋、伸膝、伸踝。中跑后蹬角为48~55度，蹬地时，不仅腿部大肌群参加工作，而且脚掌小肌群也积极参加工作，最后经脚趾蹬离地面（图5-1②、③）。后蹬结束时，后蹬腿膝关节不是完全伸直的，一般为160~170度，蹬伸结束后应快速向前摆腿。摆动腿屈膝前摆并带动髋部前送，摆腿用力方向要与蹬地方向一致。后蹬结束进入腾空阶段，肌肉放松，大小腿折叠快速前摆。摆动时肌肉放松的能力影响着摆动腿的速度和幅度。摆动腿大腿与地面角度为25度，这时正是后蹬腿伸踝的用力时刻，摆动腿带动小腿积极向前方摆动，加大支撑腿的支撑反作用力，加快蹬伸速度，使髋部更好地前送，带动身体重心向前移动，同时也为摆动腿积极有力地着地创造条件。后蹬动作结束时，摆动腿小腿处在与后蹬腿近似平行的状态（图5-1③、⑫）。后蹬向前效果的好坏，实际上取决于运动员伸髋的力量和速度、前摆着地的动作、落地支撑时与身体重心投影线的距离。

2. 腾 空

后蹬腿蹬离地面后，身体进入腾空阶段。在腾空阶段，腾空要低，放松蹬地腿的肌肉，大小腿折叠快速前摆。摆动腿肌肉放松的能力会影响摆动腿的速度和幅度。当后蹬腿的大腿向前摆动时，小腿顺惯性自然摆起，膝关节弯曲，形成以大腿长度为半径的摆动过程。大小腿折叠的角度约为35度，脚在空中移动的轨迹高度在膝关节附近（图5-1⑤、⑥、⑬、⑭）。小腿顺惯性折叠，有助于摆动腿积极、迅速、省力地向前摆。人体腾空后将会沿惯性向前运动又获得短暂的休息。优秀运动员为了提高步频会减少腾空时间，除减少腾空时间外，还应减少支撑时间，主要是减少缓冲时间。缓冲时间和后蹬时间的比例是1：（1.5~2）。

3. 着地与缓冲

着地缓冲的任务是减小地面对人体的冲击，减少水平速度的损失，为尽快转入后蹬创造有利条件。衡量中长跑运动员着地缓冲技术好坏的主要标准是看水平速度损失的情况，应尽量减少水平速度的损失。因此，为了减少落地时产生的阻力和腿部肌肉的负担，脚应落在离身体重心投影点附近的地方。当摆动腿的大腿开始积极下落时，膝关节也随之自然伸直，并用前脚掌外侧先着地（图5-1⑮）。着地点距身体重心投影线约为20厘米。着地之后，膝关节稍稍弯曲，在垂直阶段，脚跟稍向下落或全脚掌着地。这样可缓冲脚着地所产生的冲击力，并为过渡到后蹬创造良好的条件。此时骨盆向摆动腿一侧下降，摆动腿的膝关节低于支撑腿的膝关节（图5-1⑰）。

4. 上体姿势与摆臂动作

上体姿势取决于头的位置，由于头颈反射作用，上体姿势会随之发生改变，因此，要保持头的位置正确。正确的上体姿势是保持正常的自然姿势或稍前倾（约5度），头颈部肌肉自然放松和身体保持直线。两手半握拳，两臂弯曲，屈肘约90度，以肩为轴前后自然摆动，臂向后摆时肘关节稍向外，向前摆时稍向内。摆幅随跑速变化而适当变化，肘关节的夹角向前小于向后，在垂直部位可大些，以利于两臂肌肉的放松。

途中跑有一半以上的距离是在弯道上。弯道跑技术与短跑技术基本相同，只是动作的幅度和用力程度较小。此外，运动员在跑进中应根据风向随时调整身体姿势。逆风跑时，加大上体的前倾，适当缩短步长，加快步频；顺风跑时，身体可稍直些，步幅大些，借助风力向前跑进。中跑一般除战术的需要而改变跑的节奏外，全程用较为均匀的速度跑可为内脏器官的工作创造有利的条件，能推迟疲劳的出现。

（三）终点跑

终点跑是中跑全程结束前的最后一段距离的冲刺跑。终点跑冲刺的距离，要根据比赛项目、个人特点和战术需要来确定。一般情况下，800米跑可在最后200~250米处开始冲刺，1500米跑可在最后300~400米时进行冲刺跑。速度好的运动员，往往在跟随跑的前提下，在进入最后一个直道时，突然加速冲跑。耐力好的运动员，为了最后战胜对手，多采用更长段落的加速冲刺跑。近年来，随着运动员专项体能水平的进一步提高，运动员的冲刺时机与冲刺距离也进一步在提前与加长。终点跑的技术是在途中跑技术基础上，逐渐或忽然加快跑速，增大摆臂幅度，加快、加大步频、步长，增加躯干的前倾角度，注意积极“扒地”和前摆以获得水平速度，尽量减少疲劳状态下的身体多余动作，动员机体最大的潜能，竭尽全力冲过终点。终点撞线技术与短跑撞线技术相同。

（四）步长与步频

跑的速度是由步长和步频决定的。根据中跑项目的特点，要求中跑运动员根据个人身体条件与素质特点，在合理、有效的技术基础上注意节省能量消耗，应保持适宜的步长和稳定的步频，增强跑的节奏性，推迟疲劳的出现。步长的大小取决于运动员的腿长、蹬摆的力量和幅度、后蹬的角度、髋关节的灵活性和柔韧性等因素。中跑运动员的步长，男子一般为2.00~2.20米，女子为1.60~1.80米。在比赛过程中步长也不是固定不变的，步长的变化取决于疲劳的出现、各段落跑速的变化、跑道质量、风力和风向以及运动员的身体状态等。加大步长的主要方法是加强蹬摆的力量和确定适宜的后蹬角度。

步频的快慢取决于神经系统的灵活性、肌肉收缩的速度和掌握技术的程度等。中跑运动员的步频一般为3.5~4.5步/秒。如我国优秀女子中跑运动员曲云霞的步频约为3.77步/秒。步频的快慢与每一步用的时间有关，每一步的时间又与支撑时期、腾空时期的时间有关。因此，支撑时期和腾空时期的时间应有适宜的比例。

三、中跑的训练

（一）中跑技能训练重点与方法

中跑项目的技术结构属周期性运动。动作技术的完善、经济性和实效性的提高，对于取得优异运动成绩具有重要作用。现代中跑技术朝着快频率、节省化、实效好的方向发展。此外，运动员出色的动作节奏感也是突出的技术特征。中跑运动员要学会在跑的途中尽量节省体力，尽量发挥身体素质的优势，因此，合理的技术是关键。研究表明，中跑的技术越合理，取得向前运动的实效性越高。如果运动员腿部的蹬伸用力顺序不对，尽管肌肉收缩用力很大，体能消耗很多，也不能产生理想的向前运动效果。所以在改进中跑技术动作时，必须注重实效性。

中跑技术的实效性体现在运动员跑的技术合理、向前运动的效果好。用同样的体力和能量，采用不同的技术所取得的运动效果和获得的跑速是不同的。例如，运动员在跑进中的蹬伸阶段，腿部的蹬伸用力顺序应该是自上而下发力的，这样才能使支撑反作用力迅速通过身体重心。反之，如果用力顺序不对，运动员尽管肌肉收缩用力很大，体能消耗很多，却不能产生理想的向前运动效果。研究表明，现代国内外优秀中跑运动员后蹬时按髋、膝、踝三个关节顺序伸展更加明显，后蹬全过程身体重心前移距离也得以加长，从而加快了跑进中身体重心前移的速度和幅度，大大提高了运动员水平位移的速度。这一技术特征，使现代中跑动作的实效性大为改善。

中跑技术的经济性体现在运动员在跑进中身体各部分动作应该是自然放松的，这表现在肌肉群的收缩和放松交替的过程中，该收缩的肌肉群收缩，该放松的肌肉群放松，各肌肉群之间是高度协调配合的，从而达到以人体最小的能量消耗换取最大的向前运动的效果。

中跑的技术训练主要采用完整练习法，以途中跑技术的改进为重点并在大量跑的练习中进行。训练可结合运动员的个体技术情况，利用各种跑的专门性练习针对性地改进技术动作，应在生物力学原理基础上改进运动员的习惯性错误技术动作，使之符合自然、实效的正确技术。训练应重点抓好技术动作的主要环节及上、下肢的协调配合。要把动作的放松、协调、自然平稳、直线性、呼吸和跑的节奏贯彻在途中跑训练始终。让运动员在轻松协调的前提下，掌握好跑的技术和合理的呼吸节奏以及步幅与步频、腾空与支撑的比例关系等，只有处理好这些关系，才能节省体力的消耗，使中跑技术更为合理有效。

中跑技术训练的主要方法与手段有以下几种。

（1）改进途中跑的技术：结合教练员的讲解与示范以及优秀运动员的技术图片与视频等方式，进行匀速跑1000~2000米，要求运动员按自己的节奏跑，注意呼吸与步频协调配合，并掌握合理的体能分配技术。

（2）变速跑400米快+100米慢，要求快跑按规定的时间节奏去跑，如果跑得快或慢了，要及时调整跑的速度。

（3）通过各种加速跑—匀速跑—加速跑—加速跑后的惯性跑，以及大量的匀速定时跑、变速跑和接力跑游戏等，改进跑的经济性与实效性。

（4）改进站立式和起跑后加速跑的技术。结合讲解与示范，让运动员在直道或弯道上按口令做站立式起跑和起跑后加速跑60~150米，体会站立式起跑的技术要点。

（5）改进中跑的技术可具体采用以下一些训练手段。

① 改进和提高蹬地效果的手段：在草地或沙地上做弹性跑200~400米；负轻杠铃做低重心弓箭步走40~60米；徒手或负轻杠铃做台阶换腿跳30~40次；跨步跳或后蹬跑200~400米；上坡跑或逆风跑200~1000米；由行进间后蹬跑过渡到加速跑60~100米。

②改进和提高抬腿效果的手段：行进间快速高抬腿跑60~200米；单腿支撑，另一腿屈腿高抬，在膝上负重物，20~40次；手扶栏杆连续做蹬摆向前跨步练习20~60次；行进间高抬腿中突然做几次最快速度的抬腿练习；利用下坡跑的惯性和顺风跑来加快抬腿的频率；小腿拉胶皮带做快速扒地动作的练习50~80次；牵拉胶皮带做原地高抬腿60~200次；牵拉胶皮带做匀速或快速高抬腿跑60~100米。

（二）中跑体能训练的重点与方法

中跑是典型的周期性运动项目，中跑的无氧代谢比重小于短跑的，有氧代谢比重小于长跑。比赛后程血液中的血乳酸大量增加，可达270~300毫克，最大摄氧量可达75~80毫升（千克·分）$^{-1}$。因此，中跑运动员必须具备承受后半程高浓度血乳酸的能力，必须具有很强的心肺功能。在体能要求方面，对速度水平的要求很高，速度好，速度储备就有余地，而速度储备是影响专项耐力的重要因素。在中跑训练过程中，只有严格遵照人体运动机能逐步改善和提高的规律，才能达到最大限度地提高运动员个体的机体能力，创造最佳运动成绩。

不同的中跑运动项目所要求的专项体能也不同。例如，800米跑更需要速度，3000米跑更需要良好的耐力。中跑的优异成绩在很大程度上取决于运动员速度的训练水平，速度快才能保证以较高的平均速度跑完全程，才能在最后冲刺时快速超过对手。研究表明，有氧代谢是混合代谢和无氧代谢供能的基础。中跑运动员的体能训练要在全面发展一般在体能的基础上重点提高专项体能水平，在提高心血管和呼吸系统机能水平的基础上强化专项速度耐力，以逐步改善和提高混合代谢和无氧代谢供能的能力，并最终促进专项运动能力的提高。

1. 耐力素质训练

（1）一般耐力训练。

一般耐力是发展中长跑专项耐力的基础。一般耐力训练可以有效地提高运动员呼吸系统、心血管系统的工作能力，还可以培养运动员的意志品质，改进跑的技术和发展其他身体素质。中跑运动员的通常耐力水平将直接影响专项耐力的发展水平和运动成绩。在全年训练中，一般耐力训练的安排通常在准备期的每周训练中，应有较大的比重。随着竞赛期的到来，逐渐减少比重。但在竞赛时期的每周中，也应安排一定的耐力训练。

发展一般耐力要从增加量开始，循序渐进，波浪式前进，随着训练水平的不断提高，适当增加跑量和强度。发展一般耐力的训练方法首先要解决提高最大摄氧量问题。提高最大摄氧量主要的训练手段是周期性练习，这些练习的速度必须控制在主要通过有氧代谢供能的幅度之内，训练中主要采用持续负荷法（不间断匀速负荷法及变速负荷法）。特别是在年度训练准备期第一阶段和第二阶段的一部分时间里，它们是发展一般耐力的主要训练方法。在全年训练中，根据不同的任务应有所侧重地不间断地进行一般耐力训练。准备期比重较大，比赛期及比赛前也应有所安排。一般耐力也可以通过强度小，时间长的越野跑、耐力性变速跑、“法特莱克”跑、综合循环练习、耐力性游戏、爬山及各种球类练习进行训练。总持续时间为1~2小时。

训练实践中，往往将运动员无氧阈以下跑速进行不间断持续跑作为发展有氧能力的主要训练手段。无氧阈确定后，可采用两种手段（即分别取无氧阈速度的70%或80%~90%作为练习速度）来发展有氧耐力水平，时间不超过90分钟。一般耐力训练应与运动员的意志品质培养、思想作风的培养和心理方面的训练与调控结合起来，同时，训练中要注意呼吸的科学性，尤其要注意呼吸的方法与节奏。

（2）专项耐力训练。

中跑的专项耐力是指运动员在中跑比赛或专项训练所需求的时间内坚持高强度运动的能力，即专项速度耐力。专项耐力训练中身体代谢供能方式，也因专项距离长短的不同而有差别。提高中跑运动员有氧代谢、无氧代谢及混合代谢的能力是专项耐力训练取得最佳效果的关键。中跑运动员的专项耐力要求用尽可能高的平均速度通过全程。专项耐力的主要供能形式为糖酵解无氧代谢供能，在发展无氧耐力的同时，要注意协调地发展有氧耐力。研究表明，有氧耐力是无氧耐力的基础，它们之间存在良性的迁移关系，有氧耐力的提高有利于运动员氧输送能力和氧利用能力的提高。中跑实践中，通常以无氧阈强度训练为界限进行不同性质的耐力训练，用高于无氧阈的负荷强度作为强化专项耐力的一个重要手段，并根据中跑专项的需要，对所需的供能方式，进行反复强化的训练，逐步加大无氧供能训练和速度耐力混合供能训练，这是提高中跑专项耐力的重要保证。训练实践表明：随着运动员成绩的提高，混合代谢供能的训练比重也相应地逐步增加，其训练比重一般为60%~70%，并有继续加大的趋势。主要训练方法为大强度的间歇训练法、重复训练法及比赛训练法。其负荷的主要特征为：①采用超个体乳酸阈强度直至在较短段落中超比赛强度进行训练；②负荷总量，中跑运动员训练时达比赛距离的3~6倍；③两次练习之间的间歇相对略长。采用大强度间歇训练时，应待心率恢复至20~24次/10秒时再次练习；进行重复训练时则要求心率恢复到20次及以下/10秒。练习采用的段落长度，中跑为比赛距离的1/4~3/4，如1500米运动中常采用400~1200米段落进行间歇训练。

专项耐力在全年不同的训练阶段都要系统安排，可根据全年任务的不同有计划、有目的地加以强化训练。一般来讲，在全年训练的准备期中，只保留一定的比重，而在竞赛前期和竞赛期的比重则相对大。随着田径竞赛体制的改革，当今世界中长跑训练没有和过去那样明显地把全年分为基本期、竞赛期与过渡期等，而是根据专项要求、个人特点、比赛需要进行安排，随时都有强度刺激，运动员随时都可以参加比赛，在训练中把有氧代谢和无氧代谢供能科学地联结成一个训练整体，使运动员的速度、耐力和“高速度”持续跑的专项能力同时得到提高，使训练更符合比赛的要求。

发展中跑专项耐力的训练手段主要有：①高于无氧阈强度的长时间持续跑、法特莱克跑、间歇跑等；②等距离或不等距离的变速跑；③较长距离的大强度越野跑，在越野跑中把发展一般耐力、专项耐力和速度结合起来进行训练也是一种较好的方法；④短于或略长于专项距离的重复跑，短段落多于长段落，不少优秀运动员采用1200米以下的段落，并用比赛速度，甚至超过比赛速度来完成；⑤各种长、短副项与专项的测验与比赛等。发展专项耐力素质的方法手段较多，而且各有其特点。总体来说，这些特点基本上体现在练习强度、持续时间、间歇时间与方式、重复次数等因素的组合与变化上。专项耐力训练课的总距离应根据专项特点、运动员的训练水平及其他情况而定。若采用重复跑，总距离可达到本专项距离或超过本专项距离数倍。如800米运动员为3~4倍，即2400~3200米；1500米运动员为2~3倍，即3000~4500米；3000米运动员为1.5~2.5倍，即4500~7500米。在确定总距离时，还应考虑到兼项情况。若有兼项时，应以较长的专项距离为主。如采用变速跑练习，其快跑段落的总距离可适当加长些，但也不应超过太多，如800米运动员为4.5~5倍，即3600~4000米；1500米运动员为3~4倍，即4500~6000米；3000米运动员为2~3倍，即6000~9000米。

奥运冠军摩洛哥著名中长跑运动员塞·奥伊塔提高最大有氧能力的训练每周安排2次，每次运动量在8000米以上。在30分钟或更长时间的长跑中，他的最大摄氧量能保持在较高水平上。在春季大强度训练中，他要求100米平均速度为14秒，尽管他的有氧训练量仅占30%，但强度要求较高；速度耐力训练以法特莱克训练为主，每周安排2次，每次40~50分钟。而在跑道上进行的10000米法特莱克训练，强度要求在30分钟以内，这表明塞·奥伊塔的耐力水平是惊人的。

2. 速度素质训练

速度水平是提高中跑运动成绩的一个重要因素。当今的中跑运动员在比赛中往往都是到最后几十米或几米才见分晓，可见，速度的快慢决定着运动员的最后冲刺能力，是取得好成绩的重要一环。中跑是以速度耐力为主的项目，而速度素质是影响运动员速度耐力水平的决定性因素之一。中跑运动员的速度包括两种：一是短距离跑的速度，二是在乳酸堆积情况下的速度。前者是基础，后者是在特定条件下表现出来的快跑能力，只有两者互相促进、协调发展，才能达到预期的效果。现代中跑训练，以逐步加大运动员的训练负荷强度为最突出的特征，世界优秀教练员都把提高运动员的速度放在首位。实践证明，一名短跑运动员经过科学系统的专项训练可以成为优秀的中跑运动员。根据中跑训练的特点，确立以速度训练为核心的指导思想是中跑运动训练走向科学化的必由之路。中跑发展速度应结合项目特征，这样才能取得良好的训练效果。世界上一些中跑运动水平领先的国家，如肯尼亚、摩洛哥、埃塞俄比亚等国特别重视在抓好中跑专项耐力素质的基础上，强化速度和速度耐力的提高。如果速度水平较低，将很难达到较高的运动水平。研究表明，中跑运动主要是以乳酸供能为主体，因此，中跑运动员的速度训练应围绕这一特点而展开。中跑运动员的速度训练，第一，应以克服体重的速度力量和速度力量耐力为主进行力量训练，以改善神经—肌肉系统快速度长时间的收缩能力来发展速度；第二，速度耐力是中跑运动项目突出的特征，中跑运动员所需要的速度是有机体处在乳酸逐步积累的条件下表现出的速度，即以乳酸供能为主体所表现出来的专项速度。中跑各项在全年中速度训练占的比重大致如下：1500米约占20%，800米约占30%~40%。

中跑运动员发展速度的练习方法主要有以下几种。

（1）准备活动热身后，进行大量的组合速度素质练习及跑的速度训练。如：30~100米的加速跑、接力跑、行进间跑、60~200米的重复跑、变速跑、接力跑、借外力短距离跑（如牵引跑），其他各种速率练习和速度游戏等。

（2）速度耐力训练后，待运动员机体乳酸尚未完全恢复时，进行短距离跑的速度练习。

（3）在耐力跑中，突出频率快跑，以改善神经系统的“速度”功能。

（4）耐力和速度耐力跑的训练后，紧接着做速度力量和速度力量耐力的组合训练。

在全年训练中，速度训练的最大比重应安排在竞赛前期或赛期中，在准备时期中，速度训练同样应安排，只是比重相对较少一些。

塞·奥伊塔速度训练的重点是跑的节奏与冲刺速度的变化，强度较大。1至5月，每周进行一次，每次运动量从800米至3000米不等，恢复时间较短，一般不超过1分30秒。另外，每周平均安排一次800米和1500米的专项速度训练，每次运动量约3000~4000米，跑的练习从300米到800米不等。强度视距离长短而定，100米平均要求11.5~13.5秒，强度比最大有氧能力的训练要大一些，恢复时间较长，一般是提高最大有氧能力训练恢复时间的两倍。

3. 力量素质训练

中跑运动员所需要的是速度、力量、耐力三种素质的有机结合，并与专项能力训练科学地融为一体，以保证运动员的步长、步频和动作节奏的稳定性，促进专项速度耐力水平的提高。中跑运动员的力量训练必须紧紧围绕专项需要来进行。中跑所需要的专项力量主要是快速力量耐力。为保证专项技术效果，运动员不仅需要支撑力量，同时也需要摆动力量。因此，在运动实践中，中跑运动员常采用较长距离的跑、跳专门练习（如200~400米后蹬跑、跨跳），多次重复轻重量和中等重量的负重练习，上坡跑，在沙滩（沙坑）与草地上的跑、跳练习，发展腿、腰、腹、背、上肢的力量练习及循环训练等。以克服自身体重的各种跳跃练习和跳跃组合练习为主，以负1/2体重的重量发展速度力量和速度力量耐力为辅，跳跃练习和跑的动作结构较接近，不仅能增强肌肉收缩的速度和弹性及四肢协调用力的能力，又能避免肌肉横断面的过分增大，但增加跳跃的数量要缓慢，主要是提高跳跃的质量。其中“短跳”练习主要包括立定跳远，立定三级跳远，立定五级跳远，单、双腿十级跳和50米以内的跨步跳；“长跳”练习主要包括80~100米跨步跳、150~200米跨步跳，以及400~800米的循环组合跳等。要求保持动作的快频率、快节奏，逐步增加跳的距离。中跑运动员专项力量训练的手段主要有以下几类。

（1）增加难度的各种跑的练习（沙地、雪地跑）。

（2）在丘陵地带的加速跑练习，注意选择适应的地段。

（3）短跑间歇训练。

（4）各种形式的负重跑（负重腰带跑、穿加重鞋跑、拖汽车轮胎跑等）。

（5）在斜坡跑道上（上坡）进行各种跑跳练习。

（6）降低难度的跑的练习。

（7）各种单足跳和双腿跳跃练习、跨步跳练习。

（8）各种负重的专门练习，综合力量练习器上完成的各种练习。

（9）不同关节角度的静力性力量练习。练习时注意使下肢各关节角度与跑的过程中的关节角度相接近。

值得注意的是，英国、肯尼亚与摩洛哥等世界中长跑强国的成功经验表明，循环训练是中长跑运动员行之有效的力量耐力训练方法，它不仅可以发展身体各部的肌肉力量，还可以改善和提高运动员的内脏器官功能。循环训练的内容、次数、组数和时间应根据训练任务、运动项目的特点、运动员个人的习惯进行组合和安排。一般把适合项目特征和个人特点的8~10个力量练习手段组成一个组，再依据不同性质力量之间的关系，给以科学的排序，进行不同次数和不同间歇的重复练习。实践证明，力量训练与专项能力训练相结合，其每个手段的用力结构又与技术动作结构相一致，这对提高中跑运动员的专项速度耐力具有非常显著的训练效果。

4. 灵敏素质与柔韧素质训练

中跑运动员的灵敏素质训练应重视运动员的时间与空间感知能力，培养运动员的节奏感和随时放松肌肉的能力，合理安排运动负荷，避免强度过大、中枢神经过度紧张的训练，时间也不宜过长，以免造成过度疲劳。要注意与心理训练和思想教育结合起来，以保证训练取得良好的效果。发展灵敏性的主要手段有：①结合中跑专项技术特征的各种专门练习，如小步跑、原地快速交换双脚、原地高抬腿跑等练习；②田径中的其他项目，如跨栏练习；③各类游戏、舞蹈与球类运动等。

中跑运动员的柔韧素质训练是不可缺少的训练内容，应该贯穿在运动员训练的全过程之中。柔韧素质的水平将直接影响运动员运动技术的效果。所以，被教练员视为运动员的基础运动能力转化为专项运动能力的“桥梁”。柔韧素质的练习主要采用两种方法进行，即主动或被动的静力拉伸法和主动或被动的动力拉伸法。这两种练习的特点，都是在力的拉伸作用下，有节奏地逐渐加大动作幅度或多次重复同一动作。这两种方法可单独采用亦可混合运用，练习时间根据需要而定。发展柔韧性的主要手段有：①利用自身力量或自身体重进行的屈体、压肩、拉肩、吊肩、转肩、转体等练习；②各种压腿、摆腿、踢腿、劈叉、踝关节绕环和足背跪姿坐压等练习；③利用器械（如木棍，绳子或橡皮筋等）进行的伸展练习。

四、中跑的训练过程与控制

（一）中跑训练过程

中跑是周期性速度耐力运动项目，速度耐力是中跑项目的核心能力。中跑运动员的无氧耐力的发展是建立在有氧耐力提高基础之上的。这是因为通过有氧耐力训练，运动员每搏输出量提高，从而为无氧耐力的发展打下了坚实的基础。如一开始便是无氧耐力训练，那么心肌壁就会增厚，这样虽然心脏收缩能力强而有力，然而每搏输出量难以提高，从而影响全身血液的供给，对运动员以后的发展不利。所以，在发展无氧耐力的同时，应进行有氧耐力训练。以有氧训练为基础，以个体乳酸阈与乳酸耐受能力为核心来实施训练，同时高度重视多种竞速能力的协同发展和互补作用。中跑运动员个体乳酸阈水平对提高其专项速度，尤其是对提高中跑运动员最后冲刺速度的效果是显著的，同时对改善运动员血乳酸的代谢能力和提高氧的利用能力的效果也是较好的。利用血乳酸控制专项速度能力训练，提高血乳酸的产生能力和耐受能力，对中跑取得优异成绩尤为重要。在进行乳酸耐受能力训练时，以血乳酸值高于20.0毫摩尔/升而接近30.0毫摩尔/升为宜，这样才能更适合实际比赛的需要。可用段落短、强度大的全力跑发展最大乳酸产生能力，用接近专项段落、密度大的间歇跑提高乳酸的耐受能力。

随着国际田联赛制的改革，世界室内田径比赛、田径钻石联赛的实行，世界优秀中跑运动员全年比赛次数也越来越多，为30~40次。每年从1月室内比赛直到11月，均可以参加比赛。因此，现代中跑运动员全年训练周期呈现多周期的特点。周训练计划（一般多采用7天）是最常用的、典型的小周期训练计划，它是由数次训练课组成，是训练过程中相对完整而又经常重复的单位。根据周训练计划的任务及训练内容的不同可分为基本训练周、赛前诱导周、比赛周与恢复周等类型。为适应不同任务而制订的各种相应的周训练计划，也表现出不同的特点。

1. 适应恢复周训练计划范例

星期一：匀速越野跑（有氧），1小时。一般性练习20分钟。

星期二：匀速越野跑（有氧，最后一段跑为混合代谢）。女子中跑运动员为6~8千米，男子为10~12千米。一般性练习1小时。完善技术跑1~2千米。

星期三：内容同星期一。

星期四：1小时内越野跑（有氧）或休息。

星期五：内容同星期一。

星期六：越野跑1小时。一般身体训练1小时。女子中跑运动员的跑量比男子中跑运动员的少20%。

星期日：休息。

准备期开始2~3周后，可在早操训练课中进行慢跑和总量1千米的短距离加速跑（例如100米×10次），用以保持快速跑的速度感，改进跑的节奏技术。

在适应恢复阶段末期，必须进行检查跑，男子跑10~20千米，女子跑5~10千米。适应恢复的小周期训练后进入了准备期的基础训练阶段。这一阶段的训练既要增加训练量，强度也要有所提高，总量近似极限水平。有氧和无氧混合代谢跑量，中跑运动员占50%~60%，以无氧训练为主的跑量占1%~3%。一周训练10~14次。周跑量：男子中跑运动员为140~180千米，女子中跑运动员为100~150千米。

2. 中跑运动员加量小周期训练计划范例

星期一：准备活动跑3~5千米，一般性练习。加速跑（5~10次）×100米或（3~6次）×150米。长段落反复跑1~3千米，总量为4~8千米，男子跑的速度为3分10秒/千米~3分20秒/千米；女子为3分35秒/千米~3分50秒/千米；可用相同段落或不同长度的段落，间歇4~6分钟。

星期二：匀速越野跑。男子15~20千米，女子12~14千米，一般性练习。

星期三；匀速越野跑。男子12~15千米，女子8~10千米。男子的速度约为3分50秒/千米，女子约为4分20秒/千米。一般性练习。

星期四：慢速越野跑。一般性练习。

星期五：与星期一同，但用另外长度的段落组合。

星期六：与星期二同，要求量大些。

星期日：休息。

3. 中跑运动员强度小周期训练计划范例

星期一：准备活动跑3~5千米，一般性练习，加速跑（5~6次）×100米，400~600米段落的间歇跑，用最大强度80%~90%的速度（一次课中的间歇跑可采用相同段落，也可采用不同段落，例如10次×400米，2次×600米，4次×400米，5次×200米等），总跑量为1.5~4千米，间歇3~5分钟。整理活动慢跑2千米。

星期二：在树林中进行匀速越野跑60分钟（男子14~16千米，女子12~13千米，有氧）。一般性练习。

星期三：准备活动，加速跑（5~6次）×100米，200~300米段落的间歇跑，用最大强度85%速度跑，总跑量为1.5~3.5千米，间歇1.5~3分钟。训练课分组进行，组间休息5~6分钟。慢跑2千米。

星期四：恢复性越野跑10~12千米。一般性练习。

星期五：准备活动，加速跑（5~6次）×100米。检查跑（用最大强度95%~100%的速度）或段落重复跑800~1600米，跑量为2~4千米，用最大强度90%的速度，间歇5~6分钟，整理活动慢跑2千米。

星期六：与星期二相同，但跑的量要大些。

星期日：休息。

女子中跑运动员的跑量比男子少约20%。

上述列举的一周三次大强度训练，通常在距离比赛的2~3周时进行。为了模拟预赛和决赛，可连续两天进行段落训练。例如：第一天越野跑，第二天和第三天进行间歇跑。接着又按计划训练，或者把这两次安排在一周的4~5天或5~6天。在重大比赛的最后一周，训练负荷的量和强度都应降低。

4. 中跑运动员诱导小周期训练计划范例

第一天：匀速越野跑为30~45分钟，强度70%~80%。

第二天：准备活动，加速跑5次×100米。200~600米段落的间歇跑，总跑量为1.5~2.5千米，强度85%~90%，间歇时间根据自我感觉而定。整理活动慢跑2千米。

第三天：匀速越野跑6~10千米，强度70%~80%。用比赛速度跑（10~12次）×100米，或跑（5~6次）×200米。

第四天：准备活动跑4~5千米。加速练习（4~6次）×（100~150）米。800米运动员用比赛速度跑一次200~300米，1500米运动员跑400~500米。

第五天：比赛前准备活动。

第六天：休息。

第七天：比赛。

（二）中跑训练负荷控制

以有氧代谢训练为基础，以无氧代谢训练为主体是提高中长跑专项能力的关键，以此构建的中跑训练方法、手段的重点和体系都应围绕个体乳酸阈能力与乳酸耐受能力来实施训练，同时高度重视多种竞速能力的协同发展和互补作用。在中跑运动员专项训练中，要努力提高个体乳酸阈水平，它对提高运动员氧的利用能力，改善血乳酸的代谢能力和提高中长跑运动员的专项速度，尤其是对最后冲刺速度的效果是显著的。利用血乳酸控制专项速度能力训练，提高血乳酸的产生能力和耐受能力，对中跑取得优异成绩尤为重要。在进行乳酸耐受能力训练时，以血乳酸值高于20.0毫摩尔/升而接近30.0毫摩尔/升为宜，这样才能更适合实际比赛的需要。如可先用段落短、强度大的全力跑提高最大乳酸产生能力，然后用接近专项段落、密度大的间歇跑提高乳酸的耐受能力。

（三）中跑运动员机能状况的监控

中跑是以最短时间完成规定比赛距离的典型的周期性速度耐力性项目。从能量代谢分析，由于糖的有氧分解供能是人体长时间供能的最佳方式，而乳酸积累引起的体液酸化也是影响运动员疲劳的主要制约因素。因此，最大限度地增加摄氧量和乳酸消除量并提高运动中能量利用效率，是中跑运动员专项耐力训练的关键。中跑项目对运动员的心血管系统、呼吸系统与骨骼肌代谢等机能提出了很高的要求，运动员机能水平的高低直接影响着其运动能力的高低。现代中跑运动训练中，运动员常年要承受大负荷的训练量和高强度比赛，因此，对中跑运动员的训练过程进行监控就显得十分重要。在训练过程中及时地对运动员的机能实施监控，可以帮助教练员及时了解运动员的机能状态变化，不断调整训练计划，尽可能使训练负荷与运动员的身体承受能力相适应，从而最大限度地提高训练效果和运动能力。

由于不同的运动项目，其距离、强度与供能方式不同，在运动员承受训练负荷的过程中，需要采用一些生理生化指标对其训练的效果进行综合评定。如血乳酸能够评定运动负荷强度，尿素氮能够评定负荷量和机能状态，而心率、尿蛋白与负荷强度、负荷量和身体机能状况有关。如果同时对上述多项指标进行综合评定，既可较全面地评定训练负荷，又可客观地了解机体对负荷的适应和恢复情况。因此，通过多项生理生化指标的测试与分析，对实施训练监控和科学安排训练具有指导性作用。运动实践中，中长跑运动员的身体机能评定已经成为科学化训练过程中不可缺少的重要组成部分。

在中跑训练过程中，按照训练周期的长短，可将训练负荷的机能监控分为训练课监控、小周期监控、训练季节监控和年度评定，机能测试指标见表5-2。

表5-2　中长跑项目机能测试指标

类型	指标名称	测试时间	检测的主要目的
训练课的监控	血乳酸	中、大强度课后	训练对运动员的生理负荷及机能的影响
	心率	各训练课	训练对运动员的生理负荷及机能的影响
	血清激酸激酶	大强度训练课后或次日晨	肌肉对训练负荷的适应与恢复状况
	尿素氮	大运动量训练课后或次日晨	承受训练负荷量和机能恢复状况
	尿十项	大强度训练课后或次日晨	训练对运动员的生理负荷及机体恢复的影响
阶段性的监控	晨脉	每日测评	检测身体机能和恢复状况
	血细胞及其参数	1~2周测评1次	检测氧运输系统、免疫系统机能状况
	血清睾酮	2~4周测评1次	检测身体机能状况和恢复状况
	白细胞相关参数免疫球蛋白	1~2周测评1次	检测运动员的免疫能力
	最大摄氧量	1个训练周期前后测评	检测摄氧能力、运动能力及机能状态
	无氧阈	1个训练周期前后测评	检测运动能力的变化及机能状态
	定量负荷测试	1个训练周期前后测评	检测训练效果
	比赛速度及参数	比赛中、比赛后测评	检测比赛对运动员的生理负荷及训练效果

五、长跑的技术

长跑技术与中跑技术基本相同，但在用力程度、动作的速度和幅度等方面低于中跑，而在经济地使用能量和在跑的全程始终保持正确技术等方面的要求又高于中跑。合理的长跑技术不仅仅看运动员的动作外形，更重要的是看跑的技术的力学合理性、技术的实效性和节省能量的效率。现代长跑技术的主要特征表现为：动作轻松自然，身体重心位移平稳，动作实效、经济，具有良好的节奏，高步频、积极有效的伸髋和快速有力的摆动动作，良好的肌肉协调能力和自然放松交替能力。

长距离跑的完整技术由起跑、起跑后的加速跑、途中跑和终点跑等主要技术环节组成。

（一）起跑和起跑后的加速跑

长跑采用高姿的站立式起跑。发令前要求运动员站在起跑集合线后，当运动员听到“各就位”口令后，做一两次深呼吸，迅速慢跑到起跑线后，将有力脚放在起跑线后沿，两腿前后站立，前脚脚跟与后脚脚尖距离约一脚长，左右间隔约半脚，体重大部分落在前脚上，两腿微屈，上体稍前倾。手臂的动作为两臂一前一后或两臂在体前自然下垂。两腿弯曲和上体前倾程度，依战术而定，即起跑速度越快，两腿弯曲和上体前倾程度越大。颈部放松，眼向前看5~10米处，整个身体保持稳定姿势。两脚均用前脚掌支撑，体重主要落在前脚。注意听枪声。听到枪声后，两腿用力蹬地，后腿蹬地后迅速前摆，脚不要离地太高，两臂屈肘配合两腿的蹬摆做快而有力的前后摆动，使身体快速向前冲出，过渡到起跑后加速跑阶段。加速跑的距离依项目、个人能力及战术而定。一般情况下，是比赛距离越长，加速跑的距离越短。无论在直道或弯道上起跑，都应该按切线方向跑进，在规则允许的范围内，抢占有利的战术位置，然后进入有节奏的途中跑。

（二）途中跑

长跑的绝大部分距离是途中跑，掌握正确的途中跑技术对于提高长距离跑运动成绩具有重要的意义。途中跑应强调轻松、省力、节奏感好。

1. 上体姿势与摆臂动作

正确的上体姿势是保持正常的自然姿势或稍前倾1~2度，头自然地和身体保持直线，微收腹，送髋，面部肌肉放松。摆臂动作能保持身体平衡，加大摆臂的力量和幅度，可以起到增加腿部蹬地效果的作用，两臂的摆动还能起到调节步频和步长的作用，两臂摆动快，两腿交换就快，摆臂时以肩关节为轴，肘关节屈约90度做前后自然摆动。两臂与两腿协调一致异向摆动，随着摆动腿送髋前摆，臂向后摆时肘关节稍向外，向前摆时稍向内，不超过中轴线。肘关节夹角向前小于向后，两臂的摆动与两腿的动作幅度、频率始终保持协调一致，摆臂要放松。

2. 着地与缓冲

着地缓冲的任务是减小地面对人体的冲击，减小水平速度的损失，为尽快转入后蹬创造条件。衡量一个运动员着地缓冲技术的好坏主要看水平速度的损失情况。

在脚着地的一瞬间是有阻力的，也增加了支撑腿的负担量。因此，为了减少落地时产生的阻力和腿部肌肉的负担，应将脚落在身体重心投影点附近的地方。脚着地点离身体重心投影点越远，则支撑反作用力的向后水平分力就越大；反之，则越小。当摆动腿的大腿开始积极下落时，膝关节也随之自然伸直，并用脚前部或前脚掌外侧着地。着地点脚尖正对跑的方向，这样可以较好地保持跑的直线性，提高动作实效。脚着地之后，膝关节稍稍弯曲，在垂直阶段，脚跟稍向下落或全脚掌着地。这样可缓冲脚着地产生的冲击力，并为过渡到后蹬创造良好的条件。此时骨盆向摆动腿一侧下降、摆动腿的膝关节低于支撑腿的膝关节。这是优秀的长跑技术特征之一。

3. 后蹬与前摆

支撑腿的后蹬与异侧大腿的积极前摆是现代长跑技术的突出特点。在一个跑的周期中，当身体重心移过支点上方时，开始后蹬与前摆动作。在摆动腿膝关节迅速有力地向前摆出，带动同侧骨盆前送的同时，后蹬腿的三个主要关节迅速蹬伸。用力顺序是伸髋、伸膝、伸踝。蹬地时，不仅腿部大肌群参加工作，而且脚掌小肌群也积极地参加工作，最后经脚趾蹬离地面。后蹬结束时，后蹬腿膝关节不是完全伸直的，一般为160~170度，蹬伸结束后应快速向前摆腿。摆动腿带动小腿积极向前方摆动，加大支撑腿的支撑反作用力，加快蹬伸速度，使髋部更好地前送，带动身体重心向前移动，同时也为摆动腿积极有力地着地创造条件。大腿前摆时，小腿要放松而自然下垂。后蹬动作结束时，摆动腿小腿处在与后蹬腿近似平行状态。后蹬动作向前效果的好坏，实际上取决于运动员伸髋的力量和速度，以及前摆着地的动作、落地支撑时与身体重心投影线的距离。

长跑运动员的跑法存在个体差异。一种跑法是大步幅的跑法，塞・奥伊塔采用的就是这种跑法。他跑的自然，面部肌肉放松，动作轻快，没有多余动作。后蹬动作较为充分，膝关节角度约为165度，摆动腿前摆较高，大腿与地面呈30度，向前摆动大于向上的动作，髋部前送，步幅较大。后蹬时，由髋、膝、踝依次伸展，能量传递的效果好。脚蹬离地面后大小腿折叠约为43度。另一种跑法是频率较高的跑法，王军霞采用这种跑法。她跑的动作轻松、自然，步频稳定在3.7步/秒左右。后蹬时膝关节角度约为166度，后蹬的向前性和能量传递效果好。摆动腿的大腿抬得不高，膝关节主要是前摆，转入支撑时期的水平制动力小。脚蹬离地面后，小腿后抬得不高，几乎与地面平行，大小腿折叠约为70度，步幅较小。身体重心波动幅度小，约为7厘米，腾空时间短于支撑时间。她的这一技术提高了蹬伸肌群收缩的作用时间，使蹬伸更加有力和有效，使人体向前位移效果更佳。同时，她在跑进中的踝、髋关节伸展幅度都很大，分别达到44~54度和58度。踝关节大幅度地伸展，既能提高末端关节用力的效果，还能减少后蹬的角度，提高向前的实效性。大幅度地伸髋，既能加快重心前移、减少后蹬角度、加大水平分力，又能为有力地前摆腿创造良好的条件。缓冲结束时，摆动腿的大腿已前移至支撑腿前方，摆动腿的快速前移对支撑腿的蹬伸起到了加压作用，这样，良好的蹬摆配合加快加大了髋关节的前移幅度和速度。同时，她在跑进中身体重心的起伏非常小，约为6厘米，这也是世界优秀长跑运动员的最大特点之一。

4. 腾　空

后蹬腿蹬离地面后，身体进入腾空，腾空要低，放松蹬地腿的肌肉，迅速有力地将大腿向前方摆出。当后蹬腿的大腿向前摆动时，小腿顺惯性自然摆起，膝关节弯曲，形成大小腿折叠的姿势。小腿顺惯性折叠，有助于摆动腿积极、迅速、省力地向前摆动。大腿前摆的速度越快，肌肉获得放松的可能性越大，大小腿折叠的程度也越大。后蹬腿的脚离地后，应立即放松小腿和大腿后群肌肉，以减小腿部毛细血管的压力，使更多的血液流入肌肉，供应氧和能量物质，同时也使静脉血管舒张，增加回心血液以带走代谢物质，避免因代谢产物堆积而造成肌肉过早疲劳。

途中跑有一半以上的距离是在弯道上。弯道跑技术与短跑基本相同，只是动作的幅度和用力程度较小。长跑除战术的需要而改变跑的节奏外，一般多采用均匀的速度跑，这可为内脏器官的工作创造有利的条件，也能推迟疲劳的出现。

（三）终点跑

终点跑是长跑项目全跑程结束前的最后一段距离的冲刺跑，也是相对于途中跑的一段快速跑。运动员参加长跑比赛要达到的目的有两种：一是创造优异运动成绩，打破原有纪录；二是在比赛中夺取好的名次。因此，终点跑冲刺的距离，要根据比赛项目、个人特点和战术需要来确定。速度占优势的运动员，往往在跟随跑的前提下，在进入最后一个直道时，才开始做最后冲刺以超越对手。耐力好的运动员，为了最后战胜对手，多采用更长段落的加速冲刺跑。冲刺时，运动员应加大摆臂，加快步频和增加躯干的前倾角度，终点撞线技术与短跑撞线技术相同。

（四）步长与步频

优秀长跑运动员一般采用高频跑，步频一般为3.50~4.30步/秒，男子步长为1.70~2.00米，女子步长为1.50~1.80米。每名运动员都应当有较稳定的步长和步频，以形成适宜的跑的节奏。采取加大步长的方法来提高跑速会受到一定的限制，因为过长的步长要消耗更大的体力。提高跑速应在保持稳定的步长前提下以加快步频为宜，但在最后冲刺时，应在保持步频或稍加快步频的情况下，以加大步长来加快冲跑的速度。我国优秀女子长跑运动员王军霞在10000米比赛的最后冲刺时，步频没有变化，而步长由1.54米加大到1.72米。长跑运动员的一个单步，支撑时期和腾空时期之比，大体为1：1，或支撑时期略大于腾空时期。支撑时期的前支撑阶段和后支撑阶段之比为1：（1.5~2），王军霞为1：1.7。

（五）长跑的呼吸

呼吸对于长跑有着重要的作用。长跑时，人体能量消耗较大，因此需要掌握正确的呼吸方法，使呼吸的节奏和跑的节奏相结合。呼吸的节奏取决于个人特点和跑的速度。一般是跑两步或三步一呼气，跑两步或三步一吸气。在终点冲刺时有的运动员采用一步一呼，一步一吸。优秀运动员的呼吸频率为每分钟约70~100个呼吸周期（包括呼气、吸气及间歇），而呼吸深度约等于肺活量的1/3，在保持适当的呼吸深度的条件下，必须依靠呼吸频率来保持必要的肺通气量，要用鼻和半张的嘴同时进行呼吸，要以呼气为主进行气体交换，每一个呼吸周期必须充分地呼气才能保证所需的吸气量。

六、长跑的训练

（一）长跑技能训练的重点与方法

1. 技能训练的重点

长跑的技术结构比较简单，运动强度相对较低，运动时间较长。这为运动员的学习和改进某些动作创造了有利的条件。长跑技能训练的主要目的是进一步提高跑的技术的实效性与经济性和合理地运用技战术的能力。为了实现这个目标，必须遵循运动训练原理，结合长跑项目的特点，进行多年系统的训练，并合理地安排训练内容与方法手段。

在跑的完整技术训练中，不能把所有存在的问题同时改正，只能改正某一错误动作，才能收到较好的效果。训练中应注意采取多种训练形式和训练手段，以调动运动员的训练积极性。运动负荷的控制应以运动员的脉搏和自我感觉为主，跑的练习最后一段最好进行冲刺跑。此外，应将思想教育、培养顽强的意志及道德品质作为训练中不可缺少的重要内容。有较好的比赛机会时，可组织运动员观摩比赛，并及时分析运动员在比赛中的技战术等，从而深刻理解长跑项目。如果条件允许，可以把每个运动员练习和比赛的技术拍摄下来进行分析与讨论，不断改进并提高长跑的技术水平，同时也能培养运动员的技术分析能力。

2. 技能训练的方法与手段

（1）改进途中跑的技术。结合讲解优秀长跑运动员的技术图片与视频等方式，进行匀速跑2000~3000米，要求运动员按自己的节奏跑，注意呼吸与步频协调配合，并掌握合理的体能分配。

（2）通过匀速跑—匀加速跑—加速跑后的惯性跑，以及大量的匀速定时跑、变速跑和接力跑游戏与反复跑，并结合最后冲刺跑提高跑的各种技能，改进跑的经济性与实效性。

（3）在公路、森林和起伏的地形进行越野跑，要求用70%~80%的强度去跑，体会并掌握各种地形应采用的合理跑法。

（4）改进站立式起跑和起跑后加速跑的技术。结合讲解站立式起跑的技术要点，让运动员在直道或弯道上按口令做站立式起跑和起跑后加速跑80~150米，体会站立式起跑的技术要点。

（5）观看优秀长跑运动员的比赛实况与录像，分析运动员在比赛中的技战术；也可以把运动员练习和比赛的技术拍摄下来进行分析与讨论。

（二）长跑体能训练的重点与方法

1. 体能训练的重点

长跑运动员体能训练的目的是提高身体素质，提高跑的技术，合理地运用战术，培养顽强的意志品质等心理素质，从而创造优异的运动成绩。体能训练的重点是发展耐力素质，强化并提高专项体能水平。

长跑是典型的耐力性体能运动项目，必须经过一个较长的多年训练过程。在多年训练的不同阶段，长跑训练的内容和侧重点有所不同。有氧代谢能力是提高混合代谢和无氧代谢能力的基础。改善和提高混合代谢和无氧代谢能力，既能改善有氧代谢能力，又能有效地提高专项运动水平。在训练方法上，根据运动员训练水平可在一次课上进行两种或三种代谢能力的综合训练。

在准备期，训练重点放在发展运动员的全面身体素质和一般专项能力方面，方法主要有不间断持续跑训练法和法特莱克训练法，结合速度和一般力量练习，发展运动员的有氧水平，提高运动员跑的能力，可采用徒手练习、各种器械练习、跳跃练习、力量练习、球类活动、爬山、各种跑的专门练习、长时间的走跑交替练习、强度不大的匀速越野跑和变速越野跑、组合练习、循环练习等来发展一般耐力和各项运动素质。专项耐力及跑的节奏感、速度感等可采用反复跑、变速跑、连续跑及各种专项练习来发展和提高。

在竞赛期，以发展运动员的竞技能力，保证运动员在比赛中取得优异运动成绩为重点，方法可以选择间歇训练法和重复训练法，对运动员的跑量和强度通过心率加以控制，以逐步形成竞技状态，并将最佳竞技状态保持到比赛。在恢复期，以慢跑、带有游戏特点的法特莱克跑、球类活动，以及医学和心理学措施来进行身体的恢复和心理疲劳的消除。

2. 体能训练的方法

（1）耐力素质训练。

一般耐力训练。一般耐力是发展中长跑专项耐力的基础。一般耐力在长跑和超长跑项目上占有重要的位置，长跑各个项目有氧训练与无氧训练的比重是不同的，跑的距离越长，有氧训练比例就越大，无氧训练比例则越小。发展一般耐力的训练方法首先要解决提高最大摄氧量的问题。其主要的训练手段是周期性练习，这些练习的速度必须控制在主要是有氧代谢供能的幅度之内，训练中主要采用持续负荷法（不间断匀速负荷法及变速负荷法）。特别是在年度训练准备期第一阶段和第二阶段一部分的时间里，它们是发展一般耐力的主要训练方法。在全年训练中，根据不同的任务应有所侧重地不间断地进行一般耐力训练，准备期比重较大，比赛期及比赛前也应有所安排。一般耐力主要通过强度小、时间长的越野跑、骑自行车、爬山及各种球类练习进行训练，总持续时间为1~2小时。除训练课安排外，常常利用早操时间进行45分钟~1小时30分钟的持续跑或各种形式的越野跑，心率控制在150次左右，5000米、10000米运动员跑的距离大致为10~25千米。在训练实践中，往往将运动员无氧阈以下跑速进行不间断持续跑作为发展有氧能力的主要训练手段。无氧阈确定后，可采用两种手段（即分别取无氧阈速度的70%或80%~90%作为练习速度）来发展有氧耐力水平，时间不超过120分钟。德国长跑教练员认为，提高有氧能力的发展水平必须明确规定持续跑的距离和速度。在跑的过程中心率必须达到27~28次/10秒，并持续负荷30分钟以上。一般耐力训练应与运动员的意志品质培养、思想作风的培养和心理方面的训练与调节结合起来，同时，训练中要注意呼吸的科学性，尤其要注意呼吸的方法与节奏。

专项耐力训练。长跑运动员的专项耐力，实质上就是速度耐力。在全年训练中，根据任务的不同应有计划、有目的地进行专项耐力训练。发展专项耐力一般采用间歇跑，重复跑，变速跑，接近专项距离、专项距离或超过专项距离的计时跑，以及专项检查跑，测验，比赛等。专项耐力课的总距离，应根据专项以及其他情况而定。若采用重复跑时，总距离可达到本专项距离或超过数倍。如5000米运动员为1.5~2倍，即7500~10000米；10000米运动员为1~1.5倍，即10000~15000米。

长跑训练常用的专项耐力训练手段主要有如下几种。

①定时间、定距离变速越野跑。

练习作用：用于改善肌肉代谢能力、提高速度耐力。

练习方法：运动员在森林、公路和田间小路上练习，在规定的距离和时间内，提出加速跑的次数和每次加速距离及时间。

练习要求：如越野跑16000米，总时间60分，途中加速跑3次，每次2000米，每次用时6分，必须在60分内跑完16000米。

②任意变速越野跑（又称法特莱克跑）。

练习作用：发展运动员的有氧代谢与无氧代谢供能能力。

练习方法：法特莱克跑是利用自然条件，在平原、森林、田野、沙地、雪地上进行的快慢间歇跑、重复跑、加速跑和走等练习。跑时既不规定距离，也没有速度和时间的要求，想快则快，想慢则慢，训练方法较为灵活，因此不会使运动员很快出现疲劳从而达到很好的训练效果，加速跑的距离为800~3000米，跑的距离一般为5~10千米。

练习要求：以匀速跑为主；跑的强度、加速跑的时间、间歇及休息形式由运动员个人根据训练水平、训练任务和身体感觉来决定。

③定时匀速跑。

练习作用：发展有氧—无氧混合代谢供能能力。

练习方法：在树林、大道、公路和田间小路上练习，总持续时间为30~90分。

练习要求：跑时注意呼吸方法，保持必要的速度，强度以4~5分/千米为宜。其中优秀男子运动员应为（3分30秒~4分）/千米完成，优秀女子运动员应为（4分~4分30秒）/千米完成。跑后即刻脉搏应在150~170次/分。

④长段落间歇跑。

练习作用：发展最大有氧代谢能力。

练习方法：段落距离为1000~3000米，重复次数6~10次，总距离6000~20000米；段落跑的时间为3~10分钟。

练习要求：心率以170~190次/分为宜，其中准备期以170~180次/分为宜，竞赛期以180~190次/分为宜；强度为男子每千米3分±10秒，女子为每千米3分30秒±10秒为宜；间歇时间以心率恢复至120~140次/分为准，一般3~10分钟。

⑤短段落间歇跑。

练习作用：发展无氧代谢供能能力。

练习方法：段落距离为200~800米；每次跑之间以慢跑恢复，其距离相当于跑的距离；重复次数较多，分4~6组进行。

练习要求：注意保持轻松自然的动作；组与组之间有较长的休息时间；此方法主要用于中跑训练，一周可采用一次。

⑥重复跑。

练习作用：发展乳酸代谢供能能力。

练习方法：运动员反复跑几个段落，休息时间较充分，跑的距离、重复次数、要求的强度应根据专项特点、训练任务而定，可采用200~300米、400~600米、1000~1600米、2000~4000米，甚至8000米的距离。2~5组，每组2~4次；每次课跑的总距离不超过比赛距离的2~3倍。在短于专项比赛距离的重复跑时，速度应高于比赛平均速度。与比赛距离相同的重复跑训练应适当减少，以免给身心造成更大的负担。重复跑是发展速度和专项耐力的重要手段，可以培养跑的速度感和节奏感。

练习要求：强度以该段落个人最好成绩的85%~90%为宜，每次间歇时间根据需要而定，这种练习强度很大，每周安排不应超过3~4次，每组之间恢复时间要长，比赛期采用较多。选择的段落应以短于专项距离为主，基本上不采用长于专项距离的重复跑。

⑦阶梯跑或上坡跑。

练习作用：发展速度力量与无氧代谢供能能力。

练习方法：沿运动场台阶或楼梯进行向上的台阶跑，可逐级或越级进行。40~60级为一组，每次跑之间以向下慢跑恢复，做6~10组。上坡跑段落距离以30~100米为一组，每次跑之间以慢跑恢复，其距离相当于跑的距离，重复次数较多，分3~6组进行。

练习要求：注意保持轻松、快速的动作，组与组之间有较长的休息时间，一周内可采用1~2次。

⑧循环训练。

练习作用：发展力量素质与无氧代谢供能能力。

练习方法：根据训练的具体任务，有目的地建立几个或多个练习“站”，每个“站”由一个或几个与发展一般耐力或专项耐力有关的练习组成。运动员按规定的顺序，路线，每站所规定的练习数量、方法和要求，一站一站地进行练习，可循环一次或几次。如连续跑台—快挺轻杠铃15次—负重半蹲15次—1分钟立卧撑—肋木收腹举腿20次。

练习要求：注意保持动作的正确与连贯性，组与组之间有较长的休息时间，可根据运动员的个体情况1~2周采用1次。

⑨高原训练。

练习作用：发展最大有氧代谢能力，利用高原低氧环境提高训练负荷对机体的刺激程度，逐步提高运动员训练水平。

练习方法：高原训练的时间以1个月为宜。第一周进行高原适应性训练，然后进行3周高原强化训练，下山前进行几天的调整恢复。

练习要求：在高原训练期间，根据运动员自身情况以及高原地区的科研条件，选择监测指标。总体来说，适合中长跑项目在平原地区应用的指标，同样适合对高原训练过程中的机能评定。目前大多数中长跑优秀运动员在赛前都到高原地带进行训练。

⑩比赛训练法。

练习作用：赛前强化训练，增加比赛经验；培养竞技状态，提高专项能力和比赛能力。

练习方法：检查性测验，距离为比赛距离的0.25~1.5倍，重复次数为1~3次；或参加小型比赛。

练习要求：强度为该段落最快速度的95%~100%；600~2000米检查跑，可另增1~2个200~400米跑，以提高终点冲刺跑的能力。

（2）速度素质训练。

速度训练对长跑运动员来说也不可忽视，速度是提高长跑运动成绩的重要条件。根据各个项目的特点，长跑运动员衡量速度的标准也不相同。如长跑可以400~1000米来衡量速度。长跑运动员发展速度素质，要根据各个项目的需要，在耐力水平相同的情况下，速度往往是取胜的关键。因此，长跑运动员在少年时期的基础训练过程中，应努力发展速度，使之达到一定的水平。速度发展到一定程度，再提高就需要花费相当大的精力，这时应着重在提高专项耐力上。速度训练仅能起到保持原有水平的作用。

长跑运动员发展速度的手段主要有：各种短距离加速跑、短距离反复跑、行进间跑、下坡跑、顺风跑，60~200米的变速跑等。各项长跑在全年训练中速度训练占的比重大致如下：5000米占15%~20%；10000米占10%~15%。

（3）力量素质训练。

力量素质对于长跑也是比较重要的，它会直接影响到速度和专项耐力的提高。根据长跑项目的特点，运动员的力量训练应以发展力量耐力为主，力量训练的重点应以发展腿部力量为主、以躯干和两臂力量为辅。发展力量练习时还应考虑到上、下肢，腰、腹肌的协调发展。长跑运动员发展力量应以克服自己体重的徒手练习开始。用杠铃等做大力量的练习则应在16岁以后进行。训练的负荷量也应积极稳妥地增加，并处理好发展爆发力与力量耐力之间的关系。

发展力量一般采用的练习手段有：① 较长时间的跳跃，如多级跳、单足跳、跨跳、蛙跳、跳远、跳高及各种跳跃游戏；② 俯卧撑、立卧撑、俯卧屈伸腿、轻器械练习（如实心球、哑铃、沙衣、沙袋等）；③ 加大困难条件的跑、跳练习，如利用地形条件（山坡、沙滩、草地）进行跑、跳的练习，投实心球、负沙袋、轻杠铃负重练习等。

高水平长跑运动员的力量训练在全年的各个时期都应予以安排，但准备期的比重大些，竞赛期的比重小些。每次力量练习课的间隔时间以2~3天为宜，在课中每次练习的间隔时间，以肌肉疲劳情况得到基本恢复为宜。

每次力量练习后要做放松练习，在2周内应至少安排1次力量训练。

（4）柔韧素质训练。

长跑项目柔韧素质的练习主要采用两种方法进行，即主动或被动的静力拉伸法和主动或被动的动力拉伸法。这两种练习的特点，都是在力的拉伸作用下，有节奏地逐渐加大动作幅度或多次重复同一动作。这两种方法可单独采用亦可混合运用，练习时间根据需要而定。发展柔韧性的主要手段有：①利用自身力量或自身体重进行的屈体、转肩、转体等练习；②各种压腿、摆腿、踢腿、劈叉等练习；③利用器械（如木棍、绳子或橡皮筋等）进行的伸展练习。

七、长跑训练过程与控制

（一）长跑训练负荷控制

以有氧代谢训练为主、以无氧代谢训练为辅是提高长跑专项能力的关键，以此构建的长跑训练方法、手段的重点和体系都应围绕有氧代谢能力与个体乳酸阈能力来实施训练，同时高度重视多种竞速能力的协同发展和互补作用。在长跑运动员专项训练中，进行以个体乳酸阈跑速为主的训练是非常必要的。要努力提高个体乳酸阈水平，它对提高长跑运动员的专项速度，尤其是对提高长跑运动员最后冲刺速度的效果是显著的，它对提高氧的利用能力与改善运动员血乳酸的代谢能力也是有益的。

以下以奥运冠军摩洛哥著名中长跑运动员塞·奥伊塔的年度训练计划为例进行分析。

塞·奥伊塔的训练主要可以归纳为以下几个特点：①取消了传统的慢跑耐力训练，有氧训练强度较大，无氧训练运动量较大；至少在训练中安排大量的肌肉力量训练；③速度训练、无氧代谢训练和最大有氧能力的训练齐头并进；④有氧和无氧阈的临界训练的节奏控制得非常好，使运动员在所有的中长跑项目中（从800米到10000米）都能很好地做自我调节。

其全年大体分为三个时期。

发展专门素质的基础期：主要是发展有氧能力、无氧耐力、力量耐力等（当年10月至次年3月）；比赛前期：主要是进行跑的节奏和战术练习（4—5月）；比赛期（6—9月）。

基础期又分为两个结构不同的3个月的周期。在第一周期（10~12月），训练着重发展有氧能力和力量耐力。塞·奥伊塔一周进行8~10次训练。1次训练是在高低起伏地带的法特莱克跑（45~50分钟），2次训练课发展最高有氧能力，如8×1000米、2分40秒~2分42秒（间歇1分30秒）或者2次×400米，56~63秒（间歇40秒），还有1次进行上下坡训练，跑15~20次上坡（角度10度，坡长180米），2~3次课发展力量，负重和不负重。1个月1次在跑道上进行600米、1200米、3000米跑段的训练。在这个时期跑的总量不超过50千米，不将慢跑作为训练手段。

周训练计划一般包括以下内容：根据训练时期和阶段的训练任务、训练内容、负荷量要求等实际情况确定周训练的任务、训练次数和时间，以及各训练课的任务、主要训练内容和负荷量等。

塞·奥伊塔基础期第一阶段周训练典型计划示例如下。

星期一：早晨，运动场有氧训练，6次×1200米，3分8秒~3分12秒（间歇1分30秒~2分）；柔韧性练习，轻跳练习。

星期二：肩负杠铃练习，负重走25~40米；轻跳；变速跑3次×5000米，13分40秒~13分50秒；8次×400米，58~60秒（间歇3分20秒~3分40秒）。

星期三：早晨，上下坡跑，跳跃，体操练习。白天，8次×400米，56~58秒（间歇1分30秒~1分45秒）；足球场轻松跳跑（30~40米按对角线跑）；抗阻力练习，2次×800米，2分2秒~2分（间歇2分41秒）。

星期四：10000米，29分54秒，跑法是每400米加速100米；体操练习。

星期五：早晨，法特莱克跑（2分快跑约710~760米，2分慢跑共跑6次）；体操练习。晚上，4次×1600米，4分12秒~4分16秒（间歇6分）；1次×2000米，5分38秒。

星期六：晚上，10次×400米，56~59秒（间歇1分20秒~1分40秒），其中最后2次55秒。

星期日：快速越野8000米，平均每千米3分1秒。

在基础期的第二阶段（1月—3月）提高训练强度（1周训练7~8次）。1次在高低起伏的地带进行法特莱克跑（45~50分），1次在跑道上跑10000米（400米快，100米慢；300米快，100米慢；200米快，100米慢；100米快，100米慢；再不断重复，全程29分50秒~30分30秒）；另一堂训练课发展速度（总量3000~4000米），内容有10次×400米，53~54秒（间歇1分30秒），或是12×300米，38~39秒（间歇1分30秒），或（6~8次）×500米，68~69秒（间歇1分30秒~2分）。

发展速度的训练（12~15次）×150米，是阶梯形增大跑速，前50米用91%的速度，中间50米用96%的速度，后50米用100%速度；或者10次×300米，前100米13.5秒，中间100米12.5

秒，最后一个100米用最高跑速，或者是150米段落快慢交替跑。1~2次训练课上下坡跑，2次训练课发展力量。周训练量不超过50千米（不计轻松慢跑在内）。

塞·奥伊塔准备期的训练特点在于训练的前三个月有氧训练只占总量的50%~60%，保持很高的质量，没有慢跑间歇，而发展专门耐力（法特莱克跑或者快跑）不占主要位置，每星期只有2次，每次40~50分钟；很大一部分时间是用来发展最高有氧能力，2次训练课每次8000米。这样的训练安排保证了塞·奥伊塔具备很高的最大摄氧量。

在春季训练中，有氧训练比重下降，只占全年训练量的30%。

比赛前期的训练（一星期8~10次训练课）带有专门性质。

发展最高有氧能力：2次×500米，1分13秒~1分14秒（间歇20秒）；1次×1000米，2分32秒（间歇1分）；4次×300米，43秒（间歇30秒）。总跑量约1000米。

快速训练：300米，38~39秒（间歇1分）；600米，1分21秒（间歇1分30秒）；200米，23秒（间歇30秒）；400米，51.5秒（间歇1分）；200米，23秒（间歇30秒）；800米，1分54秒（间歇2分）；结束训练2×300米，37秒（间歇1分）。

1~2次法特莱克训练。1次训练课发展速度：2次×1200米（50米快，50米放松，总时间3分20秒~3分30秒），或者2次×600米（100米快，100米放松，总时间1分23秒）。1~2次训练上下坡跑，2次力量训练课，在小周期结束时都有检查跑。

这样众多的训练手段促使运动员能在各种距离上形成各种比赛的节奏，充分发掘潜在力量。在塞·奥伊塔的训练计划中没有相对调整周，在训练过程中发现有过度训练现象时就变换训练计划。塞·奥伊塔力量训练的主要内容是负重训练（重量不超过40千克），以及抗阻力跑，这种形式的训练在年训练周期中占25%。速度训练在1—5月期间每星期进行一次，重点培养比赛冲刺阶段的变换速度的能力，跑的段落总量为1800~3000米，间歇时间1分30秒。同时塞·奥伊塔进行一星期一次的速度节奏训练和无氧乳酸系统训练，总量3000~4000米（训练段落200~800米）。在完成训练任务时，记录每100米分段的时间，根据训练段落和计划，每100米的时间11.5~13.5秒，换句话说，跑的强度要高于发展最高有氧能力的强度，这种类型的训练占25%。

有氧和无氧临界区域跑也是塞·奥伊塔训练的重要组成部分，这样的训练包含：300米，38.8秒（间歇1分57秒）；600米，1分23.4秒（间歇3分55秒）；200米，24.3秒（间歇1分50秒）；400米，52.9秒（间歇3分51秒）；800米，1分57.6秒（间歇3分54秒）；400米，54.5秒（间歇1分）；300米，40.1秒。跑的总量达3000米。

（二）长跑运动员的机能监控

长跑是以最短时间完成规定比赛距离的典型的周期性耐力项目。从能量代谢角度分析，由于糖的有氧分解供能是人体长时间供能的最佳方式，而乳酸积累引起的体液酸化也是引起运动员疲劳的主要因素。因此，最大限度地增加摄氧量和乳酸消除量并提高运动中能量的利用效率，是长跑运动员专项耐力训练的关键。在训练过程中，长跑运动员的机能监控指标基本上与中跑运动员相同。

1. 训练课的机能监控

尿十项、尿素氮和血清肌酸激酶是监测运动员对训练课负荷应激和恢复情况的主要指标。尿是人体水分和各种代谢产物的主要排泄物。运动员是否适应训练负荷，一般通过尿十项的检测来实现，主要在训练后30分钟及大强度训练课后的次日晨。尿十项包括：糖、蛋白、胆红素、尿胆原、pH值、比重、隐血、酮体、亚硝酸盐、白细胞。如果持续出现次日晨尿十项阳性，则运动负荷较大，身体尚未恢复，应引起注意。

在相近的训练负荷中，平均心率和血乳酸值应该是相近的。平均心率及血乳酸值的突然增加则可能意味着机能水平的下降。

2. 阶段训练的机能监控

训练课的监控虽然可以帮助教练员很好地掌握一堂课的训练对运动员造成的应激反应，但是还不可能准确地把握训练所带来的机能状态的改变，因此有必要在全年训练过程中对运动员进行阶段性的机能评定，以使教练员能够及时准确地把握运动员的机能状态及发展趋势。

在阶段性机能监控中，可利用晨脉监控运动员的基本机能状态。同一运动员在正常情况下晨脉较为稳定，具有良好的纵向可比性。如果连续几天出现晨脉的显著升高或降低，波动幅度大于10%，就应注意结合运动员的训练情况、主观感觉、运动能力变化和相关机能指标考虑运动员是否出现过度疲劳。

除常规阶段性机能监控指标之外，对女子长跑运动员还应进行铁代谢和溶血的监控。血清铁蛋白是反映机体铁储备最敏感的指标。研究表明，铁丢失较多和运动性溶血是女子长跑运动员出现运动性低血红蛋白的主要原因。检测运动员的铁代谢和溶血状况，对于运动性低血红蛋白的分型诊断和有针对性的营养补充都有非常重要的指导意义。

总之，科学的训练负荷安排、训练监控和运动员机能评定及恢复方法，构成了长跑科学训练的主体。在运动训练过程中，运动员身体机能的变化主要受训练负荷与恢复措施的影响。另外，心理因素也会对运动员的身体机能产生一定影响。因此，在对优秀运动员进行身体机能评定时，应密切地与训练控制和恢复方法相结合，以便及时了解训练情况和恢复方法对运动员的疲劳与恢复所产生的影响和作用，并对训练安排和恢复手段的实施提出合理的建议和依据。

八、马拉松跑的技术与训练

马拉松是一项超长跑比赛项目，其距离为42.195千米。有氧代谢占很大比重，运动员体力消耗很大是该项目的特点。1896年举行的现代第一届奥林匹克运动会，设立了马拉松赛跑这个项目，此后，马拉松赛在世界各地广泛举行。美国从1897年起举行的波士顿马拉松赛是世界上历史最悠久的马拉松赛。马拉松在公路上举行，可采用起、终点在同一地点的往返路线或起、终点不在同一地点的单程路线。比赛时，沿途必须摆放标有已跑距离的千米牌，并要每隔5千米设一个饮料站提供饮料，两个饮料站之间设一个用水站，提供饮水或用水。赛前需经身体健康检查，合格者方可报名参加比赛。

2004年1月1日，国际田联宣布了一项新决定：包括马拉松在内的公路赛跑和竞走项目将告别只有“世界最好成绩”的时代，开始拥有世界纪录。国际田联宣布这个决定后，英国长跑女将拉德克利夫被正式认定为女子10千米、20千米和马拉松三个项目的世界纪录保持者。

从一些世界优秀运动员的运动经历与训练情况来看，优异成绩的取得都是运动员坚持科学系统训练的结果。他们的5000米成绩一般在15分左右，10000米成绩在31分左右。因此，只有在提高5000米和10000米成绩的基础上，进行多年有计划、有系统的科学训练才能取得优异成绩。

（一）马拉松跑的技术

从马拉松跑技术的演变来看，大体经历了以耐力为中心和速度为中心改进技术的两个发展阶段：以耐力为中心的技术表现为步幅较大、步频较慢、全脚掌消极着地；以速度为中心的技术表现为步频较快、步幅较小、上体正直。

马拉松跑的技术与长跑技术基本相似。由于马拉松跑在不同地形的公路上进行，因此其技术必须适应长时间在公路上跑的要求。马拉松跑的技术动作要求自然、轻松、省力，以尽量减少身体能量的消耗。跑时上体正直或稍前倾，大腿前摆抬得不高，小腿落地时与地面接近垂直，脚的着地点距身体重心投影点较近，用前脚掌或前脚掌外侧先着地再过渡到全脚掌着地。着地动作轻柔而有弹性，没有明显的扒地动作，后蹬力量不大，蹬地结束后大小腿折叠不明显，小腿与地面接近平行。支撑时膝关节自然地弯曲缓冲，跑进中身体重心的移动要平稳。两臂屈肘小幅度前后方向自然摆动，与腿部动作协调配合，呼吸节奏与跑速相适应，呼吸深度适宜。步长与步频应结合运动员的形态与训练水平而定，并在不同地形中调整。现代马拉松跑的技术要求是步幅不宜过大，步频轻快有节奏，以较均匀的速度跑完全程。

马拉松跑运动员需要掌握上坡跑和下坡跑的技术，上坡时适当加大上体前倾，适当缩短步长，加快步频，两臂积极摆动，用前脚掌着地。下坡跑时，上体略直些，适当控制步长，保持适宜的步频，可用全脚掌或脚跟自然着地。上下坡跑时，要尽量控制好身体姿势的改变和跑的技术的变化，尽可能地减少因上下坡跑而增加的腿部负担。此外，运动员还需要掌握顺、逆时针跑，拐弯跑和折返跑的技术，培养跑进中摄取饮食和饮料的能力，以免因跑的路线的变化破坏跑的节奏和呼吸节奏。

运动员的速度感在马拉松跑中是非常重要的，它是合理分配体力、节省不必要的体力消耗、提高成绩和取得比赛胜利的保证。在训练中运动员应有计划、有目的地培养自身的速度感。跑的节奏性和体力的分配，可采用15千米、20千米、30千米和35千米的分段跑进行练习，最好在田径场跑道上进行，以便于自己计时或教练员报时，控制跑速。为了提高专项耐力，可以在跑道上进行反复跑和变速跑，反复跑和变速跑的快跑速度，不能超过本人的马拉松平均速度太多。若快跑的速度慢于本人马拉松跑的平均速度，就达不到提高专项成绩的目的。

（二）马拉松跑训练

马拉松跑训练的开始阶段，必须承受大量跑的练习，以提高有氧代谢与跑的能力。跑的总量逐渐增加，逐步加大到两小时左右的连续慢跑或中等速度跑，为以后身体适应强度较大的训练打下基础。有氧代谢跑的训练量达到总跑量的80%左右。为了消除长时间跑的单调和枯燥，可以在野外、土路、公园、林间小道和其他不同的自然环境中进行训练。定时跑、在野外不间断地持续跑等均可发展有氧代谢能力。随着混合代谢跑量的增加，有氧代谢跑量的比重可以减少，应采用不同的量和强度发展有氧代谢和专项能力。掌握不同地形跑的技术是非常重要的，开始训练时就应当重视跑的基本技术与不同地形跑的训练。跑的技术也应作为马拉松运动员选才的条件。

实践证明，许多世界级的长跑运动员在马拉松跑上同样能取得好成绩。这表明只有成为优秀的长跑运动员，才能成为马拉松跑的运动员；只有通过多年的系统训练，才能取得优异的马拉松跑成绩。系统训练要讲究科学性，不能急于求成。马拉松跑开始训练阶段应以提高5000米和10000米成绩为重点，当这两项成绩达到相当水平后，再逐步过渡到马拉松跑正式训练。

运动员在大运动量训练和比赛后，要采用各种放松练习，促进体力恢复；要严格生活制度，加强医务监督和自我监督，根据健康状况合理安排运动量，防止过度疲劳。

九、障碍跑的训练特点

3000米障碍跑是中跑与跨越障碍技术结合的运动项目，属于大强度的运动项目，不仅需要运动员具有良好的有氧耐力，而且要求运动员具备良好的速度、力量、柔韧、协调和灵敏等素质，此外还要具有协调自己动作和目测起跨点的能力。由于3000米障碍跑的起跑、起跑后的加速跑、障碍栏架间的平跑技术和终点跑技术与中长跑基本相同，所以3000米障碍跑的训练方法基本上与中长跑相同。训练应以提高平跑能力为主。由于运动员在越过障碍和越过水池时会损失一定的速度，并增加能量的消耗，因此要求运动员必须熟练掌握跨越障碍和水池的技术，以尽可能少地消耗体力。世界优秀男子运动员的平跑3000米成绩与障碍跑相差为20~30秒，如果每次过障碍多损失0.6~0.9秒，那么越过水池后速度将下降25%左右，可见缩短越过障碍栏架和水池的时间，特别是越过水池尽量减少跑速的下降，是提高障碍跑成绩的重要环节。3000米障碍跑在跨越障碍时，有“跨栏法”和“踏上跳下法”两种方法。优秀运动员均采用“跨栏法”。运动员要想在3000米障碍跑比赛中取得优异成绩，首先要拥有出色的中长跑实力，同时要具备熟练跨越28个91.4厘米高的障碍和7个水池的技术。这种技术的优劣显示在每一次栏架跨越的差别上及每一次栏架跨越产生的疲劳差别上。因此，障碍跑运动员在技能训练中要以跑跨和跨跑两个结合为重点，强调学会两条腿都能起跨和攻栏。

目前，国内外3000米障碍跑运动员基本上采用持续跑、间歇跑和比赛的方式进行训练。其中持续跑多在自然条件下的野外进行。训练手段主要有：长时间的匀速越野跑、变速越野跑、场地上的中长段落变速跑、短距离的快速间歇训练、距离中等的中速间歇训练及比赛测验训练等。3000米障碍运动员采用间歇训练法进行训练时，有两种方式：一是平跑练习，二是在规定的距离内放有障碍架的练习。间歇训练法的特点是以预先计划好的速度、休息间歇和重复次数进行多次200~1000米段落的跑。重复次数可达20~30次，休息间歇2~6分钟，休息的方式一般可采用走步或慢跑。完成快跑时的心率一般为每分钟180次以上，在间歇休息心率下降到120~140次时，应重复进行下一个快跑练习。采用比赛测验训练法时，跑的距离同主要比赛距离接近、或者跑几个段落，如2000米障碍跑+400米+200米或1600米障碍跑+1200米障碍跑+400米+200米等。

除中长跑运动员进行的大量训练外，3000米障碍跑运动员还要用较多的时间改进过障碍的技术，以及提高腿部肌肉力量的训练；必须全年不间断地进行改进跨越障碍和水池的技术训练，大量的高强度技术训练课应在准备期进行。改进技术的练习可以和其他手段组合进行。这时应特别注意解决疲劳状态下保持高技术水平及在越过障碍时保持高速度的问题。优秀运动员在全年训练中一般要跨过8000~10000个栏架，技术训练应与身体训练同时进行。冬季室内训练也应当结合跨越不同高度和不同距离栏架的训练，这对于提高目测和空间感觉能力，掌握两条腿起跨攻栏的技术十分重要。障碍跑运动员的技术训练除跨越障碍或栏架外，还应采用发展柔韧性、弹跳力和动作协调性的综合性专门练习。在竞赛期最好经常参加专项训练中长跑比赛或1500米、2000米、3000米、5000米跑及短程公路越野跑测验等。

（一）3000米障碍跑的训练内容

1. 有氧耐力训练

研究表明，3000米障碍跑有氧代谢和无氧代谢的比例约为7：3，要求运动员必须具备较高的有氧代谢和无氧代谢的能力。有氧耐力是无氧耐力的基础，有氧耐力提高后对3000米障碍跑运动员氧气输送能力和氧气利用能力的提高有极大的促进作用。

有氧耐力主要采用持续训练法和间歇训练法进行训练，包括跨越障碍或不跨越障碍的反复跑和间歇跑，以及长时间的持续匀速跑、越野跑、变速跑、法特莱克跑等。有氧耐力训练时的强度越接近无氧阈强度效果越好。训练强度用心率来控制是较为简便易行的方法，开始时心率可控制在140~150次/分，后期增加变速的次数和加速跑段的强度，心率控制在150~170次/分。

采用持续匀速跑训练时负荷量控制在20~25千米或持续跑1.5~2小时。采用间歇训练时负荷工作时间一般不超过2分钟，间歇采用未完全恢复方式（积极性间歇方式），整个练习持续时间约在30分钟以上。

2. 无氧耐力训练

3000米障碍跑的无氧耐力属于无氧糖酵解供能类型。常采用重复训练法与间歇训练法来发展。采用重复训练法时，跑的距离可以相同，也可不同。但不同距离的强度要接近，同时距离的变化不宜过大，如10次×400米（1分12秒~1分10秒）休息3~5分钟或5次×200米（32~30秒）休息3分钟+5次×400米（1分12秒~1分10秒）休息5分钟+5次×200米（31~29秒）休息3~4分钟。水平低的运动员可分组完成，组间休息时间可长一些。采用间歇训练法的练习强度控制在80%~90%，一次负荷时间在2分钟之内，一般练习距离选择在400~600米，多数采用400米重复跑，如采用400米×（3~4）次×（3~4）组的形式。间歇方式采用定时休息（3~4分钟）或不断缩短间歇时间，两种方式的选择视练习强度大小而定。通常一次课中，间歇跑的快跑量不宜过多地超过专项距离的长度，一般为专项距离的1.5~2倍为宜。

3. 有氧—无氧混合耐力训练

3000米障碍跑运动员的有氧—无氧混合耐力训练，兼顾了有氧耐力和无氧耐力训练的特点。训练手段主要采用重复跑和间歇跑。在进行短段落的重复跑和间歇跑时，每个段落的速度要高于本人3000米障碍跑的平均速度；采用长段落的反复跑时，跑的速度要稍低于平均速度，心率控制在160~180次/分，随着训练水平的逐步提高，可缩短间歇时间或增加快跑段的距离。

4. 平跑与跨越障碍技能训练

平跑与跨越障碍的技术训练应贯穿全年训练，但不同的时间，训练的任务不同，在训练的内容和形式上也不同。准备期主要是改进跨栏基本技术，通过大量跨栏专门练习和技术所需素质的改善来提高跨栏技术，基本前期结合跨栏、跨越水池进行反复练习，向完整技术过渡，培养应对任何情况的能力。跨越障碍时最好是轻松地低而平地跨过，但也不可像400米栏那样低而快速地跨越，因为那样到后半程会比较疲劳。不少运动员在比赛中常出现上体前倾很大的跨栏动作，这类运动员大都在后半程体力不支。在跨越时，稍微保持上体前倾动作很有必要，但没有必要大幅度前倾，在障碍前果断加速，一定要熟练地在障碍前大约10米用目测调整脚步。训练中要练习左右腿都能起跨，培养目测起跨点的能力。障碍跑比赛中有时因前面的运动员身体遮掩，障碍突然出现在眼前，这种情况下能及时判断并能用弱脚跨越的运动员才会跑出好成绩，所以平时在体能训练中应加强弱势腿的力量训练。跨越水池技术要求尽可能地减少速度损失，在水池前端大约60厘米处着地，因为着地脚沾水会湿脚，会影响跨越其他障碍。形成良好的跑的整体技术，要避免动作紧张、发硬、不协调、消耗过多的体能，充分理解与认识身体重心在跑进方向上平稳的重要性，避免身体重心左右波动与重心起伏过大，平时可多做单足交换跳、跨栏跳、上坡跑、单脚跳和各种弹跳练习，加强腿与臂的力量对称练习，全身动作协调配合练习；加强摆动腿大腿前摆带动同侧髋部前送的动作练习；加强腰、腹、肩带等力量与柔韧性练习。

（二）3000米障碍跑运动员的全年训练

目前国内外优秀3000米障碍跑运动员全年训练采用双周期的较多，但多周期训练安排也适用于3000米障碍跑运动员的全年训练，无论采用哪一种周期训练安排，主要视全年重大比赛任务而定，如全年有两次重大比赛任务，而两次比赛相距很长，这时采用双周期安排较好。

3000米障碍跑全年训练以若干小周期为基础。这些小周期的组合与顺序取决于训练时期和教学训练过程的目的、任务。

1. 全年各时期的训练安排

（1）准备期的训练安排。①准备期开始第一个月的训练安排。最常见的安排是前3周“引导小周期”训练，第4周为“减量小周期”训练。②准备期第二个月以后的训练安排。一般从第二个月开始，其训练安排有两种方法：2周“发展小周期”训练与1周“减量小周期”训练交替进行；3周“发展小周期”训练与1周“减量小周期”训练交替进行。无论采用哪一种安排，“发展小周期”训练的负荷量应逐渐增大，而在“减量小周期”训练中的负荷量应降至最大负荷量的60%~70%为宜。

（2）竞赛期的赛前训练安排。准备期训练良好的运动员，往往由于赛前训练安排不当，不但不能使运动员在比赛中将训练水平充分表现出来，甚至使运动员产生抑制，大大低于平时的训练水平，造成功亏一篑。相反，如赛前安排科学合理，不仅能使运动员在比赛中将训练水平充分表现出来，甚至会使运动员有超水平的发挥。赛前训练可采用如下安排：

①冬季赛前训练安排：1周“发展小周期”+1周“强度小周期”训练+1周“赛前小周期”训练。②夏季赛前训练安排：1周“发展小周期”+2周“强度小周期”训练+1周“赛前小周期”训练或2周“发展小周期”+1周“强度小周期”训练+1周“赛前小周期”训练。

在竞赛期，运动员参加3~5次重大比赛，因而在每次赛前训练安排中，必不可少地要安排1周“赛前小周期”训练，这是至关重要的。根据比赛间隔时间的长短，赛前阶段的训练结构有所不同，它可由1~5个不同小周期组成，如在重大比赛之间只间隔1周，应将这周安排为“赛前小周期”的训练。

运动员在准备最重要的比赛时，最好在2~4周前的小周期中，按比赛要求安排一次最大负荷的训练，如运动员将在星期六下午参加重大比赛，那么在此之前的2~4周的某个星期六下午必须进行最大负荷的训练，而在这天之前和之后应安排小负荷的训练。

2. 全年训练小周期的种类

全年训练的各阶段都是由数个小周期组成，每个小周期的时间为一周。根据训练目的和特点可分为下列几种类型的小周期。

（1）引导小周期：主要任务是使运动员身体得到恢复，并通过恢复性练习逐步提高运动员的机体能力，使机体朝着适应专项训练需要的方向发展；主要训练手段是采用有氧供能的持续跑，其强度以心率控制在150次/分以下为宜；主要在准备期开始阶段和伤病好后的恢复阶段采用，也可用于间断训练或紧张比赛后。

（2）发展小周期：主要任务是发展有机体的机能，让运动员机体产生较深的适应性变化，以适应将来比赛的要求；在训练中要求运动员不间断地承受负荷刺激，逐步增加混合供能的比重。总跑量相当于最大量周的90%~100%，混合代谢跑量占40%~50%，训练强度以心率160~180次/分为宜。主要在准备期采用。

（3）力量小周期：主要任务是发展肌肉的力量耐力和支撑器官的能力，以多种跳跃组合练习、上下坡跑及各种跨越障碍的训练为重点。跳跃练习最好在较松软的草地上或跑道上进行。总跑量为最大量周的80%~90%，混合代谢跑量约占30%，无氧代谢跑量约占10%。其通常在春训阶段采用。

（4）强度小周期：主要任务是提高跑和跨越障碍分段跑的强度和专项能力，促使运动员尽快进入竞技状态。训练负荷变化的基本特点是提高训练强度，适当减少训练负荷量，如果原来的量就不大，有时也可以保持原有的负荷量。总跑量为最大量周的70%~90%，混合代谢跑量占40%~50%，无氧代谢跑量占10%~15%。主要在冬、夏赛季竞赛期采用。

（5）赛前小周期：主要任务是为比赛做好专门训练准备，调整训练负荷，使运动员进入最佳竞技状态。总跑量为最大量周的50%~60%，以无氧代谢跑量为主。在赛前5~6天可进行一次大强度训练。其在比赛前最后一周采用。

（6）竞赛小周期：主要任务是为运动员在各方面培养最佳竞技状态做直接的准备和最后的调整，并参加比赛，力求使运动员充分发挥其所获得的竞技能力，创造理想的运动成绩。

（7）减量小周期：主要任务是通过降低训练负荷量缓解因高强度比赛带来的身心压力与疲劳，其训练特点是以安排有氧负荷的练习为主，总跑量下降50%，训练强度要控制在心率150次/分以下。其主要在准备期紧张训练后和竞赛期重大比赛后采用。

（8）调整小周期：主要任务是进行积极性休息。采取各种恢复措施，消除运动员身心疲劳，以求尽快地实现能量物质的再生，促进超量恢复的出现，主要手段是慢跑、郊游与散步等。其主要在过渡期采用。

（袁运平　王林　储韩信）

第六章 竞走训练

一、影响竞走运动成绩的关键因素

竞走运动员竞技能力的提高受运动员体能、技能、战术、心理和智能发展水平的影响。竞走运动员的训练既要促进专项耐力水平的发展，又要提高专项技术能力。比赛中运用合理的技术对节约体能、防止技术犯规并取得理想运动成绩是至为关键的。

影响竞技能力的因素主要包括：体能、技术、战术、心理、智能、恢复等。

众所周知，竞走项目的训练水平很大程度上决定了竞走运动员能否达到世界水平，并在国际大赛中取得理想的成绩。由于竞走项目在距离上的差异，其运动过程的供能特点不尽相同。随着距离的增加，有氧供能所占的比重也逐渐增加。不同持续时间和速度的竞走项目对运动员有不同的要求，因此，技术的合理性和经济性、高超的体能和战术能力及心理与智能是影响竞走运动员竞技能力的主要因素。（图6-1）

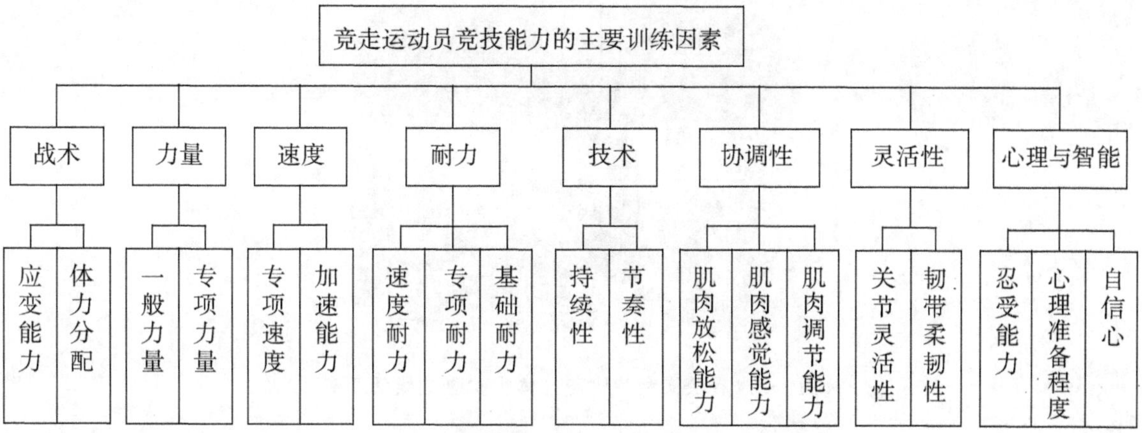

图6-1　竞走运动员竞技能力的主要训练因素

二、优秀运动员的技术分析

（一）优秀竞走运动员的技术特点

竞走比赛是一项有严格技术规则的竞技比赛。正确理解竞走技术知识、认真遵守竞走规则，对于掌握正确的技术是十分必要的。尊重国际田联田径规则中规定的竞走规则定义才能保证高水平的竞走比赛顺利进行。

一个优秀竞走运动员的技术应该是脚步在水平方向连续快速地前进并且保持很好的直线性。其竞走技术应不拘泥于动作外形，技术的发展应与生理、神经肌肉和运动生物力学等因素相关。技术及其技术风格的形成可以通过技术动作的学习和专门练习来实现。

竞走时，在运动员两条腿与地面接触的双支撑阶段，可以通过重心到地面的垂直投影线将身体划分为前后两部分，这样，可以看到后蹬腿与前支撑腿形成不同的蹬地和支撑角度。正确的技术应使前支撑腿至身体垂线的距离为后蹬腿与垂线距离的三分之一，以保证后蹬时间和工作距离的加长，以及脚着地瞬间制动的减少。（图6-2）

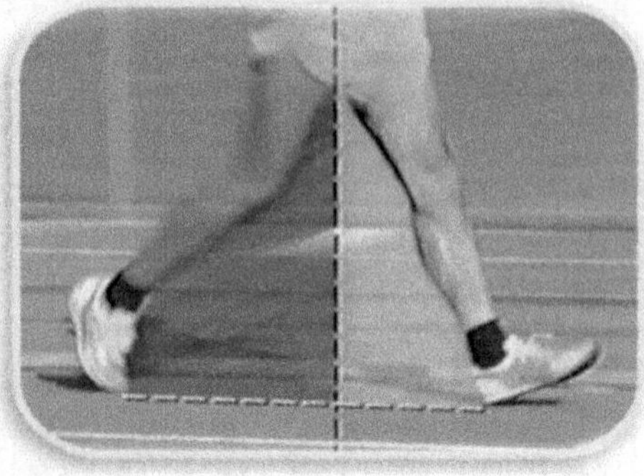

图6-2 后蹬腿和两脚与身体重心垂直线的距离

优秀竞走运动员的技术表现为：单支撑与地面接触时支撑腿要完全伸直。根据规则，摆动腿从脚跟与地面接触到通过身体垂直线时一直要保持伸直状态。为了使动作更有效，要尽可能保持伸直到后蹬阶段。

摆动阶段的特征是：摆动腿的膝关节降低摆动，以便使脚尽量靠近地面前进，支撑腿的膝关节高于摆动腿的膝关节。摆动阶段结束于摆动腿的脚跟接触地面并且腿完全伸直。（图6-3）

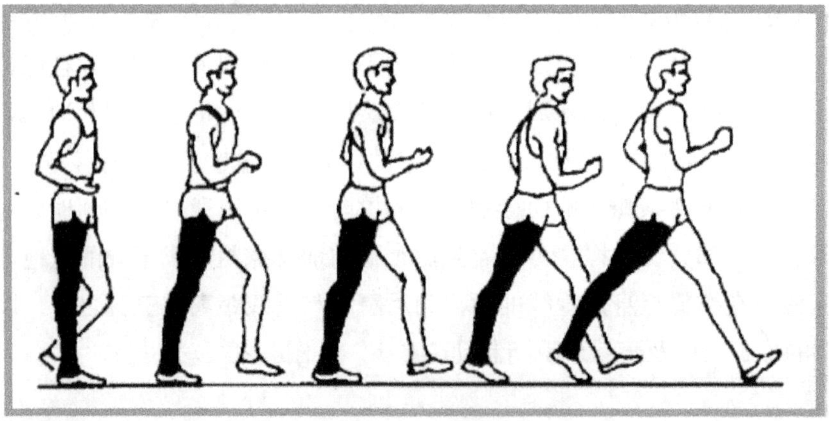

图6-3 单支撑时支撑腿与摆动腿的动作特征

优秀竞走运动员的髋关节转动也是竞走技术的主要特征之一。髋关节转动对每一步中减小身体重心的上下波动、增加有效的步长及身体向前直线运动来说是十分重要的。

髋关节可做环形周期性运动，这对于竞走运动员保持流畅的向前运动具有重要意义。髋关节转动决定了有效的后蹬动作和正确的竞走姿势。竞走运动技术有两个特征：① 竞走运动是下肢在骨盆的带动下完成的，而且它同样带动整个身体向前运动；② 躯干和上肢在竞走运动中起到补偿和平衡的作用。

肩关节要始终保持放松，以便手臂流畅而充分摆动，并要与步频保持同步，这样才能协调地运动。

竞走时，运动员的躯干是直立的但并不是一成不变的，为了提高经济性，躯干应该略向前倾，但不应在后蹬时影响骨盆的转动。在单支撑阶段，躯干应该保持垂直位置。颈和头的位置应该保持自然，以利于肩的放松和手臂的前后摆动。

综上所述，竞走的技术特点及今后的发展趋势有以下几个方面。

（1）优秀竞走运动员应在前腿着地瞬间伸直膝关节，并尽量保持到人眼能观察到的时限，充分利用着地勾脚尖、足踵着地动作获得有效的步长；采用“滚动式”着地，尽量减小着地时的制动作用。

（2）遵守竞走定义完善技术动作结构，在不产生人眼观察到的腾空前提下努力提高步长、加快步频。

（3）在时间特征和空间特征上，优秀运动员的竞走技术应该具有明显的双支撑动作和前腿着地至垂直部位膝关节伸直的动作形象。

（4）优秀运动员的技术动作应在符合竞走定义的条件下，根据个人的特点和优势来提高和改善步长与步频，尽量保持全程比赛中步长与步频的稳定性和技术动作的持久能力。

（二）优秀竞走运动员的技术

（1）世界纪录保持者、世锦赛冠军和奥运会金牌获得者——厄瓜多尔的佩雷斯。佩雷斯1974年7月1日出生在厄瓜多尔的第三大城市昆卡，身高167厘米，体重60千克。地处厄瓜多尔东南部的昆卡市海拔高达2500米，虽处于赤道，但由于高海拔气候凉爽，季节变化不大。从2003年的巴黎世锦赛到2007年的大阪世锦赛，他蝉联了三届世锦赛的男子20千米竞走冠军，在1996年的亚特兰大奥运会上获得男子20千米竞走金牌。佩雷斯虽然身高不高，但步幅开阔、重心平稳、动作协调放松，是国际竞走界公认的竞走技术的典范之一。（图6-4）

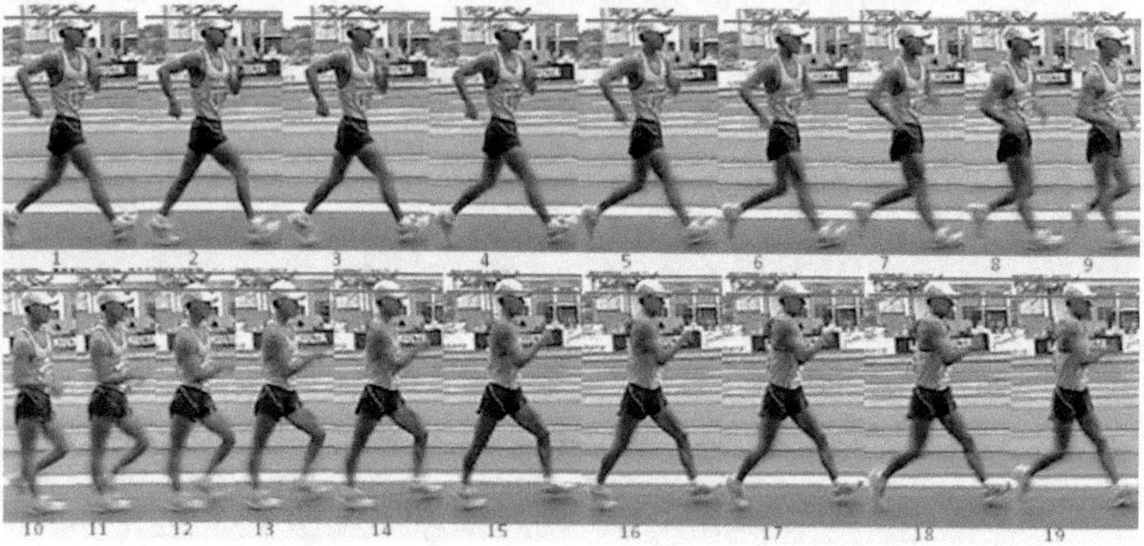

图6-4　世界纪录保持者、世锦赛冠军和奥运会金牌获得者，厄瓜多尔名将佩雷斯的技术动作连续图

（2）波兰著名竞走运动员科尔泽尼奥夫斯基，1968年7月30日出生，身高168厘米，体重60千克，是波兰最优秀的竞走运动员，在1996年亚特兰大奥运会上获得男子50千米竞走金牌，在2000年悉尼奥运会上荣获男子20千米和50千米竞走的双料冠军，在2004年雅典奥运会上获得50千米竞走金牌。在1997年、2001年和2003年的世锦赛上夺得三次男子50千米竞走的世界冠军。科尔泽尼奥夫斯基虽然身高不高，但技术动作娴熟，步幅大、重心平稳、协调放松，具有国际认可的出色的竞走技术。（图6-5）

图6-5　奥运会金牌获得者、世界锦标赛冠军波兰运动员科尔泽尼奥夫斯基的技术动作连续图

（3）俄罗斯运动员丹尼斯·尼热戈罗多夫，1980年7月26日出生，身高174厘米，体重63千克，是目前男子50千米竞走的世界纪录保持者（3:34:14），2008年北京奥运会50千米竞走的铜牌获得者。丹尼斯·尼热戈罗多夫的技术动作放松，身体重心平稳，前摆幅度较大，步幅开阔，上体前倾较大，后蹬动作非常充分有力。（图6-6）

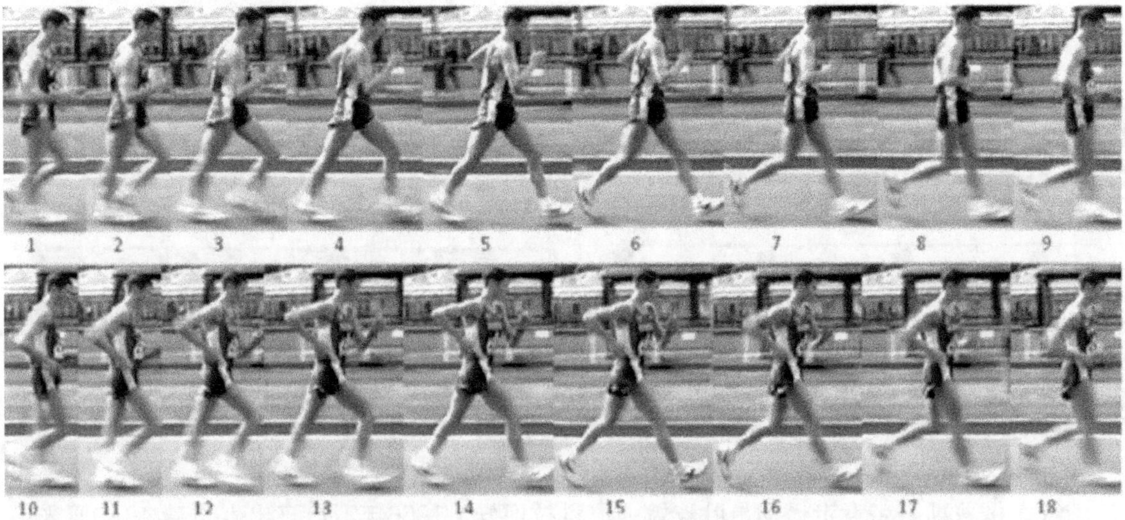

图6-6　俄罗斯运动员丹尼斯·尼热戈罗多夫的技术动作连续图

（4）西班牙著名竞走运动员弗朗西斯科·费尔南德斯，1977年3月6日出生，身高175厘米，体重64千克。1996年获得男子10千米竞走世界青年冠军，2002年4月创造了1:17:22的男子20千米竞走世界最好成绩。2004年获得奥运会男子20千米竞走亚军。弗朗西斯科·费尔南德斯身材匀称，技术娴熟，动作协调放松。（图6-7）

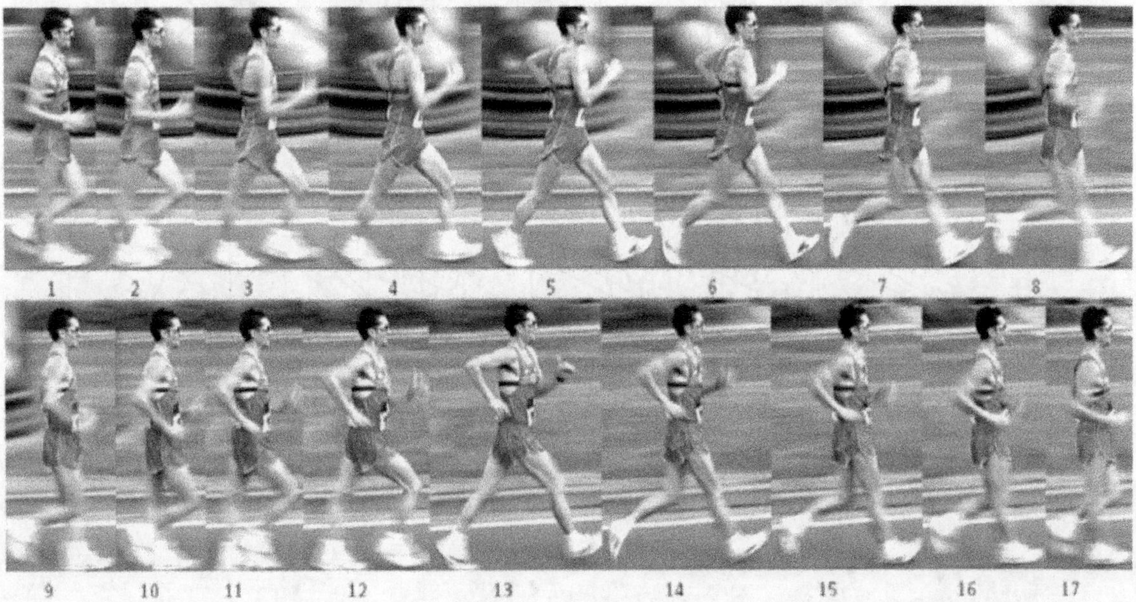

图6-7　西班牙著名竞走运动员弗朗西斯科·费尔南德斯的技术动作连续图

（5）我国竞走运动员王妍，1980年出生，1993年世界杯女子10千米竞走冠军、1996年亚特兰大奥运会女子10千米竞走铜牌获得者、1997年世锦赛女子20千米竞走亚军。王妍的竞走技术堪称国内竞走技术的典范，她动作幅度开阔，前支撑脚着地动作柔和，髋关节转动灵活，上下肢配合协调，后蹬充分有力，身体重心平稳，技术规范且经济实效。（图6-8）

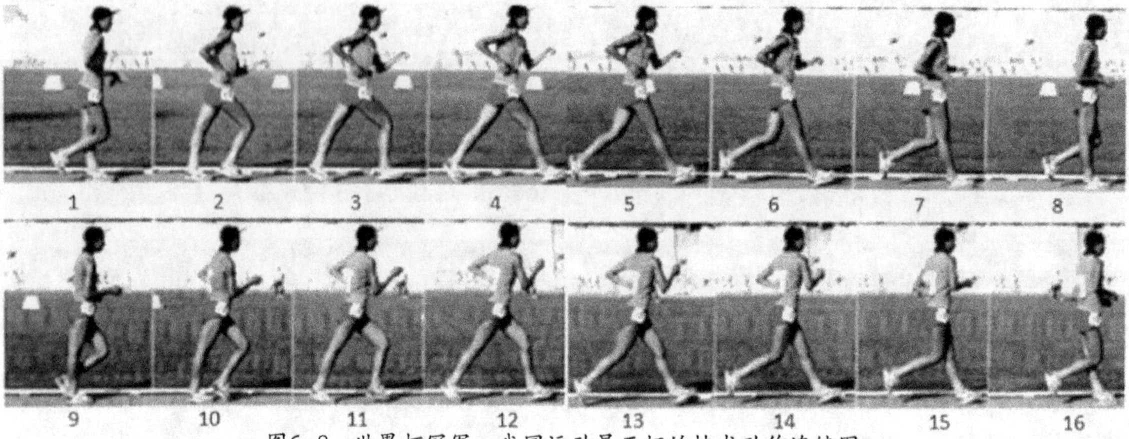

图6-8 世界杯冠军、我国运动员王妍的技术动作连续图

（6）俄罗斯著名竞走运动员叶连娜·尼科拉耶娃，1966年2月1日出生，身高180厘米，体重60千克，2003年巴黎世锦赛女子20千米竞走冠军（1:26:52）。叶连娜·尼科拉耶娃是竞走运动员中少有的高个子，但她的技术动作规范、实效，整体技术流畅，各个支撑阶段非常清楚，给裁判员和观众以美感。（图6-9）

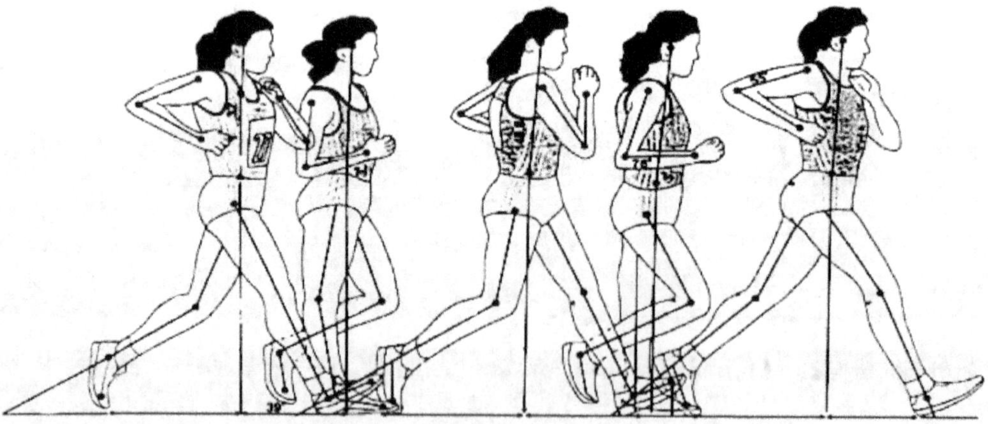

图6-9 世界冠军、俄罗斯运动员叶连娜·尼科拉耶娃的技术动作连续图

三、竞走技能训练的重点与方法

（一）竞走技能训练的重点

竞走技能训练的重点是通过训练能够熟练掌握符合规则的竞走技术，在此前提下努力改善和加强专项能力，在竞走比赛中创造优异的运动成绩。（表6–1）

表6–1 技能训练重点

环节阶段	竞走各阶段及技术环节	技能训练重点
前支撑阶段	脚的着地点在身体重心投影点的正前方。支撑腿在整个前支撑阶段应保持膝关节伸直	技术训练应着重于脚在身体重心的正前方，以脚跟着地，并保持膝关节伸直。着重注意脚着地后，支撑脚应从脚跟经脚外侧滚动至前脚掌支撑的“滚动”技术
后蹬阶段	脚由脚跟滚动至前脚掌并完成有力的蹬伸，是产生水平移动的主要动力。从垂直支撑到脚尖蹬离地面，支撑腿必须保持伸展	竞走训练中以不断加快的速度进行练习，速度越快，步长应越大。可以通过上坡走练习提高蹬伸力量
后摆阶段	前腿做长而平的“扒地”动作，同时，摆动腿小腿被动地“拖动”摆动（小腿不过分后抬起）	加强摆动腿肌肉放松的能力
前摆阶段	大腿前摆带动膝关节适度上抬，小腿平移向前	注意下肢肌肉的放松和牵拉练习、髋关节和膝关节的放松练习（如：做“8”字形摆动练习）
双支撑阶段	保持双支撑是竞走的特征	腿和臂的最大摆动幅度应以保证双脚支撑为度。提高腿部肌肉弹性，加强腿部肌肉的伸展能力，提高髋关节的灵活性
双臂摆动技术	以双臂为摆动杠杆，配合着腿部的动作频率，并帮助身体前移	提高肩关节的柔韧性练习。调整摆臂动作以适应不同速度走的要求。竞走的速度越快，要求的摆臂力量也越大
髋关节技术	竞走中身体重心轨迹应保持平稳移动	着重于技术教学的竞走练习。注意髋关节的转动技术，加强髋关节的灵活性练习

（二）竞走技能训练的难点

竞走技能训练的难点在于既要保持比赛中的高速前进，又不能违反竞走的定义。所以竞走的技术应在高速比赛中表现，而能力又要在不改变技术的前提下体现出来。当前，青少年竞走运动员的技能训练难点主要有以下几点。

1. 摆动腿的脚着地瞬间膝关节不能充分伸直

这是大部分青少年运动员存在的突出问题，前摆技术是竞走技术中的一个关键环节，那种认为“在脚着地过程中只要有一瞬间的伸直（垂直部位）即已达到了技术上的要求”的观念是错误的。现代竞走技术在摆动脚着地瞬间膝关节就应该充分伸直至垂直部位，即整个过程都应是伸直的。为了达到这一技术要求，必须加强腿部力量的训练，特别是胫骨前肌的力量和踝关节灵活性的训练。

2. 摆动腿的脚着地点与身体重心投影线之间距离太近

这一错误的产生，主要是由于急功近利及受旧的竞走定义的影响。在这种错误导向下，就会产生那种高重心、短步幅、高频率的技术，这种技术省力，易出成绩，但存在着较大的被判罚的危险，是我国竞走运动发展的障碍，不符合现代竞走技术的发展方向。

3. 人体总重心垂直位移过大

优秀运动员身体总重心垂直位移一般为4~6厘米，而我国青少年运动员为5~7厘米，有的甚至高达8~9厘米，出现了明显可见的腾空现象。造成这一问题的主要原因是脚着地点距重心投影线过近，前蹬位移过小，前蹬角与后蹬角过大。因此，在训练中，一方面应注意脚的着地点距重心投影线的距离要适宜，另一方面为了减少后蹬角度，在后蹬阶段要注意膝关节的充分后伸和踝关节的充分跖屈，避免在前摆时高抬膝和用全脚掌甚至用前脚掌着地。

总之，由于竞走技术有特定的要求，所以竞走技术教学训练更具有重要的意义。特别是对于青少年运动员，先进、合理的竞走技术是提高运动成绩的基础，而竞走技术又是在长期的训练中形成与巩固的，所以技术教学训练应贯彻在整个竞走训练过程中。

（三）竞走技能训练方法

1. 初步了解竞走的技术

（1）讲解：简单地讲解竞走的发展概况，基本技术、规则要求和发展趋势。讲解竞走的教学顺序和教学要点。

（2）示范：观看优秀竞走运动员的技术图片、录像、电影或优秀运动员的示范演示。有条件的可直接观看现场的竞走比赛。

（3）体会：做体会性的竞走练习，这种练习是运动员初学时凭脑中记忆的形象进行的模仿性练习，一般距离约为100米，速度不快，应做3~5次的反复体会。边走边回忆形象，边调整动作，体会技术。

（4）带走：为了使初学竞走技术的运动员体会技术，加强肌肉感觉，可让优秀运动员在前面带走，使初学者边走边以优秀运动员的技术为标准，不断调整自己的动作。

2. 初步掌握竞走各部分的技术

（1）学习掌握伸直支撑腿和放松的技术。① 初学者首先要对伸直腿的肌肉感觉有明确的概念。强调初学者本身要感觉到伸直的动作与实际伸直应是一致的。为了加强这一点，可采用上体前倾双手扶膝关节，向前走步练习。每走一步落地时，手应下按膝关节，增加落地时伸直膝关节的感觉。② 在上一个练习的基础上，身体直立做原地模仿竞走练习。这时腿抬得很低，把注意力主要集中于膝关节，每当抬腿落地时，都要用膝关节向下向后用力，使腿到支撑时呈伸直状态。③ 在上一个练习的基础上，做放松摆腿落地伸直腿的练习。步子不大，但要放松，仍然继续强调落地后腿呈伸直的状态，并要求有伸直的肌肉感觉。④ 根据上一练习的情况，逐渐把步子放开，也可逐渐加快速度。⑤ 训练提示：（a）为了加强腿部伸直的肌肉感觉，应该采用多种辅助的练习手段。如双手扶膝或不扶膝的两腿站立屈伸练习，单腿支撑屈伸练习等。（b）应随时检查运动员在走时腿伸直的肌肉感觉程度。如发现初学者的腿部有弯曲，而本人并未感觉到的时候，应暂时停止走的练习。

（2）学习脚着地技术。① 先学习脚跟着地的技术。开始时可采用原地脚跟着地的踏步练习，然后再采用小步脚跟走的练习。脚跟着地与足尖上翘同步进行。② 体会脚跟落地时做滚动扒地动作的练习。可利用原地摆腿动作，用脚跟向后扒地，主要要求运动员注意在脚跟落地时的用力方向。③ 练习脚跟一接触地面，马上滚动至脚尖的感觉。这个练习是整个身体的完整活动，特别强调重心的移动和脚的滚动同步进行。④ 结合实际进行完整的竞走练习。这时主要把注意力集中于熟悉脚的滚动技术上。⑤ 训练提示：（a）这一部分注意辅助练习与实际走的结合，可以采取专门练习与连续走的方法，以走为主，然后停下来原地做脚跟落地和滚动练习;也可以由原地练习过渡到走。（b）为了使脚跟滚动到脚尖的技术体会清晰，练习时可选择平坦而且较硬的地面，以提高掌握动作的效果。

（3）学习骨盆以身体纵轴为主的多轴转动技术。① 原地沿纵轴转髋练习。为了加强学习者对骨盆沿纵轴扭转的肌肉感觉，可先采用双人练习，一人站立，另一人从其体后双手扶住其骨盆，用两手沿纵轴扭转。练习者在被动的活动中，体会肌肉的用力感觉，练习者要保持身体其他部位的放松。然后由学练者本人练习，体会肌肉的用力感觉，使练习者把注意力主要集中在骨盆沿纵轴的扭转上。② 原地分立转髋跳练习。学习者两脚分开1米左右，左脚以足跟触地，右脚以足尖触地，两手扶在同伴肩部，做骨盆沿纵轴带动腿的转动，同时左脚变换成以足尖触地，右脚变换成以足跟触地。运动时，上体保持不动，膝关节伸直。③ 训练提示：（a）练习者要使自己的动作自然、放松，骨盆扭转幅度不可太大，开始与普通走扭转的幅度相接近。（b）掌握骨盆扭转的动作，要强调身体其他各部分的协调配合。（c）要注意发展骨盆部的柔韧性和灵敏性，以保证骨盆动作的质量。

（4）学习竞走摆臂技术。① 原地徒手摆臂练习。要求摆臂时整个手臂部放松，肩部自然下沉。双臂弯曲约呈90度，以肘发力带动两臂做前后的摆动。开始要慢，逐渐加快速度、加大幅度。② 结合竞走的摆臂练习。这时注意力主要集中于摆臂动作，使腿部、躯干及骨盆的扭转等都服从于摆臂。摆臂的幅度由小到大，由慢到快，其他部分的动作应随摆臂的变化进行。③ 训练提示：（a）摆臂时应特别注意前后摆时的方向，强调前摆的力量主要是向前而不是向上。向后摆的力量略大于向前摆的力量。（b）摆臂时一定要防止肩带紧张，要使肩下沉但不用力，在摆动过程中，以肩为轴。

（5）学习公路竞走的技术。在公路上竞走，路面硬度大，地形有变化，竞走的技术也必须做相应的改变。① 上坡走。上坡走时，应根据坡度的大小相应向前倾斜身体，手臂弯曲的角度变小，步幅减小，步频加快。② 下坡走。下坡走时，身体应向后仰，步幅适中，步频加快，手臂弯曲角度减小。下坡走保持这样的姿势，有利于与地面接触，并减小支撑反作用力的制动作用。③ 根据具体的条件，可挑选较复杂的公路，让运动员反复练习。④ 训练提示：（a）在公路上走的技术，如果是在平坦的道路上，其训练方法完全与场地相同。只要求运动员在精神上有所准备，随时适应变化的地形，准备改变自己走的技术动作。（b）下坡走时，特别注意应使落地的动作尽量减小制动，避免腹腔器官受到震动，导致运动员身体不适、中途离开场地。

（6）学习竞走起走的技术。① 按“各就位”“走”的口令进行。“各就位”时让运动员站在起走线后，有力的一只脚放在前面，另一只脚退后半步，上体略向前倾，两臂弯曲呈90°。“走”的口令发出后，两臂迅速摆动，以能控制技术动作的速度走出。② 听“枪声”集体进行起走练习，技术要求同前。但走的方向和起走的速度都要以抢到有利的位置为准。③ 训练提示：（a）竞走的起走教学要注意两点，一是不要使学生因抢占有利位置，而造成技术上的不稳定，以至腾空；二是使运动员不盲目地走，而要预先设定一定的目标。（b）应多做集体练习，以便结合实践。

（7）掌握完整竞走技术。完整竞走技术训练，主要是在以上训练的基础上，即运动员对竞走的各部分动作，有了肌肉感觉和体会之后进行的。常采用5~10千米距离有一定竞速的练习，以体验和掌握完整技术。

3. 熟练掌握竞走完整技术

通过上述各环节的技术学习和实践，运动员在能够掌握竞走基本技术的基础上，进一步改进和完善个人的竞走技术，逐步建立正确的动力定型，并通过专项训练，使技术达到合理、省力、经济和实效，从而形成个人的竞走技术风格。

（四）竞走技术训练的专门练习手段

1. 竞走的上肢技术练习手段

（1）原地摆臂。① 练习方法。练习者原地站立，两脚并拢，两臂屈肘前后摆动，前摆稍向内，手不超过身体中线，后摆稍向外，与肩齐平。② 练习要求。前摆放松，后摆用力，节奏均匀；腰髋配合前后转动。③ 练习作用。体会正确的摆臂技术和腰髋配合动作。

（2）摆臂转髋模仿。① 练习方法。练习者原地站立，两脚并拢，两臂屈肘前后摆动，腰髋配合前后转动，两腿膝关节一屈一伸，模仿原地竞走练习。② 练习要求。两臂有节奏地自然前后摆动；腰髋前后大幅度转动。③ 练习作用。体会上下肢与腰髋配合运动。

（3）负重摆臂转髋。① 练习方法。练习者原地站立，两脚并拢，两手持重1千克哑铃屈肘前后摆动，腰髋配合前后转动，两腿膝关节一屈一伸，模仿原地竞走练习。② 练习要求。在前两种方法的基础上，加大动作幅度；腰髋配合前后转动，尽量减少上下运动。③ 练习作用。提高摆臂力量和整体配合能力。

2. 竞走的转髋技术练习手段

（1）原地转髋交叉竞走。① 练习方法。练习者手扶支撑物，原地站立，两脚分开约1米，左腿向右摆动，以脚跟领先着地，右腿向左摆动，以脚跟领先着地，交互进行。② 练习要求。腿在摆动中，脚与地面接近，上体尽量减少转动，腰髋配合做大幅度转动。③ 练习作用。提高髋转动的幅度和灵活性。

（2）行进间转髋交叉竞走。① 练习方法。练习者左腿向右前方摆动，以脚跟领先着地，右腿向左前方摆动，以脚跟领先着地，交互前进。② 练习要求。腿摆动时，脚与地面接近，腰髋配合做大幅度转动，两臂有力摆动以配合腿的蹬摆动作。③ 练习作用。提高髋转动的幅度和上下肢协调配合能力。

（3）原地转髋跳。① 练习方法。练习者手扶支撑物，原地站立，两脚分开约1米长，左腿以足跟着地，右腿以足尖着地，利用髋关节转动动作，交换成左腿以足尖着地，右腿以足跟着地，反复进行。② 练习要求。髋关节转动幅度大，脚转动达到180度。③ 练习作用。提高髋转动的幅度和上下肢协调配合能力。

（4）栏架髋绕环。① 练习方法。练习者一腿支撑，另一腿连续由外向内做摆绕纵向栏架（栏高76~91厘米）练习。② 练习要求。根据练习者的身高调整栏架的高度；以髋关节发力并直腿摆动；随着一腿的摆绕栏架，支撑腿可做连续跳跃动作。③ 练习作用。发展髋关节的灵活性和髂腰肌等的力量。

（5）仰卧交叉摆腿送髋。① 练习方法。练习者仰卧垫子上，两手侧平举撑地，左腿摆动至右手方向，髋关节随腿转动，然后还原，右腿摆动至左手方向，反复进行。② 练习要求。摆动腿的脚尽量向上触手，髋关节做最大幅度转动。③ 练习作用。提高髋转动的幅度和上下肢协调配合能力。

3. 竞走的下肢技术练习手段

（1）臂下垂大步竞走。① 练习方法。练习者两臂下垂在体侧自然摆动，以髋带动两腿大步竞走。② 练习要求。髋关节做大幅度转动以增加步长，两臂在体侧前后摆动，以获得有效步幅。③ 练习作用。体会竞走中以髋带腿的送髋动作。

（2）足跟直腿走。① 练习方法。练习者以足跟着地竞走，走时步子小，腿伸直。② 练习要求。脚尽量翘起，足跟明显着地；步长小，但步频较快。③ 练习作用。发展小腿的胫骨前肌力量。

（3）小步高频走。① 练习方法。练习者以足跟着地做小步高频率竞走，髋关节转动较小。② 练习要求。脚着地做出迅速滚动动作，膝关节放松，着地伸直。③ 练习作用。发展竞走高频率和膝关节快速伸直的能力。

（4）体前屈竞走：① 练习方法。练习者上体前屈与地面平行，两臂自然下垂，左腿屈膝前摆，以足跟领先着地，并滚动至全脚，当身体重心移过垂直部位后，脚开始后蹬，在后蹬结束瞬间，右腿向前迈步。② 练习要求。膝关节在脚着地至离地前不得弯曲，髋关节沿垂直轴转动；左右手协调地触摸足尖。③ 练习作用。提高膝关节的自然伸直和上下肢的协调配合。

（5）“8”字形竞走。① 练习方法。练习者沿着两个直径5~8米的圆圈竞走，走时随着身体重心的变化，调整动作的幅度和转髋的方向。② 练习要求。两脚尽量走在弧线上，身体重心随着弧线的变化，做向内和外的倾斜。③ 练习作用。提高髋关节转动幅度和上下肢的协调配合。

（6）沿直线竞走。① 练习方法。练习者沿跑道线竞走，两脚尽量在线上着地。② 练习要求。两脚的落点在直线上；髋关节沿垂直轴和矢状轴转动。③ 练习作用。提高竞走的直线性。

（7）“S”形竞走。① 练习方法。练习者沿着每隔3~5米的标志物，做左右两侧绕标志物竞走。② 练习要求。身体重心随着弧线的变化，做向内和外的倾斜，髋关节沿垂直轴和矢状轴转动。③ 练习作用。提高竞走的协调与平衡能力。

（8）弯道竞走。① 练习方法。练习者沿着弯道的弧线，做顺时针和逆时针方向的竞走。② 练习要求。两脚尽量走在弧线上，同时加大髋部的转动幅度，身体重心随着弧线的变化，做向内和外的倾斜。③ 练习作用。提高髋关节转动幅度和调整身体的倾斜角度。

（9）上下坡竞走。① 练习方法。练习者沿着20~30度的坡道，进行上下坡的竞走。②练习要求。上坡时，注意身体的前倾，步长适当缩小并加强后蹬；下坡时，注意身体的后倾，步幅适当加大并防止腾空。③ 练习作用。上坡走提高竞走的后蹬力量，下坡走发展竞走的动作速率。

（10）变频变速竞走。① 练习方法。练习者以每隔50~100米的标志物，进行变换频率与速度的竞走。② 练习要求。根据练习者的技术情况与能力，选择距离与段落和竞走的时间；根据练习者的技术情况与能力，确定竞走的速度和动作的频率。③ 练习作用。提高竞走速度与发展竞走的动作频率。

（11）正反向圆周竞走。① 练习方法。练习者沿着直径8~10米的圆圈，进行正反向圆周竞走，走时随着身体重心的变化，调整动作的幅度和转髋的方向。② 练习要求。两脚尽量走在弧线上，身体重心随着弧线的变化，做向内和外的倾斜。③ 练习作用。提高髋关节转动幅度和竞走的动作频率。

（12）沿标志竞走。① 练习方法。练习者沿着30~50厘米的标志线，进行小步高频率竞走，根据标志线长短，调整动作的幅度和转髋的幅度。② 练习要求。两脚尽量走在标志线上，随着标志线的变化，调整步长与步频。③ 练习作用。提高竞走技术的节奏和竞走的动作频率。

4. 竞走的专项力量耐力练习手段

（1）仰卧摆腿练习（负重）。① 练习方法。练习者仰卧在鞍马上，两腿交互上下直腿摆动，两脚的最大距离为1~1.2米。② 练习要求。两腿摆动时，膝关节伸直；摆动快速并有节奏；根据练习者的能力，安排练习次数与组数；为发展练习者的腿部力量，可用负重沙袋。③ 练习作用。发展竞走的动作速率和摆腿的力量耐力。

（2）俯卧摆腿练习。① 练习方法。练习者俯卧在鞍马上，两腿交互上下直腿摆动，两脚的最大距离为1~1.2米。② 练习要求。两腿摆动时，膝关节伸直；摆动快速并有节奏，主要是向上用力；根据练习者的能力，安排练习次数与组数。③ 练习作用。发展竞走的动作速率和腿后群肌的力量耐力。

（3）仰卧侧向摆腿练习。① 练习方法。练习者仰卧垫子上，两腿举起直立，摆动至右侧地面，髋关节随腿转动，然后还原，两腿摆动至左侧地面，反复进行。② 练习要求。摆腿的脚尽量触及地面，上体尽量不动，髋关节转动。③ 练习作用。提高髋转动的灵活性和发展髂腰肌、腹内斜肌、腹外斜肌的力量耐力。

（4）俯卧交叉摆腿练习。① 练习方法。练习者俯卧在垫子上，两手侧平支撑地面，左腿向后摆动，髋关节随腿转动，然后还原，右腿向左摆动，反复进行。② 练习要求。摆动腿的脚尽量向上摆动，髋关节做最大幅度转动。③ 练习作用。提高腰与髋的反向转动幅度和大腿后群肌的张力。

（5）前倾提踵练习。① 练习方法。练习者身体前倾60度左右，两手支撑固定物体，两膝伸直，做提踵练习。② 练习要求。踝关节做出最大幅度的伸屈蹬地，根据练习者的能力安排练习次数、组数。③ 练习作用。发展竞走后蹬的力量耐力。

（五）竞走技术的常见错误、产生原因及纠正方法

在学习和掌握竞走技术的过程中，经常会出现一些错误动作，表6-2列举了竞走时常见的错误动作、产生原因及纠正方法。

表6-2　竞走时常见的错误动作、产生原因及纠正方法

序号	常见错误动作	产生原因	纠正方法
1	无双支撑阶段，即有腾空犯规现象	走的速度与身体训练和技术水平不相符，步子过大，蹬地向上，而不是向前	降低竞走速度，适当缩短步长，延迟后蹬时间，前腿低摆，足踵着地，减小蹬地角
2	脚着地瞬间直至垂直面腿不能伸直（两腿或一腿不伸直）	走的速度与身体训练和技术水平不相符，腿部肌肉的专项力量不够。柔韧性差	降低竞走速度，增强腿部肌肉力量，提高膝关节柔韧性和灵活性，加强直膝体前屈走和小腿惯性摆动练习
3	沿两条平行线走，脚步过分外转	绕垂直轴转髋幅度不够，臂的动作不正确，形成纵向摆动	加大绕垂直轴转髋的幅度，注意摆臂动作正确，应向身体中线摆臂但不超过中线
4	脚部落点超过中线，形成交叉动作	绕垂直轴转髋过多，臂的动作不正确，形成横向摆动并超过身体中线	改进绕垂直轴转髋的最佳幅度，纠正摆臂动作方向，加强摆臂的正确性

续表

序号	常见错误动作	产生原因	纠正方法
5	全脚掌着地（小步子）	脚着地前过早伸直腿，脚离地面远，小腿的胫骨前肌的专项力量不够	掌握足踵着地的动作，前摆腿的脚靠近地面摆动，加强小腿的胫骨前肌力量练习
6	脚从上向下僵硬地着地（易造成脚跟损伤）	过早伸直摆动腿着地，脚离地面远，柔韧性差	加强摆动腿的放松摆动练习，着地腿的脚跟应明显做出“滚动”动作，同时配合伸直腿的动作
7	脚着地点离身体总重心投影点过远	腿的前摆过大，躯干后倾，腰、腹、背部肌肉力量差	适当减小摆动腿的前摆幅度，躯干适当前倾或保持正直，增强腰、腹、背部肌肉力量
8	向前迈步时膝过高（向前上方抬腿）	摆动腿过分向上摆动，蹬地时脚过分用力，髋的转动不够	适当减小摆动腿的前摆幅度，尽量降低膝关节高度，改进蹬摆配合动作，加强髋的转动幅度
9	蹬地后向上“撩”小腿	蹬地时脚过分用力，造成后撩小腿动作	适当减小脚部用力程度，后支撑腿的脚接触地面时间长些，强调以髋带腿、放松摆动动作
10	“跳跃式”地走，重心起伏过大	蹬地方向不是向前而是向上。后蹬角度过大。摆臂时耸肩	延长脚的蹬地时间，以便做出最佳的蹬地角，放松肩带肌肉，增大屈肘角度。增强踝关节力量
11	腿过伸（超过180度）	长期竞走伸直腿的重力压强造成。腿部肌肉专项力量水平不足	提高膝关节周围的肌肉力量，增强股二头肌和股四头肌的力量平衡
12	蹬地时脚过分外转	绕垂直轴转髋过多，同时形成上体侧向摇摆	加强髋关节的柔韧性和灵活性，提高伸展幅度，脚蹬地适度，以消除过分转动
13	髋部动作不明显	髋关节的柔韧性和灵活性差，腰部动作僵硬，屈肘角度过小，躯干扭转不够	加强髋关节的柔韧性和灵活性，提高伸展幅度，适当加大屈肘的角度，加强腰髋与肩臂的协调配合
14	身体过分前倾、屈髋	核心力量差	纠正躯干的倾角，保持躯干正直，加强相应的肌肉群力量
15	身体过分后仰	腰、腹、背部肌肉力量差	改进躯干的倾角，保持躯干正直或稍前倾，加强相应的肌肉群力量
16	步长过短	绕垂直轴转髋幅度不够，屈肘过多，腿部专项肌肉力量水平不够	加大绕垂直轴转髋的幅度，加大屈肘角度，增强相应的肌肉力量
17	两臂横向摆动	髋主要是绕前后轴转动，过分低头，肩带肌和背部肌肉僵硬	纠正摆臂动作，放松肩带肌肉群，加强上肢的协调柔韧练习
18	两臂动作不对称	身体左右力量不均衡，长期在场地逆时针走而形成	加强弱侧的力量，促使身体左右平衡。增加顺时针走的比例
19	肩部紧张（耸肩）	肩带肌群僵硬，过分屈肘	加强肩带肌群伸展练习，注意放松肩带肌，适当加大屈肘角
20	摆臂动作过分向上	摆臂过分用力，肩带肌群紧张，躯干后仰	适当减小摆臂幅度，放松肩带肌肉，确定最佳的躯干前倾角

续表

序号	常见错误动作	产生原因	纠正方法
21	全身肌肉僵硬	整体动作配合不合理	改善全身的协调能力，提高肌肉收缩与放松的协调性。改进上下肢的配合和蹬摆配合技术

四、竞走体能训练的重点与方法

（一）竞走体能训练的重点

竞走运动员的体能为主导性竞技能力，是发展技战术能力、心理能力的重要基础。体能训练是整个运动训练的重要组成部分，通过合理负荷，改善运动员身体形态，提高运动员机体各器官系统的机能，充分发展专项运动素质、促进专项成绩提高。通过科学合理的体能训练促使运动员的身体形态、身体素质和身体机能向专项需要的方向发展，为大负荷高强度训练提供可靠保证。

竞走是典型的体能主导类耐力型项群的竞速运动项目。在多年训练的不同阶段，竞走运动员的体能训练内容和侧重点有所不同。有氧代谢能力是提高混合代谢和无氧代谢能力的基础。改善和提高混合代谢和无氧代谢能力，既能促进有氧代谢能力的改善，又能有效地促进专项运动水平的提高。

生物适应性原理告诉我们，适应是有机体不断取得平衡的过程，体能训练的重点实际上是有意识地对有机体施加运动负荷，使有机体产生特定的连续的训练效应。专项耐力训练是竞走运动员体能训练的重点，专项耐力素质是指有机体完成规定时间和距离的竞走运动能力。按人体的生理系统划分，专项耐力可分为肌肉耐力和心血管耐力。肌肉耐力也称为力量耐力，心血管耐力又分为有氧耐力、混氧耐力和无氧耐力。提高专项耐力是竞走体能训练的重点。

专项耐力的主要训练方法为间歇训练法、重复训练法、变速训练法及比赛训练法。其负荷的主要特征为：①采用稍高于个体无氧乳酸阈强度，在较短段落中进行高速度训练；②负荷总量为比赛距离的3/4至全程比赛距离；③两次练习之间的间歇相对较长，如安排大强度间歇训练时，一般运动员的心率恢复至120~140次/分时进行下一个段落训练，进行重复训练时，一般应使心率恢复到120次/分或以下，以便使机体得到较充分恢复；④采用的段落距离一般为比赛距离的1/20~1/4，如20千米竞走中常采用1~5千米进行间歇或重复训练。

在一般准备期，训练重点应发展竞走运动员的一般专项能力和全面身体素质，主要采用持续走训练法和短距离速度训练法，结合速度和一般力量练习，发展竞走运动员的专项有氧耐力，提高运动员的一般专项能力。如长时间的匀速走练习、强度不大的匀速越野走和变速越野走、循环力量练习+短距离专项竞走速度练习等来发展一般耐力和各项运动素质及专项速度能力。进入专项准备期后，专项耐力、专项节奏、专项速度耐力等可采用反复走、变速走、连续走及各种专项素质练习来获得发展和提高。

（二）竞走的体能训练方法

1. 耐力素质训练

耐力素质是竞走运动员最基本的素质之一。一般分为有氧代谢耐力（一般耐力）、有氧无氧混合耐力和无氧代谢耐力。在运动员的训练过程中，三种不同代谢供能的耐力是互为基础、相互依存、相互促进、不可分割的整体。相关研究指出：有氧代谢是混合代谢和无氧代谢供能的基础。逐步改善和提高混合代谢和无氧代谢的供能能力，既能促进有氧代谢供能能力的改善，又能有效地促进专项运动能力的提高。所以，针对不同的专项特征和个人特点，在不同的训练年度、不同的训练时期，只有严格控制三种不同的代谢供能的耐力素质的训练比重，才能达到提高成绩的目的。

（1）一般耐力训练。

一般耐力是竞走专项耐力的基础。由于竞走以有氧代谢为主，因此一般耐力在竞走运动中占有重要地位，它不仅能有效地提高运动员的呼吸系统和心血管系统的机能能力，还可以培养运动员的意志品质、改进竞走技术和发展一般身体素质。

发展一般耐力的训练方法首先要解决如何提高有氧代谢能力。主要训练手段是周期性练习，这些练习的速度必须控制在无氧阈水平以下，训练中主要采用持续训练方法（不间断匀速训练法及变速训练法），尤其是在年度计划中的准备期第一阶段和第二阶段前半部分的时间里。同时，在全年训练安排中，根据不同的任务应有所侧重地进行一般耐力训练。准备期比重较大，比赛期及比赛前也应有所安排，以便通过一般耐力训练来达到与主要负荷课次的有机衔接，并促进机体的恢复。

提高一般有氧耐力的练习手段有：① 80%~85%的比赛速度走至少15千米或最多2.5小时的长距离练习；② 75%~80%的比赛速度走超过25千米距离的长距离练习；③ 作为恢复目的，采用75%的比赛速度走8~12千米的长距离练习，也可采用持续跑练习代替持续走练习；④ 其他体育项目的耐力性活动，如越野滑雪、轮滑、骑自行车、水中跑步、游泳、身体训练、游戏和组合训练等，总持续时间为1~2小时。

（2）专项耐力训练。

耐力训练的主要目的是提高运动员承受专项比赛负荷的能力。竞走运动员的一般耐力训练应在或低于氧临界值的范围，通过持续训练法得到提高。最常用的途径是采用运动员比赛速度的80%~90%强度的持续走。为防止错误技术定型，持续耐力走的速度应在保证技术质量和节奏的前提下来决定。

专项耐力（无氧—有氧混合耐力）可以通过高速度的持续训练法或间歇训练法来得以提高。为防止在训练中人体乳酸负荷（堆积）过大，应对恢复时间做出相应的规定。

在间歇训练中，当运动员的技术或节奏出现错误，继续按照训练计划要求完成有困难时，就要相应缩短重复走的距离。但是，通常为保证运动员的能量系统得到适当的训练，重复的次数必须增加，如6次×1000米竞走的练习改为10次×600米，可以获得更好的训练效果。随着运动员身体能力的提高，更高的训练负荷可以通过减少重复次数和提高距离来获得（如5次×1200米竞走）。在间歇时间内应保证运动员身体得到完全的恢复。竞走耐力训练方法见表6-3。

表6-3 竞走耐力训练方法

能力	训练方法	比赛预设平均速度（%）	距离（米）	
			青少年	成年
一般耐力（恢复）	持续训练法	<70	>5000	>10000
一般耐力1	持续训练法	<80	≥5000	≥10000
	间歇训练法	<105	≥200~1000	≥1000~2000
一般耐力2	间歇训练法	<100	≥1000	≥2000
	持续训练法	≥90	≥5000	≥10000
速度耐力	重复训练法	≥110	≥400~1000	≥1000~2000
	间歇训练法/重复训练法	≥105	≥200~1000	≥400~2000
专项耐力	间歇训练法/重复训练法	≥100	≥1000	≥2000
	持续训练法	≥90	≥5000	≥10000
速 度	重复训练法	次最大速度/最大速度	≥200	≥400

2. 速度素质训练

速度训练是竞走运动员，尤其是高水平竞走运动员提高运动成绩的重要条件。专项速度是运动员起走时的加速走、途中走和终点冲刺时所必需的能力。专项速度的基础是一般速度能力。

由于竞走项目比赛对运动员有严格的技术规定，因此，竞走速度训练主要体现在全程最高的平均速度方面。竞走运动员根据所参加的项目（青少年5千米和10千米；成人10千米、20千米和50千米）特点各异，衡量速度的标准也不相同。如青少年5千米、10千米竞走可以400~1000米来衡量专项速度；成年10千米、20千米、50千米竞走则以1000~5000米来衡量专项速度水平。因此，竞走运动员发展速度素质，应根据项目的需要来实施。

近年来，竞走运动的世界纪录在不断刷新，竞走速度水平也在不断提高。在耐力水平相同的情况下，速度往往是取胜的关键，表6-4反映了目前竞走的速度特征。竞走运动员在青少年时期的基础训练过程中，应努力发展速度，从而为未来提高专项能力和专项成绩奠定坚实的基础。

表6-4　成人竞走各项目的世界纪录和对应的平均速度特征

竞走项目	世界纪录	平均速度（时间/千米）	平均速度（米/秒）
男子20千米	1:16:43	3:50.15	4.345
男子50千米	3:34:14	4:17.08	3.889
女子20千米	1:25:41	4:17.05	3.890

（1）提高一般速度能力的练习手段：① 100~400米加速走（注意技术动作）；② 100~400米加速走的多组练习。

（2）提高专项速度能力的练习手段：① 用比赛速度的110%速度的很短距离的快速走，走的距离为200~400m，一次课的最大总走量约为2000~4000米，重复次数为8~10次；② 用最大有氧代谢水平的105%速度的很短距离的快速走，走的距离为400~1000米，一次课的最大总走量约4000~8000米；③ 斜坡3%~5%（下坡）快速竞走，走的距离为100~400米，一次课的最大总走量约2000~5000米，重复次数为8~10次。

3. 力量素质训练

力量素质是竞走运动训练的重要部分，它会直接影响到专项速度和专项耐力的提高。根据竞走运动的特点，运动员的力量训练应以发展专项所需要的力量耐力为主。力量训练重点应以发展髋部周围的核心力量和腿部力量为主，以便提高髋关节转动的幅度。同时，发展力量练习时还应兼顾上肢、下肢、腰、腹肌群及各关节周围肌群的协调发展。竞走运动员发展力量时应以轻负重或克服自身体重的练习为主，以重复次数和组数足够、无间歇或少间歇为原则（图6–10）。

流行的循环力量训练方法对提高和改善竞走运动员的专项力量和力量耐力具有重要的作用。

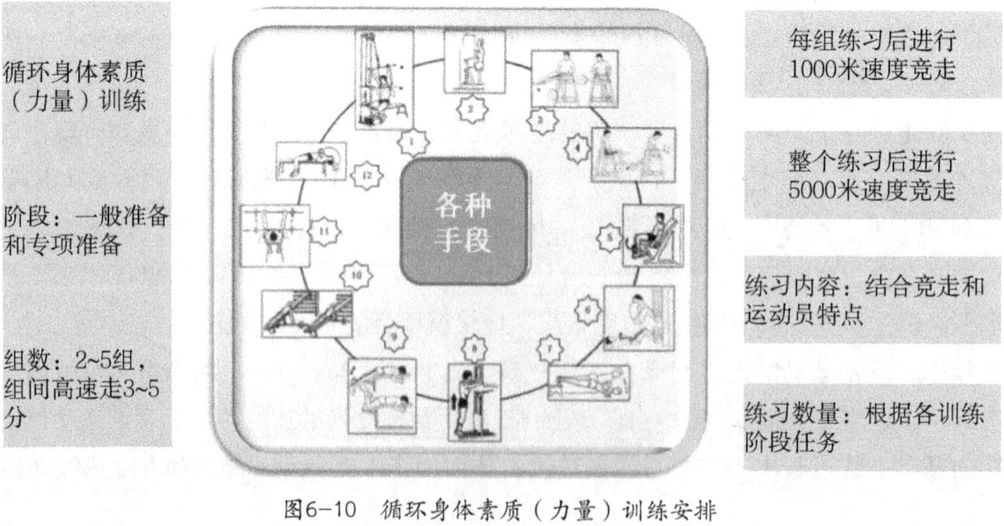

图6–10　循环身体素质（力量）训练安排

肌肉韧带的力量耐力训练是竞走运动员所必需的。强壮的运动员才能承受大负荷的训练，全程比赛技术稳定不变形也需要良好的力量耐力支撑。肌肉的伸肌和屈肌纤维的力量和力量耐力，可以通过能量物质和神经肌肉控制能力的改善而得以发展，这会对步长和步频等技术因素产生积极的影响。

（1）提高一般力量耐力的练习手段：① 1.5~2.0千克重的各种实心球练习（如前、后抛实心球，对墙或双人推）；② 髋关节伸肌群的肌肉力量练习；③ 跳跃练习，半蹲跳、单腿跳、纵跳等；④ 踝关节伸肌群的肌肉力量练习，跳绳、走、跑、各种困难地面（沙地、浅水处等）的光脚跑；⑤ 能发展一般身体素质的所有形式的组合训练。

（2）提高专项力量耐力的练习手段：① 山坡（坡度3%~8%）上的持续走（15~30千米）；② 斜坡走（坡度3%~5%），约300~600米；③ 拖轮胎或类似物体的竞走练习（距离在100~400米）；④ 穿负重5%~10%体重的沙背心竞走练习（距离为15~25千米）。

4. 柔韧素质训练

竞走运动员的柔韧素质训练是不可缺少的训练内容，应贯穿在运动员训练的全过程之中。柔韧素质的水平将直接影响运动员竞走技术动作的效果，包括合理性、经济性和实效性。因而教练员将柔韧素质视为运动员的基础运动能力向专项运动能力转化的“桥梁”。通过发展髋关节周围的柔韧素质可以有效提高步幅并规范竞走的技术动作。竞走运动员柔韧素质的训练手段主要有：①髋关节前后、上下和左右的大幅度旋转和拉伸；②踝关节大幅度屈伸；③肩部绕环；④俯卧背屈伸；⑤仰卧各种交叉摆腿；⑥拉伸；⑦腰部绕环；⑧仰卧成桥；⑨体前屈；⑩各种方向的踢腿和踢摆腿；⑪两腿前后左右劈叉；⑫足背跪姿坐压等。上述动作一般应在准备活动和整理活动时进行。有些大负荷训练后应专门安排柔韧素质的练习，以促进机体的恢复。

5. 灵活协调素质训练

竞走运动员的灵活协调素质是训练内容之一。良好的专项灵活协调性能够进一步提高动作的机能“节省化”，因此应在竞走训练的中予以适当安排。

由于目前竞走比赛出现实际的腾空现象，易被判罚，因而要求在灵敏协调素质练习时重视运动员的时间与空间感知能力的训练，培养竞走运动员的节奏感和协调放松肌肉的能力。

发展灵活协调性的主要手段有：①结合竞走专项技术特征的各种专门性练习，如原地模仿摆臂转髋练习、行进间交叉竞走、各种手臂姿势的竞走等练习；②结合各种跨栏练习，发展髋关节的灵活协调性；③各类身体素质灵活协调性游戏及舞蹈、球类运动等。

五、竞走训练过程与控制

竞走运动已逐步形成了较完整的科学化训练体系，并表现出以下特征和趋势：高水平竞走运动员训练过程的个性化、负荷内容的定量化、负荷量与负荷强度的精确化、负荷结构的科学化、专项力量（身体素质）的选择化、多年训练的系统化、训练与恢复的合理化、心理与智能训练的专项深化等特点。分析和研究竞走运动员的训练过程与控制，应充分考虑上述发展趋势和专项特点。

（一）竞走训练负荷过程与控制原则

竞走训练负荷的控制是建立在运动员（个体）基础上的，根据运动员的实际情况和将参加的比赛任务及目标，通过周期训练计划，主要包括中周期训练计划和小周期训练计划来体现。中小周期计划设计和制订的主要依据是所处阶段的训练任务和目标，以及运动员的个人训练情况，主要包括以下几个方面。

1. 构建训练负荷的步骤

（1）评估运动员的实际水平。

（2）确定训练周期和训练阶段。

（3）设计训练负荷量、负荷强度及两者的平衡。

（4）调整训练负荷、确定训练量、训练强度、训练密度。

（5）评估各训练单元的专项能力。

（6）确定训练课的次数和整个周期的训练单元。

（7）建立日训练课次数。

（8）通过核对训练清单对整个周期做出评估。

2. 构建训练负荷的控制原则

（1）认真考虑训练类型和训练负荷强度及二者的平衡。

（2）制订训练计划应考虑运动员的实际情况及应能达到的水平。

（3）每一个单元训练课的专项目标和任务各不相同，应相互呼应、协调配合。

（4）两次大负荷训练课之间应有充分的间歇，以便获得有效的恢复，保证下次训练课的最佳效应。

（5）在训练周期中安排积极性休息或恢复性训练课是保证最佳恢复的有效手段，也是运动员完成下一次专项训练任务的前提条件。

（6）不同训练课的任务不同，因此不是所有的训练课都必须得到完全的恢复。

（7）周期训练负荷安排应多样化，避免千篇一律。

（8）高强度和大负荷训练一般需要48~72小时的恢复，应安排在机体处于最佳状态时完成，尤其是专项速度耐力训练。

（二）竞走一般准备阶段的负荷过程与控制

1. 一般准备阶段的训练任务

（1）发展专项的有氧代谢能力。

（2）提高专项的速度，尤其是短距离的速度。

（3）提高专项所需的身体素质水平。

（4）改进和提高竞走技术。

（5）培养吃苦耐劳的顽强意志。

（6）提高呼吸系统与心血管系统的机能水平和有氧代谢能力，为专项准备阶段奠定扎实的物质基础。

2. 一般准备阶段的训练要求

以全面身体训练为主，结合专项技术训练；突出有氧代谢训练，重视发展柔韧性、协调性、灵活性，小肌肉群的力量，注重动作的速率；体能素质训练力求方法多样、实效；改进和发展良好的竞走技术、有氧能力及专项速度能力。

3. 一般准备阶段的负荷内容

（1）技能。竞走的基本技术、竞走的专门练习及各种身体素质练习的技能改善。

（2）体能。专项速度、耐力、力量、柔韧性、协调性和灵敏性等基本素质练习。主要包括：①速度。短距离的跑和竞走练习，如200~1000米或1000~5000米重复竞走；技术环节动作速率的改善，如摆臂模仿竞走练习、小步高频竞走练习等。②耐力。采用持续方法进行慢速和中等速度不同距离的匀速或匀加速竞走练习，如持续走或跑8~12千米、12~20千米、20~30千米。循环练习依据运动员情况可安排6~12个练习，如原地摆臂1~3分+原地转髋30秒~1分+行进间交叉竞走30~60米+前倾屈伸踝50~100次+轻跳30~60米+俯卧撑10~20次+仰卧交叉摆腿10~20次+400米快速竞走。根据运动员的年龄和体力，安排组数与组间的休息时间。③力量。以促进运动员的专项力量为主，采用小重量或以克服自身体重的方法，重点发展运动员的肌肉弹性力量、快速力量及力量耐力，如0.5~1千克的摆臂练习、3~5千克的沙袋负重直腿纵跳练习、持1~2千克的实心球仰卧起坐练习等。④柔韧性、协调和灵敏性。以发展肩、髋、膝、踝关节灵活性，肩带肌群、躯干肌群、腿部肌群的柔韧性和全身协调性、灵敏性的练习为主要内容，以便适应竞走专项技术提高的需要。

（3）心理智能。从培养运动员对竞走项目的兴趣和爱好出发，培养吃苦耐劳的意志品质、顽强的斗志及克服困难的勇气，在训练中潜移默化地进行心理方面的训练。教练员除对运动员进行竞走专项知识和技能的教授外，还应指导运动员掌握先进的学习方法和练习技巧，了解竞走项目的特点，从而使运动员对所从事的竞走项目有较深的领悟和认知。

4. 一般准备阶段训练负荷控制

本阶段运动负荷量逐渐增大，并在后期达到最大；强度以中等（80%~85%的比赛目标速度）强度为主。采用越野走、公路走、场地走和专项身体素质练习手段。慢走和慢跑可作为训练后的恢复手段。

5. 一般准备阶段训练计划实例

一般准备阶段训练计划实例见表6-5至表6-7。

表6-5　成年男子20千米竞走顶级运动员的一般准备阶段的周训练计划

星期	训练方法与手段	目的作用
一	上午：慢速至中速持续竞走12千米，4分40秒/千米 下午：中速至慢速持续竞走12千米，4分40秒/千米	专项耐力
二	上午：准备活动+专项力量+5千米竞走，4分30秒/千米 下午：慢速至中速持续竞走10千米，4分50秒/千米	力量+速度能力
三	长距离持续竞走30千米，4分50秒/千米	专项耐力
四	慢速持续竞走15千米，5分/千米	一般耐力
五	上午：准备活动+专项力量+5×1000米竞走，4分20秒/千米 下午：慢速至中速持续竞走10千米，4分50秒/千米	力量+速度能力
六	长距离持续竞走30千米，4分45秒/千米	专项耐力
日	准备活动+持续上坡竞走10千米	力量耐力
总量：139千米；训练课：10次；平均课量：13.9千米		

表6-6　成年女子20千米竞走顶级运动员的一般准备阶段的周训练计划

星期	训练方法与手段	目的作用
一	上午：持续慢速至中速匀加速竞走12千米，4分40秒/千米 下午：持续慢速至中速匀加速竞走12千米，4分40秒/千米	专项耐力
二	上午：准备活动+专项力量练习+5千米竞走，4分30秒/千米 下午：持续慢速至中速竞走10千米，4分50秒/千米	力量+速度能力
三	长距离持续竞走30千米，4分50秒/千米	专项耐力
四	持续慢速竞走15千米，5分/千米	一般耐力
五	上午：准备活动+专项力量练习+5×1000米竞走，4分20秒/千米 下午：持续慢速至中速竞走10千米，4分50秒/千米	力量+速度能力
六	长距离持续竞走20千米，4分45秒/千米	专项耐力
日	准备活动+持续上坡竞走10千米	力量耐力
总量：129千米；训练课：10次；平均课量：12.9千米		

表6-7　成年男子50千米竞走顶级运动员的一般准备阶段的周训练计划

星期	训练方法与手段	目的作用
一	上午：慢速至中速持续竞走20千米，4分50秒/千米 下午：中速至慢速持续竞走10千米，4分40秒/千米	专项耐力
二	上午：准备活动+专项力量+5千米竞走，4分30秒/千米 下午：慢速至中速持续竞走15千米，4分50秒/千米	力量+速度能力
三	慢速至中速持续匀加速竞走20千米，4分50秒/千米	专项耐力
四	长距离持续竞走40千米，5分/千米	专项耐力
五	上午：准备活动+专项力量+5千米竞走，4分30秒/千米 下午：慢速至中速持续竞走10千米，4分50秒/千米	力量+速度能力
六	长距离持续竞走25千米，4分50秒/千米	专项耐力
日	准备活动+持续上坡竞走15千米	力量耐力
总量：165千米；训练课：10次；平均课量：16.5千米		

（三）竞走专项准备阶段的负荷过程与控制

1. 专项准备阶段的训练任务

（1）发展专项的有氧和混氧代谢能力。

（2）提高专项的速度耐力。

（3）巩固提高竞走技术。

（4）促使专项能力和竞技状态达到比赛所需要的水平。

2. 专项准备阶段的训练要求

本阶段应有计划地增加专项身体训练的比例，继续提高有氧代谢能力和技术动作的协调能力，并向专项转化；培养竞走的速度感与节奏感，发展合理的步长、步频，并注意两者间的合理匹配；注意上下肢、躯干伸屈肌群及竞走动作参与肌群的匀称发展；改进和提高技术的精确性、经济性，初步形成个人的技术风格。

3. 专项准备阶段的负荷内容

（1）技能。改进和完善竞走技术的练习、竞走的专门练习及各种专项身体素质的技术技能练习。

（2）体能。专项速度、耐力、力量、柔韧性、协调性和灵敏性等专项素质练习。①速度。中短距离竞走练习，如400~1000米或1000~6000米重复竞走、上下坡竞走练习等。②耐力。采用持续方法进行中等速度不同距离的匀速或匀加速竞走练习，如持续走12~16千米、重复走10×1000米。根据运动员的技术和体力情况，安排组数与组间间歇时间。③力量。以促进运动员专项力量的增长为主，采用中等力量和较轻负荷，重点发展运动员的专项肌肉弹性和专项力量，如1~1.5千克的摆臂练习、5~6千克的沙袋负重直腿跳跃练习、“两头起”的腹肌力量练习等。循环练习依据运动员的情况安排6~10个练习，如原地持重摆臂2~4次+转髋跳2~3次+行进间交叉竞走60~100米+负重前倾屈伸踝80~100次+负重轻跳50~60米+俯卧撑20~30次+负重仰卧交叉摆腿15~25次+1000~5000米快速竞走等。④柔韧性、协调性及灵敏性。以发展专项需要的肩、髋、膝、踝关节灵活性，各肌群的柔韧性和专项所需的协调性、灵敏性的练习为主要内容，以便适应竞走专项的需要。

（3）心理智能。在运动员对竞走项目产生了兴趣和爱好后，进一步培养运动员自觉自愿的吃苦耐劳精神、优良的意志品质及顽强拼搏的作风，在训练中适当地增加难度的心理训练内容。掌握先进的学习方法和练习技巧，重点加强运动员对竞走技术的问题分析和问题解决的能力，从而使运动员对竞走项目规律和特点有深入和本质的认识和理解。

4. 专项准备阶段的训练负荷控制

本阶段的运动负荷量应保持稳定，在后期逐渐下降；强度逐渐增大，以强度为主，重点保证训练质量；采用场地走、越野走、公路走等方法手段，减少身体素质练习。

5. 专项准备阶段的训练计划实例

专项准备阶段的训练计划实例见表6-8至表6-10。

表6-8　成年男子20千米竞走顶级运动员的专项准备阶段的周训练计划

星期	训练方法与手段	目的作用
一	准备活动+长段落反复竞走（3000~5000米） 20千米竞走，4分20秒/千米	专项速度耐力
二	上午：准备活动+专项力量+5×1000米竞走，4分15秒/千米 下午：持续慢速至中速竞走12千米，4分50秒/千米	力量+速度能力
三	准备活动+上坡反复竞走5×1000米，4分15秒/千米+下坡竞走1000米，4分45秒/千米	力量耐力
四	长距离持续竞走25千米，4分45秒/千米	专项耐力
五	上午：准备活动+专项力量+5×1000米竞走，4分20秒/千米 下午：持续慢速至中速竞走15千米，5分/千米	专项速度+力量耐力
六	上午：持续慢速竞走12千米，4分50秒/千米 下午：持续慢速竞走10千米，4分40秒/千米	一般耐力
日	准备活动+持续上坡竞走10千米	力量耐力
总量：125千米；训练课：10次；平均课量：12.5千米		

表6-9　成年女子20千米竞走顶级运动员的专项准备阶段的周训练计划

星期	训练方法与手段	目的作用
一	准备活动+长距离反复竞走（3000~5000米） 20千米竞走，4分20秒/千米	专项速度耐力
二	上午：准备活动+专项力量+5×1000米竞走，4分15秒/千米 下午：持续慢速至中速竞走12千米，4分50秒/千米	力量+速度能力
三	准备活动+上坡反复竞走5×1000米，4分15秒/千米+下坡竞走1000米，4分45秒/千米	力量耐力
四	长距离持续竞走25千米，4分45秒/千米	专项耐力
五	上午：准备活动+专项力量+5×1000米竞走，4分20秒/千米 下午：持续慢速至中速竞走15千米，5分/千米	专项速度+力量耐力
六	上午：持续慢速竞走12千米，4分50秒/千米 下午：持续慢速竞走10千米，4分40秒/千米	一般耐力
日	准备活动+持续上坡竞走10千米	力量耐力
总量：125千米；训练课：10次；平均课量：12.5千米		

表6-10　成年男子50千米竞走顶级运动员的专项准备阶段的周训练计划

星期	训练方法与手段	目的作用
一	准备活动+长距离反复竞走（5000~10000米） 4分25秒/千米，间歇5分（3次×10千米或6次×5千米），总量30千米	专项速度耐力
二	上午：准备活动+专项力量+5千米竞走，4分30秒/千米 下午：持续慢速竞走10千米，5分/千米	力量+速度能力
三	持续中速至慢速竞走25千米，4分50秒/千米	专项耐力
四	长距离持续竞走35千米，4分50秒/千米	专项耐力

续表

五	上午：准备活动+专项力量+5千米竞走，4分30秒/千米 下午：持续慢速竞走10千米，5分10秒/千米	专项速度+力量耐力
六	上午：持续慢速竞走15千米，4分50秒/千米 下午：持续慢速竞走10千米，4分40秒/千米	一般耐力
日	准备活动+持续上坡竞走15千米	力量耐力
总量：170千米；训练课：10次；平均课量：17.0千米		

（四）竞走比赛前阶段的负荷过程与控制

1. 比赛前阶段的训练任务

（1）通过恢复和调整，消除运动员在上一阶段强化训练后机体产生的疲劳，包括心理疲劳。

（2）通过适宜的赛前训练巩固已有的专项运动能力和技术水平，调整竞技状态达到最佳水平，从而在比赛中创造优异的运动成绩。

2. 比赛前阶段的训练要求

科学地控制好运动员竞技状态的形成与发展是赛前训练的首要任务。对重大比赛应进行专门的准备，包括心理准备和战术准备。赛前应保持一段高质量的训练，进行较大负荷量和有一定强度的专项训练。并且安排一些适应性、训练性、短于比赛距离的测验和热身赛，以保证在重大比赛前能达到最佳竞技状态。一般是随着重大比赛的临近，不断地提高训练和比赛的强度和激烈程度，使身体、技术、心理等方面不断适应重大比赛的要求。

3. 比赛前阶段的负荷内容

（1）技能。以提高竞走技术的合理性和经济性为主要练习内容，形成运动员的个人技术风格。根据运动员的优势和特点，适当采用针对个人技术特点的竞走专门练习内容，以便巩固整体技术动作的自然、步长和步频的合理配合，确保比赛顺利完成（防止出现犯规）。

（2）体能。发展专项速度、专项耐力、专项力量、专项柔韧性、协调性和灵敏性素质的练习内容。①速度。中短距离的竞走练习，如400~800米或1000~2000米的重复、间歇和变速形式的专项竞走训练内容，与提高技术的合理性、实效性及经济性的训练内容有机结合。②耐力。发展一般耐力和专项耐力，采用持续方法进行无氧阈速度的匀速或匀加速竞走练习，如持续走或跑12~30千米、30~40千米。发展专项速度能力，采用重复法进行2000~5000米的间歇训练或组合训练，如6千米+5千米+4千米+3千米+2千米+1千米；（2千米+1千米）×7次的组合训练内容等。循环练习仍可根据运动员竞走技术的情况、专项力量耐力的需要及身体力量失衡情况，精选针对性强的6~8组练习内容，每组练习最后一项内容为1000~2000米的快速竞走，以便使专项身体素质训练与专项训练紧密结合。依据运动员的实际情况合理安排组数与组间间歇时间。③力量。以保持和巩固运动员的专项力量的练习内容为主，同时结合运动员的实际情况，重点考虑运动员的竞走专项的力量耐力练习内容，使力量耐力促进专项成绩的进一步提高。④柔韧性、协调性及灵敏性。在准备活动、整理活动及调整训练课中，结合运动员个体差异情况和专项所需的柔韧性、协调性及灵活性特点安排练习内容。选择的专门练习内容要考虑运动员的实际需求。同时，与恢复训练有机结合，以便收到预期的效果。

（3）心理智能。结合高水平运动员的比赛实战，安排技战术和心理训练内容，重点加强对自己和对手的实力分析及提高正确判断与预测能力、自我调控能力、合理地分配全程的体力和比赛的应变能力，从而使运动员在竞走比赛中取得成功。培养运动员夺取比赛胜利的勇气、优良的意志品质及顽强拼搏的作风，在训练中安排适应各种比赛环境和提高训练难度的心理训练内容。

4. 比赛前阶段的训练负荷控制

在选择训练内容和手段方法时，应考虑本阶段的特点和运动员个性化特征，运动量及强度应注意训练节奏的控制和调节，加强运动员的恢复，防止过度疲劳的发生。

5. 比赛前阶段的训练计划实例

竞走运动员比赛前阶段的训练计划实例见表6-11至表6-13。

表6-11　成年男子20千米竞走顶级运动员的比赛前阶段的周训练计划

星期	训练方法与手段	目的作用
一	准备活动+中速至快速竞走15千米，4分15秒/千米	专项一般耐力
二	上午：持续慢速至中速竞走12千米，4分50秒/千米 下午：持续中速至慢速竞走10千米，4分40秒/千米	专项一般耐力 一般耐力
三	准备活动+各种距离反复竞走（1000米+1000米/2000米+1000米） 总量15千米，4分15秒/千米~4分35秒/千米。①8千米，4分15秒/千米；7千米，4分35秒/千米。总时间为66分5秒；②2,1,2,1,2,1,2,1,2,1千米总时间为65分05秒	专项速度耐力
四	持续慢速竞走15千米，5分/千米	专项一般耐力
五	上午：准备活动+快速反复竞走（1000~2000米） 总量：10千米，4分10秒/千米。①10×1千米；②5×2千米；③2,1,2,1,2,1,1千米；④4×2千米+2×1千米；（5）1,2,1,2,1,2,1千米 下午：持续快速竞走（5000~8000米），4分10秒/千米	专项速度耐力 专项耐力
六	持续慢速竞走15千米，5分/千米	专项一般耐力
日	持续慢速竞走20千米，4分50秒/千米	专项一般耐力
训练课：9次（课次减少，质量提高）；平均课次负荷量：15.5千米		

表6-12　成年女子20千米竞走顶级运动员的比赛前阶段的周训练计划

星期	训练方法与手段	目的作用
一	准备活动+中速至快速竞走15千米，4分15秒/千米	专项一般耐力
二	上午：持续慢中速竞走12千米，4分50秒/千米 下午：持续中速至慢速竞走10千米，4分40秒/千米	专项一般耐力 一般耐力
三	准备活动+各种距离反复竞走（1000米+1000米/2000米+1000米） 总量15千米，4分15秒/千米~4分35秒/千米	专项速度耐力
四	持续慢速竞走15千米，5分/千米	专项一般耐力

续表

五	上午：准备活动+快速反复竞走（1000~2000米） 总量10千米，4分10秒/千米 下午：持续快速竞走（5000~8000米）：4分10秒/千米	专项速度耐力 专项耐力
六	持续慢速竞走15千米，5分/千米	专项一般耐力
日	持续慢速竞走20千米，4分50秒/千米	专项一般耐力
训练课：9次；平均课次负荷量：15.5千米		

表6-13　成年男子50千米竞走顶级运动员的比赛前阶段的周训练计划

星期	训练方法与手段	目的作用
一	准备活动+中速至快速竞走25千米，4分30秒/千米	专项耐力
二	上午：准备活动+专项力量+5千米竞走：4分30秒/千米 下午：持续慢速竞走10千米，5分/千米	专项力量耐力 一般耐力
三	准备活动+各种距离反复变速竞走（3000米快+1000米慢/4000米快+1000米慢）总量30千米，4分25秒/千米~4分50秒/千米	专项速度耐力
四	持续慢速竞走10千米，5分/千米+柔韧性伸展性练习	专项一般耐力
五	上午：准备活动+持续中~快速竞走15千米，4分40秒/千米 下午：持续中~快速竞走（3000~5000米），总量15千米，4分35秒/千米	专项耐力 专项速度耐力
六	持续慢速竞走10千米，5分/千米	专项一般耐力
日	持续慢速竞走15千米，4分50秒/千米	专项一般耐力
训练课：9次；平均课次负荷量：17.5千米		

（五）高水平竞走运动员的个性化特征

高水平竞走运动员的个性化突出表现为：①专项技术更适合个人的特点和符合规则要求；②专项体能训练更加符合个人特点，扬长避短；③专项战术主要结合个人实力，以"我"为主地合理分配体能；④专项心理根据个人特点，建立必胜信念和应变能力；⑤专项智能应结合专业知识学习，丰富专项的经验。

1. 专项负荷内容的定量化

竞走运动员专项负荷内容定量化的突出表现：专项负荷内容、专项负荷强度、专项负荷量度、专项负荷密度、专项负荷间歇时间等均应符合运动员的个人特点，符合训练周期各个阶段的目的和比赛的预定目标。

2. 负荷量与强度的精确化

竞走运动员专项负荷量与强度精确化的突出表现：适合运动员的个人特点，符合竞走训练阶段的要求，能够指向预定比赛目标，考虑地理与气候环境等。

3. 负荷结构的科学化

竞走运动员专项负荷结构科学化的突出表现：适合运动员的个人特点，符合项目代谢特点，有氧与无氧的合理安排，按照比赛目标，考虑地理与气候环境，符合“超量恢复”原理。

4. 专项力量（身体素质）的择优化

竞走运动员专项力量训练内容的择优化的突出表现为：通过测试运动员的力量等身体素质，找出运动员素质的差异性和优缺点，分析运动员自身所需要的力量素质，然后有针对性地选择若干练习，通过从上到下的有序编排，确定练习次数和组数，以达到提高运动员专项力量等身体素质的目的。

5. 多年训练的系统化

实践证明，优秀竞走运动员的成长都要经过一个长期的系统训练过程。要想获得优异的运动成绩，就必须进行系统化的多年和全年的科学训练。因此，在制订多年训练计划时，首先应考虑运动员的身体情况和特点，根据运动员的机能与技术动作状况，合理系统地安排不同年龄阶段的训练负荷。

6. 训练与恢复的合理化

竞走训练过程中负荷的控制与恢复是整个运动训练的重点和关键。研究表明，高水平的运动成绩是建立在大运动负荷基础上的。运动成绩本身就是比赛负荷强度的直接体现。当然，在大负荷训练和比赛后必然会出现机体状况的下降，产生疲劳的状态。因此，有效地控制训练过程，合理安排负荷量度和强度与恢复具有同等重要的意义。

（六）竞走运动员的机能监控

科学、有效的机能监测，是提高竞走训练水平和运动员竞技能力的重要保证，也是科学化训练的重要组成部分。竞走运动员的机能监测工作，可以帮助教练员掌握运动员每个训练阶段的机能状况，并通过纵向分析运动员的机能变化特点，为制订训练计划及合理运用营养手段提供科学的依据，同时有助于防止过度疲劳。

竞走运动员的机能和训练监控工作，按照目的可以分为两个部分，一是运动员身体机能监控，二是训练负荷监控。（图6-11）

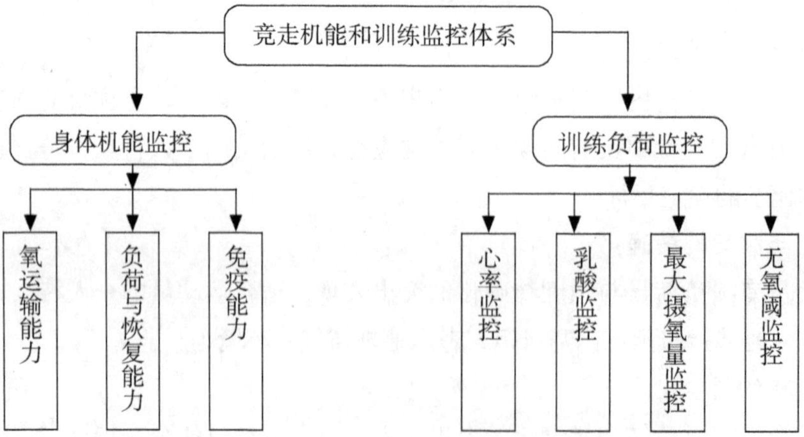

图6-11 中国国家竞走队机能和训练监控体系

竞走机能监测工作主要从运动员的基本机能状态（心律）、氧运输能力（红细胞相关参数）、承受负荷和恢复能力（睾酮、皮质醇）、免疫能力（白细胞相关参数）、免疫球蛋白（IGA、IGG和IGM）以及铁代谢和溶血（铁蛋白、转铁蛋白和触珠蛋白）等方面，进行常规监测和阶段性监测。监测工作应贯穿训练周期全过程，以掌握竞走运动员的机能变化特点。

为了更好地实行全方位的训练负荷监控，应重点对以下生理和生化指标进行长期的有计划的监控。

1. 心率——基本机能状态的监测

心率是简单易测的指标，是科研人员和教练员掌握耐力运动员基本机能状态的必要指标。监测心率也有助于提高运动员的科学训练意识和对自身状态的把握。心血管系统的机能状态对竞走运动员至关重要，而心率正是反映运动员心脏机能的一项简单有效的指标。清晨起床前空腹卧位的心率，一般作为机体的基础心率。

2. 红细胞相关参数——氧运输能力的监测

红细胞作为血液中氧的载体，对竞走运动员的运动能力有重要的影响。红细胞相关参数包括红细胞数（RBC）、血红蛋白（HB）、红细胞压积（HCT）、平均红细胞体积（MCV）、平均红细胞血红蛋白量（MCH）、平均红细胞血红蛋白浓度（MCHC）、红细胞体积分布宽度（RDW）等，是运动员常规机能监测的重要内容，一般一周测试一次。

血红蛋白是最常用的红细胞参数。血红蛋白含量高，其结合的氧气量多，有利于满足耐力运动对氧的需求；但血红蛋白含量过高时（男子超过180克/升，女子超过170克/升），红细胞变形能力下降，血液黏稠度上升，血流速度减慢，这会加重心血管系统的负担，反而不利于运动能力的提高。在大负荷训练的起始阶段，红细胞破坏增多，导致血红蛋白下降；随着时间的延长，血红蛋白的水平也会逐步降低，低于全年平均水平。大负荷训练结束后的赛前调整期，血红蛋白迅速恢复到较高水平，这对运动员以良好的机能状态迎接比赛具有一定的意义。

红细胞平均指数是指根据红细胞数、血红蛋白和红细胞压积计算出的平均红细胞体积（MCV）、平均红细胞血红蛋白量（MCH）和平均红细胞血红蛋白浓度（MCHC）。

MCV=HCT ÷ RBC，反映红细胞体积大小，竞走运动员缺铁时血红蛋白合成不足，红细胞体积变小，平均红细胞体积往往偏低；缺叶酸、维生素B_{12}时红细胞成熟减缓，体积大的红细胞增多，平均红细胞体积通常升高。

MCH=HB ÷ RBC，反映平均每个红细胞中所含血红蛋白的数量，缺铁性贫血时红细胞变小，单个红细胞所含的血红蛋白量减少，往往表现为平均红细胞血红蛋白量偏低；而运动性溶血时红细胞数目减少，游离血红蛋白增多，平均红细胞血红蛋白量出现增高。

MCHC=HB ÷ HCT，反映红细胞中平均的血红蛋白浓度，红细胞老化时胞体皱缩和体积减小，会导致平均红细胞血红蛋白浓度升高。

根据上述3个指数的变化情况，可将贫血分为正常细胞性贫血、大细胞性贫血、单纯小细胞性贫血和小细胞低色素性贫血（表6-14）。

表6-14　红细胞平均指数在贫血分型诊断中的应用

贫血的形态性分类	MCV（飞升）	MCH（皮克）	MCHC（克/升）	原因
正常细胞性贫血	80~100	27~34	320~360	急性失血、急性溶血、再生障碍性贫血
大细胞性贫血	>100	>34	>360	叶酸、维生素B_{12}缺乏
单纯小细胞性贫血	<80	<27	320~360	尿毒症、慢性炎症
小细胞低色素性贫血	<80	<27	<320	慢性失血性贫血、缺铁性贫血

3. 睾酮、皮质醇——承受训练负荷和恢复能力的监测

在运动训练对人体形态和机能的改造过程中，雄激素起着重要的作用，因此测定竞走运动员的血清睾酮水平具有重要意义。睾酮水平较高时，机体的合成代谢较旺盛，因此恢复能力较强，利于耐受较高的训练负荷。皮质醇则是促进机体进行分解代谢的重要激素。在运动和应激时皮质醇分泌增加是对运动的适应，有利于机体动员、保证能量的供应，但运动后恢复期皮质醇持续较高则会影响运动员的恢复，不利于运动能力的提高。

睾酮和皮质醇的个体差异较大，而且较易受外界因素的影响，波动较大。一般而言，大负荷训练和高原训练都易造成睾酮下降、皮质醇升高，机体承受负荷的能力接近极限，由图6-12、图6-13可知，在高原训练期，国家竞走队睾酮平均水平降低、皮质醇上升；赛前强化期，训练负荷较大，睾酮亦出现降低趋势。

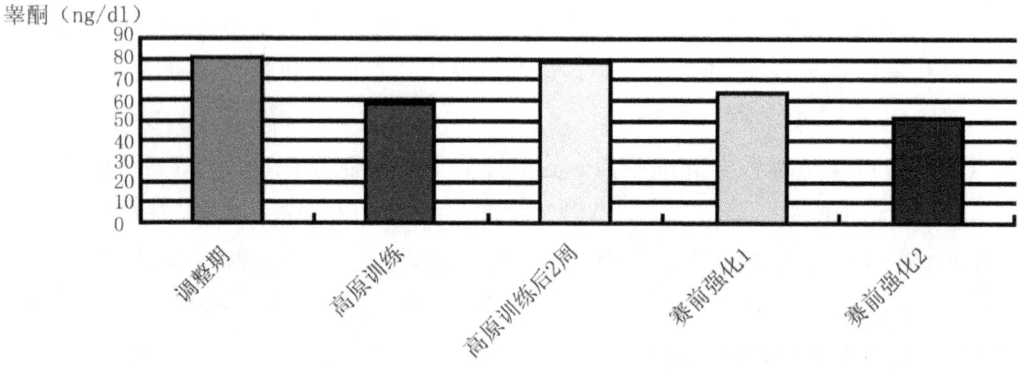

图6-12　各训练周期国家竞走队运动员血清睾酮平均水平的变化

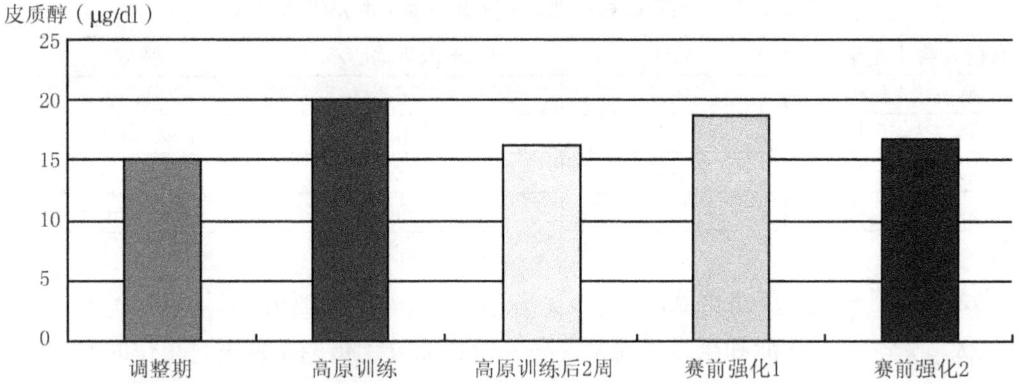

图6-13　各训练周期国家竞走队运动员皮质醇平均水平的变化

4. 白细胞相关参数——免疫力监控

竞走运动员长期承受大负荷训练，机体消耗较大，较易出现免疫能力的下降，特别是在大负荷训练后期、比赛前或比赛期间。白细胞数的显著下降往往预示着运动员的免疫功能发生紊乱，而显著的上升则意味着有感染的可能性。值得注意的是，在寒冷、失血、剧痛、月经期及慢性炎症时，白细胞数均会明显增加。一旦观察到运动员发生了白细胞数的异常，应对其发生的原因进行调查，并针对不同原因给予相应的药物治疗或调整下一阶段的训练负荷。

免疫球蛋白是体液免疫和炎症反应的重要组成部分，其中免疫球蛋白IGA是主要的分泌型免疫蛋白，可被分泌到气管、胃肠道等部位，对外界病原体起到初期的防御作用；免疫球蛋白IGG是血清免疫球蛋白的主要组成部分（80%），是机体抗感染的主力军；免疫球蛋白IGM在防菌血症方面起重要作用。

5. 心率——训练负荷监控

用心率表（Polar）监控竞走训练（间歇强度）课中运动员的心率变化，这是监控心率有效的手段。以下是国家队某男队员的一堂4千米准备活动+4次×4千米的训练课（每次4千米之间间歇5分钟）（图6-14），该队员训练课的各分段成绩、每个段落的平均心律见表6-15。

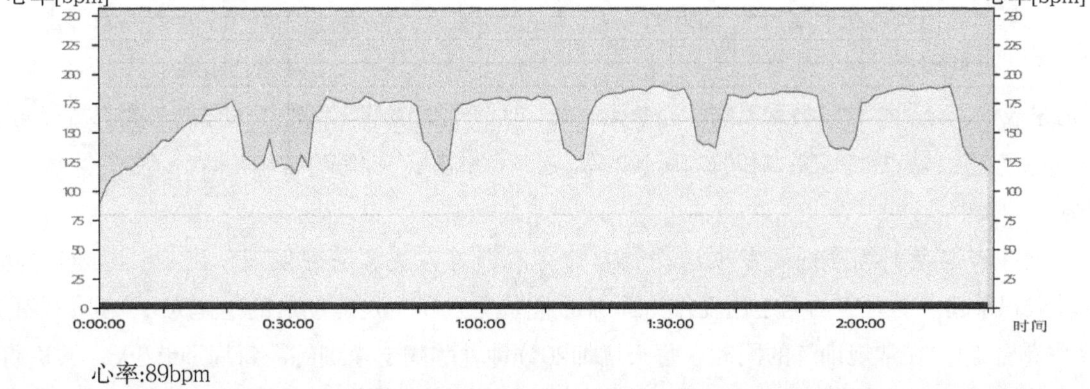

图6-14　心率表（Polar）监控竞走训练（间歇强度）课中运动员的心率变化

注：心率最低162次/分，最高190次/分；全程用时2小时20分53秒）

表6-15 该队员竞走训练（间歇强度）课完成情况

负荷内容（竞走）	成绩	每4千米平均心率	强度
第一个4千米	17:11	176	92%HRmax
第二个4千米	17:24	178	93%HRmax
第三个4千米	15:45	182	95%HRmax
第四个4千米	15:55	185	97%HRmax

6. 最大摄氧量——训练负荷监控

最大摄氧量是心肺功能和全身各器官、各系统在充分动员的条件下，单位时间内机体吸收和利用的氧容量，反映了人体的最大摄氧代谢能力。在影响长时间运动中最大速度的生理学因素中，有氧代谢、混氧代谢及无氧代谢能力占据重要的地位。从图6-15可以看出，反映竞走运动员的有氧代谢、混氧代谢及无氧代谢能力的有关因素。

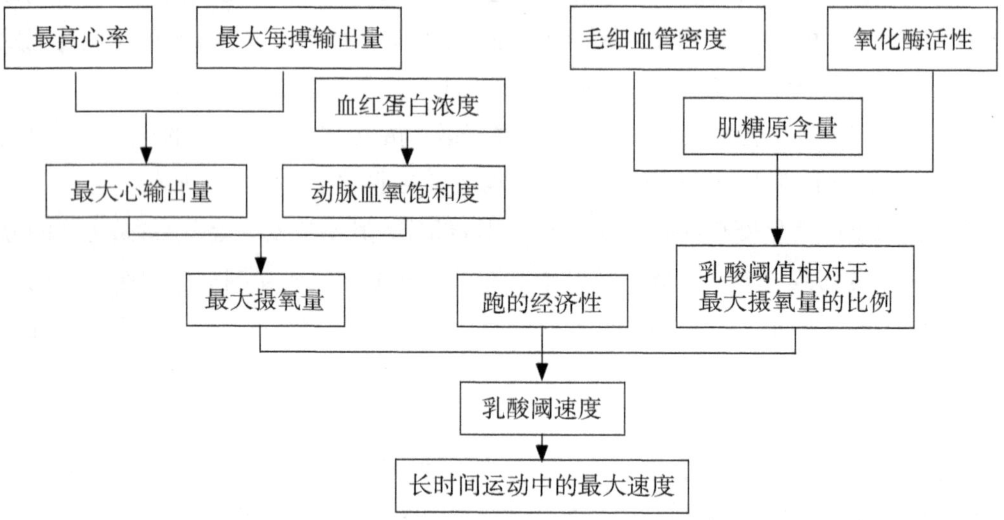

图6-15 最大摄氧量与长时间运动中最大速度可能持续时间关系的主要生理学因素概要图

7. 无氧阈和乳酸阈——训练负荷监控

无氧阈是指人体在递增负荷工作时，由有氧代谢供能开始转换成无氧代谢供能的临界点（转折点）。无氧阈常以血乳酸含量达到4毫摩尔/升时所对应的强度（%VO_2max）或心率、通气阈的峰值来表示，分别称为乳酸无氧阈、心率无氧阈、通气无氧阈等。反映了人体的最大有氧代谢能力、心肺功能、氧的转运能力和肌肉对氧的吸收、利用能力。训练中常用%VO_2max指标来衡量运动强度的大小。

乳酸阈强度训练是提高专项运动能力的有效训练方法。研究发现，以4毫摩尔/升乳酸（乳酸积累起点）对应的竞走速度作为训练走速[优秀女子竞走运动员的走速为（2.86±0.21）米/秒跑台走]，在常规训练的同时，每天增加20分钟乳酸阈走速训练，每周训练6天，共进行8周。8周后乳酸阈走速明显提高。因此，在训练周期中，可以通过测定竞走运动员的无氧阈走速，控制训练强度。方法上可采用先测定个体乳酸阈值，在训练中，以该乳酸阈值对应的竞走速度来进行专门训练。在训练过程中通过监测乳酸水平控制训练强度。为了实施方便，可以用个体乳酸阈对应的心率值作为训练强度控制的标准。（表6-16）

表6-16　最大摄氧量和无氧阈在训练中的应用

训练目的	训练强度（有氧训练）	心率（次/分）	血乳酸（毫摩尔/升）	训练手段	训练方法
调整性，恢复性	60%~80%	120~140	3以下	匀速连续竞走	恢复性耐力
提高有氧耐力，提高心肺功能	80%~90%	140~160	2~4	递增连续竞走	一般耐力
发展专项耐力，增强肌肉用氧	90%~100%	170~185	4~6	段落重复竞走	专项耐力
专项能力	100%~105%	160~185	3~8	重复竞走	专项速度耐力
改善运动末梢组织及专项速度	105%~100%	180以上	8以上	段落间歇竞走	速度耐力
提高后程冲刺能力	120%以上	180以上	10以上	重复、间歇竞走	速度

（王林　王凯）

第七章 跳高训练

一、背越式跳高项目特征和影响跳高运动成绩的关键因素

（一）背越式跳高项目特征

背越式跳高的优越性是能够充分发挥和利用助跑速度以提高起跳效果，其实质是能够利用弧线助跑速度经济实效地降低和升高身体重心，从而获得更大的垂直速度和腾起初速度。背越式跳高技术的发展过程，经历了幅度型（力量）、速度型、速度—幅度型的变化。速度与幅度、速度与力量的统一是目前的发展趋势，具体表现为助跑和起跳的速度进一步加快，起跳幅度加大，摆动腿蹬摆的速度加快、幅度加大等。

1. 技术特征

跳高对助跑、准备起跳、起跳、过杆、落地各环节的技术要求较高，需要运动员具备卓越的弹跳力和高超的技术。现代背越式跳高的技术特征是弧线助跑、离心式向上起跳和背越式过杆。

背越式跳高能够利用助跑速度来提高起跳效果，加快弧线助跑速度有利于水平速度和垂直速度的增大，从而获得更大的腾起初速度。跳高起跳是人体由水平变为向前上抛射的位移运动，是身体重心由低向高不断加速上升的过程，是垂直速度不断变化增大的过程。背越式跳高起跳是由摆动腿和起跳腿共同参与完成的。过杆时运动员在空中能够通过身体的补偿运动和围绕横杆的转动越过横杆。因此，跳高运动员需要具有高超的运动技能，才能很好地完

成背越式跳高的技术动作。

2. 体能特征

跳高是克服垂直障碍越过横杆的运动，是周期性运动与非周期性运动相结合的项目，属于体能类速度—力量主导性项目。跳高成绩的取得要求运动员具有良好的身体素质，必须具备速度和速度力量（其中最重要的是弹跳力），并要具有良好的协调性、柔韧性等。

在正确合理的专项技术的前提下，专项体能水平越高，运动员的专项成绩也就越好。高水平的跳高运动员的短距离加速能力很强，在助跑过程中能够充分发挥和利用助跑速度。他们采取强有力的积极起跳能够把助跑所获得的水平速度有效地转化为垂直速度，表现出卓越的超强的弹跳力水平。优秀的跳高运动员都具备很强的全身快速爆发力量。由于跳高比赛时间一般要持续2~3小时，比赛难度逐渐增大，因此，运动员还必须具备良好的专项耐力水平。

3. 心理特征

跳高运动员的心理特征由该项目的特点所决定。跳高比赛是在运动员事先知道要越过的高度的情况下，随着横杆的升高，不断挑战新的高度，直至最后连续三次“失败”而结束的运动项目。因此，这就要求运动员必须具备坚定的自信心和勇气，具备冷静、果断、顽强拼搏的意志品质。在竞技实力相当的高水平跳高比赛中，那些具备良好稳定的心理状态和超人的调节能力，并勇于挑战自我的运动员往往能够取得最终的胜利。

4. 战术特征

跳高是一项非直接对抗的运动，根据比赛特点和规则的要求，运动员可以合理运用战术去战胜对手，在与水平较为接近的对手比赛时，运动员战术运用得当将对比赛结果产生积极的作用。合理选择起跳高度是跳高比赛中运动员采用的基本战术之一。运动员应当根据比赛时的主观、客观情况（天气情况，对手的情况等）来确定起跳高度，起跳高度的选择要有利于自己正常发挥专项运动水平。比赛中免跳的使用是跳高运动员采用的主要战术手段，根据比赛规则果断合理地采用免跳战术，可以有效保存自己的体力，减少失败次数，变被动为主动，从而发挥水平，战胜对手。

（二）影响跳高运动成绩的关键因素

从抛射运动公式可以看出，决定跳跃高度的主要因素是腾起初速度和腾起角度。

$$H=\frac{V_0^2\sin\alpha}{2g}$$

其中，H 为腾空高度，α 为腾起角度，g 为重力加速度，V_0 为腾起初速度。

跳高运动成绩，虽然表现在运动员所腾越的横杆高度上，但实质是获得更大的腾起初速度和合理的腾起角度。运动员通过助跑、起跳来获得水平速度和垂直速度。起跳水平速度和垂直速度越大，腾起初速度也就越大。垂直速度是跳高运动项目获得腾起初速度的关键，是跳越一定高度的前提。加快弧线助跑速度有利于获得更大的起跳垂直速度和腾起初速度。这是背越式跳高技术最大的优越性，也是背越式跳高“以速度为中心”的实质。

跳高成绩是由离地高度（H_1）、腾起高度（H_2）和杆上高度（H_3）所组成（图7-1）。离地高度H_1取决于身高、体形和起跳结束时的身体姿势，这也是身材硕高、下肢较长的运动员更适合跳高运动的原因。腾起高度（H_2）取决于腾起初速度和腾起角度，这是决定跳高成绩的关键因素（图7-2），腾起初速度和腾起角度在很大程度上取决于腾起垂直速度，只有不断加快助跑速度并通过起跳获得更大的腾起垂直速度，才能跳得更高。杆上高度（H_3）取决于过杆动作的姿势与合理程度，要充分利用身体重心腾起的高度，经济实效地越过横杆，即缩小H_3。

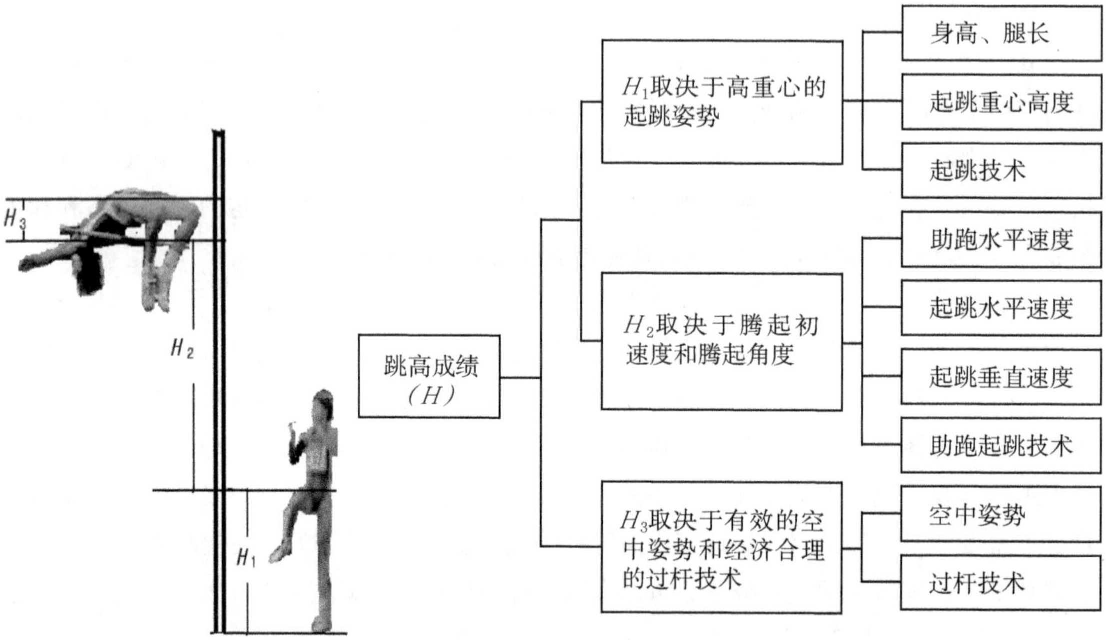

图7-1　跳高成绩的构成因素

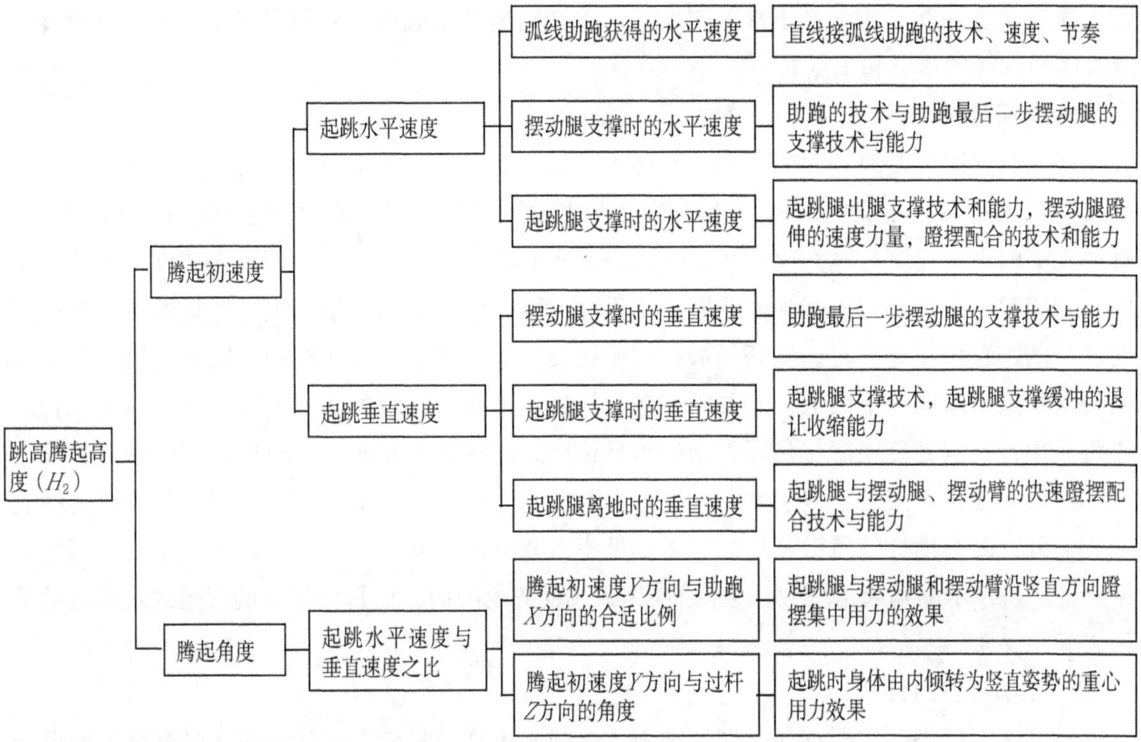

图7-2 决定跳高成绩的关键因素

1. 腾起初速度

起跳腾起初速度是由助跑和起跳所获得的水平速度和垂直速度共同决定的，它的大小与运动员的身体能力和技术水平密切相关。在跳高项目中，运动员为了获得尽量高的跳跃高度，就必须获得尽可能大的垂直速度，而垂直速度的获得与助跑水平速度密切相关，加快助跑速度有利于获得更大的垂直速度。所以，最优秀的跳高运动员的助跑水平速度能达到8.93米/秒，而垂直速度则达到了5米/秒以上。

不同的助跑方式，对垂直速度的获得具有不同的影响。运动员在直线跑进中，身体重心的降低是通过屈膝完成的，每次蹬伸所产生的垂直速度，使身体产生向前上方的运动，身体腾空达到最高点时，垂直速度下降为零，身体下落时，垂直速度为负值。特别是直线助跑时上体处于正直放松状态，无法形成对腿部肌肉的压紧状态，肌肉拉紧的弹性势能储备不足。而背越式跳高弧线助跑起跳的技术使人体在弧线助跑的上体内倾动作中，始终保持上体倾斜的姿态，使起跳腿肌肉紧张状态提高，从而储备了一定的弹性势能，为合理的起跳提供了有利的条件。加快弧线助跑速度有利于经济、实效、合理地降低和升高身体重心，能够获得较大的垂直速度和腾起初速度，这正是背越式跳高弧线助跑起跳的优越性所在。

跳高运动员在起跳时，要获得较大的腾起初速度，就必须获得较大的水平速度和垂直速度，垂直速度的获得相对难于水平速度，所以在高速助跑起跳中获得尽可能大的垂直速度是跳高项目训练的难点和重点。

2. 腾起角度

运动员起跳脚蹬离地面的瞬间，身体重心的腾起方向与水平面之间的夹角称为腾起角。腾起角的大小取决于腾起时身体重心的水平速度和垂直速度的比值。在起跳离地瞬间，若身体重心的水平速度与垂直速度相等，则身体重心将以45度角腾起；若水平速度大于垂直速度，则腾起角小于45度；若水平速度小于垂直速度，则腾起角大于45度。根据抛射公式，高度项目的腾起角在90度时，可获得最佳的抛射高度。但是在运动实践中，跳高运动员的起跳点与落地点不在同一平面上，而要顺利越过横杆也需要有一定的水平速度，尤其在现代背越式跳高中，强调充分发挥与利用助跑的水平速度，以提高起跳效果。所以，用纯理论追求接近90度的腾起角来提高垂直速度，就会限制助跑水平速度的发挥和利用，反而影响起跳的效果。另外，因有横杆障碍需要越过，运动员不可能以90度向上垂直起跳，垂直落下。因此，俯卧式起跳技术的腾起角最大，也只能在65~70度的范围内，而目前优秀的背越式跳高运动员的腾起角仅为50度左右。

3. 正确合理的技术

跳高运动员必须掌握正确合理的技术才能腾越更高的高度。现代背越式跳高技术要求运动员应该具备良好的弧线助跑技术，保持合理的身体内倾姿态，做出充分向上的起跳动作，以完美的过杆技术结束跳高全部过程。整体技术要体现出助跑放松自然、速度快，起跳蹬摆配合协调，跑跳衔接连贯顺畅，向垂直方向腾起高度明显，过杆技术顺畅等特点。

二、优秀运动员技术分析

从背越式跳高技术动作结构图（图7-3）可以简洁而深刻地认识背越式跳高技术的结构，并可以看到不同动作阶段所对应的运动学指标的变化规律和趋势。

<table>
<tr><td colspan="3">腾空</td><td>支撑</td><td>腾空</td><td colspan="2">支撑</td><td colspan="2">腾空</td><td>人体状态</td></tr>
<tr><td>落垫</td><td colspan="2">腾空过杆</td><td colspan="4">起跳</td><td colspan="2">助跑</td><td>技术结构</td></tr>
<tr><td colspan="6">摆动</td><td>后支撑</td><td>前支撑</td><td>腾空</td><td>摆动腿时相</td></tr>
<tr><td colspan="9">减速制动 加速折叠上摆 加速折叠前摆 蹬离 最大缓冲 着地</td><td>摆动腿动作阶段</td></tr>
<tr><td colspan="3">腾空</td><td>支撑</td><td colspan="5">摆 动</td><td>起跳腿时相</td></tr>
<tr><td colspan="9">蹬离 最大缓冲 着地 下压准备着地 加速前摆</td><td>起跳腿动作阶段</td></tr>
<tr><td colspan="2">向下前</td><td>向上前</td><td>向上前</td><td colspan="3">向前上</td><td colspan="2">向前</td><td>重心运动方向</td></tr>
<tr><td colspan="2">逐渐降低</td><td>升至最高</td><td>加速升高</td><td colspan="3">平缓升高</td><td>降到最低</td><td>平稳降低</td><td>重心垂直距离</td></tr>
<tr><td colspan="3">逐渐降低</td><td colspan="2">上升至最大</td><td colspan="2">开始上升</td><td>降到最低</td><td>平稳下降</td><td>垂直速度</td></tr>
<tr><td colspan="3">逐渐降低</td><td colspan="4">增至最大（加速）</td><td>微减</td><td>增大</td><td>水平速度</td></tr>
<tr><td colspan="3">逐渐降低</td><td colspan="4">增大</td><td>微减</td><td>增加</td><td>合速度</td></tr>
</table>

图7-3　背越式跳高技术动作结构图

古巴跳高运动员索托马约尔是目前男子室内世界纪录（2.43米）和男子室外世界纪录（2.45米）的保持者，图7-4是索托马约尔的跳高技术，他的技术呈现出典型的速度与力量的高度统一，即人们称之为“速度—幅度型”的背越式跳高技术。保加利亚运动员科斯塔迪诺娃保持着女子室外世界跳高纪录（2.09米），图7-5是科斯塔迪诺娃的跳高技术图片。索托马约尔与科斯塔迪诺娃是目前最优秀的背越式跳高运动员，他们的技术具有以下几个方面的特点。

1. 助跑技术特点

助跑是为了获得较大的水平速度和适宜的运动节奏，为起跳和顺利地越过横杆创造条件。弧线助跑形成适宜的身体内倾姿势对于背越式跳高而言有着十分重要的意义。

（1）背越式弧线助跑起跳时，身体重心的降低主要是通过身体内倾和屈膝来完成的。助跑过渡到起跳阶段，如果运动员摆动腿支撑时的屈膝程度相同，那么身体内倾状态与竖直状态相比其身体重心下降的程度相对较大，在运动员用力相同的情况下，弧线助跑起跳有助于获得较大的起跳工作距离。

（2）背越式跳高弧线助跑起跳时，身体从内倾状态进入到起跳腿着地支撑时，所形成的线运动制动和弧线助跑的惯性作用以及离心作用，能使身体快速自然竖直，这样可以使身体重心不降反升，并把偏心推力控制在较小的范围内，有利于保持较大的助跑速度，从而获得更大的垂直速度和腾起初速度。

图7-4 索托马约尔跳高技术图（2.45米）

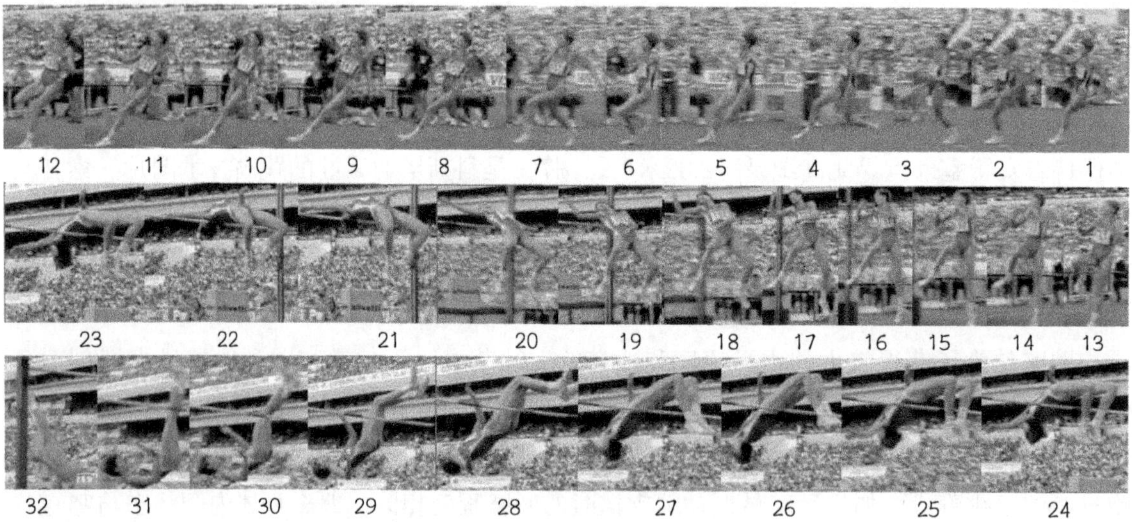

图7-5 科斯塔迪诺娃跳高技术图（2.09米）

（3）弧线助跑时，助跑速度越快身体内倾角度越大，运动员身体逐渐转向侧对横杆，最后从内倾姿势进入起跳，其间所形成的肩轴和髋轴的反向扭转，不但可以充分伸展髋肌群，使摆动腿的摆动更加有力，而且有利于人体围绕纵轴旋转，从而在腾空后，能使身体自然地转为背对横杆。

选择适宜的助跑弧线，在弧线段保持良好的身体内倾状态，直线弧线段过渡平滑，连接自然是优秀跳高运动员助跑技术的显著特点。

背越式跳高的助跑路线大多采用“J”字形曲线。“J”字形曲线的优点是：助跑前段是一条直线或曲率很小的曲线，它便于加速和发挥速度，同时，向弧线段的过渡相对平滑自然，这样可以避免减速。随着弧线曲率由小变大，身体内倾逐渐加大。助跑最后一步，两脚的连线与横杆投影线呈20~30度。优秀跳高运动员助跑路线弧度的选择并不是一样的，因此，要在反复训练中，选择出最适合自己的助跑路线和弧度，以及助跑步数。

首先，索托马约尔的助跑加速积极、速度快、动作幅度大（图7-4①~⑰）。他的助跑以五步小跑做预跑段的准备，随后分为两个助跑阶段进行加速，前四步基本是直线助跑，后五步为弧线助跑。国际田联生物力学研究报告表明，他在助跑最后第二步时，身体重心的水平速度达到8.93米/秒，这是目前世界跳高运动员最快的助跑速度。索托马约尔最后一步的速度为8.51米/秒，这充分说明他是以很快的速度踏上起跳点的。我国三破世界纪录的背越式跳高运动员朱建华的最后六步助跑速度为8.73米/秒，也达到了很高的速度水平，他是速度型的典型代表，被世界跳高界称为“朱式跳法”。无论是速度型还是速度—幅度型，背越式跳高的快速弧线助跑都是其基本的技术特征。

其次，索托马约尔的助跑与起跳衔接紧密、结构合理。助跑的最后三步，身体保持了积极加速的向前移动和良好的内倾姿势，图7-4㉓表现出他助跑动作幅度大，后蹬充分，前摆积极，上体继续保持适度的前倾。从图7-4㉔~㉖可以看出他已经在控制上体的前移，积极送出右髋，右腿抬得不高，做出了迅速下压着地的技术动作。图7-4㉔是索托马约尔起跳腿落地后开始进入“倒二步”准备起跳阶段，图7-4㉗反映了他摆动腿前脚掌支撑、屈膝缓冲，双臂开始后引的技术动作。从图7-4㉘的技术图可以清楚看到他摆动腿跪膝支撑，脚跟离地很高，形成了较好的向前积极蹬伸的有利条件，此时双臂后摆幅度达到最大。图7-4㉙技术图反映出他在起跳脚外侧着地瞬间，双臂和摆动腿已经开始积极地加速前摆。

优秀跳高运动员助跑时，直线跑近似于短跑的途中跑，身体重心高而平稳，上体适当前倾，后蹬充分有力，前摆积极抬腿。从索托马约尔的技术图（图7-4②⑥⑫⑮⑰）可以明显看到这个特点。在弧线段跑进时，加大外侧腿和臂的蹬、摆速度与幅度，头、躯干与脚的支撑点应尽量在力的作用线上，整个身体逐渐向内倾斜。最后三步或五步的节奏应自然加快，最后一步最快，助跑整个过程应具有明显的加速感。要特别注意每一步支撑阶段身体重心前移的幅度和速度，要使躯干位置在内倾状态下保持相对稳定。

2. 准备起跳阶段技术特点

优秀跳高运动员均表现出在最后两步迈步出腿快、节奏快、髋前送积极、上体后倾、支撑稳固的特点。

准备起跳阶段是指助跑最后两步的技术，在跳高技术分析中常常称之为“倒二步”技术。在以往的教科书中常把这两步放在助跑技术中。但是，近几年的研究认为，这两步应属于助跑到起跳的过渡阶段，这一阶段技术的优劣，直接关系到起跳技术的质量和助跑速度的合理利用，且这两步跑的技术动作与前面的助跑技术已经有了明显的差异，因此，应该单独成为一个技术阶段来专门进行研究，并提出技术要求，这将有利于完整技术的提高。

从图7-4中可以清楚地看到这两步技术的特点，图7-4㉔至㉙是准备起跳阶段，与图7-4中助跑技术③⑰相比，㉔上体动作已经有所控制，前倾幅度变小；与图7-4⑦⑱㉑比较，上体已控制住主动的前倾姿势，改为下肢在前，上体有意识留在后面的微后仰姿势。图7-4㉕㉘㉙的跑步抬腿动作远没有图7-4②⑥⑧⑮⑲那么高，已改为直腿迈步快速出腿的技术动作，腿的后摆折叠动作明显减小，摆动腿最后一步着地后快速形成跪膝积极蹬伸的动作，见图7-4㉗㉘，而且在图7-4㉙㉚时，形成上体明显后仰的最后一步直腿着地、屈膝幅度小的高重心支撑技术。

准备起跳阶段的助跑最后一步摆动腿支撑越过垂直部位以后，起跳腿应积极踏向起跳点，此时要保持身体的内倾姿势并向前送髋和前移躯干，起跳腿一侧的髋要超越摆动腿一侧的髋，肩轴保持几乎与横杆垂直的位置，形成肩轴与髋轴的扭紧状态，见图7-4㉙。

3. 起跳技术特点

起跳是跳高技术的关键环节，目的是迅速改变人体的运动方向，获得尽可能大的垂直速度、腾起初速度及合理的腾起角度，为顺利过杆创造有利条件。

助跑最后一步摆动腿要积极下压着地，在脚内侧的牢固支撑下，迅速前移身体重心，在摆动腿垂直支撑时，身体的内倾和膝关节的弯曲达到最大程度，身体重心降到最低点。

在起跳时，摆动腿的垂直支撑阶段起着承上启下的作用，它是助跑和准备起跳阶段的结束以及起跳阶段的开始。摆动腿支撑摆动的技术与能力将会直接影响跳高的起跳效果。

为了进一步加快起跳时身体重心的前移速度，摆动腿应快速有力地蹬伸，充分伸展踝关节，推动髋部和躯干快速地大幅度前移。为了使助跑准备起跳与起跳紧密地衔接起来，应特别强调最后几步跑进的积极性和发挥摆动腿在推动身体重心快速前移过程中的积极作用。起跳的开始阶段，要强调两个关键的技术要点：①依靠摆动腿的牢固支撑，使身体重心降到最低点，为身体重心移动方向的转变和垂直速度的获得创造有利条件；②要使身体在保持内倾状态下快速进入起跳，防止出现助跑减速、停顿、身体过早地倒向横杆的现象。

接着，起跳腿以大腿带动小腿积极快速、准确稳固地支撑着地，着地时以起跳脚的外侧跟部接触地面，继而通过脚外侧滚动到全脚掌，脚尖指向弧线的切线方向，随着身体由内倾转为垂直，迅速地完成缓冲和蹬伸动作。蹬伸动作依序由髋、膝、踝迅速发力，蹬伸结束时，这三个关节充分蹬直，在这一过程中，运动员要有一种借势起跳的感觉，即借助于弧线助跑的速度和充分利用身体由内倾转为竖直时的动力作用，以加强起跳的向上效果。

在起跳过程中，摆动腿和两臂应积极地协调配合。腿臂的摆动动作是变化的，即加速靠近支撑点、加速离开支撑点和制动，它们会分别产生加压和减压的动作效应，利用这一效应，可以使身体重心获得更大的垂直速度。

摆臂的方法有交叉双臂摆动和交叉单臂摆动两种。前者有助于加大摆动力量，后者则着眼于速度。

交叉双臂摆动的方法：在起跳放腿阶段，随着起跳腿的前伸，同侧臂后引，而异侧臂像自然跑进一样向前摆出，但保持在相对较低的位置，当起跳腿同侧臂屈肘前摆时，双臂同时向前上方摆起，并带动躯干的伸展。索托马约尔采用的是交叉双臂摆动技术。

交叉单臂摆动的方法：当起跳腿踏向起跳点时，两臂仍自然做前后摆动，随着摆动腿的摆动，起跳腿同侧臂由后向前上方积极上摆，摆动腿同侧臂顺势迅速上举。我国著名运动员朱建华打破世界纪录时采用的就是此种摆臂方法。

起跳前身体重心低、内倾角度大是优秀跳高运动员共同的特点。在助跑最后一步摆动腿垂直支撑阶段，索托马约尔身体重心低，其膝关节充分弯曲（图7-4㉗），这就形成了牢固支撑，使身体内倾达到最大（图7-4㉖㉗），这一动作结构为起跳阶段加大垂直用力的工作距离、获得更大的垂直速度创造了良好的条件。科斯塔迪诺娃的助跑最后一步技术，也说明她是在保持身体内倾的情况下进入起跳的（图7-6①~⑤）。

图7-6　科斯塔迪诺娃助跑最后一步技术

优秀跳高运动员在起跳时摆腿速度快，幅度大。索托马约尔采用交叉双臂摆动和折叠屈腿摆腿的技术。他在起跳前身体重心明显下降，双臂拉向身后，起跳时双臂同时向上用力摆起，摆动腿的摆动动作幅度很大。索托马约尔在起跳结束瞬间，两臂肘关节都超过了肩部的位置，摆动腿的大腿超过了水平部位，且腿、臂摆动速度都很快（图7-4㉛㉜）。从图7-4㉛的技术中可以清楚地看到他在起跳脚蹬离地面时，踝、膝、髋三个关节充分伸直，并且是在向垂直方向积极向上用力。这一技术特点是优秀跳高运动员所必须具备的。

起跳迈步出腿速度快、幅度大，起跳充分向上，是优秀跳高运动员的另一主要特点。索托马约尔是世界上助跑最快的跳高运动员，他能在8.93米/秒的助跑速度下进行起跳，说明他具有良好的起跳技术和能力，快速迈步出腿表现在他从摆动腿支撑到起跳腿支撑阶段，几乎没有明显的腾空（图7-7②~⑤），这是他能够充分利用助跑水平速度来提高垂直速度的关键技术，快速迈步出腿，支撑几乎不腾空，可以经济实效地转变身体重心的运动方向，从而获得更大的起跳速度。此外，他迈步出腿的支撑效果好，起跳支撑时起跳腿几乎是直腿支撑（图7-7④⑤）。这两个技术特点为完成快速助跑、快速起跳创造了有利的条件，同时也说明了他不仅具备良好的技术，也具备了超强的专项能力。

图7-7　索托马约尔起跳支撑点

4. 过杆技术特点

过杆是决定跳跃成败的重要环节。过杆技术包括三个阶段：上杆阶段、杆上阶段和下杆阶段。为了提高过杆的效果，必须形成合理有效的上杆、杆上和下杆姿势，缩短身体重心与横杆之间的距离，利用补偿动作，使身体各部分依次、顺利地越过横杆。过杆应连贯和富有节奏感。

起跳离地后的上杆阶段，要保持起跳结束时的伸展姿势，并在摆动腿及其同侧臂的带动下，围绕身体纵轴旋转以形成背对横杆的姿势。要防止身体过早地倒向横杆，应以摆动腿的同侧臂和肩为先导，顺着身体重心的运动方向竖直攻上横杆，借助于摆动腿上摆的力量，尽量提高髋部的位置。

在头和肩越过横杆后的杆上阶段，要及时地积极仰头、倒肩、挺髋、展体，形成身体背弓的包杆姿势。此时两臂置于体侧，过杆速度较快的运动员，通常采用高摆腿挺髋和积极倒肩的方式，这样会获得更好的过杆效果。

在身体重心移过横杆后的下杆阶段，要及时地低头、含胸、收腹、甩腿，使身体依次快速过杆。

过杆的全过程，应使躯干和肢体尽可能地靠近身体重心的运动轨迹，并根据身体各环节与横杆相对位置的变化，依次、顺势和快速地越过横杆。过杆时任何多余动作都会增加碰杆机会，从而导致过杆失败。运动员应根据自己的助跑起跳能力和个人的技术特点确定适宜的过杆动作。

上杆动作充分向上，幅度大，在腾空上杆过程中较好地发挥摆动腿、摆动臂的主导作用是优秀跳高运动员的共同特点。从图7-4 ㉛~㉝可以看到，索托马约尔在起跳离地腾空之后，继续保持摆动腿高摆的姿势，并以摆动腿带动身体围绕纵轴旋转，这一动作有利于充分地向上腾起和避免过早地倒向横杆。摆动腿处于相对较高的位置，同时还有助于过杆阶段挺髋和收腹动作的顺利完成。

从索托马约尔的过杆技术（图7-4㊲~㊴）可以看出，他具有杆上动作背弓大、过杆速度快的特点。他的挺髋和背弓动作的形成，是在摆动腿的积极带动下完成的，并配合积极的仰头倒肩和展体动作，使髋部直接处于杆上的最高部位，这样可以降低向后收腿和摆脱横杆的难度，从而能够快速连贯地完成过杆动作。

从索托马约尔的过杆技术（图7-4㊳~㊵）可以看出他下杆的动作速度快、幅度大。科斯塔迪诺娃的下杆动作幅度大（图7-5㉑~㉔），其大幅度的下潜，体现了“卧7式”过杆技术的特点（图7-5㉕~㉗）。

索托马约尔和科斯塔迪诺娃的背越式跳高技术，充分反映了跳高运动以“速度”为核心的特征，是速度与力量的完美结合，速度—幅度型的背越式跳高技术代表了当前跳高的发展方向。

三、专项技术训练的重点与方法

（一）专项技术训练的重点

专项技术训练的目的是使运动员掌握先进的跳高技术，最大限度地发挥出运动员的体能水平。背越式跳高技术是由助跑、起跳、过杆、落垫几个紧密相连的技术环节组成的。专项技术训练中的弧线助跑技术、起跳技术、腾空过杆技术是训练的重点，其中起跳技术是重中之重，因为起跳是获得腾起初速度的最主要阶段。

背越式跳高训练的核心是充分发挥和利用助跑速度以增加起跳效果，从而获得更大的腾起初速度和合理的腾起角度。设法在快速助跑中跳得更高，是背越式跳高技术训练的重点。

在背越式跳高技术训练中要围绕“一个中心，两个基本点，三个结合，四个平衡，五个途径，六个转化”进行训练。“一个中心”，是指要贯彻以速度为中心的训练指导思想。“两个基本点”，是以助跑技术和起跳技术为基本点。“三个结合”，是指技术与能力相结合、助跑与起跳相结合、速度与幅度相结合。“四个平衡”，是指技术与能力的平衡、技术与力量的平衡、速度与力量的平衡、速度与幅度的平衡。“五个途径”，是指在起跳中获得腾起初速度的五个方法：①在起跳过程中，加快起跳速度，加大起跳幅度；②保持助跑起跳速度不变，加大起跳幅度；③保持起跳幅度不变，加快助跑起跳速度；④适当减小起跳幅度，大大提高助跑起跳速度；⑤适当减慢助跑起跳速度，大大提高起跳幅度。在上述五个途径中，加快起跳速度、加大起跳幅度是最佳的选择。“六个转化”，是指在训练进程中，把完整技术环节化、环节技术力量化、环节力量专项化、专项力量整体化、整体力量速度化、速度力量技术化。这些有机的转化体现了完整与分解、环节与整体，以及力量、速度与技术的内在联系，并指明了现代跳高技术训练的方向。

（二）专项技术训练的方法

背越式跳高技术最大的优越性是弧线助跑起跳，弧线助跑起跳为充分发挥助跑速度和利用助跑速度提高起跳效果创造了有利的条件。在专项技术训练中应把掌握弧线助跑技术、助跑起跳技术和腾空过杆技术作为专项技术训练的主要内容。在训练中大多采用完整练习与分解练习相结合的训练方法。

1. 掌握正确的背越式跳高技术概念

学习掌握正确的背越式跳高技术，对于跳高教练员和运动员而言是至关重要的。一般通过观看背越式跳高的完整或分解的技术录像、图片、示范和阅读有关研究文献资料，使运动员建立起正确的背越式跳高技术概念。通过讲解、示范背越式技术，使运动员明确正确的背越式跳高技术理念及技术要求，理解先进的背越式跳高技术。要明确跑得快、跳得高的道理，明确自己的技术特点和技术训练时的要求，在训练中做到心中有数。只有正确地理解教练员的训练意图，在训练中教练员与运动员才能达到思想和行动的高度统一，从而掌握正确的跳高技术。

2. 弧线助跑技术训练的方法

（1）训练要点。

在弧线助跑训练中，首先要抓好直线跑的技术动作，在此基础上再进入弧线跑的教学与训练。整个助跑过程要做到放松、加速、有节奏。身体姿态要与助跑的速度、节奏等相适应。

（2）训练方法。

① 直线30~60米的放松大步加速跑。

② 在直径为15米左右的圆圈上进行弧线跑。

③ 由直线进入弧线跑练习。

④ 5~7步弧线助跑练习。

⑤ 全程助跑练习。

（3）训练要求。

① 直线跑与弯道跑练习，要做到放松、加速、有节奏。

② 弧线助跑时注意控制身体躯干向内倾斜。掌握好5步弧线助跑摆动腿支撑进入弧线的技术。

③ 全程助跑速度由慢到快逐渐加速。要注意助跑的加速节奏，训练中要做好弧线助跑与起跳的有机结合。

④ 确定合理的全程弧线助跑路线和起跳点，做到准确、快速、有节奏。

3. 助跑与起跳结合技术的训练方法

（1）训练要点。

助跑最后一步摆动腿支撑技术是助跑与起跳结合训练的重点，在保持身体内倾的状态下，摆动腿的有力支撑蹬伸、快速摆动，起跳腿的快速出腿、支撑蹬伸，以及摆动腿与起跳腿的快速协调配合等是训练的难点。

（2）训练方法。

① 沿着直径为15米左右的圆圈进行弧线助跑起跳练习。

② 由直线进入弧线助跑的起跳练习。

③ 连续3步弧线助跑起跳练习。

④ 5~7步弧线助跑跳上高台练习。

⑤ 全程助跑跳高练习。

⑥ 5~7步弧线助跑起跳，用头、手、摆动腿的膝做“触高”练习。

⑦ 全程助跑起跳练习（跳上高架或海绵台）。

（3）训练要求。

① 弧线助跑时的技术与弯道跑相似，跑时注意控制身体躯干向内倾斜。

② 助跑最后一步摆动腿的着地支撑和蹬摆技术，会直接影响助跑与起跳的衔接和起跳动作的正确完成，是训练的重点。要沿弧线的切线方向起跳，避免出现起跳前减速和停顿的现象。

③ 弧线助跑接起跳练习，要强调摆动腿的“扒、蹬、送、摆、快”。

4. 起跳技术训练的方法

（1）训练要点。

在起跳技术训练中，要强调摆动腿支撑摆动与起跳腿的摆动支撑技术，强调两条腿的蹬摆配合技术。摆动腿要蹬、摆、送髋积极；起跳腿出腿要快、准、支撑稳定。起跳时，摆动腿快速屈腿摆动，起跳腿沿助跑弧线的切线方向放脚，充分起跳。

（2）训练方法。

① 摆腿和摆臂练习。

② 起跳腿出腿练习、摆动腿蹬摆模仿练习。

③ 原地和行进间起跳练习。

④ 5步弧线助跑起跳练习。

⑤ 俯角斜板和俯角斜板助跑跑道起跳练习。

⑥ 短或中程助跑起跳中头、手、膝触高物练习。

⑦ 全程助跑起跳练习。

（3）训练要求。

① 在摆动腿蹬摆练习时，要求摆动腿有明显的蹬地送髋动作；加速上摆时，要注意带动同侧髋部向上。

② 起跳腿支撑时，不宜过大弯膝降低身体重心，要形成有力的支撑，要求出腿时做到“低、平、快、准、稳”。起跳时要注意蹬摆配合，要形成“内倾起跳”。

③ 要注意摆动腿支撑时与起跳腿的蹬摆配合；起跳腿支撑时与摆动腿的蹬摆配合，蹬摆配合要做到以摆带蹬，蹬摆结合。

5. 过杆落垫技术训练的方法

（1）训练要点。

过杆要依次完成仰头、倒肩、展体、挺髋、甩腿动作。要加强上杆、杆上、下杆的技术训练。

（2）训练方法。

① 原地倒肩挺髋背弓练习。

② 高台起跳倒肩挺髋练习。

③ 高台起跳过杆、落垫练习。

④ 3~5步助跑起跳过杆、落垫练习。

⑤ 利用弹板起跳过杆练习。

⑥ 利用橡皮筋代替横杆的过杆练习。

（3）训练要求。

① 落垫练习要用肩背落垫，原地过杆练习要体会仰头—倒肩—挺胸—展髋—甩小腿的动作感觉。要求依次、连贯地完成过杆动作。

② 3~5步高台跳起的过杆练习是掌握过杆技术的主要手段，要体会起跳—竖体—转体—倒肩—挺髋—过杆的动作次序。可由双脚起跳开始练习，但应及时地过渡到单腿起跳。要注意头部位置在过杆中的作用。

6. 完整技术训练的方法

（1）训练要点。

在背越式跳高完整技术训练中，要贯彻“以速度为中心”的训练思想，做到“跑得快，跳得高，过得去”。要求：①助跑加速、放松、有节奏；②助跑与起跳衔接连贯；③起跳积极充分向上；④过杆动作依次、连贯；⑤安全落垫。

（2）训练方法。

① 进行全程弧线助跑起跳练习。

② 5~7步助跑起跳过杆练习。

③ 全程助跑起跳过“万能架”练习。

④ 全程助跑背越式完整过杆练习。

⑤ 不同强度和难度的完整技术练习。

⑥ 负重完整技术练习。

（3）训练要求。

① 在训练中，应逐步加快助跑速度和提高练习的强度，助跑放松、自然、加速、有节奏。

② 弧线助跑起跳时要跑5步弧线，以外侧支撑步进入弧线助跑，注意身体躯干向内倾斜，注意摆臂、摆腿以及蹬摆的协调配合。

③ 加强心理训练，培养冷静、果断、自信的心理品质。

（三）跳高技术训练中应注意的问题

跳高技术训练要从实际出发，贯彻“以速度为中心”的训练指导思想，教练员要创造性地设计和运用各种训练手段，指导运动员掌握正确合理的背越式跳高技术。

由于速度是背越式跳高的动力源，因此弧线助跑的技术是背越式跳高最主要的基本技术之一，而快速的弧线助跑接起跳是背越式跳高技术中最关键的技术。如何充分利用弧线助跑速度来提高起跳效果，以在快速助跑中跳得更高，是跳高教练员和运动员关注的热点。在跳高实践中，绝大多数运动员存在着加快助跑速度反而跳不起来的现象，表现为起跳前减速、停顿、助跑与起跳脱节等。要解决这些问题，必须正确认识快速助跑起跳的机制，这样才能在训练中取得好的效果。“跑得快，但跳不起来”的现象，既有技术原因，也有能力方面的原因，主要原因有以下几个。

（1）在快速助跑起跳迈步出腿时，起跳腿出腿放脚不到位，或没有沿助跑的切线方向迈步出腿，出腿速度慢，屈髋，屈膝，没有形成良好的支撑用力动作结构，导致跑得快，撑不住。

（2）起跳腿着地支撑、缓冲及快速蹬伸的能力弱，肌肉关节不能负荷较大的冲击，即通常所说的“撑不住，跳不起”。

（3）起跳过程中摆动腿摆动的速度慢，使起跳蹬摆脱节，没有充分发挥摆动腿与起跳腿协调配合的积极作用，起跳方向不是向上而是向前。

以上是影响快速助跑起跳的主要原因。要想跑得快、跳得高、过得去，就必须设法解决这些问题，做到在快速助跑中起跳腿迈步出腿快而准，支撑有力，缓冲适度，蹬伸快速，摆腿快而协调，蹬摆结合紧密，幅度大，身体重心转变运动方向快。这样，才能有效地利用助跑速度提高起跳效果，从而获得更大的腾起初速度和合理的腾起角度。

对于青少年运动员而言，要抓好基本技术训练；对于有一定训练水平的运动员，则应明确不同训练年度或训练阶段要解决的主要技术问题，在技术训练中突出重点。跳高训练应从少年时期抓起，要力求速度与技术的相互适应，抓好快速助跑起跳衔接的技术，形成快速助跑、快速起跳的技术风格。青年时期要力求速度、力量与技术的协调发展，在保持快速助跑起跳的情况下，逐渐加大起跳幅度，抓好快速助跑起跳的技术和能力，尤其是助跑最后一步摆动腿加速蹬摆的技术能力和起跳腿快速着地支撑缓冲、蹬伸的技术和能力。成年时期要使速度、幅度、技术和个人特点相互结合，形成既有速度又有幅度的速度—幅度型技术，尽可能大地挖掘运动员的潜力，使运动员表现出最佳的个人技术特点，以获得最大的腾起初速度和合理的腾起角度，从而取得优异的运动成绩。

四、主导性身体素质训练的重点与方法

（一）主导性身体素质训练的重点

主导性身体素质是指对专项运动水平具有支配性作用的身体运动能力，包括专项速度、专项力量、专项弹跳、专项耐力、专项柔韧性与专项灵敏协调性等。专项力量是基础，专项速度力量是主导性身体素质训练的重点，而起跳专项速度力量又是专项速度力量训练中的重点，是速度、力量与起跳技术有机结合的一种特殊力量素质，也是获得更大腾起初速度的重要素质。

如何选择有效的专项素质训练方法和手段，是教练员要考虑的一个重要问题。跳高训练的核心是充分发挥和利用助跑速度来提高起跳效果，所以，提高起跳效果的重点，就是要在不断加快助跑速度的情况下，设法获得更大的起跳腾起初速度。明确了起跳专项速度力量的特征与要求，就能够选择合理的训练方法与手段。起跳的专项速度力量主要包括：摆动腿的快速支撑摆动力量、起跳腿的快速支撑蹬伸力量、起跳腿与摆动腿蹬摆配合的速度力量。具体表现为：①摆动腿快速支撑缓冲/蹬伸阶段，工作肌群退让，克制收缩的速度力量，摆动阶段的加速摆动、制动的能力；②起跳腿着地缓冲支撑阶段，工作肌群快速退让（离心）收缩能力；③起跳腿蹬伸阶段，工作肌群快速的克制（向心）收缩所表现出的瞬时爆发力；④起跳过程支撑阶段，工作肌群退让与克制工作的快速衔接转换的能力；⑤起跳腿摆动支撑与摆动腿支撑摆动及摆臂的协同用力能力。这五个方面是跳高起跳专项速度力量训练的重点。

（二）跳高主导性身体素质训练的方法

跳高的训练效果在很大程度上取决于训练手段的针对性和有效性。选择专项身体训练的手段和方法，要注意专项技术与能力的结合，既能改善专项技术又能够有效地提高专项身体素质水平的训练手段往往是效率最高的。

1. 专项速度训练的方法

跳高的专项速度包括助跑速度、起跳速度和过杆速度。发展助跑速度主要是提高在助跑距离内发挥最大速度的能力，同时又要与快速起跳紧密地结合起来；发展起跳速度在于充分利用助跑速度，加快起跳腿肌肉由退让转换为克制工作的速度，还要加快起跳腿的蹬伸速度和摆动腿臂的摆动速度。发展过杆速度在于及时形成杆上的背弓动作以及加快两腿上甩使身体离开横杆的速度。常用的训练手段有以下几种。

（1）助跑速度训练的要点。

在助跑速度训练中，要强调在正确的跑动技术的基础上，不断提高助跑的速度和节奏。助跑与起跳要紧密结合。

（2）助跑速度训练的方法。

①直线和弧线20~30米加速跑练习。

②利用胶带快速高抬腿练习。

③滑轮牵拉助跑训练。

④阻力伞助跑速度训练。

⑤全程助跑速度计时练习。

（3）助跑速度训练的要求和注意事项。

① 在直线和弧线跑时，要放松、加速、有节奏地进行快跑。

② 利用胶带的助力和阻力作用进行快速高抬腿练习时间一般为5~10秒。

③ 牵拉速度训练可在直线、弧线助跑中运用，牵拉用力的速度要由慢到快，防止速度过快而受伤。

④ 阻力伞速度训练可在直线、弧线或全程助跑中使用。

（4）起跳速度训练的要点。

在起跳速度训练中，要强调摆动腿快速支撑摆动和起跳腿快速支撑蹬伸的能力。注意提高两条腿的快速蹬摆配合的速度和能力。

（5）起跳速度的训练方法。

① 快速摆腿和摆臂练习。

② 胶带牵拉起跳腿出腿的练习。

③ 胶带牵拉提高摆腿速度的练习。

④ 利用斜板、斜坡或推力自上而下的快速助跑起跳练习。

（6）起跳速度训练的要求和注意事项。

① 快速摆腿、摆臂练习时，可将胶带牵拉与徒手练习交替使用，注意摆动的速度与幅度。

② 利用胶带拉力快速完成起跳腿的出腿支撑动作，要使肩、髋、膝、踝在同一个平面上。

③ 利用胶带拉力快速完成摆动腿的摆动动作，以加快摆腿速度。

④ 自上而下的快速助跑起跳练习中，要注起跳腿与摆动腿的蹬摆配合。

（7）过杆速度训练的要点。

过杆要快速依次完成仰头、倒肩、展体、挺髋、甩腿等动作。

（8）过杆速度训练的方法。

① 高台起跳快速过杆练习。

② 全程弧线助跑，快速起跳过杆练习。

③ 高台负重起跳过杆、落垫练习。

（9）过杆速度训练的要求和注意事项。

① 利用高台过杆练习，要强调仰头—倒肩—挺胸—展髋—甩小腿动作的速度与幅度。

② 全程助跑完整练习时，横杆高度不宜过高，重点体会快速过杆动作。

③ 负重高台过杆练习，可负重（如液体水衣等）进行，要注意头部位置在过杆中的作用。

2. 专项力量的训练方法

（1）训练要点。

发展跳高的专项力量，主要是提高起跳的专项力量水平，即提高摆动腿快速着地缓冲蹬伸的能力和摆动的力量；提高起跳腿快速着地缓冲的能力和蹬伸的力量；提高起跳腿、摆动腿、躯干、上肢的集中爆发力。

跳高专项力量训练要着重发展和提高专项肌肉的力量和收缩速度，尤其是完成起跳动作的速度力量。跳高专项力量的训练可分为负重练习、克服自重练习和对抗练习等。

（2）训练方法。

① 负重练习，通常采用杠铃负重半蹲、全蹲、坐蹲、卧推、抓举、挺举以及负重半蹲跳等手段（负重半蹲时双脚平行站立或前后站立）。

② “跳深”练习，不同高度和方式的跳深练习（单脚或双脚）。

③ 不同距离的单足跳和跨步跳练习。

④ 利用助力进行壶铃蹲跳练习（全蹲或半蹲）。

⑤ 利用助力进行“拉杆跳”练习（全蹲或半蹲）。

⑥ 利用“瑞士球”进行力量练习。

⑦ 跪仰挺髋起练习（徒手或持重）。

⑧ 跳深两步接起跳练习（不同高度或负重）。

（3）训练要求及注意事项。

① 利用杠铃进行负重练习时，负重量的大小应以不破坏技术动作的结构为原则。注意完成动作的速度，用力方式尽量与跳高技术的要求相一致。

② 进行“跳深”练习时，由低台向高台跳深，可以发展快速蹬伸的力量与幅度；由高台向低台跳深，可以发展退让与克制力量的转换速度。跳深的台高一般为20、40、60、80厘米，要循序渐进、注意安全。

③ 跨步跳练习一般采用3、5、10级，注意跨跳的速度与幅度。

④ 借助外力的壶铃蹲跳练习，向上蹬伸时助力方向向上，下落时助力方向向下，可发展下肢的力量及退让与克制的转换速度。全蹲跳可与半蹲跳结合进行。

⑤ “拉竿跳”练习时，借助外力的助力与阻力作用，可发展下肢肌肉退让与克制的收缩力量，提高退让与克制工作的转换速度。

⑥ 跪仰挺髋起练习时，可徒手或负重进行。

⑦ “跳深”两步接起跳练习时，注意摆动腿先落地，紧接着起跳腿上步起跳，两脚间距由近到远逐步进行。

3. 专项耐力的训练方法

在发展一般耐力的基础上，要重视发展跳高所需的专项耐力。通过大量的专项跳跃练习、强度不大的中短程助跑过杆练习、全程助跑的跳高练习、参加测试和比赛等，使运动员适应跳高比赛情况的变化，进而不断提高其专项耐力。

（1）在较短的时间内完成较多次数的跳高练习，如30分钟完成过杆30次（中等强度）。

（2）在较长时间内完成一定强度和次数的跳高练习，如150分钟完成过杆40次，包括中等强度和大强度。

（3）连续两天各完成一定强度和一定数量的过杆练习（类似及格赛与决赛）。

4. 专项柔韧性的训练方法

发展专项柔韧素质，提高跳高运动员的动作幅度。常用的训练方法有以下几种。

（1）各种牵拉性的练习。

（2）利用“PNF”方法，发展专项柔韧性的练习。

（3）利用“瑞士球”发展柔韧性的练习。

（4）利用器械发展柔韧性的练习。

5. 专项灵敏与协调性的训练方法

在专项灵敏与协调性训练时，要着重提高跳高运动员对动作结构和运动节奏变化的控制能力，提高对各种复杂环境的适应能力，常用的手段有以下几种。

（1）变化速度的各种练习。如快慢交替的变速跑，在一定距离的跑程中提出不同的速度要求等。

（2）变换方向的各种练习。听信号或看信号完成各种动作的练习，追逐跑游戏，球类活动等练习。

（3）变换节奏的各种练习。全程距离的节奏跑练习，快速大步跑转换成快频率跑的练习，听信号的节奏跑练习等。

（4）在不同的环境和条件下进行训练：经常在更新的环境中进行练习，模拟比赛环境进行练习等。

（三）跳高主导性身体素质训练中应注意的问题

1. 在确定训练方向时应注意的问题

（1）从助跑速度方面有所突破，因为加快助跑速度有利于获得更大的垂直速度和腾起初速度。

（2）跳高技术将朝着速度、力量、技术、个人特点完美结合的方向发展，其显著特征是使身体各部分发挥出更强的集中爆发力。

（3）建立科学的专项力量训练体系和选择有效的训练手段，提高运动员在快跑中跳得更高的能力。

2. 在选择和设计训练手段时应注意的问题

（1）处理好整体与环节的关系。在跳高训练过程中，缺乏正确的“环节—整体”观念，往往会出现重视起跳腿的训练，而忽视摆动腿的训练；重视起跳腿的蹬伸训练，而忽视起跳腿“前支撑”的缓冲能力的训练；重视起跳腿训练，忽视起跳腿与摆动腿的蹬摆配合训练；重视下肢力量训练，忽视躯干及上肢力量的训练；重视大肌群力量训练，而忽视小肌群和薄弱环节的力量训练等现象。这种只重视环节而忽视整体效应的做法是难以取得良好效果的。

（2）力量与速度紧密结合。在专项力量训练时要体现快速的特征，不仅要提高最大力量，而且要重视快速力量的发展；不仅要重视抗阻力的力量训练，而且要重视抗阻力与减阻力的转换训练。抗阻力的力量训练（杠铃负重、人工抗阻等），在保证技术动作正确的前提下要尽可能快地完成动作；在借助外力的减阻力力量练习时，如借助外力的“拉杆跳”练习，要特别强调下肢伸肌群由退让收缩（膝、髋关节屈曲）向克制收缩（膝、髋关节伸展）的转换速度。

（3）要体现力量的专项化特点。在力量训练时要考虑动作速度、动作幅度、动作结构、用力方向、肌肉工作方式，供能系统、神经肌肉系统和心理因素的专项适应性要求。专项力量训练只有与技术紧密结合，才能发挥力量训练的效果，才能使力量转化为专项运动的能力。如：在起跳专项力量训练时，要注意起跳腿单腿前支撑快速着地、缓冲、蹬伸的技术特点，传统大重量双腿垂直负重全蹲、负重坐蹲慢起等练习则不利于起跳专项力量的发展；传统的负重或拉胶带摆腿练习只注重了摆腿的力量发展，而忽略了摆动腿快速支撑蹬伸—摆动—制动的特点。

（4）将不同的训练内容（专项力量、弹跳、速度、技术等）根据不同训练阶段的具体任务组合起来进行循环练习，这种方法有利于全面、协调、渐进地提高专项素质和技术水平。如将壶铃半蹲跳（力量）、30米加速跑（速度）、助跑起跳摸高（技术）、负重背弓起跳（专门练习）组合起来进行循环练习。另外要注意由易到难的组合方式，如力量练习手段由壶铃蹲跳—负重半蹲（双腿—单腿支撑）—负重半蹲跳的逐渐过渡，弹跳练习手段由多级跳（徒手—负重）—跳栏架（由低到高）—拉杆跳（由徒手到负重）—跳深（由低到高）—斜板起跳（徒手到负重）的逐渐过渡等。

五、训练过程与控制

（一）训练的基本过程

图7-8直观地列出了跳高训练过程的基本结构。图7-9是跳高运动训练的基本流程，作为田径教练员和教师都应该掌握田径运动训练的基本结构，掌握训练实施的基本流程，并在此基础上不断完善与细化，以提高训练的针对性和科学化水平。

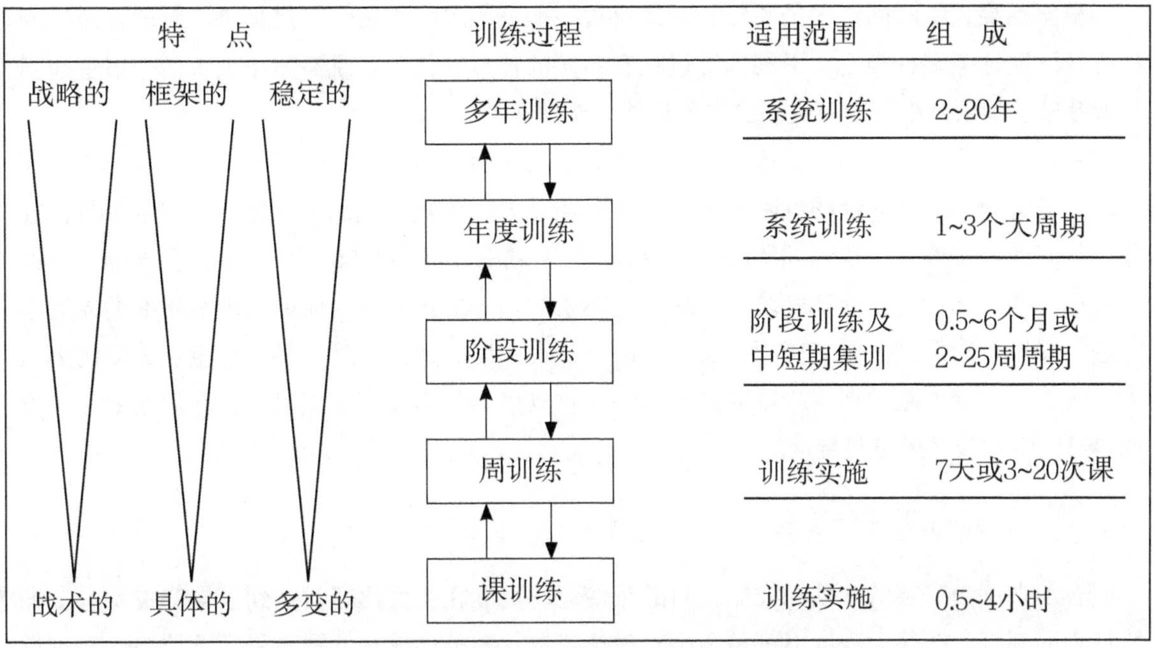

注：每个大周期包括一个准备期、一个比赛期及一个过渡期

图7-8 跳高训练过程的不同结构类型及其特点

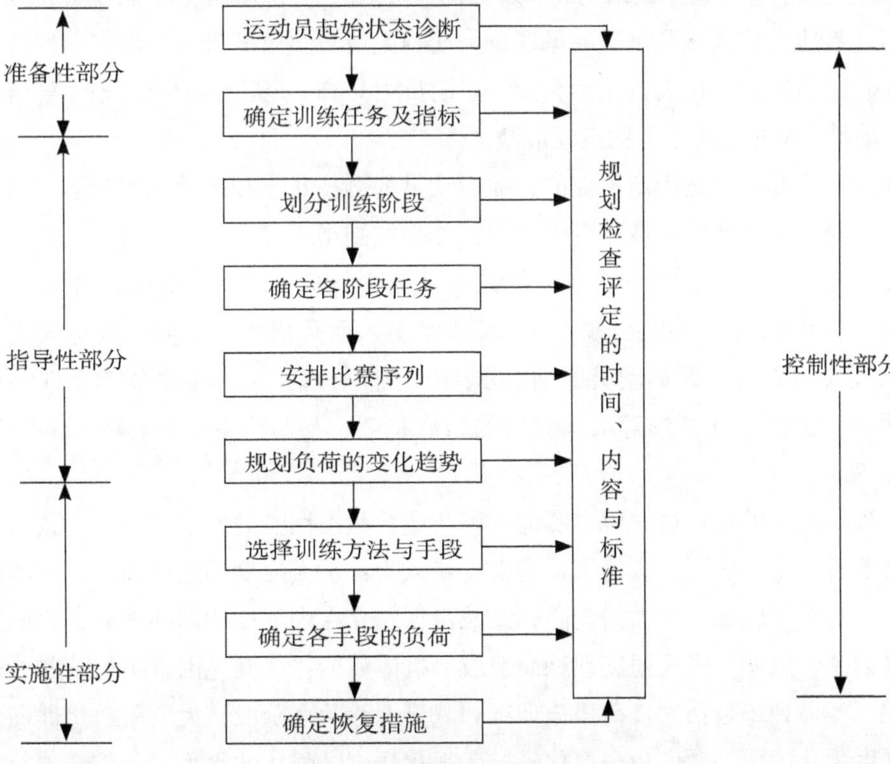

图7-9 跳高训练的实施流程

根据跳高训练时间跨度的长短，训练过程一般分为多年训练、年度训练、阶段训练、周训练及课训练等多种类型。不同训练过程有不同的特点和任务。跳高多年训练的全过程包括一般基础、专项基础、专项提高、专项最佳、专项保持等五个阶段。

在训练中，可以把训练阶段目标划分为若干具体独立而又彼此联系的训练任务，并根据训练任务选择具有针对性的练习手段。运动员通过多次重复完成练习，逐一实现各个具体任务，从而逐步接近直至达到训练的总体目标。在训练任务实现的整体过程中，参与的人员都需要达成共识和行动上的高度统一。跳高身体素质训练应按身体素质的发展敏感期的先后顺序进行安排，即柔韧—有氧能力、反应速度—最大速度、速度力量—最大力量、无氧耐力与力量耐力。在专项基础训练阶段的技术训练应重点培养基本技术的正确性，在后期要逐步形成自己的专项技术风格与特点。

（二）赛前训练与参赛

赛前训练与参赛的计划和控制，目的是使运动员能在主要比赛时达到最佳竞技状态。训练计划的制订，在很大程度上都是围绕着最佳竞技状态的形成、发展与科学调控规律而进行的。在赛前和比赛中所表现出来的运动状态则为竞技状态。竞技状态的表现有程度差异，分为最佳竞技状态、一般竞技状态、较差竞技状态和很差竞技状态四种。一般而言，最佳竞技状态的表现是达到上年度最高成绩的98%以上，其余依次为96.5%~98%、95%~96.5%和95%以下。这表明“最佳竞技状态”是运动员在重大比赛中所要追求的最高目标，而保持这一状态的时间，优秀运动员为7~10天，儿童和少年运动员则只有3~5天和5~7天。当比赛恰好处在此时段内，运动员才能创造出上佳的运动成绩。

一般而言，比赛时间是固定不变的，而运动员的竞技状态却是动态可变的，运动员状态调整好了，最佳竞技状态就能在比赛时出现，如果控制得不好，运动员最佳状态不是在大赛前的热身赛中过早出现，就是在大赛后出现，从而影响运动训练的时效。在大赛中，运动成绩的表现不仅依靠运动员的运动潜能和训练水平，而且依靠最佳竞技状态的适时调整。赛前训练的安排应着重考虑运动员的训练水平、个性心理特征、生物节律、训练负荷，训练的内容手段和方法，比赛的等级和竞争的激烈程度、与前次重大比赛的间隔时间，以及比赛的地点等。

对不同训练水平的运动员来说，赛前训练与竞技状态调控的基本规律是一致的，只是在具体安排时要有一定的区别。赛前训练的安排特点为：①大强度的强化训练，在赛前训练阶段的开始，应对机体施加一个大的刺激；②减量训练，在大强度的训练之后，立即安排中小强度的减量训练，以调节因大强度训练而造成的机体疲劳；③其他因素（如营养、恢复等）的科学调控。赛前训练包括大负荷强化训练和减量训练两个阶段。大负荷强化训练包括量强化阶段和强度强化阶段，顺序为先强化量、后强化强度。强化的水平应是前低、后高。减量训练阶段则以小量、中小强度进行训练，顺序是先减量、后减强度；大负荷强化训练阶段占赛前训练总时间的2/3左右，而减量训练则占1/3左右。

大赛前的运动负荷控制，要事先确定参加模拟比赛或热身赛的次数与时间，对训练内容与负荷要有要求，而且恢复措施到位。对专项技术强度高峰出现的时机要严格控制。模拟比赛或训练时，应尽量按比赛的方案进行，如准备活动、起跳高度、间隔时间、比赛条件模拟等。要考虑连续两天的比赛安排（及格赛与决赛）来进行完整技术训练。对跳高专项指标的检测，是教练员赛前掌握运动员机能状况的常用方法，如赛前10天左右检查30米跑、助跑摸高、力量、多级跳的成绩，测量与身体机能关系密切的生理生化指标等。要根据运动员的机能状况调整训练内容与负荷，以保证最佳竞技状态出现在比赛日。

参加比赛时要注意以下几方面。

（1）技术方面：不宜过大地改变技术，如临时改变助跑步点、起跳点、助跑节奏等。

（2）战术方面：根据自己的身体状况、对手情况和升高计划等，确定起跳的高度和免跳计划。通常，起跳高度以低于本人最好成绩20厘米左右为宜，在跳关键高度前，至少要有4~5次的试跳经历。要熟练掌握跳高竞赛规则和裁判方法，正确运用“免跳”，给对手造成精神压力或干扰对手的比赛节奏。

（3）心理方面：对运动员的比赛能力和水平要做切合实际的估计，对比赛的成绩有所预测。通常以超常发挥、正常发挥和失常发挥来评估比赛结果。要树立必胜的信心，争取超常发挥自己的水平。过大的心理负担和压力会影响比赛的正常发挥。

（4）物质方面：参赛时要准备好比赛的相关证件、服装、标志物、营养补剂等，还要准备好比赛用鞋，应至少准备两双合适的跳高鞋，并备有不同型号的鞋钉，以备不同场地之需。

（5）准备活动：准备活动与训练水平的发挥有直接的关系，周密的准备活动计划是比赛成功的重要保证。不同的准备活动时间、内容、强度都会对比赛产生不同的影响，跳高准备活动的内容、时间、负荷应随着比赛的节奏来安排，尽量使运动员在跳关键高度时，表现出最佳状态。

（三）高水平运动员的训练计划

训练计划是对未来训练过程预先做出的设计。它是根据田径运动训练过程的规律和专项特点，在对运动员起始状态的科学诊断和目标预测的基础上，结合训练条件、科研指导力量、医务监督水平及后勤保障能力而预先做出的理论设计，是运动员达到目标的基本保证。

多年训练计划的制订，一般以重大比赛，如奥运会、亚运会、全运会等四年周期为依据。多年训练计划是框架式或大纲式的，但年度的专项指标及素质指标应是明确的，训练任务和主要训练手段应是清楚的。

制订全年训练计划要考虑该年度在多年训练规划中的任务与作用，运动员上一年度完成训练计划的情况，本年度重要比赛的日程安排等。

阶段训练计划是由数周构成的，制订阶段训练计划时要注意训练内容、训练负荷、训练节奏等因素。

周训练计划是一个小周期的训练安排，要根据不同训练阶段的任务和运动员的具体情况来制订。

比赛周的训练安排因人因时因地而异，要区别对待，要从实际出发，从运动员的具体情况出发，包括体能与技能状况、神经兴奋状况、心理状况、训练比赛习惯等。

表7-1为蔡舒跳过2.29米的赛前10天的训练安排。

蔡舒，身高1.76米，在这次比赛中超常发挥了水平，跳过了2.29米（超过自己身高53厘米）。提高了运动成绩，他在赛前第四周完成大强度的过杆、力量、弹跳、速度等练习，然后逐步控制和减少所有练习的量和强度，赛前3~4天保持一般的轻微活动，养精蓄锐准备比赛。

表7-1　蔡舒跳过2.29米的蔡舒赛前10天的训练安排

日期	训练内容
第一天，6月10日星期四上午	从法国巴黎返回北京
第二天，6月11日星期五下午	（1）一般活动20分 （2）加速跑100米×4次星期
第三天，6月12日星期六下午	（1）准备活动20分 （2）抓举40千克×4次×5组 （3）翻杠铃60千克×2次，70千克×2，80千克×2次，90千克×1次 （4）半蹲120千克×8次，130千克×8次，140千克×6，150千克×8次 （5）半蹲跳 60千克×10次×4组 （6）立定跳远、立定三级跳远各5次（不量成绩） （7）跨步跳100米×2次
第四天，6月13日（星期天）	休 息
第五天，6月14日星期一下午	（1）加速跑100×4次 （2）立定跳远×5次（轻松跳）
第六天，6月15日星期二下午	（1）准备活动20分 （2）加速跑100米×4次 （3）全程过杆10次（强度2.05米）
第七天，6月16日星期三下午	（1）准备活动20分 （2）抓举40千克×4次×5组 （3）半蹲100千克×8次，120千克×8次，140千克×8次×2组 （4）半蹲跳 40千克×10次×2组 （5）立定跳远、立定三级跳远各5次（轻松跳） （6）跨步跳100米×2次
第八至第十天，6月17—19日三天	一般活动
第十一天，6月20日星期日下午	全国田径冠军赛2.29米

（苏斌　谢劲）

第八章
撑竿跳高训练

一、影响撑竿跳高运动成绩的关键因素

撑竿跳高的运动成绩从简略角度计算，由两个高度构成，即运动员的握竿高度和腾越高度。握竿高度指的是推离撑竿瞬间上手握点与地面之间的垂直距离，腾越高度指的是横杆与上手握点之间的垂直距离。（图8-1）

图8-1　撑竿跳高成绩构成图

布勒卡越过6.06米时的握竿高度为4.95米，腾越高度为1.11米（有材料披露布勒卡的握竿高度曾达5.08米）。伊辛巴耶娃以5.01米夺得赫尔辛基世锦赛冠军并破世界纪录时的握竿高度为4.37米，腾越高度为0.64米。男子运动员跳跃成绩与握竿高度、腾越高度匹配关系的参考数据，见表8-1。

表8-1　成绩与握竿高度、腾越高度等数据的组合（参考）

成绩	5.20米	5.40米	5.60米	5.80米	6.00米
握竿高度	4.50米	4.60米	4.65米	4.70~4.80米	4.85~4.95米
腾越高度	0.70米	0.80米	0.95米	1.00~1.10米	1.05~1.15米
撑竿硬度与体重之差	5千克	10千克	12.5~15千克	15~17.5千克	17.5~20千克

提高运动员的握竿高度和腾越高度，是撑竿跳高训练始终追求的中心目标，在具体的训练过程中，要对以下三个关键因素予以充分的重视。

（一）学习和掌握先进的运动技术

撑竿跳高是田径运动中技术最为复杂的项目，所以，技术训练在整个撑竿跳高训练体系中占据着举足轻重的地位，当然，身体能力决定着技术的质量。

任何运动技术都必须服从于一定的科学原理，视运动项目的不同，这些原理既有生物学方面的（如生物力学和生理学），也有其他学科领域的（如心理学、社会学及与器材有关的材料学等）。运动技术始终都处在发展与创新的动态变化之中，这种发展与创新往往基于人们对相关科学原理和项目特性的更加深入的认识，因此，要及时把握项目的发展动态，学习并掌握先进的运动技术，这对于技术含量相对较高的撑竿跳高运动而言，其意义尤为重要。

在布勃卡首次越过6.00米后的几个星期，他的教练彼得罗夫就在伯明翰欧洲教练员大会上提出了一种新的技术模式，即后来被国际撑竿跳高界广泛认可并推崇的“彼得罗夫/布勃卡技术模式”，这种技术模式充分考虑了玻璃钢撑竿的弯曲特性，始终把“人”和“竿”作为一个相互作用的整体来看待，要求运动员的动作不仅要有利于撑竿的向前运动和弯曲，同时还要最大限度地利用撑竿的反弹效能，从而提高运动员的握竿高度和腾越高度。在世界撑竿跳高运动员的顶级排行榜中，采用这一技术模式的杰出人物比比皆是，如嘎塔乌林（俄罗斯，6.02米）、塔拉索夫（俄罗斯，6.05米）、约翰逊（美国，5.98米）、马尔科夫（澳大利亚，6.05米）、基比利斯科（意大利，5.90米）、费尔法诺娃（俄罗斯，4.88米）、伊辛巴耶娃（俄罗斯，5.06米）等。

“彼得罗夫/布勃卡技术模式”的精髓概括起来有以下几点。

（1）在助跑中产生最大的可控速度。

（2）在上握点之下或之后起跳，起跳点绝不能超过上握手的垂直投影点。

（3）确保一个“充分跳起来”的起跳。

（4）在起跳时将撑竿充分推举至前上方。

（5）在起跳时不能有意识地弯曲撑竿。

（6）实施一个大幅度的鞭打式摆体，以促进人—竿系统的向前运动，同时向撑竿注入更多的能量。

（7）以特殊的倒体方法来有效地利用撑竿的反弹力量。

“彼得罗夫/布勃卡技术模式”的细节将在“优秀运动员的技术分析”部分中进行讨论。

无数优秀运动员的成功案例足以证明“彼得罗夫/布勃卡技术模式”并不是某个运动员的个人风格，而是更加合理和有效的技术动作形式，就连老牌撑竿跳高强国——美国，目前也在极力学习和推广。布勃卡在2002年慕尼黑欧洲锦标赛期间曾说过：“我的技术决定了我的成功，尽管许多运动员也有出色的身体条件和能力，但他们不能跳得更高的原因主要是技术的落后。”

先进的运动技术可以更好地发挥人体的机能和玻璃钢撑竿的优越性能，从而获得更好的运动效果，所以，学习并掌握像“彼得罗夫/布勃卡技术模式”这样先进的运动技术是撑竿跳高训练的核心环节之一。在学习的过程中，不要仅仅停留在模仿动作外形的层面上，要深入理解和领会其实质内涵，这样才有可能操作到位、贯彻始终。

（二）大力发展助跑速度

助跑时的移动速度（人体的跑进速度）对于撑竿跳高运动而言，有着十分重要的意义。

能量转换理论可以概括地说明助跑速度在人—竿系统运动中的基础作用，即人体在助跑阶段所获得的动能，通过起跳和摆体转化成了撑竿的弹性势能（表现为撑竿的弯曲），在撑竿反弹和过杆过程中，这一弹性势能又转化成了人体的重力势能和动能。由此不难看出，人体所能跳越的高度，在很大程度上取决于助跑时所获得的动能，而这一能量的大小，又与人体的助跑速度息息相关。

大量的研究表明，助跑速度与握竿高度呈现出高度的正相关关系，即跑得越快，就有可能握得越高。竿上的摆体动作，特别是“彼得罗夫/布勃卡技术模式”所强调的鞭打式摆体，要求悬垂后起跳腿加速地向前上方“抽打”摆动，这仅靠屈髋收腿的肌肉力量是远远不够的，它更多地是依赖于起跳悬垂过程中上体的快速前移，然后通过“振肩”的制动作用将上体的动量向下肢传递，最终产生鞭打效应，而起跳悬垂过程中上体的移动速度又主要取决于助跑的速度。布勃卡跳越6.05米时的助跑速度（距穴斗5~10米段落）为9.65米/秒，伊辛巴耶娃跳越5.01米时相同段落的助跑速度为8.31米/秒，我国运动员高淑英在跳越4.50米时的助跑速度为8.00米/秒。

可控制的助跑速度的提高首先依赖于平跑能力的发展，这是撑竿跳高体能训练的首要任务，布勃卡的100米成绩为10.20秒，60米成绩为6.30秒（均为手计时）。完善持竿助跑的技术，特别是降竿、举竿过程中节奏与跑姿的正确控制，也是提高助跑速度的重要途径。

（三）提高综合性运动技能水平

撑竿跳高竿上技术复杂，不仅有悬垂动作，也有支撑动作，不仅要围绕身体的横轴转动，也要围绕纵轴转动，特别关键的是，这一系列动作又都是在一根极富弹性的撑竿上进行的，所以，在时间和空间方面都对运动员技术动作的运行状况提出了更为精准的要求，即要“适时、到位、节奏合理”。撑竿跳高竿上动作的完成质量实质上取决于人体对复杂序列动作的掌控能力，这种能力对人体的神经—肌肉系统提出了很高的要求，并涵盖了几乎所有的运动素质（力量、动作速度、柔韧、灵敏），而这种能力的培养和发展仅靠专项技术训练又往往是不够的。所以，采用多种练习手段，提高人体的综合性运动技能水平是撑竿跳高训练的一项重要内容。

运动技能是人体按照一定的技术要求，完成某种动作的能力。综合性运动技能是人体完成多种多样运动性技术动作的能力，它的外延要大于某项特定的技术动作。传统条件反射学说的“迁移转化”理论和现代“运动机能记忆系统”的研究都表明，人体运动技能的储存越多，动作训练的经验越丰富，运动机能记忆的痕迹越深刻，就越容易掌握新的技术动作，尤其是性质相近的新动作。进行多种运动动作的学习与训练，提高人体的综合性运动技能水平，其目的是促进对撑竿跳高专项技术的掌控，所以，要尽量选择在动作形式、用力方式上与撑竿跳高专项技术环节相近的练习，这样，“转化”和“移植”的效果就会更加直接和明显。

大量的实践证明，竞技体操训练是提高撑竿跳高运动员综合性运动技能水平的有效捷径，特别是单杠、吊环和自由体操练习，甚至有人认为“体操技能”是撑竿跳高运动员的一项重要的专项能力。单杠和吊环练习中的摆振、翻转、屈伸、倒立动作与撑竿跳高竿上动作相近，自由体操练习中的各种手翻和空翻动作又能提高人体的空间感知觉能力。另外，撑竿跳高竿上动作的复杂性决定了参与工作的肌肉的多样性，而传统的力量练习手段又很难动员所需的全部肌肉参与工作，单杠和吊环练习实质上可以认为是一种以手为支点的克服自身体重的力量练习，它能够有效地发展撑竿跳高竿上动作所需要的全部力量，所以，长期大量的竞技体操训练对于掌控撑竿跳高竿上动作具有十分明显的作用。

二、优秀运动员技术分析

许多世界顶级运动员的成功，足以证明“彼得罗夫/布勒卡技术模式”的合理性和先进性，如前所述，这一技术模式已得到国际撑竿跳高界的广泛认可和推崇，所以，本部分将重点介绍和讨论“彼得罗夫/布勒卡技术模式”的特点以及有关的理论依据。布勒卡完整技术连续图见图8-2。伊辛巴耶娃完整技术连续图见图8-3。

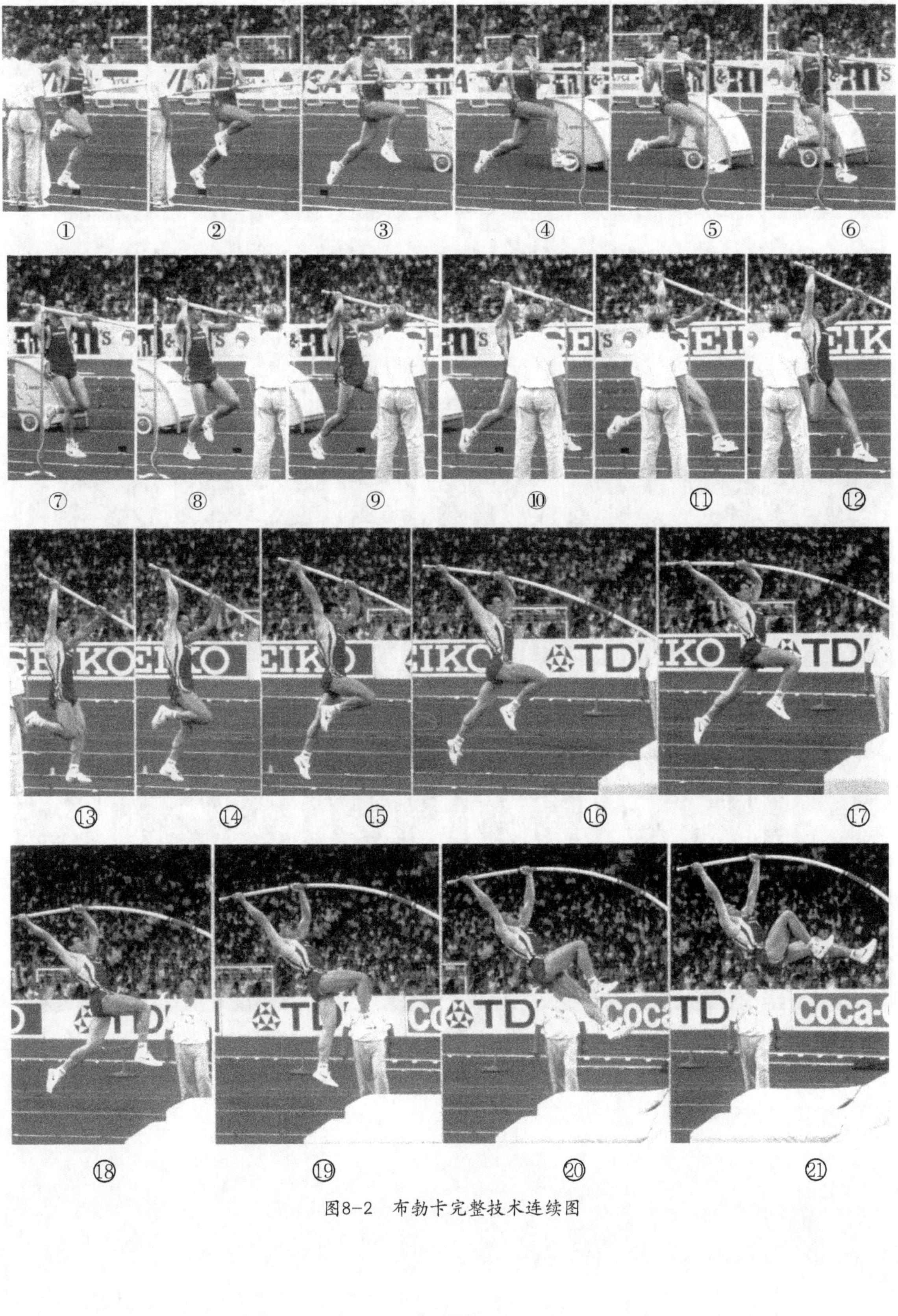

图8-2　布勃卡完整技术连续图

图8-2　布勃卡完整技术连续图（续）

图8-2　布勃卡完整技术连续图（续）
（摄于斯图加特世锦赛）

图8-3　伊辛巴耶娃完整技术连续图

图8-3　伊辛巴耶娃完整技术连续图（续）

（一）相对较窄的握距

图8-4　起动姿势

相对较窄的握距有利于插穴起跳时的双手高举，增大起跳时撑竿与地面的夹角，另外也能促进悬垂阶段躯干的深入和倒体阶段动作的充分。通常的情况是握距基本上与肩同宽。为了克服助跑时撑竿的前翻拉力，在助跑的开始阶段，撑竿与地面的夹角相对较大。（图8-4）

（二）积极的助跑结构

在助跑时获得最大的可控速度是决定撑竿跳高成绩的关键因素之一，所谓积极的助跑结构，就是在节奏、步态、身体姿势等方面都要有利于充分发挥人体的速度水平，并有利于插穴起跳动作的顺利进行。

布勃卡采用的是“14—6”的助跑形式，即前14步以逐渐增加步长的方法平稳加速，后6步以增加步频来加快节奏，从而保证助跑的整体加速性。

图8-5　助跑姿势

助跑步态的总体要求是膝部高抬、积极扒地（图8-5）。身体要保持略前倾或正直的姿势，这在助跑的后程会显得愈加重要（图8-2①~④），因为助跑的倒数第6步开始降竿，随着撑竿前翻拉力的增加，人体极易后仰。“彼得罗夫/布勃卡技术模式”此时要求运动员“追”着撑竿跑进（把前翻拉力部分地转为牵引力来利用），在“追”着撑竿跑时，为了防止身体前翻，必须高抬大腿、加快步频，这种步态和节奏不仅可以更好地发挥速度，同时也有利于顺利地进入举竿。

（三）及时到位的举竿插穴（准备起跳）

举竿插穴是撑竿跳高技术中的准备起跳阶段，虽然这一阶段是助跑的最后两步，但技术动作已完全不同于持竿助步技术。这两步技术正确与否，直接影响之后的起跳技术动作，因此，应该给予特别的关注。

在助跑的倒数第二步开始进行举竿插穴，这一时间的控制是十分重要的，举竿过早会破坏助跑结构，影响助跑速度，过晚则局促，易导致动作不到位。举竿采用双手直接的“翻举”技术，要求倒数第二步结束时（以右手为上握手，即右脚着地时），右手翻至肩上部，左手高于左肘关节位于胸前，最后一步起跳脚着地时，两手臂尽量上举，右上臂位于右耳侧（在插穴起跳过程中，上手的运动轨迹应是不间断地指向上前方）。这种举竿动作的路线相对较短，所以简单和经济，在完成动作的时间上显得从容，举竿易及时到位。

在整个举竿插穴的过程中，左手始终不能低于左肘的高度（图8-2③~⑫），左臂是一个向上的翻举动作（尤其要防止左手向穴斗的前伸），这样再加上右手臂的充分上举，就可以加大起跳时撑竿与地面的夹角，这一角度的增大对于竖竿是十分有利的。

举竿插穴过程中手臂的动作要积极主动，甚至有“引领”的意味，在1994年美国撑竿跳高峰会上，彼得罗夫阐述了他的重要观点：最后一步“手臂的动作要领先于脚的运动”。

最后两步跑得要积极，步点准确，有积极冲向撑竿的意识，用速度去“攻击”撑竿，在起跳时才能获得更大的动力。

（四）自由起跳

自由起跳，也称“先行起跳”或“预跳”，是“彼得罗夫/布勒卡技术模式”的重要组成部分，也是撑竿跳高历史中最具有标志性的技术变革之一。自由起跳的动作技术要点有：①运动员的起跳点严格控制在上手握点的垂线下方或后方（跑进方向为前方）；②当起跳腿的蹬伸动作即将完成时，竿头才真正触及穴斗后壁（撑竿时才开始弯曲）；③在起跳过程中，撑竿没有大的弯曲。在自由起跳时，运动员的整体感觉就好像是跳上撑竿一样。

《美国跳跃全书》一书认为：“假如我们从苏联的教练员和运动员方面能获悉一些东西的话，那就是起跳点对于撑竿跳高来讲是十分关键的。”“自由起跳要求起跳脚蹬至脚尖时撑竿才触及穴斗后壁，即这时撑竿才开始弯曲，此时两手应上举到最高点。自由起跳会造成一个快速、自由和无间断的起跳，运动员应该是随着撑竿在运动，而不是与其相抵抗。”“所谓的‘钻入竿下’起跳，则是起跳脚还平放在地面时，撑竿就已经弯曲。”（图8-6）

在插穴起跳过程中，当穴斗抵住撑竿后，撑竿对于人体的向前运动实际上是一种约束（抵制），这种约束的结果迫使撑竿产生弯曲。起跳点越近，约束就越大，随之撑竿也愈加弯曲。

然而，在起跳时过多的弯竿对于人—竿系统的后续运动是不利的，原因在于起跳时靠身体的逼压而产生的大幅度弯竿，必然会使人体损失大量的动能（人体速度），结果是起跳和悬垂的速度都会减慢，从而影响到摆体阶段的鞭打效果，即鞭打无力。由此可见，在起跳过程中人体本身无约束状态的快速运动是至关重要的，而这就需要有一个相对“自由”的运动空间，当然，由于插穴撑竿受抵穴的影响，要想在整个起跳过程中人体完全“自由”是不可能的，所以，自由起跳是一个相对概念，其含义是：在起跳的前半阶段，撑竿并未抵及穴斗后壁，这样人体就获得了一个脱离撑竿约束的“自由”瞬间（而这一“自由”瞬间的形成，又是以“合适的起跳点”为前提的，如果起跳点近于上手投影点，撑竿必然会过早抵及穴斗后壁，造成先弯竿后起跳的“非自由起跳”状态）。布勃卡曾说过：“自由起跳可能只是一个百分之几秒的瞬间，但这一短暂瞬间会对跳跃结果产生巨大的影响。”

自由起跳
（蹬伸后期撑竿才抵穴并开始轻微弯曲）

“钻入竿下”起跳
（触地缓冲时撑竿已有明显弯曲）

图8-6　自由起跳与“钻入竿下”起跳的比较

自由起跳的目的是尽可能地保持起跳过程中人体的运动速度，从而为悬垂摆体积累更多的动量，另外，“自由”状态也有利于充分举竿，这样就可以加大撑竿与地面的夹角，促进撑竿的向前运动。自由起跳技术的核心，实质上是起跳时机相对提前，即撑竿未获得最终支撑时起跳的蹬伸动作就已经开始，这样在一个瞬间内人体就摆脱了撑竿的约束，产生了所谓的“自由”状态。而采用“钻入竿下，逼压撑竿”起跳技术的运动员，往往起跳点较近，所以，尽管主观上希望人体向前，但撑竿在很大程度上限制了人体的向前运动（尤其在竿子较硬时），结果迫使运动员以速度的损失来错误换取过早弯竿。观察和判定是否自由起跳的标志主要有以下两条：一是起跳点，自由起跳的起跳点在上手握点的垂线下方或后方；二是撑竿的弯曲度，在“自由起跳”起跳过程中，撑竿没有大的弯曲。

在田径跳跃项目中，起跳时水平速度的损失主要是由踏跳脚触地时支撑反作用力的逆向作用造成的（起跳点越近，其制动就越大，从这一意义而言，也可以认为自由起跳对起跳点的要求是减少起跳制动的重要措施），撑竿跳高除了具有这种共性外，插穴时撑竿对于人体向前运动的约束是造成水平速度损失的另一原因，因为穴斗抵住撑竿后，人体向前的运动就会变得十分困难，尽管撑竿弯曲可以有限地允许身体向前运动，但这是以损失大量水平速度为代价的。由此可见，撑竿跳高的起跳具有“双重制动”的特性。近年来，撑竿跳高技术愈加重视起跳过程中人体的运动速度，而非撑竿的弯曲，因为撑竿跳高起跳后人体并未腾空，而是由地面运动转入到竿上运动，竿上运动的速度又取决于助跑起跳时所获得的速度，所以，撑竿跳高起跳的要务之一就是设法减少起跳过程中人体水平速度的损失，从而为竿上动作的顺利完成奠定基础。实践证明，“彼得罗夫/布勒卡技术模式”中的自由起跳充分体现了这一要义。

起跳点合适的自由起跳，为身体的充分伸展提供了空间。自由起跳要求助跑的最后一步相对较短，起跳腿应积极快速地进行踏跳，上手臂充分伸直，下手臂的用力方向基本向上（肩肘关节均大于90度），起跳腿的缓冲不宜过大，蹬伸动作要积极充分（应蹬至脚尖，蹬伸结束时，脚尖的方向如果不是指向地面，而是指向穴斗，则说明蹬伸不够充分），摆动腿屈膝前摆（布勒卡、伊辛巴耶娃的摆动腿折叠得很紧，这将有利于向撑竿的“进攻”，在起跳的蹬伸阶段躯干要注意伸展，其中胸部向前上方的积极运动十分重要，这为竿上的后续动作奠定了良好的基础。

由于在起跳的前半阶段撑竿尚未抵及穴斗的后壁，所以人体常有一种无支撑的感觉（似乎跳空的感觉），这就对运动员的起跳能力提出了更高的要求，同时注意上手及肩要有一个向上坚挺的用力过程。撑竿跳高起跳时，除了双手的特殊要求，其下肢动作与跳远很相近，所以普遍认为跳远是撑竿跳高运动的专门练习之一。

（五）进攻性悬垂

悬垂阶段是自起跳脚离地起到身体最大背弓止（图8-2⑯⑰）。悬垂实质上是起跳的延续，要求人体离地后，利用助跑起跳所获得的速度使躯干继续快速前移，深入竿下并把起跳腿保留在体后，使身体形成最大背弓。这种要求具有两方面的意义：一是使人体保持较低的重心向前运动，有利于竖竿；二是充分并快速拉长体前肌群，为摆体创造有利的肌肉工作条件。

悬垂时下手的位置很重要，要求继续向上用力（肩关节角度增大），这样才可能留出空间让躯干前移，如果下手较低，则顶住了上体的运动，加上起跳所产生的下肢前摆的角动量，人体就极易过早向前甩出。

“彼得罗夫/布勒卡技术模式”要求悬垂具有进攻性。进攻性悬垂主要取决于快速的助跑和起跳速度，以及良好的起跳姿势，而这些条件又与自由起跳的精神相互吻合（图8-7）。

悬垂是起跳与摆体之间不可忽视的联系环节，它既是起跳的延续，又是摆体的必要前奏。

图8-7　进攻性悬垂

（六）鞭打式摆体

摆体在现代撑竿跳高技术中具有举足轻重的作用，其运动时相是从悬垂结束（身体最大背弓）起，到起跳腿上举髋角最小时止（图8-2⑦~⑭）。摆体动作完成的质量将直接影响人—竿系统的两个转动（人竿转和人摆）的效果，继而影响到运动员的握竿高度和腾越高度，所以，近年来摆体技术逐渐引起了人们的重视。

首先，在摆体阶段撑竿的弯曲量增加最多（约占总弯曲量的70.1%），这就有效地缩短了"人竿转"的半径，1992年巴塞罗那奥运会前六名运动员的握竿高度平均为5.06米，其最大弯竿量平均为1.54米。其次，人体能够有效地利用撑竿所释放的弹性力量的前提条件之一，是在伸展前身体处于良好的相对位置（理想状态是臀部略高于肩部），且这一体位的形成时机越靠近撑竿最大弯曲时越好，而这又取决于摆体的速度。由此可见，摆体的任务是在加大弯竿力量（使撑竿弯曲的力量）的同时，使身体适时地达到良好的位置。

大量分析表明，摆体时所产生的离心作用是撑竿弯曲的主要动力来源，要增加弯竿力量，就必须设法加大转动半径和提高角速度。然而转动半径和角速度之间，通常存在着负变关系，为转化这一矛盾，可以在不过多缩短转动半径的情况下增加角速度（动作外观表现为幅度增大且速度加快），这就成为摆体动作改良的理论基础。

"彼得罗夫/布勃卡技术模式"强调在摆体的第一部分（悬垂结束到躯干摆至与竿弦吻合时，图8-2⑦~⑪）呈现出鞭打用力的特征，即在悬垂结束时振肩制动，这样躯干的动量就会向下传递，同时起跳腿以较直的状态做"兜扫"式的摆动（像用起跳脚背抽射足球一样），其发力点应是起跳脚（起跳脚形成鞭梢效应）。如果单从动作外形来观察，这种摆体方式要求在整个鞭打过程中起跳腿的膝关节没有明显的曲度，布勃卡、伊辛巴耶娃都是这种技术的出色表现者。

鞭打式摆体能够使身体以较长的半径快速转动。鞭打用力的力学原理是：当一个链状物运动时，质量大的一端先做加速运动，在制动过程中其动量向游离端传递，从而使末梢部分产生极大的运动速度。由此可见，摆体前的悬垂阶段躯干具有较大的运动速度，这是有利于鞭打动作效果的，而这一速度又直接取决于助跑和起跳过程中人体所获得的速度，同时，悬垂时身体还要保持良好的反弓姿势（为鞭打用力提供预拉长的肌肉工作条件），这一姿势的形成也取决于起跳速度和良好的起跳姿势。由此逻辑关系反推可见：助跑和插穴起跳具有基础性的作用，充分发挥和保持人体的运动速度是助跑与插穴起跳阶段的技术关键，也是自由起跳的精髓所在。澳大利亚专家认为，鞭打时起跳腿比身体其他部分的运动都要快，如果教练员和运动员都清楚地理解起跳腿鞭打的重要性，那么，他们就再也不会采用“钻入竿下”的起跳方式了，而是要坚持“自由起跳”，从而保证起跳腿的鞭打。《美国跳跃全书》也认为：“起跳方法决定了摆体技术的类型。”

摆体的第二部分即人体的倒体团身（图8-2㉓~㉕）。长期以来一直有一种观点，认为这一阶段的技术动作是屈膝团身，“彼得罗夫/布勃卡技术模式”对此做出了重要的修正。彼得罗夫认为这一阶段运动员不要过分弯曲膝关节和髋关节，因为良好的弹射前姿势是臀部高于肩部，这样才可能更好地利用撑竿的反弹力，如果过分地屈膝和屈髋，就极有可能造成臀部下垂（图8-8）。“彼得罗夫/布勃卡技术模式”强调此阶段的动作要领是倒体团身，即在倒肩的同时两脚（而不是两膝）向上体靠紧，整个身体就像“裹住撑竿（cover the pole）”一样（图8-9），两腿的膝关节没有过大的弯曲。倒体团身和屈膝团身的区别在于前者更容易形成良好的弹射前姿势。此阶段人体和撑竿之间的关系，可以形容为撑竿是“弓”，人体是“箭”，在“弓”反弹之前，“箭”就要瞄准目标。倒体团身时注意不要仰头。

图8-8 臀部下垂

图8-9 裹住撑竿

（七）完整充分的伸展和倒立

玻璃钢撑竿在大幅度弯曲后立即开始快速反弹，其反弹幅度与最大弯竿量直接有关。在撑竿反弹的同时，人体也要由折体团身状态逐步伸展成直臂倒悬垂状态。伸展阶段是人体利用撑竿弹性力量的主要阶段，其效果将直接影响到运动员的腾越高度。

使用玻璃钢撑竿以来，运动员的腾越高度得到了大幅度的提升，优秀运动员的腾越高度能达1.10米甚至更多。玻璃钢撑竿的优越性能之一是可以产生巨大的弹性力量，所以，长期以来普遍认为是这种弹性力量促使运动员在推离竿后获得了较大的腾飞，从而使整个腾越高度得以增加，但事实却不然。有关文献报道，我国两名国际运动健将离竿后的平均腾飞高度值只有0.06米。包括塔拉索夫（俄罗斯运动员，最好成绩6.05米）在内的三名世界级运动员的平均腾飞高度也不过为0.11米，均仅占整个腾越高度的10%左右，这说明即使是使用玻璃钢撑竿，运动员的腾越高度仍主要依赖身体的姿势，即在“伸展—推竿”过程中身体的倒置状况。

良好的技术表现是运动员在推离撑竿瞬间形成比较竖直的单臂倒立姿势。撑竿跳高运动过程长，动作复杂多样，推竿已接近整个技术动作链的末端，所以，要想获得充分的单臂倒立姿势，除了良好的助跑起跳和摆体动作的积极支持和铺垫外，伸展阶段也有其特殊的技术要求。

要想在推离撑竿瞬间形成良好的倒立状态，就必须在伸展阶段充分完成倒体动作，即身体完整地伸展，在这一阶段结束时呈现“倒悬垂”的姿势（图8-2㉙），“彼得罗夫/布勃卡技术模式”将这一运动过程形象地描述为“L姿势”向“I姿势”的转换。伸展方向是保证这种转换的首要因素，人体开始时只有向后上方伸展，才能逐步获得向上的合理运动方向，即身体才有可能充分倒“直”，国外文献已把这种向后上方的伸展动作简要地概括为“后卷/伸展”。

“L姿势”向“I姿势”的姿势转换应该在撑竿完全弹直前完成，否则就会破坏整个动作的节奏，以至无法适时合理地进行推竿/过杆，这就要求在伸展阶段运动员具有足够的工作距离。玻璃钢撑竿弯曲大，反弹过程长，给运动员提供了更长的伸展时间和更大的伸展空间（玻璃钢撑竿跳高技术的伸展阶段约占“起跳—过杆”时间的30%~35%，这是与金属撑竿的区别之一），所以要利用玻璃钢撑竿的这一特点，在伸展阶段充分展体，以创造完整的倒悬垂。另外，撑竿最大弯曲时身体所呈现的弹射初始状态是决定伸展距离的基本因素之一，如果身体的伸展滞后于撑竿的反弹（撑竿已反弹，人体却在继续团身，尚未伸展），伸展动作就必然短暂仓促，从而将直接影响“L姿势”向“I姿势”的完整转换。

形成倒悬垂后，顺利地将身体上移至倒立状态，是撑竿跳高技术中的一个难点，因为此时运动形式变化复杂（不仅向上运动，同时还要绕纵轴进行转体），所以运动员极易向前方伸转，从而破坏倒体状态，使腾越高度受到严重的影响。

撑竿跳高的竿上动作要经过从倒悬垂到倒立支撑的转换，即整个身体必须完全转移到握点之上。以前使用金属撑竿时，这一向上的转换过程主要是靠双臂的拉引来完成的，为了避免拉引时下手臂对倒肩的影响，金属竿撑竿跳高技术在插穴起跳时采用了下手向上手靠拢的“滑手”动作（图8-10）。使用玻璃钢撑竿则不然，因为两手之间有一定宽度的握距是弯竿的必要条件，所以就不能采用“滑手”技术，如果在这种情况下继续强调拉引，下手的拉引用力以及两手间的宽握距就必然会影响身体在上移和转体过程中的后倒程度，即容易“提肩”。玻璃钢撑竿的反弹力量绝不逊于手臂的拉引力量，所以现代撑竿跳高技术最明显的变化就是不要求下手做刻意的拉引，取而代之的是下手臂弯曲贴紧撑竿，以保证“倒体”的充分实现。在这一过程中，运动员主要注意控制身体的运动方向（向上），尽量使身体以较为竖直的状态完成从“倒悬垂”到“倒立支撑”的转换，以求获得大的腾越高度。由此可见，现代撑竿跳高技术伸展转体时身体向上运动的主要动力来源是玻璃钢撑竿的反弹力量，即撑竿的反弹力足以保证在下手臂不刻意拉引的情况下身体仍能持续地向上运动（撑竿的弹性势能转换成了人体的重力势能和动能），而这种反弹力量也为下手臂运动方式的改变提供了可能性（下手臂从“拉引”变成“贴竿”）。金属竿技术采用“滑手”动作，但强力拉引会影响身体的充分后倒，而玻璃钢撑竿跳高技术在伸展转体时下手臂的“贴竿”则巧妙地利用了撑竿的反弹力量，从而保证了“倒悬垂”和“倒立”姿势的良好实现，所以使用玻璃钢撑竿以后，运动员的腾越高度得到了大幅度的提高。

由于玻璃钢撑竿跳高技术是从金属竿技术中蜕变出来的，所以很多人在使用玻璃钢撑竿时下手臂仍然遗留着大量的“拉引”痕迹。近年来，国外对“拉引”问题的认识逐渐清晰，认为拉引动作不能过早，否则人体极易伸向横杆。就此看来，拉引的用力形式应主要表现在上手臂，即一定要在身体充分“后倒”的基础上，上手臂再进行拉引，此时下手臂主要表现为贴竿，以控制身体并辅助上手臂的动作（图8-11）。

图8-10　金属竿撑竿跳高技术

带有明显的拉引痕迹　　　　优秀的现代技术

图8-11　伸展阶段不同技术动作比较图

“彼得罗夫/布勃卡技术模式”特别强调转体（绕纵轴）时机的提前，即在伸展完成2/3时就要开始转体（图8-2㉘㉙），直观上几乎看不到后背正对横杆的现象。否则，如果在伸展完成后再转体，就等于在直竿进行，这样身体很容易向横杆前伸。转体时左腿应像一根柱子，身体要围绕其旋转。

（八）积极有力的推竿

在推竿过程中，两腿不要过早下放，要积极有力地向下推展上手臂的肩、肘关节，这样不仅可以增加向上的力量，同时完全伸展的单臂倒立支撑姿势也有助于增加腾越高度。

三、专项技术训练的重点与方法

专项技术训练的目的是使运动员掌握先进的撑竿跳高技术，并不断改善身体姿势、动作轨迹、动作力度和节奏等要素的质量，从而更大限度地发挥出运动员的体能水平和玻璃钢撑竿的优越性能。

本部分从两个维度来讨论撑竿跳高的专项技术训练。

（1）教练员和运动员必须正确和全面地理解先进的技术模式，其中教练员的理解又具有引领性的先导作用。所谓“正确和全面地理解”，就是要运用生物力学、生理学及与器材有关的材料学原理，结合撑竿跳高的项目特性去分析和领会先进技术模式的形成依据与目的，而不是简单地模仿优秀运动员的技术动作；就是要从“技术动作链”的视角出发，有逻辑地思考各个动作的作用和与之相关的影响因素，而不是孤立地或割裂地来看待局部技术。只有全面和正确地理解了先进的技术模式，才可能在训练实践中具有明确的目的性和针对性，才可能将先进的技术模式具体落实到操作的各个环节中，从而做到手段恰当、要求到位、贯彻始终。

国外文献曾这样要求撑竿跳高教练员：① 理解技术变化与发展的新异点；② 理解技术模式与运动员个人风格的不同；③ 保证练习手段紧密地服从于先进的技术模式；④ 体操手段的采用要与撑竿跳高技术相联系，并使之顺利过渡和转化；⑤ 理解身体素质与技术之间的重要关系。

（2）如果说对先进技术模式的理解是认识层面的，那么，使运动员尽快地掌握并不断完善之，就涉及撑竿跳高专项技术训练的另一个重要内容，即训练手段的选择与采用。在撑竿跳高技术训练手段的选择与使用过程中，应注意贯彻以下三个原则。

实效性：训练手段要能够直接促进正确技术的掌握与完善，这就要求深入理解撑竿跳高先进技术模式的内涵和精髓，尽量选择那些在内部机制（生物力学原理、神经肌肉工作原理）和外部形态（身体姿势、动作轨迹和节奏）上与先进技术相吻合或相接近的练习手段。

目的性：明确某一练习手段的使用意图并严格要求之。在训练实践中，许多练习手段都具有多重功效，要求不同，运动员的关注点就会不同，其效果也会迥异。

创新性：撑竿跳高技术环节多、动作复杂，因而所采用的手段数量也相对较多。除已被广泛使用的手段外，作为一个成功的或者是有经验的教练员，还要善于根据专项需要创造一些新的练习手段，这在撑竿跳高的历史上多有范例。

（一）持竿助跑阶段的技术重点与基本练习方法

在助跑后程降竿时，撑竿的前翻拉力随之加大，前翻拉力取决于撑竿的重力矩，所以，握点越高这种拉力越大。这种前翻拉力是不可避免的，因而在降竿时运动员极易以身体后仰去维持平衡，这种后仰的身体姿势对于助跑的速度、节奏以及起跳均是有害的，所以，后程技术是持竿助跑阶段的重点和难点。现代撑竿跳高技术强调降竿时上手尽量不要后移，随着前翻拉力的增加，运动员要力争保持正直的上体姿势，其感觉就像“追”着撑竿跑一样，这样不仅有利于保持助跑速度，而且有利于举竿。助跑后程要高抬大腿，速度的保持与增加主要依靠加快步频。

基本练习方法有以下几种。

（1）持竿小步跑、高抬腿跑：撑竿倾角约60度，可连接降竿举竿。

（2）持杠铃片跑：双手持杠铃片（负重10~20千克）于胸前20~30厘米，上体保持正直，高重心跑进，距离40~50米；也可采用持杠铃杆跑。

（3）持竿加速跑：40~60米。撑竿降至水平时保持10米左右，要求身体正直，加快步频。

（4）模拟持竿助跑：在跑道上模拟全程助跑，所有技术要求均与试跳一致。

（5）持竿节奏跑：安置海绵块等标志物以固定步长，主要用于加快步频或改善节奏。

（二）插穴起跳阶段的技术重点与基本练习方法

举竿插穴技术应重点要求及时到位。在助跑的倒数第二步开始进行举竿，过早会破坏助跑结构，过晚则时间局促。所谓“到位”是踏上起跳点时右上臂至少位于右耳侧。在整个举竿插穴的过程中，身体要保持正直或略前倾，左手始终不能低于左肘的高度。起跳要充分体现“自由起跳”的特征，起跳点严格控制在上握点的垂线下方或稍靠后（分解练习、辅助练习时都要注意这一点，以养成习惯），尽量向上举竿以加大撑竿与地面的夹角，起跳腿充分蹬伸，摆动腿屈膝前上摆，只有当起跳腿蹬伸时竿头才能触及穴斗底端（撑竿这时才弯曲），运动员的主观感觉就好像是跳上撑竿一样，在起跳过程中撑竿不呈现大的弯曲。

基本练习方法有以下几种。

（1）原地、走动或慢跑中做降竿举竿动作。

（2）1步或3步助跑的跳远连续起跳练习。

（3）直竿沙坑插竿起跳练习：6~8步助跑，强调先起跳，而后把竿头插入沙坑中完成上竿悬垂。

（4）随意助跑插穴起跳：助跑距离不固定，随意助跑后通过目测调整步子进行插穴起跳，重点控制起跳点的准确性。

（5）不同助跑段落的插穴起跳：4~6步的直竿起跳。短程、中程或全程助跑的弯竿起跳。

（三）悬垂摆体阶段的技术重点与基本练习方法

在悬垂时要注意“滞留”起跳腿，以形成较大的身体背弓。在摆体的第一部分要体现出鞭打用力的特征，即起跳腿以较直的状态做“兜扫”式的摆动，摆体的第二部分要同时强调倒肩与收腿，不能单纯地屈膝团身。

基本练习方法有以下几种。

（1）吊环、单杠摆体：在这些器械上做摆体动作，注意先拉长身体再做腿部的鞭打，前摆时起跳腿要尽量保持较直的状态。

（2）沙坑直竿起跳摆体：6步助跑先跳后插，然后向前摆体，双脚落在尽可能远的地方。

（3）短中程助跑弯竿起跳接摆体。

（4）短程助跑跳上吊绳接摆体。

（5）肋木举腿上展：练习者背向悬挂于肋木上，举腿上展。

（四）伸展转体阶段的技术重点与基本练习方法

由于撑竿的反弹方向不仅向上，同时也向前，所以在伸展的开始部分，双腿应向后上方伸出，这样，才能保证人体有一个向上的合力向，为了保持这一合力向，向后压肩、双手用力控制身体以及臀部向上握点靠拢等动作就显得相当重要。伸展后程，下手臂屈肘，以至前臂贴紧撑竿，要避免过早拉引，否则会破坏倒体（尤其是倒肩）动作。在伸展完成2/3时就要开始绕纵轴转体。这一阶段从动作外形上要能明显看到“L姿势”向“I姿势”的完整转换。

基本练习方法有以下几种。

（1）利用器械（如撑竿）做伸展转体的模仿练习。

（2）橡皮绳弹伸练习：两手握绳屈体倒置，借重力下拉橡皮绳，然后利用反弹向上伸展，注意屈伸动作要与橡皮绳的弹性运动相协调。

（3）短中程助跑过杆练习。

（4）全程助跑脚触高物练习：把海绵块升到高出本人最好成绩30厘米以上，做完整技术跳跃，双脚尽量向上触及海绵块。此练习应注意强调起跳、悬垂摆体的基础作用。

四、主导性身体素质训练的重点与方法

身体素质是指机体在活动时所表现出来的各种基本运动能力，通常包括力量、速度、耐力、柔韧和灵敏等。所谓主导性身体素质，就是指对专项运动水平具有支配性作用的身体运动能力。

撑竿跳高运动的主导性身体素质一般包括快速力量、移动速度、协调能力。

（一）快速力量

撑竿跳高要求运动员具有良好的全身快速力量水平，这种力量不仅有助于移动速度（跑速）和起跳能力的提升，同时对竿上动作的质量也有着积极的促进作用。撑竿跳高运动员的快速力量形式主要表现为爆发力，即在最短的时间内发挥出最大的力量。爆发力是速度和力量有机结合的一种特殊力量素质，具有速度和力量的综合特征。在负重进行爆发力训练时，要注意负重量与速度之间的关系。负重量过大必然会影响动作的完成速度，负重过小又难以对力量的发展形成必要的刺激，所以，一般多采用本人最大力量的40%~70%的强度，在此范围内强调动作的完成速度，通常练习3~6组，每组重复5~10次，组间的间歇时间要充分，但过长会引起中枢神经系统兴奋性的下降，一般以2~3分钟为宜。

撑竿跳高发展爆发力的训练形式分为负重练习和克服自重练习两种。

1. 负重练习的常用手段

（1）杠铃练习：半蹲、全蹲、卧推、抓举、挺举等。

（2）在综合健身器上所做的各种负重练习。

（3）负重体操练习：如穿沙衣进行单杠引体向上、单杠收腹举腿、倒立推起等。

（4）负重吊绳练习：如身穿沙衣进行爬绳、倒悬垂爬绳、摆动举腿等。

2. 克服自重练习的常用手段

（1）跳跃练习：各种跳远起跳练习、单足跳或跨步跳、各种跳深练习等。

（2）辅助性练习：单杠引体向上、单杠收腹举腿、倒立推起、爬绳、肋木举腿等，为了强调动作的完成速度，可以采用等量计时或等时计量的方法。

在充分发展撑竿跳高运动员爆发力水平的同时，核心力量训练引起了人们的普遍关注。人体核心部位的肌群通常包括躯干和骨盆的肌肉，核心力量训练的主要目的是保持脊柱和骨盆的稳定性，从而为远端肢体的发力提供牢固的支点。撑竿的弯曲和反弹使得竿上动作是在不稳定的情况下进行的，下肢的某些动作（如摆体时腿的鞭打、伸展阶段双腿向后上方伸展等）尤其需要在骨盆部位有一个稳定的支点。另外，现代撑竿跳高技术要求在伸展阶段有一个“L姿势”向“I姿势”姿势的完整转换，这个转换的精髓是身体要保持充分的倒置状态（倒悬垂，以及从倒悬垂到单臂倒立），即通常所讲的要“倒得直”，这种持续的倒置状态也需要核心力量的参与，否则倒置姿势将很难稳定，所以有专家认为，“重要的问题是，运动员要有在适当的时机固定一些关键身体姿势的能力，在这里，核心力量就变得十分重要了。”核心力量训练的方法主要是在不稳定的状态下完成一些特定的动作，从而提高神经—肌肉系统的平衡和控制能力，如在瑞士球、摆动板、平衡盘上的运动或单侧支撑情况下的动作练习等，悬吊训练也是一种行之有效的手段。

（二）移动速度

移动速度就是通常所讲的“跑进速度”，有人曾把这一素质描述为撑竿跳高的“灵魂”，其重要意义已在“影响撑竿跳高运动成绩的关键因素”中做过分析。

撑竿跳高持竿助跑时没有摆臂动作，降竿时又有撑竿前翻拉力的干扰，如何将“平跑”速度转化为撑竿跳高运动员的助跑速度，是撑竿跳高速度训练的重要内容。所以，改进、完善持竿助跑的技术和能力，不仅是撑竿跳高技术训练的组成部分，同时也应该是提高专项速度素质的关键所在。

（三）协调能力

协调能力是指运动员在运动时，身体各部位配合一致、迅速、准确、合理、省力、机敏地完成练习的能力。影响协调能力的因素很多，它与人体的神经—肌肉工作机能、多种身体素质、心理品质及技能储备等都有着密切的关系。撑竿跳高技术的复杂性决定了协调能力是撑竿跳高运动员的主导性运动素质之一。

在撑竿跳高协调能力训练时应注意以下事项。

（1）撑竿跳高的项目特征是运动员借助撑竿完成一系列的身体动作，从而越过垂直障碍物——横杆。这一特征要求人体的动作必须符合于玻璃钢撑竿的弯曲—反弹规律，即不能单一孤立地仅考虑人体的动作。因此，在训练时不仅要培养运动员完成特定身体动作的能力，同时更要注意身体与器械（特别是弹性器械）在空间、时间方面的协调工作能力。

（2）尽可能多地增加运动员的运动技能储备，特别是一些复杂的或人体不习惯的运动动作。

（3）协调能力的提高依赖于身体素质的全面发展（特别是力量、动作速度、柔韧和灵活性素质），要尽量选择一些综合性的练习手段，如器械体操练习等。

（4）协调能力发展的快速期（敏感发展期）一般集中在9~14岁，在这一年龄段应加强协调性训练，以期获得更佳的效果。

大量的实践经验证明，竞技体操训练不仅能提高撑竿跳高运动员的综合性运动技能水平和专项力量水平，同时也是促进协调能力发展的有效途径。常用的体操练习手段有：①侧手翻、前后手翻、前后空翻、倒立、后滚翻倒立推起等；②单杠、双杠和吊环中的各种摆振、倒立、翻转、屈伸、回环等练习。

竞技体操是一项专业性要求很高的运动项目，很多撑竿跳高教练员在教授体操时不可避免地会感到力不从心，因此，聘请兼职体操教练而是国际上的一种常用做法，布勃卡曾把他在运动生涯后期的成功主要归结于与一位专门的体操教练员的合作。在与体操教练员合作时，要注意使其了解撑竿跳高的技术结构与原理，这样，在手段的选择和要求上就会更加具有针对性。

五、训练过程与控制

撑竿跳高要求运动员有高度发展的全面素质水平，尤其是快速力量、移动速度和协调能力，另外，复杂的运动技术也需要多年的打磨，所以，撑竿跳高运动员的始训年龄一般较小。例如，曾多次打破世界纪录的法国运动员维涅隆，7岁开始接触撑竿跳高，20岁跳过5.75米，并在24岁时跳到5.91米。布勃卡12岁时的撑竿跳高成绩为2.70 米，经过10年的系统训练，在22岁时，他里程碑式地突破了6米大关。

现代运动训练理论一般把运动员的训练生涯（全程性多年训练过程）划分成以下几个阶段：基础训练阶段、专项提高阶段、最佳竞技阶段、竞技保持阶段。各个阶段的训练任务和重点训练内容都有所不同和侧重。基础训练阶段要注重身体素质的全面发展，结合敏感期重点发展快速力量、动作速度、协调能力。专项提高阶段在发展主导性身体素质的同时，要按照先进的技术模式，重点掌握并熟练技术动作。最佳竞技阶段要继续发展专项素质和技战术水平，并力争在某些方面有所突破，训练的负荷要注重突出强度。竞技保持阶段的训练要突出重点，在保持心理稳定性的同时要注意恢复和伤病的治疗，从而使竞技水平能够得到良性的延续。

根据专项成绩的表现，布勃卡的全程性多年训练呈现出以下的阶段特征：①基础训练阶段用时4年左右（12~15岁），专项成绩从 2 .70米提高至4.40米；②专项提高阶段用时5年左右（15~20岁），专项成绩从4.40米提高到 5 .72米；③最佳竞技阶段用时11年左右（20~31岁），专项成绩从 5 .72米提高至6.14米（室外）和6.15米（室内）；④竞技保持阶段用时6年左右（31~37岁），其中1997年在他34岁时还跳过了6.05米，2000年他以5.55米（室外）、5.60米（室内）的成绩结束了辉煌的运动生涯。（表8-2）

表8-2 布勒卡历年成绩进展表

时间（年）	年龄（岁）	室外成绩（米）	室内成绩（米）
1975	12	2.70	
1976	13	3.50	
1977	14	3.60	
1978	15	4.40	
1979	16	4.80	
1980	17	5.10	
1981	18	5.40	
1982	19	5.55	
1983	20	5.72	
1984	21	5.94	5.75
1985	22	6.00	5.95
1986	23	6.01	5.97
1987	24	6.03	
1988	25	6.06	6.03
1989	26	6.00	6.05
1990	27	5.90	6.12
1991	28	6.10	6.13
1992	29	6.13	6.15
1993	30	6.05	6.05
1994	31	6.14	6.00
1995	32	6.00	5.95
1996	33	6.02	
1997	34	6.05	5.91
1998	35	5.80	5.60

撑竿跳高发展较好的国家还分开了不同年龄段（男子运动员）的年度负荷量，甚至还包括了训练的任务和监测指标，从这些数据中我们可以看出不同阶段训练的重点和负荷安排的变化。（表8-3至表8-6）

表8-3 苏联少年撑竿跳高运动员全年训练量统计表

	13~14岁	14~15岁	15~16岁
全年训练课次数（次）	221	230	250
撑竿跳高次数（助跑短于20米）（次）	500	550	650
插穴起跳次数（次）	500	550	650
短助跑竿上动作练习次数（次）	500	550	700
撑竿跳高次数（助跑长于20米）（次）	230	250	330
短跑20~50米（千米）	15	17	22

续表

	13~14岁	14~15岁	15~16岁
短跑70~100米（千米）	40	45	45
短跑100米以上（千米）	15	20	35
体操练习时间（小时）	120	130	170
比赛次数（撑竿跳高/其他项目）（次）	8/10	9/12	13/8
力量训练（吨）	40	45	80

表8-4　16~17岁撑竿跳高运动员年度训练方案

任务	发展速度	
	发展力量	
	改进与发展技术	
训练	全年训练课次数	250~260次
	撑竿跳高次数（20米助跑）	650~700次
	撑竿跳高次数（长于20米助跑）	380~400次
	插穴起跳	650~700次
	竿上动作练习	700~750次
	短跑（20~60米）	22~23千米
	短跑（70~100米）	55~60千米
	短跑（长于100米）	55~60千米
	体操和技巧练习	135~140小时
	力量练习	80~85吨
比赛	撑竿跳高	13~14场
	其他项目	8~10场
检测指标	20米行进跑	2.0~2.1秒
	40米（站立式）	4.8~4.9秒
	20米持竿行进跑	2.2~2.3秒
	60米（蹲踞式）	7.1~7.2秒
	立定三级跳	8.80~8.90米
	双杠摆上	30次（1分45秒内）
	颈后推举	体重的40%~45%
成绩	100米	11.2~11.4秒
	跳远	6.30~6.50米
	跳高	1.75~1.80米
	撑竿跳高	4.90~5.10米
	握竿高度	4.50~4.60米

表8-5 18~19岁撑竿跳高运动员年度训练方案

任务	发展爆发力和力量	
	发展速度	
	改进与发展技术	
训练	全年训练课次数	270~280次
	撑竿跳高次数（20米助跑）	600~650次
	撑竿跳高次数（长于20米助跑）	500~550次
	插穴起跳次数	750~800次
	竿上动作练习次数	600~650次
	短跑（20~60米）	23~24千米
	短跑（70~100米）	60~65千米
	短跑（长于100米）	60~65千米
	体操和技巧练习	130~135小时
	力量练习	100~110吨
比赛	撑竿跳高	18~20场
	其他项目	4~6场
检测指标	20米行进跑	1.9~2.0秒
	40米（站立式）	4.7~4.8秒
	40米持竿跑（站立式）	5.0~5.1秒
	80米（蹲踞式）	9.0~9.1秒
	起跳腿五级跳（6步助跑）	18.40~19.85米
	双杠摆上	30次（1分30秒内）
	吊环屈伸上	完成
	颈后推举	体重的50%~55%
成绩	100米	11.0~11.1秒
	跳远	6.80~6.90米
	跳高	1.85~1.90米
	撑竿跳高	5.20~5.30米
	握竿高度	4.65~4.75米

（依 Brian Ferry，1998）

表8-6 20~23岁撑竿跳高运动员年度训练方案

任务	发展爆发力和力量	
	发展速度	
	改进与发展技术	
训练	全年训练课次数	310~320次
	撑竿跳高次数（20米助跑）	500~550次
	撑竿跳高次数（长于20米助跑）	650~700次
	插竿起跳次数	650~700次
	竿上动作练习次数	750~800次
	短跑（20~60米）	20~21千米

续表

训练	短跑（70~100米）	55~60千米
	短跑（长于100米）	50~55千米
	体操和技巧练习	100~110小时
	力量练习	50~100吨
比赛	撑竿跳高	25~30场
	其他项目	2~3场
检测指标	20米行进跑	1.85~1.90秒
	40米（站立式）	4.6~4.7秒
	40米持竿跑（站立式）	4.90~4.95秒
	80米（蹲踞式）	8.8~8.9秒
	起跳腿五级跳（6步助跑）	20.00~21.00米
	体操测试	
	颈后推举	体重的55%~60%
成绩	100米	10.8~10.9秒
	跳远	7.00~7.20米
	跳高	1.95~2.00米
	撑竿跳高	5.40~5.50米
	握竿高度	4.75~4.80米

周期安排是运动训练的基本原则之一，其主要依据是运动员的生物节奏变化规律和竞技状态形成与发展的规律。人体竞技能力的提高明显地表现出周期性的特点，在一次负荷下，机体能量消耗并产生疲劳，解除负荷后，疲劳逐渐得到消除，通过机体的超量补偿机制，使得运动员的能力得以提高，在此基础上又给予下一次负荷，即又开始了一个新的负荷周期。多次适宜的负荷刺激，就会引起机体的多次适应性变化，在这种变化过程中，机体能力不断地得到提高，并逐渐进入良好的竞技状态。人们通过训练实践发现，任何运动员都不可能在训练过程中长期连续出现优异的运动成绩，并且在出现优异的运动成绩前都要经过一定时间的准备性训练，良好的竞技状态在维持一定的时间后，机体就会产生疲劳，运动能力下降，故需要适当地调整与恢复。所以，以准备期、竞赛期、调整期为基本结构的大周期安排在现代撑竿跳高训练中仍被广泛采用，只是根据不同的训练阶段，训练的任务、内容和负荷安排有所不同和侧重，同时，周期的多少和每一周期的长短也有所不同。

近年来，优秀运动员在一个年度内多次参加比赛，使得人们对于传统的训练周期安排提出了质疑：如此频繁地参赛，哪里还有时间去进行充足的准备性训练和适宜的恢复性调整？对于这一问题的思考和讨论应该放在一定的背景下进行。首先，多次参赛的运动员一般都是相对成熟的优秀运动员（基本上处于最佳竞技阶段或竞技保持阶段），而青少年运动员的主要任务是打好基础，所以，对青少年运动员的训练安排就要相对系统，尤其是年度安排要尽量体现出完整的周期性特征。其次，即使是优秀运动员，也不是对全年的每一次比赛都要做刻意的准备，对于有些比赛，他们只是将其作为“提高强度”或“检验训练效果”的手段而已，即“以赛代练”，而对于重要的比赛，则必须做出目标性很强的计划安排，这种计划安排通常又具有周期性的特点（准备→竞赛→调整），只是周期的时间跨度不一，时间相对较短的大周期称为“微缩大周期”。现代竞赛的组织者也往往会把全年的比赛分为几个阶段，这种安排不仅能为运动员提供更多的比赛机会，同时也使教练员可以利用各比赛阶段的间隔，去组织实施必要的赛间训练。表8-7是中国田径协会2009年的主要比赛计划表。

表8-7 中国田径协会2009年的主要比赛计划表

比赛名称	时间
全国室内田径锦标赛（1） 全国室内田径锦标赛（2） 全国室内田径锦标赛（3）	2月14—15日 2月18—19日 3月14—15日
全国田径大奖系列赛（1）	4月10—12日
全运会预选赛暨全国田径锦标赛（男） 全运会预选赛暨全国田径锦标赛（女）	5月15—17日 5月21—23日
全国田径大奖系列赛（2） 全国田径大奖系列赛（3）	6月12—24日 7月3—5日
全国田径冠军赛暨大奖总决赛	9月5—7日
第11届全国运动会田径比赛	10月15—21日

撑竿跳高运动员赛前训练的负荷特点是量小、强度大，尤其要突出专项强度。试跳“超高度”（一般用橡皮筋模拟横杆，设在超过个人最好成绩的高度上）的做法是不少运动员的成功经验，它不仅可以提高专项技术能力，也有助于增强自信心，克服心理上的“高度障碍”。重大比赛前应有计划地参加一些测验或小型比赛，这样不仅可以提高专项强度，检测出技术上所存在的主要问题，同时也可以促进各种运动能力向“高峰状态”的定向转移。伊辛巴耶娃2008年在北京奥运会之前的7月曾有过4次成绩上乘的参赛：7月11日的成绩为5.03米，7月22日的成绩为4.85米，7月25日的成绩为4.93米，7月29日的成绩为5.04米，拥有如此高水平的积累，8月18日她以5.05米打破世界纪录并获得奥运金牌，也就顺理成章了。

高水平运动员在一年内要多次参赛，其竞赛期与传统相比，时间跨度相对较长，因此，要安排好竞赛期的训练，将体能（主要是专项体能）和专项技术等“板块”有机结合，并注意恢复手段的科学运用，目的是使运动员良好的竞技状态保持得长一些。

以下是布勃卡1988年4月4—10日（一周）的训练计划，此时段处于室内赛季和室外赛季之间。

星期一　上午

（1）1千米慢跑

（2）身体活动：12分钟

（3）力量：高翻　4次×4组×100千克

　　　　　蹲跳　4次×4组×25千克

（4）技术：模仿练习

　　插穴起跳　4次×4步助跑×4米握高（硬竿）

　　倒体　　　6次×6步助跑×4米握高（硬竿）

　　助跑　　　4次×16步

　　插竿起跳　4次×16步助跑×5米握高（弯竿）

　　全程跳跃　10次（撑竿规格：5.00米/93千克）

星期一　下午

（1）400米慢跑

（2）身体活动：8分钟

（3）协调性：10米跨跳+10米高抬腿交替进行（约300米×2次）

阻力跑	10米×2次
负重垂直起跳练习	40米×4次
模拟持竿起跳（跑道）	40米×4次
垂直起跳练习	20米×4次
单腿跳	15米×4次

（4）平跑：100米×4次（12.5秒）

星期二

休息：游泳

星期三 上午

（1）1千米慢跑

（2）身体活动：12分钟

（3）力量：高翻　4次×4组×100千克

　　蹲跳　　4次×6组×25千克

（4）技术：插穴起跳　4次×4步助跑×3.85米握高（硬竿）

　　　　插穴起跳　3次×4步助跑×4.10米握高（硬竿）

倒体　　　　6次×6步助跑×4.10米握高（硬竿）

全程跳跃　　12次（撑竿规格：5.00米/93千克，握高：5.00米）

星期三　下午

（1）400米慢跑

（2）身体活动：8分钟

（3）水平跳跃和垂直跳跃：

踝跳	40米×4次
跨步跳	40米×4次
阻力跑	40米×4次
起跳练习（负重）	40米×2次
交换腿跳	40米×4次
单腿跳	15米×4次

（4）平跑：100米×6次

25次×25米（80%~90%强度，2分钟间歇）

星期四　上午

（1）体操练习：2小时

跨步跳　40米×4次

前滚翻　10米×2次

后滚翻成手倒立推起若干次

垫上：后空翻/前空翻×4次

后空翻×4次

连续后手翻×4次

Auerbach×4次

吊环：摆动成倒立×4

蹦床：直体/屈体前空翻×6次

空翻转体×4次

空翻2周×2次

前后空翻若干次

跳马：手倒立接空翻×2次

侧手翻×6次

冢原跳×1次

吊环：摆动成倒立×4次

双杠：摆动成倒立×4次

（2）力量：吊绳悬垂举腿4次×3组（负重15千克）

爬吊绳4米×2（负重35千克）

其他负重吊绳练习

星期五　上午

（1）1千米慢跑

（2）身体活动

（3）技术：插穴起跳　2次×4步助跑×3.85米握高（硬竿）

插穴起跳　2次×6步助跑×4.15米握高（硬竿）

倒体　2次×6步助跑×4.15米握高（硬竿）

全程跳跃　16次（撑竿规格，5.20米/95千克。握高，5.05米）

（4）力量：半蹲跳　8次×4组

负重练习　80/100/120/140千克

星期五　下午

（1）足球：30分钟

（2）水平跳跃和垂直跳跃：跨步跳　40米×4次

交换腿跳　4组

单足跳　40米×4次

起跳　20米×4次

（3）速度：金字塔组合跑100米/150米/200米/150米/100米，3组（间歇4分钟）

星期六　上午

（1）体操练习：2小时

10分钟慢跑

前滚翻若干次

后滚翻若干次

后空翻若干次

前空翻×5次

后手翻×5次

吊环：摆动成倒立×6次

蹦床：前空翻×6次

直体/屈体前空翻×4次

跳马：手倒立接侧空翻×8次

（2）力量：吊环手倒立	4次×3组（负重10千克）
吊环团身伸展	3组（负重15千克）
吊环悬垂后倒	8次×3组（负重15千克）
爬吊绳	4米×3组（负重15千克）

星期六　下午

桑拿

星期日

休息

撑竿跳高比赛的时间较长，除了遵循一般的规律和要求，运动员起跳高度的选择很重要，起跳高度过低，会浪费体力，起跳过高，则可能因为准备不足或压力太大而造成失败。2008年北京奥运会男女撑竿跳高前六名的起跳高度，基本上位于本赛季个人最好成绩（比赛前一年度的个人最好成绩）的93%左右，当然，这只是一个参考数据，还要根据运动员和对手的具体情况而定。

在比赛时，要根据对手的表现，利用竞赛规则，巧妙地采用免跳战术，这往往会给对手造成心理压力。在比赛过程中，要慎重换竿（换用硬度较大的撑竿），因为在同等的条件下，撑竿硬度大则弯曲变小，这样，转动半径就会变长而不易进竿；另外，陡然使用更硬的撑竿，运动员的心理负担也会加重。实力强的运动员一般开始试跳的时间较晚（起跳高度较高），因此，要注意安排好准备活动的时间，尽量避免热身后的长时间静止休息，也不要连续不断地进行活动和热身，这种时间上的恰当掌握，需要相当的参赛经验，同时，也需要根据个体差异和时间地点的不同，进行适当的变化与调控。

（孙南　任肇祥）

第九章 跳远训练

一、影响跳远运动成绩的关键因素

跳远是运动员在快速助跑中经强有力的起跳后飞行尽可能远的距离的运动项目。比赛成绩的优劣受到运动员技术水平、身体（专项）素质能力、心理状态和赛前安排等诸多方面的影响。在此我们主要讨论运动生物力学因素对跳远成绩的影响。

通常，跳远成绩大致可以划分为几个部分（图9-1），其中抛射运动所获得的距离占总成绩的90%以上，因此，如何使人体在空中飞行尽可能远的距离，是我们首先要解决的问题。根据抛射运动原理，物体飞行的距离取决于物体飞行的初始速度和飞行角度，所以，跳远成绩主要取决于运动员起跳离地瞬间所获得的腾起初速度和腾起角度。

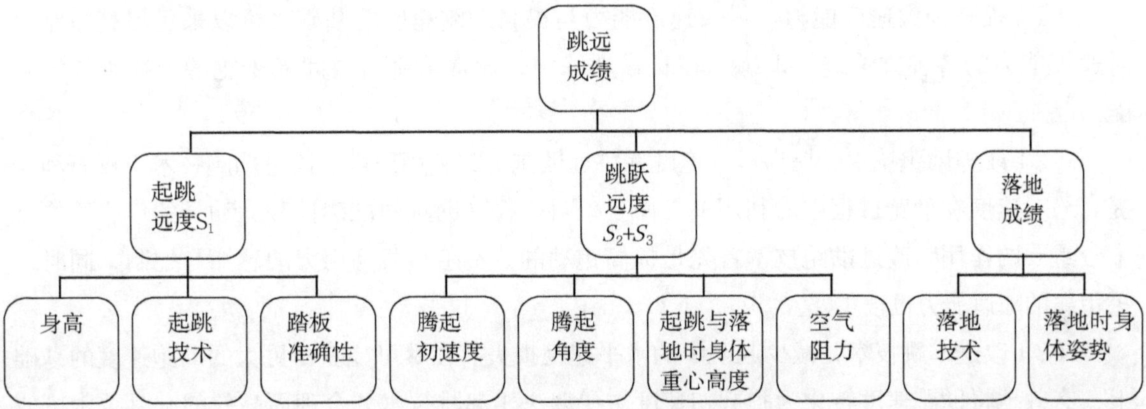

图9-1　跳远成绩的构成及影响因素

（一）腾起初速度对跳远成绩的作用及影响因素

1. 腾起初速度对跳远成绩的作用

腾起初速度是起跳脚蹬离地面时人体重心瞬间所获得的瞬时初速度。

抛射运动的远度公式为：$S=\frac{v_0^2\sin 2a}{g}$

S是身体重心抛射的水平距离，g是常数，S值的大小取决于身体重心的腾起初速度（v_0）和腾起角（α）两个变量，其中腾起初速度或腾起角发生变化时，S值也相应产生变化。

当腾起角保持不变时，腾起初速度越大，人体所飞行的水平距离也越远。

从公式中还可以看到，飞行远度与腾起初速度的平方呈正比关系，也就是说，在腾起角和腾起初速度两个因素中，腾起初速度的增加对跳远成绩来讲更为重要。

2. 腾起初速度的影响因素

腾起初速度的获得取决于起跳技术、起跳力量和上板速度。

起跳技术决定了起跳过程中人体重心水平速度的保持程度以及腾起垂直速度的获得值。

起跳力量决定了起跳中人体在垂直方向上所获得的速度。强有力的起跳腿支撑能力有利于人体在起跳中尽可能获得更大的垂直力值，进而获得较大的垂直速度。

上板速度取决于人体的最大速度能力和助跑速度的利用率。

优秀运动员的助跑速度值相当于个人最大速度值的90%~98%，因此，最大速度能力是提高助跑速度的基础。

助跑速度利用率＝助跑速度/最大速度×100%。

助跑速度利用率取决于跑跳结合技术的合理程度。良好的跑跳结合技术通常表现为起跳脚着板柔和、连贯和蹬摆配合协调。良好的跑跳结合技术将直接有利于人体快速跑上板而完成起跳。

3. 提高腾起初速度的主要途径

（1）提高最大速度能力。最大速度能力是提高助跑速度的基础，可以采用提高短跑绝对速度能力的各种方法进行训练。在日常训练中，通常采用行进间30米跑的成绩来评定其能力。

（2）改进助跑技术，提高最大速度在跳远助跑上的利用程度。改进助跑技术不仅有利于提高绝对速度在助跑过程中的利用率，而且，对于提高助跑的准确性和运动员的信心等均有十分重要的作用。改进助跑技术首先是提高跑动的节奏感和肌肉用力的感知与控制，同时，短距离的加速能力也很重要。

（3）改进起跳技术，减少起跳中的水平速度损失。在尽可能获得更大的助跑速度的基础上，有效地将助跑速度转化为腾起初速度主要取决于起跳技术。合理而高效的起跳技术可使运动员在减少起跳水平速度损失的前提下，获得尽可能大的腾起垂直速度。起跳中的速度损失率计算公式为：

损失率% =（腾起初速度 - 上板速度）/上板速度 × 100%

（二）腾起角对跳远成绩的作用及影响因素

1. 腾起角对跳远成绩的作用

腾起角是指人体起跳脚蹬离地面瞬间，人体重心飞行方向与水平面所形成的夹角。

腾起角可通过计算人体重心的垂直初速度与水平初速度的比值而获得。根据对世界优秀运动员的技术分析表明，跳远腾起角的适宜范围为18~24度。

从抛射远度公式中可以看到，当腾起初速度保持不变时，在适当范围内，腾起角越大，人体飞行的远度也越大。因此，优秀运动员在速度发展到一定程度，提高幅度受限时，努力改进起跳技术，适当提高腾起角，可以获得更大的远度。

2. 腾起角的影响因素

腾起角的大小取决于起跳技术和起跳力量。

合理的起跳技术有利于人体在起跳中获得较高的身体重心高度，并能有效地发挥支撑反作用力在垂直方向的作用效果。

强有力的起跳腿的支撑力量，可有效地减少人体在垂直方向的缓冲幅度，获得尽可能大的垂直用力效果，进而使人体获得最大的垂直速度。在尽可能保持水平速度的同时，垂直速度值越大，则腾起初速度和腾起度角也越大。

3. 提高腾起角的主要途径

（1）提高起跳腿的跳跃能力。提高起跳腿在受到强大的外冲击力时能很快跳起来的能力，也就是人体在快速跑动中快速起跳的能力。

（2）改进起跳技术。主要是在减少水平速度损失的同时，通过高效而协调的摆动环节（摆动腿和双臂）的快速摆动，提高起跳腿的垂直蹬伸力量，从而确保人体获得必要的垂直速度。

（三）合理处理腾起角和腾起初速度的关系

从腾起初速度和腾起角与跳远成绩的关系中可以看到，无论加大腾起初速度，还是加大腾起角，都可以有效地提高跳远成绩。在实践中，应根据个人的专项技术水平和个人的体能特点，有针对性地决定侧重于哪一方面。对一般水平的跳远运动员来说，在保持腾起角的前提下，提高腾起初速度更有利于成绩的提高。随着运动水平的提高，在保持腾起初速度不变的前提下，改进起跳技术和增强起跳力量，增加腾起角，对成绩的提高同样也是十分有效的。

二、优秀运动员技术分析

（一）鲍威尔技术特点

鲍威尔在1991年东京世界田径锦标赛上以8.95米打破了比蒙保持23年之久的男子世界跳远纪录。鲍威尔具有身材高大、强壮有力、速度能力强和爆发力好的身体特点，他采用三步半的走步式跳远技术，见图9-2。

鲍威尔的助跑采用走动式启动，助跑距离为50.64米，跑22步。前半段加速积极，并在助跑最后四步继续加速跑上板，最后两步助跑积极加速进入起跳。在起跳脚着板瞬间，助跑速度达到了11米/秒。从助跑最后6步的步长和步频变化来看，鲍威尔表现出明显的步长开始减小、步频逐渐加快的特点，且在最后4步步频明显加快，跑上板完成踏板起跳。这种最后4步仍在不断加速直至上板时达到最大速度的积极上板起跳技术是鲍威尔创造世界纪录的主要技术特征之一。

图9-2　鲍威尔的走步式跳远技术

积极跑上板的跑跳结合技术对运动员的力量和起跳技术提出了更高的要求（表9-1）。从起跳过程中的速度变化来看，起跳中鲍威尔的水平速度减少至1.91米/秒，并获得了较大的垂直速度（3.70米/秒）和腾起角（23.1度）。空中身体腾起高度达到了1.94米，表现出典型的“跳跃型”起跳的技术特征，即在快速的助跑速度下，起跳中损失一定的水平速度来换取更大的垂直速度，获得较大的腾起角，使人体的空中飞行时间相对延长，从而获得更大的远度。

表9-1 1991年世锦赛刘易斯、鲍威尔的跳远起跳技术参数

姓名	成绩（米）	11到6米助跑速度	6到1米助跑速度	两段助跑速度差值	水平初速度（米/秒）	垂直初速度（米/秒）	跳远起跳中的水平速度损失（米/秒）	腾起角（度）	移动角（度）	起跳时间（秒）
刘易斯	8.91	11.23	11.26	+0.03	9.72	3.22	1.34	18.3	3.34	0.12
鲍威尔	8.95	10.79	10.94	+0.15	9.09	3.70	1.91	23.1	−1.39	0.12

对起跳中鲍威尔起跳腿膝关节角度变化情况进行分析可以看到，从着板时的171度到最大缓冲时的148度，再到起跳离地时的171度，起跳中他的起跳腿膝关节的屈曲度为23度。他最大缓冲时的膝关节角度与比蒙创造8.90米世界纪录时的一样，说明鲍威尔具有较强的跳跃支撑能力，这是他在起跳结束后获得较大腾起角的关键技术特点之一。

在起跳过程中，鲍威尔的肩髋扭转以髋关节的扭转为主，且躯干在起跳着板过程中向后倾13度，说明在起跳踏板时，鲍威尔能积极送髋向前，使髋部充分前移，从而提高了起跳腿着地的积极性，这有利于人体在快速助跑接快速起跳中获得较大的前支撑力，进而获得更大的垂直支撑反作用力。

起跳蹬伸阶段，鲍威尔的起跳腿蹬伸充分，摆动腿充分前摆，起跳离地瞬间，摆动腿的大腿摆至水平面，双臂高高摆起，上体保持正直；空中采用三步半的走步式技术，空中交换腿动作幅度大，并保持上体的后倾，使双腿在完成交换步后尽可能地上举前伸，两臂配合双腿在体侧做大幅度的绕环动作。这种空中动作有利于运动员在落地前高举双腿前伸，以争取尽可能远的距离。

通过以上分析可以归纳出鲍威尔的技术特点：

（1）绝对速度能力强，助跑速度利用率高。

（2）助跑积极，加速跑上板起跳，跑跳结合连贯。

（3）快步频的加速上板结合积极的送髋下压着地技术有利于完成连贯的跑跳结合技术。

（4）强大的支撑能力和爆发力有利于获得较大的腾起垂直速度。

（5）起跳过程中蹬摆配合协调，保持理想的躯干姿态，有利于获得更好的起跳效果。

（二）关英楠技术特点

关英楠是我国优秀的女子跳远运动员。她出生于1977年，身高1.76米，体重60千克。她训练认真刻苦，勇于拼搏，训练水平提高很快，获得了第十三届亚运会女子跳远冠军。在1997年第八届全运会上，她以6.86米的成绩获得了金牌。（图9-3）

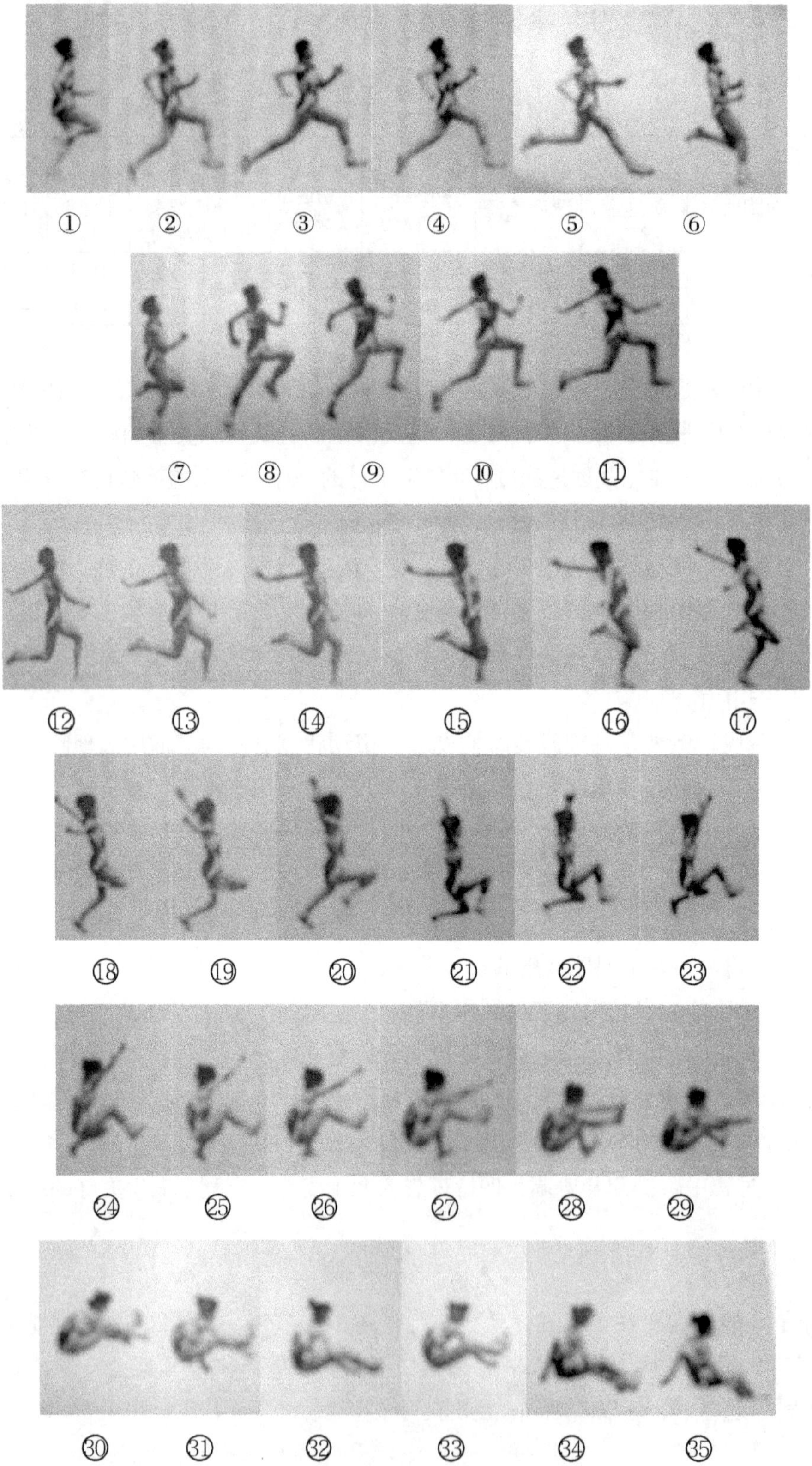

图9-3　关英楠的技术连续图

1. 准备起跳技术

准备起跳是指跳远助跑最后两步的技术，这是助跑向起跳过渡的连接阶段。这两步技术既不同于前面的助跑技术，还要为起跳动作做好一定的身体姿态准备。

图9-3①~⑤为最后一步助跑，此阶段是跑跳连接的关键，它直接决定了助跑中获得的速度能否在起跳中发挥作用，以及运动员能否在快速助跑中完成有效的起跳。关英楠最后10米的助跑速度从9.26米/秒提高到9.43米/秒，说明关英楠在助跑的最后阶段不仅能保持速度，而且加速跑上板，充分说明运动员在最后准备起跳阶段技术连贯的重要性。从技术动作看，助跑最后一步动作放松自然，双臂摆动有力，身体姿势调整虽不明显，但上体与前面的助跑相比，已经有点后仰，以便为向上腾起做好姿势准备。她在最后一步保持了较高的身体重心位置，从图9-3①的支撑技术看，膝关节屈伸缓冲幅度小，踝关节支撑点高，使重心下降不多。最后一步左腿垂直支撑时膝角为145度，确保了助跑速度的保持和形成良好的最后一步的节奏。左腿蹬伸离地后能较好地以髋发力向前摆动，配合起跳腿完成快速的送髋动作和大腿的积极下压着板动作，形成了连贯自然的、积极的跑跳结合技术。

2. 起跳技术

关英楠的起跳技术采用全脚掌着地（图9-3⑤⑥），着地角为70度，着地时两大腿夹角为40度，左大腿还没有完全折叠紧，双臂摆至体侧接近最低点，上体仍保持一定的后倾状态。随着起跳腿完成屈膝缓冲（图9-3⑦），同时摆动腿积极前摆至起跳腿的前方，身体重心积极前移。当身体重心处于起跳腿上方时，起跳腿的膝角为138度，上体保持正直，下颚略有上抬，双臂屈臂摆至体侧，全身处于发力前的蓄势待发状态。

起跳腿随着缓冲动作的完成，同时开始强有力的蹬伸动作。蹬伸时起跳腿的髋、膝和踝关节的伸肌群同时爆发性收缩用力，摆动腿大腿积极充分折叠并快速向前摆动，双臂配合下肢动作也积极地前后摆动，躯干完成立腰拔背的动作，形成人体的整体向上用力。在起跳腿蹬离地面瞬间，起跳的蹬地角为75度，两大腿的夹角为107度，摆动腿的大腿基本摆至水平位置。同时，双臂和摆动腿在起跳腿离地瞬间快速完成制动动作，双臂和摆动腿的突然制动减小了人体对地面的压力，使身体很快离开地面转为腾空。

3. 腾空与落地技术

关英楠在起跳腿蹬离地面后，保持一定时间的腾空步姿势，然后完成两步半走步式的空中技术（图9-3⑮~㉑），空中较好地保持了身体的位置，并在人体飞行的最高点时，完成了交换步的动作。在落地动作过程中，能很好地完成双腿的上举、团身和前伸小腿的着地动作，从而确保着地时获得更大的远度（图9-3㉒~㉟）。

通过以上的技术分析可以看到，关英楠的跳远技术具有以下特点：①助跑速度快，助跑速度利用率较高；②跑跳结合连贯，加速跑上板，表现为起跳腿前摆送髋积极，起跳腿着地积极，摆动腿蹬伸后积极前摆；③起跳腿支撑力量大，表现为起跳腿的屈膝缓冲幅度小，起跳腿蹬伸有力充分，蹬摆配合协调，起跳速度快，起跳中保持了较好的身体姿态；④空中维持平衡好，落地动作效果好。

三、专项技术训练的重点与方法

（一）跳远技术的生物力学要求和技术训练提示

1. 跳远技术的生物力学分析

跳远技术包括助跑、准备起跳、起跳、腾空和落地五个部分，其中助跑和起跳技术对跳远的成绩起主要的作用，下面重点分析助跑和起跳技术环节。

（1）助跑。

优秀运动员的跳远助跑速度可达到10~11米/秒，通常在起跳前3~4步达到助跑的最大速度。助跑速度是获得尽可能大的腾起初速度的基础，助跑后段技术完成得合理与否将直接影响起跳的准备状况。

助跑的距离应根据运动员的速度水平、加速能力、助跑节奏、跳远技术水平、步长等因素而定。开始助跑的前3步、中间段的加速节奏和最后阶段跑跳结合技术环节等是决定助跑速度准确性和稳定性的主要因素，并对试跳的成功与否及取得的成绩的好坏起着重要的作用。

为了做到助跑的“快、直、稳、准”，训练中应主要考虑以下因素：① 合理的助跑距离和步数；② 合理的助跑节奏和加速节奏；③ 适当使用助跑标记；④ 稳定助跑的技术；⑤ 反复练习，并在不同训练条件和身体状态下进行练习，寻找个人助跑距离变化的规律和特点，以便在比赛中及时根据情况进行调整。

（2）准备起跳。

近些年来有关跳远助跑最后两步（也称“倒二步”）的研究表明，这两步动作与前面的助跑有着明显的不同。为了加速上板，最后两步助跑节奏明显加快，两步连接紧凑。为此，运动员的两腿膝关节、大腿没有助跑时抬得高，小腿后摆折叠的角度增大，没有助跑时折叠得紧；上体由微前倾变为正直或微后仰，身体重心有些下降，支撑腿膝关节在支撑缓冲达最大幅度时，膝角略小于助跑时的膝角。这些微小的变化是运动员为向上腾起所做的准备。这是助跑与起跳连接的关键环节，它能够为起跳创造有利的力学条件，因此，单独提出“准备起跳”这一技术环节，以引起重视。

（3）起跳。

起跳是跳远技术中的关键环节，也是训练的重点和难点。起跳技术的质量取决于起跳腿的着地技术、起跳腿的支撑能力（缓冲幅度）、起跳腿的蹬伸技术、摆动环节的摆动作用（蹬摆配合的协调程度）、起跳中所获得的支撑反作用力的大小及其变化情况。

起跳动作根据起跳腿不同动作阶段的特点分为起跳脚放脚着板阶段、起跳腿缓冲阶段、起跳腿蹬伸阶段等三个相互连贯、相互影响的动作阶段。

① 起跳腿放脚着板阶段。起跳腿的放脚着板动作接近跑步的动作。在最后一步摆动腿的脚蹬离地面后，起跳腿积极前摆并快速下压，以"扒地"式技术着地。在起跳腿着地的同时，摆动腿积极地以髋发力、大腿带小腿、屈膝向前摆动，同时两臂在体侧积极摆动，上体保持正直或稍向后倾。合理的起跳腿着地角度为66~69度，着地角过小，会加大制动，影响起跳中的速度保持。此时，两大腿夹角为35度左右，夹角较小，说明起跳腿的放脚着板和摆动腿的摆动相对积极。

② 起跳腿缓冲阶段。起跳腿缓冲阶段主要是通过缓冲减少水平方向上的阻力，使身体重心迅速前移和为起跳腿有力蹬伸做好准备。跳远起跳的效果在很大程度上取决于缓冲阶段的动作。起跳脚着板时，因快速上板产生了很大的惯性冲击力，迫使起跳腿的髋、膝、踝关节轻微弯曲而被迫缓冲，膝关节的弯曲角度为145~150度。起跳腿的弯曲及摆动腿和摆动臂的积极配合，使身体重心积极前移，以减少水平速度的损失。在缓冲过程中，起跳腿的伸肌肌群处于拉长状态并保持高度紧张，为起跳腿伸肌肌群的向心收缩和起跳腿的快速蹬伸创造了有利的条件。优秀运动员表现出明显的缓冲幅度小、缓冲时间短的特点。

③ 起跳腿蹬伸阶段。起跳腿被迫缓冲后，被拉长的下肢伸肌开始强有力收缩，使髋、膝、踝三个关节迅速伸展，上体也向上伸展，并与摆腿、摆臂、提腰等动作协调配合，使起跳腿快速蹬离地面，蹬离地面时起跳腿的蹬地角度为70~80度。训练中应重视末端身体环节的快速蹬伸作用（充分伸踝和发展足弓力量）。

④ 起跳中的摆动动作对于增强起跳动作的效果具有重要意义。在起跳脚着地时，摆动腿大幅度地快速向前摆动，能加快身体重心的前移和加快起跳腿的快速着板，并加大起跳腿对地面的作用力，这将有利于获得较大的垂直力量和垂直速度；当起跳腿蹬伸时，两臂和摆动腿在加速摆动中的突然减速制动，能充分利用摆动环节的惯性作用，加快蹬伸起跳动作，使人体快速蹬离地面。起跳中，双臂和摆动腿的摆动，能够维持身体的平衡，保持正确的起跳方向。协调的上下肢蹬摆配合，可以使起跳力量获得最佳的整体效果，这将为下一步的腾空创造有利的条件。

⑤ 有效的起跳技术特征。尽管不同运动员的起跳动作在一些环节上有较大的不同，但有效的起跳动作都具有一些共同的特征。

——起跳脚踏板时有积极的下压后扒动作，以减少对水平速度的制动。

——起跳腿膝关节缓冲幅度相对较小（膝角大于145度），膝角开始加大的时相相对早（在垂直时相之前），这表明起跳腿支撑力量强，完成缓冲动作和转为蹬伸动作快。

——身体的扇角小，说明起跳时上体后仰角度小，向前性好，起跳蹬伸速度快。

——摆动腿膝关节在垂直时相时已明显超过起跳腿（达到约45度的位置），在起跳脚离地的瞬间，摆动腿大腿至少摆到水平位置，这说明摆动腿的起摆早（蹬离地面即摆）、快（摆动腿的摆动速度快）、大（摆动幅度大）。

——离地瞬间起跳腿的髋角大于180度，说明起跳腿一侧髋前移速度快，起跳充分。

2. 提高跳远成绩的训练提示

跳远成绩包括起跳距离、飞行距离和落地距离三部分（其中人体在空中的飞行距离占总成绩的90%以上），因此，提高跳远成绩的可能途径为：加大落地距离、提高飞行远度和提高起跳距离。

根据运动员的年龄和训练阶段的不同，训练的目标也有所不同。通常，训练主要是围绕如何提高体能和技术而展开的，目的是获得最大的飞行距离，但随着水平的提高和竞争的加剧，起跳距离对于比赛结果也非常重要，因此，训练的细化程度和针对性也越来越强。

（1）加大起跳距离。

加大起跳距离主要取决于起跳踏板的准确性、起跳时的蹬地角和身高等因素。其中，起跳时的蹬地角的大小应基本符合跳远起跳的技术要求，在蹬地角一定的前提下，身材高大且起跳中摆动环节积极到位则较为有利。踏板准确性不仅对比赛成绩和比赛名次有影响，而且对运动员在比赛时的心理状态有较大的影响，因此，在助跑训练中不仅要强调速度，还应有目的地提出助跑节奏和踏板准确性的要求。

（2）提高飞行远度。

根据抛射远度公式可以得知，跳远成绩取决于起跳时所获得的腾起初速度和腾起角度。

① 提高人体的腾起初速度。人体的腾起初速度（v_0）是人体在起跳中所获得的水平速度和垂直速度的合速度，它取决于人体通过助跑在踏板前所获得的水平位移速度、起跳时的水平速度损失率，以及在起跳中所获得的垂直速度等因素。因此，技术训练应着重于改进助跑技术、跑跳结合技术和快速起跳技术；专项运动能力训练应着重于提高绝对速度能力、提高助跑速度利用率和提高专项跳跃能力，特别是起跳腿的支撑能力。

② 获得适宜的腾起角。人体飞行腾起角（α）是由人体腾起时的垂直速度与水平速度的比值所决定的。在水平速度一定的前提下，垂直速度越大，所获得的腾起角也相对越大。

垂直速度的获得主要取决于起跳中运动员所获得的垂直支撑反作用力。因此，合理的起跳技术和强大的起跳力量是保证获得更大的垂直速度的前提，训练时应在加强起跳技术训练的同时，也加强对起跳力量的训练。

在起跳技术训练中，应着重强调快速地完成起跳，聚焦于积极扒地的着地技术、充分的蹬伸技术、摆动腿的大幅度快速摆动技术等，同时要注意提高起跳腿的跳跃能力，即人体在快速跑动中能够快速跳起的能力。

3. 提高我国跳远运动技术水平的思路

根据我国跳远运动员的技术和专项能力的相关研究结果，要提高我国运动员的跳远运动水平，需要重视并解决以下问题。

（1）改进技术，突出专项能力训练。

①重视绝对速度能力的发展，促进助跑速度的尽快提高。

② 改善助跑节奏，提高助跑速度利用率和上板速度。

③ 重视稳定的助跑节奏和步长，提高助跑的准确性和稳定性。

④ 改进跑跳结合技术，减少水平速度损失，提高起跳效果，形成“三高”和“三快”的技术特点（“三高”指高重心、高节奏、高速的助跑，“三快”指快节奏、快步频、快速地跑上起跳板完成起跳）。

⑤ 重视跑跳中摆动环节的作用，特别是起跳中的摆动时机、摆动速度和摆动幅度。

⑥ 重视专项力量训练，着重发展专项跳跃能力，提高起跳力量。

⑦ 加强躯干和小肌群的力量，以提高整体技术效果。

（2）以“三从一大”为指导，改变训练观念，提高训练的科学化程度。

“三从一大”的训练理念对于现代的田径训练依然具有指导作用。现代跳远训练要紧密围绕着比赛的要求进行，强调专项化高强度的定量化训练，这些特征的源头就是要求从比赛的专项需要来安排训练。因此，教练员要改变训练观念，要深入分析跳远技术的本质特征和运动员的个人特点，科学地制定目标和安排任务。

（3）积极主动地运用高新技术，提高训练质量。

现代科学技术的发展，为科学评价运动员的运动能力状态和运动技术分析提供了十分便利的条件，充分了解和学会使用这些科学技术手段，定期地、长期地服务于训练实践工作，会有效地提高训练的质量。常用的手段包括生理学手段、生物化学手段、生物力学手段和营养学手段等。

（4）在新赛制下，改进训练安排，提高比赛能力。

随着新的竞赛体制的实行，运动员每年的比赛机会有所增加，于是，对训练周期理论也有了新的认识。学习和探索新赛制下的训练安排特点和规律，确保运动员在重大比赛中充分发挥自身的水平，是目前我国跳远教练员和运动员亟须解决的问题之一。

我国运动员水平与世界水平相比还存在一定的差距。但是，从近年世界大赛的比赛情况来看，如果我们能保证在重大国际比赛中充分发挥自身的水平，还是具有一定的竞争力的。

（5）加强对跳远专项训练方法学体系的研究，防止盲目训练，提高训练的针对性。

跳远项目是人体在快速助跑下完成肌肉快速用力的速度力量性项目。因此，在训练中要重点提高人体肌肉的快速用力能力，确保人体各环节肌肉用力的集中性，从而达到肌肉用力效果的最大化。

肌肉快速用力要求改变速度和力量训练的强度要求，由大量的低强度训练转变为高强度的快速用力能力训练，并尽可能选择与专项技术用力特点相接近的手段来有效提高训练的效果。

（二）跳远技术训练的重点和方法

1. 跳远技术训练的重点

跳远技术训练的重点应放在助跑、起跳两个技术环节上。

当前跳远技术的特点是突出助跑速度，要求速度越来越快。当今世界男、女优秀运动员助跑最后10米的速度已分别达到11米/秒和接近10米/秒的高水平。跳远助跑的任务要求运动员必须在预定的助跑距离中达得最大速度，并为起跳做好准备，同时在快速的跑进中要保持稳定的助跑节奏和恒定步长，以保证运用踏板的准确性。

在跳远技术训练中，应特别注意以下几个方面。

（1）无论何种助跑节奏，起跳前都应达到本人的最大助跑速度。

（2）要教会运动员在高速助跑中的放松能力，这是完成有效起跳的重要条件。

（3）无论采用何种空中姿势，均要求维持空中的平衡，在落地前尽量将腿向前伸出。

（4）在技术训练中，要不断提高技术训练的强度，这是跳远运动员专项水平的重要标志。

2. 跳远技术训练的方法

（1）助跑与起跳相结合技术的训练。

训练提示：① 助跑与起跳相结合是教学的关键；② 起动的方式和加速的方法应相对稳定；③ 强调后四步的助跑节奏和快速上板的意识。

内容一：讲解助跑技术的特点及要求，介绍起动的方式、助跑步数与距离、加速方法，并结合全程助跑进行示范。

内容二：全程助跑技术训练。

练习一：在跑道上按预定的助跑步数进行不带起跳的全程助跑练习。

练习要求：根据个人的起动方式做好第一标记，按预定的步数反复练习，直至比较准确地踏上起跳点。

练习二：标记助跑。在跳远助跑道上，每步的步长画好标记（或放置标志物，如海绵块等），进行有起跳意识的全程助跑练习。

练习要求：快、直、稳、准。（快，要在固定的助跑距离内发挥速度，特别是助跑最后四步应达到或接近个人的最快速度。准，要准确地踏上起跳板。稳，助跑的起动姿势、跑的技术、跑的距离、加速的方法以及跑的节奏要稳定。直，要保持直线跑进。）

内容三：全程助跑与起跳相结合技术的训练。

练习一：短程（6~7步）助跑与起跳相结合的练习。

练习要求：重点放在后两步快节奏与上板结合起跳。

练习二：中程（10~11步）助跑与起跳相结合的练习。

练习要求：重点放在快速助跑与起跳的结合方面，起跳腾空应保持平衡。

练习三：全程助跑（16步以上）练习。

练习要求：快、直、稳、准。

练习四：全程助跑接起跳练习。

练习要求：在全程助跑最高速度的跑进中完成有效的起跳动作。

（2）起跳技术的训练。

训练提示：① 起跳是跳远训练的重点之一，应掌握正确的起跳动作；② 起跳的动作幅度和用力程度应协调一致；③ 起跳中应强调摆动腿和摆动臂的摆动意识及其作用。

练习一：连续上步放脚蹬伸练习。

练习要点：起跳腿积极向前放脚着地后接蹬伸向上，摆动腿积极配合向前摆接向前摆动着地，起跳腿接下一个着地蹬伸动作。

练习要求：强化起跳腿的积极下放和蹬摆动作。

练习二：连续上三步起跳练习。

练习要点：跑三步做一个起跳动作，以摆动腿着地后紧接着做下一个跑三步起跳的练习，反复进行。

练习要求：三步助跑节奏要快。

练习三：五步助跑起跳上高垫（海绵包）。

练习要点：正对海绵包，助跑五步，在海绵包前1.5~2米处起跳成腾空步，以摆动腿落在海绵包上。

练习要求：后两步快节奏跑上起跳点，注意起跳后空中向前飞行一段距离后再落下，上下肢协调配合。起跳点的距离和海绵包的高度应根据练习者的水平而定。

练习四：三、五、七步助跑起跳上箱盖。（图9-4）

练习要点：助跑三步起跳成腾空步后，摆动腿落在箱盖上，再紧接着起跳腿向前落地，继续跑出五步接起跳，落在箱盖上，再向前跑出七步接起跳后，双脚落在沙坑内。

练习要求：发展不同步数的助跑节奏接起跳的能力。

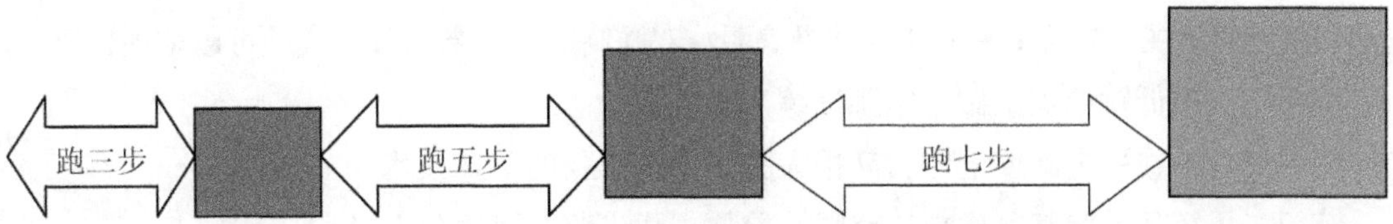

图9-4 三、五、七步助跑起跳上箱盖练习的场地布置

练习五：三、五、七步助跑起跳过栏架。（图9-5）

练习要点：助跑三步起跳成腾空步后，越过栏架，以摆动腿着地，再紧接着向前跑出五步接起跳，越过栏架后，再向前跑出七步接起跳越过栏架。

练习要求：提高跑跳结合的能力以及腾空后的身体平衡能力。

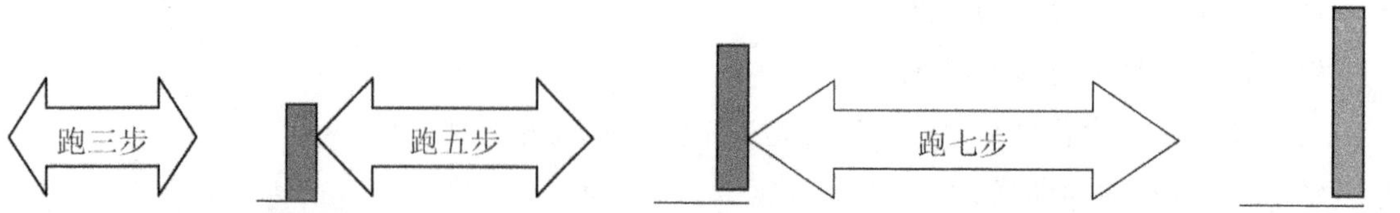

图9-5　三、五、七步助跑起跳过栏架练习的场地布置

（3）腾空技术的训练。

内容一：学习掌握挺身式跳远技术。要求起跳后摆动腿积极下压伴随有伸膝挺髋动作。展髋挺身要充分，两臂要协调配合。

练习一：短程助跑（6~7步）在低跳箱盖上完成挺身式跳远技术。

练习要求：具有一定的腾空时间，会有助于完成挺身式跳远技术。

练习二：中程助跑（10~12步）挺身式跳远技术。

练习要求：起跳充分后再做挺身动作。

练习三：全程助跑（16步以上）挺身式练习。

练习要求：助跑与起跳充分结合，利用较大的腾起高度来完成挺身式跳远。

内容二：学习掌握走步式（两步半）跳远技术。

练习一：短程助跑在斜板或低跳箱盖上起跳完成走步式完整空中动作。

练习要求：在延长腾空时间的基础上体会走步式的完整技术。

练习二：短、中程助跑走步式跳远。

练习要求：用较快的助跑速度起跳并完成走步式技术。

练习三：全程助跑走步式跳远。

练习要求：在保证助跑“快、直、稳、准”的基础上起跳并完成走步式跳远技术。

（4）落地技术的训练。

在竞争激烈、水平相当的比赛中，跳远成绩的排列往往就在1~2厘米，所以落地技术越来越受到人们的重视。有关专家的研究结果表明：双腿高举10厘米，跳远成绩可以增加16厘米。

练习一：在低跳箱盖上做立定跳远练习。

练习要求：在一定高度上体会高抬大腿、前伸小腿的落地技术。

练习二：短程助跑起跳后高抬双腿、前伸小腿坐落在海绵包上。

练习要求：起跳动作充分，紧接着双腿高抬，前伸小腿，大胆坐落在海绵包上。

（三）跳远技术评判的观测标准

跳远技术评判的观测标准见表9-2。

表9-2　跳远各技术环节评判的观测标准

技术环节	观测标准
助跑	（1）运动员的绝对步长大和步频能力强 （2）助跑距离和步数符合个人的身体素质能力 （3）后10米助跑速度尽可能快 （4）助跑速度利用率在90%以上，最好为95%~98% （5）助跑后6步的距离和步长稳定 （6）最后三步的身体重心平稳，上下波动小 （7）助跑准确性高
起跳	（1）起跳时间为0.10~0.13秒 （2）所获得的腾起初速度越大越好 （3）腾起角（18~24度）适宜，一般在20度以上为佳 （4）起跳扇角不应过大，35~ 45度为宜 （5）着地角度不应过大，（66±3）度为宜 （6）离地角度保持在（74±2）度 （7）起跳中保持躯干正直或稍向后倾，躯干角度为87~90度 （8）起跳中膝关节缓冲幅度不应过大，一般最大缓冲时的起跳腿膝角为（142±4）度 （9）起跳中摆动腿和起跳腿两大腿之间的夹角变化为：着地瞬间38度，最大缓冲瞬间38度，离地瞬间106度左右 （10）摆动腿做到摆动快、幅度大 （11）起跳力量大 （12）起跳中的速度 （13）跳远技术指数（K值）：男子0.77以上；女子0.72以上
腾空和落地	（1）重心腾起高 （2）保持身体平衡好 （3）空中动作舒展，幅度大 （4）落地无后坐现象 （5）身体缓冲好 （6）入沙角小

另外，在训练中人们常采用助跑速度利用率、短程和全程助跑跳远的成绩差、K值等来评定运动员的跳远技术。

（1）助跑速度利用率反映了运动员在绝对速度能力一定的情况下，能否在助跑中最大限度地发挥个人速度的能力。在保证起跳效果的前提下，助跑速度利用率越大，越有利于发挥运动员的身体潜能，创造更好的成绩。其计算公式为：

助跑速度利用率＝助跑最后5米平均速度/最大绝对速度×100%

一般优秀运动员的助跑速度利用率在90%以上，世界优秀运动员的助跑速度利用率在95%

以上。训练中，随着运动员跑跳结合技术的熟练和完善，运动员的助跑速度利用率也应相应提高。

（2）短程（8~10步）和全程助跑跳远的成绩差。短程助跑跳远成绩反映了运动员的专项技术水平和起跳能力，成绩越好，技术水平和起跳能力相应越强。

在实践中，短程助跑跳远成绩与全程助跑跳远成绩的差值一般为20~40厘米。在一定训练水平的前提下，如差值过小，其原因可能是全程助跑能力差或在高速跑进中的起跳能力相对较差；差值过大，则提醒在后期的训练中应注意提高起跳的爆发力。

（3）K值反映了运动员在一定助跑速度下获得跳远成绩的水平。苏联专家根据多名运动员助跑速度和成绩的关系，制定了评定跳远技术的标准（表9-3）。世界优秀运动员的K值系数分别是：比蒙和艾米杨为0.83，刘易斯和鲍威尔为0.81~0.82，我国的陈尊荣和黄庚为0.80~0.81。其计算公式为：

K值 = 跳远成绩 ÷ 最后5米的平均助跑速度

注意运动员的跳远成绩应为实际远度。当助跑速度一定时，K值越大说明起跳效果越好。如某一男运动员的助跑速度为10米/秒，跳远成绩为7.50米，其K值为：8/10=0.8。查表可知该运动员的技术属于良好范畴，但存在着一定的问题（不能充分发挥助跑速度的作用）。

表9-3　跳远技术评定系数（K值）

技术等级	优秀	良好	一般	差
男子	0.81以上	0.79~0.81	0.77~0.79	0.77以下
女子	0.76以上	0.74~0.76	0.72~0.74	0.72以下

四、主导性身体素质训练的重点与方法

（一）跳远运动员的身体素质特点与训练重点

跳远运动员的专项身体素质训练应遵循以速度为灵魂，以力量为核心，以耐力、柔韧和灵敏为基础的原则进行。也就是说，跳远运动员的专项身体素质训练应围绕速度和快速力量这两个主导性因素进行。

1. 速度素质突出动作速度和位移速度的提高

优秀运动员所具备的优异的速度能力有目共睹，这是他们获得高水平的跳远成绩的根本保证之一。

速度是指人体快速运动的能力，包括人体快速完成动作的能力和对外界信号刺激快速反应的能力，以及快速位移的能力。速度可以分为反应速度、动作速度和移动速度。反应速度是指人体对各种信号刺激（声、光、触等）快速应答的能力，它对于跳远运动员来说，并不十分重要。动作速度是完成技术动作不可缺少的要素，表现为人体完成某一动作时的挥摆速

度、击打速度、蹬伸速度和踢踏速度等，还包含连续完成单个动作时在单位时间里重复次数的多少（动作频率）。移动速度是指人体在特定方向上位移的速度。移动速度和动作速度是跳远运动员所必须具备的、应得到高度发展的重要的身体素质之一。

跳远运动员的位移速度训练主要是提高跑进速度，并以提高助跑速度利用率为目的。

跳远运动员所需要的动作速度主要是指起跳时的动作速度、跑动中的步时和跑动中的身体各环节的动作速度。肌肉力量和用力节奏决定了起跳各阶段身体各部位的动作速度、动作方向和运动幅度，所获得的反作用力最终决定了腾起初速度和腾起角。因此，训练应着重于增强肌肉的快速力量，改进技术动作，掌握合理的技术动作节奏。

2. 力量素质突出快速力量（速度性力量）和反应力量的提高

力量是指人体神经肌肉系统在工作时克服或对抗阻力的能力。依据完成不同体育活动所需力量的不同特点，力量分为最大力量、快速力量和力量耐力。三种力量的表现特征各有不同。最大力量是指肌肉通过最大随意收缩克服阻力时所表现出来的最大力值。快速力量是指肌肉快速发挥力量的能力，是速度和力量的有机结合。力量耐力是指肌肉长时间克服阻力的能力。人们常说的“爆发力”是快速力量的一种表现形式，是指肌张力已经开始增加的肌肉以最快速度克服阻力的能力。相对力量是指运动员单位体重所具有的最大力量。跳远项目的技术特点，要求运动员具有较大的最大力量能力，又要求运动员的体重不能过重，因此，相对力量指标也常常被作为跳远运动员力量能力的评定指标之一。

跳远运动员在跑、跳时，肌肉收缩都是在短时间内完成的，这种时间上的相对限制，决定了跳远运动员所需要的力量应突出对肌肉收缩时的速度性要求，即快速力量（速度性力量）。从力学功率的计算公式（功率=力量×速度或功率 =力量×距离÷时间）可以看出，分别可以通过增大力量或提高速度来获得更大的功率。有关研究也证明，爆发性项目运动员的快速力量能力优于大力量训练者和未训练者，在200毫秒时间内（跳远起跳时间为0.10~0.13秒）的爆发力训练有利于肌肉在短时间内获得最大的力量。

跑跳中的支撑腿从动作形式上要完成直—最大弯曲—直的快速工作过程，其肌纤维完成离心收缩—向心收缩的快速工作，肌肉收缩的工作效率取决于肌肉在特定的工作条件（特定的技术动作形式）下，短时间内所能发挥的最大的离心收缩和向心收缩的肌力，其中反应力量的大小对起跳力量和起跳效果尤为重要。反应力量是指在一定的动作形式下，肌肉受到强大的外冲击力后，短时间（小于0.2秒）内完成由离心收缩转入向心收缩的工作时所表现出来的能力。当肌肉的离心收缩力量与外冲击力相抗衡时，肌肉转入向心收缩，此时，从技术动作的外形上表现为由弯曲转入伸直。反应力量的大小与外冲击力大小、肌肉短时间内所能表现出来的最大离心收缩和向心收缩能力有关。相对于一般水平的跳远运动员和未受过训练跳远运动员而言，优秀跳远运动员具备较高的反应力量能力。

肌肉力量是人体运动的主要动力来源，力量是训练的重要内容和训练的核心。图9-6是力量能力结构示意图明确表示了力量能力的三种不同结构及其影响因素，这就为有效地选择有针对性的训练方法和手段，提供了理论基础。

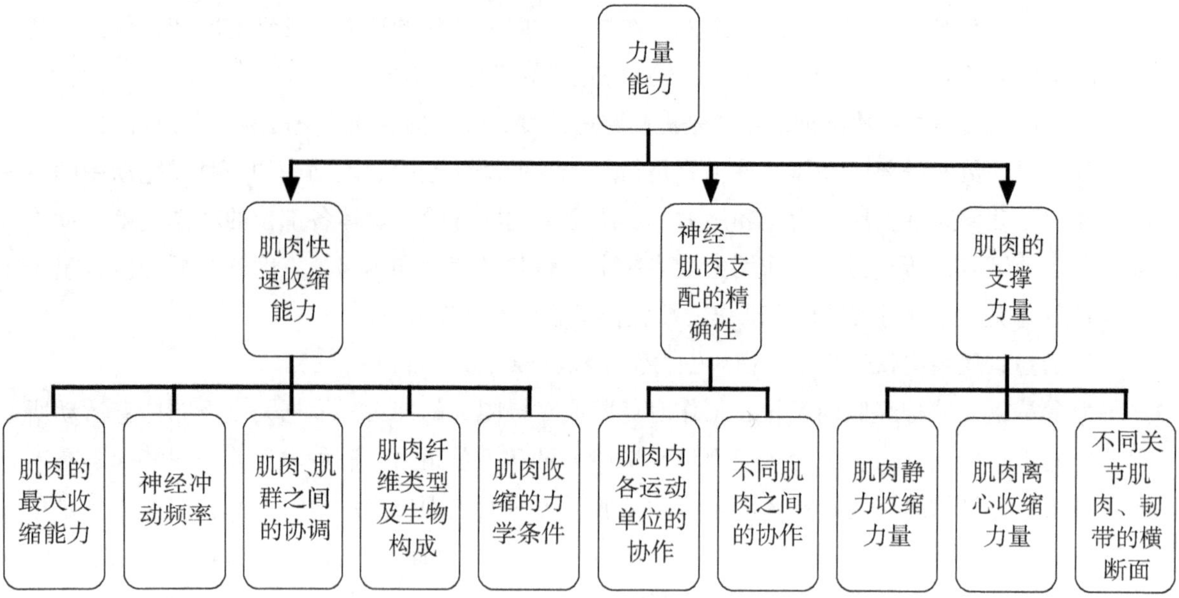

图9-6 力量能力结构示意图

（二）跳远运动员主导性身体素质的训练内容和方法

1. 速 度

跳远速度训练主要针对的是位移速度和动作速度。

（1）位移速度的训练。

跳远速度训练不仅需要跑得快，还要求在助跑距离内尽可能地达到最大速度，并且要求在快速助跑的情况下准确地踏上起跳板并完成起跳动作。因此，在跳远速度训练中，应在提高速度的基础上，结合助跑技术进行大量的助跑练习。

常用的发展位移速度的练习手段见表9-4。

表9-4 常用的位移速度练习手段

序号	练习手段	序号	练习手段
1	30米跑	18	拖重物跑（重量小于10千克）
2	50~60米跑	19	小步跑
3	30米行进间跑	20	高抬腿
4	100米跑	21	跨步跳
5	30米起跑	22	车轮跑
6	50~60米起跑	23	后蹬跑
7	100米起跑	24	折叠跑
8	150~200米跑	25	标记跑练习（发展步频）

续表

序号	练习手段	序号	练习手段
9	200~600米跑	26	标记跑练习（发展步长）
10	30~80米的短距离上坡跑	27	标记跑练习（稳定节奏）
11	30~80米的短距离下坡跑	28	跑台阶
12	100米/100米变速跑	29	软道（沙地）短距离跑
13	50～100米高抬腿跑	30	负重50~100米跑
14	快频率高抬腿（步数）	31	跑跳步
15	短距离变节奏跑（如：快慢快）	32	高膝腾越跑
16	跑道上的助跑练习	33	外力牵引跑（人力或汽车等）
17	跨栏练习		

上述练习手段大致可以分为以下几类。

各种跑的专门练习：提高跑的基本技术和跑的能力。其包括小步跑、直腿扒地跑、高抬腿跑、车轮跑、折叠跑、后蹬跑等。可采用快频率进行练习。练习要求、量和强度与短跑项目相同。

不同距离的速度跑练习：提高最大速度能力和速度节奏感，改进跑的技术。其包括起跑、加速跑、行进间跑、冲跑、变速跑、间歇跑、反复跑、放松大步跑等练习；距离从30米到 300米不等，一般100米以内距离跑的练习主要发展最大速度能力，100~ 300米距离跑的练习发展速度耐力。练习要求、量和强度同短跑项目。

标记跑：根据摆放标记的距离，可以分别发展跑的节奏感、步长和步频。①用于发展节奏感的练习。准备20~25个标记块，按间隔距离为练习者个人的7~8个脚长摆放。②用于发展步频的练习。准备15~20个标记块间隔4~6个脚长摆放。③用于发展步长的练习。准备20~30个标记块间隔8~8.5个脚长摆放。所摆放标记块的高度为15~30厘米。此外，还可以采用变换节奏的标记跑练习（主要用于提高跑的节奏感和调整能力），可在前段摆放10~15个短间距的标记（小于正常步长20~50厘米），练习者快频率跑过，接着在中段（20~30米）不摆放标记，练习者自然加速跑进，最后，在后段摆放与练习者的步长相接近的10~15个标记，练习者加速或匀速跑过，此练习重复10~20次较为适宜。

与跳远助跑技术相结合的速度练习：方法见助跑技术练习部分。

各种跨栏练习：主要提高速度节奏感和跑跳结合能力。方法：用3、5、7、9、11步跨低栏，栏高根据练习者的能力而定，一般低于同年龄组的栏高要求，对于低年龄的少儿练习者栏高可低于60厘米。栏高的确定以保证栏间跑速度和跑跨结合技术为准，要求练习者在栏间跑中做到跑动速度快、节奏感强，栏数一般为3~6栏，跑10~20次。

台阶练习：目的是提高腿部力量。在20~50厘米高的台阶上做上、下快速交换腿跑或跳的练习，教练员可用掌声或口令帮助运动员进行练习。练习次数为10~20次／组，4~10组。

上下坡跑练习：上坡跑可提高腿部力量，下坡跑可使练习者在较大步长的情况下，以尽可能快的步频跑进。注意练习场地的坡度不应超过20度，特别是下坡跑时，坡度不应过大。练习者在上坡跑的开始阶段和下坡跑的最后阶段都应在平地上过渡跑进6~10步，斜坡的跑进练习距离一般为30~60米，跑10~20次。

牵引跑练习：利用外力的牵引作用，使练习者采用超100%的强度跑进，用于提高最大速度能力。可采用弹性较好的橡皮条，通过同伴的人力或其他交通工具（如摩托车、汽车等）进行牵拉。牵拉速度应根据练习者的能力确定，一般不应超过个人最大速度能力的110%，并注意确保练习者在跑进中可主动松开牵拉带，以保证安全。练习距离为30~60米，跑10~20次。

拖重物跑练习：用于提高跑动中的后蹬力量。所拖重物应根据练习者的水平和力量而定，一般不超过10千克。练习距离为30~60米，跑10~20次。

除以上介绍的各种方法以外，还可以参考短跑项目的速度练习方法。

（2）动作速度的训练。

动作速度的快慢主要取决于完成动作时，神经的兴奋传导速度、神经—肌肉间的协调性、肌肉的收缩力量和收缩速度、对抗肌的协调配合，以及动作结构的合理性等。

常用的发展动作速度的方法和手段有以下几种。

① 快速的专项基本技术练习。此练习的目的是通过提高肌肉收缩速度和改善技术动作来提高动作速度。所选择的练习手段，要与专项技术在动作结构、肌肉用力特点、肌肉用力速度和节奏以及动作的路线相类似。如：快速高抬腿跑、快速摆臂、快速摆腿、快频率的各种跑的专门练习和各种跳跃练习等。这类练习能提高肌肉收缩的速率，改善神经系统对肌肉的支配能力，提高快速动作的水平。具体的练习手段见速度练习手段和技术练习手段部分。

② 快速力量练习。通过徒手或负轻重量的快速力量练习来增大完成动作时所需部位的肌肉力量，提高肌肉抗阻力的能力，从而提高动作速度。如：各种使用橡皮条的摆臂、摆腿练习，负重跳练习，小重量的快速蹬伸练习等。具体练习方法见快速力量练习部分。

③ 降低练习难度的各种专门练习。主要是通过降低练习时完成动作的难度，来提高完成动作的速度。如：利用“牵引跑”的外力作用来提高跑的速率；短助跑下的快速跳跃练习可以降低起跳时的难度，提高完成起跳动作的速度和动作质量。

跳远技术的专项辅助练习手段也可以作为提高动作速度的手段。具体的练习手段可参见跳远技术练习部分。

（3）跳远速度练习的注意事项。

① 速度练习，特别是强度在90%以上的速度练习应安排在运动员身体状况较好时进行。一般安排在每次训练课的主要练习内容的开始部分。

② 完成速度练习时，应采用最大速度和相当于最大速度的90%~95%交替进行，特别是在

动作速率是靠肌肉工作的协调一致来完成的情况下。

③ 在速度练习时，由于强度要求较高，一定要注意培养动作的放松感，只有在放松状态下的用力才能达到预期效果。过度紧张造成动作僵化，是目前青少年训练中最常见的技术错误，应在刚参加训练时就重视这一问题。

④ 防止"速度障碍"的产生。目前有关"速度障碍"产生的原因和机制还没有明确的结果，但长期的单一训练手段、僵化的训练节奏安排、无变化的训练负荷要求等无疑是造成"速度障碍"的原因，故应时刻引起重视。

⑤ 培养良好的速度节奏感是跳远运动员非常重要的能力，特别是步长节奏感和距离感。

2. 力 量

力量是肌肉工作时克服阻力的能力。肌肉的收缩力量是人体进行体育运动的唯一动力来源。发展和提高肌肉力量是提高运动成绩的基础。

根据人体的生长发育规律，在青春发育期前，人体正处于快速力量的发展敏感期，在青春发育期随着身高的增长，肌肉的增长以长度为主，并落后于骨骼的增长速度，此时应注意提高肌肉的柔韧性，并通过肌肉力量练习促进肌肉的纵向发展。随着青春发育中、后期的到来，人体的身高增长逐渐缓慢下来（男15岁、女13岁以后），此时可循序渐进地加大力量练习的强度和量，以达到更好的力量练习效果。

跳远项目是运动员克服自身重量的跳跃运动，过度的大力量练习会增大肌肉的横断面，这样势必会增加肌肉的重量，等于加大了跳跃时的负担。因此，合理的跳远运动员的力量训练应注意既不过分增大肌纤维粗度和肌肉体积，又能有效地提高肌肉力量。

跳远运动员的力量训练是在提高最大力量的基础上，重点发展快速力量和反应力量的能力。

（1）常用的力量练习手段。

负重杠铃练习是跳远运动员常用的发展最大力量和快速力量的手段。常用的最大力量练习手段包括深蹲、半蹲、坐蹲、抓举、膝上高抓、高提、斜蹲、高翻、卧推、负重单腿蹲起、器械坐姿伸膝练习、体前屈（硬拉）等。常用的快速力量练习手段包括负重弓步交换腿跳、负量弓步走、负重纵跳、负重半蹲跳、壶铃蹲跳、快蹲起（10秒，负重相当于体重的50%~70%）、踝跳、俯卧收小腿练习、沙袋或皮条摆腿练习、连续快速挺举、铃片摆臂等。

（2）最大力量的杠铃训练方法。

通过增大肌肉纤维面积、增加肌肉纤维参与工作的数量、改进神经肌肉间的协调性和提高各肌群间的工作协调性等途径可以提高肌肉的最大力量。

① 金字塔法最大强度向心收缩练习。按照不同强度的负重进行练习，常用的负荷变化有两种：

第一种：90%×3+95%×2+97%×1+100%×1+95%×2+90%×3。

第二种：60%×10+70%×8+80%×6+85%×5+90%×3+95%×2+100%×1。

②最大向心收缩力量练习。100%负重量，连续做5组，每组1次。如杠铃半蹲起练习。

③ 最大静力力量练习。100%负重，连续做5组，每组重复2次，每次坚持5~6秒，组间休息3分钟。主要用于提高肌肉在某一关节角度下的力量和在特定技术环节下的肌肉用力感觉。

④ 最大离心收缩力量练习。在专门器械上进行110%~120%强度的离心收缩力量练习。此练习由于肌肉处于超负荷状态，应注意防止受伤。如在力量练习器上完成慢速或快速的负重屈腿练习，可有效地提高肌肉的支撑能力。

⑤ 离心—向心收缩力量练习。采用70%~90%的负荷强度，慢速完成离心收缩接快速完成向心收缩，连续做5组，每组6~8次，组间休息4~5分钟。如负杠铃完成慢速下蹲接快速蹬起练习。

⑥静力—动力练习。采用60%~80%的负重量，快速下蹲至膝关节成90度或120度时，保持停顿1~2秒，而后爆发式完成向心收缩，使双脚蹬离地面，连续做4~6组，每组做4~5次。

（3）快速力量的训练方法。

① 发展快速力量的负荷强度变化区间较大，下肢杠铃力量练习的负荷一般为体重的30%~60%，进行单腿或双腿的半蹲或深蹲练习。采用短时间内的快速连续下蹲练习也很有效，如负体重30%的重量完成5~10秒的连续快蹲起，在此时间内完成的动作次数可反映快速力量的能力。可以采用5秒杠铃或其他器械（如哑铃、小铃片等）快挺的练习，发展上肢力量。

② 采用各种徒手或负重的跳跃练习也可以有效地发展快速力量。常用的跳跃练习手段见表9-5。做跳跃练习时，用最大速度或最大速度的80%~95%交替进行。一组跳跃练习的重复次数不得超过20~25次，在由屈膝缓冲到伸展的动作方向变化中，动作完成得越快，练习效果越好。在连续多级跳中应注意跳跃的节奏感。

③ 快速跑、加速跑、跑台阶、拖重物跑、上坡跑等练习也是发展快速力量的有效方法。

（4）常见的反应力量练习手段。

要提高反应力量，首先要提高肌肉的支撑能力。采用适当的器械或各种练习手段，使练习者在较大外冲击力的刺激下尽快地完成起跳动作，可以有效地发展反应力量。

在发展反应力量时，应重点对练习动作中的转折处和完成动作的速度提出要求，如采用跳深跳练习时，要求着地时间短，尽快完成膝关节的屈膝缓冲转蹬伸，跳箱的高度应在保证练习动作节奏不变的基础上来确定。在练习动作的开始阶段或在改变运动方向时要集中最大力量去完成，特别是在由弯曲到伸展的动作方向变化中，完成得越快，其相互作用力也越大，练习效果也越好。

表9-5 常见的长、短跳跃练习手段

序号	短跳练习手段	序号	长跳练习手段
1	立定跳远	1	立定10级跳远
2	立定三、五级跳	2	立定10级单足跳
3	立定三、五级单足跳	3	短助跑5~10级跨步跳
4	徒手或负重双腿抱膝跳	4	短助跑5~10级单足跳
5	徒手或负重单腿抱膝跳	5	30~50米单足跳
6	徒手或负重蹲跳	6	30~100米跨步跳（要求步数）
7	跳栏练习（2~5个不同高度的栏）	7	30~50米单足跳（要求步数）
8	分腿跳	8	30~100米计时跨步跳
9	前后越过障碍跳（如十字跳、箱盖交换腿跳）	9	30~50米计时单足跳
10	单腿跳上跳箱或体操凳	10	单腿或双腿连续跳格（标记）
11	双脚跳深（30~100厘米）跳高或跳远	11	连续越过障碍的单、双腿跳跃练习
12	单脚跳深（30~80厘米）跳高或跳远	12	跳台阶（楼梯、看台等）
13	徒手或负重的箱盖上下交换跳	13	跑台阶（楼梯、看台等）
14	跳深跳（30~100厘米）	14	立定10~30米计时单足跳
15	短助跑跳起摸高	15	立定10~30米计时跨步跳

常用的练习手段有如下几种。

① 助跑摸高（或起跳），6~10次/组，4~6组。

② 单腿或双腿跳深跳，每次课不超过40次，跳深高度根据个人水平而定，一般为40~100厘米。

③ 单腿或双腿跳栏架，每次课不超过40次，栏架高度根据个人水平而定，一般为50~120厘米。

④ 单腿或双腿的高—低—高器械跳跃练习，要求同跳深跳练习。

⑤ 杠铃的快速下蹲突停（1~2秒）接快蹲起练习：负体重60%~80%的重量，每组4~8次，做4~6组。

⑥ 壶铃蹲跳，每组10~15次，4~6组。

⑦ 杠铃半蹲跳或分腿弓步交换跳：负体重50%~80%的重量，每组8~10次，做4~6组。

（5）青少年运动员做发展力量训练时应注意的几个问题。

① 训练应首先发展速度力量，然后发展最大力量。在15岁以前以一般力量、快速力量和跳跃性练习为主，严格控制超过身体重量的大负荷力量练习。在15岁以后可以逐渐增加中等力量的练习。

② 安排力量练习时，在发展下肢力量的同时，应注意对上肢力量和躯干力量的发展；此外在发展某一肌群时，应注意发展与这一肌群对应的对抗肌群，如发展大腿前群肌肉力量的

同时，注意发展大腿后群肌肉的力量。

③ 在进行力量练习时，首先应掌握正确的练习动作，否则，不但“事倍功半”，而且容易出现伤害事故。

④ 在练习中，应注意练习动作的外形和节奏，特别要注意动作的幅度、角度和出现最大肌肉用力的时机。

⑤完成快速力量练习和跳跃练习时，在动作的开始阶段和改变运动方向时，要注意以爆发性用力完成。

⑥ 少年儿童在力量练习时，应以几个练习手段构成的成组练习为主，以保证身体各部位肌群的同步协调发展，特别注意要发展薄弱环节的肌肉力量。要重视发展小肌群的肌肉力量，如踝关节、肩关节、腰背部、骶髂关节、腹部等部位的肌肉力量。

⑦ 最大力量练习宜多采用动力性手段，不宜采用静力性练习。随年龄的增加，逐渐做到动静结合。

⑧ 在训练负荷安排中，应注意小重量负重练习为10~15次，中等重量的负重练习为3~5次，大重量负重练习为1~2次。

五、训练过程与控制

（一）跳远运动员的多年训练阶段划分和训练任务

受人体生长发育规律、田径运动训练规律的影响，跳远运动员的成绩增长具有明显的年龄特征。根据霍缅科夫的研究，从新手成长为运动健将需要9~10年的时间。跳远运动员从开始参加专项训练到首次出现优异成绩的训练年限：男子平均5.25年，女子平均5年（图9-7）。运动员的训练全程，根据不同年龄段生长发育的特点和训练水平的提高，可以划分成几个不同的训练阶段，各阶段的训练任务和目标有其重点（表9-6）。符合运动员年龄和竞技水平的训练才能保证运动员系统地参与其中，最终达到和尽可能长时间地保持最高竞技能力水平。

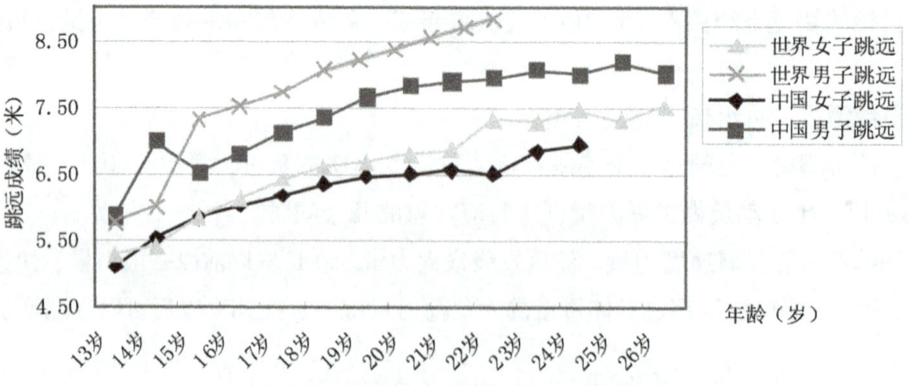

图9-7　世界、中国跳远运动员逐年成绩增长曲线

表9-6　跳远运动员不同训练阶段的训练任务和训练要求

阶段	训练任务	训练要求
基础训练阶段（13~15岁）	（1）全面训练，促进发育和增强体质 （2）全面发展身体素质，抓住素质发展敏感期，着重发展速度、快速力量素质和灵敏协调性 （3）学习掌握各项跑、跳基本技术，形成正确的跳远技术 （4）进行道德品质方面的教育，培养参加跳远训练的兴趣、良好的训练作风和习惯。培养自信和勇敢顽强的意志品质	（1）素质训练强调速度、快速跳跃能力和协调灵敏性的发展 （2）通过观摩比赛和技术影片、图片，掌握技术基本概念 （3）专项训练着重于基本技术，专项技术以中、短程跳远技术训练为主。训练手段多样化，增加运动技能储备，为后续训练打好基础 （4）训练负荷不应过大，防止少儿训练成人化 （5）参加全能或多项目的比赛，提高训练的兴趣和积极性，促进全面发展
初级专项训练阶段（16~17岁）	（1）在全面身体素质提高的前提下，进一步发展专项素质水平，突出速度和快速跳跃能力 （2）进一步提高跳远基本技术，特别是合理的助跑节奏与跑跳结合技术 （3）加强专业理论学习，提高对技术和训练规律的初步了解，增强训练的自觉性和积极性 （4）通过主副项的比赛，培养心理适应能力	（1）逐渐加大专项素质训练成分，抓住生长发育高峰期的有利时机 （2）继续加强短、中程跳远技术的练习，逐渐增加全程助跑跳远技术的练习 （3）结合训练实际、理论讲解和优秀运动员成长事例，培养运动员的训练热情和自觉性 （4）参加多项比赛，提高运动员心理适应能力，积累比赛经验
专项提高训练阶段（18~22岁）	（1）发展专项身体素质和跑跳结合的快速起跳能力 （2）完善跳远技术，特别是快速助跑节奏、助跑的准确性和跑跳结合的自然连贯性，提高专项技能和训练水平。通过比赛检验技术水平 （3）通过比赛提高心理调整能力和心理稳定性。培养运动员的职业道德，为后续的艰苦训练做好心理准备	（1）加大专项素质训练的比重，重点发展跳跃能力 （2）在保证一定量的前提下，提高训练强度。增加全年比赛次数，通过比赛检查训练效果 （3）加大全程技术训练的比重，使运动员在较大强度的练习中，提高技术的稳定性，特别是踏跳的准确性 （4）通过较高水平的比赛，磨炼心理承受能力和培养拼搏精神
高级专项训练阶段（23~27岁）	（1）专项身体素质达到最高水平 （2）继续完善技术，形成个人的技术风格，充分发挥自己的潜力 （3）积极参加比赛，积累大赛经验。掌握个人竞技状态形成规律，保证在大型比赛中创造优异成绩 （4）加强理论学习，扩大知识面，提高个人自身管理、自我训练和抗干扰能力	（1）训练突出强度要求，在素质与技术的动态协调发展中，提高训练水平 （2）比赛与训练的有机结合，通过比赛提高运动员的比赛能力和训练强度，树立训练为比赛服务，小比赛为大比赛服务的思想 （3）专项能力和专项技术达到最高水平 （4）安排相关的理论学习和相关知识的学习，提高运动员的文化修养，提高自我管理能力

续表

阶段	训练任务	训练要求
保持高水平训练阶段（28岁以上）	（1）保持前一阶段所获得的专项训练能力和专项技术水平 （2）加强全面身体素质训练，改善身体素质薄弱环节，提高全面训练水平 （3）改进技术细节，个人技术风格更趋完善 （4）加强理论学习，提高认识，结合比赛实践形成稳定的比赛心理和个人独特的比赛作风	（1）训练突出负荷强度，减少负荷量的要求，训练负荷少而精。专项训练内容应目的明确，训练手段实效性好 （2）改善身体素质薄弱环节，提高全面训练水平 （3）处理好训练和休息时间、训练和比赛的关系，保持较好体力参加训练和比赛 （4）加强医务监督，防止伤病，保持系统的训练

（二）跳远运动员的全年训练计划

在符合多年训练计划任务要求的基础上，根据运动员的当前竞技能力现状、年度主要比赛任务规划全年的训练安排。

1. 制订年度训练计划时应考虑的因素

（1）对于某一个运动员来说，采用什么样的训练最好？

（2）如何更好地将这些训练内容融合在一起？

（3）为了达到某个训练目标，需要训练多长时间？

（4）为了达到某个训练目标，存在的训练难度有多大？

（5）为了达到某个目标，确定中、小周期以及各周期中需要安排的训练次数。

（6）什么样的比赛结果是最好的？比赛的目的和结果的评价标准。

2. 年度训练计划制订的步骤

第一步：总结评价上一年度的训练状态，设想下一年度的比赛任务。

这是决定年度训练成功与否的关键，也是年度训练的指挥棒。

第二步：决定适宜的年度训练计划结构。

根据受训者的年龄、训练水平和比赛任务，确定年度训练的周期结构，如单周期、双周期或多周期的年度训练结构。

第三步：决定年度训练周期、训练阶段的目标、任务和时间段的划分。

在年度训练结构确定的基础上，确定各训练周期和训练阶段的任务、目标，以及各周期、阶段的持续时间等。

教练员要根据运动员的情况分别设定年度、中期和短期的训练目标，设定目标应符合“SMARTER”原则：

S——specific：特定的，具有个人特点的。

M——measurable：可测量的。

A——agreed：教练员和运动员共同认可的。

R——realistic：可实现的。

T——time phased：具有一定时间性的。

E——exciting：具有激励作用的。

R——recorded：可记录的。

中周期和小周期训练目标制定的取决因素为离比赛期的时间长短。一般来说，距离比赛期时间越远，训练的负荷量越大，负荷强度越低，训练专项化也低；距离比赛期越近，训练的负荷量越低，训练强度越大，训练专项化越强，逐步形成最好状态。

中周期和小周期的持续时间取决于训练目标、运动员的训练状态（水平）、个人对训练的反应和可能的时间。中周期一般为2~7个有特定目的的小周期，如发展弹性力量,提高一般耐力等。小周期为5~14天，一般为7天，全能项目可14天，应包括详细的训练量、训练强度、训练次数和训练单元的安排。

第四步：决定中周期的训练负荷（量、强度和恢复等）。

在安排训练量和强度之前，首先应根据受训者的年龄和训练水平确定其训练的主要内容。随受训者年龄的增加和训练水平的提高，一般身体训练应逐渐向专项训练转化，专项训练量逐渐加大，专项训练强度也逐年增加。根据有关研究表明，为保证运动员逐年成绩的提高，运动员每一年度的训练负荷一定会在上一年度训练的基础上有所增加或改变，这是运动员竞技状态不断提高所必需的，但这种增加或改变不能超过20%，要注意增加和转变的效果，不是“为变而变”。

第五步：确定训练监测和评价方法及其时间。

根据不同的中周期，要适当安排主导性竞技能力构成因素的状态诊断，主要包括专项技能诊断、专项素质水平、生理机能状态、心理状态、训练疲劳状态及比赛总体表现等。

第六步：计划小周期的训练负荷（量、强度和恢复等）。

3. 年度训练计划范例

年度训练计划范例见表9-7。

表9-7　2006—2007年年度训练计划（跳远运动员：000001）

性别：女　　生理年龄：18　　发育年龄：16　　训练年限：5　　训练阶段：专项提高阶段

<table>
<tr><td>周</td><td>1</td><td>2</td><td>3</td><td>4</td><td>5</td><td>6</td><td>7</td><td>8</td><td>9</td><td>10</td><td>11</td><td>12</td><td>13</td><td>14</td><td>15</td><td>16</td><td>17</td><td>18</td><td>19</td><td>20</td><td>21</td><td>22</td><td>23</td><td>24</td><td>25</td><td>26</td><td>27</td><td>28</td><td>29</td><td>30</td><td>31</td><td>32</td><td>33</td><td>34</td><td>35</td><td>36</td><td>37</td><td>38</td><td>39</td><td>40</td><td>41</td><td>42</td><td>43</td><td>44</td><td>45</td><td>46</td><td>47</td><td>48</td><td>49</td><td>50</td><td>51</td><td>52</td></tr>
<tr><td>时间</td><td colspan="8">2006.10.1—11.26</td><td colspan="7">2006.11.27—2007.1.13</td><td colspan="7">2007.1.14—3.3</td><td colspan="5">2007.3.4—4.7</td><td colspan="5">2007.4.8—5.12</td><td colspan="4">2007.5.13—6.9</td><td colspan="3">2007.6.10—6.30</td><td colspan="4">2007.7.1—7.28</td><td colspan="3">2007.7.29—8.18</td><td colspan="4">2007.8.19—9.15</td><td colspan="2">2007.9.16—9.29</td></tr>
<tr><td>比赛</td><td></td><td></td><td></td><td></td><td></td><td></td><td></td><td></td><td></td><td></td><td></td><td></td><td></td><td>*</td><td>*</td><td></td><td></td><td>▲</td><td></td><td></td><td>▲</td><td></td><td></td><td></td><td></td><td></td><td></td><td></td><td></td><td></td><td></td><td></td><td>*</td><td>*</td><td></td><td>*</td><td></td><td>*</td><td>*</td><td>*</td><td>▲</td><td></td><td>▲</td><td>*</td><td>*</td><td>*</td><td></td><td></td><td></td><td></td><td></td><td></td></tr>
<tr><td>重要程度</td><td></td><td></td><td></td><td></td><td></td><td></td><td></td><td></td><td></td><td></td><td></td><td></td><td></td><td>4</td><td>3</td><td></td><td></td><td>2</td><td></td><td></td><td>2</td><td></td><td></td><td></td><td></td><td></td><td></td><td></td><td></td><td></td><td></td><td></td><td>4</td><td>4</td><td></td><td>4</td><td></td><td>3</td><td>3</td><td>3</td><td>2</td><td></td><td>1</td><td>3</td><td>3</td><td>2</td><td></td><td></td><td></td><td></td><td></td><td></td></tr>
<tr><td>竞技能力状态测试</td><td></td><td></td><td></td><td></td><td></td><td>JQ</td><td></td><td></td><td></td><td></td><td></td><td>JQ</td><td></td><td></td><td></td><td></td><td></td><td></td><td></td><td></td><td></td><td></td><td></td><td></td><td></td><td></td><td>JQ</td><td></td><td></td><td></td><td></td><td></td><td></td><td></td><td></td><td></td><td></td><td></td><td></td><td></td><td></td><td></td><td></td><td></td><td></td><td></td><td></td><td></td><td></td><td></td><td></td><td></td></tr>
<tr><td>机能监测</td><td>P</td><td>W</td><td></td><td></td><td></td><td></td><td></td><td>W</td><td>B</td><td></td><td></td><td></td><td></td><td>B</td><td></td><td>W</td><td></td><td>B</td><td></td><td></td><td>B</td><td></td><td>W</td><td>B</td><td></td><td></td><td>P</td><td></td><td>B</td><td></td><td></td><td></td><td>B</td><td></td><td></td><td></td><td></td><td>B</td><td></td><td></td><td>B</td><td></td><td>B</td><td></td><td></td><td>B</td><td></td><td></td><td></td><td></td><td></td><td></td></tr>
<tr><td>全年周期划分</td><td colspan="50">单周期</td><td></td><td></td></tr>
<tr><td>时期</td><td colspan="32">准备期</td><td colspan="14">比赛期</td><td colspan="4" rowspan="8">过渡期</td><td></td><td></td></tr>
<tr><td>阶段</td><td colspan="22">一般准备期</td><td colspan="10">专项准备期</td><td colspan="7">比赛前期</td><td colspan="7">比赛期</td><td></td><td></td></tr>
<tr><td>中周期</td><td colspan="8">第一中周期</td><td colspan="7">第二中周期</td><td colspan="7">第三中周期</td><td colspan="5">第四中周期</td><td colspan="5">第五中周期</td><td colspan="4">第六中周期</td><td colspan="3">第七中周期</td><td colspan="4">第八中周期</td><td colspan="3">第九中周期</td><td></td><td></td></tr>
<tr><td>技术</td><td colspan="8">空中技术</td><td colspan="7">起跳效果的提高</td><td colspan="7">新的助跑距离和节奏</td><td colspan="5">跑跳结合技术</td><td colspan="5">助跑稳定性</td><td colspan="4">助跑起跳技术完善</td><td colspan="3">技术稳定性</td><td colspan="4">创造成绩</td><td colspan="3">创造比赛</td><td></td><td></td></tr>
<tr><td>专项素质</td><td colspan="8">一般耐力</td><td colspan="7">最大力量</td><td colspan="7">最大力量+加速能力</td><td colspan="5">反应力量+速度</td><td colspan="5">反应力量+绝对速度</td><td colspan="4">绝对速度+反应力量</td><td colspan="3">保持平衡发展</td><td colspan="4">适当精简</td><td colspan="3">保持健康</td><td></td><td></td></tr>
<tr><td>心理素质</td><td colspan="8">训练目标的心理确定、对心理训练建议和着重点</td><td colspan="7">自我训练中的自我激励</td><td colspan="7">助跑开始前和过程中注意力</td><td colspan="5">跑跳转换中心理准备</td><td colspan="5">赛前模拟训练</td><td colspan="4">赛前模拟训练</td><td colspan="3">目标再确认</td><td colspan="4">再次确认比赛心理过程</td><td colspan="3">专注于比赛过程</td><td></td><td></td></tr>
<tr><td>战术</td><td colspan="8"></td><td colspan="7"></td><td colspan="7">根据跳远比赛的时间性进行技术训练</td><td colspan="5">确定助跑标记</td><td colspan="5">增加练习难度</td><td colspan="4">根据比赛进行模拟训练</td><td colspan="3">根据需要</td><td colspan="4">根据需要</td><td colspan="3">根据需要</td><td></td><td></td></tr>
<tr><td>小周期</td><td>1</td><td>2</td><td>3</td><td>4</td><td>5</td><td>6</td><td>7</td><td>8</td><td>9</td><td>10</td><td>11</td><td>12</td><td>13</td><td>14</td><td>15</td><td>16</td><td>17</td><td>18</td><td>19</td><td>20</td><td>21</td><td>22</td><td>23</td><td>24</td><td>25</td><td>26</td><td>27</td><td>28</td><td>29</td><td>30</td><td>31</td><td>32</td><td>33</td><td>34</td><td>35</td><td>36</td><td>37</td><td>38</td><td>39</td><td>40</td><td>41</td><td>42</td><td>43</td><td>44</td><td>45</td><td>46</td><td>47</td><td>48</td><td>49</td><td>50</td><td>51</td><td>52</td></tr>
<tr><td rowspan="5">训练负荷量/强度</td><td colspan="52"></td></tr>
<tr><td colspan="52"></td></tr>
<tr><td colspan="52"></td></tr>
<tr><td colspan="52"></td></tr>
<tr><td colspan="52"></td></tr>
</table>

注：JQ代表跳跃能力的专项五项测试。

（三）跳远运动员的周训练计划

1. 少年准备期周训练计划

少年准备期周训练计划范例见表9-8。

表9-8 少年准备期周训练计划范例

日期	主要训练任务	训练内容和负荷量
星期一	速度+跳跃+素质	（1）小步跑：30米×3组 （2）快速高抬腿：20米×3组 （3）加速跑：50米6~8次 （4）3—5—7步或短程5步助跑连续起跳练习：50米×6组 （5）跨步跳练习：50米×4组 （6）俯卧撑：4组
星期二	小力量+跳跃	（1）负重体前屈：10次×4组 （2）挺举：10~15次×4组 （3）连续快蹲起：15次×4组 （4）跑台阶：10~20级×6~8组 （5）大步跑：60米×4组 （6）4~6步助跑摸高：10~15次 （7）快速跳绳：50次×3组
星期三	技术	（1）6~8步助跑跳远：6次 （2）全程助跑完整技术练习：6次 （3）立定5级跨步跳：6次 （4）腹背肌练习：4组 （5）引体向上：4组
星期四	素质+速度耐力	（1）跨栏练习：20次（栏间7.5米，栏高76厘米） （2）胸前或体侧抛、传、接实心球练习：15次 （3）障碍“8”字跳（障碍物不高于30厘米）或原地分腿跳 （4）不同形式的绕栏架练习 （5）垫上俯卧后举腿练习 （6）变速跑：（30米快+40米慢+40米快）4次 × 6组 （7）垫上前后滚翻练习：10次
星期五	速度+技术	（1）拖重物跑（或跑标记）：30米8~10次 （2）6步助跑起跳练习：10次 （3）立定三级跳远：6次 （4）前后抛实心球：各15次
星期六	耐力+小力量	（1）沙衣台阶上下交换腿跳：15次×4组 （2）坐姿抬腿：10次×4组 （3）铃片摆臂练习：20次×4组 （4）坐姿伸小腿练习：10次×4组 （5）立定5级单足跳：10次 （6）放松耐力跑：2000米

2. 少年专项准备后期的周训练计划范例

少年专项准备后期的周训练计划范例见表9-9。

表9-9 少年专项准备期后期的周训练计划范例

日期	主要训练任务	训练内容和负荷量
星期一	速度+跳跃能力	（1）快速高抬腿：30米×3次 （2）连续上步起跳练习：5次×（4~6组） （3）快跑：30米×4次；60米×2次；100米×2次 （4）软道或沙坑纵跳：（15~25次）×4组 （5）跨步跳：（30~50米）×6组
星期二	技术+躯干力量	（1）连续三步起跳：50米×4次 （2）中程助跑跳远：10~12次 （3）短助跑五级跨步跳：8次 （4）腹背肌练习：4组
星期三	力量+速度	（1）抓举：4组 （2）快蹲：6组 （3）负杠铃跑台阶（3~5级）：（4~6次）×6组 （3）大步标记跑：30米×8次（标记间隔为7.5~8脚长） （4）6步助跑摸高：10~15次
星期四	速度耐力+素质练习	（1）100米跑快/100米跑慢6个×2组 （2）大腿后群肌练习：15次×4组 （3）双摇跳绳：50次×4组 （4）绕栏架：（前后左右方向）各15次×4组 （5）躯干肌群练习：15次×4组
星期五	技术	（1）5~6步助跑起跳练习：6~8次 （2）全程助跑（或完整技术练习）：8次 （3）前后抛铅球：各15次 （4）垫上腹背肌练习：4组
星期六	力量	（1）快挺：10次×6组 （2）深蹲（或半蹲）：8组（塔形负荷安排） （3）加速跑：60米×8次 （4）跨步跳：60米×6次 （5）计时跑：2000米

上述周训练计划范例中，未包括每次训练课的准备活动、放松整理活动部分。准备活动应注重对肌肉韧带的牵拉练习和在一般准备活动基础上的专项准备活动的量和强度，专项准备活动的强度一般应接近后续的专项练习的90%，才能保证后续专项练习的强度要求。不同训练课应安排不同的专项准备活动内容，以保证主要练习的质量。

放松整理活动不仅是训练课的重要组成部分，也是确保训练顺利系统进行的必不可少的保障。因此，教练员在运动员的受训初期就要帮助他们形成对放松整理活动的充分认识，并养成良好的放松习惯，这是防伤防病、确保训练顺利的基础。放松整理活动一般有：慢跑、静力韧带牵拉、按摩、冰水浸泡（防止局部大强度训练负荷后肌肉充血现象的发生）、热水浴（促进训练后血液循环）等。

（四）跳远运动员训练过程的控制与方法

1. 生理机能水平的评定

跳远运动员常用的评定指标为：最大摄氧量、心率（最大心率、大强度负荷后晨脉等）、台阶试验、无氧阈和无氧工作能力、血红蛋白和血睾酮指标等。

2. 跳远运动员专项身体训练水平的评定方法

目前常用的训练水平评定有：身体形态、专项身体素质指标、技术指标等。

（1）跳远运动员的专项身体素质水平评定标准。

我国一般采用速度（30米、60米或100米跑的成绩）、爆发力测试项目（后抛铅球或立定三级跳远）、短助跑的多级跳练习（如6步助跑5级单足跳、6步助跑5级跨步跳）、跳远技术水平测试（7~8步助跑跳远）、力量测试项目（抓举、深蹲）等指标来评价和预测运动员的训练水平和比赛成绩。

有关研究得出了我国青少年跳远运动员各项形态、素质指标与专项成绩的回归方程，此方程可以检测运动员的训练水平和预测运动员的比赛成绩。

男子跳远：Y=13.955−0.542X_5−0.459X_4+0.03736X_7

女子跳远：Y=9.178−0.272X_5+0.08394X_7−0.359X_4

注：X_5——100米，X_4——30米，X_7——5步助跑五级单足跳。

在训练中，我们也可以采用表9-10和表9-11数据来评定运动员的跳远成绩及应具备的专项身体素质水平。当运动员的某项身体素质指标值低于对应跳远成绩值的三格以上时，说明该运动员在此能力上存在一定的差距，应及时加以纠正。

各项指标的测试应注意以下几点：①所有速度项目应采用蹲踞式起跑的手计时成绩；②5步助跑五级单足跳的成绩丈量为实际跳跃远度；③杠铃半蹲系数是肩负杠铃下蹲至膝关节为90度时的最大重量与体重的比值；④铅球质量为4千克。

在训练实践中，不一定采用全部的指标，可以根据训练的不同阶段，有选择地部分采用。平时应注意收集运动员的有关训练资料和数据，这样就能经常进行对照和分析，以便对训练做出及时和客观的评价。

表9-10　女子跳远成绩与身体素质对照表

跳远（米）	30米（秒）	100米（秒）	立定三级跳远（米）	5步助跑五级单足跳（米）	6~7步助跑跳远（米）	后抛铅球（米）	抓举（千克）	深蹲杠铃（千克）	杠铃半蹲系数
6.40	3.8	11.5	8.00	19.00	6.10	14.00	60.0	80	2.20
6.35	—	11.6	—	18.80	6.05	13.70	—	77.5	2.18
6.30	3.9	11.7	7.95	18.60	6.00	13.40	57.5	75.0	2.15

续表

跳远（米）	30米（秒）	100米（秒）	立定三级跳远（米）	5步助跑五级单足跳（米）	6~7步助跑跳远（米）	后抛铅球（米）	抓举（千克）	深蹲杠铃（千克）	杠铃半蹲系数
6.25	—	11.8	—	18.40	5.95	13.10	—	72.5	2.12
6.20	4.0	11.9	7.90	18.20	5.90	12.80	55.0	70.0	2.09
6.15	—	—	—	18.00	5.85	12.50	—	—	2.05
6.10	4.1	12.0	7.85	17.80	5.80	12.20	52.5	67.5	2.01
6.05	—	—	—	17.60	5.75	11.90	—	—	1.97
6.00	-	12.1	7.80	17.40	5.70	11.60	50.0	65.0	1.93
5.95	4.2	—	—	17.20	5.65	11.30	—	—	1.89
5.90	—	12.2	7.75	17.00	5.60	11.00	47.5	62.5	1.85
5.85	—	—	7.70	16.85	5.55	10.70	—	—	1.81
5.80	4.3	12.3	7.65	16.70	5.50	10.40	45.0	60.0	1.75
5.75	—	—	7.60	16.55	5.45	10.10	—	—	1.70
5.70	—	12.4	7.55	16.40	5.40	9.80	42.5	57.5	1.65
5.65	4.4	—	7.50	16.25	5.35	9.50	—	—	1.60
5.60	—	12.5	7.45	16.10	5.30	9.20	40.0	55.0	1.55
5.55	—	—	7.40	15.95	5.25	9.00	—	—	1.50
5.50	4.5	12.6	7.35	15.80	5.20	8.80	37.5	50.0	1.45
5.45	—	—	7.30	15.65	5.15	8.60	—	—	1.40
5.40	-	12.7	7.25	15.50	5.10	8.40	35.0	45.0	1.35
5.35	4.6	—	7.20	15.35	5.05	8.20	—	—	1.30
5.30	—	12.8	7.15	15.20	5.00	8.00	32.5	—	1.25
5.25	—	—	7.10	15.05	4.95	7.80	—	40.0	1.20
5.20	4.7	12.9	7.05	14.90	4.90	7.60	30.0	—	1.15
5.15	—	—	7.00	14.75	4.85	7.40	—	—	1.10
5.10	—	13.0	6.90	14.60	4.80	7.20	27.5	35.0	1.05
5.05	4.8	-	6.80	14.45	4.75	7.30	—	—	1.00
5.00	—	13.1	6.65	14.30	4.70	7.00	25.0	—	0.95

表9-11　男子跳远成绩与身体素质对照表

跳远（米）	30米（秒）	100米（秒）	立定三级跳远（米）	5步助跑五级单足跳（米）	6~7步助跑跳远（米）	后抛铅球（米）	抓举（千克）	深蹲杠铃（千克）	杠铃半蹲系数
7.80	3.7	10.5	10.08	24.00	7.40	17.00	100.0	180.0	2.20
7.70	3.8	10.6	9.80	23.50	7.30	16.75	97.5	175.0	2.18
7.60	3.9	10.7	9.52	23.00	7.20	16.50	90.0	170.0	2.15
7.50	3.9	10.8	9.34	22.50	7.10	16.25	80.0	165.0	2.12
7.40	3.9	10.9	9.28	22.00	7.00	16.03	77.5	160.0	2.09

续表

跳远（米）	30米（秒）	100米（秒）	立定三级跳远（米）	5步助跑五级单足跳（米）	6~7步助跑跳远（米）	后抛铅球（米）	抓举（千克）	深蹲杠铃（千克）	杠铃半蹲系数
7.30	4.0	11.0	9.22	21.50	6.90	15.70	75.0	155.0	2.05
7.20	4.0	11.1	9.10	21.00	6.80	15.38	70.0	150.0	2.01
7.10	4.0	11.2	9.04	20.50	6.70	15.05	67.5	145.0	1.97
7.00	4.0	11.3	8.98	20.00	6.60	14.08	65.0	140.0	1.93
6.90	4.1	11.4	8.92	19.50	6.50	13.75	62.5	135.0	1.89
6.80	4.1	11.5	8.86	19.00	6.40	13.43	60.0	130.0	1.85
6.70	4.1	11.6	8.80	18.50	6.30	13.10	57.5	125.0	1.81
6.60	4.1	11.7	8.68	18.00	6.20	12.78	55.0	120.0	1.75
6.50	4.2	11.8	8.62	17.70	6.10	12.45	52.5	115.0	1.70
6.40	4.2	11.9	8.56	17.40	6.00	12.13	50.0	110.0	1.65
6.30	4.2	12.0	8.50	17.10	5.90	11.80	47.5	105.0	1.60
6.20	4.2	12.1	8.44	16.80	5.80	11.48	45.0	100.0	1.55
6.10	4.2	12.2	8.38	16.50	5.70	11.15	42.5	95.0	1.50
6.00	4.3	12.3	8.26	16.20	5.60	10.80	40.0	90.0	1.45

（章碧玉）

第十章 三级跳远训练

一、影响三级跳远运动成绩的关键因素

对任何一个运动项目而言，科学地组织训练过程和严格地遵循训练规律是获得成功必不可少的因素。而这一切工作的顺利实施，都必须建立在“对具体项目的本质特征和发展规律进行深刻、准确地认识和把握”的基础之上。每个项目除有普遍共性的特征和规律外，又都有自己独特的地方，其中最重要的就是影响专项运动成绩的关键性因素，对这些关键性因素进行有计划地发展和提高，始终是训练工作的核心内容。

中国的优秀三级跳远教练员经过多年的训练实践，概括性地将影响三级跳远成绩的关键性因素总结为“速度是灵魂，力量是基础，技术是关键。”波兰著名教练员斯塔尔琴斯基也给出过较为直接的阐述：“助跑速度与每一次跳跃对速度的利用是决定成绩的关键。”可见，中外优秀教练员的角度虽然不同，但都有着自己独到的认知。从训练理论的角度出发，我们需要对这一问题进行更为深入的分析和论述。

（一）以助跑速度和专项反应性力量为主的运动素质的发展水平

1. 速度素质

（1）助跑速度是影响三级跳远成绩的重要因素。

三级跳远是在快速助跑的情况下，沿直线连续进行三次不同形式的跳跃，以求跨越最远距离的田径项目。三级跳远运动员首先要具备非常优秀的助跑速度水平，专家学者通过

对不同水平三级跳远运动员的助跑速度进行广泛研究，发现助跑速度与运动成绩的相关系数为0.80，呈非常显著性相关（$p<0.01$），这充分地证明了助跑速度对于三级跳远成绩的重要性，是影响三级跳远运动成绩最为重要的因素。

统计数据显示，世界级男子三级跳远运动员（17.50米以上）助跑最后5米的水平速度基本都在10.40米/秒以上，要达到国际水平（17.00米以上）的三级跳远成绩，需要具备10米/秒以上的助跑速度。（表10-1）

表10-1　世界和中国高水平男子三级跳远运动员的助跑速度

姓 名	本人最好成绩（米）	最高助跑速度（米/秒）（比赛中实测）	备注
J.爱德华兹	18.29	11.90	
W.班克斯	17.97	10.82	
K.马尔科夫	17.92	10.62	
M.康利	17.87	11.30	
Y.奎萨达	17.85	10.30	
I.拉普欣	17.69	10.61	
D.卡普斯汀	17.65	10.40	
李延熙	17.59	10.30	
陈燕平	17.51	10.14	超风速
邹振先	17.34	10.47	
邹四新	17.31	10.42	

需要说明的是，表10-1中列出的中外优秀三级跳远运动员的助跑速度，是在他们历次比赛中所测量出的最大助跑速度，并不完全产生于他们创造最好成绩的试跳中，但可以反映出他们助跑速度能力的发展水平。中国运动员邹振先、邹四新的助跑速度相对较好，接近世界优秀运动员的一般水平，但整体上，中国运动员的助跑速度能力与世界顶级三级跳远运动员相比，还存在较为明显的差距，这是制约中国三级跳远水平进一步提高的主要因素。

（2）最大速度能力是助跑速度的基础。

三级跳远运动员要在规则允许的45米的助跑距离之内，达到自己的最大助跑速度，所以，要求运动员具备突出的最大速度（绝对速度）能力和短距离加速能力。在训练中，教练员通常把运动员的60米、100米的短跑成绩作为衡量最大速度能力的指标。研究证明，优秀三级跳远运动员的100米短跑成绩与助跑速度高度相关，优秀的三级跳远运动员往往也是好的短跑运动员。例如，三级跳远的世界纪录保持者J. 爱德华兹的100米成绩十分出色，电动计时为10.48秒；美国三级跳远运动员M.康利的100米电动计时成绩为10.36秒、200米成绩为20.21秒，尤其是他的200米成绩已达到了国际级短跑运动员的水平，M.康利在超风速的情况下跳出过18.17米的成绩，获得了1992年奥运会的冠军。正因为拥有突出的速度能力，才保证了他在三级跳远的助跑中获得了11米/秒以上的助跑速度。中国运动员邹振先也具有非常出色的速度能力，其100米站立式起动计时成绩达到9.93秒，他还曾代表中国参加亚运会的4×100米接力比赛，其助跑速度水平远高于同时代国内的其他三级跳远运动员，而且在当时的世界高水平三级跳远运动员中也是不多见的，出色的助跑速度能力是邹振先进入世界先进水平的重要基础之一。

（3）助跑速度的发挥及其制约影响因素。

运动员仅有良好的最大速度能力，并不意味着他就一定能获得理想的助跑速度，其中，助跑过程中速度的发挥是很重要的。

首先，三级跳远的助跑虽然在动作结构上与短跑没有区别，但是在跑的技术要求上要高于短跑。在三级跳远的助跑中，运动员既要考虑助跑速度，也要考虑助跑的节奏、准确性、重心高度、与起跳的顺利衔接等，因此不可能像短跑运动员那样尽情地发挥出速度水平，优秀三级跳远运动员的助跑速度利用率一般为98%左右。合理的助跑技术（加速方式、节奏、准确性）有利于三级跳远运动员更好地发挥自己的助跑速度。

其次，三级跳远的跳跃技术对于助跑速度的发挥也有着极其重要的影响。三级跳远第一跳的合理起跳角度一般为14~18度，远低于跳远的起跳角度（18~24度），运动员在助跑的最后阶段也不像跳远那样为起跳做更多的准备，因此，可以更加积极主动地加速，这有利于在三级跳远的助跑中，发挥出更高的助跑速度利用率。

再者，在实际的跳跃中，情况并非完全如此，有一些优秀的三级跳远运动员助跑速度的利用率，明显低于他们在跳远助跑中的表现。美国田径运动员M.康利在1983年同时参加了全美田径锦标赛的跳远和三级跳远比赛，在跳远比赛中他的助跑速度平均为11.10米/秒，而在三级跳远比赛中，助跑速度仅为10.10米/秒，在之后的几年中，他的三级跳远的平均助跑速度也基本保持在这一水平。但是1992年巴塞罗那奥运会选拔赛时，M. 康利改进了自己的三级跳远技术，由过去的单足跳型改变为跳跃型，在最大速度稳定的情况下，M. 康利的平均助跑速度由10.10米/秒提高到了11.10米/秒，可以证明，技术的改变，尤其是缩短单足跳的距离，使运动员大大地提高了发挥和利用更快的助跑速度的能力。

最后，三级跳远助跑速度的发挥还要受运动员专项跳跃能力水平的影响和制约。有些优秀的三级跳远运动员由于专项跳跃能力的发展水平相对落后于助跑速度水平，出于对落地支撑能力的考虑，在助跑速度的发挥上主动地有所保留，这种现象在女子三级跳远运动员中相对更多。在三级跳远的整体技术中，助跑水平速度的提高，将带来起跳速度和方向、着地支撑负荷、起跳速度和力量、维持跳跃过程中的平衡和稳定等一系列变化，如果不加以考虑，片面追求助跑速度的提高，则有可能适得其反，造成失败。

2. 力量素质

（1）三级跳远的专项力量特点。

三级跳远的专项力量是一种快速、连续、大强度的肌肉反应性收缩工作能力，我们称之为三级跳远的专项反应性力量。

三级跳远运动员连续的三次跳跃，均在较为坚硬的人工合成跑道上完成，其支撑器官在跳跃过程中所承受的负荷是相当大的。根据苏联著名教练员克列耶尔的研究，在三级跳远过程中，下肢的负荷最大可达1000千克。学者阿玛迪奥曾对联邦德国国家纪录保持者等高水平三级跳远运动员进行研究，通过对跳跃过程中产生的地面反作用力进行测试，得出最大的力量值出现在跨步跳起跳过程中的支撑缓冲阶段，数值范围是体重的14.0~22.3倍，肢体在运动中承受如此大的力量，是其他运动项目无法比拟的。因此，三级跳远运动员需要具备更强大的支撑力量能力来应对跳跃过程中更强大的地面反作用力的冲击。

运动员在承受巨大的地面反作用力之后，还必须迅速地完成起跳，这一落地支撑再起跳过程的时间一般0.12~0.15秒，高水平运动员的用时更短。研究表明，三级跳远运动员在腾空—落地支撑—快速起跳的过程中，起跳腿肌肉的工作特点为非常典型的“拉长—缩短”工作方式，在这个过程中肌肉需要具备强大的快速收缩能力（爆发力），以便能在很短的时间内快速完成起跳蹬伸动作。同时，在主动支撑的过程中，由于肌肉被牵拉伸长而引起肌肉的神经调节性反应——牵张反射，能促使肌肉产生积极、快速的向心收缩，从而促进了肌肉被拉长时所产生的弹性能量的有效释放，大大地增加了总的肌肉收缩的力量。由于这一过程中所产生的肌肉收缩力量具有运动神经反射性调节的特点，因此被称为反应性力量。

近年来，科米等神经肌肉生理学家的研究发现，在肌肉反应式收缩过程中，离心收缩与向心收缩之间的时间间隔越短，越有利于肌肉弹性势能的发挥，反之，则弹性能量损失较大。反应力量主要受最大力量、快速力量和运动神经对肌肉的反射性调节等因素的影响。因此，三级跳远运动员既要具备肌肉的快速收缩能力，还要求具有肌肉由被动拉长到主动收缩的快速转换能力。

三级跳远项目对运动员支撑能力要求较高，这一特点决定了最大力量素质和人体各环节小肌群力量的发展也是非常重要的。最大力量是专项反应性力量的基础，对专项反应性力量的发展有着十分重要的作用，中国的高水平三级跳远运动员历来有重视发展最大力量的传统，运动员普遍拥有比较突出的下肢力量，但同时往往忽略了最大力量与专项力量的协调发展，这主要还是认识方面的问题。各环节小肌群力量的发展非常有助于提高跳跃的速度和平衡稳定性，特别是有助于防止专项运动的损伤。由于三级跳远项目技术复杂，运动强度大，地面反作用力对人体的冲击大，所以，三级跳远运动员的腰、膝、踝、足跟等部位受伤的概率要高于其他田径项目，许多极有才华的运动员都是在他们身体机能的鼎盛时期，因为局部环节的损伤而遗憾过早地结束了其运动生涯。

（2）专项反应性力量（专项跳跃能力）对运动成绩的影响。

在三级跳远项目中，虽然许多运动员都拥有非常出色的速度和力量素质，却不能在专项上达到很高的竞技水平，其中重要的原因是不能很好地把自己拥有的良好的身体素质转变成专项能力，也就是缺少“专项化”的运动素质。因此，所谓专项运动素质，是指在完成专项运动过程中所表现出来的运动素质，而不是一般性的运动素质，它既要符合专项运动的负荷强度要求，又要与专项运动技术紧密结合。

在三级跳远训练理论和实践中，通常把三级跳远的专项力量水平称为“专项跳跃能力”。它在动作形式和神经肌肉工作的用力特点上与三级跳远专项非常相似，在实践中，常把短助跑五级跨步跳、单足跳、从高处跳下的三级跳远等作为专项跳跃能力的检查和评定方法，这些测试内容也常被用作发展三级跳远专项跳跃能力的训练手段。

通过对中外优秀的男、女三级跳远运动员进行研究发现，他们的短助跑五级跨步跳成绩与专项成绩呈显著性的相关关系（$p<0.05$），这说明对于高水平三级跳远运动员而言，专项反应性力量（专项跳跃能力）是影响专项运动成绩的至关重要的因素。世界优秀男子三级跳远运动员的短助跑五级跨步跳成绩平均为24.55米，世界顶级运动员能达到25米左右，世界优秀女运动员平均在21.40米左右。在专项跳跃能力上，中外优秀三级跳远运动员也存在着较为明显的差距，中国优秀男子三级跳远运动员的短助跑五级跨步跳成绩平均为24.02米，优秀的女运动员平均为20.97米。

对于高水平运动员而言，与助跑速度相比，专项跳跃能力在某种意义上对专项成绩的影响作用要更大。相关的研究也证明了上述观点，布吕格曼通过对1997年世界田径锦标赛男子三级跳远前8名的运动员进行研究，结果显示助跑速度与专项成绩之间不存在显著相关（$p>0.05$），这说明并不是助跑速度越好，专项成绩就一定会更高，对中国优秀男子三级跳远运动员的相关研究也得出了相同的结论。毋庸置疑，三级跳远运动员的助跑速度是决定其运动成绩的最为重要的影响因素，高水平男子三级跳远运动员（17米以上）均已具备了10米/秒以上的助跑速度，这是成为高水平运动员的先决条件。但是在普遍具备较高的助跑速度的条件下，三次跳跃过程中的其他内容（保持和利用水平速度）对总成绩的影响则变得更加重要。在这种情况下，仅具备较高的助跑水平速度并不一定就能获胜。

（二）掌握并不断完善复杂的专项运动技术

三级跳远是田径运动中公认的专项技术难度和复杂程度都较高的项目之一，它要求运动员在高速运动的情况下，克服超常的地面冲击力量，连续改变身体的运动状态，以完成三次不同形式的跳跃。尤其是在跨步跳和跳跃阶段，运动员在快速、大幅度地向前飞跃的过程中，其身体处于无支撑的腾空状态，需要完全依靠自身肢体的相互配合来维持平衡，同时再进行全身各环节的协同集中发力，通过准确的“扒摆”配合，完成落地再起跳的任务，这是三级跳远技术的独特之处。要准确掌握这样的专项技术，其难度是相当大的，任何一个环节的微小失误都可能会造成整个技术动作的失败。

三级跳远运动员只有在掌握并完善其专项技术的前提下，才能充分、高效地发挥自身的运动素质水平，取得最佳的运动成绩。特别是对于高水平的三级跳远运动员而言，拥有完善合理的专项技术，是他们在各种复杂的情况下都能充分地调动身体潜能、进行稳定发挥的保证。三级跳远是中国田径运动中具有良好发展传统的运动项目，在历史上出现过田兆钟、邹振先、陈燕平、邹四新等优秀运动员，在不同时期曾先后达到世界先进水平。田兆钟教练曾撰文总结出，在技术上精雕细琢，形成先进的具有个人特点的专项技术，是中国三级跳远运动员取得成功的重要经验之一。

2009年10月，李延熙以17.59米的成绩打破亚洲和全国纪录，当年排名世界第6位。科研人员通过研究分析发现，李延熙成绩的提高是在发挥自身正常的助跑水平速度的条件下，通过对专项跳跃能力的发展提高，依靠完美、流畅的助跑和跳跃技术，进一步挖掘和提高了运动员利用水平速度的能力的结果。

李延熙的突破，再一次证明了积极努力提高绝对速度（最大速度）能力和专项跳跃能力、弥补自身不足，在专项技术上精益求精、力求完美，是中国三级跳远运动员进一步提高运动水平的有效途径。

三级跳远专项技术的困难和复杂性，不仅仅是技术的操作问题，也需要运动员以高度发展的专项运动素质为基础，否则就很难掌握正确而合理的技术。因此，要成为高水平的三级跳远运动员，通常需要比其他田径项目更长周期的培养过程，运动员出成绩的时间也相对要晚一些。

另外，掌握完善合理的专项技术，也能有效地减少三级跳远运动中的损伤发生。许多三级跳远运动员的损伤都是因为专项技术的不正确或不合理而造成的。如落地放脚技术不正确或身体平衡出现问题，都常常会造成运动员踝关节和其他部位的损伤。没有根据自身的专项能力选择合理的专项技术，片面地追求和模仿一些优秀运动员的技术，也常常会导致运动损伤的出现。

（三）跳跃的技术类型与运动员个人体能特点的协调统一

由于三级跳远运动员自身所具备的体能特点和技术理念之间存在差异，在跳跃过程中所表现出的技术风格（类型）也各具特色。三级跳远的技术类型是三级跳远专项技术的关键性和整体性体现，在各个具体技术环节的共同作用下，最终形成和表现出运动员的技术风格。关于三级跳远的技术类型有过许多种划分方法，目前比较常用的是，根据运动员的三跳比例关系，把三级跳远的技术类型划分为单足跳型、平衡型、跳跃型三种。

三级跳远运动员采用何种技术类型是与他们的体能特点密切相关的，三级跳远技术类型的实质就是运动员合理地分配和利用体能的方式。由于三级跳远运动员的体能特点不尽相同，有的助跑速度突出，有的以跳跃能力见长，有的两方面都比较均衡，因而，在连续的三次跳跃中，充分合理地分配、利用好自身的体能特点，扬长避短，取得最大化的效益，就成为了三级跳远运动员成败的关键。探求与自身体能特点相适应的专项技术，一直是三级跳远教练员和运动员在训练中积极追寻的主要目标。在众多的田径比赛项目中，高度重视体能的合理分配和利用，是三级跳远项目所独有的专项特征。

不同的技术类型，本身并不存在明确的高低之分，重要的是运动员所采用的技术类型是否与他的体能特点协调统一。从表10-2中可见，在三种不同的技术类型中都产生出了世界顶级的三级跳远运动员。美国的科研人员通过研究发现，三级跳远运动员的速度转化能力是决定运动员三跳比例和技术类型的最为重要的因素。所谓速度转化能力，是指每一次跳跃的支撑过程中将适宜的水平速度损失转化为垂直速度的能力。

表10-2　世界优秀三级跳远运动员三跳的距离与比例

姓名	成绩（米）	年份	三跳距离（米）/比例（%）			技术类型
			单足跳	跨步跳	跳跃	
J.奥利维拉	17.89	1975	6.09 / 34.0	5.37 / 30.0	6.43 / 36.0	跳跃型
W.班克斯	17.97	1985	6.30 / 35.1	4.96 / 27.6	6.69 / 37.3	跳跃型
K.马尔科夫	17.92	1987	6.50 / 36.3	5.30 / 29.6	6.12 / 34.1	单足跳型
M.康利	17.78	1986	6.61 / 37.2	5.19 / 29.2	5.98 / 33.6	单足跳型
M.康利	18.17	1992	5.81 / 32.0	5.45 / 30.0	6.91 / 38.0	跳跃型
K.哈里森	17.86	1991	6.89 / 38.5	4.94 / 27.7	6.03 / 33.8	单足跳型
K.哈里森	18.09	1996	6.33 / 35.0	5.61 / 31.0	6.15 / 34.0	平衡型
J.爱德华兹	17.44	1993	6.52 / 37.4	4.93 / 28.3	5.99 / 34.3	单足跳型
J.爱德华兹	18.29	1995	6.22 / 34.0	5.48 / 30.0	6.59 / 36.0	跳跃型
J.爱德华兹	17.69	1997	6.34 / 35.4	5.21 / 29.1	6.35 / 35.5	平衡型

研究证明，三级跳远运动员是否选择合理的技术类型，对于专项成绩的优劣具有非常重要的影响，如果运动员选择了与体能特点不相适应的技术类型，所带来的影响为损失运动成绩的3%~5%，严重的甚至要在10%以上，也就是说，会损失掉50厘米左右的跳跃距离，而在世界性重大比赛中，往往10厘米甚至几厘米就决定了比赛的胜负。

对近年来世界锦标赛和奥运会的三级跳远比赛进行分析发现，在进入前8名的男运动员中，有超过半数的运动员采用单足跳型技术，其他的人选择平衡型或跳跃型技术；在进入前8名的女运动员中，有超过三分之二的运动员采用平衡型技术，约三分之一的运动员为单足跳型技术。

三级跳远运动员的技术类型与体能之间是一种动态的协调变化过程，在运动生涯的不同时期，其技术类型也存在一定的变化，但是这种变化的前提必须要与运动员的体能发展相适应。以爱德华兹为例，詹姆斯通过对爱德华兹的专项技术的跟踪研究，发现爱德华兹最初使用的是单足跳型技术，最好成绩为17.44米，在转为跳跃型技术后，才创造了18.29米的世界纪录，对比前后两次跳跃，爱德华兹在起跳速度、摆动速度、起跳腿的主动支撑缓冲能力等方面都有了明显的提高，从中可以看出其技术与体能的协调发展。但是在其运动生涯的后期，由于综合能力和运动素质的下降，三级跳远技术也呈现出由跳跃型技术向平衡型技术的转变。

二、优秀运动员技术分析

目前，世界优秀三级跳远运动员的技术特点表现为：最大限度地发挥、利用和保持水平速度，在减少水平速度损失的前提下，充分发挥自己的体能特点，取得最佳的跳跃成绩。在单足跳型技术、平衡型技术和跳跃型技术中，都产生出了最优秀的三级跳远运动员。相对而言，适当缩小第一跳远度以减少水平速度损失、增加第三跳远度是三级跳远技术的发展趋势。

1995年8月7日，英国运动员爱德华兹以完美的跳跃技术先后两次突破18米大关，创造了18.29米的世界纪录。爱德华兹的技术动作具有比较突出的特点，主要包括：积极快速的助跑、完美的着地起跳技术、强调整体技术的向前性、保持水平速度的能力强和重视发挥第三跳的远度。

下面结合爱德华兹的三级跳远技术动作（图10-1）进行具体的分析说明，这是他在1997年第六届世界田径锦标赛中的一次试跳（17.69米）。

图10-1 爱德华兹三级跳远技术

图10-1 爱德华兹三级跳远技术（续）

（一）助跑与准备起跳

爱德华兹的助跑步数为18步，采用原地站立式起动、起动后进行积极加速的助跑方式。这里的技术图片，只包括了助跑最后3步的技术动作。（图10-1①~⑫）

助跑的倒数第三步体现出他积极向前的助跑技术，像短跑运动员一样，步幅开阔，送髋充分，重心较高，支撑有力，膝关节缓冲较小。

从最后3步的跑进过程中，可以看出爱德华兹的助跑加速非常积极主动，动作协调放松，向前性特点突出，具有很强的进攻性。在准备起跳阶段，爱德华兹始终保持着正常跑动的技术结构，身体重心较高，向前平稳，几乎看不到他为起跳所做的任何调整和准备，这一切有助于他充分地发挥速度能力，并且使得助跑与起跳的结合更加流畅。但是从图10-1①~④与⑧~⑪的比较中仍然可以看出助跑与最后两步的差异，上体由前倾变为正直，甚至微后仰，以利于完成起跳。这样可避免上体前倾，压得太紧，出现跑过板、跳不起来的错误技术动作。这也是助跑与准备起跳阶段跑步姿态的明显不同。爱德华兹助跑的倒数第二步步长为2.34米，最后一步的步长为2.33米，基本没有变化，但水平速度由10.50米/秒提高到10.70米/秒。说明他起跳前积极加速的能力很强，几乎是在越跑越快的情况下完成起跳的。

爱德华兹的上板动作快速、有力。在助跑准备起跳的最后一步中，他的摆动腿快速、充分地用力蹬伸，推动身体重心快速前移。起跳腿同时迅速前摆，带动同侧髋部积极向前（图10-1⑩⑪）。随后，起跳腿以大腿带动小腿积极下压上板。摆动腿用力蹬离地面后，迅速地折叠前摆。从图10-1⑭⑮中可以看到，爱德华兹摆动腿的大小腿折叠非常充分，摆动非常积极快速，这样进一步促进了起跳腿的摆动下压速度，使起跳腿着板后迅速压紧。

（二）第一跳（单足跳）

1. 着板起跳（图10-1⑬~⑯）

起跳腿着板瞬间，爱德华兹的躯干保持较为正直的状态，起跳腿基本伸直呈一条直线。与其他世界优秀三级跳远运动员相比，他的着板点距离身体重心的投影点较近，着地角较大，这十分有利于着板后身体重心的快速前移。

缓冲过程中，爱德华兹起跳腿一侧的髋保持了向前上方的快速移动，缓冲动作以膝、踝关节为主。随着身体重心移过垂直支撑面，爱德华兹的起跳腿开始快速有力地向后蹬伸，摆动腿向前上方积极摆动并带动同侧髋向前。在起跳脚离板瞬间，起跳腿一侧的髋、膝、踝关节充分伸展，摆动腿已摆至水平位置。

在整个着板起跳的过程中，爱德华兹采用单臂摆的摆臂动作方式，这有利于助跑和起跳的顺利衔接与配合、减少起跳过程中的水平速度损失。

爱德华兹第一跳起跳的身体重心腾起角为12度，明显低于其他世界优秀运动员的14~16度，可以看出他第一跳的抛物线很平，非常注重突出跳跃的向前性。

2. 腾空阶段（图10-1⑰~㉓）

腾空阶段的主要任务是保持向前飞行中的身体平衡，完成两腿的交换动作，为第二跳的着地起跳做好准备。

起跳腿蹬离起跳板后，爱德华兹保持向前跨越的腾空步动作，随后，摆动腿自然向后向下伸摆，起跳腿以大腿带动小腿折叠前抬，在腾空过程的中间位置，两腿进行前后交换（图10-1⑳）。在此过程中，手臂进行车轮式的摆动配合。

在此之后，爱德华兹的起跳腿继续向前上方提拉，同时带动起跳腿同侧的髋部积极前送，在手臂动作的配合下，摆动腿继续大幅度后摆，形成躯干部位正直、起跳腿与摆动腿大角度分开的空中大跨步姿态，为即将到来的积极、爆发式的后摆回扒的“扒摆”式落地动作做好准备。

（三）第二跳（跨步跳）

1. 着地起跳（图10-1 ㉔~㉖）

三级跳远技术动作，各技术环节环环相扣，每一个动作的结束也是下一个动作的开始，前面动作的完成质量直接影响着后面技术的发挥，从而决定着整体跳跃的成败。因此，常常把运动员前一跳的落地和后一跳的起跳作为一个整体来分析。

三级跳远运动员在跳跃过程中，身体的运动状态要进行难度较高的连续的改变，而引起改变的动力来自与地面的三次积极性的接触，因此，运动员的着地起跳技术是专项跳跃技术的核心部分。

在第一跳腾空的快速下落过程中，爱德华兹的起跳腿以大腿带动小腿，做出了积极的鞭打式下压后扒着地动作，摆动腿和两臂也同时配合进行快速的、爆发式的摆动。此刻躯干处于正直、保持紧张的状态，抬头平视。

着地瞬间，由于扒地动作积极主动，爱德华兹的起跳腿膝关节几乎是伸直的（图10-1㉔），起跳脚的落地点非常靠近身体重心的垂直投影点，这十分有助于爱德华兹主动应对强大的地面冲击力，并做出积极有效的缓冲动作；另一个好处就是，使爱德华兹的髋关节可以更容易地向前快速通过垂直支撑面，迅速地进入起跳的蹬伸阶段。研究发现，在落地过程中，爱德华兹的起跳脚由前向后下方的“扒地”速度非常快，其速度能够达到甚至超过10米/秒，因此在起跳时产生的水平制动较小，对减少水平速度的损失起到了重要的作用。

图10-1㉕是垂直支撑瞬间，爱德华兹依然保持了上体的正直稳定状态，这一点对于落地支撑是至关重要的。爱德华兹在缓冲过程中膝角变化相对较小，较小的缓冲幅度使他的支撑起跳时间更短，在摆动环节的积极配合下，他能够更快速有力地完成起跳腿的“反应性收缩”，获得理想的起跳垂直速度。当然，爱德华兹能做出上述特点的技术动作，与他具备超强的专项力量水平和超高的全身协同用力能力是密切相关的。在快速跳跃过程中，起跳脚的着地点接近身体重心的投影点、着地缓冲幅度小、起跳时间非常短、扒摆配合积极是爱德华兹着地起跳技术的特点。在他创造18.29米世界纪录的试跳中，三次着地时间分别为0.10秒、0.12秒、0.12秒，这可以说是惊人的（目前尚无他人能够做到这么快）。因此有人形象地描述道，别的三级跳远运动员在跳，而爱德华兹在飞。

在第二跳的起跳过程中，爱德华兹依然采用单臂摆动技术，使起跳过程自然流畅，有利于保持水平速度。第二跳起跳离地瞬间，爱德华兹的躯干和起跳腿的髋、膝、踝等关节充分伸展，躯干略微前倾，手臂积极摆动至最高位置，摆动腿快速前摆带动同侧髋关节向前方跨出。爱德华兹第二跳的腾起角度为12度，也略低于其他世界优秀三级跳远运动员的13~15度，说明在第二跳中，他依然保持着积极良好的向前性，保持着一定的水平速度。

2. 腾空阶段（图10-1 ㉗~㉜）

腾离地面后，爱德华兹继续保持大跨步姿态，快速、平稳地向前飞跃（图10-1㉗）。在进入腾空阶段的后半段时，摆动腿继续上提，起跳腿在身后屈膝后摆，使两大腿间的夹角达到最大，此刻上体处于正直的位置。

随后，爱德华兹两臂由一前一后转为同时向两侧后方回摆，躯干同时略微前倾并向摆动腿方向略微转动，两大腿间的夹角也略减小，更好地保持平衡。随着两臂后摆幅度的不断加大，两腿之间的夹角也有所加大，这就为即将进行的积极、爆发式的“扒摆”着地动作做好了准备。

（四）第三跳（跳跃）

第三跳起跳的任务是充分利用剩余的水平速度，在合理范围内最大限度地提高起跳的垂直速度，力争获得最佳的跳跃距离。第三跳着地起跳技术的动作结构基本与第二跳相同，在此不再赘述。

在出色地完成前两跳的技术之后，爱德华兹非常好地保持了身体重心的水平速度，随后，爱德华兹较好地完成了第三跳的着地起跳，起跳充分有力，摆动积极。腾空后，两臂上举，维持平衡。最后收腹举腿前伸，屈膝侧滑落地。整个动作干净、流畅。（图10-1㉜~㊹）

值得注意的是，在第三跳的起跳过程中，爱德华兹由前两跳的单臂摆动转变为双臂摆动技术，这种改变非常有利于增加运动员起跳的垂直速度，使他获得较为理想的腾起角度，从而提高第三跳的远度。在保持非常出色的腾起水平速度（接近8米/秒）的情况下，爱德华兹第三跳的腾起角度为19度，应该说是非常难得的。

唯一遗憾的是，在第三跳的起跳和腾空过程中，爱德华兹的上体有些前倾，没有做出应有的抬头挺身技术动作，使身体有一些前旋，影响了空中的身体平衡，使双腿的收伸、落地受到一定的影响。这种现象产生的原因，主要在于跨步跳腾空的后半段（图10-1㉙~㉜），也就是准备完成第三跳着地起跳的过程中，没能控制好躯干和头的位置，造成在起跳时上体前倾产生前旋，虽然在随后的着地起跳和腾空过程中依靠积极的摆腿、摆臂和躯干的积极伸展进行了调节和补偿（图10-1㉜~㊳），但依然有所欠缺。

三、专项技术训练的重点与方法

高水平三级跳远运动员技术训练的主要任务是形成精确合理的、具有个人技术风格的专项技术，以充分地发挥自身的专项运动素质水平。高水平三级跳远运动员的技术训练包括助跑技术训练和跳跃技术训练两个方面。

（一）助跑技术训练

提高助跑速度是三级跳远训练的重要内容之一，而良好的助跑技术有助于运动员发挥出更高的助跑速度。在尽量提高运动员绝对速度的基础上，形成正确的助跑技术和助跑节奏，是三级跳远运动员助跑技术训练要重点解决的问题。运动员在助跑中不但要跑得快，而且动作要协调放松，重心高而稳，并且有弹性，向前性强，以充分发挥其速度能力。同时，在助跑的最后四步以及与起跳的衔接上，要求快速积极、自然流畅、准确性强。三级跳远助跑技术训练的重点主要包括以下几个方面。

1. 助跑节奏的训练

根据助跑的速度变化过程，可把助跑分成三部分：加速阶段、速度保持阶段、准备起跳阶段。

（1）加速阶段的训练。

采用原地起动或行进间起动的方式积极加速，高水平运动员完成这一阶段需要8~10步。此阶段结束时，运动员的助跑水平速度要基本达到全程助跑最高速度的95%。主要的练习方法有如下几种。

① 在跑道和助跑道上，采用不同起动方式的8~10步的积极加速跑。

② 对不同起动方式的8~10步的积极加速跑进行计时。

③ 在全程助跑中去练习和强化积极加速的感觉。

需要注意的是，在①的练习过程中强调加速节奏的稳定统一，在熟练稳定的基础上采用②的练习。更重要的是，要把此阶段有机地融入全程助跑中去，在全程助跑练习中，根据个人特点在8~10步处摆放标志反复练习。

（2）速度保持阶段的训练。

此阶段需要用3~4步来完成，强调利用已获得的速度惯性平顺跑进，运动员的肌肉和关节用力要放松，以保持速度。运动员的身体经过积极加速阶段消耗了较多的能量，肌肉会产生一定程度的僵硬，这种状况将影响对神经肌肉精细调控要求更高的后续动作技术。通过此阶段，不仅能保持已获得的较高水平的速度，也使运动员的能量消耗做到了节省化，从而为后续的继续加速和跳跃过程储备更多的能量。速度保持阶段对整个助跑起到了承上启下的作用。主要的练习方法有如下几种。

① 行进间积极加速，达到较高速度以后的3~4步的放松快跑练习（要注意按照助跑的技术要求进行）。

② 在全程助跑中体会此阶段用力方式的练习。

（3）准备起跳阶段的训练。

此阶段需要4~6步助跑来完成，是整个助跑过程的核心。运动员在已获得较高水平速度的基础上继续积极加速，从而在达到个人最高助跑速度的情况下进入起跳。此阶段在技术上要求加快频率，除最后一步略微缩短10厘米左右外，其余几步的步长基本保持不变；同时，身体要保持平稳和高重心，加速过程自如流畅，为顺利起跳奠定基础。常用的练习方法有如下几种。

①在下坡接平地的场地上进行练习。此练习降低了练习难度，提高了练习的效果。

②在全程助跑过程的后4~6步摆放海绵块进行练习，开始时可以将每一步的距离缩短5~10厘米摆放，这将有利于运动员加快频率，随着熟练程度的提高再逐渐按正常要求摆放。

③ 对后4~6步计时的全程助跑练习。

需要注意的是，上述练习一定要按照助跑的技术要求进行，否则速度的提高和频率的加快都是无效的。

2. 助跑准确性的训练

助跑准确性的重要意义是毋庸置疑的，比赛场上因为助跑的准确性差而造成比赛失败的例子比比皆是。运动员辛苦训练的效果只有通过精准的助跑才能完全体现出来。助跑的准确性对三级跳远运动员的心理状况和技术水平的发挥，也会产生极大的影响。在实力接近的高水平运动员之间，决定胜负的成绩差距非常小，因此，助跑的准确性有时会成为决定比赛胜负的关键因素。助跑准确性的训练可采用以下方法进行。

（1）稳定助跑技术和助跑节奏，这是提高助跑准确性的基础和保障（方法见助跑的节奏训练）。

（2）采用全程助跑跑格的方法进行练习。根据运动员全程助跑过程的步长变化，在每一步处摆放标记进行助跑训练。通过反复练习，在固定步长的基础上进一步熟练和强化助跑节奏，有利于形成准确稳定的助跑节奏。

（3）全程助跑前6~8步摆放标记的助跑练习。在平时的训练和比赛中，教练员更多的是关注最后4~6步的准确性，并在此处放置标记用以检验，而忽视了助跑前6~8步的准确性和节奏。事实上作为全程助跑的起始阶段，助跑前6~8步的稳定和准确，会直接影响后续的速度保持阶段和最后4~6步的准确性。因此，在训练中要加强前4~6步的准确性和节奏性训练。

（4）强调助跑准确性的全程助跑练习。

3. 助跑与起跳相结合的训练

助跑与起跳的结合是助跑技术的最后环节，也是最重要的技术环节，对成功地完成三级跳远的整体技术至关重要。这一阶段的主要任务是在合理完成起跳技术的基础上，尽量减少水平速度的损失。主要的练习方法有如下几种。

（1）顺风或下坡助跑接起跳。

（2）后4~6步摆放标记的助跑接起跳练习。

（3）中短程助跑接起跳。

（4）全程助跑接起跳，可对后4~6步计时。

由于三级跳远第一跳的合理起跳角度一般为14~16度，远低于跳远的起跳角度，因此，在助跑和起跳相结合的练习中，要重点强调起跳动作的快速向前性，从而培养运动员在助跑的最后阶段和起跳过程中的积极向前的意识。

总之，在高水平三级跳远运动员的助跑训练中，各种方法一定要有机地融入全程助跑当中去，以更好地为助跑服务。全程助跑练习是助跑技术训练的主要内容，在全年不同时期的训练中都占到非常大的比重。中国三级跳远运动员在这方面尚有欠缺，尤其是在准备期，全程助跑练习无论是数量还是质量方面，都与比赛要求有较大的差距，这样就会造成训练与比赛的脱节。此外，在高水平三级跳远运动员助跑技术的训练中，具体训练方法要根据助跑中出现的问题，有针对性地进行安排，切忌方法手段笼统杂乱，否则，将会事倍功半。

（二）跳跃技术训练

根据与专项技术的关联程度，我们把跳跃技术训练分为基础跳跃技术训练和专项跳跃技术训练。

1. 基础跳跃技术训练

高水平三级跳远运动员的跳跃技术训练以专项技术训练为主，但是也十分重视基础性跳跃技术的训练。基础跳跃技术训练是指运用各种形式的单足跳、跨步跳、组合跳、助跑连续起跳等练习方式，发展运动员的基本跳跃技术和能力，这将为专项跳跃技术训练打下良好的基础，在练习过程中，要重点强调运动员技术动作的正确性和规范性。

常用的训练方法有：① 60~100米的跨步跳；② 40~60米的单足跳；③ 60~100米的组合跳；④ 3~5步助跑的连续起跳；⑤ 连续跳过栏架和跳箱的练习等。

由于这些练习每组重复的次数较多，有利于在练习中多次体会和改进基本跳跃技术，因此，首先要强调技术的正确性，其次才是练习强度的要求。这类练习一般放在准备期和调整期进行，准备期的负荷量相对较大，用以改进技术和发展能力。调整期负荷量较小，主要用来保持肌肉的用力感觉和体能状态。这类练习在全年训练负荷中所占的比例，应根据运动员的水平不同而有所区别，在青少年的训练中所占的比例较高，随着年龄和运动技术水平的提高，基础跳跃技术训练的比重逐渐减少，而专项跳跃技术的比重则逐渐增加。

2. 专项跳跃技术训练

专项跳跃技术是运动员在高速运动过程中合理有效地完成单足跳、跨步跳和跳跃技术的能力。专项跳跃技术训练是三级跳远技术训练的核心内容，它是运动员取得优异成绩的决定性因素。我国优秀三级跳远运动员在助跑速度普遍低于世界优秀运动员的情况下，仍能不断地涌现出好的成绩，这主要得益于其在专项技术上的精益求精，河北运动员李延熙在2009年第11届全运会三级跳远比赛中，以17.59米的成绩打破亚洲和全国纪录就是最好的诠释。

（1）专项跳跃技术训练的方法手段。

随着对专项跳跃技术理解的不断加深，在总结多年训练比赛经验的基础上，中国的三级跳远训练逐渐形成了一整套较为成熟有效的专项跳跃技术训练的方法和手段。在高水平训练阶段，常用的手段主要包括以下几种。

① 要求跳跃速度的短助跑四级、五级跨步跳或单足跳。

② 要求跳跃距离的短助跑四级、五级跨步跳或单足跳。

③ 全程助跑结合起跳的练习。

④ 各种单足跳和跨步跳的组合练习，如单—单—跨、单—跨—单—跨等。

⑤ 各种分解技术练习。

⑥ 起跳腿和摆动腿跳远。

⑦ 短、中、全程完整技术练习。

当今高水平三级跳远运动员的专项跳跃技术训练方法相对集中，没有太多的秘密可言。训练效果更多地体现在对技术训练的要求上，要求不同就会出现完全不同的结果。当今世界三级跳远技术发展的趋势是：在尽量加快助跑速度的前提下，适当减小第一跳的高度和远度以减少水平速度的损失，增加第三跳的距离，以形成合理的三跳比例。在专项跳跃技术训练中要建立以速度为中心的指导思想，在具体的技术训练中，不但要强调动作结构、发力顺序和发力方向，还要高度重视肌肉集中用力的程度、动作的速度和重心的位移速度，从而提高和完善整体性的技术水平。

（2）专项跳跃技术训练的安排。

在专项跳跃技术训练方面，高水平三级跳远运动员一般在准备期采用有一定数量的分解技术和完整技术相结合的练习方式，如助跑结合起跳的技术练习、三跳之间衔接技术的分解练习等。在比赛期，则以完整技术的安排为主。

中国高水平三级跳远运动员在准备期的技术训练，以短、中程助跑为主，目的主要是改进并完善专项技术。一次技术训练课的技术练习次数为20~30次，其中，短程助跑（6~8步）为10~20次，中程助跑（10~12步）技术为5~10次，全程助跑练习基本不安排或偶尔安排1~2次，主要原因是考虑运动员不能很好地承受全程练习的负荷，避免受伤。在比赛期，技术训练以中程助跑为主，并增加一定次数的全程助跑完整技术练习，一次技术课上的技术练习次数为15~20次，其中包括短程技术3~6次、中程技术8~10次、全程技术3~6次等，在此期间，一定数量的全程完整技术训练是结合训练性比赛进行的，这样更有利于保证技术训练的质量，符合实战性的要求。此外，三级跳远的技术训练对神经系统要求较高，在课次安排的频度上不宜过高，准备期的技术课以每周2~3次为宜，比赛期通常每周安排1~2次技术训练课。

（3）技术训练的强度要求。

我国高水平三级跳远教练员在准备期的技术训练中，比较重视技术动作的正确性，在训练的强度上则顺其自然；在比赛期间，在重视技术动作的正确性的同时，也强调技术训练的强度。

训练强度是运动员掌握高水平技术的重要保证，没有强度要求的技术训练难以取得好的效果，技术改进的结果只有在较高的强度中才能得到体现和巩固，因此强度的安排和要求非常重要。不同训练阶段强度的要求会有所不同，如准备期相对低一些，比赛期相对高一些，但都要有平均强度和突出强度的要求。在平均强度下学习和改进技术，在突出强度下检验是否真正掌握并已适应了比赛的要求。

田兆钟教练通过总结邹振先、陈燕平的训练，提出了技术训练的平均强度应不低于最高强度的90%，赛前技术训练的强度要控制在95%左右，一旦训练中强度超过95%就要主动控制，或降低强度要求或改换训练手段，防止因不加控制而造成运动损伤的发生。胡树森教练在对邹四新进行技术训练中，也强调90%以上的平均训练强度，认为这样既有利于保证每堂技术课的强度和质量要求，又使队员在每次练习中能够体会技术动作，以便改进和完善技术。此外，在达到强度要求的前提下，教练员更要关注每次课技术练习的成功率（成功跳次/总跳次），而不仅仅是总的练习次数，在练习次数不变的情况下，成功率的提高说明运动员的技术规格和技术稳定性得到了提高，无论是准备期还是比赛期，教练员对这一数据都要十分敏感，它是衡量三级跳远技术练习质量的一个客观标准。

四、主导性身体素质训练的重点与方法

我们把对运动成绩起主要作用的身体素质称为主导性身体素质，三级跳远的主导性身体素质主要包括速度素质和力量素质，它们分别包含不同的训练内容。

（一）速度训练

三级跳远运动员的速度训练分为基础速度和专项速度训练。三级跳远运动员的基础速度主要指运动员的快跑能力和最大速度能力，快跑能力是指运动员以接近最大速度或次最大速度重复快跑的能力，快跑能力是最大速度能力的基础。最大速度是决定专项速度——助跑速度的最重要的因素。高水平三级跳远运动员的速度训练，基本都是围绕提高运动员的快跑能力、最大速度、助跑速度等三个方面来进行的，三个方面在训练安排上是彼此相互联系的，并在不同的训练时期有不同的针对和侧重。

1. 基础速度训练

（1）准备期的训练安排。

高水平三级跳远运动员在准备期中每周安排2~3次的速度训练，有时根据具体情况略有变化。在准备期中，速度练习以较长距离的跑为主（如100米、150米跑），重点发展运动员的快跑能力和改进跑的技术，同时也可适当地安排一些较短距离的跑的练习，来发展运动员的最大速度。

在准备期中，以发展快跑能力和改进跑的技术为目的的速度训练，一次训练课的总跑量为1000~1500米，强调平均强度，一般为最高强度的80%。

在准备期中，以发展最大速度为目的的速度训练，一次课的总跑量为400~600米，强度要求以平均强度为主，一般为最高强度的95%，只有少数练习要求最大强度。

（2）比赛期的训练安排。

绝大多数的运动员在比赛期中每周安排1~2次速度训练。在比赛期，速度训练的重点以较短距离（60米以内）的跑为主，目的是在准备期已经发展的快跑能力的基础上，重点提高运

动员的最大速度能力。同时，为了避免由于运动员快跑能力下降对最大速度能力的影响，通常在比赛期中也安排一定比例的快跑能力（60~100米）的训练。在一次训练课中可以单独安排进行最大速度或快跑能力的训练，也可以将两者结合起来。

在比赛期，以发展最大速度为目的的速度训练，一次课的总跑量为400~500米，强度要求基本为最大强度。训练间歇时间较长，以运动员感觉到充分恢复为准。

在比赛期，以发展快跑能力和改进跑的技术为目的的速度训练，一次课的训练量为600~800米，强调平均强度，通常为最高强度的90%~95%，只是在少数情况下，要求1~2次的最大强度。间歇时间相对较短，通常脉搏恢复到120次/分，即可开始下一次的练习。

2. 专项速度训练

三级跳远专项速度主要指助跑速度，重点为助跑最后5~10米的速度。主要练习方法有：① 60米距离之内的各种段落的加速快跑练习；② 行进间20~40米的快速跑练习；③ 增加2~4步的全程助跑练习；④ 最后5~10米计时的全程助跑练习。

其中助跑练习是专项速度训练的非常重要的手段，在运动员提高最大速度的条件下，通过助跑技术的练习提高助跑速度利用率，可以达到提高运动员的助跑速度（专项速度）水平的目的。如在邹四新的速度训练中，特别注意把速度训练和助跑练习结合在一起。虽然邹四新100米平跑速度并不突出，训练中站立式起动最快为10.6米/秒左右，但其在助跑中速度发挥较好，后5米可达10.42米/秒，成为中国助跑速度最快的三级跳远运动员之一。

（二）力量训练

1. 最大力量

在准备期最大力量训练一般每周安排1~2次，训练的负荷量和强度都相对较大，主要目的是发展和提高最大力量；在比赛期一般每周安排一次，主要目的是保持最大力量。

高水平三级跳远运动员发展最大力量的主要手段有：深蹲、半蹲、坐蹲、抓举、高翻、负重上下台阶等。训练的负荷要求是，负荷强度为最大负荷的90%~100%，练习组数为4~6组，每组练习次数为1~5次，要求动作幅度大，动作速度快，肌肉由拉长到收缩的转换要快。采用大强度的力量训练方法，使运动员神经肌肉用力高度集中，使肌肉力量得到发展的同时，肌肉体积增大不明显。最大力量训练中负荷的增加方式为金字塔形，即重量逐渐增加，重复次数逐渐减少。例如，陈燕平的全蹲力量练习安排方式为：120千克×3组＋140千克×3组＋160千克×2组＋170千克×1组＋150千克×2组＋130千克×3组。

2. 快速力量

在准备期快速力量训练一般每周安排2次，在比赛期一周安排1~2次。快速力量一般安排在最大力量之后或者单独安排进行。绝大多数教练员认为在最大力量训练后，可以进行跳跃形式的快速力量练习。田兆钟教练在文章中曾谈道，力量训练和跳跃专门练习相结合是长期坚持的方法，这有利于将肌肉从由大强度负荷造成的僵硬状态中解脱出来，充分利用力量训练的后作用，使其转化到专项跳跃力量上来。

发展一般快速力量的主要手段有：各种跳跃、负重蹲跳、壶铃蹲跳、计时快蹲、连续快抓和快挺等。训练的负荷要求是，负荷强度为30%~40%，每组重复次数为5~6次，练习组数为4~6组，动作要求快速、连贯、幅度大。发展三级跳远的专项快速力量的最有效的手段是安排各种形式的具有专项技术特点的跳跃练习，如短助跑四级、五级跨步跳或单足跳等。这些练习也被短跑、投掷等其他项目作为发展快速力量的重要手段。

3. 专项跳跃能力（专项反应性力量）

在三级跳远的训练实践过程中，专项跳跃能力（专项反应性力量）作为影响运动员专项竞技水平的关键因素而受到高度的重视。专项跳跃能力既包含运动员的专项力量发展水平，同时也包含发挥和表现专项力量能力的专项技术能力，是这两种因素相结合的一种综合能力的体现。

三级跳远训练中，常用与三级跳远专项技术和神经肌肉工作性质相似的各种跳跃练习来发展运动员的专项跳跃能力，从练习的形式上可分为水平跳跃和垂直跳跃。高水平教练员普遍认为助跑水平跳跃对发展三级跳远运动员的专项跳跃能力更为有效。在进行专项跳跃能力的训练要求上，首先强调起跳的速度和起跳的技术一定要符合三级跳远专项的要求，然后才是追求跳的高度和远度。那种盲目追求跳的高度和远度的练习，会明显降低起跳速度，因而也不利于专项快速力量的发展，有时也会因动作技术质量得不到保证而造成损伤的发生。

中国高水平三级跳远运动员的专项跳跃能力训练，一般在准备期每周安排2~3次，在比赛期每周安排1~2次，在调整期部分教练员也习惯安排一些这方面的训练，目的是保持能力。专项跳跃能力训练经常安排在力量练习之后、技术练习之后或者单独进行安排。

中国高水平三级跳远运动员常用的专项跳跃能力练习手段有：①短助跑四、五级跨步跳或单足跳（最常用的发展和检验专项跳跃能力的手段和指标）；②跳深练习；③连续跳栏架练习；④各种助跑距离的完整三级跳远专项技术练习；⑤跳远练习；⑥较长距离的多级跨步跳、单足跳练习等。

4. 核心部位的力量

（1）核心部位力量对三级跳远运动的重要性。

随着力量训练研究的不断深入，核心部位力量练习的重要性逐渐显现了出来。核心力量是人体核心部位（腰椎—骨盆—髋关节）的肌肉产生的力量能力，它以稳定人体核心部位、控制重心运动、传递上下肢力量为主要目的。基布勒的研究指出，身体核心部位在运动中有三个主要功能：产生力量、传递力量和控制力量。三级跳远在身体高速运行中要完成三次跳跃腾空，每次发力都始于身体的腾空过程，整个动作发力都是由身体核心部位开始发动并通过支撑腿而作用于地面的，在这个过程中核心肌群起到了一个关键的“桥梁”作用。核心部位力量的重要作用主要表现在以下几个方面。

①有利于技术动作的掌握。三级跳远技术动作相对复杂，肢体在完成下扒和摆动动作过

程中，核心部位稳定性起到了十分重要的作用。核心部位的稳定有利于下扒和摆动的协调配合，有利于上下肢的协调配合，为肢体完成技术动作提供了平稳的发力支点。核心部位力量练习通过提高核心部位的稳定性，促进了技术动作的掌握和提高。

②提高专项技术的经济性和实效性。核心部位力量的加强有利于力量的传递，可将运动员四肢肌肉力量充分发挥到专项中去，并且通过改善参与运动肌肉之间的协作水平，提高肌肉集中用力的程度。

③起到预防损伤的作用。核心部位力量的加强，能有效提高在完成技术动作时身体保持合理姿势的能力，减小脊柱和支撑腿关节肌肉在跳跃中所受到的冲击负荷，达到预防损伤的目的。

（2）核心部位力量练习的方法手段。

同传统的躯干力量练习相比，核心部位力量练习包含的范围更广，它能明显作用于传统的躯干力量练习所刺激不到的深层的小肌群，同时它更强调神经系统对肌肉的精细调控和大小肌群之间的协作。根据难易程度，其练习形式分为：支撑面为稳定或非稳定状态下的练习、徒手或负重的练习、静力性或动力性的练习等。这几种形式的不同组合产生出难易程度不一的各种练习方法，通常稳定状态下徒手静力性练习难度最小，而非稳定状态下负重动力性练习的难度最大。主要的练习方法有：①各种垫上练习；②利用瑞士球、平衡板、气垫等进行的练习；③悬吊练习；④振动练习。

（3）核心部位力量训练的注意事项。

由于练习方法和手段繁多，在训练中要结合三级跳远项目的特点，选择和设计有针对性的练习方法和手段，从而达到最佳的训练效果。在核心部位力量的训练中要注意以下事项。

①循序渐进。练习初期负荷不宜大，练习的方法不宜多，随着力量水平和熟练程度的提高，逐渐增加训练负荷和练习种类。

②由易到难。先从难度低的练习方法开始，逐渐过渡到难度高的练习方法。如稳定状态下徒手静力性练习→稳定状态下负重静力性练习→不稳定状态下徒手静力性练习→不稳定状态下徒手动力性练习→不稳定状态下负重动力性练习。

③持续训练。核心力量练习涉及深层小肌群、神经对肌肉的支配和大小肌群之间的协作，这些特点决定了它要比传统力量练习更持久、更系统才能体现出明显的训练效果。

④合理安排练习的时间和间歇。核心力量练习一般每组持续时间为40~60秒，间歇时间是练习时间的两倍，在练习时要掌握好这一原则。

⑤优先考虑动作质量。核心力量练习手段的效果主要体现在神经系统对肌肉的精细支配和调节上，其中，动作的规范性和准确性是保证效果的重中之重。

五、训练过程与控制

三级跳远专项竞技能力的特点，决定了要成为一名优秀的三级跳远运动员必须经过一个较长时期的、有计划的系统训练过程。因为要获得高度发展的运动素质和适应高强度运动的身体形态和机能水平，并形成与之相适应的三级跳远专项技术，需要对运动员的各个方面进行长期的专门的训练和改造。不少优秀运动员都是经过十几年的训练才能达到最高水平的，同时，其运动寿命也相对较长。如苏联运动员萨涅耶夫（1945年出生）1968年就以17.39米的成绩获得奥运会冠军，之后又连续获得1972年和1976年的奥运会冠军，并在1980年奥运会比赛中以17.24米的成绩获得了亚军。美国的M.康利（1962年出生）1983年就崭露头角，但直到1992年才第一次获得奥运会冠军。美国的班克斯也是在近30岁时才创造世界纪录的，英国的爱德华兹创造18.29米的世界纪录时已经29岁了。由此而言，三级跳远项目是真正的成年人项目。

运动员生理、心理机能发展的自然规律，以及训练负荷影响下生物适应状态发展变化的规律，决定了大多数优秀运动员的多年训练过程具有明显的阶段性特征。

通过科学合理的规划和安排，使运动员在最适宜的年龄阶段处于最佳竞技水平，创造出优异的运动成绩是运动训练的最终目的。

中外优秀三级跳远运动员，大多数并不是一开始就专门从事三级跳远训练的，他们一般都是在开始田径训练的2~3年，经过几个不同项目的尝试，并在此期间打下了较好的基本素质和基本技术的基础，然后确定从事三级跳远专项的。这一点与青少年的生理、心理发展规律是相适应的，同时也能保证尽可能地选拔出那些最具备三级跳远专项潜能的运动员，以便进行进一步的训练与培养。

在田径训练理论中，由于运动员并不是一开始就进行专项的训练，所以，通常将基础训练阶段进一步划分为基础训练阶段和初级专项训练阶段，也会把最佳竞技阶段和竞技保持阶段统称为高水平训练阶段。

（一）基础训练阶段（13~15岁）的训练任务和安排

1. 身体训练

基础训练阶段以全面身体训练为主，要紧密结合青少年身体素质增长的敏感期，重点发展速度、快速力量和灵敏协调素质。

在速度训练方面，重点提高跑的步频能力和动作速度。主要的练习手段有：各种跑的专门练习、30~60米加速跑、快步频跑（高抬腿跑或小步跑）、跑格练习、短距离变节奏跑、各种追逐跑游戏等。

在力量训练方面，重点发展青少年的快速力量素质，优先发展运动神经系统对肌肉的支配能力，形成快速协调的发力方式，同时重视对小肌肉群和小关节力量的发展。主要的练习手段有：各种较轻重量、快速度的器械练习，各种小强度的跳跃练习等。

2. 技术训练

基础训练阶段技术训练的任务是学习和掌握各项跑、跳的基本技术，形成正确的跳远和三级跳远技术。技术训练内容占总的训练内容的20%左右。

在这个阶段，积极安排运动员练习短跑、跨栏、跳高、投掷等多个运动项目，发展跑和跳的基本技术，增加运动员的技术储备，并在此基础之上，初步学习跳远和三级跳远的技术。

针对青少年的身心发展特点，训练手段安排要具备多样性、趣味性和直观性，注重结合观摩比赛和技术录像、图片，以强化运动员的技术概念。技术训练的负荷以小强度为主，训练量以运动员能够正常承受为准。技术训练强调基本技术的规范，发力要快速、合理。

技术训练的方法包括：原地模仿、分解练习、短程助跑完整技术练习等。

3. 负荷安排

在基础训练阶段，运动员的内脏及运动器官还在发育过程中，负荷安排以中小负荷为主，要贯彻循序渐进、区别对待的原则，不能盲目地进行大负荷训练。过度的负荷会对青少年的内脏器官及支撑运动器官造成损害。

4. 年度周期安排

在基础训练阶段的年度计划安排上，绝大多数教练员选择双周期的安排。考虑到青少年的心理和生理发育特点，以及青少年的年度比赛计划，这样的安排是比较合理的。在心理上，青少年渴望较快地看到他们的训练效果，对长时间的训练容易感到枯燥和难以忍受；在生理上，青少年的机体对训练负荷的承受能力较低，自我调节的能力也相对较差，训练中常常容易过早地感到疲劳。因此，时间过长的持续训练，容易使其机体难以承受，造成其心理上的过度负荷而失去兴趣。

目前，国内青少年田径比赛主要分布在每年的5—6月和9—10月，选择双周期的安排方式能够使运动员有充足的时间进行系统训练，有效地发展一般身体素质和专项身体素质，学习和提高专项技术，另外，也能够通过参加比赛积累参赛经验。

（二）初级专项训练阶段（16~17岁）的训练任务和安排

1. 身体训练

初级专项训练阶段身体训练的任务是继续发展全面身体素质，重点发展速度素质和快速力量素质，逐渐加大专项素质训练的比重，发展专项快速跳跃能力。身体训练的方式要充分考虑三级跳远专项技术的特点，在动作形式和发力特点上要尽量与专项技术相接近。

在速度训练方面，通过大量跑的专门练习和各种形式的加速跑练习，进一步改进和提高跑的基本技术、发展跑的能力，适当增加一定的速度耐力性练习，提高运动员内脏器官的工作能力，为下一阶段进行较大负荷的训练打下良好的基础。速度训练除了采用基础训练阶段的常用手段，也可采用30米行进间跑、100米加速跑、150米跑、跨栏跑、下坡跑等练习。为防止动作紧张而造成的技术变形，速度练习的强度拟以80%~90%为宜。

在力量训练方面，继续以发展青少年的快速力量和小肌群力量为主，不主张过早地发展最大力量。这一时期，是青少年生长发育的快速时期，运动员肌肉的增长明显落后于骨骼的增长，肌肉工作能力相对较弱，而骨骼内有机物和水的含量较多，硬度差、易变形。所以，过早进行最大力量训练会严重影响青少年骨骼的正常发育，同时也会使肌肉变得粗壮，使肌肉的灵活性、协调性和放松能力受到影响，严重的还会造成运动损伤的发生。因此要减少力量训练中大力量的训练手段，防止其对运动员生长发育和训练发展带来的不利影响。

在青少年训练阶段，要根据三级跳远的专项特点，对运动支撑器官的薄弱环节予以足够的重视，以提高运动员承受大运动量，尤其是大运动量跳跃练习的能力，这些薄弱的环节主要包括大腿后群肌、膝关节和踝关节的韧带和肌腱。

在此阶段，力量训练以轻重量或徒手跳跃的练习手段为主，如采取轻重量的直膝脚踝跳、壶铃蹲跳、快挺、快蹲等练习手段，在力量练习后要结合进行快速高抬腿、快速跨步跳和单足跳等练习。

2. 技术训练

初级专项训练阶段技术训练的任务是进一步提高完善跳远和三级跳远的基本技术，特别是要通过技术练习掌握合理的助跑节奏、起跳技术及单足跳落地技术。技术训练所占总训练内容的比重可提高到30%左右。

专项技术训练，要注重分解技术与完整技术练习的有机结合，以短、中程助跑的分解与完整技术练习为主，注意强调动作质量，对于一次训练课中的技术练习数量不做硬性的规定，但是要按照循序渐进的原则，在保证质量的情况下，不断增加练习数量。

在训练中，要注意保护好青少年运动员先天具有的良好技术特质，如敢跑敢跳、第一跳较为突出、良好的跳跃节奏等，这些都是优秀三级跳远运动员所需要的自然品质和特点，不能轻易改变或丢弃。

3. 负荷安排和年度周期安排

初级专项训练阶段的负荷安排和周期安排，其特点和要求与基础训练阶段基本相同。在这个阶段要适当增加参加不同项目比赛的次数，如短跑、跨栏、跳远、三级跳远等，这样，不仅可以提高运动员机体的负荷承受能力，也能促进运动员的全面能力的提高。

（三）专项提高阶段（18~22岁）的训练任务和安排

1. 身体训练

专项提高阶段身体训练的主要任务是重点发展专项身体素质和专项跳跃能力，因此专项身体素质训练的比重有所增加，占总训练内容的40%左右，超过一般身体训练的比重（30%左右）。

在速度训练方面，以大量的100米变速跑和100~300米的反复跑为主要手段，发展跑的能力，改进跑的技术；通过30米加速跑、50~60米加速跑、跑道上的全程助跑练习、30米计时快速跨步跳等手段发展最大速度，同时结合技术训练不断提高实际的助跑速度。

力量训练方面，在继续发展运动员快速力量素质的基础上，逐步突出最大力量，并增加躯干力量的练习。主要的力量练习手段有抓举、高翻、深蹲、半蹲、壶铃蹲跳、计时快蹲等。

专项跳跃能力训练方面，主要选择动作形式和肌肉用力特点与专项技术相一致的练习手段，包括助跑多级（四、五、十）单足跳和跨步跳、较长距离（30~100米）的跳跃练习（单足跳、跨步跳、组合跳等）、跳深和跳栏架等。练习时要注重对动作质量和远度的要求。

2. 技术训练

专项提高阶段技术训练的任务是完善三级跳远的完整技术，特别是快速助跑的节奏、助跑的准确性和稳定性、助跑和起跳的结合技术、三跳的快速跳跃节奏等。技术训练占总训练内容的30%左右。

在专项技术训练中，依然要重视分解技术与完整技术的结合，要针对技术上存在的问题，集中精力，逐个解决。要特别强调技术训练的质量，严格要求。技术训练要尽量安排在体力较好的情况下进行，如一时效果不好，适应能力差，就应及时改变训练内容，调整练习手段，不要勉强进行，否则，易造成损伤，形成沉重的精神压力。

技术训练的手段以全程助跑和中、短程助跑完整技术练习为主，逐步增加全程助跑完整技术练习的比重，提高专项技术的稳定性，并通过比赛提高和检验技术水平。

3. 负荷安排

在专项提高阶段，运动员处于青春发育期的后期，也就是身体逐渐发育到完全成熟的阶段，运动员可以比较明显地逐步承受较大的训练负荷。此阶段的安排特征是提高运动负荷，适当考虑在逐渐提高平均强度的情况下，安排相对少量的突出强度，以使负荷的性质逐渐接近于专项的要求。运动训练负荷可以逐年提高或呈波浪式发展。

4. 年度周期安排

由于在专项提高阶段运动员训练的主要任务是提高专项身体素质、完善三级跳远技术、通过比赛积累经验。因此，中国高水平三级跳远运动员在专项提高阶段大多选择双周期的年度计划安排方式，这有利于集中精力提高和发展自身的竞技能力水平。

双周期安排方式是体能主导类速度力量性项群的一种常用的年度安排方式，运动员可以用2~3个月的时间进行较为充分的准备，使总体竞技能力或竞技能力的某一个方面（某一特定素质或技术）发生明显的改变；接下来，在一个半月至两个月的时间内，参加一系列的比赛，把所获得的竞技能力集中到专项需要的方向上去，逐步从心理、体能、技能等方面培养和形成最佳的竞技状态，然后通过参加较为重要的比赛，以充分地表现出已经具备的竞技能力；最后是半个月到一个月的调整恢复时期。总共大约在5~7个月的时间内完成一个完整的大周期，一年可以安排两个这样的大周期。

（四）最佳竞技阶段（23~27岁）和竞技保持阶段（28岁以上）的训练任务和安排

1. 身体训练

在最佳竞技阶段，身体训练的主要任务是保持全面身体训练水平，使专项身体训练达到个人的最高水平。在竞技保持阶段，身体训练的主要任务是尽可能地保持专项训练水平，同时加强全面身体素质训练，改善身体素质的薄弱环节。对于高水平三级跳远运动员而言，在高度发展的全面身体训练水平的基础之上，最大限度地发展和保持专项速度和专项力量能力，是决定其竞技能力水平高低的最重要的因素。在这两个阶段，身体训练占总训练内容的60%以上，这也说明了身体训练仍为运动训练的最为重要的部分。

2. 技术训练

在最佳竞技阶段，技术训练的主要任务是继续完善三级跳远技术，形成与个人运动素质特点相适应的技术风格，充分地发挥自身的运动潜能。竞技保持阶段技术训练的主要任务是加强技术细节的改进，进一步完善符合个人特点的专项技术。

在最佳竞技阶段，技术训练的比重约占总的训练内容的40%，在竞技保持阶段约为34%。

3. 负荷安排

（1）最佳竞技阶段负荷安排特点。进一步提高训练负荷，以突出训练强度、提高训练质量为重点，训练强度在训练负荷上所起的作用更为重要，在这个前提下不断提高训练的负荷量。由于此阶段训练的主要目的是参加重大的比赛，获取最佳的成绩，因此，训练负荷的变化通常呈波浪形，有起有伏，节奏明显，从而保证运动员形成最佳的竞技状态，并在重大比赛中表现之。

（2）竞技保持阶段负荷安排特点。由于运动员生理变化的自然过程，在竞技保持阶段会逐步出现体能下降的趋向，加上训练造成的伤病的积累，使得运动员承受运动负荷的能力也逐渐下降。在负荷安排上，要更加重视突出负荷强度，适当减少负荷量。要重视运动员的自我感觉，并据此掌握和控制训练过程。此阶段，高水平三级跳远运动员的技术较为稳定，所以，教练员普遍认为此阶段应增加基础身体素质负荷的比重，以保持运动员的体能状态，尤其是力量素质的保持要得到特殊的重视。

4. 年度周期安排

在高水平训练阶段，运动员每年要承担较多的比赛任务，年度训练的安排要紧紧围绕重要的比赛进行，通过有计划使安排可使运动员在重要比赛时达到最佳的竞技状态，从而获取最佳的运动成绩。年度训练计划安排常采用多周期的安排方式。如果运动员是处在最佳竞技阶段的前期，还没有接近或达到个人竞技能力的最高水平，发展和提高竞技能力水平仍是训练的主要任务，选择双周期的安排方式则更为适合。

处于竞技保持阶段的优秀运动员，由于年龄、伤病等因素，需要较多的时间才能形成良好的竞技状态。通常为准备参加最重要的1~2次比赛，可选择双周期甚至单周期的安排方式。

选择何种年度周期安排方式，不是一成不变的，要根据各方面的具体情况有针对性地进行安排。如我国优秀三级跳远运动员邹振先在1981年6月、7月、9月连续参加了亚洲田径锦标赛、世界大学生运动会、世界杯田径赛等重大国际比赛，由于比赛的时间间隔较短，运动员体力消耗较大，疲劳积累也较深，所以在世界大学生运动会比赛后，并没有急于进行加强性训练，而是合理地采取了调整与训练相结合的训练方式，这种单周期双高峰的安排使邹振先很好地保持了自己的竞技状态，在三次比赛中先后跳出了17.05米、17.32米、17.34米的成绩，连续三次创造亚洲和全国纪录，收获了理想的比赛成果。

5. 高水平三级跳远运动员训练安排的发展变化趋势——比以往更加注重训练与比赛的结合

近年来，在世界田径运动职业化、商业化快速发展的情况下，世界优秀田径运动员在年度训练安排上，逐渐表现出准备期时间缩短、比赛期延长、年度比赛次数大为增加的趋势。在准备期中，一般准备期比以往变得更短，而专门准备期相对延长。在专门准备期中，更加重视比赛与训练的相互结合，通过比赛起到检查训练、提高训练强度、进行心理调控的作用。目前，一年中的国际田径比赛被分为室内赛季和室外赛季。室内赛季从1月中旬开始，到3月下旬结束，许多运动员在这一期间要参加6~8场的比赛，一部分运动员还会在2—3月到温暖的澳大利亚去参加一些室外比赛。而后，绝大多数运动员会利用室外赛季前的2个多月的时间进行集中训练，针对比赛中暴露出来的问题，进行改进和完善，从而为室外赛季做好准备。

室外赛季一般在5月下旬开始，一直持续到9月下旬结束。在此期间，几乎每周都有比赛，每年最重要的比赛（包括奥运会或世锦赛）也都在此期间，优秀运动员通常要参加十几场比赛。

在处理训练与如此多的比赛的关系问题上，世界优秀运动员的做法是每年只对几场特别重要的比赛进行专门的准备，以求获得最佳的比赛成绩，对其他的一般性比赛，则看作是训练的一部分。通过比赛可以提高专项技术训练的强度和专项技术的稳定性，通过比赛还可以检验和发现运动员在各方面存在的问题，并可丰富经验和增强调控比赛的能力。实践证明，在一定的情况下多参加比赛，可以有效促进高水平三级跳远运动员专项技术水平的进一步提高。

据统计，世界高水平三级跳远运动员每年的比赛次数至少有十几场，大多都在20场左右。中国高水平三级跳远运动员每年的比赛次数平均6~8次，明显少于世界优秀三级跳远运动员的比赛次数。

实践证明，传统的训练安排模式使运动员长期保持较低强度、大运动量的训练，其机体一直处于疲劳的状态之中，这样，既不能保证运动员专项技术的质量，还容易引起过度疲劳和运动损伤导致比赛失常。运动员专项技术的质量和稳定性，必须通过相对高的强度训练，才能得到锻炼和提高，所以，比赛无疑是实现这一目标的最佳选择。

（吴永宏　吴小五）

第十一章 推铅球训练

一、影响推铅球运动成绩的关键因素

（一）技术因素

1. 人体的基本运动形式

在学习和掌握合理的推铅球技术过程中，注意人体在运动中的基本运动形式很重要，这是运动员掌握高难度技术动作的基础，也是达到高水平运动成绩的重要条件。如在预备阶段人体的姿势要端正，简单地讲就是“横平竖直”，肩横轴、髋横轴要平，身体要直，这样才能使人体在完成技术过程中充分发挥自身的能力。再如，在初始加速阶段（滑步或旋转）人体尽量保持平动状态，使人体能够逐步加速并保持良好的身体姿势；在过渡阶段上体尽量保持平动状态而加快下肢动作速度，为最后用力阶段做好准备；最后用力阶段在尽量保持平动状态条件下与甩动（旋转）相结合，以最快的速度把铅球推出去。

2. 完整技术的速度节奏

在投掷技术原理中，器械出手速度是非常重要的因素，提高器械出手速度是我们长期追求的目标。在推铅球过程中，铅球的速度节奏变化合理将会使我们获得理想的铅球出手速度。在完整技术中，加速阶段充分利用人体的生理特点，使“人体—铅球”系统获得良好的加速。滑步（旋转）与最后用力的衔接阶段技术直接关系到初始阶段速度的利用和最后用力的效果。最后用力阶段是推铅球的主要加速阶段，在铅球通过滑步或旋转已经具备一定速度的条件下，最后用力阶段通过合理的动作给铅球以最大的加速度，力争获得最快的出手速度。我国优秀女子铅球运动员的技术特点主要体现在过渡阶段的技术动作：在保证铅球运行速度（或略有提高）的条件下做出良好的技术动作，使铅球在获得较高速度的条件下，再通过最后用力动作给铅球以最大加速度，力求获得最快的出手速度。由于我国优秀女子铅球运动员的完整技术和速度节奏相对合理，因此，在历史上创造了很好的成绩。

3. 最后用力的准备阶段

完整技术的关键环节是过渡阶段和最后用力阶段的前半部分，也称为最后用力前的准备阶段。这个阶段的主要特点是人体和铅球都达到比较快的速度，这时身体一定要处于非常有利的姿势，充分利用身体的能力在最后阶段给铅球最大的加速度。在这个阶段充分利用全身神经肌肉快速收缩的能力、肌肉的弹性和反应力量把铅球推出去。这个阶段时间很短，对动作要求很高，历来是完善技术的重点。

（二）运动素质因素

推铅球技术由于铅球运动的距离短、速度快，因此对运动员的专项素质提出了很高的要求，在诸多的专项素质方面，专项力量、专项速度和专项协调性是重点，需要着重发展。在力量素质方面，一般力量是基础，专门力量是衔接，专项力量是重点。在速度素质方面，一般速度是基础，专门速度是衔接，专项速度是重点。在专项协调性方面，一般协调性是基础，高速运动条件下的协调性是重点。

运动员要想获得比较好的运动成绩，除充分发展专项素质之外，一般运动素质起到了基础支撑的作用。运动员健康的身体，能够连续承受较大训练负荷的刺激，能够较快地消除疲劳，身体没有严重的运动损伤等，都是获得优异成绩的保障条件，所以在运动员的训练过程中，一般身体训练必须占有相当的比例并贯穿于多年的训练中。在一般身体训练中，有氧训练和身体的康复建设性训练是不可忽视的。进行合理的有氧训练可以提高人体承受训练负荷的能力，可以提高和保持身体的健康水平，有助于疲劳的消除。身体康复建设性训练有助于防止伤病的出现，有助于全身协调性的发展，有助于提高人体在运动中肌肉力量的充分发挥。

（三）心理因素

运动员在比赛场上的竞争是全面的竞争，除技能和体能的较量外，心理因素也起到了非常重要的作用。

铅球运动员大赛前和大赛中心理活动的主要特点是：比赛前的心理压力大，比赛中竞争激烈，瞬时获知结果，心理定势对成绩的影响较大。

二、优秀运动员的技术分析

（一）背向滑步推铅球技术分析

1. 推铅球技术的动作结构（空间特征）

动作结构中身体的基本运动形式：平动—平动与甩动。

在推铅球完整技术中，开始阶段—滑步阶段—过渡阶段，人体运动的形式基本上是一个平动的过程。最后用力阶段基本是平动和甩动相结合的运动形式。

为了便于分析技术，我们常常把优秀运动员的动作结构划分为以下五个部分：握球和持球、预备动作、滑步动作、最后用力动作、结束动作。以下分析均以右手持球为例。

（1）握球和持球。

握球：五指自然分开，把铅球放在食指、中指和无名指的指根处，大拇指和小指自然扶在铅球的两侧，起稳固铅球的作用。五个手指基本上形成对铅球的后半球的控制状态。手指和手掌力量比较弱的运动员可以把中间三个手指或五个手指相对并拢起来，这样可以使手指力量更加集中。但是要注意最后用力动作的正确性，保证在最后用力过程中不出现掉球现象。

持球：运动员握好球后把铅球放在右侧锁骨外端，贴住颈右侧，掌心向内，掌心所指方向与身体平行，右臂屈肘。从正面看，右大臂与躯干的夹角约呈直角，也可以使右肘略低些，夹角也小些。从侧面看，右肘与身体处在同一平面，对右肘动作的控制不宜过前或过后，要保持身体的放松姿态。

（2）预备动作。

持好球后做预备动作。预备动作做得好可以使运动员获得一个良好的开始姿势，使精力集中、情绪稳定。预备动作简单地讲就是动作要端正。优秀运动员的预备动作一般是右脚背对投掷方向站立，身体重心在右脚全脚掌上，右腿直立。左脚在右脚后方20~30厘米处，以脚尖点地，帮助维持身体的平衡，左腿微屈。优秀运动员的预备动作表现为身体站立姿势端正，肩横轴和髋横轴与地面平行，并与投掷方向垂直。他们的腰直立，颈部正直，头没有侧屈或扭转，眼睛看着前下方几米处，左臂向身体前上方自然伸出。预备动作概括为“横平竖直”，即肩横轴、髋横轴要平，脊柱要直。“横平竖直”的概念在完成技术的过程中一直起着重要的作用，要注意这一动作的准确性。

（3）团身动作。

预备动作完成之后做团身动作，它是滑步前的准备动作。保证身体的正确姿势，维持好身体平衡是做好团身动作的必要条件。在一般情况下，优秀运动员完成动作的顺序如下：开始时上体前俯，左臂随上体前俯逐步下垂，同时左腿向后上方摆起，摆到左腿大致与身体形成一条直线，然后屈右膝、收左腿、身体重心平稳下降形成团身姿势。完成了的团身动作的标准是：运动员右脚背对投掷方向，身体重心控制在右脚前脚掌垂线上方（右脚跟提起或不提起）。根据个人腿部力量的具体情况使右膝弯屈到适当角度（一般约100度），右膝前缘垂线超过右脚尖；左腿在右腿之后，左膝靠近右小腿；左脚尖离地或轻轻触地。从身体侧面看，肩横轴和髋横轴的连线与地面平行（或肩轴略高），背部肌肉适当拉长，左臂自然下垂或向投掷反方向伸出，右臂动作不变，眼看前下方。在这个动作的完成过程中，一般是先屈体后屈膝，这样易于维持身体的平衡和完成动作。

为了简化滑步前的动作，有些运动员还有另外一种团身动作，其动作过程是：①预备动作背向投掷方向站立，双脚左右间距离适宜，脚尖前后对齐或稍有前后之分，上体前俯；②屈双膝，下降身体重心；③上体大致与地面平行；④左臂自然放松下垂，左手几乎可以触到地面或更低一些，注意避免犯规；⑤身体重心落在前脚掌上。这样的团身动作是双腿支撑，减轻了身体局部的负担，动作简单且易于完成。对于初学者采用这种技术相对更为简单。实际上有许多优秀运动员也采用这种动作，同样获得了优异的成绩。

（4）滑步动作。

滑步的任务是使运动员身体和器械获得一定的预先加速度，为最后用力动作创造有利的条件，同时也为发挥运动员的最大能力创造有利的条件。

滑步开始时，优秀运动员表现出身体重心尽量沿水平、投掷方向的快速运动，左腿以大腿带动小腿向抵趾板快速蹦出，左脚背朝下，当左脚经过投掷圈直径约3/4的距离时有个外翻动作，左脚最后落在抵趾板中间略偏左处，左脚的纵轴与投掷方向构成100~120度的夹角。

左腿蹦出后直至左脚落地，在侧面看整个身体从左脚到左肩呈一条直线。配合左腿的动作，右腿有个蹬伸动作，身体重心由右脚前脚掌过渡到脚跟，滑步过程中右膝有一个伸直的动作过程，双腿在蹬伸滑步阶段的夹角要大，髋部动作要伸展，然后右小腿迅速内收，右脚稍内扣，右脚沿地面滑动，略有一个微小的腾空，并以前脚掌落在圆心附近，右脚纵轴与投掷方向的夹角为20~45度（或稍大于这个角度）。

在滑步开始左腿做动作的同时，左臂有个很轻快的向投掷反方向摆动的动作，这个动作有利于拉长主要肌群和保持较好的超越器械动作。

上体在滑步过程中基本上保持原来的姿势不变。

滑步结束时身体的姿势是：①左脚的纵轴与投掷方向的夹角为100~120度，脚外侧抵住抵趾板中间略偏左位置，左腿基本上处于伸直并紧张用力的状态；②右脚内扣20~45度，右脚跟与左脚尖的横向间距至少为10厘米，右脚跟与左脚尖大致在投掷方向的同一直线上，右膝弯屈到110~130度，身体重心落在右脚前脚掌上，右脚跟尽量不要落地，保持用力状态；③髋横轴和肩横轴与地面平行，与投掷方向垂直，上体尽量向投掷反方向伸展，躯干与地面的夹角要尽量小（最好小于60度），左臂向后下方伸出，右臂动作不变，面部端正，眼看前下方。

（5）最后用力动作。

最后用力动作是一个比较复杂的运动过程，身体的许多环节同时参与运动。为了便于描述，我们按身体不同部位的典型时相进行分析。

滑步结束后，右脚跟一般都不落地，右腿、右脚内侧用力形成侧蹬动作，右膝尽量水平向前运动，以保证小腿与地面有一定的夹角。右脚侧蹬中伴有转动动作（不能过分强调转动）。当右小腿与地面形成比较小的夹角之后，右腿用力蹬伸以推动髋部和身体向前。

滑步结束左脚落地后，左腿始终保持着紧张用力的状态，随着身体重心的向前运动，左膝有个微微弯屈再伸直的过程，这个过程是左腿在紧张用力状态下的退让动作，以便最后左腿形成强有力的支撑用力。

在下肢动作和身体重心向前的运动中，上体由向后伸展的背面转成侧面，从下至上整个身体形成一个侧弓形，这个动作过程使整个身体的主要工作肌群形成了拉长拉紧的状态。随后，在身体向前运动的过程中，身体由侧弓形迅速形成正弓形。身体转到正面时，铅球刚刚离开颈部。

从最后用力开始到身体呈正弓形，左臂的运动路线经过了从身体左侧上方开始并止于左肩下侧的这样的一条弧线。左肩一直向前，直至铅球出手时才停止运动。在这个过程中要避免左肩故意下压和后撤动作的出现。

由于身体积极向前运动，使铅球获得了一定的加速度，此时，身体的弓形姿态开始反振和弹绷，运动员利用这一有利的力学条件，使拉长的肌肉快速收缩，右臂参与最后用力的工作，加速将铅球推甩出去。右手最后有个拨球动作，这是个自然动作，不可故意做之。

最后铅球出手时的身体姿势是：左腿充分蹬直，右腿充分蹬伸，抬头、挺胸，面对投掷方向，右臂伸直，左臂在身体左侧，左手低于左肩，左侧的踝、膝、髋、腰、胸、肩关节形成强有力的“左侧支撑”技术。铅球的出手角度约为37度，铅球出手点约在左脚尖的上方。

（6）结束动作。

铅球出手之后，由于身体向前的惯性易造成失去平衡而犯规，一般采用的方法是及时改变运动方向（下降身体重心等）以维持身体平衡，不犯规，从而保证已取得的成绩。

（7）技术图片。

黄志红：1965年5月7日出生，身高1.74米，体重100千克，推铅球成绩21.52米。黄志红背向滑步推铅球完整技术连续图，见图11-1。

①　②　③　④

图11-1　黄志红背向滑步推铅球完整技术连续图

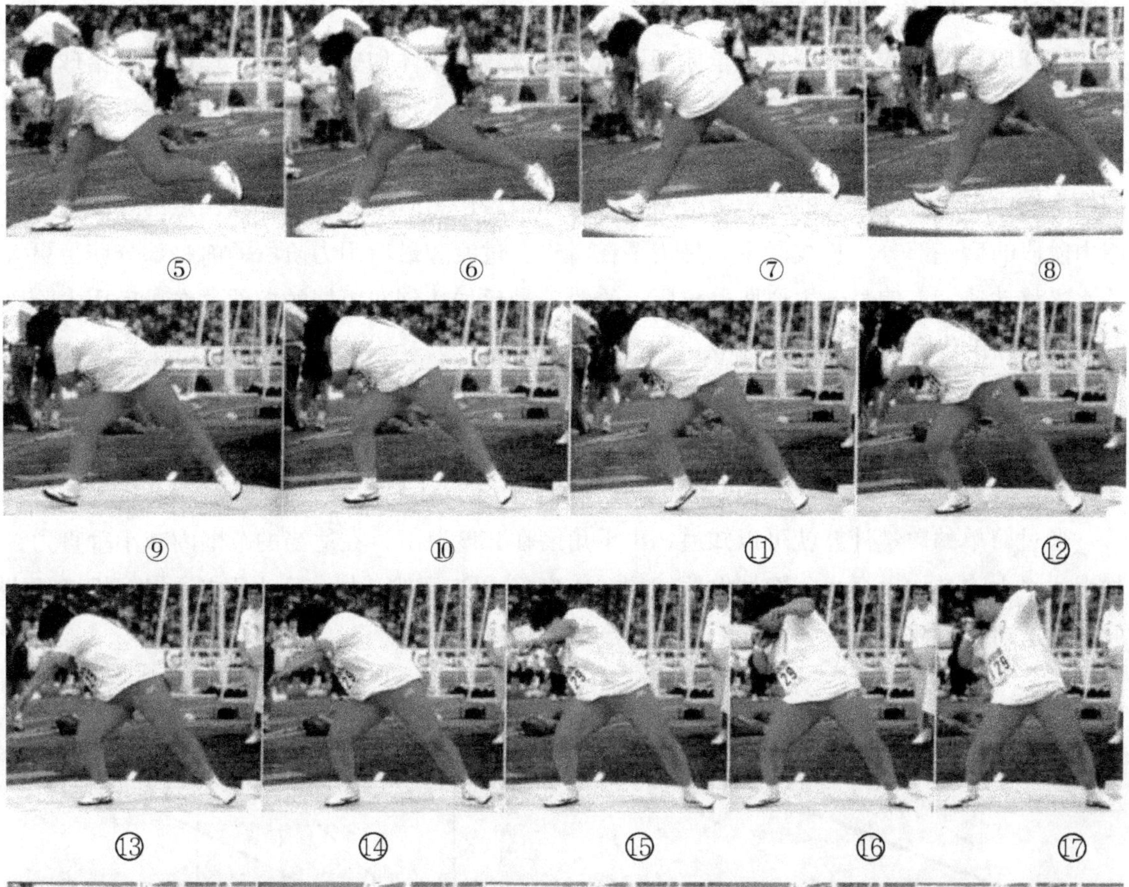

图11-1　黄志红背向滑步推铅球完整技术连续图（续）

（8）关于动作结构中的几个有关问题。

①球运行的路线。按照物理学原理，沿一条直线给物体加速最合理。理论上推铅球时铅球运行的路线应为一个直线段（图11-2 a）。国外的技术理论简述是滑步和最后用力两个线段长度大致相当，线段夹角为160~170度（图11-2 b）。我们认为，铅球运行路线为长短不一的两个线段更为合理，长的线段为滑步、过渡和最后用力阶段的前一部分，短的线段为最后用力阶段的后一部分。长线段主要是为了在滑步、过渡和最后用力阶段的前一部分获得更大的水平移动速度，使身体主要肌群拉紧，给铅球最后加速创造更好的条件。在最后用力阶段的后一部分铅球运行路线逐步上升（图11-2 c）。

②铅球出手的角度。以前认为推铅球合理的出手角度一般为38~42度，现在世界优秀铅球运动员的出手角度多为37~38度，甚至35度。这种现象是运动员在最后用力过程中垂直力和水平力最佳搭配的结果，因运动员的能力、技术特点而不同。

通过简单的数学计算就可以知道，出手角度在45度以下，在适当的范围内减小垂直力，加大水平力将会加大合力，即加大器械的初速度。在实际训练中，运动员应该根据投掷技术原理和运动员的具体情况，选择最佳的出手角度。（图11-3）

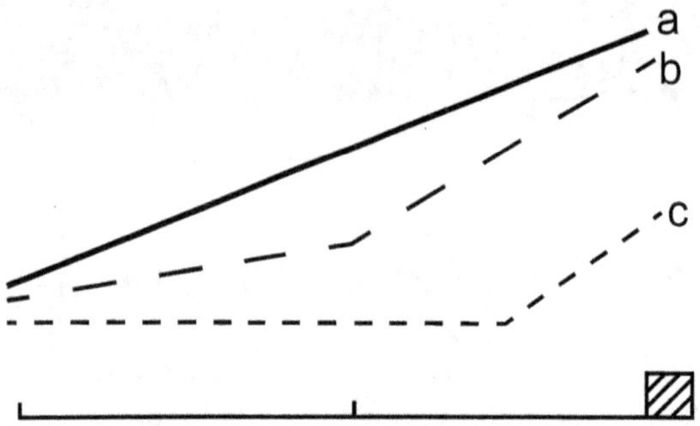

图11-2　铅球运行路线

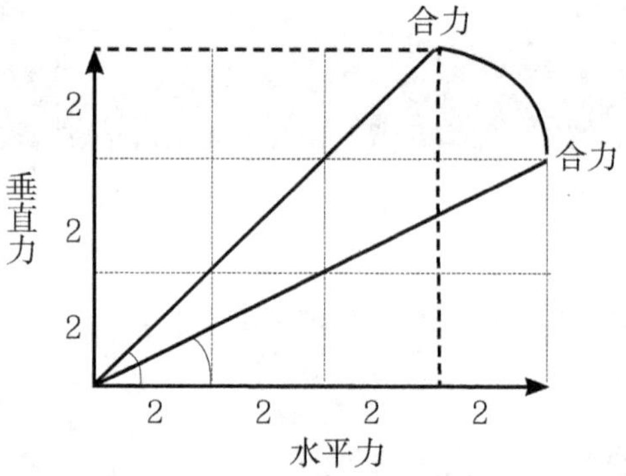

图11-3　铅球出手角度

③最后用力中的直线运动和曲线运动。在背向滑步推铅球的全过程中，从预备姿势到铅球出手，表现为身体总质心几乎沿一条直线运动，而身体大约转体180度。所以，处理好直线运动和转体时机的关系十分重要。通常，在最后用力过程中上体转得越晚越有利（图11-4b点），越早越不利（图11-4a点）。过早转体将会影响身体向前运动的速度和最后用力的顺序，并会出现上体过早用力的缺陷。

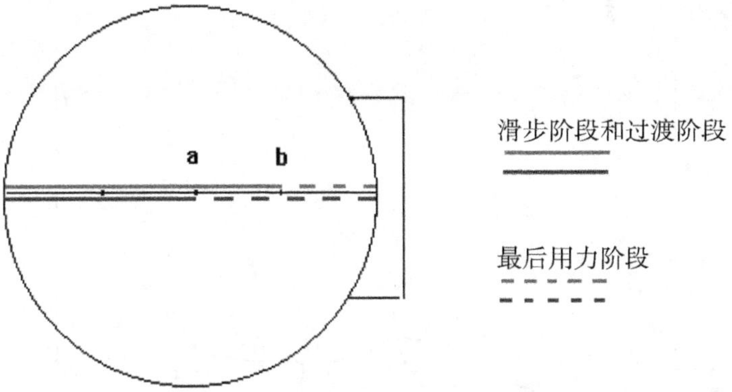

图11-4 最后用力阶段上体转动时机

2. 技术的速度—节奏结构（时空特征）

（1）完整技术中铅球的速度变化。

按照力学原理，沿直线给一个物体匀加速是最合理的，但由于多方面因素的限制，人体在推铅球过程中不可能达到理论上的要求。铅球运动实际运动速度的曲线是：在滑步阶段和过渡阶段使铅球获得一定的加速，在最后用力阶段使铅球获得最大加速。

图11-5、图11-6是我国优秀女子铅球运动员黄志红和巩立娇的铅球速度变化曲线。

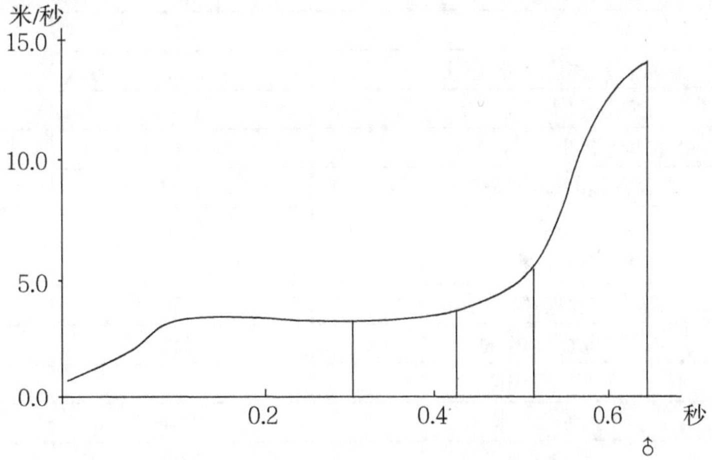

图11-5 黄志红铅球速度曲线（最好成绩21.52米）

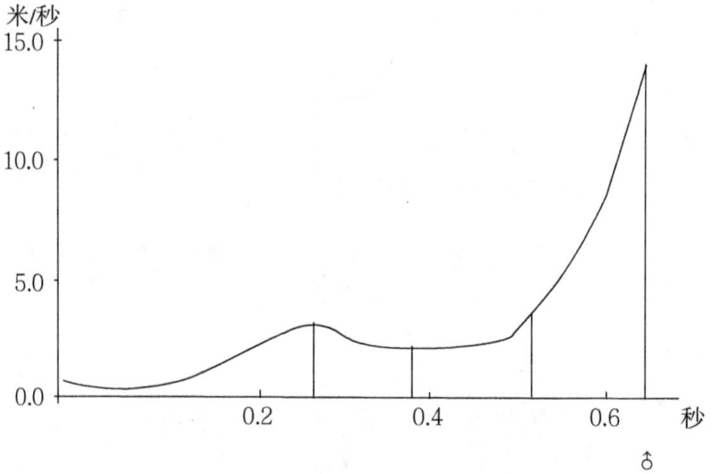

图11-6　巩立娇铅球速度曲线（最好成绩19.53米）

（2）我国优秀女子运动员技术参数对比表见表11-1、表11-2。

表11-1　隋新梅的有关技术参数对比表

阶　段	指　标	成绩21.66米	成绩19.29米
滑步阶段	右脚离地时蹬地角（度）	57	57
	时间（秒）	0.137	0.121
	步距（米）	0.82	0.85
	球合位移（米）	0.327	0.27
	球平均速度（米/秒）	2.39	2.23
过渡步阶段	右脚落地时球高（米）	1.07	1.01
	左脚落地时球高（米）	1.11	1.04
	左脚落地时双脚宽（米）	1.10	1.12
	球合位移（米）	0.20	0.21
	时间（秒）	0.078	0.089
	球平均速度（米/秒）	2.56	2.33
最后用力阶段	出手速度（米/秒）	13.95	13.14
	出手角度（度）	39	38.5
	出手高度（米）	2.04	2.06
	出手差（米）	0.03	0.08
	球合位移（米）	1.69	1.78
	时间（秒）	0.265	0.280
	球平均速度（米/秒）	6.38	6.36
全程	球合位移（米）	2.22	2.26
	时间（秒）	0.48	0.49

表11-2　黄志红的有关技术参数对比表

阶段	指标	成绩21.52米	成绩21.28米
滑步阶段	右脚离地时蹬地角（度）	55	52
	时间（秒）	0.127	0.139
	步距（米）	0.79	0.91
	球合位移（米）	0.27	0.29
	球平均速度（米/秒）	2.13	2.09
过渡步阶段	右脚落地时球高（米）	1.03	1.07
	左脚落地时球高（米）	1.12	1.15
	左脚落地时双脚宽（米）	1.24	1.22
	球合位移	0.346	0.353
	时间（秒）	0.127	0.149
	球平均速度（米/秒）	2.72	2.37
最后用力阶段	出手速度（米/秒）	13.93	13.78
	出手角度（度）	36.9	41.3
	出手高度（米）	2.04	2.14
	出手差（米）	0	−0.04
	球合位移（米）	1.58	1.50
	时间（秒）	0.245	0.228
	球平均速度（米/秒）	6.45	6.59
全程	球合位移（米）	2.20	2.14
	时间（秒）	0.499	0.515

（二）旋转推铅球技术分析

1. 动作结构（空间特征）

旋转推铅球的握球持球与背向滑步推铅球基本相同，但位置稍向颈侧后方移动，以便对抗旋转过程中铅球的离心力，保持铅球稳定。

（1）预备阶段。

运动员背对投掷方向站立，两脚左右开立，距离大致与肩同宽，持球臂的肘部向外展开与肩齐平，上体前屈或微前屈，身体自左向右转动，同时身体重心偏向于右腿，身体扭到最大限度完成预摆动作。预摆动作结束时，身体重心偏向于双脚的前脚掌，以便于进行第一转。

（2）第一转阶段。

预摆结束后，身体重心一边由右侧移向左侧，一边以身体左侧为轴进行旋转，左脚、左膝关节的转动早于上体，有利于增加旋转的速度。当身体重心偏向于左脚后，右脚尽量晚离地，右脚的最后蹬伸动作有利于增加旋转速度。右脚离地后右腿沿左侧身体轴旋转，同时向投掷方向摆动，右腿摆动的幅度因人而异。当身体继续向投掷方向运动，面对（或掠过）投掷方向时左脚蹬地离开地面，这个蹬伸动作不宜过大，膝关节过度蹬伸会使身体重心快速升高，不利于后续动作的完成。当左脚即将蹬离地面时，整个身体处于向投掷方向倾斜并有一定程度扭转的姿势。

（3）腾空—过渡阶段。

当左脚蹬离地面后，整个身体处于腾空状态，在腾空阶段身体重心应保持平稳，身体适当加大扭转的程度。腾空阶段结束后，右脚落在圆心附近形成单支撑旋转运动。右脚落地—左脚落地的过渡阶段是重要的技术环节，将决定最后用力的效果。右脚落地后与投掷反方向夹角为45~90度，左腿尽量靠近右腿摆动，左脚尽快落地，左脚落地与投掷方向夹角为25~45度。在这个过程中整个身体呈伸展、扭紧状态，从而为最后用力创造良好的条件。

（4）最后用力阶段。

右、左脚都落地后进入最后用力阶段，身体动作协调配合，转动和向投掷方向运动同时进行，整个身体围绕左侧身体的旋转轴进行旋转，身体重心快速由右脚转移到左脚，在左侧强有力的支撑用力作用下，身体形成弓形用力姿态，拉长拉紧各部位肌肉，然后利用“弓”的反振和弹绷作用，借助身体肌肉拉长后的快速收缩，右臂加速用力，将铅球沿切线方向投出。优秀运动员旋转推铅球出手角度一般为30~35度。

（5）结束阶段。

铅球投出后迅速转动身体，下降重心，防止犯规。

2. 速度—节奏结构（时空特征）

（1）加速阶段。

生物力学原理显示，人体只有在双支撑的状态下才能够获得旋转和位移的动力来源，所以第一转双支撑和最后用力双支撑阶段是“人体—铅球系统”获得加速的主要阶段。在双支撑阶段应充分注意人体协调用力，使“人体—铅球系统”获得合理的加速。

（2）减速阶段。

当人体在腾空状态和单脚支撑时不能够获得外力时，也就不能获得加速，所以在腾空—过渡阶段应该通过身体的积极动作，尤其下肢的积极动作，尽量保持第一转所获得的速度，同时按照技术要求做出良好的身体姿势，为整个人体在最后用力阶段能够充分发挥能力创造有利条件。

（3）技术的难点。

平衡：旋转推铅球技术是人体和铅球在快速转动的形式下向投掷方向运动，有双脚的双支撑、单支撑—腾空—双支撑等动作过程，通过最后用力阶段使铅球沿切线方向投出。动作复杂且难于控制，在运动中保持良好的平衡是运动员充分发挥自身能力的重要条件之一。

在第一转和腾空—过渡阶段，为保证旋转的平稳性，人体在旋转的过程中应保持身体重心平稳，旋转过程中膝关节、髋关节尽量保持相对控制的“锁紧”状态，避免过大的屈伸动作，以尽量减小身体重心的上下起伏。

（4）旋转轴。

旋转推铅球技术是“人体—铅球系统”旋转和位移的复合运动，非实体旋转轴的确定、旋转轴与身体各环节之间的关系及在运动中的变化是技术训练中需要注意的难点。

（5）最后用力动作。

“人体—铅球系统”在高速旋转—向前运动的状态下进入最后用力阶段，动作难度很大，需要充分注意左侧身体的支撑用力动作的合理性，尽量避免以身体中间为轴的转动，这样会减少人体对铅球的作用力。

3. 旋转推铅球技术图片

约翰·高迪纳，男，1972年5月31日出生，身高1.93米，体重118千克，推铅球成绩21.47米。约翰·高迪纳的旋转推铅球完整技术连续图见图11-7。

图11-7　约翰·高迪纳的旋转推铅球完整技术连续图

⑰ ⑱ ⑲ ⑳ ㉑

图11-7　约翰·高迪纳的旋转推铅球完整技术连续图（续）

三、专项技术训练的重点与方法

（一）原地推铅球

背向原地站立，直接把铅球推出去。在保证动作准确性的前提下，注重动作速度和位移速度。（图11-8）

图11-8　原地推铅球

（二）退步推铅球

预备姿势，身体重心在左腿上，右腿向后伸出。右脚落地后，身体重心后移，经过渡成为原地推铅球姿势，最后把铅球推出。注意单独动作和身体重心位移的速度。（图11-9）

图11-9　退步推铅球

（三）牵引投掷

把橡胶带绑在左脚上并拉紧，以滑步支撑投掷的方式完成技术动作。左腿快速向后摆动。主要发展快速完成动作的能力。（图11-10）

图11-10　牵引投掷

（四）下肢快速交换

开始时，身体重心在左脚上，右腿快速向后摆动，右脚快速落地；左腿快速向后摆动，左脚快速落地，成为原地推铅球准备姿势。主要发展下肢快速协调用力能力。（图11-11）

图11-11　下肢快速交换

其他的练习方法主要有：徒手和手持器械的技术模仿练习、连续滑步、下坡滑步、徒手旋转、持轻器械旋转等。

四、主导性身体素质训练的重点与方法

（一）力量素质

推铅球是速度力量型项目。力量是铅球运动员重要的素质之一，优秀铅球运动员的力量训练在整个训练中占有重要位置。

优秀铅球运动员力量练习的简单分类为：一般力量、专门力量、专项力量。一般力量是基础，专门力量是一般力量和专项力量的中间（过渡）力量，专项力量最重要，它的水平高低直接影响着专项成绩。

1. 一般力量

一般力量是人体整个肌肉系统完成任何动作所需的基础力量。

（1）一般力量练习的安排。

由于一般力量是基础，在正常训练的情况下每次训练课都应该进行一般力量的训练。

（2）杠铃力量练习。

在进行杠铃力量训练时，对身体主要肌群采用隔日训练的方法。根据人体的生理特点，一次最大强度力量训练后，肌肉恢复需要48~72小时。根据人体适应性的原则，若想经过训练使力量素质获得较大的提高，一次力量训练后不能待肌肉完全恢复后再进行下一次力量训练。当运动员经过一个阶段的大负荷力量训练后，再经过一个阶段的恢复，力量素质将会获得提高。相同部位肌群连续的大负荷练习若没有适当的恢复，致使疲劳积累过深，将会影响训练的效果。所以，合理的训练节奏是非常重要的。优秀铅球运动员的训练实践证明，同一部位大肌群隔日进行训练的安排是适宜的。

具有较高水平的运动员，主要在80%左右的强度上采用重复训练法来进行一段力量训练，再在适当的阶段将重复训练法与大强度（金字塔式）训练法或小强度训练法相配合，使整个一般力量训练起伏有序。合理的训练安排保证了一般力量的稳步提高。

从人体生理的角度讲，肌肉在以80%左右的强度工作时，工作的形式主要为以募集更多的运动单位来实现运动；在以90%的强度工作时，主要是通过运动中枢神经发放神经冲动的强度和频率来实现工作的。采用80%左右的强度进行训练，除能够发展力量外，还能够节省“神经能量”，这对于运动员长时间进行大负荷力量训练是十分有利的。

采用重复训练法，根据运动员的不同情况，对于不同的肌群和具体手段，练习强度应有所区别。例如，在训练上肢力量时，卧推的练习强度以80%左右为宜；在训练躯干力量时，高翻的练习强度以80%左右为宜；在训练下肢力量时，下蹲的练习强度以70%左右为宜。

当采用重复训练法时，重要的是要掌握好提高训练强度的时机。这里主要提出两点：一是提高平均强度的时机，二是掌握好提高最高强度的时机。

掌握好提高平均强度的时机。当运动员在练习中采用某一个重量可以完成5次×5组时，应适时逐步提高练习的强度，直至达到一个新的水平。如运动员在做卧推时，能够做80千克×5次×5组，说明运动员已经达到一定的水平，这时就要及时提高练习的强度。同样是5组卧推练习，就要逐步变成80千克×5次×4组、85千克×5次×1组（其中的组数是指各种重量练习的组数，不是练习的顺序，以下同），80千克×5次×3组、85千克×5次×2组，80千克×5次×2组、85千克×5次×3组，80千克×5次×1组、85千克×5次×4组，直至达到85千克×5次×5组。这时我们可以认为，运动员的力量提高到了一个新的水平。

掌握好提高最高强度的时机。一般情况，运动员采用重复训练法进行1.5~2个月的系统训练后，应进行一次以上的冲击最高强度的测试。当运动员已经具备较强的实力时（这一点教练员的判断要基本准确），要抓住冲击最高强度的时机，一次训练课冲不上去，第二次训练课再冲，不要失去达到或提高最高成绩的机会，谨记“练，就要提高”。

以上是优秀铅球运动员一般力量训练所采用的安排，年龄比较小或训练水平比较低的运动员，采用重复训练法和大强度训练法结合起来的训练安排更合适一些，这将有助于运动员力量素质的尽快发展。

（3）练习中应注意的主要事项。

动作的正确性和完成动作的速度是练习中应注意的主要事项。

（4）采用重复训练方法的主要优点。

采用重复训练方法有利于最大力量的提高，有利于发展肌肉的内协调，有利于保证动作的正确性，有利于保证动作速度，有利于保证动作的幅度，有利于节省“神经能量”，有利于体内雄性激素水平的提高。

2. 专门力量

专门力量是练习动作与专项技术动作有某些（局部）相似的力量练习，我们称为专门力量。国外称专门力量是基础力量和专项力量的中间过渡性力量。

在做专门练习中，除一般阻力（负重和拉橡胶带等）练习之外，还要重视反应力量在专门力量中的运用。

（1）训练手段。

有阻力的技术模仿练习或专门练习，例如，手拉橡胶带（持壶铃）做滑步动作、做最后用力动作练习等；在专门训练器械上做全身协调性练习等。这些练习不仅能够发展专门力量，同时还能部分地改进专项技术动作，是相对有效的练习手段。

（2）训练安排。

每周进行2~3次练习，每次练习3~4组，每组8~10次。这种练习对神经和身体局部的刺激比较大，所以每次练习的次数和组数都不宜很多。专门力量训练后一般用重铅球进行专门投练习，这将有利于不同训练内容的结合和转换。

3. 专项力量

专项力量是严格符合专项技术的要求所表现出的力量。

（1）训练手段。

用推铅球完整技术投掷重铅球。用重铅球投掷成绩作为衡量专项力量水平的标准。

（2）训练安排。

在训练课中练习的顺序一般是先进行杠铃力量练习，然后用完整技术或专门投技术投掷重铅球。这样安排有利于力量素质的发展，有利于一般力量与专项力量的结合和转化，有利于力量练习与技术练习相结合，可以提高练习的整体效果。

（二）速度素质

速度是人体进行快速运动的一种能力。铅球项目不仅需要动作速度快，还需要位移速度快。

1. 一般速度

一般跑跳练习可以发展速度，快频率的跑跳练习既能发展动作速度，也能发展位移速度。

2. 专项速度

专项速度是严格符合专项技术的要求所表现出的速度。

（1）训练手段。

用推铅球完整技术投掷轻铅球。用轻铅球投掷成绩作为衡量专项速度水平的标准。

（2）训练安排。

在技术训练课中的顺序一般是先进行重铅球和标准铅球练习，然后投掷轻铅球。一次训练课投掷轻铅球的次数不宜过多，一般为10~15次。

（3）发展专项速度。

专项速度作为重要的专项素质，需要重点发展，建议采用系统的方法发展专项速度。（表11-3）

表11-3　发展推铅球专项速度的方法

内容	分内容	要求	说明
技术	完整技术的"速度—节奏"结构	①完整技术的速度—节奏 ②为了达到预想的出手速度，在技术各个关键环节的速度变化	①完整技术速度—节奏变化 ②初始阶段（滑步、旋转）速度变化、过渡阶段速度变化、最后用力阶段速度变化
	完整技术的动作结构	①基本动作规范 ②基本的运动形式：平动—（平动＋甩动） ③根据完整技术的速度—节奏要求来改进具体动作："某些动作是怎么快怎么做，而不是做对了就快"	①处理好位移速度与动作速度之间的关系 ②快速动作的基本要求是放松、协调、适度用力 ③保证快速节奏的办法：适当减小动作幅度，加快动作节奏；适当减小位移距离，加快动作节奏
力量	最大力量	大阻力练习（杠铃、器械）	①充分注意动作速度 ②注意动作速度变化的节奏
	快速力量	①反应力量 ②范围广的手段方法	①离心式收缩与向心式收缩之间的转换时间是决定某些动作速度的关键 ②注意合理安排
投轻器械	专项速度	①数量与强度 ②训练安排 ③大赛前的训练安排	①器械重量适宜 ②轻器械练习必须与标准器械、重器械练习紧密结合
专门练习	专门练习结合完整技术	充分发展运动员速度潜力	①阻力性练习与助力性练习 ②让运动员在超出正常速度的条件下完成动作，逐步建立高水平的神经肌肉协调用力
身体训练	跑、跳、投、一般力量球类活动	①躯干快速动作能力 ②下肢快速动作能力 ③快速位移能力 ④协调性 ④有氧训练	①保证位移速度和动作速度 ②注意高速度条件下协调性的练习
训练安排	围绕速度这个核心来进行训练安排	不断提高人体适应水平	①处理好数量与强度的关系 ②处理好训练内容安排顺序 ③处理好训练负荷与恢复之间的关系

（3）专项协调。

推铅球，要求在速度非常快的条件下动作协调。在一般协调的基础上，以加快动作速度的方式练习协调性，如快速跑楼梯、快速交换腿就是下肢协调性练习。在健身球上做一些练习能够发挥全身协调用力的能力，如坐在健身球上做推铅球最后出手的练习等。利用健身球和悬挂训练可以很好地发展身体的核心力量和协调平衡能力。（图11-12）

图11-12 发展推铅球专项协调的方法

（三）有氧训练

有氧训练的益处众所周知，铅球运动员保持系统、有计划的有氧训练，能提高其承受训练负荷和恢复的能力。球类运动、游戏、慢跑、骑车等都是很好的有氧训练，铅球运动员每周进行3次以上20分钟以上的有氧训练，才能满足训练的需要。

（四）建设性训练

建设性训练就是巩固和加强小肌肉群、关节、肌腱和韧带等部位的力量训练，进而提高全身整体能力的发挥，防止伤病的出现。其练习特点是动作速度慢、次数多、强度低。如加强脚和踝关节能力的训练有沙坑小跳，提踵，脚绑橡胶带做屈、伸、内旋、外旋练习等。加强膝关节能力的训练有大腿屈伸练习、静力和半静力练习、训练器练习等。

五、训练过程与控制

（一）训练负荷安排特点

从训练负荷来讲，优秀运动员的全年训练安排趋于平稳，各训练阶段之间没有明显的界限，基本上是一个完整的训练过程，体现了训练的一致性、连贯性和整体性。

这种平稳式的训练安排明显区别于突变式的训练安排。所谓突变式训练安排，是指全年不同阶段训练负荷变化较大，如冬训期间训练负荷较大，春训期间负荷较小等。由于冬季缺少重大比赛，持续训练时间较长（大约当年11月至次年3月），一般把冬训训练效果作为能否提高成绩的重点依据，冬训训练负荷量较大。到冬训结束时，由于长时间大负荷的积累，运动员的疲劳积累较深，极易出现伤病情况。随着冬训的结束，全年第一个赛季也越来越近。为参加春季开始的一系列比赛，春训进行训练负荷的调整，适当减少数量，逐步提高强度，让运动员的疲劳得到消除，力争获得比较好的比赛成绩。这样就形成了冬训（大负荷）—春训（小负荷），大起大落的训练安排。运动员在春训和赛前小负荷训练期间训练负荷明显下降，一方面使疲劳得到部分消除，神经、肌肉获得一定程度的恢复，训练强度逐步提高或回升；另一方面由于较长时间训练负荷偏小，冬训获得的不少东西在悄悄地消失，在调整阶段之后，往往只获得冬训成果的一部分。造成这种现象的直接原因是过分强调阶段性（冬训）训练效果的思想所造成的。目前优秀运动员很少采用这种训练安排。

平稳式训练安排避免了突变式训练安排的弱点。运动员通过系统的训练，促进技术、素质和能力的稳步发展，使运动员在全年各个时期和阶段均能保持较好的水平和状态，以保证在连续的大比赛中创造好的成绩。

平稳式的训练安排实际上就是采用“短节奏、小周期、适量多餐”的方法。所谓短节奏、小周期，是指按照3~4天为一个小的节奏，若干个小节奏组成一个小周期，若干个小周期组成一个大的周期。

这样训练安排的好处是：①保证了训练的系统性；②便于及时掌握和控制训练的过程；③提高训练的质量和强度；④训练更切合实战。

采用平稳式训练安排能够保证训练的系统性。系统训练是保证训练效果的重要条件，系统训练不仅仅是训练不间断地连续进行，还应该包括以下几个方面。

1. 训练时间的系统性

从开始训练直至重大比赛的结束，应该从多方面保证训练连续不间断地进行，如加强有氧训练、建设性训练及防止伤病等。

2. 训练手段的系统性

在多年训练和全年训练的不同时期，要根据项目特点、运动员情况和比赛任务，抓好主要手段，保持训练的系统性，使主要训练手段的效果获得连续性提高。

3. 训练强度的系统性

强度是构成训练负荷的一个重要因素，对训练效果起着关键的作用，应该系统地安排好训练强度，尤其是安排好技术和主要专项素质的训练强度。

平稳式训练安排便于及时掌握和控制训练过程，当运动员训练情况发生变化时，可以及时进行训练的调控。例如专项技术训练强度较大，运动员的疲劳积累会较快，这样持续的时间过长很可能会出现问题。采用短节奏的方法可以及时进行短期的调整，使高质量、大强度的训练有计划地持续进行。

当训练负荷和疲劳的消除处于一种相对合理的状态，通过平稳式训练就可以在技术和主要的专项素质方面进行高质量、大强度的训练，使整体训练水平获得尽快的提高。有计划、持续的高质量、大强度训练，可以提高运动员连续参加比赛的能力。

平稳式训练与实战结合更加紧密。现在的重大比赛竞争越来越激烈，铅球项目有及格赛和决赛，通过持续的高质量、大强度训练能够提高运动员连续作战的能力。

（二）训练负荷与恢复之间的关系

运动训练负荷是运动训练活动中最为活跃的因素，体现在训练的始终。大量的运动实践证明，逐步增大运动负荷是运动竞技水平不断提高的重要原因之一。

运动员机体在训练负荷影响下会产生适应性变化，适应性变化程度在一定范围内同运动训练负荷的大小呈正比关系，即负荷越大，机体产生适应性变化的程度越高，运动员的竞技能力也会随之提高。

任何人承受负荷或刺激的能力都有一定的限度，过度负荷下，机体非但不会产生适应性，还会出现劣变反应。这种劣变反应有时表现在生理方面，有时表现在心理方面，还有时二者兼有。

没有“负荷—疲劳”就没有提高，没有“疲劳—消除疲劳”就无法正常训练，也就没有提高，这种说法反映出掌控好“负荷—恢复”之间的关系非常重要，在处理这个关系上，掌握好不同运动员承受负荷的能力和恢复的速度是关键。

（三）训练负荷中量与强度的关系

量和强度是构成训练负荷的两个相互联系、不可分割的基本要素。二者既相互促进和依存，又相互制约和影响，构成了运动负荷动态变化的多样性。正确掌握量和强度变化对负荷动态变化的影响，有助于实现对负荷动态变化的科学控制。

负荷量和强度是组成训练负荷的主要因素，这两个因素都是可变因素，不同负荷量与强度的组合可以使整体负荷千变万化，可变因素越多，掌控难度越大。

在负荷量和强度两大因素中，如果其中一个因素在训练中没有根本性变化（变化幅度小于20%）时，可以视为相对稳定的因素，它对整体的影响可视为是稳定的；而另一因素的变化就成为影响整体变化的主要因素，我们控制了这个可变因素就大致控制了整个训练负荷。

在负荷量和强度两大因素的可控性方面，控制负荷量比较容易，控制负荷强度比较难。例如，预先计划的量比较容易控制和实现。预先计划的强度由于受限制的条件更多（天气、体力、技术情况等），在具体实施中经常会出现偏差，比较难以控制。建议在掌控整体训练负荷中，力争负荷量基本不变，通过对负荷强度的调控来掌握整体训练负荷。

在训练负荷量基本不变的情况下，负荷强度往往表现出自己独特的变化规律。我们通过不同运动员在不同内容的训练强度变化可以总结出规律，用以指导训练过程，这样能够加强训练过程和比赛的可控性。

以10月为大赛的全年专项技术负荷安排见图11-13。

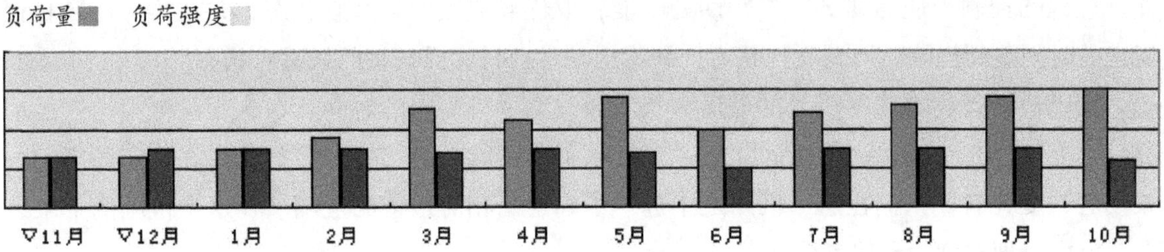

图11-13　全年专项技术负荷安排示意图

大赛前一个月专项技术训练负荷安排见图11-14。

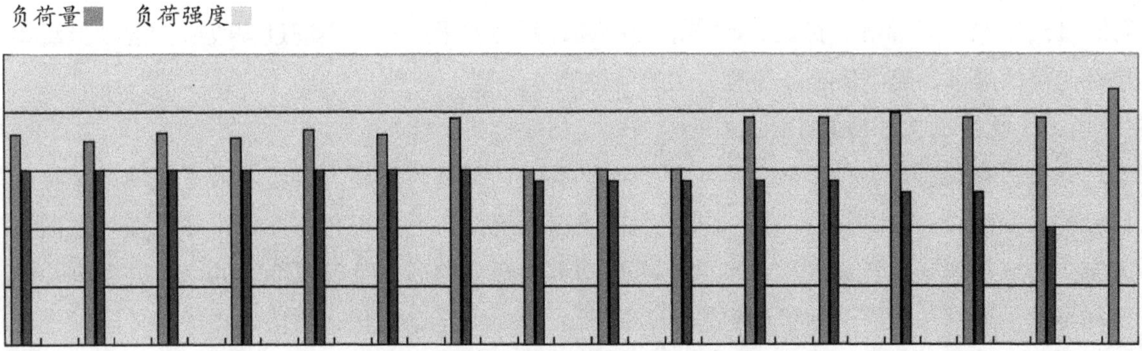

图11-14　专项技术训练负荷安排示意图

夏训阶段不同节奏周训练负荷安排见图11-15。

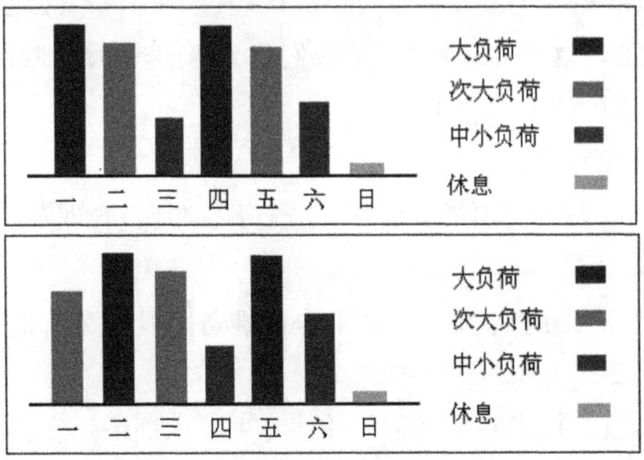

图11-15　夏训阶段不同节奏周训练负荷安排示意图

（四）高水平铅球运动员大赛前的训练及参赛能力的培养

1. 竞技状态和最佳竞技状态

运动训练的最终目的是在重大比赛中创造或保持个人的优异成绩。为此人们试图通过对训练过程的控制，使运动员在参赛期处于能获取优异成绩的最适宜状态，并在重大比赛日程规定的时间达到巅峰。所谓竞技状态，即指运动员获得优异成绩的最适宜状态。

运动员获得优异成绩所处的最适宜状态通常会保持一定的时间。在这一段时间内，运动员总体上处于一个高水平的区间之中。竞技水平不可能一成不变，而是始终在一定的区间内波动着、变化着。人们在这一区间之中进一步确定出相对最佳的范围。在这个范围的下限以上，就可以把它称为最佳竞技状态。

（1）竞技状态的基本特征。

竞技状态的最重要的特征是运动员此时应能表现出高水平的成绩，具体表现为：①机体各器官系统的机能能力有较大的提高，相互之间出现高度协调，能最大限度地动员各器官系统的机能，恢复过程缩短；②运动素质的综合水平得到理想的发展，并与专项技术有机地结合；③运动员技术熟练、稳定，动作准确协调，用力效果好；④心理过程改善。运动员渴望比赛，情绪高涨，充满信心，并有一定的自控能力。

（2）比赛成功率与最佳竞技状态。

运动员在比赛中有以下表现即可算为比赛成功：①达到或提高自己的最好成绩；②接近自己的最好成绩；③获得好名次。按上述方法进行统计，近些年我国女子铅球运动员在国际大赛中的成功率是比较高的，说明我们在运动员大赛前的训练及参赛能力的培养方面有一些好的经验。当然，也有一些经验和教训，主要表现在最佳竞技状态的培养和保持等问题也没有得到令人满意的解决方案。

2. 赛前阶段主要任务

优秀的铅球运动员准备一场重大的比赛，应该经过 8~10 周（2~2.5个月）的系统训练，才能形成最佳的竞技状态。这 8~10 周的训练我们称为赛前阶段的训练，它建立在前段训练基础之上，是一种更高层次的训练。

（1）赛前阶段的主要任务。

完善、熟练完整技术，提高专项素质水平，进行身体训练，合理安排训练，改善心理状态。

（2）赛前阶段的划分。

赛前阶段一般可以分为两个小阶段：赛前全面准备阶段和赛前直接准备阶段。两个小阶段时间的比例大致为6：2或7：3。

①赛前全面准备阶段。技术基本完善，并使专项技术训练强度达到较高的水平；专项素质达到最高水平；进行大负荷训练，使运动员承受负荷的能力得到提高，整体训练水平得到提高；合理安排训练节奏，该阶段结束时运动员应进入最佳竞技状态；心理训练融到具体训练过程中，心理状态良好。

②赛前直接准备阶段。技术熟练、稳定、有把握、整体效果好，掌握好专项技术训练强度；主要的素质训练保持在高水平；训练安排合理、细致，训练后及时恢复；心理状态稳定。

3. 训练安排

（1）专项技术训练的安排。

完善（改进）技术工作，根据完整技术合理的速度—节奏结构确定要改进的技术环节，确定技术环节改进的方法，处理好技术细节与技术整体的关系。赛前全面准备阶段结束时，基本完成完善技术的工作。赛前直接准备阶段应使完整技术稳定、熟练、有把握、整体效果好。

①专项技术训练负荷的安排。专项技术训练的负荷量在赛前阶段基本稳定在一定的范围内。数量变化的幅度小于20%，在这个范围之内我们就可以视为负荷量基本稳定，到赛前最后2~3 次技术训练时，数量可以适当减少，以准备比赛。

②负荷强度的安排。专项技术训练的负荷强度在赛前阶段大致形成阶梯上升状态。以赛前10周为例，1~4周的技术训练平均强度为第一阶段；5~8 周的平均强度为第二阶段；9~10周的平均强度为第三阶段，第三阶段训练平均强度与比赛成绩的相关系数很高（为93%左右）。为保证第三阶段训练平均强度的完成，在第7~8周时，应有10天左右的缓冲阶段，即低强度训练阶段，以利于第三阶段训练强度任务的完成。（图11–16）

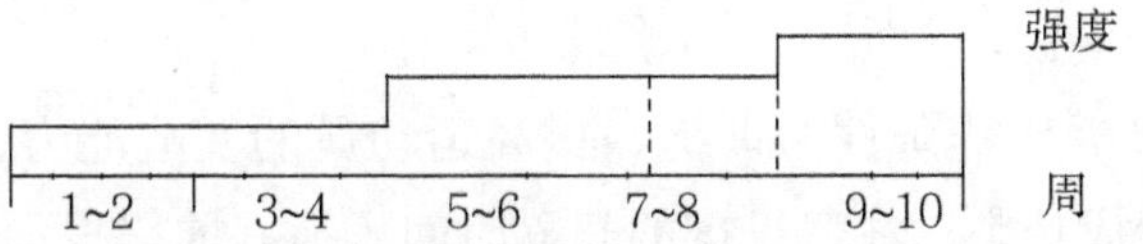

图11–16 大赛前专项技术训练强度的安排

③专项技术训练强度评定时的注意事项。大强度技术训练要像比赛一样用全力进行投掷，绝不能“顺着劲”投，全力投表现的强度更可靠。

在评定强度时，最好统一标准，这样会使强度的变化更直观。所谓统一标准，是把不同重量器械的投掷成绩换算成标准器械的成绩。

（2）力量训练的安排。

①杠铃力量训练安排。主要练习手段的最高强度出现的时间在赛前三周左右，个别手段的最大强度距比赛可以再近一点，但不要少于一周。最高强度出现之前的训练一般采用重复训练方法，采用推动80% 左右强度往上走的办法，逐步提高训练水平。最高强度出现之后，进行保持性训练，保证较稳定的负荷量和强度，没有必要再冲击最高强度，集中体能搞好专项技术训练。（图11–17）

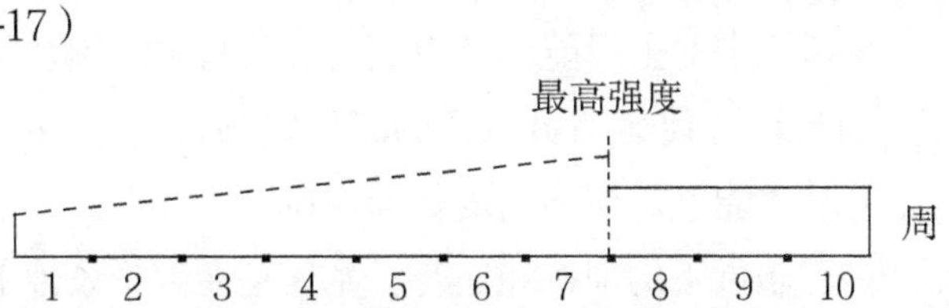

图11–17 杠铃力量训练强度的安排

②快速力量训练安排。快速力量训练是力量训练的重要组成部分，整个赛前准备阶段，

快速力量训练应系统进行直至比赛。

③专项力量训练安排。赛前阶段训练开始后，在前4~6 周致力于专项力量的提高，在达到较高水平后，再使其稳步提高。专项力量训练的负荷量基本保持不变，主要控制好负荷强度的变化，其训练一直进行到比赛前。

（3）专项速度训练的安排。

以完整技术投掷轻器械的成绩作为评价专项速度水平的标准。

一般情况下，完成发展专项速度的任务需要大约三周的系统训练，赛前五周至赛前两周作为发展专项速度的专门阶段是适宜的。当专项速度达到预期目标后，应使其保持在高水平或略有提高，直至赛前。

（4）全面身体训练的安排。

全面身体训练是取得好成绩的最基本的条件之一，赛前阶段训练结构应尽量合理，处理好身体训练与其他训练的关系，既保证全面身体训练，又不影响主要内容训练。赛前训练阶段的全面身体训练安排原则是保证训练的系统性，协调发展，训练负荷中等。

（5）实战训练。

实战训练有以下几个主要方面。

①专门安排尽量接近比赛条件的训练，提高运动员的实战能力，技术训练中安排全力投掷，强调完整技术的成功率，注意投掷的间隔时间，抓好前三投；②适应比赛的准备活动（时间、场地、器材、活动的顺序和程度等）；③提高运动员承受连续大强度刺激的能力，以应对资格赛与决赛；④在多种困难条件下训练（气候、环境、身体状况、场地器材等）。

（6）心理训练。

铅球运动员大赛前和大赛中心理活动的主要特点包含大比赛前的心理压力、比赛中的激烈竞争、瞬时获知结果、心理定势的影响。运动员进行心理学方面的学习和心理咨询，清晰了解主要对手的情况是改善心理状态的重要措施。同时，还要抓好以下几个方面的工作：

①心理训练贯穿于训练的全过程。在所有的训练过程中，心理因素都起着重要的作用。运动员身体训练的同时心理也在接受训练，像在实战训练中，高强度技术训练过程中，训练状况对运动员心理的影响是巨大的。

②调动运动员的主观能动性。运动员是训练和比赛的主体，在训练过程中应听取并尊重运动员的意见，使运动员在训练中的主观能动性得到充分发挥，提高独立作战能力。

③训练作风的培养。通过训练使运动员该顶的时候能顶得住，该拼的时候能拼得上，极大限度地调动潜能，到比赛时才能够表现出已培养的作风。

④应变能力的培养。多种条件下的训练和比赛，尤其是在困难条件下的训练和比赛，有利于培养运动员的应变能力。

⑤心理训练的重要组成部分——实战训练。

⑥多参加比赛，尤其多参加大赛是改善心理状态的重要途径。

⑦采用教育心理学的一些方法。

4. 训练负荷的安排

（1）训练课的安排。

训练课以多项训练内容的混合训练课为主，每次训练课都有重点和非重点内容之分。训练负荷量相对稳定，主要是训练负荷强度的变化，通过负荷强度控制整体负荷。

（2）一周的训练安排。

周训练负荷安排大致是短节奏的，3~4天为一个节奏。短节奏便于及时控制训练过程。

（3）阶段的训练安排。

阶段训练负荷安排基本是阶梯式的，赛前全面准备阶段分为两个小阶段，第一小阶段训练负荷达到一定水平，第二小阶段训练负荷大于第一小阶段，使运动员的训练水平获得较大提高。赛前专门准备阶段的训练负荷基本稳定，使运动员的体力和技术等方面处于很好的状态。

（4）训练负荷与恢复。

赛前训练负荷与恢复的关系要处理好，运动员训练后的疲劳应能及时消除，不应使疲劳逐渐积累起来，积累起来的疲劳会使恢复时间加长，并加大控制训练过程的难度。

5. 关于主要训练手段

运动员主要的训练手段是反复选择的，对提高训练水平起着重要的作用。在赛前训练阶段，主要的训练手段不宜改变，这有利于及时、准确地评价运动员的训练状况和身体机能状况。

（五）身体机能的监测与评价

科研人员在长期参加铅球项目科研攻关和科技服务的过程中，运用科学、有效的手段，对优秀运动员的身体机能进行长期、系统的跟踪检测，形成了一整套有效的方法，为铅球项目水平的提高起到了良好的保证作用。铅球项目运动员机能检测主要的作用在于了解、掌握、评价和比较运动员的机能状态，为教练员合理安排训练提供科学依据。机能测试的主要作用有：①了解运动员的基本健康状况；②反映运动员进行大负荷训练时的状况；③反映运动员的训练能力和恢复能力；④反映运动员的疲劳程度等。

1. 铅球运动员常用的主要生化指标

科研人员经过实验验证和总结，将测试指标筛选为与运动训练实践较为密切的若干项。如血红蛋白是反映运动员基本健康状况的一项指标。尿素氮是反映训练强度的一项指标，这项指标必须与教练员的训练思路相对照，才具有实际意义。一般来说，大负荷训练时指标相应升高，训练负荷小或调整时此指标相应降低。血清睾酮和血清游离睾酮是反映运动员当前能力特别是恢复能力的两项指标。在训练和比赛过程中，游离睾酮与运动员训练、恢复能力及成绩水平（不考虑其他外界因素）是较为一致的。皮质醇是肾上腺素分泌的一种激素，机体应急时大量分泌，可加速蛋白分解，使血糖升高。因此，皮质醇在运动训练中被认为是较为敏感的评定疲劳的指标。肌酸激酶和血睾与皮质醇比值这两项指标，能够使教练员及时了解运动员在训练中肌肉所受的刺激及恢复程度和在不同训练阶段机体能量代谢的变化情况，从而使训练安排更加合理，防止伤病的出现。

2. 利用简单的方法及时检测身体机能和训练监控

运动员的训练过程是一个动态过程，不同的训练负荷对身体的刺激和产生的疲劳程度不同，训练效果也会有比较大的差异，及时的身体机能检测和对训练的适时调控，在训练中显得非常重要。利用简单的方法及时检测运动员的身体机能状况，进而对运动员的训练进行调控是训练中的常规项目。

（1）利用测量脉搏，确定身体机能状况。

国家田径队投掷组与国家体育总局科研所从20世纪80年代后期开始，一直对我国高水平投掷运动员进行跟踪检测，通过脑电图和脉搏评定运动员的机能状态，获得了很好的效果。由于脑电图测量费用很高且仪器携带不方便，只能阶段性地检测，因而更多的是采用简单的测量脉搏的方法来评定身体的机能状况，进而对运动员的训练进行合理的调控。

用测量脉搏变化来检测运动员的身体机能水平的方法，经过若干世界大赛的检验，证明方法科学、可靠、简单、效果明显。

具体测量脉搏的方法如下。

①确定检测时间：采用早晨脉搏。

②卧位脉搏：运动员早晨起床前卧位测量安静时1分钟脉搏数。

③立位脉搏：运动员接着慢慢站起，即刻测量1分钟站立脉搏数。

④计算脉搏差数：立位脉搏数－卧位脉搏数＝脉搏差数（脉差）。

例如：立位脉搏75次/分（立位），安静卧位脉搏55次/分（卧位）。

75次/分（立位）－55次/分（卧位）＝20次/分（脉差）

⑤脉搏差数（脉差）即是用来评定运动员身体机能状况的基本数据。

利用脉差评定运动员的机能状态：当运动员立位和卧位的脉差小于18次/分时运动员训练负荷不大；当运动员立位和卧位的脉差等于18次/分时机体处于疲劳的临界水平；当运动员立位和卧位的脉差大于18次/分时运动员处于疲劳状态。

以18次/分的脉差作为身体机能状况的分界线，是北京协和医院对一般正常人测试的结果，运动员是参照这一指标来执行的。

我们在实际运用这一指标的过程中发现，运动员机体疲劳临界水平高于普通人18次/分脉差。由于运动员的体质、年龄、训练水平不同，脉搏的差数也有一定的差别。一些体质好、训练水平高的运动员，在承受很大的训练负荷后，脉差到很大时才显示机体疲劳。而体质相对较弱、训练水平相对较低的运动员，脉差稍高就显示出疲劳的症状。如某优秀运动员的脉差最高达到40次/分时才会出现严重的机体疲劳症状，而一般运动员的脉差在20~25次/分时就会出现明显的机体疲劳症状。由于每个运动员的身体具体情况不同，所以必须在实际工作过程中找出适合个人的定量指标。

用测量脉搏次数评定运动员的训练负荷大小和疲劳程度时，一般会出现以下几种情况。

一是当运动员的卧位安静脉搏为正常脉搏时（例如60次/分），运动员在承受一定的训练负荷后，立位脉搏可以升到70次/分、80次/分、90次/分甚至更高（极少出现）。这种训练负荷属于运动员可以承受的训练负荷，这样的脉差不至于造成疲劳的过多积累，也就是说疲劳的程度并不是很深。需要说明的是，立位脉搏上升比较高是大强度训练刺激产生的反应，训练强度比较低时一般是不会出现这种现象的。

二是当运动员的卧位安静脉搏明显提高，如从60次/分上升到70次/分，在立位脉搏基本不变的情况下，表明运动员的疲劳进一步加深，疲劳有一定的积累，此时运动员身体没有明显的异常感觉，说明可以继续承受一定的训练负荷。

三是运动员卧位脉搏持续升高，立位脉搏下降，脉差逐渐减小，此时可能出现两种不同的情况：一种情况是经过前面两种脉搏变化后，再出现这种变化，说明运动员疲劳积累已经相当深了，此时大部分运动员的身体都会出现明显的异常反应，如睡眠不好、食欲不振、容易出虚汗等，一般出现在较长时间连续大强度的训练之后；另一种情况是没有经过前面两种脉搏的变化，而直接出现这种现象，说明运动员训练负荷强度比较小、负荷量比较大，例如冬训的开始阶段。

四是当运动员卧位脉搏上升得比较高、立位脉搏也上升得比较高时，通常说明这个运动员承受了很大的负荷强度和负荷量，整体训练负荷相当大。这是个关键时刻，假如我们能够掌握好以后的训练过程，合理地安排训练，运动员就有可能大幅度提高运动成绩。但是，这种情况的出现也显示出运动员已经面临危险的边缘，处于疲劳的临界点，一旦掌握不好就容易出问题。

五是当运动员经过大负荷训练后，机体受到较深的刺激，脉搏出现明显的异常，说明运动员的疲劳达到一定的程度。这时经过训练调整，使运动员脉搏逐步恢复正常，则说明运动员的疲劳获得了比较好的消除。当运动员从基本正常的情况下再练起来，直到脉搏的脉差数趋于疲劳的临界水平，此时运动员的状态最好，可以在大赛中创造好的成绩，在这方面我们有不少成功的例子。

（2）从训练负荷和恢复角度，测量脉搏应注意的问题。

①当训练负荷强度小、负荷量很大时，立位脉搏不断升高，但上升到一定程度后就不再上升了；同时卧位脉搏逐步上升，在卧位脉搏次数持续比较高时，身体感觉出现异常现象，例如睡眠不好、食欲不振、容易出虚汗等，运动员出现这种情况后，需要比较长的时间进行恢复。

②当训练负荷强度大、负荷量不是很大时，立位脉搏上升的幅度比较大，卧位脉搏也会有所上升，但是幅度很小，运动员出现这种情况，相对来讲比较容易恢复。

③当训练负荷量大、负荷强度也大时，卧位脉搏、立位脉搏都在升高，这种情况出现

后，说明运动员在承受很大负荷的训练后，身体机能也达到了极限。假如能够掌握好火候，合理安排以后的训练，运动员将有可能大幅度提高成绩。一旦掌握不好就可能出现问题，如出现过度疲劳、受伤等。

3. 运动员身体机能测试与训练安排的关系

（1）身体机能综合指标与身体实际状况之间的差别。

在实际训练过程中，有时运动员身体机能指标很好，但是运动员感觉和实际训练情况不太好；有时运动员身体机能指标并不是很理想，但是运动员的感觉和训练情况还不错，这种情况经常出现。根据多年的运动实践发现，铅球运动员在正常训练阶段，身体机能测试综合指标所显示的状况与身体实际状况之间并不是完全同步的，中间有一个时间差，这个时间差为5~7天，一些体质较弱的运动员时间会更长一些，这点需要教练员根据实际情况来掌握。

（2）掌握好训练负荷的节奏。

建议采用“小周期、短节奏、适量多餐”的训练安排，这样的训练安排比较好掌握训练的过程，既可保证必要的大负荷训练，又能保证运动员不出问题，使整个训练过程能够按照计划顺利地进行，最终完成训练和比赛任务。

（3）掌握好专项技术训练强度安排的节奏。

在铅球运动员所有训练内容中，专项技术连续大强度训练对机体的刺激最大。应该根据运动员的具体情况安排好技术训练强度的节奏，注意有序地进行不同强度的训练，强调技术训练的平均强度，在大赛前最后阶段的大强度训练要与恢复能力相适应，恢复能力大于疲劳积累。

（4）赛前的预防阶段。

大赛前最后准备阶段，运动员的技术训练应该处于动作和强度比较稳定的状态。要保证最佳的技术状态出现在大赛上，重要的一点就是在赛前应该安排一个预防阶段。这个预防阶段主要的作用是“养精蓄锐”，不让运动员的神经兴奋度过高，把有限的精力放在最后冲刺上。这个阶段一般是在大赛前20天左右，为期7~10天，主要是进行一些低强度的训练。

（5）重视专门练习。

专门练习比一般身体素质更接近专项技术，但与专项技术又有一定的不同，一般称为“中间练习”。实践证明，专门练习对提高运动成绩具有直接的帮助。专门练习可以采用比较大的负荷，这样对肌肉系统刺激比较大，对神经系统刺激比较小，不太容易产生神经系统的疲劳，在训练的各个阶段都可以进行比例恰当的此类训练。

（阚福林，旋转推铅球部分由张英波编写）

第十二章 掷铁饼训练

一、影响掷铁饼运动成绩的关键因素

（一）体能因素

优秀的铁饼运动员一般都具有强大的基础性最大力量、高水平的专项速度力量和反应力量。在这些因素中，除运动员的最大力量外，影响掷铁饼运动成绩最重要的因素是双腿和躯干伸肌肌群的速度力量，以及对铁饼进行最后加速的专项投掷反应力量。同时，身体的协调能力也不能忽视。因为在1周半旋转的现代掷铁饼技术中，节奏和平衡、定向能力、加速和制动的准确运用，以及旋转过程中有目标的投掷，都需要身体具有高水平的协调性。因此，身高体壮、臂展较长，具有良好速度、良好协调性和专项灵活性的运动员最适合掷铁饼。

我国铁饼运动员与世界优秀运动员相比，在技术优势方面各有千秋，但在体能水平上存在不足。一般来说，我国运动员的协调用力和动作的连贯性较好，所以在完整技术效果上，我国运动员占有一定的优势。但在掷铁饼专项能力，特别是专项速度力量水平上，我国运动员与世界优秀运动员相比存在较大差距。第26届亚特兰大奥运会女子铁饼比赛冠军韦鲁达和三位美国著名男子铁饼运动员的主要运动素质指标都达到相当高的水平（表12-1、表12-2）。而我国优秀铁饼运动员与之相比，除一些运动员在少数一般性力量指标方面比较接近外，在专项快速力量能力等方面存在着比较显著的差距。（表12-3）

表12-1 韦鲁达1991—1992年度专门训练手段各中周期测试指标

手段	中周期						赛前准备期
	1	2	3	4	5	6	
1千克饼原地投（米）	—	54.40	56.40	59.20	60.30	59.00	59.50
1千克饼旋转投（米）	—	61.10	65.60	70.10	69.50	72.00	—
1.5千克饼原地投（米）	—	45.60	46.50	47.80	48.60	48.00	47.60
1.5千克饼旋转投（米）	—	50.80	53.66	55.30	54.40	55.50	55.50
2千克铁棒原地投（米）	—	40.80	42.40	42.70	43.10	41.60	—
2千克铁棒旋转投（米）	—	47.60	50.50	51.80	51.10	49.00	—
2千克铁球原地投（米）	—	—	—	—	—	39.30	41.00
2千克铁球旋转投（米）	—	—	—	—	—	54.00	55.30
专项力量练习器8.5千克的速度（米/秒）	—	—	9.5	10.0	10.1	—	9.8
专项力量练习器10.5千克的速度（米/秒）	—	—	8.8	9.2	9.4	—	9.1
专项力量练习器12.5千克的速度（米/秒）	—	—	8.2	8.5	—	—	—
抓举（千克）	—	97.5	102.5	105	105	102.5	105
后抛4千克铅球（米）	—	19.60	20.30	20.76	21.74	21.31	20.60

注：第1中周期为4.5周，第2~6中周期为6周，赛前准备期为5.5周。

表12-2 三位美国著名男子铁饼运动员主要运动素质和形态指标

指标	威尔金斯	鲍威尔	西尔维斯特
本人最好成绩（米）	70.86	69.06	70.38
身高（米）	1.93	1.85	1.90
体重（千克）	113	107	111
2千克饼旋转投（米）	66.80	69.09	68.40
2千克饼原地投（米）	55	55	-
立定跳远（米）	2.87	2.78	2.78
50米疾跑（秒）	5.96	5.95	5.90
卧推（千克）	192.5	204.5	204.5
下蹲（千克）	304.5	238.6	270.5
高翻（千克）	175	154.5	156.8
斜板推（千克）	-	140	-
抓举（千克）	114.1	113.6	113.6
挺举（千克）	145	145.5	136.4

表12-3　我国8名优秀男女铁饼运动员主要运动素质和形态指标

指标	男				女			
	张景龙	李绍杰	张存彪	李加富	侯雪梅	于厚润	黎秋梅	闵春凤
身高（米）	1.90	1.95	1.88	1.92	1.77	1.79	1.84	1.75
体重（米）	103	104	105	100	90	96	80	83
臂展（米）	2.03	2.08	2.02	1.97	—	—	1.84	1.80
本人最好成绩（米）	61.72	65.16	62.06	61.80	68.68	68.68	67.50	66.78
2千克饼原地投（米）	50.02	—	50	48	—	—	—	—
1千克饼原地投（米）	—	—	—	—	56	55.30	52	51
0.75千克饼旋转投（米）	—	—	—	—	73.46	74.20	75	73
1.25千克饼旋转投（米）	—	—	—	—	—	—	58	57
1.5千克饼旋转投（米）	72	74.60	71	68	52.32	50.60	—	—
2.25千克饼旋转投（米）	—	59	55	—	—	—	—	—
2.5千克饼旋转投（米）	50.50	—	49	48	—	—	—	—
立定跳远（米）	3.18	3.31	3.30	3.15	—	—	3.10	2.95
30米起跑（秒）	3.80	3.94	3.90	3.95	—	—	—	—
后抛7.26千克铅球（米）	—	18.60	18.50	18.00	—	—	—	—
后抛4千克铅球（米）	—	—	—	—	—	—	15.50	17
抓举（千克）	110	100	110	120	90	90	80	90
卧推（千克）	180	17	160	200	125	135	85	30
高翻（千克）	145	—	160	140	130	120	115	120
深蹲（千克）	240	210	230	210	180	170	120	145

（二）技能因素

铁饼运动员的技能主要体现在对技术动作时间、空间特点的准确把握上。

掷铁饼技术动作的时间特点可以概括为各技术环节动作的节奏清晰和整体技术动作连贯加速。而掷铁饼技术动作的空间特点可以概括为进入旋转和最后用力时双脚的宽站立、旋转过程中身体的低姿势和铁饼旋转运行轨迹的大半径、最后用力预备姿势形成身体的充分扭紧和超越器械，以及最后用力的大幅度鞭打出手动作。运动员必须通过旋转和最后用力的加速，使铁饼最后出手的速度达到25米/秒左右。

优秀铁饼运动员的专项技能训练的关键点包括以下内容。

（1）提高旋转技术实效和速度利用率，追求整体技术的最佳效益。

在传统认识的基础上有所突破的是，目前人们已不再把目光主要集中于最后用力阶段，而是在此基础上进一步扩展，逐步加强了努力挖掘旋转技术潜力，提高旋转与最后用力顺利衔接的实效性。

美国学者詹姆斯·G. 海伊对29名世界优秀男女铁饼运动员投掷技术的研究，揭示了进入旋转左脚离地时人体器械系统的转动动量与器械出手速度和投掷距离具有直接的线性关系，进而得出此时转动动量越大，会促使铁饼出手速度越高、投掷距离越远的结论（图12-1、图12-2）。美国学者J.达佩纳的研究表明，铁饼出手水平速度的93%是由器械出手时人体器械系统的水平转动动量决定的，而这个转动动量在进入旋转，左脚离地时直至器械出手几乎保持不变，这也强调了旋转技术的关键作用。这些理论研究成果明确地提示人们，在实践中应该更加注重加强完整技术的连贯性、实效性的训练。

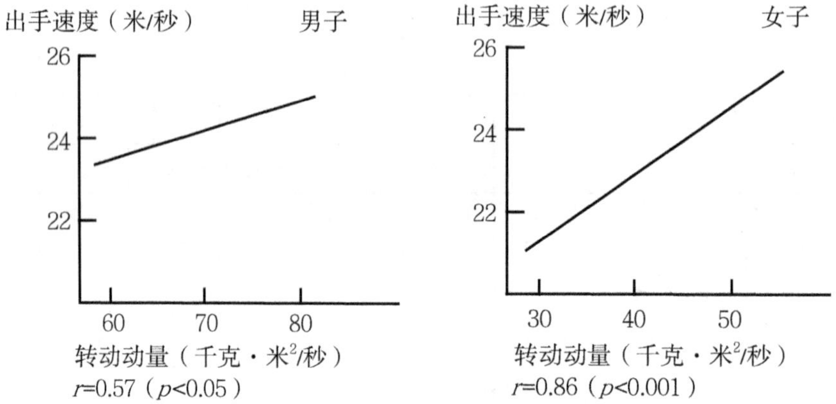

图12-1　进入旋转左脚离地即刻人体器械系统转动动量与铁饼出手速度关系图

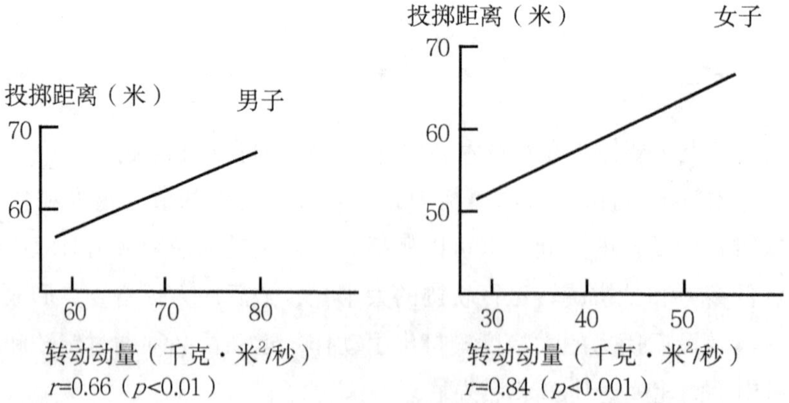

图12-2　进入旋转左脚离地即刻人体器械系统转动动量与投掷距离关系图

（2）注重基本技术原理与运动员条件和特点的完美结合，凭借自身所具备的特殊条件追求最佳化的整体技术效果，使运动员的技术特点日益突出。

掷铁饼项目的多年训练实践告诉我们，把个人技术特点与技术基本原理有机结合是优秀铁饼运动员的制胜法宝。运动员在技术的不断完善进程中，在尊重科学规律基础上大胆借鉴和移植他人的合理经验和先进技术，同时充分发挥自身的主观能动性和创造性，这是形成卓越个人技术的关键所在。在把个人技术特点与技术基本原理有机结合的过程中，做到扬长避短，充分发挥个人技术优势和潜能是至关重要的。我国运动员一般都具有快速灵活的特点，他们取得的优异成绩主要是以提高旋转速度的利用率和完整技术的效益来弥补力量方面的不足。

（3）技术训练与身体训练的方法手段紧密结合、相互协同、积极创新，努力提高器械出手速度。

掷铁饼的器械出手速度无疑是决定投掷距离的最主要因素之一。在高水平铁饼运动员的专项训练过程中，运用多种积极创新的、有效的辅助训练手段，努力提高器械出手速度，并将这个方面作为重要的核心内容予以深入研究、精心设计和系统安排。这一趋势在1996年亚特兰大奥运会上以69.66米获得女子铁饼冠军的德国运动员韦鲁达的年度专门训练安排中生动地反映了出来（表12-4）。其中围绕实现提高器械出手速度这个主要目的，专项身体训练与技术训练多种练习手段密切联系、相互协同、互为补充，新手段的采用（如专项力量练习器）已占很大比重。如在第四个中周期中，新手段负荷已达练习总量的59%，在赛前准备期也达到18%。采用以上安排直到当年的第六个中周期，她的比赛成绩已达到70.96米，训练水平已超过72米。

表12-4　韦鲁达1991—1992年度专门训练手段各中周期负荷量（重复次数）

手段	中周期						赛前准备期
	1	2	3	4	5	6	
1千克饼	—	220	280	290	630	480	450
1.5千克饼		130	250	480	305	145	285
2千克棒	340	310	380	168	170	25	—
双手投铅球	—	—	—	—	—	170	170
专门投总量	340	660	910	938	1110	820	1005
专项力量练习器：							
8.5千克	—	35	43	271	180	30	50
10.5千克	—	377	397	669	200	—	190
11.5千克	—	348	282	—	—	—	—
12.5千克	—	—	252	600	—	—	—
力量练习器总量	—	860	974	1540	380	30	240
其他专门练习	1190	1110	1140	1080	780	665	1105
专门力量总量	1190	1970	2114	2620	1160	695	1345

注：第1中周期为4.5周，第2~6中周期为6周，赛前准备期为5.5周。

（4）注重铁饼出手的最佳初始状态，并在训练和比赛中进一步加强对器械出手相关因素的合理控制。

由于铁饼自身形态和有多个旋转轴的特点，铁饼出手后在飞行中受到空气动力学因素的影响较大。有研究表明：出手速度决定了75%的投掷距离，由于其他干扰因素的影响，铁饼出手速度并非直接决定投掷距离，铁饼出手最佳初始状态也极其重要。我们不容忽视对铁饼出手最佳初始状态的探索，并试图在训练和比赛中进一步加强对器械出手诸多因素的合理控制。

二、优秀运动员技术分析

（一）掷铁饼技术的动作阶段结构

掷铁饼技术的动作阶段结构见表12-5。

表12-5　掷铁饼技术的动作阶段结构

阶段	目的和作用	动作特点和观察标准
开始姿势和初始动作	·取得适宜的投掷开始姿势 ·取得投掷臂和躯干的拉紧 ·为旋转和进入腾空阶段做好准备	·双脚平行，略比肩宽开立 ·用自然展开的手指末节扣住铁饼 ·拇指贴在铁饼上 ·手腕微屈 ·背对投掷方向 ·向投掷反方向进行大半径预摆 ·将铁饼摆到左脚跟上方
旋转和离地进入腾空阶段	·开始为人体和器械加速 ·适宜地采用预摆进入旋转和腾空旋转 ·在旋转和腾空阶段尽量减少速度损失 ·形成髋轴与肩轴的扭紧	·以左脚前脚掌支撑旋转 ·左腿屈膝向外转动 ·把体重移到左腿上 ·右腿蹬地（左脚与投掷方向呈90度） ·铁饼留在肩轴后面 ·右腿沿低、平路线摆动到投掷圈圆心 ·左腿蹬地（右大腿指向投掷方向） ·右小腿前踢 ·右脚继续转动并落地，脚尖指向投掷反方向 ·人体质心位于右腿之上 ·右臂明显地留在身后 ·左腿沿低、平动作路线落地

续表

阶段	目的和作用	动作特点和观察标准
发力姿势	·保证从旋转进入单腿支撑阶段的平衡 ·左腿支撑和身体左侧的制动 ·形成躯干、肩和投掷臂部位的最大预先拉紧	·右腿弯曲（110°～120°） ·髋轴指向投掷方向 ·大腿与投掷方向呈90° ·肩轴与投掷方向呈90° ·投掷臂与投掷方向的夹角大于270° ·屈髋（45°）
出手动作	·加强身体环节的预先拉紧 ·身体环节冲量按顺序使用 ·运动员人体的加速动能向器械传递 ·旋转与过渡动作的适宜衔接 ·获得最适宜出手角度 ·铁饼的最大限度加速	·爆发式的伸展、转动动作 ·右脚指向投掷方向 ·右腿蹬伸用力 ·左腿支撑 ·向前送髋 ·投掷臂与投掷方向的夹角大于180° ·身体左侧制动（左肩-左脚轴） ·原地（双腿支撑）出手或跳投（无支撑）出手 ·与肩同高或略高于肩投出铁饼 ·适宜的出手角度为35°～37°
维持平衡	·避免踩在投掷圈边沿上	·交换双腿位置回转 ·在右腿上恢复平衡 ·左腿继续转动（如在右脚尖支撑下转动） ·屈右腿降低人体质心

（引自国际田联教练员培训和认证系统高级教程，2006）

（二）世界优秀铁饼运动员投掷技术范例

于尔根·舒尔特（Jurgen Schult，德国），男子掷铁饼74.08米世界纪录的创造者、1988年奥运会冠军，身高1.93米，体重110千克。

于尔根·舒尔特以极低的身体姿势完成初始动作，双膝很大程度地弯曲（图12-3①~⑥）。预摆形成髋轴和肩轴的充分扭紧（图12-3⑥），持饼的右手大约在左脚上方。体重移到左腿上（图12-3⑦~⑨）。他把左膝积极转向投掷方向，而肩轴和投掷臂仍然留在后面（图12-3⑨）。摆动腿开始大半径摆动，远远超出投掷圈边沿（图12-3⑫~⑮），通过一个转动中的前踢动作摆向前方。紧接着向身体旋转轴靠拢，以增加旋转角速度。左臂被拉近身体，靠近身体左侧（图12-3⑯⑰）。

① ② ③ ④

图12-3 男子世界纪录创造者于尔根·舒尔特的掷铁饼技术

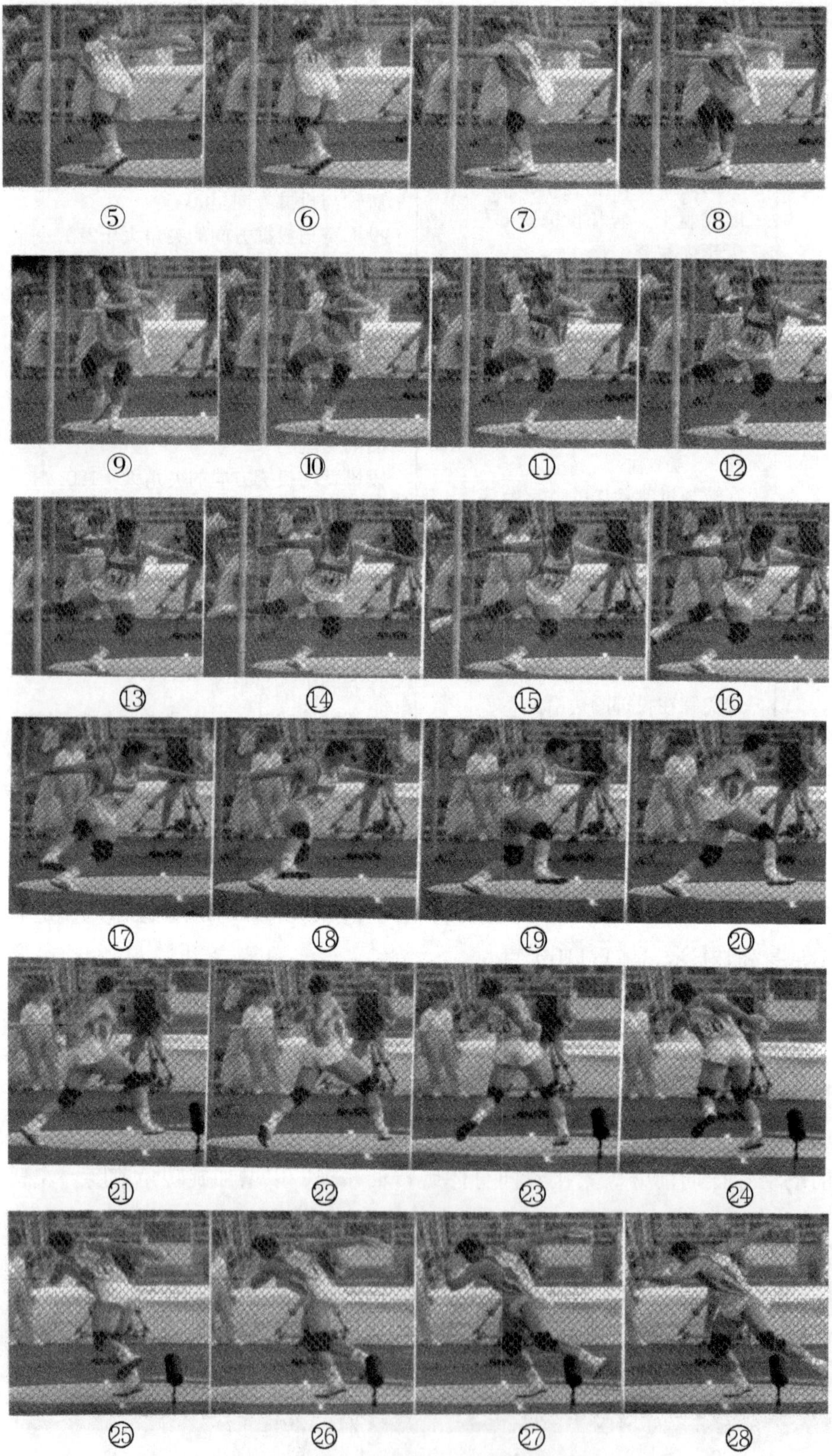

图12-3 男子世界纪录创造者于尔根·舒尔特的掷铁饼技术（续）

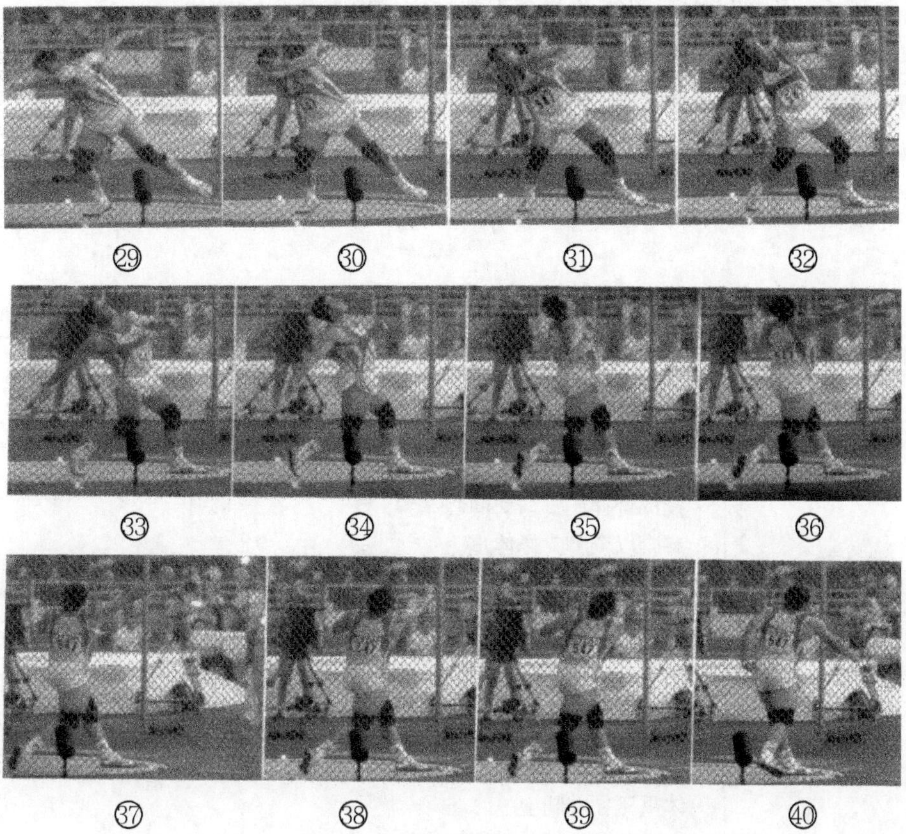

图12-3　男子世界纪录创造者于尔根·舒尔特的掷铁饼技术（续）

在左脚离地进入腾空阶段过程中，左腿没有伸展，低、平的蹬离地面动作是通过小角度的蹬地完成的（图12-3⑭~㉒）。旋转角速度的增加和小角度的蹬地动作，促使腾空阶段的迅速完成（图12-3㉒~㉔）。舒尔特的腾空阶段只有0.06秒。

他的右脚积极落地，以前脚掌支撑做出主动、连贯的内转（图12-3㉔~㉜）。

从图12-3㉔~㉚能够看出，腾空阶段后的轻微缓冲以恢复平衡，上体前倾，身体质心位于右脚掌上方。在这个阶段中舒尔特获得了髋轴和肩轴的最大限度扭紧，而投掷臂仍然保持在后面。但是，左脚的大半径动作路线却意味着相对较长的单腿支撑时间。

左腿以屈腿姿势、左脚以全脚在投掷圈前部稍微偏左的位置落地（图12-3㉛㉜）。

左脚落地时，由于右腿的用力已经把髋远远地推到前方，形成了肩轴和髋轴之间的理想扭转状态，可以成为做出身体扭紧的范例（图12-3㉜㉝）。这时铁饼处于加速路线中的最低点。

舒尔特采用双腿支撑投，适宜地利用了用力肌群的预先拉紧程度。

在双腿蹬伸过程中，利用左腿的积极支撑为身体左侧制动，铁饼沿大半径加速（图12-3㉛~㊱）。上体伸直，髋领先于投掷臂（图12-3㉝~㉟）。

通过迅猛的出手动作（图12-3 ㉝~㊱），铁饼获得了它的最后加速。在图12-3㊱㊲中，铁饼已经离开手，投掷臂充分展开并超过头部高度，以延长加速路线。

（三）掷铁饼技术的评价标准

在掷铁饼技术质量的不断改进和完善的过程中，需要在训练和比赛中不断观察和评价运动员的技术表现，高水平掷铁饼技术的评价标准见表12-6。

表12-6　掷铁饼技术的评价标准

技术动作阶段	评价标准
双腿支撑开始阶段	·两脚开立，宽于肩 ·向右、后、上方预摆 ·髋轴和肩轴扭紧 ·投掷臂伸展，与肩同高 ·右脚以全脚支撑体重 ·左脚以前脚掌支撑向预摆方向转动 ·屈膝，双膝在脚趾上方 ·左脚姿势较水平，以前脚掌支撑向投掷方向转动 ·左膝领先于左肘和左肩 ·铁饼保持在身后，与肩同高 ·投掷臂、肩轴和髋轴的扭紧 ·体重压在左腿上 ·右脚前脚掌保持与地面接触的时间很短
单腿支撑开始阶段	·眼睛转向投掷方向 ·铁饼留在身后，略高于髋 ·左臂维持平衡，被动跟随 ·左手指向投掷方向，略微向下 ·躯干略微向投掷方向倾斜 ·左膝指向投掷方向，略微向下 ·右膝引导右腿沿低、平的大半径半圆路线摆动 ·体重压在左腿上，踝关节固定 ·眼睛朝向投掷方向 ·右膝积极摆向投掷方向 ·左腿和脚沿低、平方向蹬伸推动人体离地 ·“短跑步”姿势 ·铁饼保持在身后，略高于髋
腾空阶段	·铁饼保持在身后，略高于髋 ·右脚内旋 ·低、平方向快速蹬伸推动人体进入腾空阶段

续表

技术动作阶段	评价标准
单腿支撑出手阶段	·用前脚掌的积极扒地动作落地（继续转动） ·支撑腿的膝微屈 ·左腿向右腿靠拢 ·左臂保持在身体前面 ·眼睛略微向下看，朝向投掷反方向 ·铁饼与肩同高保持在身后 ·躯干略微前倾 ·左腿向投掷方向沿低、平路线摆动 ·以右脚掌支撑（继续转动） ·支撑腿膝关节明显弯曲（继续转动） ·髋轴、肩轴、右脚三者的最大扭紧状态 ·躯干略微前倾 ·铁饼与肩同高保持在身后 ·左臂保持在身体前面
发力姿势	·右脚落地后左脚紧随落地 ·左脚以前脚掌落地过渡到脚一侧 ·左臂打开 ·右脚继续向投掷方向转动 ·双肩保持在右膝上方
双腿支撑出手阶段	·右膝指向投掷方向（伸展） ·髋轴几乎与投掷方向呈直角 ·左腿几乎伸直并固定 ·左脚指向投掷方向 ·铁饼指向投掷反方向，与髋同高，达到运行路线的低点 ·眼睛朝向投掷方向的上方 ·右脚以脚趾支撑转动 ·左腿蹬伸支撑（提起身体） ·髋轴与投掷方向呈直角 ·髋轴与肩轴仍然没有平行 ·投掷臂向出手的前、上方向用力 ·左臂和身体左侧固定（转动轴） ·左腿蹬伸 ·髋轴与肩轴平行，略微转向投掷方向 ·髋轴处于水平姿势 ·投掷臂和铁饼与肩同高或略高于肩 ·左臂和身体左侧固定
维持平衡	·在弯曲的右腿上回转 ·保持身体质心的低姿势 ·保持左腿的低姿势

（引自国际田联教练员培训和认证系统高级教程，2006）

三、专项技术训练的重点与方法

（一）掷铁饼技术训练的重点与难点

1. 训练重点

（1）熟悉旋转过程中身体旋转轴的转换，学习以下肢为主导的加速旋转节奏。

（2）各个技术动作环节连贯衔接和最后用力前形成良好的身体扭紧和超越器械。

（3）保证完整技术过程大半径的铁饼运行轨迹和器械出手的适宜初始状态。

2. 训练难点

（1）提高旋转能力和在快节奏旋转情况下形成大幅度最后用力的预备姿势。

（2）低腾空和最后用力前左脚的主动快落。（图12-4）

（3）最后用力铁饼向投掷反方向运行过程中控制身体重心不要过早前移。

（4）最后用力出手动作的身体正确用力顺序、准确时机和非投掷臂的协调配合。

图12-4 低腾空和最后用力前左脚的主动快落

（二）掷铁饼技术训练方法与手段

1. 移动身体重心，左腿支撑进入旋转

目的：学习左腿支撑进入旋转。（图12-5）

方法：预摆结束后，身体重心移向左腿；以左脚前脚掌为轴进入旋转，右脚蹬离地面。

要求：徒手或持铁饼反复练习。

图12-5 掷铁饼的左腿支撑进入旋转

2. 左腿向前推动身体重心进入右腿支撑旋转

目的：学习左腿向前推动身体重心进入右腿支撑旋转。（图12-6）

方法：移动身体重心进入左腿支撑旋转，当左膝和左肩即将转向投掷方向时，右脚离地。右腿沿大半径的弧线绕过左腿，以前脚掌落地并支撑体重。

要求：徒手或持铁饼反复练习。

图12-6　左腿向前推动身体重心进入右腿支撑旋转

3. 通过旋转形成最后用力的预备姿势

目的：学习通过旋转形成最后用力的预备姿势。（图12-7）

图12-7　掷铁饼最后用力的预备姿势

方法：在前面练习动作的基础上，左脚向投掷方向移动并迅速落地。体重压在右腿上，身体扭紧形成最后用力预备姿势。

要求：徒手或持铁饼反复练习。

4. 背向旋转掷铁饼

目的：学习背向旋转掷铁饼完整技术。

方法：先做些徒手背向旋转投掷模仿练习，再背向旋转投掷木棍、小石子等，最后过渡到背向旋转掷铁饼。

要求：根据练习者的具体情况灵活采用多种训练方法和手段，如比赛条件下的比赛动作练习。专门改变条件下的比赛动作练习，如湿滑、噪声、限制试掷次数等。采用不同重量铁饼的比赛动作练习。采用不同器械的比赛动作出手练习，如实心球、棍棒、带球、铁环、锥形棒和其他器械。

（三）掷铁饼专项能力训练手段示例

1. 专项力量练习

（1）原地连续挥片。

目的：发展腿、髋、躯干和肩带的多环节专项力量，提高专门协调能力。

方法：在身体充分扭紧姿势下开始发力动作，以右腿、右髋的转动为主。投掷臂充分伸展，大幅度摆动。（图12-8）

要求：动作结束时身体左侧形成稳固支撑。

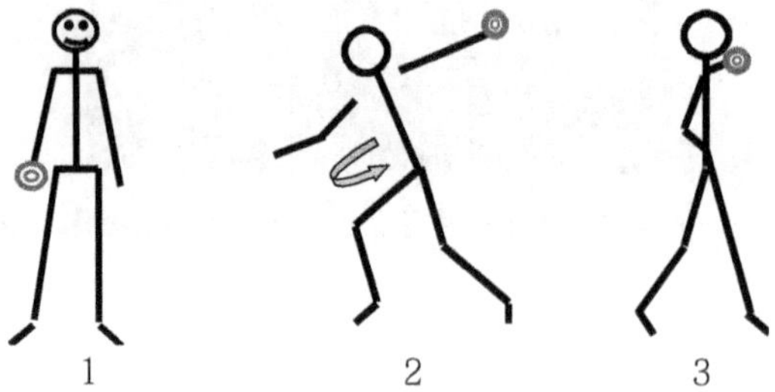

图12-8　原地连续挥片

（2）双手抛掷铃片。

目的：发展腿、髋和躯干的专项力量。

方法：双手持铃片，两脚自然开立约一肩半宽。体重移向右腿、向右转体并降低重心。直臂双手持片于胸前。右腿、右髋转蹬发力，带动上体和上肢将铃片抛出。（图12-9）

要求：开始姿势体重充分压在右腿上，下肢用力以转动为主，铃片出手时体重移到左腿上。

图12-9　双手抛掷铃片

（3）仰卧扩胸。

目的：发展胸部和肩带的专项力量，加强肩带的柔韧性。

方法：下摆铃片拉长胸部和肩带肌群，然后迅速上摆铃片。（图12-10）

要求：下摆铃片时应尽量放松，当放到最低点时立即以胸带臂快速收缩，必须直臂完成练习。

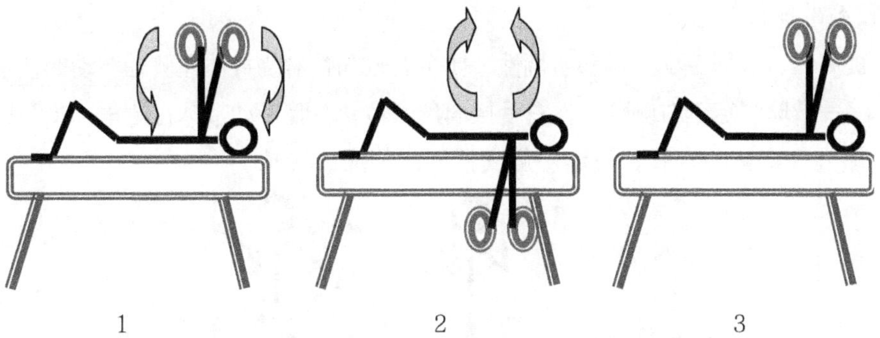

图12-10　仰卧扩胸

（4）仰卧单臂挥片。

目的：发展腹部、躯干和肩带的专项力量和柔韧性，建立正确的用力顺序。

方法：将双脚固定，坐在山羊上转体后仰下摆铃片，躯干充分扭紧。（图12-11）

要求：腰部的转动与胸带臂有机衔接，投掷臂伸直、大幅度摆动。

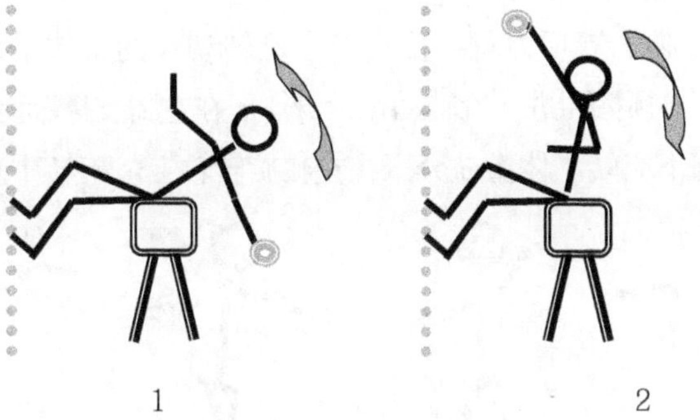

图12-11　仰卧单臂挥片

（5）原地拉胶带鞭打。

目的：发展下肢、髋部和躯干的专项力量，建立大环节带动小环节的用力顺序。

方法：将胶带一端固定于地面，手握另一端。开始姿势体重充分压在右腿上，用转动上体完成鞭打动作。（图12-12）

要求：投掷臂与肩轴在一条直线上，充分伸展。

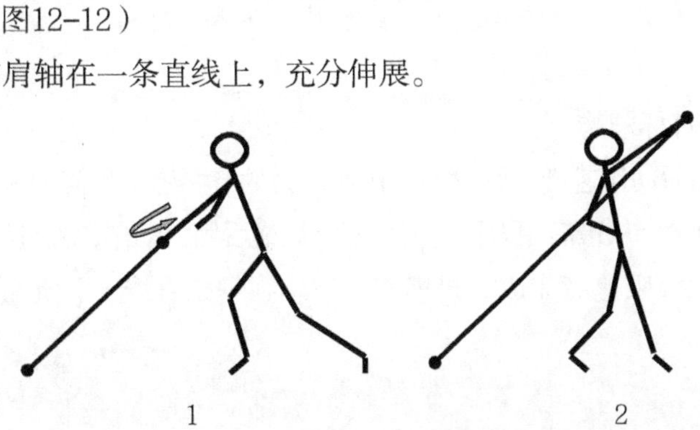

图12-12　原地拉胶带鞭打

（6）腰系带球打墙角。

目的：提高腿、髋部专项力量和协调性，体会右腿和骨盆绕身体左侧轴转动的技术感觉。

方法：将一带球固定于右侧腰上，右手扶墙角，转动右髋带动带球打墙角。（图12-13）

要求：沿大弧度转动右髋，身体左侧支撑固定形成旋转轴。

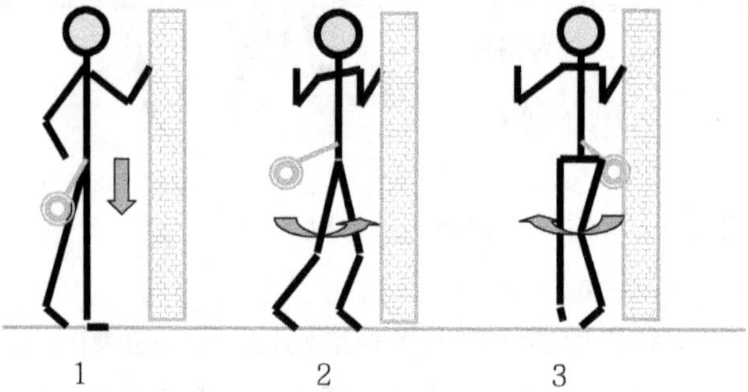

图12-13　腰系带球打墙角

（7）肩负杠铃杆原地旋转一周。

目的：发展左腿、左脚的专项力量，提高进入旋转动作的身体平衡能力。

方法：肩负杠铃杆做出预摆和进入旋转动作，身体压在左腿支撑轴上旋转一周。（图12-14）

要求：身体扭紧情况下起转，体重充分压在左腿旋转轴上。旋转中重心降低，右腿外展。

图12-14　肩负杠铃杆原地旋转一周

2. 专项速度练习

（1）原地快速鞭打标志物。

目的：培养最后用力动作速度、爆发力和快速用力的节奏感，提高控制能力和动作准确性。

方法：右手持小竹条，从最后用力预备姿势开始做最后用力动作，鞭打标志物。（图12-15）

要求：鞭打动作以极限速度完成。投掷臂与肩轴在一条直线上，充分伸展。

1　　2　　3

图12-15　原地快速鞭打标志物

（2）沿跑道连续旋转。

目的：发展下肢和髋部的专门力量和专项灵活性，提高专项平衡能力。

方法：预备姿势左脚在前，双脚前后开立，以下肢和髋部用力为主快速完成连续旋转动作。沿跑道或直线做连续旋转15~20米，恢复预备姿势后重复连续练习。（图12-16）

要求：结束姿势髋轴与肩轴尽量扭紧成“十”字形。

1　　2　　3　　4

图12-16　沿跑道连续旋转

（3）扶栏杆快速转髋。

目的：发展下肢和髋部的专门转动速度、力量和专项灵活性（也可用于掷铁饼专项技能训练）。体会旋转过程中单支撑—双支撑转动的技术及超越动作的肌肉感觉。

方法：两脚前后（左前右后）开立，与肩同宽，上体微微前倾、左转斜对栏杆，双手扶住栏杆上缘。右脚抬起向前绕弧线摆动，左脚蹬离地面，协助骨盆迅速转动。随转身和右脚内旋落地后，左脚及时绕到右脚前落地。恢复预备姿势重复练习。（图12-17）

要求：以下肢和髋部用力为主快速完成转动动作，结束姿势髋轴与肩轴扭紧成“十”字形。

1　　2　　3

图12-17　扶栏杆快速转髋

四、主导性身体素质训练的重点与方法

铁饼运动员主导性身体素质训练的重点包括力量、速度、专项协调和灵活性。铁饼运动员主导性身体素质训练中的练习选择和运用，要根据技术的需要和动力性特点来进行。例如，躯干的强烈扭紧，尤其增加了对躯干斜肌的张力和反应性；需要补偿旋转产生的离心力；长加速路线的适宜使用；进入腾空阶段和出手阶段下肢的爆发式伸展用力；在具有反应力量和向心等长用力特点的出手动作过程中，在肩前部和投掷臂肌群中产生的强大张力。在力量训练中，需要强调对抗中等阻力的最大力量、起动力量、爆发力量和反应力量。在设计和组织力量和速度训练内容时，必须考虑到在铁饼最后加速过程中所需要的胸、臂和躯干斜肌的强大反应力量。力量训练内容需要满足在铁饼旋转加速和由旋转向直线飞行方向转换的技术过程中的特殊要求。采用于比赛重量的铁饼或重（轻）于比赛重量的铁饼及专门器械投掷，专门力量和速度具有更加重要的作用。

（一）力 量

铁饼运动员力量训练的方法与手段主要包括如下几种。

1. 发展绝对（最大）力量的方法与手段

发展绝对（最大）力量的方法与手段见表12-7。

表12-7　铁饼运动员发展绝对（最大）力量的方法与手段

方 法	身体部位	手 段
高水平的最大力量是发展出手动作最大速度力量和反应力量的先决条件，可采用最大强度和次最大强度重复训练法、金字塔训练法	全身力量	采用基本的杠铃练习来发展全身力量，如抓举（从提拉姿势或地面）、高拉、高翻、上挺等
	上体力量	采用基本的杠铃练习来发展上体力量，如宽握卧推、斜板推等。采用肩负杠铃转体，也可以采用坐立姿势、固定下肢半后仰姿势、身体侧转屈体再伸直、体前负重转体，加强躯干斜肌力量。采用直背或屈背提起上体，体前屈起加强腹背肌群力量
	上肢力量	采用基本的哑铃练习来发展上体力量，如颈上推、扩胸、拉引等
	下肢力量	采用基本的杠铃练习来发展下肢力量，如下蹲、前蹲、半蹲或1/4浅蹲、小腿后群肌肉练习。采用力量练习器练习仰卧蹬腿、小腿后群肌练习、侧拉等

2. 发展专项速度力量和反应力量的方法与手段

发展专项速度力量和反应力量的方法与手段见表12-8。

表12-8　铁饼运动员发展专项速度力量和反应力量的方法与手段

方 法	练习方式	手 段
提高腿部伸肌群、肩和臂部肌群运动链的起动、反应和爆发力量，以及躯干斜肌群和前肩部位的反应力量，可采用重复训练法、比赛训练法、评价法、速度力量和反应训练法进行训练	全身力量杠铃练习	爆发式用力抓举（从提拉姿势或地面）、高拉、高翻
	上体专门杠铃练习	胸前宽握推出杠铃、反应力量宽握卧推（迅速屈臂和推起杠铃的反向动作）、俯卧提拉练习
	发展腿部力量的杠铃练习	踩T形板反应力量计时蹲起（杠铃杆放在胸前）、肩负杠铃跳、肩负杠铃踝关节跳、肩负杠铃大步走、肩负杠铃换步上下跳箱
	躯干斜肌力量练习	仰卧和双手握肋木的双腿侧摆（双腿夹住实心球）、转体投掷实心球、胸前负杠铃转体
	哑铃练习	正握和反握的爆发式用力扩胸练习
	铅球练习	前抛铅球、后抛铅球、转体投轻铅球
	一般性重量练习	推石头、砍斧头
静力和躯干动力性力量的内容可采用高强度间歇训练法、力量耐力训练法等	利用自身体重练习	双臂宽间距俯卧撑，重点放在爆发式伸展，如俯卧撑起拍手、提起双腿的俯卧撑等
	与技术有关的练习	加重铁饼比赛动作投掷，穿负重背心做出比赛动作，旋转进入发力姿势，肩负杠铃由发力姿势进入出手动作的蹬伸展体，由旋转或发力姿势开始（原地投）的单手投实心球、铅球或重物，采用胶带做原地投动作
	水平跳	三级单腿跳、四级单腿跳、十级跨跳（无助跑）
	垂直跳	蹲踞式蹬伸跳、坐式蹬伸跳（附加负荷）、跳栏架（单、双腿）、跳深、踝关节跳（附加负荷）
	实心球训练	各种推掷、抛掷、旋转掷等基本投掷练习，如后抛实心球、前抛实心球、俯卧投、站立投、跪投、单臂侧抛、坐推、坐姿双脚提起双手侧投、同伴抛过来球后身体侧滚接球后马上投回、头上和双腿之间传接实心球、体侧传接实心球等。实心球重量为2~4千克，每个练习的重复次数为15~20次，组数为1×11个练习（或2×6个、3×4个练习），练习间休息30秒，组间休息2~3分钟

（二）速 度

1. 发展一般速度的方法与手段

（1）采用各种起跑、加速跑、冲刺跑等手段。

（2）进行一些快速跑的技术和协调性练习。

2. 发展专项速度的方法与手段

（1）专项动作速度（非周期性）。

目的是提高在腾空阶段尽量快速地使用摆动腿，在出手动作过程中投掷动作工作肌群沿动作方向用力的能力。可采用：①中等至较小阻力的推掷、投掷、跳跃和冲刺练习；②重复训练法、比赛训练法、评价法、速度力量训练法。

（2）专项加速度。

目的是提高在腾空阶段、发力姿势和出手蹬伸动作中尽量快速地使用支撑腿的能力。可采用：①专项投掷速度力量训练；②从静止状态开始的冲刺跑训练；③弹跳力量训练；④采用轻重量的阻力训练；⑤大强度间歇训练法、重复训练法、比赛训练法、评价法、速度力量训练法。

3. 发展专项协调性的方法与手段

铁饼运动员的专项速度和专项协调性训练要求不断适应旋转的困难条件，经常会采用轻于比赛重量的铁饼进行练习。由于这也属于技术训练的内容，应该特别注意技术错误，它们往往由于条件的简化而产生。采用原地投、采用略轻于比赛重量的铁饼（男子采用1千克和1.5千克的铁饼，女子采用800克的铁饼，相似重量的铅球或800~1000克的壶铃）进行比赛动作投掷。也可采用原地投实心球、侧抛球、略轻于比赛重量的其他器械等。

4. 发展专项灵活性的方法与手段

铁饼运动员专项灵活性训练所采用的练习手段，要注意发展伸膝肌群和上体的灵活性。铁饼运动员需要发展适宜的灵活性水平，来应对出手动作之前在肩前部突然形成的张力。铁饼运动员专项灵活性训练内容包括以下几种。

（1）提高动作连贯加速和衔接的能力。

目的是在适宜的时机和合理速度下取得开始阶段和腾空阶段、腾空阶段和出手阶段的理想衔接。可采用：①各类技术训练方法；②重复训练法；③比赛训练法；④评价法。

（2）提高完成节律性动作的能力（节奏能力）。

目的是提高把握适宜时机的能力，提高完成开始阶段、腾空阶段和出手阶段的节律性动作的能力。可采用：①专门技术训练，采用不同投掷器械的一般投掷练习；②大强度间歇训练法；③重复训练法；④比赛训练法；⑤评价法；⑥速度力量训练法。

（3）提高专项适应能力。

目的是满足在特殊条件下做出适宜的比赛动作的要求。可采用：①专门投掷训练，包括改变外部条件（如顶风和顺风、投掷圈表面湿水等）；②重复训练法；③比赛训练法；④评价法。

（三）铁饼运动员主导性身体素质训练方法示例

1. 肌肉最大力量收缩训练法

肌肉最大力量收缩训练法主要是通过刺激神经—肌肉系统，最大限度地增加参与运动肌群的肌纤维募集数量，并改善其机能来发展肌肉最大力量。其特点是重复次数少，强度要求很高，而消耗的能量物质并不多，肌肉力量的增加不会引起肌肉肥大和体重的增加。因此，比较适合于专门准备期的力量训练。

（1）窄金字塔法——最大强度左右的向心收缩。

强度要求：90%×3组，95%×2组，97%×1，100%×1组，95%×2组，90%×3组。

例如运动员深蹲最高强度是150千克，按以上各组强度要求，可按以下方式练习：135千克×3组，142.5千克×2组，145千克×1组，150千克×1组，142.5千克×2组，135千克×3组。注意做好充分的准备活动，组间休息3~5分钟。

（2）最大力量向心收缩。

借鉴保加利亚举重运动员的训练方法，连续做5组，每组做1次100%强度，组间休息3~5分钟。

（3）最大力量等长（静力）收缩。

连续做5组，每组重复2次，每次坚持5~6秒，组间休息3分钟。这种练习可以提高肌肉在某一关节角度下用力的力量，也可用来加强运动员在某一特定技术环节的用力感觉和能力，但对提高肌肉协调性效果不显著。

（4）最大力量离心收缩。

男子运动员采用120%最高强度，女子运动员采用110%最高强度，做退让性用力。为保证安全必须采用专门器械，或教练及同伴帮助完成练习。

（5）离心—向心收缩。

① 采用70%~90%的强度，在6~8秒内慢慢拉长肌肉，而后尽最大能力快速缩短肌肉。连续做5组，每组重复6~8次，组间休息4~5分钟。

② 采用120%最高强度，在4~6秒内慢慢拉长肌肉至最大限度，而后同伴帮助减去40%的重量，尽最大能力快速用力。连续做3~4组，每组重复1~2次，组间休息4~5分钟。

（6）静力—动力收缩。

主要用于下蹲类和推举类练习。要求为当肌肉被拉长后，再收缩至一半时，保持停顿，静力收缩数秒，而后爆发式收缩完成用力。一般当强度为60%~80%时，可停顿1~2秒，重复4~6次；当强度为85%以上时，可停顿2~3秒，重复2~4次。

2. 肌肉次最大力量收缩训练法

这类方法会较多消耗肌肉能量物质，可以提高肌肉物质和能量代谢的能力，其产生的超量恢复效应会增大肌肉体积并增加体重，对增加肌肉力量和力量耐力具有很好的效果。由于练习过程中达到肌纤维神经冲动的同步化水平，只在最后几次收缩中才可以达到最高程度，因此施加的负荷和重复次数必须达到一定的量才能收到理想效果。一般采用60%~80%的强度，练习组数和重复次数都比较多，练习内容广泛，比较适合于准备期的力量训练。

（1）定量负荷法。

适用于增大肌肉体积，负荷重量保持一定，但重复次数和组数相当多。年轻运动员可采用50%强度×12次×5组，或60%强度×（8~10）次×5组；高水平运动员可采用80%强度×

（8~10）次×（3~5）组，或60%强度×（8~10）次×5组，组间休息都是3~5分钟。练习目的是使肌肉工作直至力竭，因此在最后几次重复中须有同伴的保护。

（2）渐进负荷法。

目的在于提高肌肉协调性，最后几次重复中需同伴保护，组间休息4~5分钟。

强度要求：70%×12组，80%×10组，85%×7组，90%×3组，95%×2组。

这种方法也可结合下列练习方式作为补充。

强化组合：两种相近手段结合练习，组间没有间歇。

退让重复：一组动力收缩练习之后，增加25%的负荷重量，肌肉退让性离心收缩，重复2~3次。

借力重复：肌肉工作至力竭后，试图借助其他肌群力量，或以与前面练习相异的动作方式再做数次附加重复。

预先消耗：先使一组肌群单独收缩工作，而后与其他肌群配合完成组合动作。

3. 力量组合训练法

可以比较多地运用于各个训练阶段的常规力量组合，适合于田径各项目的力量训练。

宽金字塔法：主要目的是增大肌肉体积。强度要求：60%×8次，65%×7次，70%×6次，75%×5次，80%×4次，75%×5次，70%×6次，65%×7次，60%×8次或者60%×4次×2组，65%×7次×2组，70%×6次×2组，75%×5次×2组，80%×4次×2组。

组合法：主要目的是提高神经—肌肉协调性。强度要求：70%×5次×2组，80%×4次×2组，85%×3次×2组，90%×2次×2组，95%×1次×2组。

4. 对比训练法

这种方法起源于保加利亚，因此也被称为“保加利亚对比训练法”。它实际上是综合多种力量训练组合的优点，并致力于逐步满足专项动作的速度要求，从而演化而成的。练习负荷按序列完成，从克服最大外部阻力直至克服自身体重，逐级提高动作速度，尤其适合于专门准备期和比赛期的力量训练。

练习1：提高肌肉最大力量。强度要求：90%×4次，95%×2次，100%×1次×2组，95%×2，90%×4次×2组。

练习2：提高肌肉爆发力量。60%×10秒内最大重复次数×（2~3）组。

练习3：提高肌肉最大输出功率。30%×10秒内最大重复次数×（2~3）组。

练习4：提高肌肉快速力量。采用对抗自身体重的练习，无附加负荷。

5. 快速力量训练法

上述力量训练方法能够有效提高肌肉的快速力量，以下是一些其他常规方法，且适合于各个时期的训练。这里涉及的练习须在运动员身心状态良好时安排，并要求接近个人最高强度，当感到疲劳时就停止练习。

快速杠铃练习：只在向心收缩时加速杠铃。强度要求：（35%~50%）×7次×5组，组间休息3~4分钟。

减小阻力练习：下坡跑、牵引跑等。

超等长收缩练习（肌肉被动拉长后快速收缩）：各种反应性的上体器械练习和下肢跳深练习等。

投掷各种轻器械：结合专项技术设计和采用多种形式。

6. 反应力量训练法

反应力量的产生机制涉及神经—肌肉反射弧的一系列复杂过程，较多地取决于遗传因素和早期训练。因此，在运动员训练初期，就要训练神经—肌肉系统“学会”在肌肉和肌腱受到牵拉状态下的快速反应收缩能力，并使其在以后的训练中不断得到保持和强化。它是一项运动员在各个训练时期都要坚持的常规力量训练内容。

（1）垂直纵跳。

原地双脚跳可采用自然频率、最大频率和最大高度三种要求练习。重复30次，做3组，组间休息5分钟。高水平运动员可以采用单足跳，重复10次，做3组，组间休息4~5分钟。

（2）各类跨跳。

①交换腿单足跨跳：20次×3组，组间休息5分钟。

②立定三级跳或五级跳：（8~10）次×5组，组间休息5分钟。

③各种跳栏架练习：栏间距1米，高度和数量依运动员情况而定。

④采用最快速度跨跳，单足跳或蛙跳25米，（3~5）次重复×（3~5）组，每次间休息5分钟，组间休息10分钟。

⑤跳深后接纵跳或平跳：从80厘米高的跳箱跳下，而后紧接向前或向上跳出最大远度或高度。10次×5组，组间休息10分钟。如运动员落地后脚跟触地或起跳太慢都应调整跳箱高度，并应避免在松软地面做这个练习。由于跳深练习对神经—肌肉系统要求很高，并需较长恢复时间，一般在重要比赛前2周停止采用。

7. 专项耐力训练法

采用运动员最大力量的30%以上重量，方法运用和持续时间要适合专项需要。铁饼运动员的专项耐力水平可依靠技术优化和肌肉最大力量的增加而提高，也常常采用循环训练法来发展。如采用6~12个练习分成不同的“站”，每个“站”练习30~40秒，“站”间休息20~40秒，做4~6组。（图12-18）

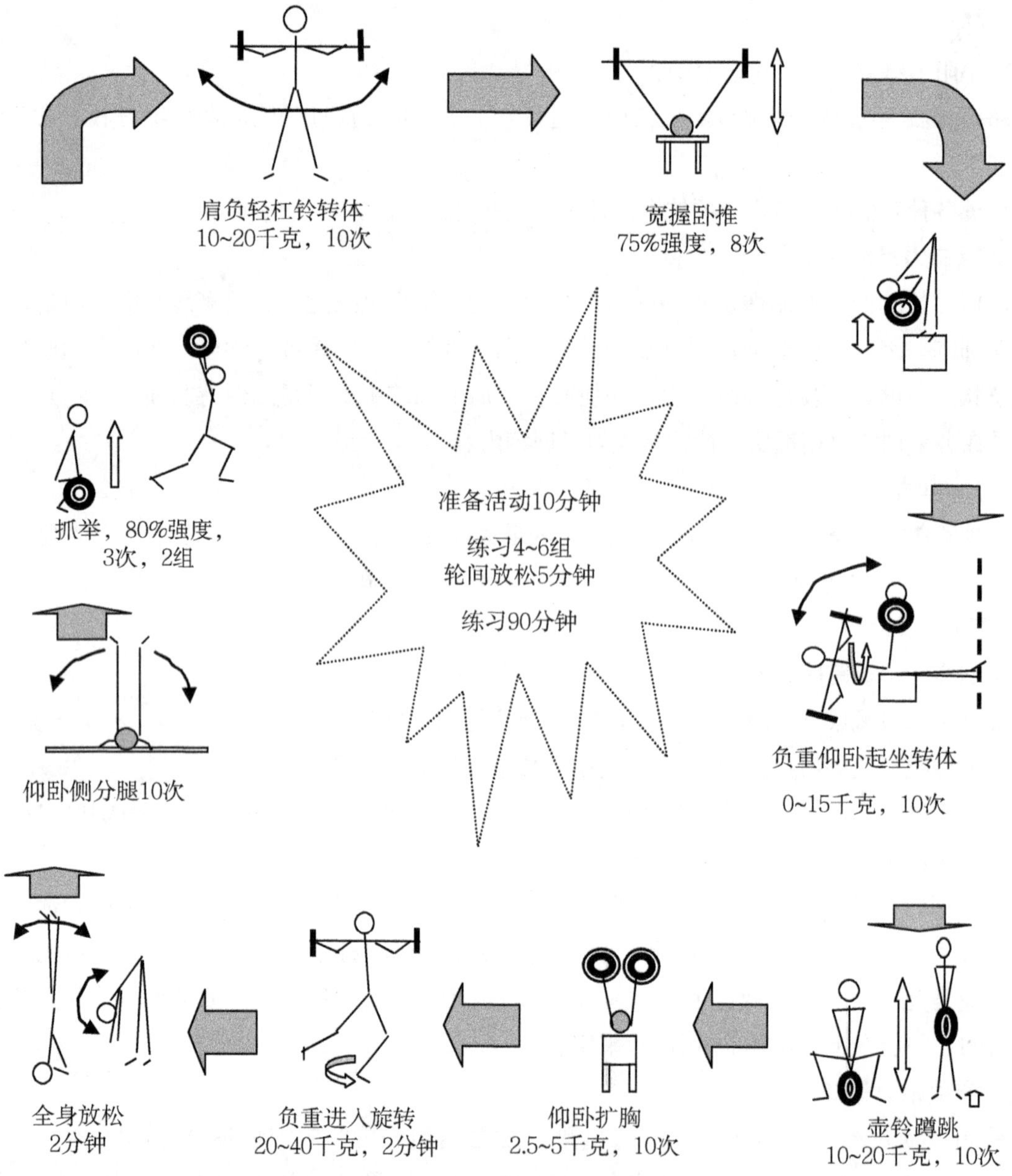

图12-18 铁饼运动员循环训练方法示例

五、训练过程与控制

（一）清晰的训练原则

高水平铁饼运动员训练计划的设计和实施是取得优异成绩的基本保证。例如，曾培养出1984年洛杉矶奥运会冠军罗尔夫·丹尼伯格和世界级铁饼运动员拉尔斯·里德尔的德国著名教练员卡尔海茵茨·施坦麦茨，于2004年11月在哈尔滨、2006年1月在成都与我国教练员进行交流时，都强调了制订高水平铁饼运动员的训练计划中需要遵循的7条基本重要原则。

（1）系统化原则：系统化的意义在于，竞技能力的提高基于各项基本能力的共同发展，因此训练不是一个独断的主观过程。训练的各个要点都必须在训练计划中得到充分的重视。

（2）自觉性原则：运动员必须在理解的基础上进行训练，这样才能高质量地完成训练任务，获得较好效果。自觉性表现为运动员的积极参与和独立操作，自觉性能够促进运动员在训练和比赛中的良好表现。

（3）周期性原则：提高竞技能力、增加训练负荷是一个周期性过程。每个周期的长短是根据运动员的个人特点和具体状况来决定的，在周期性训练中逐步使运动员达到高水平竞技必备的、最佳的生理和心理负荷水平。

（4）重复性原则：只有通过多次重复才能建立巩固的反射性反应，只有通过反复训练才能保证运动成绩的稳定提高。因此必须把重复性视为训练计划中的关键因素。

（5）适宜负荷量原则：每一次提高负荷都要有目的地制定新的、更高的负荷量，来稳定地提高训练负荷。负荷量的提高首先是通过大运动量，负荷能力则要靠运动强度来保证。教练员必须认真观察这个过程。在提高运动强度之前，首先提高运动量具有更加重要的意义。

（6）多样化原则：多样化包括负荷量、训练内容、运动量和运动强度的多样化。多样化原则符合激素分泌等人体生理机制，使运动能力在不断的新的刺激中得到提高。

（7）稳定性原则：稳定性的意义在于任何时候都要尽可能具体地掌握训练成绩，及时把训练成绩与期望值进行比较。训练成绩应该根据训练计划有序提高，并且及时得到调控和评估。

（二）系统的训练过程

系统的训练过程是取得高水平铁饼成绩的重要前提。德国运动员于尔根·舒尔特在1986—1990年一直是最优秀的运动员，他的不败纪录在1991年才被另一名德国运动员拉尔斯·里德尔打破。一直到2000年40岁时，舒尔特还活跃在田径场上，他在20世纪90年代取得了非常出色的成绩，多次获得世界大赛奖牌，创造了74.08米的世界纪录。他的训练安排，体现出了清晰的系统训练过程。（图12-19、图12-20）

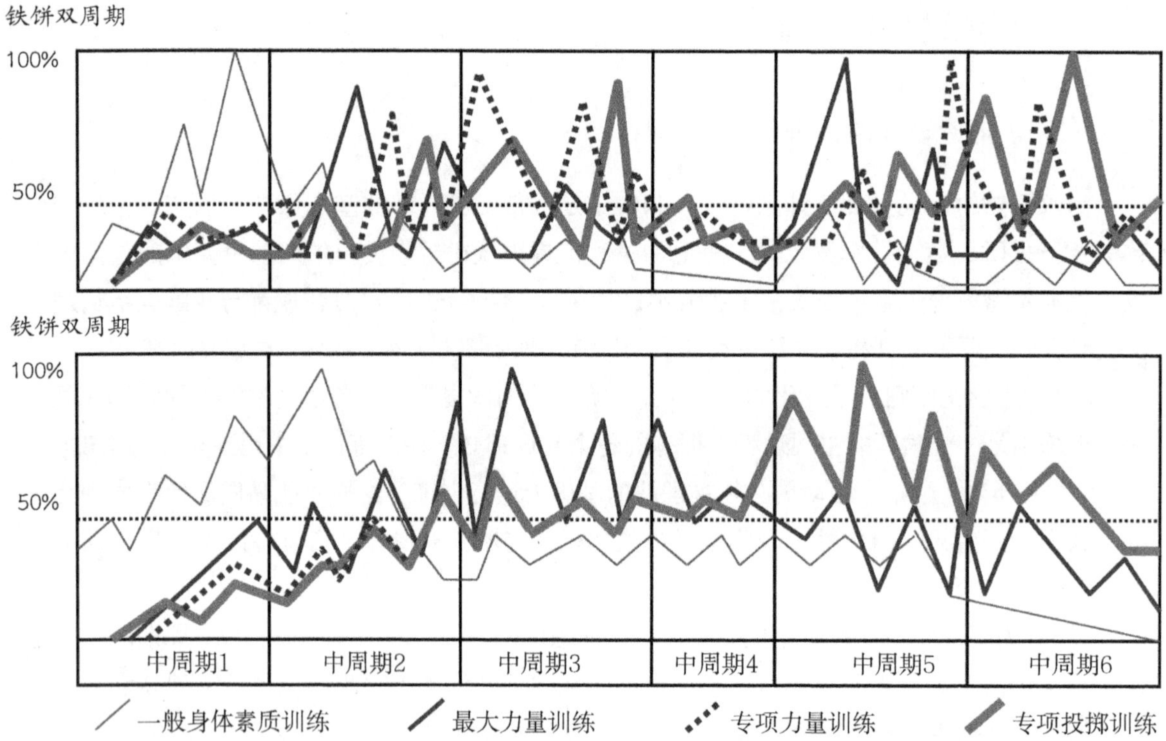

图12-19　德国世界级铁饼运动员重点系统采用的主要训练内容

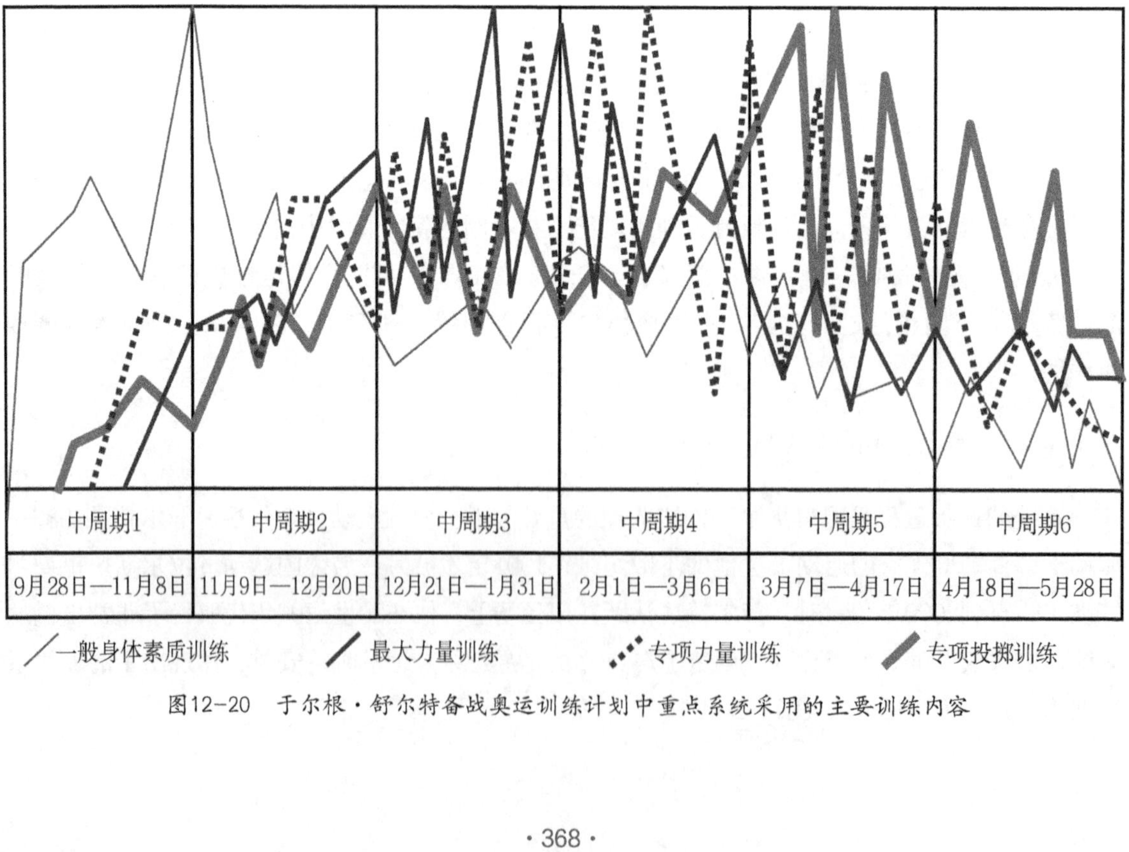

图12-20　于尔根·舒尔特备战奥运训练计划中重点系统采用的主要训练内容

掷铁饼需要体能、力量水平发展到较高水平，并结合相对复杂的精湛技艺，才有可能达到较高运动技术水平。这就要求运动员必须经过多年的系统和科学化训练才有可能达到个人的最佳成绩。有研究表明，1978—1993年掷铁饼成绩世界排名第一运动员的平均年龄，男子是29.47岁，女子是25.13岁（丹登宝等，1994），即便是这些优秀运动员中较早取得成功的幸运者，也要经过十至十几年的艰苦磨炼才有可能登上本项目运动技术水平的顶峰。我国李晓惠、李伟男、李绍杰和肖艳玲等优秀运动员的成功经历，都说明必须保证铁饼运动员多年系统训练的实施，才有可能培养出优秀运动员到世界大赛上奋力拼搏并占据一席之地。

（三）高效的训练体系

拥有男女掷铁饼世界纪录保持者的德国，在构建投掷运动员高效训练体系时，有7个基本观点。

1. 高水平竞技训练的核心内容是提高专项能力

在高水平竞技训练中，不再进行一般身体素质训练。因为训练不能把身体一般素质转换成高竞技水平。在积极恢复期，为达到特定的目的可以采用一般素质训练手段。

2. 竞技能力关键要素同步发展

专项能力、速度、最大力量和技术四大要素必须同步发展，这同大赛准备期的训练密切相关，所有训练手段和训练方法都必须服从同步发展的原则。

3. 根据运动员的个人反应类型来确定训练计划和负荷

训练计划和训练负荷必须严格根据运动员的个人反应类型来确定。这个适应性模式应该可以稳定地保持到30岁左右。超过这个年龄，需要比较长的训练时间。为了确定运动员的适应性类型必须常年积累运动日记，从运动量到运动强度都要有详细记载，才能了解一个运动员的能力发展阶段需要多长时间。

4. 竞技能力的发展和保持相伴推进

每一个发展阶段或者能力提高阶段都要通过一个竞技水平相对稳定的保持阶段来告一段落。为了获得最佳的超量补偿效果、避免产生过度疲劳，运动负荷安排必须是波浪式的，其间要有恢复阶段，以及不做专项训练的“恢复性间歇”。

5. 采用多种器械进行专项投掷训练

高水平投掷运动员要采用专门的训练方法，不仅使用轻器材、重器材和比赛器材进行投掷练习，还要广泛使用各种辅助器材（铅球、橡胶球、投掷棒等）。

6. 重视采用以周为单位的标准化训练周期

每周安排至少12个训练单元。以每天安排2~3个训练单元为标准，制定以周为单位的标准化训练周期，逐步减少主动和被动恢复天数。

7. 采用中等或大强度训练

原则上训练要达到中等或大强度（80%以上），训练强度不够会影响成绩的提高。

（四）根据运动员特点设计和采用的专门训练方法和手段

对提高专项运动成绩更为迅捷、有效的新的训练方法和手段的开发与运用始终是优秀运动员训练中极其重要的一环，高水平掷铁饼运动员的训练本身就是富于挑战的积极的创造过程。因此，根据运动员本身、训练环境和条件的具体情况，铁饼运动员的专项力量训练方法呈现出很强的个性化特点。依据对我国部分优秀掷铁饼运动员专项力量训练常用方法和手段的调研资料，我们有相当一部分教练员和运动员已经认识到了在完整训练体系中，有序安排的专门力量训练手段对于提高高水平铁饼运动员专项能力的关键作用，并将符合运动员个人特点、与专项技术需要有机结合的专项速度力量训练内容纳入运动员的全年训练规划和运用过程中。除采用一些较为常规的训练手段之外，他们还设计并采用了一些独到的专项力量训练方法和手段。（表12-9、表12-10）

表12-9　我国部分优秀男子铁饼运动员采用的主要专项力量训练方法

姓名	训练手段	每周练习次数	重复组数与次数	最大负荷月份
李绍杰	持5千克片仰卧单臂扩胸	4	5组×（10~12）次	当年12月—次年1月
	原地投3千克铁球	3	1组×30次	12月—赛前20天
	持15千克单侧杠铃转体	3	5组×（10~15）次	12月—赛前20天
张景龙	负杠铃平转体	4	5~6组×6次	当年12月—次年2月
	仰卧扩胸	4	5~6组×6次	当年12月—次年2月
	站立单臂挥片	4	4~6组×10次	当年12月—次年4月
	仰卧单臂挥片	4	3~4组×10次	当年12月—次年5月
	负40~60千克杠铃弓步跳	3	5组×8次	1—3月
	原地投2.5~3千克重物	3	4组×10次	当年12月—次年3月
张存彪	仰卧扩胸	1	6组×10次	2—3月
	负杠铃转体	2	5组×10次	4—5月
努尔浪	持15~20千克单臂蹬转摆片	12	3组×10次	当年12月—次年3月
	负60~100千克杠铃转体	10	3组×10次	当年12月—次年3月
	持2.5~5千克单臂坐摆片	6	3组×10次	1月
	持5~10千克单臂仰卧摆片	6	3组×10次	1月
李加富	原地投4千克铁棒	4	6组×10次	当年12月—次年2月
	持5千克片最后用力技术鞭打	5	4组×10次	当年12月—次年4月
	持20千克片仰卧单臂扩胸	4	4组×10次	2—4月
	负60千克杠铃转体	8	4组×（15~20）次	当年12月—次年3月
	负30千克杠铃旋转	4	4组×10次	当年12月—次年2月
	双腿转蹬侧抛10千克片	5	4组×10次	当年12月—次年3月
万东	投重铁饼	3	10组×10次	2—4月
	摆片	3	5组×10次	2—4月
	转体	3	2组×10次	4月
	扩胸	2	3组×10次	3—4月
	腰背肌练习	3	3组×10次	3—4月

（依马明彩、张英波等，2000）

表12-10　我国部分优秀女子铁饼运动员采用的主要专项力量训练方法

姓名	训练手段	每周练习次数	重复组数与次数	最大负荷月份
肖艳玲	投重饼	2	1组×50次	2—3月
	抛掷铅球	2	1组×20次	3—4月
	扩胸	1	6组×10次	2—3月
	转体	3	5组×10次	1—3月
黎秋梅	持2.5千克原地投技术摆片	2	4组×8次	全年技术不好时做
	持2.5千克片扩胸	2	4组×10次	全年
	负40~50千克杠铃转体	2	5组×10~15次	全年
闵春凤	负50千克杠铃转体	3	4~5组×15次	当年12月—次年3月
	持2.5千克片最后用力技术（鞭打）	4	4~5组×15次	当年12月—次年3月
	持5千克片平躺鞭打挥片	4	4~5组×15次	当年12月—次年3月
	持皮管技术模仿	5	3~5组×10次	全年
刘凤英	扩胸	2	8组×8次	当年10月—次年2月
	持片最后用力技术（鞭打）	5	8组×8~10次	当年10月—次年2月
	双手摆片	3	6组×10次	当年11月—次年2月
	负重转体	2	6组×15次	11—2月

（依马明彩、张英波等，2000）

在我国高水平铁饼运动员专项力量训练方法的采用过程中呈现出逐渐清晰的个性化趋向。例如，李绍杰具备较好的身体形态条件（身高1.95米、臂展2.08米）和出色的速度及弹跳能力（100米在不穿跑鞋的情况下达到11秒、立定跳远达3.31米、立定三级跳远达9.96米），但是绝对力量水平却较弱（抓举100千克、卧推170千克、深蹲210千克），在设计专门力量练习时为了扬长避短，采用了大量突出发展速度力量和克服较小阻力的专项投掷（1千克铁饼达83.20米、1.5千克铁饼达74.60米、2.25千克铁饼达59米）和辅助专门练习（持5千克片仰卧单臂扩胸、原地投3千克铁球、双手持15千克单侧杠铃转体）；努尔浪具备较强的绝对力量能力（抓举115千克、卧推250千克、深蹲250千克），但其身体形态和素质指标并不占优势（身高1.88米、臂展1.96米、100米13.4秒、立定跳远2.76米、立定三级跳远7.65米），在确定和选用专项力量练习时巧妙地强化绝对力量，并在专项投掷中（2千克铁饼原地投51米、2.5千克铁饼旋转投48米）发挥出他的力量，特别是上体力量优势，一些专门力量训练手段甚至成为他的“绝招”（持15~20千克单臂蹬转摆片、负60~100千克杠铃转体、持2.5~5千克单臂坐摆片、持5~10千克单臂仰卧摆片），同样令他以自己的特色跻身于我国优秀运动员之列。我国优秀女子铁饼运动员的专项力量训练方法和手段也同样不乏她们的个人特色。

（五）铁饼运动员的多年训练

铁饼运动员的训练过程呈现出显著的阶段性特征（图12-21），各个阶段所采用的训练内容与方法也有较大差异。随着运动员年龄的增长、运动成绩和训练水平的提高，训练负荷和专项身体训练内容的比重都会逐渐加大。

随着铁饼运动员训练水平的提高，在年度或大周期训练安排上都日益表现出鲜明的个人特点，而且随着地域和遗传差别，以及国家和地区训练体制的不同，在训练结构的采用上也表现出很强的多样性。

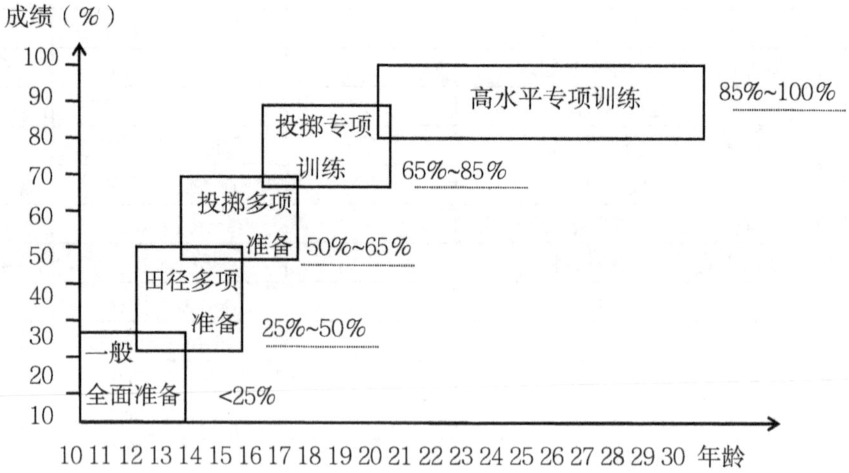

图12-21 铁饼运动员多年训练结构的阶段特征

（六）铁饼运动员的大周期训练结构

铁饼运动员的年度训练根据主要比赛的需要，可由一至若干个训练大周期组成。每个训练大周期包括准备期、比赛期和过渡期，由此构成了运动员竞技能力和状态的形成、提高、表现和恢复的时间和空间结构。（图12-22、图12-23）

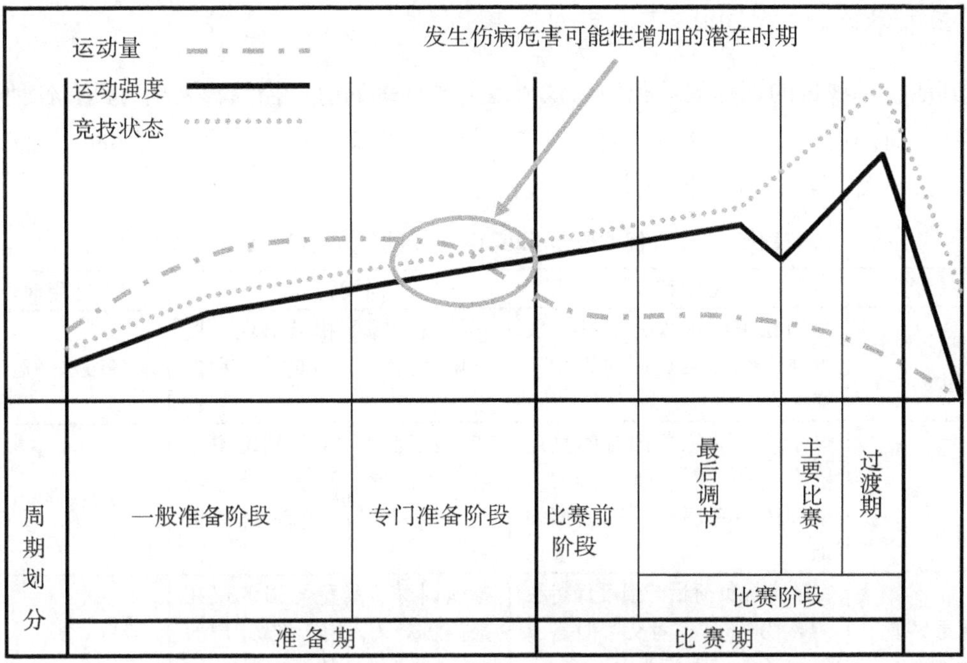

图12-22 铁饼运动员的大周期训练结构

（引自国际田联教练员培训和认证系统四级投掷教练员培训讲义，2008）

年度单周期

<table>
<tr><td></td><td>10月</td><td>11月</td><td>12月</td><td>1月</td><td>2月</td><td>3月</td><td>4月</td><td>5月</td><td>6月</td><td>7月</td><td>8月</td><td>9月</td></tr>
<tr><td rowspan="2">时期</td><td colspan="12">大周期</td></tr>
<tr><td colspan="6">准备期</td><td colspan="2">比赛期</td><td colspan="3">过渡期</td><td rowspan="2"></td></tr>
<tr><td>阶段</td><td colspan="4">一般准备</td><td colspan="3">专门准备</td><td colspan="2">赛前</td><td colspan="2">比赛</td></tr>
</table>

年度双周期

<table>
<tr><td></td><td>10月</td><td>11月</td><td>12月</td><td>1月</td><td>2月</td><td>3月</td><td>4月</td><td>5月</td><td>6月</td><td>7月</td><td>8月</td><td>9月</td></tr>
<tr><td rowspan="2">时期</td><td colspan="5"></td><td colspan="7"></td></tr>
<tr><td colspan="2">准备期1</td><td colspan="3">比赛期1</td><td colspan="4">准备期2</td><td colspan="2">比赛期2</td><td rowspan="2">过渡期</td></tr>
<tr><td>阶段</td><td colspan="2">一般准备1</td><td colspan="3">专门准备1 赛前1 比赛1</td><td colspan="4">一般准备2 专门准备2</td><td colspan="2">赛前2 比赛2</td></tr>
</table>

年度三周期

<table>
<tr><td></td><td>10月</td><td>11月</td><td>12月</td><td>1月</td><td>2月</td><td>3月</td><td>4月</td><td>5月</td><td>6月</td><td>7月</td><td>8月</td><td>9月</td></tr>
<tr><td rowspan="2">时期</td><td colspan="3">大周期1</td><td colspan="4">大周期2</td><td colspan="5">大周期3</td></tr>
<tr><td>准备期1</td><td colspan="2">比赛期1</td><td colspan="3">准备期2</td><td>比赛期2</td><td colspan="2">准备期3</td><td colspan="2">比赛期3</td><td rowspan="2">过渡期</td></tr>
<tr><td>阶段</td><td>一般 专门
准备1 准备1</td><td colspan="2">赛前2
比赛2</td><td colspan="3">一般 专门
准备2 准备2</td><td>赛前2
比赛2</td><td colspan="2">一般 专门
准备3 准备3</td><td colspan="2">赛前3 比赛3</td></tr>
</table>

图12-23 铁饼运动员的年度训练的单、双和三个大周期示例

（引自国际田联教练员培训和认证系统四级投掷教练员培训讲义，2008）

（七）铁饼运动员训练大周期及阶段控制

与其他投掷项目的训练规律类似，铁饼运动员训练的阶段控制，表现为具有各种不同训练内容和负荷的组织方式，这里我们可参考中外优秀投掷运动员所成功采用的在时间和空间上各有千秋的大周期和阶段训练结构。（表12-11）

表12-11　中外优秀投掷运动员所采用的年度与阶段训练结构

训练结构	空间特点	时间特点	适用对象
三条线训练结构（德国）	专项投掷、最大力量和一般身体训练三类负荷内容相互穿插。	三类负荷峰值相继出现，用于年度训练4~6周的中周期控制。	各级水平运动员
“练二调一”训练结构（德国）	每个大周期负荷内容的重点依次是：一般训练→最大力量训练→专门和专项投掷训练。	在“双周期”年度训练中，以训练两周、积极性休息调整一周的时间节奏安排负荷。	各级水平运动员
高强度专项训练结构（东欧）	专项训练负荷量与强度保持在80%~90%，二者交叉时量下降约20%，强度强升10%，神经系统易疲劳，需采取恢复措施。	专项训练负荷量与强度仅在竞赛期交叉，用于训练3周的中周期控制，其间增设7~10天的恢复阶段。	高水平运动员
单项训练结构（俄罗斯）	多种训练负荷穿插安排，以不同类型生物适应规律为依据不断变换训练内容。	基本以4周为一个中周期，每个中周期训练内容改变约20%~25%。	中、高水平运动员
整体训练结构（俄罗斯）	达到不同训练目的和完成专门任务的区段，对运动员机体施加某一性质负荷的整体化训练内容。	利用痕迹效应和延迟效应原理，分时间步骤取得运动员整体竞技能力水平的提高。	中、高水平运动员
年度大周期组合训练结构（中国）	多种训练负荷穿插安排，内容为一般训练、绝对力量、速度力量和速度、专项速度与灵敏性、技术等。	将年度训练分成四个阶段，依由一般到专项的时间模式有序推进。	中、高水平运动员

1. 三条线训练结构

三条线训练结构起源于德国，是有近40年历史，并被优秀投掷运动员采用和不断完善的成功经验。其特点是专项投掷、最大力量和一般身体训练三类负荷内容相互穿插。三类负荷峰值相继出现，互为前提和基础条件，用于年度训练4~6周的中周期控制。由于这种训练安排方式既可以达到很高水平的专项运动成绩，又有一般性全面训练阶段来保证运动员机体充分的恢复和修补，所以可以较有效地避免伤害事故的发生，延长运动员的运动寿命。（图12-24）

2. “练二调一”训练结构

德国著名投掷教练卡尔·海尔曼成功地采用“练二调一”的训练结构，培养了多位世界级投掷运动员。这种训练结构是在“双周期”年度训练中，以训练两周、积极性休息调整一周的时间节奏安排负荷。每个周期负荷内容的重点依次是：一般训练→最大力量训练→专门和专项投掷训练。这种安排的最大优势是能够比较充分地以自然方式保证运动员生理机能和心理能力的恢复。（图12-25）

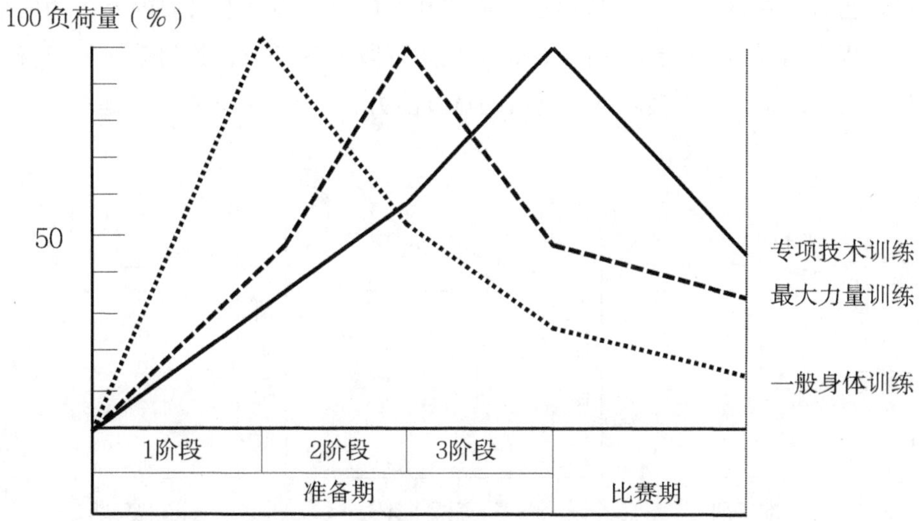

图12-24 三条线训练结构示意图

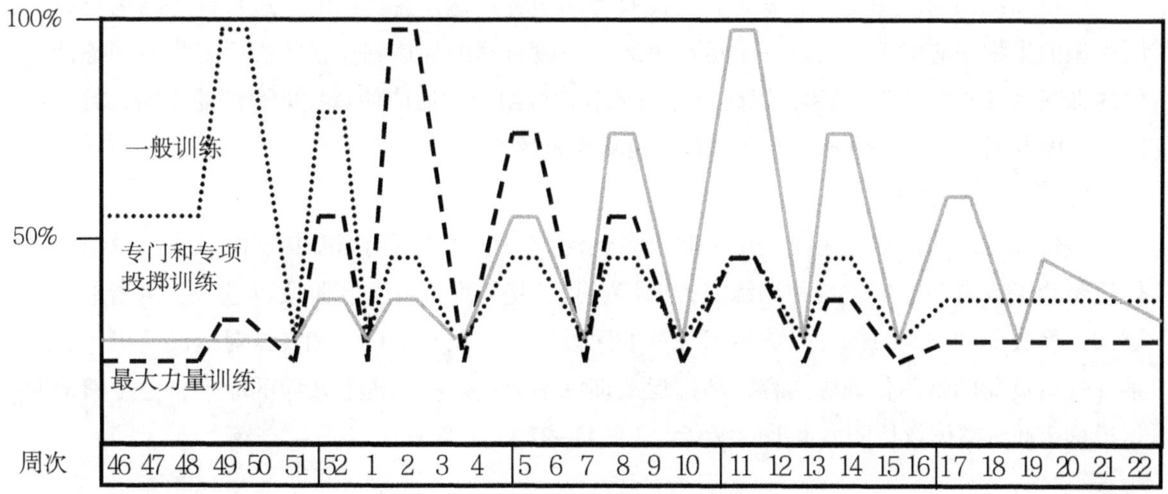

图12-25 “练二调一”训练结构负荷走势

3. 高强度专项训练结构

高强度专项训练结构是起源于东欧的一种新的训练思路，注重大幅度增加与专项竞技需要非常接近的训练负荷，追求训练的高质量。由于对人体机能、素质，特别是神经系统工作状态要求很高，所以只适合于高水平投掷运动员。

这种训练结构更加注重各种专项速度力量训练内容的专项强化作用，专项训练内容与负荷要求更加融为一体，训练效应更加集中。负荷量与强度几乎是平行发展的，只是在竞赛期才有所交叉，训练量下降约20%，训练强度上升10%。由于神经系统很容易首先出现疲劳，所以训练周期较短，一般以三个星期为一周期，运动量为大、次大、小。

为了防止神经系统疲劳和伤病养成，需要在实施过程中采取必要的保护和恢复措施。往往在训练过程中增设若干个预防阶段，每个预防阶段为7~10天，其间采取一定行之有效的恢复手段和积极性休息，故不会降低运动员的竞技能力。（图12-26）

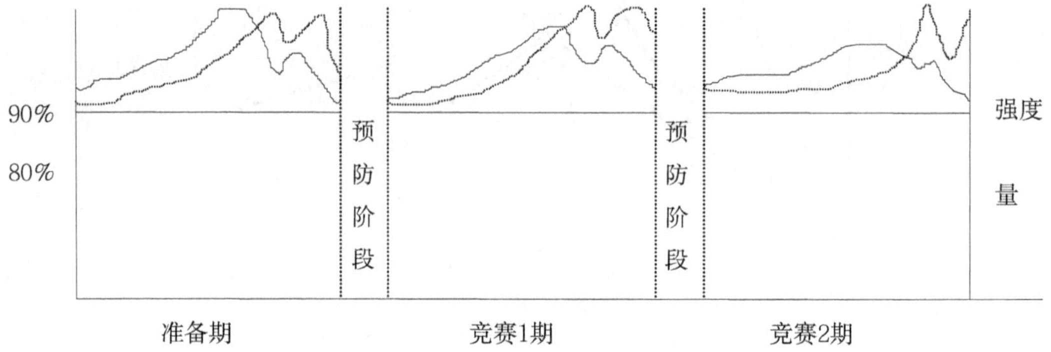

图12-26　高强度专项训练结构示意图

4. 单项训练结构

单项训练结构理论是由苏联著名投掷教练和学者邦达丘克提出的。这种训练结构是以不同类型的生物适应为依据的，一个运动员通过一段时间训练达到竞技状态后要将原训练计划中的训练手段改变20%~25%，以防机体对原有训练组合的适应使竞技能力停滞不前，其中不同阶段内专项力量训练内容也始终占有着极其重要的地位。

5. 整体训练结构

整体训练结构的观点主要是由苏联著名运动训练学家沃可尚斯基提出的，在20世纪80年代逐步趋于成熟和推广。这种训练安排的特点是，将年度训练主要阶段再进一步清晰地划分层次，形成不同训练目的和完成专门任务的区段，并且在其中设计和安排对运动员机体施加某一性质负荷的整体化训练内容，利用运动训练学痕迹效应和延迟效应的原理，分步骤地取得投掷运动员整体竞技能力水平的提高。（图12-27）

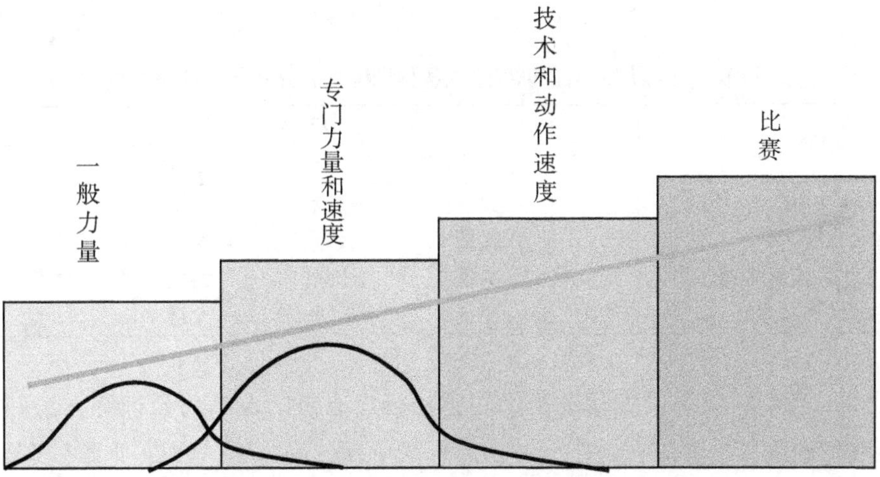

图12-27　整体训练结构的不同负荷内容专门区段

这种负荷安排不容易造成机体广泛的过度训练。由于专门区段内训练负荷的性质和供能方式相对集中，对运动员机体施加了较深刻的刺激，加强了训练的实效性。训练过程前一专门区段的训练效果构成其后专门区段的基础和准备条件，如在前一专门区段中实施的一般力量，为后一专门区段的专门力量和速度训练做好了准备；而后一专门区段的专门力量和速度训练，又为下一个专门区段的技术和动作速度训练产生了促进性的痕迹效应和延迟效应，进而直接促成了后续专门区段中技术质量和运动成绩的提高。利用各个专门区段训练效果的有序衔接、补偿和转化的相互促进作用，是整体训练结构负荷安排的主导思想。

6. 年度大周期组合训练结构

这种训练思路借鉴了上述多种训练结构的优点，并在它们的基础上力求发展和深化，进一步强调训练过程的系统性、实效性和可控性，其中专项力量训练内容和手段被逐步突出和强化。对于高水平投掷运动员的年度训练规划具有重要指导意义。它以训练周期安排原则为理论基础，将年度训练分成四个阶段或周期。每个阶段都根据由一般训练过渡到专项训练的模式按下列程序安排训练内容：一般性训练—绝对力量训练—动力性力量/速度训练—专项速度/灵敏性训练—技术训练。

通过这个程序将投掷能力分为四个主要组成部分：力量、速度、爆发力和技术，四者有机地结合起来，使运动员形成一种高质量投掷能力的生理和心理痕迹，并集中训练效应实现运动员竞技能力有序的定向转化（表12-12）。依照年度周期组合训练结构组织训练过程，同样非常注重训练周期的时段特性和专门训练内容的较大比重，如专项爆发力和技术训练大于绝对力量训练的比重。

表12-12 年度周期组合训练结构各种训练内容分布与负荷量特点

内 容	年度训练			
	第一阶段	第二阶段	第三阶段	比赛期
一般性训练	大量	适量	少量	少量
绝对力量训练	适量	大量	少量	少量
动力性力量/速度训练	少量	适量	大量	大量
速度/灵敏性和技术训练	少量	适量	大量	大量

综上所述，当今世界级投掷运动员都注重把行之有效的专项力量训练方法和手段系统地规划和实施于训练和比赛过程之中，并由此形成了现代高水平铁饼专项训练安排的显著特征。我国高水平铁饼运动员的年度训练规划和实施，也基本上是根据我国运动员的实际情况，并不同程度地借鉴和参考了上述多种训练结构的优点，形成了适合我国掷铁饼运动员训练的完整的理论与实践体系。

训练结构中专项力量训练手段和方法的运用，也必须与运动员自身特点、所处训练条件、生活以至社会环境紧密结合。选择、探索和创造出适合于自己的最佳训练理念、方法和手段，才能取得理想的效果。

（八）铁饼运动员周训练的控制

初级水平铁饼运动员根据具体情况每周可以安排6~8次训练课。训练内容、负荷量和强度都较接近于专项要求，所以恢复周期也有所延长。周训练负荷变化走势为了突出专项练习强度，在训练周中段常常安排小负荷的恢复性训练单元而呈现出“两段结构”。（图12-28）

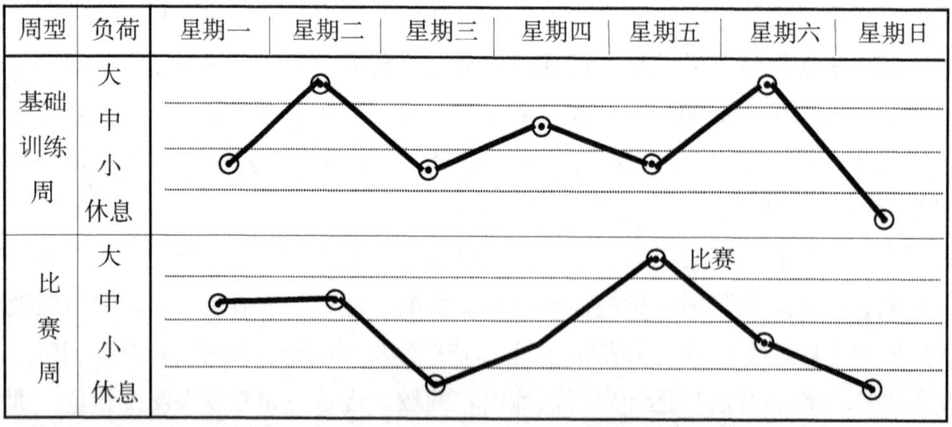

图12-28 初级铁饼运动员基础训练周和比赛周的负荷分配示意图

中、高级水平铁饼运动员在可能的情况下每周一般安排8~10次训练课。周训练负荷变化走势更加突出专项练习的内容和强度，为了满足速度力量性训练负荷主要内容所需要的48~72

小时的恢复间隔，故训练周负荷的“两段结构”更加明显。（图12-29）

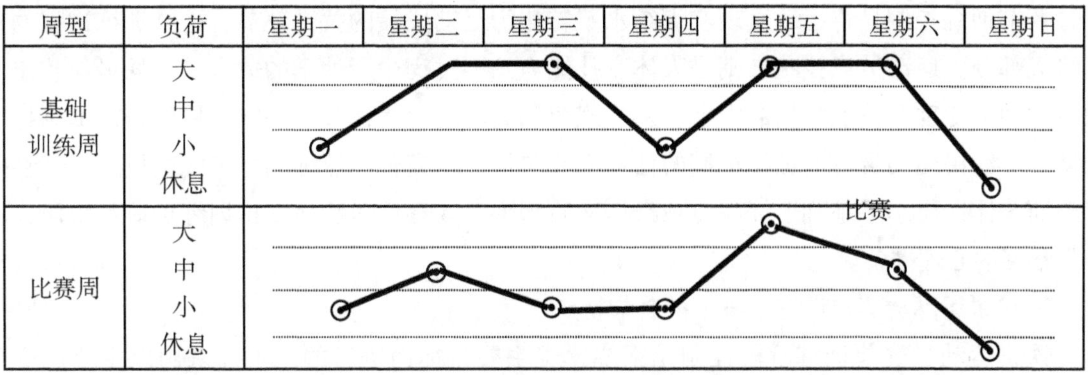

图12-29 中、高级水平铁饼运动员基础训练周和比赛周的负荷分配示意图

（九）铁饼运动员赛前训练的控制

1. 铁饼运动员训练与比赛的联系和区别

合理安排赛前训练，保障铁饼运动员在重大比赛中表现出理想的成绩，一直是广大教练员和运动员训练实践中长期追求的目标，同时也是运动训练科研领域面临的重要前沿性课题。目前运动员面临的比赛逐渐增多，而且由于比赛报名人数的日益增多，及格赛的难度也随之增加，这直接导致了及格率和淘汰率也日渐提高。训练与比赛之间具有固有的联系和差异：训练是运动员竞技能力各要素自身强化和相互协同的充实过程，注重系统连贯、内向积累、强化完善和整体竞技能力各个决定因素之间的协调发展；比赛则是竞技能力各要素在自身稳定和相互协同基础上适时调整的发挥过程，强调适宜时机、外向表现、集中控制和运动成绩独立指标的非衡突破。有不少运动员在身体不适甚至患病情况下仍然能够凭借顽强意志和拼搏精神取得较好的成绩或名次，但这种情况绝不适于继续坚持系统训练。训练与比赛两者之间存在着密切联系，但仍然具有本质区别。（图12-30）

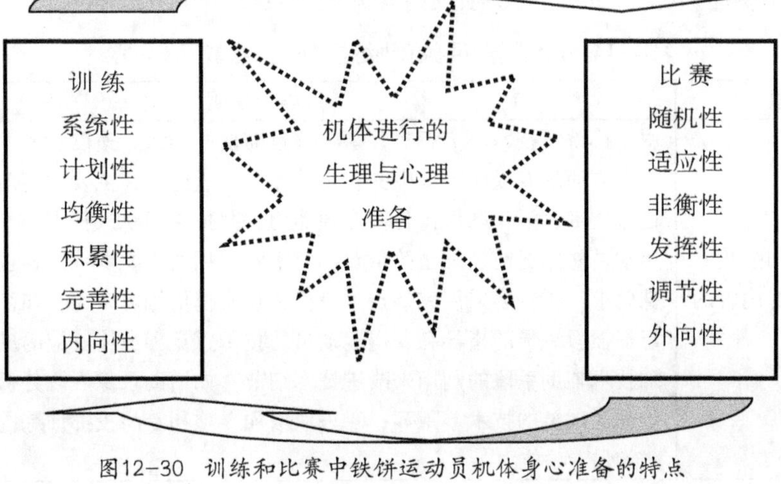

图12-30 训练和比赛中铁饼运动员机体身心准备的特点

2. 铁饼运动员赛前训练控制的任务

赛前训练控制是将运动员现实训练水平转化为运动成绩的关键环节，也是训练过程的重要组成部分。运动员竞技状态则是人体竞技能力发展过程中所处于的适合参赛的最佳状态。铁饼运动员专项竞技能力构成因素、发展规律和面临的比赛任务，决定了他们赛前训练控制的特点。铁饼运动员赛前训练控制的任务主要包括：①完善、熟练和稳定完整技术；②在保持全面身体素质水平基础上提高专项身体素质水平；③有针对性地安排训练负荷和阶段；④加强参赛的心理准备。

3. 铁饼运动员赛前训练阶段的控制与特点

铁饼运动员赛前训练阶段控制是围绕比赛主要目标而进行的。可以采用以主要比赛日期为标定点，采用“倒数时”的方法，向回程方向依次确定赛前训练阶段和安排测验或热身赛，进而安排整个年度或阶段训练的大周期。赛前训练虽然只占年度训练时间的一小部分，但它具有将运动员训练水平转化为运动成绩的重要衔接作用。青少年铁饼运动员的赛前训练一般为6~8周，优秀运动员则需要更长时间。通常可以分为赛前全面准备和赛前直接准备两个阶段，各自具有不同的特点。（表12-13）

表12-13　铁饼运动员赛前训练阶段的控制与特点

	赛前全面准备阶段（4~6周）	赛前直接准备阶段（1~2周）
主要特点	（1）基本完成完善技术工作，使专项技术训练强度达到较高水平 （2）专项素质达到最高水平 （3）负荷较大，整体训练水平提高 （4）合理安排训练节奏，阶段结束时运动员进入最佳竞技状态 （5）融入心理训练，心理状态良好	（1）技术稳定、熟练、整体效果好，强度控制准确 （2）主要素质训练保持在较高水平 （3）训练安排合理、细致，训练后得到及时恢复 （4）心理状态稳定

4. 铁饼运动员赛前训练控制的注意事项及内容

铁饼运动员赛前训练控制的注意事项及内容见表12-14。

表12-14　铁饼运动员赛前训练控制的注意事项及内容

注意事项	内容说明
完善专项技术和强化专项能力处于训练内容的核心地位	由于掷铁饼技术环节相对复杂，并且需要把力量、速度、协调、灵敏和柔韧等多方面的专项能力集中到技术动作中。因此，在主要比赛前系统地完善和稳定技术、强化和保持各种专项能力，并把它们融入技术动作中，对于铁饼运动员做好赛前训练至关重要。对于所采用的主要训练内容也需注意一些特殊要求：①较多采用完整技术投掷和技术模仿练习来完善和稳定技术；②注意加强教练员的指导和获得运动员的技术感觉和身体反应的反馈信息；③增加技术辅助手段的利用来改进技术细节，如借助录像手段分析和比较自身与优秀运动员的技术差距等；④采取增加专项和专门投掷训练内容的比重等方式加强专项能力

注意事项	内容说明
适当减少一般性练习负荷量和增加专项练习负荷强度	铁饼运动员的赛前训练必须在人体生理和心理机能能够得到充分恢复的前提下进行，从而保证以最佳竞技状态投入比赛。因此，强化医务监督和恢复措施、训练负荷的控制和训练过程的监测在这时就显得尤为关键
适宜的训练内容	赛前训练需要适当减少训练负荷量和一般性练习（如杠铃力量练习）的比重，增加专项练习负荷强度以及专项投掷和速度性练习（如各种标准铁饼和轻器械的投掷练习）的比重。这要依运动员年龄、训练水平、营养状况和恢复条件而定
临近比赛数天中不宜尝试练习的最大强度	青少年运动员机体新陈代谢旺盛、训练负荷量较小、恢复周期较短，赛前训练减少负荷量的时间和幅度不宜过早和过大，一般只是在赛前几周稍做调整，以免导致全面身体能力的降低。但要注意临近比赛数天中不宜尝试练习最大强度，以保证比赛中神经机能处于最佳状态
在可能条件下加强恢复和防止伤病	注意在训练过程中调节练习和休息的节奏，日常监测脉搏、血压、血色素等简易生理指标，选择安全练习手段和加强保护等
针对主要比赛和运动员竞技能力的变化特点安排赛前训练的周期和阶段	铁饼运动员的赛前训练是围绕全年或阶段的主要比赛而展开的，包括一般和专门训练内容、定期测验和一些热身赛。通过训练实践和对于人体竞技能力变化规律的探索，人们认识到不同运动员竞技状态的获得、保持和下降周期存在较大的个体差异，随着运动员训练水平的提高，这个差异也更加明显。这就需要对不同运动员赛前训练安排区别对待，做到有的放矢，同时做好训练和比赛记录，不断总结经验探索出适合自身的赛前训练计划
灵活运用赛前模拟、实战演练和适宜的心理训练手段	铁饼运动员赛前训练主要内容包括：训练中按照规则要求模拟比赛的大强度投掷，创设和适应比赛环境和条件，组织测验、参加检查性比赛或热身赛，采取增强自信心、集中注意力、心理动员和放松、强化运动表象等心理训练手段。应该注意赛前训练与平时日常训练的显著区别在于，训练任务由竞技能力“全面发展和积累”转移到“重点保持和发挥”。这无疑需要运动员在生理和心理方面做出特殊准备，使他们的赛前训练过程更加适应比赛实战的客观要求

5. 铁饼运动员赛前训练结构控制示例

铁饼运动员年度和每个阶段训练将不同的周训练内容有机结合，构成完成特定目的的统一整体。铁饼运动员基本训练和赛前准备的训练结构示例见表12-15。

表12-15　铁饼运动员赛前训练结构控制示例

基本结构	主要任务	技术要点
（1）第1周积极性休息 （2）第2~3周基本训练循环 （3）第4周积极性休息 （4）第5~6周基本训练循环 （5）第7周积极性休息 （6）第8~9周专项提高训练循环 （7）第10~11周赛前准备训练循环	（1）发展最大力量能力 （2）发展专门力量能力 （3）提高专项投掷能力 （4）完善专项投掷技术	（1）开始旋转右脚保持较低位置 （2）向落地发力位置的快速移动 （3）上体和投掷臂的被动动作，使铁饼沿最长路线运行 （4）旋转结束形成身体的充分扭紧，投掷臂保持较高的位置 （5）向投掷方向旋转中要力争做到髋部的最适宜快速移动

（十）铁饼运动员的周训练计划

铁饼运动员一周中的训练组织应该依照身体训练和技术训练不断变换的原则，协调好运动员的身体训练负荷要素，如恢复次数、优先训练内容和个人特点。周训练计划内容示例见表12-16至表12-19。

表12-16　铁饼运动员准备期周训练计划内容示例

第一天	第二天	第三天	第四天
（1）投掷准备活动 （2）一般投掷力量 （3）力量（最大力量）	（1）投掷准备活动 （2）技术（重器械） （3）弹跳力量	（1）短跑准备活动 （2）加速跑 （3）技术 （4）力量（最大力量）	（1）投掷准备活动 （2）技术（重器械+比赛重量） （3）弹跳力量
第五天	**第六天**	**第七天**	
（1）短跑准备活动 （2）速度（加速跑） （3）技术 （4）力量（最大力量）	有氧耐力	休息	

表12-17　铁饼运动员比赛期周训练计划内容示例

第一天	第二天	第三天	第四天
（1）投掷准备活动 （2）技术（重器械+比赛重量） （3）力量（最大力量）	（1）投掷准备活动 （2）技术（轻器械+比赛重量） （3）弹跳力量 （4）力量（专门）	（1）投掷准备活动 （2）技术（比赛重量+轻器械） （3）速度（最大）	（1）跳跃准备活动 （2）跳跃练习+短跑基础练习
第五天	**第六天**	**第七天**	
（1）投掷准备活动 （2）技术（比赛重量+轻器械） （3）速度（最大）	比赛	休息	

（引自国际田联教练员培训和认证系统高级教程，2006）

表12-18 铁饼运动员准备期周训练计划手段示例

日期	内容	手段
第一天	（1）准备活动 （2）灵活性 （3）一般性投掷力量 （4）速度 （5）力量 （6）整理活动	（1）10分钟慢跑 （2）一般性练习 （3）投掷实心球（每个练习重复10次） ——接住、传回投掷 ——助跑接住、传回投掷 ——左 右手推掷 ——左 右手原地投 ——左 右手坐姿原地投 （4）6次×150米次最大强度跑 （5）杠铃练习：每个练习5次×10组×75% ——下蹲 ——短哑铃扩胸 （6）伸展练习、慢跑
第二天	（1）准备活动 （2）灵活性 （3）技术 （4）弹跳力量 （5）整理活动	（1）10分钟慢跑 （2）一般性练习 （3）模仿和投掷练习 ——模仿练习（20次） ——原地投（投铅球），20次 ——旋转投（加重铁饼），15次 （4）成组跳跃 ——五级单腿跳（每条腿3次） ——十级跨跳（3次） ——蹲跳（3组×10次） （5）伸展练习、慢跑
第三天	（1）准备活动 （2）灵活性 （3）速度 （4）技术 （5）力量 （6）整理活动	（1）10分钟慢跑 （2）一般性练习 （3）3次×50米，3次×60米（次最大强度，蹲踞式起跑） （4）模仿和投掷练习 ——模仿练习（20次） ——旋转投，10次 ——旋转投（比赛铁饼），10次 （5）杠铃练习：每个练习5次×10组×75% ——卧推（宽握） ——躯干扭转 （6）伸展练习、慢跑

续表

日　期	内　容	手　段
第四天	（1）准备活动 （2）灵活性 （3）一般性投掷力量 （4）弹跳力量 （5）整理活动	（1）10分钟慢跑 （2）一般性练习 （3）投掷实心球（每个练习重复10次） ——坐姿侧滚接住、传回投掷（守门员练习） ——坐姿接住、传回投掷（坐在跳箱上） ——左 右手推掷 ——左 右手原地投 ——左 右手坐姿抛掷 （4）成组跳跃 ——三级单腿跳（6次×每条腿） ——十级跨跳（6次） （5）伸展练习 慢跑
第五天	（1）准备活动 （2）灵活性 （3）技术 （4）速度 （5）力量 （6）整理活动	（1）10分钟慢跑 （2）一般性练习 （3）模仿和投掷练习 ——模仿练习（20次） ——旋转投，10次 ——旋转投（比赛铁饼或轻铁饼），10次 （4）3次×50米，3次×60米（次最大强度，蹲踞式起跑） （5）杠铃练习：每个练习5次×10组×75% ——高拉、短哑铃扩胸、下蹲 （6）伸展练习、慢跑
第六天	（1）准备活动 （2）灵活性 （3）耐力 （4）恢复性活动	（1）10分钟慢跑 （2）一般性练习 （3）20~30分钟慢跑 （4）伸展练习
第七天	休息	

（引自国际田联教练员培训和认证系统高级教程，2006）

表12-19　铁饼运动员比赛期周训练计划手段示例

日　期	内　容	手　段
第一天	（1）准备活动 （2）灵活性 （3）技术 （4）力量 （5）整理活动	（1）10分钟慢跑 （2）一般性练习 （3）模仿和投掷练习 ——模仿练习（10次） ——原地投（稍重于比赛重量），15次 ——旋转投（比赛铁饼），15次 （4）杠铃和短哑铃练习：每个练习6次×（2~3）组×（95~100%） ——抓举、短哑铃扩胸、下蹲 （5）伸展练习、慢跑

续表

日　期	内　容	手　段
第二天	（1）准备活动 （2）灵活性 （3）技术 （4）弹跳力量 （5）整理活动	（1）10分钟慢跑 （2）一般性练习 （3）模仿和投掷练习 ——模仿练习（10次） ——原地投（稍轻于比赛重量），10次 ——旋转投（比赛铁饼），10次 ——旋转投（稍轻于比赛重量），10次 （4）成组跳跃 ——助跑五级单腿跳（3次×每条腿） ——跳栏架（高），5次×3个栏架 （5）伸展练习、慢跑
第三天	（1）准备活动 （2）灵活性 （3）技术 （4）速度 （5）整理活动	（1）10分钟慢跑 （2）一般性练习 （3）模仿和投掷练习 ——模仿练习（10次） ——原地投（稍轻于比赛重量），10次 ——旋转投（比赛铁饼），10次 ——旋转投（稍轻于比赛重量），10次 （4）3次×30米，2次×50米 （最大强度，蹲踞式起跑） （5）伸展练习、慢跑
第四天	（1）准备活动 （2）灵活性 （3）协调性 （4）整理活动	（1）10分钟慢跑 （2）一般性练习 （3）跳跃练习和基础短跑练习 （4）慢跑
第五天	（1）准备活动 （2）灵活性 （3）技术 （4）速度 （5）整理活动	（1）10分钟慢跑 （2）一般性练习 （3）投掷练习 ——旋转投（比赛铁饼），10次 （4）3次×30米（最大强度，蹲踞式起跑） （5）慢跑
第六天	准备比赛	
第七天	比赛	

（引自国际田联教练员培训和认证系统高级教程，2006）

（张英波）

第十三章 掷标枪训练

一、影响掷标枪运动成绩的关键因素

在掷标枪比赛时，运动员的有效成绩是标枪的飞行远度减去标枪出手点至投掷弧后沿之间的距离。由于运动员在掷标枪时，标枪出手点至投掷弧的距离变化较小，因此标枪的飞行远度就成为决定成绩的主要因素。决定标枪飞行远度的因素通常有标枪飞行的初始条件、标枪的参数和天气因素，在标枪飞行的初始条件中有标枪的初速度、出手角度、初始迎角、初始俯仰角速度和出手高度等因素，在标枪的参数中有标枪的重量、重心位置、表面积中心位置等，在天气因素中，有风的影响、温度和湿度的变化等因素。标枪属于细长体，由于它具有流线型的外形，在飞行时，不仅会产生空气阻力，还会产生升力，当空气动力的合力作用点偏离标枪质心时，还会产生使器械的姿态角发生变化的俯仰力矩。图13-1中给出了影响标枪飞行远度的部分飞行初始条件。在表13-1中，列举了部分影响标枪飞行远度的因素。

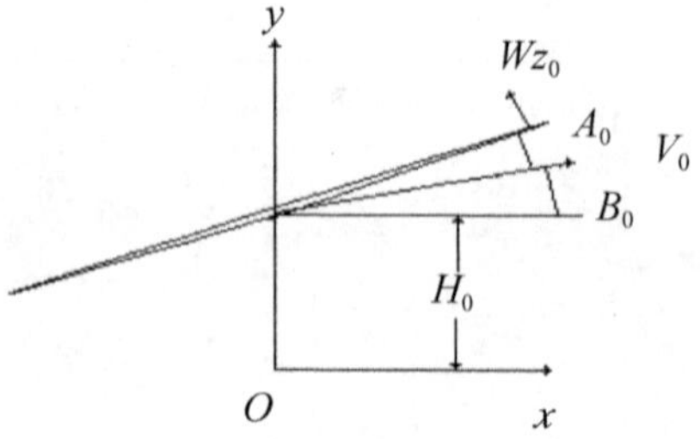

Wz_0：初始俯仰角速度
A_0：初始迎角
V_0：出手速度
B_0：出手角度
H_0：出手高度

图13-1　标枪飞行的初始条件

表13-1 影响标枪飞行远度的因素

标枪飞行的初始条件	标枪的参数	天气因素
出手速度（V_0）	重心位置	风向
出手角度（B_0）	表面积中心位置	风速
出手高度（H_0）	重量	温度
初始迎角（A_0）	同轴度	湿度
初始俯仰角速度（Wz_0）	弹性	
初始偏航角	硬度	

运动员在投掷标枪时，使用的标枪品牌和天气相对变化不大，运动员的投掷成绩主要与投掷时的标枪飞行初始条件有关。下面对这些主要的初始条件进行分析。

（一）出手速度

器械的出手速度是指器械出手瞬间其质心的速度。出手速度是一个矢量，不仅有大小，还有方向，由于它是器械飞行时的初始速度，所以又称初速度。在决定器械飞行远度的各种因素中，初速度是决定器械飞行远度的最重要因素。这一点可以借助斜抛物体飞行远度的公式看出，物体的飞行距离（S）与初速度（V_0）的平方呈正比，其中B_0是器械的抛射角。

$$S = \frac{V_0^{\,2} \sin 2B_0}{g}$$

只有当投掷器械具备了一定的初速度，才有可能飞行一定的远度。由于器械的初速度越大越好，没有限制，因此获得一定的出手速度是运动员取得优异成绩的必要条件。

图13-2是根据计算机仿真计算得出的国产飞鹿牌男子标枪的初速度与飞行远度的关系，在其他条件不变的情况下，二者之间基本上为线性相关的关系，即初速度增加时，标枪的飞行远度也随之呈现线性增长。

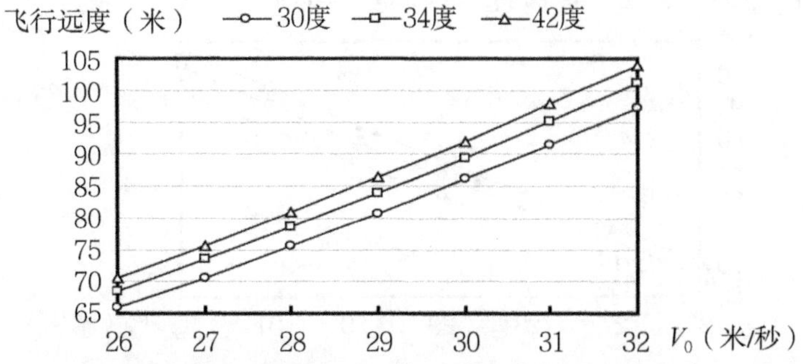

国产飞鹿牌男子标枪，B_0=30度、34度、42度。

图13-2 初速度对标枪飞行远度的影响

通过观察图13-2可知，在其他飞行初始条件不变的前提下，标枪的初速度提高1米/秒，标枪的飞行远度可增加5米以上，因此提高标枪的初速度成为提高掷标枪成绩的不可缺少的关键因素。此图的数据对标枪运动员的训练有一定的指导意义，如一名男子标枪运动员要投出95米的成绩，从图13-2中可以看出，当出手角度为34度时，标枪至少应具备31米/秒的初速度才有可能达到这一成绩。应当指出的是，用斜抛物体飞行远度公式计算标枪实际的飞行远度并不准确，因为采用这一公式计算飞行远度时，忽略了空气动力对标枪飞行的影响。通过研究表明，标枪在实际飞行时，由于有较好的空气动力学性能，其飞行远度要大于在真空中飞行的距离。

（二）出手角度

1. 标枪的最佳出手角度

标枪的出手角度是标枪初速度的方向与水平面的夹角。标枪的最佳出手角度是指在初速度和其他初始条件不变的情况下，标枪获得最大飞行远度的出手角度。通过斜抛物体的远度公式可以看出，在斜抛物体时，如果初速度不变，没有空气动力，抛射点和落地点在同一高度，抛射角为45度时物体飞行的距离最远，因此，最佳抛射角为45度。在标枪实际飞行时，空气会对标枪产生一定的升力和阻力，器械的出手点和落地点不在同一水平面上，这些因素都会影响标枪的最佳出手角度。

对标枪的最佳出手角度的研究表明，即使在出手速度不变的前提下，器械的最佳出手角度也小于45度。

图13-3是国产标枪在初速度为28米/秒，出手高度分别为1.8米和1.6米的条件下，男/女标枪在真空实验条件下不同出手角度下的飞行远度。男子标枪最佳出手角度约为42度，女子标枪最佳出手角度约为40度，但是由于标枪具有较好的空气动力学特性，因此，实际训练比赛中，在较小出手角度的情况下，标枪比在真空中飞行得更远。

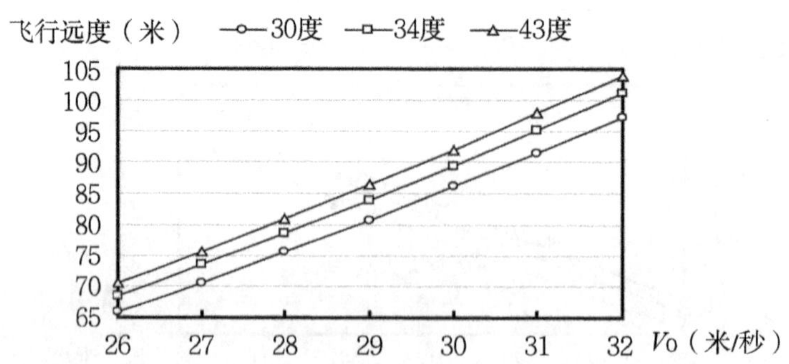

飞鹿牌男子标枪/皇冠牌女子标枪与斜抛物体的比较，V_0=28（米/秒）。

图13-3 B_0的变化对标枪飞行远度的影响

2. 运动员的最佳出手角度

运动员掷标枪时能取得最大远度的出手角度称为运动员的最佳出手角度。运动员的最佳出手角度取决于标枪投掷技术的动作特点和人体的结构。表13-2表明了斜抛运动和运动员实际投掷标枪的差异。

表13-2　斜抛运动与实际投掷时影响出手角度的因素

差异	斜抛物体的条件	运动员的实际投掷
1	斜抛角度不同时初速度不变	出手角度不同时出手速度有变化
2	真空	有空气动力存在
3	出手点与落地点高度相同	出手点与落地点高度不同

为了确定运动员在实际投掷时的最佳出手角度，须对表13-2中列出的影响因素进行深入研究，即运动员投掷时出手角度和出手高度对出手速度的影响，标枪飞行时的空气动力学等因素。

里德对标枪运动员的出手角度对出手速度的影响进行了实验研究，其结果见图13-4。当标枪运动员投掷时，较小的出手角度可以获得较大的出手速度，当出手角度增大时，运动员的出手速度会减小，由于运动员投掷时在出手角度与出手速度之间存在着负相关关系，而出手速度的变化对器械飞行远度的影响要大于出手角度的变化，因此在确定运动员的实际最佳出手角度时，应综合考虑出手速度和出手角度的变化对投掷成绩的影响。

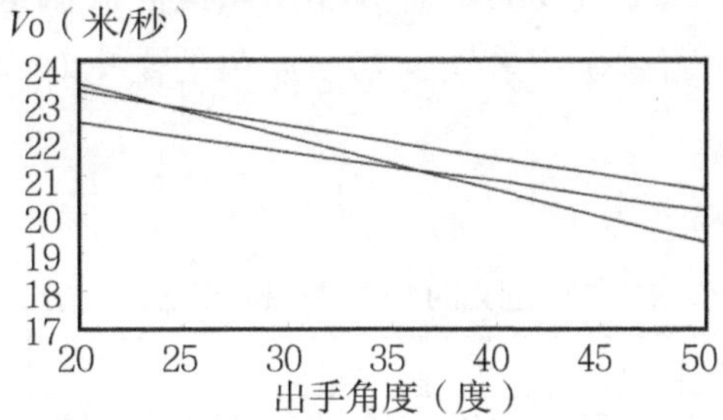

图13-4　标枪运动员投掷时出手角度对出手速度的影响（里德,1977）

根据里德提出的标枪运动员的出手速度和出手角度之间的关系曲线，采用计算机仿真的方法计算出运动员的实际最佳出手角度（图13-5）。运动员在掷标枪时的最佳出手角度与标枪的最佳出手角度并不相同，泽莱兹尼的个人最佳出手角度为32~33度，这与世界优秀标枪运动员在比赛中获得优异成绩时的参数是非常一致的（表13-3）。

研究表明，男子标枪运动员的最佳出手角度约为34度，女子标枪运动员的最佳出手角度约为32度。

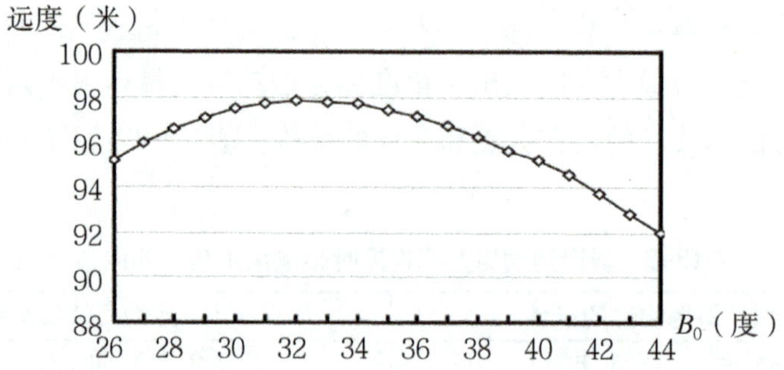

图13-5　模拟计算得出的泽莱兹尼的最佳出手角度

表13-3　1995年世锦赛男子标枪前三名运动员的标枪飞行初始条件

姓名	出手速度（米/秒）	出手角度（度）	初始迎角（度）	偏航角（度）	成绩（米）
泽莱兹尼	31.5	33	4	8	89.58
巴克利	30.1	34	1	7	86.30
亨利	29.9	35	-6	15	86.08

（三）初始迎角

初始迎角是标枪初速度的方向与标枪长轴之间的夹角。由于标枪属于细长体，在飞行时存在着飞行迎角，当初始迎角不同时，标枪的飞行姿态会发生变化，使其所受到的飞行阻力和升力也会出现变化，当空气动力的合力作用点偏离器械重心位置时，还会产生使器械抬头或低头的俯仰力矩。通过研究表明，初始迎角的变化对标枪的飞行远度产生一定的影响，见表13-4。

表13-4　初始迎角的变化对标枪飞行远度的影响

初始迎角（度）	-15	-12	-9	-6	-3	0	3	6	9	12	15
飞行远度（米）	70.94	71.21	71.31	70.95	70.48	69.77	69.07	68.63	68.22	68.02	67.08

注：国产皇冠女子标枪，V_0＝26米/秒，B_0＝40度。

从表13-4中可以看到，当出手角度为40度时，与之对应的最佳初始迎角约为-9度。当标枪飞行的初始迎角偏离最佳值时，标枪的飞行远度会有所下降。通过研究还表明，当标枪的出手角度减小时，其对应的最佳初始迎角会出现线性增大，但不是固定不变的。标枪的出手角度在32~34度时，与之对应的最佳初始迎角约为0度。

（四）出手高度

出手高度是器械出手瞬间其质心至地面的垂直距离。研究表明，当其他初始条件不变时，如果出手高度增加10厘米，器械的飞行远度也大致增加相同的距离。由于运动员的身高和投掷臂长度相对固定，其出手高度有一个最佳范围，相对变化较小，通过改变投掷动作增加出手高度来提高成绩的实际意义不大。还有研究表明，如果出手高度的增大超出了正常范围，会导致出手速度下降，这对于提高成绩反而会带来负面的影响。

（五）初始俯仰角速度

初始俯仰角速度是指标枪在出手瞬间绕其质心横轴旋转的角速度。由于这一初始条件的变化可以改变器械的飞行迎角，导致空气动力参数发生变化，使器械的飞行姿态改变，从而影响器械的飞行距离，因此应对其进行精细的控制。图13-6是标枪在不同初始迎角下的初始俯仰角速度对标枪飞行远度的影响。

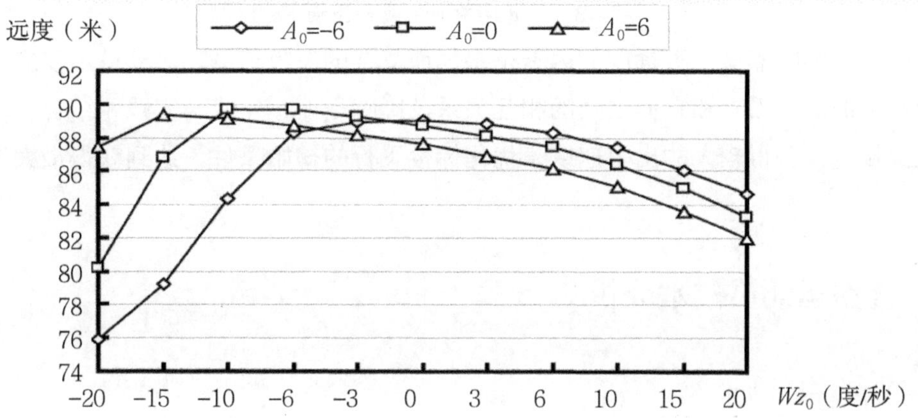

飞鹿牌男子标枪，B_0=34度，V_0=30米/秒

图13-6 初始俯仰角速度对飞行远度的影响

（六）初始偏航角

投掷器械飞行时的偏航情况只存于标枪项目，其他投掷器械并不存在。标枪的初始偏航角是标枪的初速度与标枪长轴在地面上的投影线之间的夹角。国际田联对世界优秀标枪运动员自身特征的生物力学分析表明，优秀标枪运动员投掷时经常出现较大的初始偏航角，这也是影响标枪运动员投掷成绩下降的因素之一。研究表明，当出现初始偏航角时，标枪飞行远度会有所减小，当偏航角大于20度时，飞行远度会显著减小。

（七）风对标枪飞行远度的影响

在投掷比赛时，经常会遇到有风的天气，在比赛现场可以观察到，风对标枪的飞行远度影响较大。图13-7中是国产皇冠牌女子标枪在不同风向和风速条件下飞行距离的变化情况，在出手角度为32度、初始迎角为0度的条件下，当风速为－3米/秒和6米/秒时，标枪的飞行远度会有所增加，当超出上述范围时，标枪的飞行远度会下降。

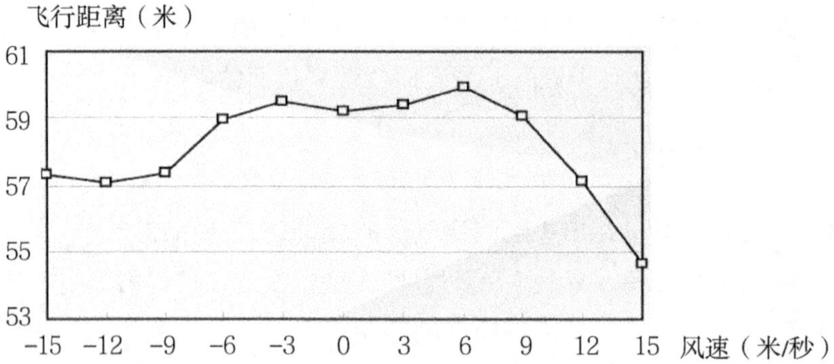

注：皇冠牌女子标枪，B_0=32度，A_0=0，V_0=30米/秒。

图13-7 风对飞行距离的影响

综上所述，影响器械飞行远度的因素是多样而复杂的，教练员、运动员不仅应了解影响器械飞行远度的诸多因素和它们之间的相互关系及影响程度，还应与实践相结合，掌握科学合理的投掷技术，获得较大的出手速度，优化标枪飞行的初始条件，达到获得最大飞行远度的目的。

二、优秀运动员技术分析

（一）掷标枪技术

掷标枪是田径运动中技术比较复杂的项目之一。合理的掷标枪技术要求运动员在快速助跑中充分发挥人体的力量，以正确的动作将标枪掷出。

为了便于分析，通常把优秀运动员掷标枪技术分为握枪、持枪助跑、最后用力、缓冲四个部分。以下以右手投掷为例。

1. 握 枪

掷标枪时，投掷者应用单手握在标枪把手处。标枪运动员握枪主要采用两种方法，一是用右手拇指和食指末端扣住标枪把手后端边缘，二是用右手拇指和中指末端扣住把手后端边缘，其余手指自然扶握在枪身上。（图13-8）

图13-8 两种标枪握法

2. 持枪助跑

（1）持枪。

持枪是指在预跑过程中优秀运动员携带标枪的姿势。优秀运动员多采用肩上持枪法，右手持枪于肩上，持枪手靠近头部右侧，枪尖向前，标枪纵轴与地面平行或枪尖稍向下倾斜。

（2）助跑（以肩上持枪为例）。

优秀运动员的助跑通常可分为预跑和投掷步两个阶段，助跑全程通常需跑12~18步。

①预跑。

运动员通常采用周期性的助跑动作，以获得一定的水平速度。这一段通常要跑8~14步。

开始预跑前，运动员按照测量的距离，在助跑道外侧地面上放两个标志物，第一标志物为运动员开始助跑的标志，第二标志物为开始投掷步的标志。助跑时，运动员面对投掷方向，上体与地面垂直，两眼平视前方，单手持枪于肩上，跑的动作放松且富有弹性，两腿积极蹬摆，用前脚掌着地，左臂摆动同正常跑，持枪臂可随跑的动作做小幅度的前后自然摆动。

助跑的速度应逐渐加快，世界优秀标枪运动员的助跑速度可达6~8米/秒，助跑的速度应与投掷者个人的身体素质和专项技术水平相适应。

②投掷步。

优秀运动员预跑结束后进入投掷步阶段，这一阶段的任务是在尽量保持助跑速度的基础上，完成引枪和超越器械动作，做好最后用力前的准备，并不停顿地进入最后用力。投掷步通常为4~6步。当投掷步为四步时，第一、二步完成引枪，第三步为交叉步，第四步过渡到最后用力。

优秀运动员左脚踏上第二标志线进入投掷步后，迈右腿开始引枪，此时躯干向右转，投掷臂向后伸展，使标枪由肩上沿标枪纵轴延长线后引，当左腿前迈时，上体完全转至侧对投掷方向，投掷臂伸直，标枪靠近身体，完成了引枪动作。

引枪时上下肢动作应协调配合，下肢蹬摆动作应积极有力，躯干与地面基本垂直，标枪长轴与躯干保持垂直。

第三步为交叉步，此时左腿积极向后蹬地，右腿屈膝以大腿带动小腿快速有力地向前上方摆出。两腿的积极蹬摆动作使下肢加速向前，躯干后倾并加大向右转体，形成合理的超越器械姿势，为最后用力创造良好条件。交叉步时身体腾空较高，步长较大，步时也较长，以便做好用力前的准备。

交叉步右脚落地时，左腿已摆至右腿前方，躯干后倾角（躯干中轴与垂直面之间的夹角）为20~25度，右脚与投掷方向的夹角约为45度。

投掷步的第四步，是全程助跑中唯一没有腾空的一步，也是助跑与最后用力衔接的关键环节。由于交叉步的步长通常较大，身体腾空较高，右脚着地时，右腿承受着较大的冲力，因此，右脚着地后，右腿应适度被动屈膝缓冲，减小水平方向的制动和速度损失，以使髋部和人体重心尽快移过右脚支撑点上方，然后积极蹬伸，加快左脚落地。左脚着地瞬间，应保持躯干后倾角基本不变，使最后用力有较大的工作距离。

投掷步各步的步长和步时决定了投掷步的速度，形成了一定的动作节奏，并对最后用力动作效果产生直接或间接的影响。根据对国内外优秀标枪运动员的数据统计，可以用步长/身高指数作为确定投掷步各步步长的依据，表13-5以四步投掷步为例给出了各步的步长／身高指数，当一名运动员的身高为1.80米时，其最后一步的适宜步长约为1.53米。

表13-5　标枪运动员投掷步各步步长/身高指数

第一步	第二步	交叉步	最后一步
1.10	1.05	1.20	0.85

3. 最后用力

最后用力通常是指最后一步左脚着地瞬间至标枪出手瞬间的动作过程。最后用力的任务是充分利用助跑的速度，最大限度发挥人体的力量，使标枪获得较大的初速度和最佳飞行初始条件，标枪在这一阶段获得的速度约占出手速度的70%。

（1）发力时机与用力的衔接。

优秀运动员交叉步右脚着地后，身体随惯性前移，当身体重心移过右脚支撑点上方而左脚尚未落地之前，右腿开始蹬伸用力，这时右腿主动蹬地，使髋部加速前移，髋轴向投掷方向转动，进一步扭紧和拉长了躯干和肩带肌群。

为了使助跑与最后用力更好地衔接，右腿的及时发力和左脚的快速落地对于提高投掷成绩具有重要意义。图13-9是一名标枪运动员（最好成绩84米）在掷标枪最后用力时地面的水平反作用力曲线。由于地面的水平反作用力与支撑腿对地面的水平作用力大小相等、方向相反，因而可以反映双腿的用力情况。图13-9中$T1$时刻为右脚着地瞬间，$T2$是人体重心移过支撑点上方瞬间，$T3$时刻地面的水平反作用力为零，$T4$为左脚着地瞬间，从$T4$开始是左腿蹬地时地面的水平反作用力。

根据霍斯特等人的实验，专业标枪运动员与女子全能运动员在掷标枪时所反映出来的交叉步右脚落地后的动作时间特征具有较大差异，表13-6是根据10名男子标枪运动员（最佳成绩70~84米）和8名女子全能运动员（最佳成绩35~45米）的实验测试，得出的在右脚着地至左脚着地过程中三个阶段的时间参数（平均值）。

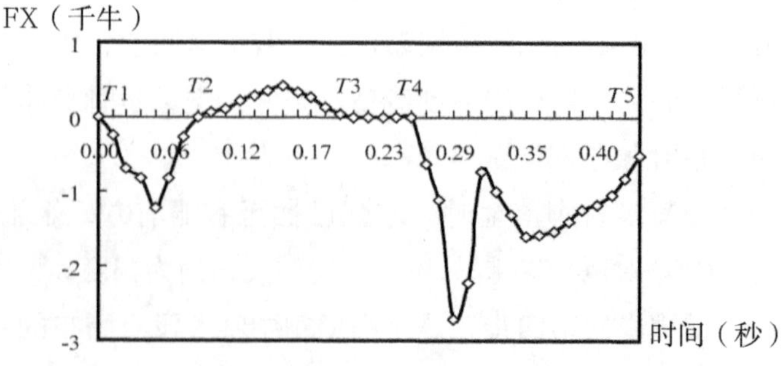

图13-9　掷标枪最后用力时地面的水平反作用力（FX）

表13-6　交叉步右脚着地后右腿动作的阶段和时间（秒）

阶段\平均时间	男子（n=10）	女子（n=8）
（$T1$—$T2$）	0.105	0.161
（$T2$—$T3$）	0.090	0.062
（$T3$—$T4$）	0.030	0.013
总时间	0.225	0.236

（霍斯特，1995）

从表13-6中可以看出，虽然不同水平的男女运动员的右腿单支撑的总时间较为接近，但其中三个阶段的时间比例存在较大差异。高水平运动员的缓冲阶段（$T1$-$T2$）较短，蹬地阶段时间较长（$T2$-$T3$），二者的比例为1：0.85，低水平运动员缓冲时间较长，蹬地时间较短，二者的比例为1：0.38，这可以作为评价右腿动作质量的一个客观标准。

世界优秀标枪运动员在助跑和最后用力的衔接过程中，不仅右腿能够及时发力，最后一步左脚落地的时间和标枪出手的时间也具有一定的规律，表13-7是1995年世界田径锦标赛中获得男、女标枪前三名运动员投出该次比赛最好成绩时的时间参数。

表13-7　标枪运动员的交叉步、最后一步和标枪出手的时间（秒）

姓名	性别	交叉步	最后一步	$T1$	成绩（米）
泽莱兹尼	男	0.24	0.16	0.10	89.58
巴克利	男	0.20	0.22	0.12	87.50
亨利	男	0.20	0.20	0.12	86.08
谢科连科	女	0.22	0.18	0.12	67.56
娣里娅	女	0.26	0.26	0.12	65.22
英格伯格	女	0.24	0.14	0.12	65.16

注：$T1$代表左脚着地瞬间至标枪出手瞬间的时间。

（2）用力顺序。

在掷标枪最后用力过程中，人体的下肢、躯干和投掷臂形成了一个完整的运动链。最后的用力过程，首先是腿部蹬伸用力，使髋部加速前移并转向投掷方向，躯干呈反弓形，然后是胸部快速前振，带动投掷臂向前，继而上臂、前臂和手相继快速挥动，完成“鞭打”动作，将标枪掷出。最后用力时身体右侧肢体的动作顺序依次为腿、髋、胸、肩、肘、腕和手。掷标枪时人体运动链上的各环节从下到上依次实现肌肉收缩→环节加速→制动减速的过程，使身体环节的速度按照一定的规律逐渐加大，最后使标枪获得较大的初速度，从而飞得较远。（图13-10）

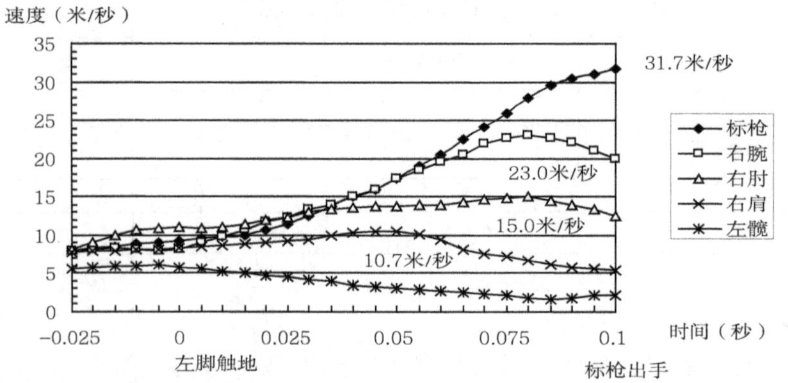

图13-10　泽莱兹尼掷标枪时身体环节的速度（成绩89.32米）

表13-8和表13-9是世界优秀标枪运动员在比赛中的身体投掷臂一侧（右侧）环节的峰值速度和出现峰值速度的时间（以最后一步左脚着地瞬时时间为零）。

表13-8　世界优秀标枪运动员投枪时身体环节的峰值速度（米/秒）

环节	髋	肩	肘	腕	手	标枪	平均成绩
男子（12名）	7.7	9.1	15.4	20.9	23.5	28.3	80.47米
女子（12名）	6.9	7.5	13.6	18.4	20.6	23.0	60.50米

表13-9　世界优秀标枪运动员投枪时身体环节峰值速度出现的时间（毫秒）

峰值速度出现时间	左脚着地	髋	肩	肘	腕	手	平均成绩
男子（12名）	0	16	56	83	121	127	80.47米
女子（12名）	0	21	35	92	129	136	60.50米

“鞭打”是掷标枪用力的重要动作特征，是发挥人体生物力学优势的核心。以髋关节为起点的躯干“鞭打”动作、以肩关节为轴的投掷臂“鞭打”动作与左腿有力制动支撑和蹬伸相配合，是完成投掷动作和获得较大出手速度的关键。

（3）身体左侧的动作。

在最后用力的过程中，身体左侧的动作通常指左腿、躯干左侧和左臂的动作。左腿的作用主要表现为两个方面：一是制动性的支撑动作，左脚着地后，左腿采用强有力的制动支撑动作，可大大加快上体和标枪向前的速度；二是在时间短暂的制动和被动屈膝缓冲后左腿快速蹬伸，使人体和标枪获得向上的垂直速度，使标枪获得适宜的出手角度和较大的出手速度。表13-10是1995年世锦赛的男子标枪前三名运动员投枪时左膝关节角度的变化和比赛成绩。

表13-10　优秀男子标枪运动员比赛中的左膝关节角度

运动员	左膝关节角度（度）			成绩（米）
	左脚着地时	最大弯曲时	标枪出手时	
泽莱兹尼	177	169	180	89.58
巴克利	173	152	152	86.30
亨利	168	151	154	86.08

在最后用力的过程中，左臂的动作对于提高投掷效果具有重要的作用。在投掷时，左臂沿弧形路线经胸部前上方摆至身体左侧然后快速制动，可有效拉长胸部和右侧肩带肌肉，提高用力效果，并可加快身体右侧的动作速度。

（4）用力的方向。

在最后用力的过程中，优秀运动员鞭打动作的用力方向能够通过标枪的纵轴来进行“鞭打”用力，这样标枪可以获得较好的飞行姿态和较大的飞行距离。当用力方向偏离标枪纵轴时，标枪出手时可能会出现较大的初始迎角和初始俯仰角速度，使标枪在飞行时抬头或过早低头，影响标枪的飞行远度。

4. 缓　冲

标枪出手后，优秀运动员一般都能够向前跨出一大步，降低身体重心，同时上体前倾，两臂自然摆动，维持住身体的平衡，防止犯规。世界优秀运动员最后一步左脚的着地点至投掷弧的距离通常在2米左右，这样才敢于做出身体躯干向前扑出的“鞭打”动作。距离太近时，容易形成怕犯规而使躯干动作不够积极，“鞭打”不充分的错误动作。

掷标枪的主要技术环节和技术要点见表13-11。

表13-11　掷标枪的技术要点

图示	动作要点
预跑 	（1）正确握枪 （2）持枪于右肩上方 （3）投掷臂放松 （4）面对投掷方向跑进 （5）助跑有节奏，直线加速
引枪 	（1）沿标枪纵轴向后引枪 （2）投掷臂放松、伸展 （3）枪头靠近右眼 （4）头部保持正直，眼睛注视投掷方向 （5）髋轴与投掷方向呈45度 （6）两腿蹬摆有力，保持助跑速度

续表

图示	动作要点
交叉步 	（1）左腿积极蹬地，右脚向外转动45度 （2）右膝领先前摆，肩髋扭转，超越器械 （3）左肩指向投掷方向 （4）躯干后倾，腾空低平 （5）右脚与投掷方向呈45度 （6）右脚着地时左腿已超过右腿
预备用力姿势 	（1）右腿在髋／膝／踝处屈曲 （2）右脚掌着地，左腿向前伸直 （3）左脚摆到位后停止，以脚跟先着地 （4）肩、髋轴与标枪平行 （5）投掷臂伸展 （6）躯干后倾，形成用力前的有利姿势
右腿蹬伸和左腿制动 	（1）右膝被动屈膝，右腿快速蹬伸 （2）左腿伸直，制动 （3）右髋向前，躯干形成背弓，肩部伸展 （4）投掷臂快速向上翻转 （5）身体左侧和左臂制动，锁住身体 （6）眼睛注视前上方
翻肩形成背弓和用力鞭打 	（1）左腿蹬伸（身体提升） （2）右髋向前 （3）身体左侧和左臂制动 （4）胸部形成弓形后快速前振 （5）投掷臂爆发性地鞭打 （6）标枪在左脚上方出手（侧视）
缓冲动作 	（1）右腿前跨一大步，制动身体 （2）降低身体重心

（二）世界优秀标枪运动员投掷技术

简·泽莱兹尼，捷克，男，1966年6月16日出生，身高1.86米，体重77千克，掷标枪成绩98.48米，世界纪录保持者。图13-11为泽莱兹尼掷标枪完整技术连续动作图。

图13-11　泽莱兹尼掷标枪完整技术连续动作图

㉙ ㉚ ㉛ ㉜

㉝ ㉞ ㉟ ㊱

图13-11　泽莱兹尼掷标枪完整技术连续动作图（续）

从图13-11中可以看出泽莱兹尼的技术特点。他持枪助跑积极向前，从图13-11⑤~⑨图中可以看到他后蹬充分，髋、膝、踝三个关节伸展接近直线，摆动腿高抬大腿，膝部前顶，像短跑运动员的跑步动作，说明他助跑速度较好。他采用肩下引枪技术，见图13-11⑪~⑯图。从图13-11⑬~⑲图中可以看到他交叉投掷步蹬伸积极向前的动作。图13-11㉓~㉕可以看到他肩和髋轴扭紧交叉的状态，肩部右转后撤，左肩内扣，使上体充分拉紧。图13-11㉙~㉛可看到他右脚着地后积极快速蹬伸的动作，左腿几乎完全伸直地踏上地面，并形成牢固的支撑。图13-11㉜㉝可看到他身体形成的满弓状态，左腿支撑时缓冲屈膝幅度较小，很快就进入蹬伸阶段。图13-11㉟㊱可以看到他手臂、躯干积极向前，快速鞭打的技术动作，躯干向前扑出，左腿仍然保持膝关节伸直，支撑稳定。

三、专项技术训练的重点与方法

在田径运动的走、跑、跳跃和投掷项目中，掷标枪是一项技术较为复杂的运动。它不仅要求运动员在快速助跑的条件下，发挥全身的力量，获取最大的出手速度，还要求运动员处理好人体与器械的关系，在最后用力时使力的方向准确地通过标枪纵轴，使标枪获得良好的飞行初始条件。

由于掷标枪技术存在多个技术环节，在掷标枪技术的学习阶段，将分解技术动作的练习与完整动作的练习相结合，徒手模仿练习与多种器械练习相结合，对运动员尽快掌握正确的掷标枪技术具有重要的意义。

专项技术训练可使用标枪、细竹棍、橡皮条、棒球、实心球、铁球、铁棍、肋木等多种器材。

（一）躯干与投掷臂的鞭打

1. 鞭打练习

预备姿势：单手持小树枝，身体侧对投掷方向，投掷臂平举，手掌心向上。

动作要点：右腿蹬转送髋用力，推动身体重心前移至左腿上方，左腿快速蹬伸，以胸带臂向前上方鞭打。两腿蹬伸动作、胸部快速前振和投掷臂的鞭打动作协调配合。（图13–12）

作用：有助于掌握正确的鞭打动作和用力方向，体会正确的用力顺序，发展投掷的爆发力。

练习方法：可采用原地、上步和助跑等多种姿势做鞭打练习，练习时在前上方适当位置设置一个标志物，作为鞭打的目标物。每次采用2~3个练习，每个练习做8~12次。

图13–12 躯干与投掷臂的鞭打

2. 双手掷实心球

预备姿势：面对投掷方向站立，双手持实心球于头后，两臂弯曲向后伸展，左脚在前，身体适度后倾。

动作要点：采用自下而上的用力顺序，以胸带臂将球掷出。（图13–13）

作用：有助于掌握正确的用力顺序和躯干、上肢的鞭打动作，提高投掷力量。

练习方法：可采用跪姿、坐姿、原地、上步和短助跑等不同姿势进行投掷。每次采用2~3个练习，每个练习可做10~20次。

图13–13 双手掷实心球

3. 单手掷棒球

预备姿势：两脚前后开立，身体侧对投掷方向，投掷臂向后伸展与肩同高，单手持棒球，身体适度后倾。

动作要点：采用自下而上的用力顺序，以胸带臂将小球快速掷出。

作用：有助于掌握躯干和上肢的鞭打动作，提高出手速度。

练习方法：可采用原地、上步和助跑等不同姿势进行投掷。每次采用2~3个练习，每个练习可做13~14次。

（二）背弓与翻肩

1. 背 弓

预备姿势：背对肋木，双手握住适当高度的肋木，下蹲时右膝弯曲，左腿伸直。

动作要点：右腿快速蹬伸，送髋，两臂保持伸直，身体呈背弓形，左腿伸直。（图13–14）

作用：体会躯干与肩部充分伸展而形成的背弓姿势，发展躯干和肩关节的柔韧性。

练习方法：每组可快速重复多次。经过一段时间练习后，可适当降低双手握木的高度。

图13–14 背弓

2. 翻 肩

预备姿势：身体背对肋木侧向站立，右臂伸展，右手掌心向上握住肋木，左手向前扶握肋木。

动作要点：右腿快速蹬转送髋，左腿前迈，身体转向投掷方向，投掷臂向上翻转。（图13–15）

作用：体会掷标枪时的翻肩、转体和背弓动作。

练习方法：每组可连续重复多次。经过一段时间的练习后，可适当降低右手握木的高度。

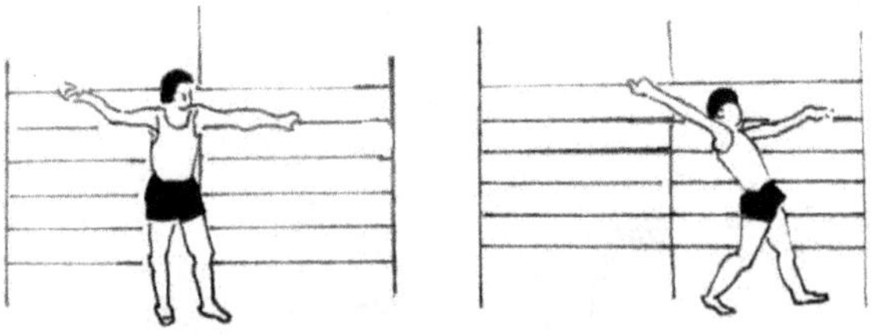

图13–15 翻肩

（三）控制标枪与沿标枪纵轴用力

1. 正面插枪

预备姿势：投掷者面对投掷方向，两脚前后开立，左脚在前，右手持枪于肩后上方，上体后倾，右膝弯曲，枪尖低于枪尾，枪尖指向前下方7~10米远处。

动作要点：用力时，两腿用力蹬伸的同时以胸带臂将标枪掷出，用力方向通过标枪纵轴，尽力使标枪插向前下方的地面。标枪落地时，标枪纵轴与投掷者身体呈一条直线。

作用：体会掷标枪时的用力方向与标枪纵轴的关系。

练习方法：练习者3~5支标枪为一组，可连续多组进行插枪的练习。

2. 侧向插枪

预备姿势：身体侧对投掷方向站立，左脚在前，右脚在后，两脚前后距离约一肩半，左右距离约一脚，左脚尖内扣约10度，右脚与投掷方向约成45度，右腿弯曲并承担身体重量，躯干适度后倾，左臂稍弯曲位于身体前方，右臂自然伸直，右手持枪稍高于肩部，枪头低于枪尾，标枪靠近身体，枪头靠近前额，两眼注视前下方7~10米处。

动作要点：用力时，两腿用力蹬伸的同时以胸带臂将标枪掷出，用力方向通过标枪纵轴，尽力使标枪插向前下方的地面。标枪落地时，标枪纵轴与投掷者身体呈一条直线。

作用：体会掷标枪时的用力方向与标枪纵轴的关系。

练习方法：练习者以3~5支标枪为一组，可连续练习多组，并逐步提高插枪的远度。

（四）最后用力的动作顺序和用力方向

以原地掷标枪为例。

预备姿势：身体侧对投掷方向站立，右脚在前，左脚在后，两脚前后距离约一肩，左右距离约一脚，右脚与投掷方向约成45度，躯干适度后倾，左臂稍弯曲位于身体前方，右臂自然伸直，右手持枪与右肩同高，枪头高于枪尾，标枪靠近身体，枪头靠近前额，两眼注视前上方。

动作要点：最后用力时，左脚前迈一步，两腿用力蹬伸，以胸带臂将标枪掷出，用力方向通过标枪纵轴，出手角度约为34度。

作用：体会正确的动作顺序和用力方向。

练习方法：练习者以3~5支标枪为一组，可连续练习多组，并逐步提高投掷的远度。

（五）助跑与最后用力的衔接

1. 上步掷标枪

预备姿势：身体侧对投掷方向站立，右脚在前，左脚在后，右脚与投掷方向约成45度，躯干与地面垂直，左臂稍弯曲位于身体前方，右臂自然伸直，右手持枪与右肩同高，标枪靠近身体，枪头靠近前额，两眼注视前方。

动作要点：连续向前上步3~5步，在最后一个交叉步形成适宜的超越器械姿势，两腿用力蹬伸，以胸带臂将标枪向前上方掷出，用力方向通过标枪纵轴，出手角度约为34度。

作用：体会助跑与最后用力的衔接动作。

练习方法：练习者使用3~5支标枪为一组，可连续练习多组，并逐步提高投掷的远度。

2. 持枪跑

预备姿势：单手肩上持枪，面对投掷方向站立。

动作要点：逐渐加速，自然跑进，控制好标枪。（图13–16）

作用：发展专项速度，提高控制标枪的能力。

练习方法：持枪跑（15~30）米×10次，计时。

图13–16　持枪跑

3. 持枪交叉步跑

预备姿势：侧对投掷方向站立，投掷臂向后伸展，右手持枪与肩同高。

动作要点：跑时两腿蹬摆有力，逐渐加速，控制好标枪。

作用：发展专项速度，提高控制标枪的能力。

练习方法：持枪跑（20~30）米×10次，计时。

4. 短助跑投枪

预备姿势：面对投掷方向站立，右手肩上持枪。

动作要点：预跑4~6步接交叉步后将标枪投出。

作用：改进在助跑条件下投掷标枪的技术，提高助跑与最后用力衔接的能力。

练习方法：测量助跑距离，放置助跑标记，练习者3~5支标枪为一组，连续练习多组，可按事先规定的投掷距离和强度进行练习。

5. 全程助跑投枪

预备姿势：面对投掷方向站立，右手肩上持枪。

动作要点：预跑8~12步接交叉步后将标枪投出。助跑不断加速，与最后用力衔接紧密。

作用：提高在加速助跑条件下投掷标枪的技术，提高助跑与最后用力衔接的能力。

练习方法：测量助跑距离，放置助跑标记，练习者以3~5支标枪为一组，连续练习多组，可按事先规定投掷的距离和强度进行练习。教练员可记取运动员投掷步阶段的长度和跑过的时间，计算其助跑的平均速度并进行调节。

四、主导性身体素质训练的重点与方法

（一）专项投掷力量

1. 单手拉起重物

预备姿势：背靠跳马或山羊站立，单手持杠铃片或重物上举，向后下方放至最大限度，身体后倾呈背弓状。

动作要点：双腿用力支撑，投掷臂用力将重物快速向上拉起。（图13–17）

作用：发展投掷臂肩带肌群的力量，提高专项投掷能力。

练习方法：可持适宜重量杠铃片、壶铃或哑铃进行练习。每次练习3~6组，每组6~15次。

图13-17 投掷臂将重物快速拉起

2. 仰卧双手头后拉重物

预备姿势：仰卧在跳马上，两腿夹住马身以固定身体，双手上举适宜重量的杠铃。

动作要点：将杠铃慢速向头后方下放至最大限度，然后快速向上拉起至垂直位置。

作用：发展双臂肩带肌肉的力量，提高专项投掷能力。

练习方法：练习负荷应循序渐进地提高，进行大负荷练习应有专人保护。每次练习6~8组，每组做3~6次。

3. 负重仰卧起坐

预备姿势：面对肋木坐在横置的跳马上，双脚固定在肋木上，双手头后持杠铃片。

动作要点：上体向后慢速后倒至最大限度，使身体成背弓姿势，然后快速抬起至垂直部位。

作用：发展躯干的肌肉力量，提高投掷的专门能力。

练习方法：每次练习采用2~3个重量，每个重量做2组，每组6~12次。

4. 单臂掷铁球或其他重物

预备姿势：两脚前后开立，身体侧对投掷方向，投掷臂平举，手掌心向上，单手持铁球等重物。

动作要点：充分利用下肢和躯干的力量进行投掷。

作用：改进正确的用力顺序，提高投掷的专门力量。

练习方法：可采用原地、上步和助跑等多种姿势进行投掷铁球的练习，冬季练习时可在前上方挡网上适当位置设置一个标志物，作为投掷的目标物。每次练习可选择2~3种重量，每种重量投掷10~16次。

5. 投掷重标枪

预备姿势：可采用上步投、助跑投的预备姿势。

动作要点：助跑与用力紧密衔接，胸部快速前振和投掷臂的鞭打动作协调配合。

作用：发展掷标枪的肌肉力量，提高专项投掷力量。

练习方法：可采用不同重量标枪的多种组合进行练习。在准备期训练中，可适当增加投掷重标枪的比例，在比赛期的训练中，可适当增加投掷轻标枪的比例。

（二）爆发力训练

1. 前后抛铅球或实心球

预备姿势：原地站立，两脚与肩同宽，双手持球，面对或背对抛球方向。

动作要点：下蹲后充分屈膝，然后适当向前或向后移动髂部，两腿快速蹬伸，展体，将铅球抛出，前抛的出手角度为30~35度，后抛的出手角度约为40度。器械出手后，练习者应顺势前迈或后退1~2步，以保持身体平衡。（图13-18、图13-19）

作用：发展下肢力量和全身的爆发力，有助于掌握自下而上的用力顺序。

练习方法：先前抛再后抛，各练习10~20次。

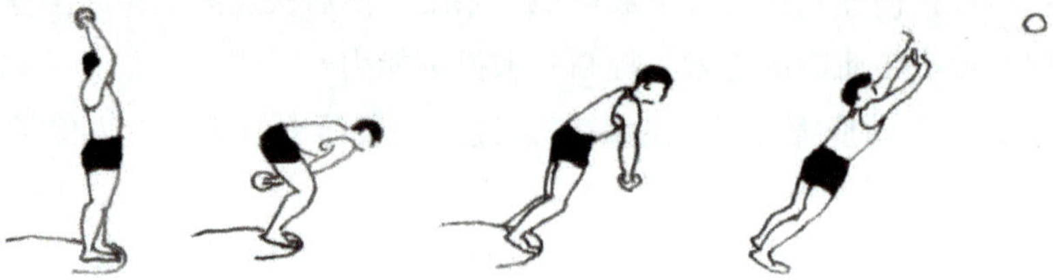

图13-18 前抛铅球

图13-19 后抛铅球

2. 高翻杠铃

预备姿势：下蹲，两手握住杠铃杆，握距与肩同宽，杠铃靠近小腿。

动作要点：自下而上的爆发性用力，将杠铃提至胸前并翻至肩上后呈站立姿势。（图13-20）

作用：有助于掌握自下而上的用力顺序。发展全身的力量和爆发力。

练习方法：采用60%~95%的负荷，练习5~6组，每组3~6次。

图13-20 高翻杠铃

3. 连续跳栏架

预备姿势：面对栏架站立。

动作要点：经2~3步助跑后，双脚起跳连续越过适宜高度的栏架。落地后快速起跳，尽量缩小缓冲时间。（图13-21）

作用：发展下肢快速力量和身体的灵适性。

练习方法：栏架高度和栏间距离适宜，每次练习6~8组，每组连续跳过6~8个栏架。

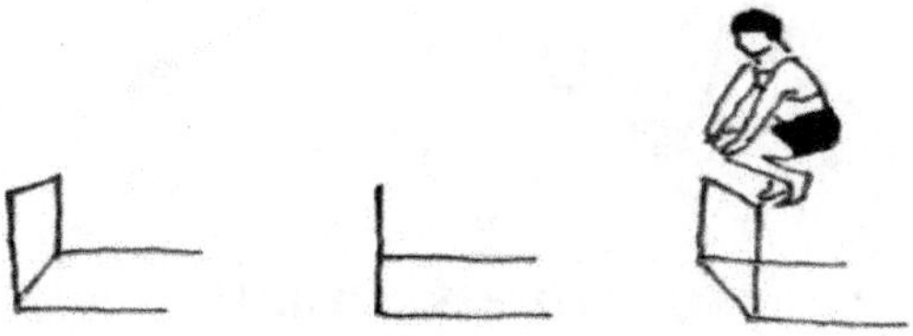

图13-21 连续跳栏架

标枪运动员的腿部弹跳性爆发力量对标枪最后用力具有积极的重要作用，除跳跃栏架外，应做徒手或负小重量沙衣的各种跨步跳、立定跳远、立定三级跳、五级跳等各种跳跃练习，以提高腿部肌肉的弹跳性反应力量。

4. 助跑投小球或轻标枪

预备姿势：面对投掷方向站立，单手持器械于肩上。

动作要点：经助跑后，使用掷标枪的动作将器械向前上方掷出，要求同掷标枪。

作用：提高专项爆发力和肌肉用力的协调性。

练习方法：每次练习时投掷20~30次。

（三）最大力量

1. 抓　举

预备姿势：两脚左右开立，与肩同宽，身体呈下蹲姿势。

动作要点：用力时，两腿用力蹬伸，提拉杠铃至胸前并举至头上。（图13-22）

作用：发展全身肌肉的爆发力和肌肉用力的协调性。

练习方法：使用最大负荷的60%~95%，练习6~8组，每组3~6次。

图13-22 抓举

2. 负重深蹲

预备姿势：两脚左右开立，与肩同宽，将杠铃置于颈后肩上。

动作要点：练习时，负重下蹲后两腿用力蹬伸成身体直立姿势。（图13-23）

作用：发展下肢伸肌和躯干肌肉的最大力量。

练习方法：使用最大负荷的60%~95%，练习6~8组，每组3~6次。

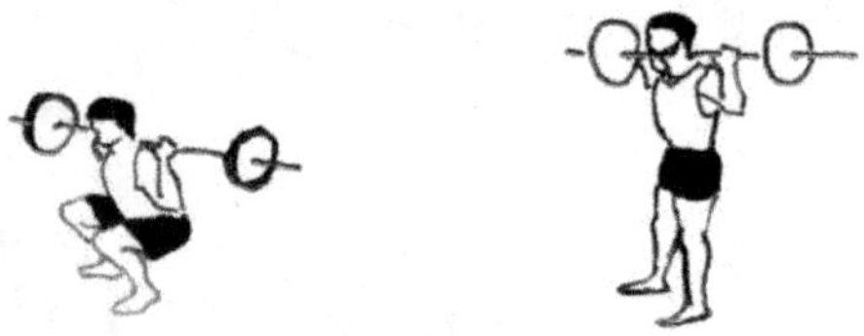

图13-23 负重深蹲

（四）柔韧性

1. 肩绕环

预备姿势：两脚左右开立，与肩同宽，双手持标枪或木棍。

动作要点：练习时，双臂伸直依次或同时进行前后肩绕环。

作用：发展肩关节的柔韧性。

练习方法：两手之间的握距由宽逐渐缩短。每次练习5~10分钟。

2. 桥

预备姿势：仰卧在体操垫上。

动作要点：双手和双脚支撑使身体向上抬起，逐渐减小双手和双脚之间的距离。（图13-24）

图13-24 桥

作用：发展躯干和肩关节的柔韧性。

练习方法：在体操垫上进行练习，独立完成或由同伴协助完成，每次练习3~5分钟。

（五）速 度

1. 30~60米行进跑

预备姿势：站在标志线后约10米处开始起跑，最大速度通过所跑距离。

动作要点：同短跑的途中跑。

作用：发展最大速度能力。

练习方法：在跑道上进行练习，计时并计算平均速度。

2. 持枪跑接交叉步跑

预备姿势：持枪于肩上，站在标志线后开始起跑，加速通过所跑距离。

动作要点：引枪时动作协调，尽力保持水平速度。

作用：发展专项速度能力。

练习方法：可在助跑道上放好标记，每个练习距离15米，连续进行跑进，计时并计算平均速度。

五、训练过程与控制

（一）世界优秀标枪运动员的竞技特征

根据31名世界优秀男子标枪运动员和37名世界优秀女子标枪运动员的数据统计，优秀标枪运动员的成绩增长和竞技特征具有一定的规律性，见表13-12。图13-25和图13-26是世界优秀标枪运动员各年龄段平均成绩的增长率和数据拟合曲线，可以反映出其成绩增长的基本规律。这些数据可为训练过程的调节提供依据。

表13-12　世界优秀标枪运动员的竞技特征

指标	男子		女子	
	平均数	标准差	平均数	标准差
身高（厘米）	187.7	4.5	173.4	4.5
体重（千克）	98.2	6.8	72.0	6.2
（体重/身高）×1000	523.0	31.6	415.0	30.8
最好比赛成绩（米）	90.50	3.6	69.50	2.1
投出最好成绩的年龄（岁）	25.9	2.3	25.4	3.6
竞技年限（年）	15.4	3.3	15.6	3.4
初次投出70（50）米的年龄	18.0	1.1	17.1	1.5
初次投出80（60）米的年龄	20.8	1.6	20.1	1.8
初次投出90（70）米的年龄	24.8	2.4	23.3	3.3

注：括号内为女子的成绩。

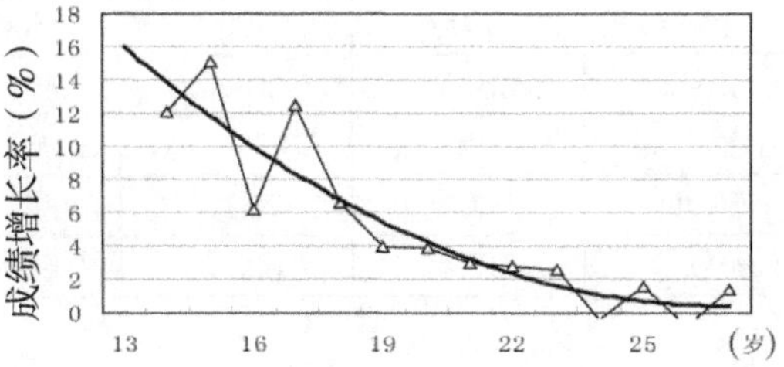

图13-25　世界优秀男子标枪运动员的年龄—成绩增长曲线

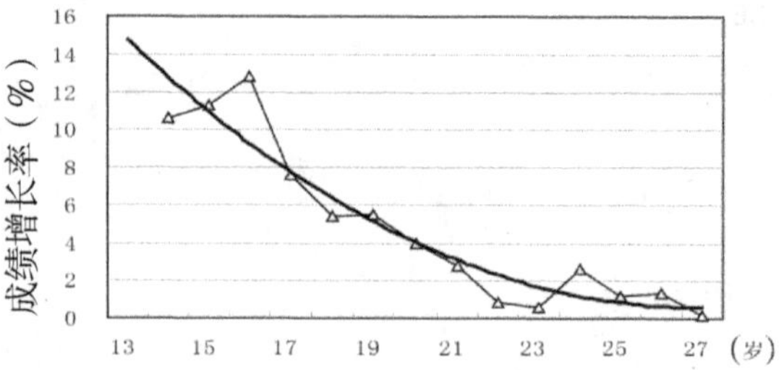

图13-26　世界优秀女子标枪运动员的成绩增长曲线

（二）掷标枪训练的阶段划分与主要训练内容

掷标枪训练是一个系统的多年训练过程，按照《中国田径教学训练大纲》的规定，在这一过程中，可分为基础训练阶段、初级专项训练阶段、专项提高阶段、高级专项训练阶段和保持高水平训练阶段等多个阶段。在13～15岁的基础训练阶段中，训练任务是提高发展身体素质，重点提高速度、柔韧、灵敏、协调和爆发力等素质，掌握掷标枪的基本技术，发展快速鞭打能力，培养青少年具有良好的思想道德和意志品质。在16～17岁的初级专项训练阶段中，应提高全面身体素质水平，掌握掷标枪的完整技术，进一步发展快速鞭打能力，培养比赛能力。在18～22岁的专项提高训练阶段，应巩固和熟练完整投掷技术，重点提高和发展专项投掷能力和力量素质，继续提高全面身体素质水平，提高比赛能力和专项成绩。

在掷标枪多年训练的过程中，应逐年提高专项投掷的次数和强度，并做到因人而异，有针对性地安排训练内容和负荷，见表13-13。

表13-13　标枪运动员的多年训练安排

	12~13岁	14~15岁	16~17岁	18~20岁	21~22岁
全面身体训练比例	80%	60%	50%	40%	30%
专项训练比例	20%	40%	50%	60%	70%
助跑投枪（次／年）	1000	2000	3000	4000	5000
其他抛掷（次／年）	1500	3000	4000	5000	6000
速度练习（千米／年）	45~50	45~50	40~45	40~45	40~45
跳跃练习（组／年）	2000~3000	2500~3500	3000~3500	3000~3500	3000~3500
比赛标枪重量（男）	500克	600克	700克	800克	800克
比赛标枪重量（女）	400克	500克	600克	600克	600克

在标枪运动员的全年训练中，各时期训练内容的比例也有所不同，投掷运动员在准备期常用的训练负荷安排方法见图13-27。在准备期开始阶段，一般身体训练的内容所占比例较大，并最先达到最大负荷后再逐渐降低负荷量，然后逐渐加大最大力量训练的负荷。在准备期的后段，专项技术训练所占负荷比例逐渐达到最大。这种训练节奏安排，可使运动员在训练过程中逐渐适应训练内容的负荷安排，减小受伤情况的出现，取得良好的训练效果。

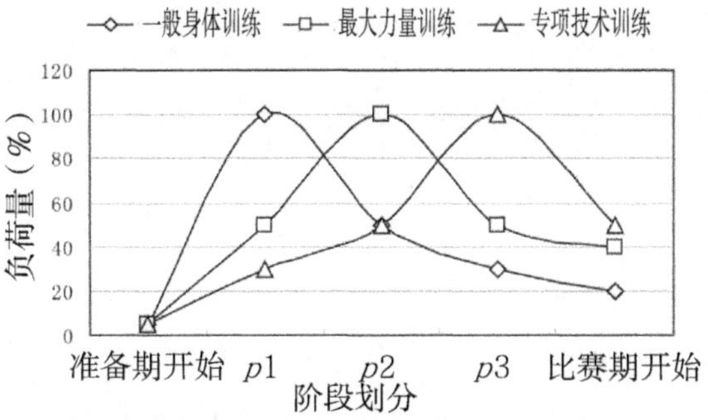

图13-27　投掷运动员准备期训练负荷的安排

为了便于教练员和运动员对训练效果做出评价和对训练过程进行调节，根据标枪运动员的成绩和身体素质的统计分析，表13-14、表13-15给出了运动员的专项成绩和身体素质的相应指标，可以参照此表制订训练计划和安排训练内容。

表13-14　男子标枪运动员的成绩—身体素质指标

指标	50米	60米	70米	80米
助跑投小球（125克）	70米	80米	95米	105米
助跑双手投实心球（2千克）	18米	22米	28米	32米
后抛铅球（7.26千克）	11米	13米	14.5米	16米
原地投枪（800克）	36米	42米	50米	55米
30米起跑（秒）	4.3	4.1	4.0	3.9
立定三级跳远（米）	7.80	8.20	8.60	9.00
抓举（千克）	60	80	95	110

表13-15　女子标枪运动员的成绩—身体素质指标

指标	40米	50米	60米	70米
助跑投小球（125克）	55米	60米	75米	85米
助跑双手投实心球（2千克）	13米	15米	17米	20米
后抛铅球（4千克）	11.5米	13米	15米	17米
原地投枪（600克）	30米	35米	42米	50米
30米起跑（秒）	4.7	4.5	4.3	4.1
立定三级跳远（米）	6.80	7.40	7.80	8.20
抓举（千克）	40	55	70	85

（王倩）

第十四章 掷链球训练

一、影响掷链球运动成绩的关键因素

（一）体能因素

1. 链球运动员的专项体能特征

由于链球旋转用力的特点，其专项要求运动员必须具有高水平的专项速度力量，高水平的专项灵活性和协调性，以及高水平的动作速度和爆发力。链球运动员身材适中、体形健壮而匀称。

2. 决定链球投掷距离的体能与技能因素

体能与技能的完整统一是力量和技术训练的首要原则。掷链球体能和技能的关键因素决定着投掷距离。（图14-1）

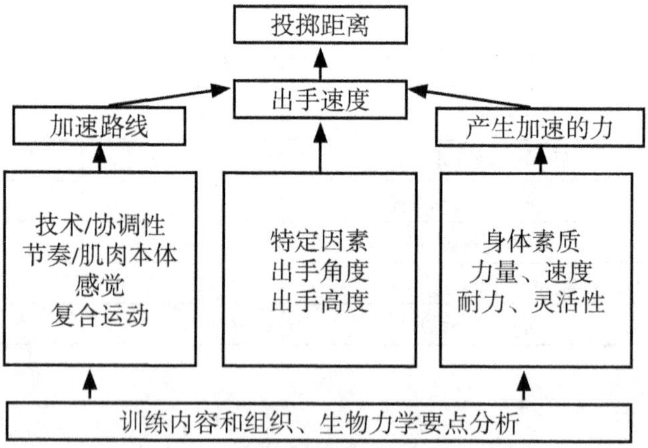

图14-1　影响链球投掷距离的全部因素

（引自德国田径协会资料，2006）

（二）技能因素

持之以恒地不断深入研究和认识掷链球技术的基本要素，是链球教练员和运动员的必备素质。在掷链球过程中，技术表现和运动成绩密不可分，不断完善技术是全年的训练任务。运动员任何力量的增加都应该满足技术的要求。

1. 掷链球专项技术过程的总体要求

优秀链球运动员在技能上需要满足专项技术的特殊要求：在较高的旋转速度下，作用于运动员—链球系统上的离心力高达运动员体重的5倍，需要付出很大的努力去协调双支撑阶段和单支撑阶段身体姿态的平衡。在投掷最后用力阶段会产生约1000千克/秒的效应，投掷者只能在有限的区域（直径2.13米的圆圈）内完成3~4圈的旋转。在最后出手时，投掷者必须把器械直接投到34.92度的扇形落地区内。由于这些条件的限制，链球运动员的技能训练特别强调在多圈旋转过程中，旋转动作应以最大的旋转半径，稳定、连贯、有明显逐圈加速节奏进行，并形成人与球的整体动力平衡系统。应尽可能延长双支撑阶段人体转动力量作用于链球的时间，使链球在双支撑阶段获得更高的旋转速度，缩短单支撑阶段动作的时间，减少链球旋转速度的损失，并为下一圈的双支撑阶段形成良好的超越器械姿态。在旋转过程中，身体重心应逐渐下降，链球运行轨迹的角度在合理范围内逐渐加大，旋转与最后用力动作要紧密衔接，按最后用力顺序将链球掷出，并维持好身体平衡。值得注意的是，采用不同链长和质量器械投掷的动作结构，并不能自动引起比赛投掷动作质量的提高，在这里运动员必须满足提高成绩所要求的动作结构的相应改变。只有在充分考虑了不同器械投掷所采用的技术后，才有可能获得期望的效果。

2. 掷链球的专项技术环节与要求

掷链球的完整技术动作可以被分解为以下几个独立的环节：链球的握法、预备姿势、启动、预摆、进入旋转、旋转和步法、最后用力、缓冲和维持身体平衡。

（1）链球的握法。

以右手投掷运动员为例，链球的把柄置于左手第二关节，右手握在左手之上。拇指相互锁握（左手拇指放在右手拇指下）或者相互平行。

（2）预备姿势。

投掷运动员背对投掷方向站在投掷圈后沿。在摆动过程中两脚分开，略宽于肩，以提高摆动过程中的稳定性。两腿微屈。要么上体直立，在体前髋关节处手握链球；要么上体前倾右转，然后手臂向右伸展准备将放在投掷运动员身后一侧的链球提起。

（3）启动。

预摆加速链球的方式有两种。

方法一：链球放在投掷运动员右手一侧的后面，要么位于投掷圈内，要么位于投掷圈外。投掷运动员首先向右侧屈体，随着上体强有力地伸展开始预摆。

方法二：在手臂开始摆动之前，投掷运动员两腿稍稍开立，一开始像钟摆似的摆动，然后从开始预摆处向右摆动。

当今绝大多数的链球运动员采用第二种将链球提起的方法，因为这样摆动可以使起动更加有节奏、更加平稳。

（4）预（抡）摆。

将链球提离地面后，伴随着摆动动作上体伸直，同时球做向前、向上的运动。左臂动作领先于右臂。两臂都尽可能地伸展，以确保摆动过程中球体的环绕轨迹有较大的半径。为了完成这个重要的动作，投掷运动员在链球达到低点时要开始降低左肩高度。

为了抵抗不断增加的链球离心力，投掷运动员的髋必须做与链球球体运动方向相反的圆周运动。髋的这种补偿运动称为“反向运动”。反向运动的动作不能夸张。手臂摆动的速度对于旋转的节奏很重要。摆动太慢有碍于旋转过程实现最大的旋转速度，摆动太快运动员则会过早地实现最大旋转速度，即在旋转第二圈就达到了最大旋转速度，而等到最后一圈时，旋转速度无法再提高，甚至有时候还会下降。

因此，预摆的目的是一定要使链球达到一个最佳的旋转速度。采用三圈旋转技术的，大约要达到出手速度的65%；采用四圈旋转技术的，大约要达到出手速度的55%。

在预摆过程中，链球旋转轨迹的高点总是在投掷运动员的左后方，而低点总是在运动员的右前方，位于右脚尖的延长线上。预摆过程中，链球旋转轨迹的倾斜角应该为35~38度。在最后一周预摆中摆动的幅度和速度应该是增加的。

预摆这个局部系统的加速度必须转化成使整个运动员—链球系统旋转的加速度，这是进入第一圈旋转的必要条件。在这个至关重要的转化阶段，运动员必须用大的链球旋转轨迹来对旋转速度施加影响。与此同时，在后面的旋转中必须做一些调整来改变平衡条件。当链球经过了最后一周预摆的高点时，运动员通过降低身体质心并朝投掷方向转动右腿来实现速度的转化。当链球经过旋转轨迹的低点时，左腿也开始朝转动方向旋转。这样，右腿（旋转）就积极地将左腿（支撑）向前推动。

（5）旋转。

旋转为运动员—链球系统提供了最大的加速度。最佳的加速路径应能使链球速度提高并一直延续到最后用力阶段，而要实现这个目标需要旋转系统在整个旋转过程中是平衡的、稳定的。旋转过程中单支撑阶段和双支撑阶段的步法是有区别的。

单支撑阶段的主要特征是通过超越器械形成转动力矩。双支撑阶段的主要特征为：它是主要的加速阶段，在该阶段通过释放单支撑阶段身体形成的转动力矩实现器械的加速。双支撑阶段比单支撑阶段持续的时间要长。

为了实现更大的加速度和旋转速度，必须将三项技术因素与提高的身体素质相结合，延长双支撑阶段，以便使运动员有更多的时间对链球施加积极作用；在单支撑阶段有意识地利用旋转中链球的惯性运动；试图获得运动员—链球系统的动态平衡。

延长双支撑阶段一方面可以通过晚抬旋转腿，直到双脚已向左旋转30~90度时才将旋转腿抬离地面；另一方面可以通过右脚前脚掌较早地迅速着地来结束单支撑阶段（220~280度）。在实践中，脚通常在50~90度时抬离地面。这样，肩轴、髋轴及脚尖之间的连线就不再指向前面，右脚着地时不再与左脚平行。步法的这种变化被认为是现代掷链球技术中最重要的因素之一。

现代掷链球技术的特征是整个运动员—链球系统围绕着一个尽可能接近垂直的轴在转动，而不是在单支撑阶段继续整个身体的扭转，这一点同前面的要求一样。此外，整个身体除手臂外都领先于链球。

评价掷链球技术有效性的重要标准是单支撑阶段和双支撑阶段之间持续时间的比例，目的是使双支撑阶段比单支撑阶段持续时间更长。设法使单支撑阶段的持续时间短得足以使链球有一个更长的加速距离，即使是世界上最好的链球运动员也无法总是做到这一点。

对于一次技术好的试投，通常从最后一周预摆到第一圈旋转的转换是至关重要的。这一转换从最后一周预摆结束时开始，这时投掷运动员释放转动力矩，重心向（左腿）支撑腿转移。左脚以脚跟为轴向左转动，脚尖稍稍抬起，右脚前脚掌集中用力蹬地，也向左转。当左脚朝旋转方向转了大约100度时，右脚前脚掌才蹬离地面，开始进入单支撑阶段。同时，左脚越过脚外侧和前脚掌继续向外转，右脚尽可能靠近并尽可能低地绕左脚旋转，使单支撑阶段能很快完成。为了形成转动力矩，肩要始终留在后面。旋转时两腿保持弯曲。当右脚再次着地时，双支撑阶段再次开始。

在手臂抡摆过程中，链球运行轨迹的倾斜角仍为38度左右，并在旋转中持续增大，最后一圈旋转角度约为44度。在最后的旋转中，逐步地缩短支撑时间是现代链球技术的典型特征，这有助于速度有效地增加到最后用力阶段。在旋转过程中，每转一圈链球水平面的低点就往前移一点，直到该点移到身体中间点的前方。在旋转中倾斜角逐步增大，在最后一圈达到44度左右（图14-2）。最后一圈链球旋转轨迹的倾斜角决定了出手角。

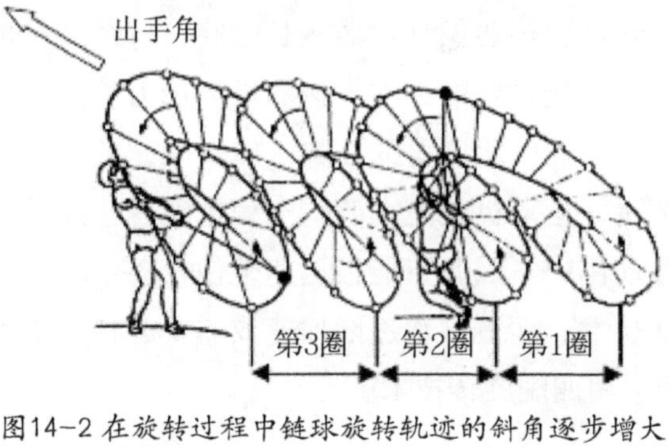

图14-2 在旋转过程中链球旋转轨迹的斜角逐步增大

第二至四圈的旋转技术与第一圈旋转技术相关，但又与其不同，旋转起始点的步幅约为70厘米，往后旋转步幅逐渐缩短，到最后用力阶段时缩小为20厘米。在旋转过程中，右脚腾空离地一圈比一圈早，越来越多的是用前脚掌着地。通过躯干的显著移动来促进链球运行速度的增加，这样就实现了前面所提到的链球旋转轨迹倾斜角的增大。在旋转过程中，由于两脚间距逐渐变窄，跟进腿的运行轨迹也在缩短。（图14-3）

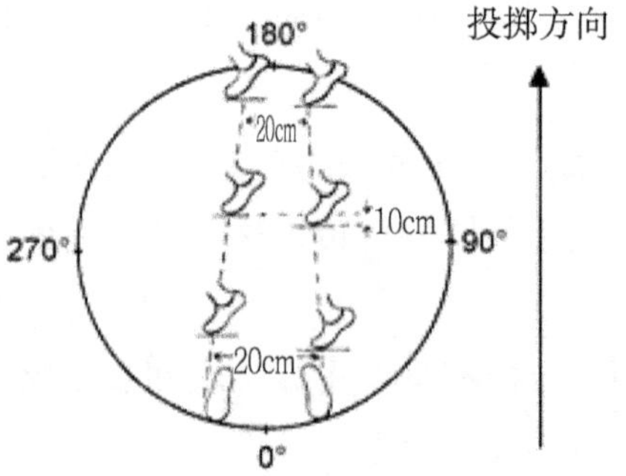

图14-3　旋转过程中两脚间距逐渐变窄

每转完一圈，链球平面的低点就越往身体的中心位置靠近。最后一圈旋转完成后，随着右脚的积极着地，投掷运动员的质心已达到最低点，这时两腿产生强有力的弯曲，最后用力阶段就从这个位置开始。

旋转的圈数决定于运动员的技能水平的高低，同时运动员的速度力量也起着重要的作用。初学者一般采用一圈或两圈旋转的技术。然而，投掷运动员—链球系统的加速度基本上是由最佳的加速轨迹来决定的，因此技术训练必须尽可能地集中在增加旋转的圈数上。

四圈旋转技术需要有高度的技能。大多数的世界级链球运动员都采用四圈旋转技术。但世界纪录保持者尤里・谢迪赫在完成他的86.74米这一投时采用的却是三圈旋转技术，这表明世界级水平的试投也可以用三圈旋转技术来完成。在旋转的最后阶段，实现链球的最大加速度对决定旋转的圈数很关键。如果旋转三圈后不能达到最大的加速度，旋转的圈数就应当增加到四圈，如果在旋转三圈或四圈后还不能达到很高的最后加速阶段，就必须增加摆动速度。

然而，除了延长加速轨迹，还要保证对器械长时间、持续地施加产生加速的作用力，这样才能实现旋转四圈的目的。最重要的是在加速的最后用力阶段，投掷运动员必须处于一个能充分利用链球出手所需要的强大肌肉群的姿势。旋转的圈数在很大程度上取决于实现理想的个人投掷节奏。有了节奏，运动员就能在旋转过程中实现速度的逐渐增加，接着能自然地将最后用力阶段融入完整动作中。因此，能很迅速地使投掷运动员—链球系统加速的投掷运动员趋向于采用三圈旋转技术，而更喜欢逐渐加速或需要旋转更多圈数才能达到最大旋转速度的投掷运动员则趋向于采用四圈旋转技术。

（6）最后用力。

最后用力阶段应确保链球获得尽可能大的加速度和最佳的角度。由于最后出手的高度大概比器械落地水平面高2米，所以最佳的出手角度为42~44度。在最后一圈旋转结束时，右腿（跟进腿）的脚前掌与地面积极接触后，投掷运动员应位于投掷圈的前沿，并使其背部指向投掷方向。两条腿强有力地弯曲，投掷运动员的质点处于最低点。右脚积极着地，意味着直到投掷运动员的质点达到低点之前，链球都可以有效地加速。链球的低点大致位于投掷圈的后沿，身体中心位置的前面。右腿在旋转方向持续向左旋转，而右髋向前、向左顶出。身体左侧保持固定，投掷运动员仍领先于器械。在最后用力阶段结束前的那一刻，两腿都是伸直的，当髋轴差不多指向投掷方向的时候，髋部的旋转动作突然制动。腿部的动量传递到躯干和上肢。最后用力阶段以类似于手臂的鞭打动作结束，在同肩的高度，伸直手臂，将链球掷出，这时，投掷运动员的头部位于右脚脚跟的垂直投影方向。过去常采用的“大背弓最后用力”不再适用，因为它在最后用力阶段产生了使链球半径缩短的不利因素。

（7）缓冲和维持身体平衡。

在最后用力阶段之后，脚大的投掷运动员存在着脚踏出投掷圈造成犯规的危险，因此，在出手后必须有一个缓冲。为了做到这一点，投掷运动员首先得将左腿从地面抬起，以便交换双腿。两腿弯曲和身体质心的下降，可以减少和避免向前踏出投掷圈而造成的犯规风险。

二、优秀运动员的技术分析

（一）掷链球技术的动作阶段结构

掷链球技术的动作阶段结构见表14-1。

表14-1　掷链球技术的动作阶段结构

阶段	目的和作用	动作特点和观察标准
准备阶段 启动—预（抡）摆	·链球的预加速度 ·实现最佳的链球环行轨迹 ·为开始旋转创造良好的条件	·在启动时要握紧链球，链球的球体要么放在投掷圈内投掷运动员的右后方，要么放在投掷圈内投掷运动员的体前 ·预摆以实现最佳的链球轨迹 ·速度逐渐增加 ·双臂伸直 ·骨盆做反向运动 ·上体转移以形成环行的链球轨迹 ·链球轨迹的低点位于投掷运动员的右前方 ·经过高点后链球加速 ·链球轨迹旋转平面为35~38度 ·经过链球轨迹的低点后向身体右侧扭转
第一个主要阶段 进入第一圈旋转	·将预摆过程中形成的链球加速度向投掷运动员—链球系统转移 ·影响大的链球环行轨迹上的器械旋转半径	·当链球球体到达其低点时，左脚开始旋转动作 ·积极抓紧链球手柄 ·右腿旋转积极 ·重心转移到左腿 ·身体质心显著降低 ·身体的转动力矩打开 ·身体左侧形成旋转系统的轴 ·上体向前弯曲 ·当链球旋转达到50度时蹬转，右脚腾空离地 ·努力达到最佳的链球旋转半径

续表

阶段	目的和作用	动作特点和观察标准
第二个主要阶段A 旋转 单支撑阶段	· 通过超越器械形成最佳的身体转动力矩，为随后的加速阶段做准备（注：该阶段特别容易出现问题）	· 右腿发力后，右膝迅速朝旋转方向摆动，开始超越链球 · 骨盆右侧迅速内收 · 左膝明显下降 · 右脚摆动低，靠近并绕着为旋转轴的腿转动 · 右脚着地前那一刻形成最大的转动力矩 · 肩轴、髋轴形成80度的夹角 · 髋与链球相对 · 伸直的双臂和髋轴形成三角形以保证最佳的链球旋转半径
第二个主要阶段B 旋转 双支撑阶段	· 投掷运动员—链球系统的主要加速度是单支撑阶段形成的身体转动力矩释放的结果	· 每一圈旋转都是右脚前脚掌着地且右脚着地越来越积极 · 旋转过程中两脚之间的距离在缩短 · 链球的低点向前移动 · 积极释放身体的转动力矩 · 链球旋转半径大 · 反向移动骨盆位置 · 上体前倾 · 右脚抬起得一圈比一圈早 · 比单支撑阶段持续时间长
最后阶段 （最后用力）	· 链球的末加速度避免了链球旋转半径的缩短，以达到44度出手角的目的	· 右脚前脚掌积极着地 · 质心达最低位置 · 右腿继续朝旋转方向旋转 · 释放身体转动力矩 · 身体左侧固定，右髋向左前制动与其对抗 · 投掷运动员仍在链球的前面 · 当髋轴指向投掷方向时髋部动作制动 · 在达到链球的低点之前，腿很快地伸直 · 在最后用力阶段伸展的双臂做鞭打动作 · 双腿反转，质心降低

（引自国际田联教练员培训和认证系统高级教程，2006）

（二）世界优秀链球运动员投掷技术范例

男子掷链球86.74米世界纪录的创造者尤里·谢迪赫，身高1.85米，体重110千克，他的完整技术连续图见图14-4。

图14-4　世界纪录创造者尤里·谢迪赫的掷链球完整技术连续图

图14-4　世界纪录创造者尤里·谢迪赫的掷链球完整技术连续图（续）

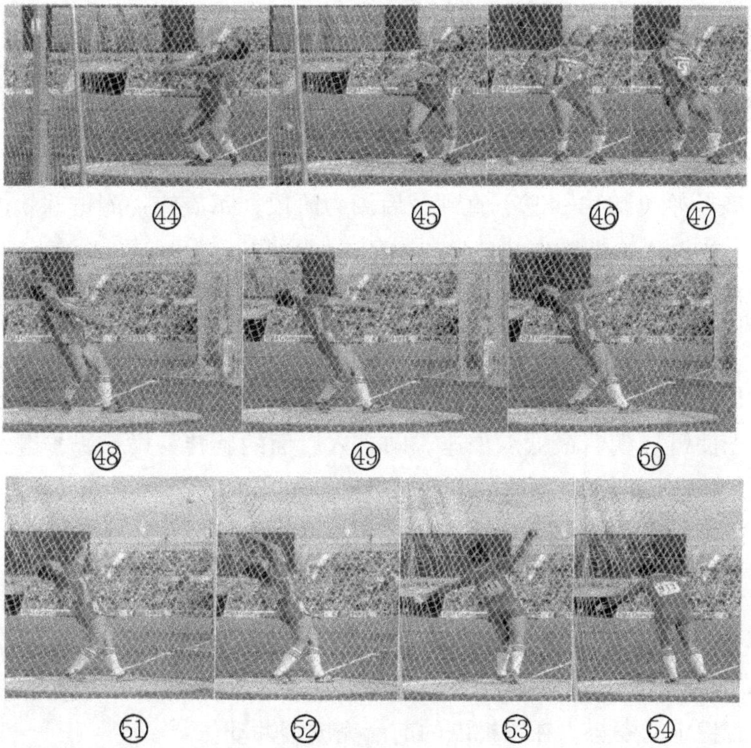

图14-4　世界纪录创造者尤里·谢迪赫的掷链球完整技术连续图（续）

在进入第一圈旋转之前，尤里·谢迪赫完成了两周预摆，他选择了将链球从他身后右侧的投掷圈内提离地面的方式，并以逐渐增加的速度有节奏地完成摆动，同时链球覆盖尽可能大的环行轨迹，这样就给了链球一个适宜的预加速度和半径。

尤里·谢迪赫采用三圈旋转技术，这就需要有一个迅速加速的能力。不像旋转四圈的投掷运动员第一圈进行得不够完全。

图14-4①~③显示的是进入旋转，它对后面的投掷过程很重要。这里尤里·谢迪赫将链球的主要推动力从手臂转移到投掷运动员—链球系统中。手臂在低点是伸直的，从这一点开始到旋转过程的其他环节，手臂一直要保持伸直（图14-4⑥~⑪）。

在整个投掷过程中链球的球体部分是随着链球上升的。尤里·谢迪赫背对投掷方向站在投掷圈的后沿，两脚分开略比肩宽。

当链球经过第二个预摆的高点时（图14-4①之前），他开始进入旋转：从高点到低点，投掷运动员释放在髋轴和肩轴之间形成的张力（图14-4①~⑥），并降低质心。

他接着呈坐姿。通过推动右侧跟进腿慢慢地将质心转移到支点的左腿上（图14-4⑥~⑨）。在链球经过低点后双脚开始朝投掷方向旋转。

进入旋转完成后，右腿有一个强有力的蹬转动作，在链球50~60度的旋转角度上右脚离地，投掷运动员的重心转移到支撑腿上（图14-4⑪~⑫）。

第一圈旋转的单支撑阶段（图14-4⑫~⑰），尤里·谢迪赫几乎不能使链球加速。因此，他试图尽可能快地完成这个阶段，目的是能够在双支撑阶段积极地对链球施力。在右脚脚前掌发力后，左支撑腿的步法是：从脚跟开始经脚外侧过渡到前脚掌上（脚跟—脚前掌—旋转）。

从右脚尖伸展开始（图14-4⑨）直到最后用力阶段，每旋转一圈链球轨迹的低点就朝投掷方向移动一点，低点位于投掷运动员的前面（图14-4㊼）。

为了延长最后用力阶段链球的加速轨迹，与链球旋转角度相关的跟进腿抬得越来越早，着地也越来越早（图14-4⑱、㉛和㊸）。

最后用力阶段（图14-4㊸~�51）从右脚较早地积极着地开始。随着两腿强有力的弯曲，尤里·谢迪赫首先使链球朝着最低点加速。同进入后面的旋转一样，脚步继续做动作。在到达低点前的一刻，腿部伸直，髋朝腿的方向爆发性地挺出。

在这个动作结束时，髋轴差不多指向投掷方向，产生“投掷阻力”：通过腿部肌肉强有力的伸展，臀肌、躯干肌和下肢停止运动，形成所说的“制动”，接着动量传递到上肢。

身体左侧拉伸，固定在轴动腿的脚跟上（图14-4㊾），头朝后仰，伸展的手臂拉过头顶，链球使手留在同肩的高度。图14-4㊿表明，由于尤里·谢迪赫技术优秀，尽管离心力大，他仍能保持着稳定的姿势，在投掷圈的前沿完成缓冲动作。

随着链球的上升，为了利用其惯性力量，尤里·谢迪赫几乎是被动地握着链球。在链球经过高点后，他的左脚前脚掌强有力地旋转，这就产生了所谓的“屈膝”。这里，膝盖尤其是为旋转轴的左腿膝关节产生了强有力的弯曲。

身体的下半部分超越链球，从而重新形成一种必要的转动力矩。左膝积极地向外向下旋转，右脚围绕着支撑腿向下向其靠近，在转到链球轨迹240度处，右脚以前脚掌迅速着地。与早期的技术对比，尤里·谢迪赫的右脚不再与左脚平行着地，而是在投掷方向约10厘米处，目的是能够尽早地进入双支撑阶段。骨盆做与链球环绕轨迹反向的运动，当链球在最高点时，髋处于最低点，以更好地抵抗离心力。

图14-4⑱~㉕表示双支撑阶段，在该阶段尤里·谢迪赫作用于链球使其在轨迹上运行了180多度，这基本是通过释放肩轴和髋轴的转动力矩以及积极的步法实现的。在任何时候右脚和左脚都不能被动地留在地面上，而是要立即持续地在投掷方向做典型的旋转。在链球处于低点阶段时，尤里·谢迪赫将重心提高，以便再次更好地抵抗离心力。

图14-4㉕~㉛，尤里·谢迪赫蹬转结束进入第二圈，第二圈和第三圈与第一圈的旋转轨迹相似，但由于旋转速度的不断增大，在以下方面有所区别：持续增加的离心力意味着他要进一步地降低质心，屈膝甚至变得更加明显（图14-4⑫、㉕和㊲）。由于较短的旋转轨迹只要花较少的时间就能完成，所以跟进腿绕着轴动腿旋转且越靠越近（图14-4⑱、㉛和㊸）。

（三）掷链球技术的评价标准

在掷链球技术质量的不断改进和完善过程中，需要在训练和比赛时不断观察和评价运动员的技术表现，表14-2为高水平掷链球技术评价标准的介绍。

表14-2　掷链球技术的评价标准

技术动作阶段	评价标准
开始姿势	·背朝投掷方向，两脚开立同肩宽的站立姿势 ·链球位于投掷运动员前面或右后方 ·左手在里，右手在上体重压在左腿上 ·右脚前脚掌与地面接触的时间很短
启动/ 预（抡）摆	·向前—向上—向左将链球抡起 ·链球的高点位于头的上方 ·右腿稍稍弯曲 ·躯干朝右转，肩轴指向投掷方向 ·肘在预摆的正面部分伸直（长臂） ·链球的低点在右脚前面 ·头和躯干一样地伸展 ·摆动要大、低
进入旋转	·当链球经过低点时开始 ·左脚以脚跟为轴/右脚以前脚掌为轴朝旋转方向转动 ·右脚明显伸展 ·右膝弯曲 ·上体微向前倾 ·手臂伸展（与地面平行） ·链球大约旋转50度时，右脚抬起
旋转 单支撑阶段	·左脚外侧单支撑 ·右脚弯曲保持与轴动腿靠近 ·左膝弯曲 ·转动力矩：脚/髋轴位于肩轴前面 ·髋与链球相对 ·躯干朝旋转轨迹方向稍微倾斜 ·手臂伸直 ·链球高点在头的上方
旋转 双支撑阶段 （1）	·右脚前脚掌积极着地 ·右脚尖稍外转 ·左脚前脚掌与地面接触 ·两膝明显弯曲 ·明显的转动力矩：脚轴/髋轴位于肩轴前方 ·躯干直立 ·链球保持在头的上方/体后 ·手臂伸直

续表

技术动作阶段	评价标准
旋转 双支撑阶段 （2）	·链球的低点正好在右脚尖的延伸线上（每转一圈朝旋转方向移动一点） ·双腿立于前脚掌上 ·脚/髋轴与肩轴间的转动力矩释放 ·双膝略弯曲 ·躯干正直 ·手臂伸直 ·当链球经过低点时开始 ·左脚以脚跟为轴/右脚以前脚掌为轴朝旋转方向转动 ·右脚明显伸展（每转一圈脚离地就越早一些） ·右膝弯曲 ·左膝稍屈 ·躯干正直 ·手臂伸展
最后用力阶段	·右脚前脚掌积极着地 ·右脚尖向外转 ·左脚前脚掌与地面接触 ·两脚分开略比肩宽 ·双膝明显弯曲（质心位置的最低点） ·明显的转动力矩：脚/髋轴位于肩轴前 ·躯干直立 ·链球保持在头的上方/体后 ·手臂伸展 ·链球的低点在两腿之间 ·右脚立于前脚掌上 ·脚/髋轴与肩轴之间的转动力矩释放 ·双膝开始伸展 ·躯干直立 ·手臂伸展 ·右脚前脚掌朝旋转方向旋转 ·髋鞭打似的转向左边 ·左脚单支撑 ·髋轴指向投掷方向 ·身体左侧制动 ·躯干略往后倒 ·手臂伸展 ·整个身体伸展（足、膝、髋、躯干） ·向前上方拉手臂 ·当肩轴指向投掷方向时链球出手 ·头在右脚跟正上方 ·手臂伸展

（引自国际田联教练员培训和认证系统高级教程，2006）

三、专项技术训练的重点与方法

（一）掷链球技术训练的重点与难点

1. 训练重点

（1）完整技术动作节奏。

（2）持球旋转技术。

（3）技术模仿练习和持球旋转技术练习相结合。

2. 训练难点

（1）掌握和提高多圈旋转技术。

（2）旋转练习向完整技术练习转换的时机及合理性。

（二）掷链球技术训练的方法与手段

1. 预（抡）摆

（1）目的：学习掷链球的预摆技术。

（2）方法：骨盆向器械运行的反方向移动，动作逐渐加快。链球顶端尽量远离身体，加大幅度。

练习顺序：徒手做预摆模仿练习，双手持实心球或做预摆，左手或右手持较轻的链球做预摆，双手持链球或沙袋做行进间预摆（图14-5），双手持轻链球或标准链球做预摆蹲起，双手持标准链球做预摆。

要求：放松、自然、协调，两臂伸直，尽量加大幅度。

图14-5 双手持沙袋做行进间预摆

2. 预摆进入第1圈旋转和第1圈旋转

目的：学习掷链球的预摆进入第1圈旋转和第1圈旋转技术。

方法：预摆后，链球运行到练习者肩关节水平位置时，就开始进入第1圈旋转。向左转髋，两脚开始左移，以左脚前脚掌、右脚前脚掌内侧左转90度和60度，上体随之向左转90度，进入左脚单支撑旋转阶段。右脚在指向270度方向处落地，完成第1圈旋转。

练习顺序：徒手以左脚前脚掌和右脚前脚掌内侧左转90度和60度→左腿单腿支撑旋转→徒手分解练习完成第1圈旋转→持实心球分解练习完成第1圈旋转→持实心球或带球预摆接第1圈旋转→持链球预摆接第1圈旋转。

要求：当球运行到身体前方肩轴与髋轴平行时，左右肩同链球体保持等腰三角形。链球运行超过高点时，左脚积极转动，左膝弯曲下压。上体稍前倾、含胸、两臂伸直。

3. 第2~4圈旋转

目的：学习掷链球的第2~4圈旋转技术。

方法：右脚落地开始下一圈旋转，每一圈旋转链球运行轨迹的低点左移30~40厘米。

练习顺序：徒手进行“左脚跟—右脚前脚掌”旋转→徒手分解完成旋转1圈→徒手连续旋转2圈→徒手连续旋转3圈→双手持轻链球预摆2周旋转1圈→双手持轻链球预摆2周旋转3~6圈、持标准链球旋转多圈。

要求：旋转中人和链球成为一个整体，动作幅度大，各圈旋转连贯衔接。

4. 最后用力

目的：学习掷链球的最后用力技术。

方法：肩轴与髋轴扭紧，身体重心从左腿逐渐右移。当链球下行到身体前时，蹬伸两腿。两臂伸直，左腿支撑用力，头部适当后仰，后背挺伸，掷出链球。

练习顺序：徒手模仿掷链球最后用力→双手持实心球模仿掷链球最后用力→原地投掷壶铃或实心球→持壶铃或实心球预摆1~2周接最后用力→持链球预摆1~2周接最后用力。

要求：最后用力是旋转的延续，身体以大环节带动小环节和链球完成出手动作。注意加强安全措施。

5. 掷链球完整技术

目的：学习掷链球的完整技术。全面细致地掌握掷链球技术以及不同条件下掷链球技术的有效性。

方法及练习顺序：徒手旋转1圈接最后用力模仿练习→徒手旋转多圈接最后用力模仿练习、双手持实心球或带球旋转多圈接最后用力模仿练习→旋转3~4圈投标准链球→投掷圈内旋转投标准链球。

要求：整体动作自然、协调，两臂伸直、放松，尽量加大幅度。注意加强安全措施。旋转3~4圈的掷链球可作为技术训练的主要内容，采用重复训练法、比赛法、评估法训练。

（三）掷链球专项能力训练手段示例

1. 专项力量练习

（1）持重链球连续抡摆。

目的：提高肩部专项力量，提高身体控制平衡和对抗链球离心力的能力。

方法：持加重链球连续抡摆10~20周。（图14-6）

要求：肩部和双臂放松，身体随链球运行方位改变重心位置以对抗离心力。

（2）负重旋转1周。

目的：提高下肢、髋部和躯干的专项力量。

方法：双手持杠铃片于头后肩上进行旋转1周练习。（图14-7）

要求：下肢动作连贯协调。

图14-6　持重链球连续抡摆

图14-7　负重旋转1周

（3）脚尖拨铃片旋转1周。

目的：发展左脚进入旋转的专项力量和速度。

方法：徒手呈进入旋转预备姿势，在左脚尖的左侧地面放一个杠铃片。进入旋转时用左脚尖将杠铃片迅速拨开后旋转1周，重复练习。（图14-8）

要求：杠铃片重量根据练习者情况而定。

（4）挥摆铃片转体。

目的：发展躯干和肩部的专项力量和速度。

方法：双手持杠铃片于胸前左右转体挥摆。（图14-9）

要求：双脚约以肩宽固定于地面。

图14-8　脚尖拨铃片旋转1周

图14-9　挥摆铃片转体

（5）双手持沙袋左右转体。

目的：发展下肢和躯干的专项力量。

方法：双手持沙袋呈下蹲姿势，上体向右转。双腿蹬地转体站起沿大半径抡起沙袋，下蹲后上体再向左转。（图14–10）

要求：根据练习者情况选择沙袋重量，下肢发力完成动作。

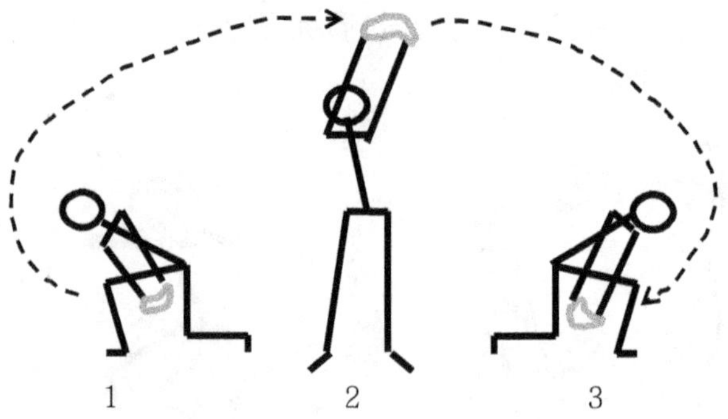

图14–10　双手持沙袋左右转体

（6）杠铃抡摆。

目的：发展下肢，特别是躯干的快速转动力量和建立正确的用力顺序（也可用于掷铁饼专项技能训练）。

方法：将杠铃无片一端顶住一穴斗状固定物，两脚左右开立，约一肩半宽。双手握住杠铃另一端，并直臂上推于头前上方。转体，直臂下摆杠铃并顶在身体一侧。腿、髋、躯干发力带动双臂向上回摆杠铃至最高点后，再转体，直臂下摆杠铃并顶在身体另一侧。左右侧重复。（图14–11）

要求：以骨盆和躯干转动为主完成动作，杠铃摆至最低点时贴近体侧。杠铃摆至最高点时要伸直双臂。

图14–11　杠铃抡摆

2. 专项速度练习

以侧向投壶铃为例。

目的：发展专项爆发力和体会身体环节自下而上的用力顺序。

方法：背对投掷方向，稍做预摆后从身体左侧迅速将壶铃向投掷方向抛出（图14–12）。

要求：做出身体环节自下而上的用力顺序，也可以旋转1~2周紧接这个练习。

1　　2　　3

图14-12　侧向投壶铃

四、主导性身体素质训练的重点与方法

链球运动员主导性身体素质训练的重点包括力量、速度、专项灵活性和协调性。链球运动员主导性身体素质训练中的练习选择和运用，要根据技术的需要和动力性特点来进行。例如，躯干的扭紧，尤其增加了对躯干斜肌的张力和反应性；需要对抗旋转产生的离心力；长加速路线的适宜使用；进入出手阶段下肢的爆发式伸展用力；在具有反应力量和向心等长用力特点的出手动作过程中，在肩部和投掷臂肌群中产生的强大张力对抗链球的离心力。在力量训练中，需要强调对抗中等阻力的最大力量、起动力量、爆发力量和反应力量。在设计和组织力量训练内容时，必须考虑到链球在每一圈旋转和最后加速过程中所需要的背、肩、臂、躯干斜肌和下肢的强大反应力量。力量和速度训练内容需要满足在链球旋转加速和由旋转向直线飞行方向转换的特殊技术要求。采用比赛重量、重和轻的链球及专门器械投掷，专项力量和速度因素具有更加重要的作用。链球运动员专项力量练习常用方法见图14-13。

图14-13　链球运动员部分专项力量练习图示

建议采用变化链球的重量和链长进行掷链球专项力量练习。专项力量能力决定着目标技术的实现。这些能力水平的任何不足都会对技术产生负面的影响。因此普遍使用不同重量的器械进行技术训练。如果链球的重量发生变化，包括加速度在内的肌肉群的工作条件就随着改变，此时就必须修改链球的长度了，链球越重，整个链球的长度就应越短。采用不同重量的链球投掷时的两个主要目标：第一，防止速度障碍之类的神经生理学问题出现，避免产生肌肉动力定型（即使有很好的投掷技术），这样的定型将有碍于链球达到高的速度水平或至少对链球速度产生强烈的干预。因此，一些练习必须用比比赛重量轻的器械完成（男子为4、5、6.25千克，女子为2.5、3、3.5千克）。第二，与链球速度相比，可以通过重但短的链球提高专项力量，8、9、10、12.5、15及17.5千克器械重量被应用于高水平男子投掷运动员的训练中。高水平女子投掷运动员使用4、5、6.25、7.26及8千克的链球来达到同样的目的。有专家提出，作为一个最必要的生物力学参数，链球的动量对男子来说至多8千克的质量，用重量在9~17.5千克，链长短的链球投掷就能记录下动量的减少量。因此，链球链长缩短的使用练习次数百分比，应小于采用链球重量增加的练习百分比。因为，采用较重但较短的器械训练可以提高专项力量能力，但不能直接或间接地提高旋转速度。

下面简要地概括相关的训练结果和经验。

（1）采用超重、短的链球有利于专项力量的发展。

（2）轻投掷器械适用于发展更高的动作速度（旋转速度）模式，并防止或减少速度障碍的产生。

（3）在训练中明确地采用变化的投掷重量，但必须注意技术要求。

（4）专项力量能力和技能水平，以及肩、髋柔韧性的提高，与采用变化的投掷器械进行投掷训练同等重要，予以同等的或者更高的重视。

（5）有专家提出，变化重量进行投掷训练的百分比至多占一个链球运动员所有投掷训练的50%。

链球运动员主导性身体素质训练的方法与手段见表14-3。

表14-3　链球运动员主导性身体素质训练的方法与手段

	土体身体素质	训练目标	训练方法与手段
力量	最大力量 速度力量 静力性、动力性的躯干力量和髋部力量	·高水平的最大力量是发展旋转和投掷最后用力阶段较强速度力量和反应力量的先决条件 ·提高手臂、肩带和躯干肌的速度力量，尤其是为了在旋转中双支撑阶段的加速和最后用力阶段腿部的伸展而提高速度力量 ·保护完成被动动作的部位，协助维持平衡、保持上体位置，协助在旋转中形成阻挡和加速度，以及有助于完成从身体扭紧状态开始的最后用力阶段的转移和支撑	·腿部伸肌及肩部和手臂肌肉的最大力量训练 ·最大力量训练法、次最大力量重复训练法、金字塔式训练法 ·中等阻力到大阻力的上拉、跳跃和冲刺跑练习 ·重复训练法、比赛训练法、评估法、速度力量和反应力量训练法 ·一般力量练习，尤其是腹直肌、腹斜肌及背肌的力量练习 ·大量低强度间歇训练法、小量高强度间歇训练法、力量耐力训练法
速度	专项速度	·单支撑阶段尽可能快地动员跟进腿，最后用力阶段尽可能快地动员在投掷方向工作的专项投掷肌肉	·投掷的专项速度力量训练，从静止姿势开始的短跑训练、跳跃力量训练、技术训练 ·重复训练法、比赛训练法、评估法和速度力量训练法
耐力	基本耐力 专项耐力	·有氧供能新陈代谢系统的能量和形态学的提高，主要是为了力量训练后的恢复 ·发展专项投的力量耐力提高投掷的灵活性及承受负荷的能力	·慢跑和大量低强度间歇训练法 ·耐力和大量低强度间歇训练法 ·用实心球、铅球、链球等进行投或推的练习 ·小量高强度间歇训练法、重复训练法、比赛训练法、评估法和速度力量训练法
灵活性	髋、躯干、肩和手臂肌肉的柔韧性	·增大手臂和肩部肌肉的摆动范围 ·躯干肌的转动能力 ·防止因大量的力量训练而造成肌肉痉挛 ·防止损伤	·柔韧性练习 ·静力的伸展，主动的动力的伸展 ·收缩—放松—伸展方法
协调性	运动肌的分化能力/连接能力 产生有节奏的动作的能力（节奏能力） 适应性	·最佳衔接： —预摆和进旋转之间的最佳衔接 —圈和圈之间的最佳衔接 —含最后用力阶段的最后一圈旋转在时间分配和动力学方面的最佳衔接 ·有节奏地完成旋转（单支撑阶段和双支撑阶段的持续时间）和整个动作并做到最佳的时间分配 ·即使在非常规的条件下也能最佳地完成完整技术	·技术训练 ·重复训练法、比赛训练法、评估法 ·专项技术训练 ·小量高强度间歇训练法、重复训练法、比赛训练法、评估法和速度力量训练法 ·包括有意改变外部条件在内的专项投训练（如逆风/顺风，弄湿投掷圈的表面） ·重复训练法、比赛法、评估法
意识训练	注意力 动机 努力准备	·系统地提高训练和比赛中的心理承受能力	·观察训练，心理训练（如念动训练），降低或提高唤醒水平的心理调整手法（如自生训练法、生物反馈训练、瑜珈）

（引自国际田联教练员培训和认证系统高级教程，2006）

五、训练过程与控制

链球运动员的多年训练阶段、大周期训练结构、训练大周期及阶段控制、周训练的控制、赛前训练的控制，请结合掷链球训练与控制的特殊需要，参阅本书第十二章“掷铁饼训练”部分，其相应内容也适用于链球项目。

这里我们就链球运动员主导性身体素质和技术训练控制的一些特殊问题进行讨论。

（一）链球运动员的力量训练

与其他投掷项目不同，在掷链球中影响出手速度的主要因素是在加速阶段而不是在最后用力阶段。因为旋转产生的器械加速度需要适当地协调用力，特别是在转化到出手的直线方向时。最大力量、爆发力及反应力量是力量训练的要点。只有在成绩水平提高、身体和技术得到充分训练后，才能强化进行专项力量训练的练习。到了高水平后专项力量训练是主要内容。

1. 链球运动员力量训练过程的专门要求

在链球运动员力量训练过程中，必须注意其技术过程的专门要求：① 在摆动中需要动态性地使用手臂、肩部、躯干肌肉的力量；② 手指、前臂肌和举起手臂肌肉群的等长练习；③ 背部及髋部的伸肌用来固定垂直的身体位置，平衡旋转中产生的离心力；④ 躯干斜肌和肩部、手臂区域的肌肉在单支撑阶段产生转动力矩；⑤ 单支撑阶段跟进腿的内收肌，腿部（右腿）伸肌（足、膝、髋部伸肌）进入旋转，左膝弯曲、降低身体质心位置（双支撑阶段）；⑥ 腿部爆发性的伸展力量产生于身体质心的最低点处，为了转移动量，髋部区域形成制动；⑦ 在最后用力阶段躯干肌爆发性地释放出躯干的转动力矩等。

2. 链球运动员发展力量可采用的练习手段

（1）发展一般力量。

①发展全身复合力量的基本杠铃练习：抓举高推、迈步抓举、提铃至胸、推举等。

②发展上体力量的基本杠铃练习：握推、颈上推等。

③发展腿部力量的基本杠铃练习：深蹲（杠铃在前）、低的杠铃半蹲或1/4蹲、提踵练习等。

④静力性和动力性加强腹直肌和背肌的力量。

⑤加强躯干斜肌的力量：取坐姿肩负杠铃旋转、对角侧肢体上起、负重侧转直立起等。

⑥一般重量的器械练习：腿推器蹬腿练习、提踵架、内收肌等。

⑦持小哑铃的一般体操练习：前举、侧举、头后举、屈腕、山羊挺身等。

⑧实心球练习：推、掷、旋转掷、从一只手到另一只手的传球练习、手臂摆动等。

⑨负重练习：推石头、上摆壶铃、头上前抛铅球、头上后抛铅球等。

⑩双杠、吊环、单杠上的体操练习等。

⑪手指、小臂肌肉的等长力量练习、握力练习、负重或抗橡皮绳的屈腕或伸腕练习等。

⑫内收肌的力量练习：抗橡皮筋开合腿、在力量训练器上负重侧举腿等。

⑬所有基础性跳跃练习。

（2）发展专项力量。

①发展综合力量的基本杠铃练习：迈步和不迈步的爆发式抓举（从被提起的位置或地板上）、上拉、提铃至胸等。

②上体的专项杠铃练习：俯卧上举练习、胸前推杠铃杆、颈上快推等。

③发展腿部力量的杠铃练习：计时快速反弹起（杆在前）、肩负杠铃跳跃练习、肩负杠铃踝关节跳跃练习等。

④发展躯干斜肌的练习：仰卧或手握墙上的横杆（两腿间夹着实心球），双腿做钟摆式的侧摆练习、旋转投实心球、向前握实心球转体等。

⑤铅球练习：头上向前/向后/向侧面投、持轻铅球旋转投、推铅球等。

⑥与技术相关的练习：用超过正常重量、常规链长的链球进行完整投练习（男子为8、9、10、11、12.5千克，女子为5、6.25千克；旋转1圈到旋转4圈）。

⑦用重链球和较短的链子（链长：0.80~1.10米；旋转2圈到旋转3圈），穿负重背心。

⑧专项力量练习：从预摆开始或旋转1~2圈后投铅球；摆动重物、在头部正上方向左、向右旋转杠铃、体前握杠铃向一边旋转。

⑨水平跳跃：单腿三级跳、单腿五级跳、十级跨步跳（不带助跑）。

⑩垂直跳跃：屈膝伸展跳跃、从蹲位开始的伸展跳、跳深、踝关节轻轻弹动（有额外的负荷）。

（二）链球运动员的速度训练

专项速度训练对青少年链球运动员来说是最重要的训练环节，主要使用比比赛器械轻的器械，以正确的速度和节奏进行完整技术的训练与发展旋转速度，都是训练的中心内容，因此专项速度训练也是技术训练。发展一般速度的练习可采用加速跑、各种最大速度练习，以及跑的技术和协调性练习。发展专项速度可采用略轻于比赛重量的链球旋转1圈到旋转4圈进行完整技术的练习，以及采用轻重量链球（男子为3、4.5、5、6.25千克，女子为2、2.5、3、3.5千克）和不同要求的投掷技术训练。

（三）链球运动员的灵活性训练

链球运动员的灵活性训练主要是提高手臂、肩部区域和膝关节伸肌的灵活性。除此之外，掷链球还需要提高内收肌（跟进腿）、躯干肌（扭动）以及手臂和肩部区域（预摆和最后用力阶段）的灵活性。

（四）链球运动员的技术训练

链球运动员可采用各种器械进行训练（如对准绳子掷球、持装有实心球、铅球的网兜进行投的练习）。

1. 链球运动员技术训练的前提条件

（1）一般伸展能力，从各种不同姿势开始推和投掷器械的一般能力。

（2）最初摆动的大致形式和抡摆要做到大、低，骨盆动作正确（反向），低点位置正确。

（3）采取安全的站立姿势，躯干、髋稳定，降低躯干位置做1~2个正确的脚跟旋转。

（4）从技术上讲，良好的链球轨迹是手臂姿势正确、伸直的结果。

（5）步法正确、后腿摆动时间短、为旋转轴的一条腿持续地与地面接触。

（6）最后用力阶段两腿旋转，身体伸展。

（7）基本控制完整动作的速度和节奏。

2. 链球运动员的技术训练划分

原则上，技术的每个环节既可以独立训练，也可以合在一起训练，因此技术训练可以划分为下列几个部分：引导练习、旋转、预摆、最后用力阶段、各种转动练习、模仿练习、完整动作。提高掷链球技术质量的练习可采用以下方法。

（1）引导练习。

①在开立的两腿间前后摆动。

②靠近身体一侧前后摆动。

③单臂预摆。

④双臂摆动。

⑤器械围绕身体旋转，从一只手换到另一只手。

（2）旋转。

①体前持实心球（和其他器械）、小步跑动旋转。

②完整的360度转身跳。

③成组的转身跳，计时。

④制造方位困难的转身跳（闭上眼睛）。

⑤体前手持伸直的带球跑动旋转（步子小），把球抓紧。

⑥两人合作做风车转动练习。

⑦有方位帮助（如在一条线上）一圈接一圈进行多个脚跟旋转练习。

⑧脚跟旋转。

⑨体前持链球或实心球脚跟旋转。

（3）预（抡）摆。

①双手持器械原地几小步完成旋转。

②单臂摆，髋做反向运动，在地面上做标记以确定低点。

③左手单臂摆，相对的那只手在头高的位置做简短的握柄动作。

④右手单臂摆。

⑤加速预摆，眼看低点（重复达10次）。

⑥闭上眼睛或朝反方向预摆。

（4）最后用力阶段。

①站立式投实心球、推铅球、磅锤、球形重物。

②站立式投短器械。

③站立式投置于一侧的链球。

④做预摆站立式投小器械。

⑤做/不做预摆站立式投重器械。

⑥旋转投，着重强调最后一圈旋转。

⑦投轻器械/链球（上体相对被动，强调腿的动作）。

（5）各种转动练习（预摆—进入旋转—旋转）。

①经过两次预摆后，器械牵引着运动员进入旋转，接着完成好几圈旋转。

②具备下列变化的交互旋转（不加最后用力阶段）。例如：预摆1次，旋转1圈；预摆2次，旋转1圈；预摆2次，旋转2圈；预摆2次，旋转3圈。

③带最后用力的各种旋转练习。例如：预摆，旋转1圈，掷出；预摆，旋转2圈，掷出。

（6）模仿练习。

①反复模仿完整动作的各部分，有辅助器械。

②双臂摆（有链球，吊球等）。观察：手臂动作、高点/低点的位置、旋转节奏。

③脚跟旋转（在一条线上、在投掷圈内，持/不持链球、持木棍）。观察：右脚着地后身体位置的控制、稳定性、步法。

④最后用力阶段持/不持器械的模仿。观察：在旋转中躯干、手臂的伸展动作，肩轴的控制，制动。

（7）完整动作。

①在竞赛条件下的完整技术。

②使用不同的力量完成竞赛动作（用最大力量/次最大力量）。

③对于每一圈旋转都用不同节奏完成完整技术（提高、稳定或降低加速度）。

④减少旋转圈数的完整技术练习 ，对通常旋转3圈投的运动员转1~2圈，对通常旋转4圈投的运动员转2~3圈。

⑤从旋转1圈到旋转4圈，用不同重量的链球完成完整技术。

⑥从旋转1圈到旋转4圈，用不同长度的链子和较大的重量完成完整技术。

⑦在专门变化的条件下进行完整技术投掷，如潮湿、喧闹、试投次数有限等。

3. 青少年链球运动员的专项训练控制问题

（1）青少年男子链球运动员采用的链球参考重量、链长和目标成绩见表14-4。

表14-4　青少年男子链球运动员采用的链球参考重量、链长和目标成绩

测试	B组男学生 11~12岁		A组男学生 13~14岁		青年B组 15~16岁		青年A组 17~18岁	
	掷链球的目标成绩							
1.5千克*	—	40米	—	—	—	—	—	—
2千克*	—	30米	60米	—	—	—	—	—
3千克	—	40米	60米	70米	80米	90米	—	—
4千克	—	—	55米	65米	72米	80米	85米	92米
5千克	—	—	45米	60米	66米	72米	78米	86米
6.25千克	—	—	—	—	53米	62米	68米	78米
7.25千克	—	—	—	—	—	55米	62米	71米
测试	专项力量的目标成绩**（速度力量） 旋转1、2、3或4圈完成投掷							
投掷重量/链长								
7.25千克/1米	—	—	—	—	40米	46米	—	—
8千克/1米	—	—	—	—	—	40米	47米	—
8千克/1.21米	—	—	—	—	—	—	56米	65米
9千克/1米	—	—	—	—	—	—	40米	50米
10千克/1米	—	—	—	—	—	—	—	45米
11千克/1米	—	—	—	—	—	—	—	40米
12.5千克/1米	—	—	—	—	—	—	—	34米

注：* 1.5千克和2千克的吊球，链长总共为1~1.1米。

** 掷链球在青少年训练阶段直到最后一年才进行大量的专项力量训练。

（引自国际田联教练员培训和认证系统高级教程，2006）

（2）17~18岁男子链球运动员的专项投掷训练过程的年度负荷控制。

与一般力量、专项力量、速度和其他训练内容相匹配，链球运动员的年度负荷控制非常重视专项投掷训练内容。17~18岁男子链球运动员的专项投掷训练过程的年度双周期两个训练阶段的负荷控制情况见表14-5、表14-6。

表14-5　17~18岁男子链球运动员11月至次年3月的专项投掷训练的负荷控制（次）

内　容	11月	12月	1月	2月	3月
训练单元的数量	20	20	14	20	34
掷链球（6.25千克）	108	108	108	108	108
掷链球（7.26千克）	-	48	-	48	148
掷链球（8千克）	48	-	56	-	126
掷轻链球（3、4.5千克）	40	40	40	40	60
投重物（9~12千克，链长0.30~1.00米）	20	66	48	54	127
各种转动练习/旋转	800	500	300	800	200

（引自国际田联教练员培训和认证系统高级教程，2006）

表14-6　17~18岁男子链球运动员4~8月的专项投掷训练的负荷控制（次）

内 容	4月	5月	6月	7月	8月
训练单元的数量	20	20	16	24	16
比赛次数	1	3	5	3	5
掷链球（6.25千克）	100	100	108	112	114
掷链球（7.26千克）	72	44	54	60	96
掷链球（8千克）	106	60	18	60	38
掷轻链球（3、4.5千克）	116	196	238	116	104
投重物（9~12千克，链长0.30~1.00米）	54	58	80	48	68
各种转动练习/旋转	900	160	160	200	160

（引自国际田联教练员培训和认证系统高级教程，2006）

（五）链球运动员的周训练计划

链球运动员一周的训练组织应该依照身体训练和技术训练不断变换的原则，相应协调好运动员的身体训练负荷要素，如恢复次数、优先训练内容和个人特点。

1. 准备期周训练计划内容示例

准备期周训练计划内容示例见表14-7。

表14-7　链球运动员准备期周训练计划内容示例

第一天	第二天	第三天	第四天
（1）短跑准备活动 （2）专项力量 （3）最大力量 （4）弹跳力量（应用）	（1）投掷准备活动 （2）技术 （3）弹跳力量	（1）短跑准备活动 （2）加速度 （3）最大力量 （4）速度协调性	（1）投掷准备活动 （2）技术 （3）最大速度
第五天	**第六天**	**第七天**	
（1）短跑准备活动 （2）一般力量 （3）最大力量 （4）弹跳力量（应用）	有氧耐力	恢复	

（引自国际田联教练员培训和认证系统高级教程，2006）

2. 比赛期周训练计划内容示例

比赛期周训练计划内容示例见表14-8。

表14-8　链球运动员比赛期周训练计划内容示例

第一天	第二天	第三天	第四天
（1）投掷准备活动 （2）技术 （3）最大力量 （4）弹跳力量	（1）投掷准备活动 （2）技术 （3）专项力量	（1）投掷准备活动 （2）技术（比赛重量+轻器械） （3）加速度 （4）弹跳力量	（1）短跑准备活动 （2）低强度速度 （3）低强度弹跳
第五天	**第六天**	**第七天**	
休息	比赛	恢复	

（引自国际田联教练员培训和认证系统高级教程，2006）

3. 准备期周训练计划手段示例

准备期周训练计划手段示例见表14-9。

表14-9　链球运动员准备期周训练计划手段示例

日 期	内 容	手 段
第一天	（1）准备活动 （2）灵活性 （3）专项力量 （4）专项投掷力量 （5）力量 （6）整理活动	（1）10分钟慢跑 （2）一般性练习 （3）用超重的短链球进行旋转练习（每只手重复5~6次） （4）手臂伸直，手持超重的短链球旋转180~360度，投6~10次 （5）杠铃练习：下蹲 5组×10次×75% * 应用：90~180度跳跃，360~720度原地跳跃 （6）游戏
第二天	（1）准备活动 （2）灵活性 （3）技术 （4）弹跳力量 （5）整理活动	（1）10分钟慢跑 （2）一般性练习 （3）模仿和投掷练习 * 睁眼/闭眼的模仿练习 * 持木棍/竹竿的模仿练习 * 预摆 两臂重复2组×10次 左臂重复2组×10次 右臂重复2组×10次 * 含最后用力阶段的各种转动练习，重复5次 * 使用比赛重量含最后用力阶段的完整技术，重复15~20次 （4）成组跳跃 * 五级单足跳（每条腿3次） * 跑进十级跳（3次） （5）慢跑、伸展练习
第三天	（1）准备活动 （2）灵活性 （3）跨栏 （4）一般力量 （5）铁饼 （6）力量 （7）整理活动	（1）10分钟慢跑 （2）一般性练习 （3）栏间3步节奏跨栏过3~5个栏架8次 （4）在体操器械上的练习（双杠、单杠、吊环） （5）实心球练习 * 原地投重复10次 * 旋转/出手重复10次 （6）杠铃练习：高拉5组×8次×75% * 应用：不同的掷链球旋转练习 （7）游戏

日 期	内 容	手 段
第四天	（1）准备活动 （2）灵活性 （3）技术 （4）速度 （5）整理活动	（1）10分钟慢跑 （2）一般性练习 * 预摆2组×10次 * 各种转动练习 * 多圈旋转（直到10圈）重复4次，不出手 * 不同重量的投掷 * 超过比赛重量完整技术试投20次 * 比赛重量完整技术试投10次 * 低于比赛重量完整技术试投10次 （4）蹲踞式起跑冲刺跑：20、30、40、30、20米 （5）慢跑、伸展练习
第五天	（1）准备活动 （2）灵活性 （3）跳远 （4）专项力量 （5）力量 （6）整理活动	（1）10分钟慢跑 （2）一般性练习 （3）中程助跑跳远10~12次 （4）实心球双人练习 * 不同姿势开始向前投30次 * 背靠背侧面传球20次 * 链球最后用力出手重复30次 （5）杠铃练习：深蹲 5组×10次×75% * 应用：90~180度跳跃、原地360~720度跳跃 （6）慢跑、伸展练习
第六天	（1）耐力 （2）灵活性	（1）20~30分钟慢跑 （2）伸展练习
第七天	休息	

（引自国际田联教练员培训和认证系统高级教程，2006）

4. 比赛期（非重要比赛前）周训练计划手段示例

比赛期（非重要比赛前）周训练计划手段示例见表14-10。

表14-10　链球运动员比赛期周训练计划手段示例

日 期	内 容	手 段
第一天	（1）准备活动 （2）灵活性 （3）技术 （4）弹跳力量 （5）整理活动	（1）10分钟慢跑 （2）一般性练习 （3）投掷练习 *比赛重量，完整技术试投20次（6次全力投） *超过比赛重量，完整技术试投10次（3次全力投） *低于比赛重量，完整技术试投10次（3次全力投） （4）成组跳跃 *助跑五级单足跳（每条腿3次） （5）慢跑、伸展练习

续表

日期	内容	手段
第二天	(1)准备活动 (2)灵活性 (3)跨栏 (4)力量 (5)技术 (6)整理活动	(1)10分钟慢跑 (2)一般性练习 (3)栏间3步节奏跨栏过3~5个栏架8次 (4)杠铃练习: *下蹲、高拉 6组×(2~3)次×95%~100% *躯干实心球练习 *前/后抛铅球,轻于比赛重量 (5)投掷圈内链球旋转练习 (6)慢跑、伸展练习
第三天	(1)准备活动 (2)灵活性 (3)技术 (4)弹跳力量 (5)整理活动	(1)10分钟慢跑 (2)一般性练习 (3)投掷练习 *比赛重量,完整技术试投20次(6次全力投) *低于比赛重量,完整技术试投10次(3次全力投) (4)成组跳跃 *助跑五级单足跳(每条腿3次) *跳栏架(高栏)5次×3个栏架 (5)慢跑、伸展练习
第四天	(1)准备活动 (2)灵活性 (3)速度 (4)弹跳力量 (5)整理活动	(1)10分钟慢跑 (2)一般性练习 (3)60~80米加速跑3次 (4)立定五级单足跳(每条腿2次) (5)慢跑、伸展练习
第五天	休息	
第六天	比赛	
第七天	恢复	

(引自国际田联教练员培训和认证系统高级教程,2006)

(张英波)

第十五章 全能运动训练

田径全能运动分为男子、女子两个单项项目。男子全能比赛包括十个单项项目，简称为"十项全能"；女子全能曾经是"三项全能"，后改为"五项全能"和"七项全能"，目前奥运会的比赛定为"七项全能"。2008年，国际田径联合会在比赛项目上增加了"女子十项全能"，这将意味着女子全能项目今后的发展将与男子一样，都是"十项全能"。

全能运动是田径比赛中的一个项目，虽然运动员参加了多个单项的比赛，但是只能获得一枚金牌。由于运动员比赛的顺序、休息的时间都有严格的规定，所以其训练和比赛有着自身的特点，与单项有着明显的区别。但是又因为全能运动是以各个单项技术为基础的，因此，本身又包含了各单项所需的基本条件和训练内容。全能运动的这种特殊性是我们认识其训练特点的基础。

一、影响全能运动成绩的关键因素

1. 速度与爆发力

全能运动需要掌握多个单项技术，并且在单项上还要尽量达到高的水平，这就要求全能运动员必须具备各单项所要求的速度和爆发力水平。这是全能运动员提高各个单项成绩的基础，也是全能运动员取得优异成绩的关键。有了这种速度和爆发力，全能运动员才有可能向世界最高水平冲击。优秀的男子全能运动员的100米速度可以达到10.5秒左右，女运动员的100米速度能够达到11.5秒左右。这种速度表现能力反映出优秀全能运动员所具备的速度和爆发力水平。有了这样的速度和爆发力，全能运动员才可能比较容易地去掌握跨栏、跳远、跳高、投掷等各个单项技术，顺利地完成全能比赛。

速度和爆发力的基础是运动员神经系统、指挥肌肉参与工作的能力。在最短的时间内募集的神经单位越多、越集中，参与工作的肌纤维数量越多，肌肉释放能量越大，运动员的速度和爆发力水平就越高。

2. 高度的灵活性和协调性

全能运动在比赛中设置了多个单项项目，运动员参加十项全能比赛，就需要掌握十个单项的技术，不仅会跑，还要会投、会跳，更要掌握复杂的撑竿跳高技术。这些项目技术各不相同，用力方式迥异，这就要求全能运动员对各种复杂技术动作必须具备高度的控制能力，这种控制能力的基础是人体高度的灵活性和协调性。对各种项目技术动作都需要掌握，并且需要控制好各类项目技术动作的差异，还要在比赛中表现出各种项目技术的最好状态，这是全能运动与其他单项相比所存在的明显区别。

3. 全面身体素质

全能运动设置的单项较多，要求运动员必须具备各类项目所需的身体素质，不仅要有短跑运动员的速度，还要有投掷运动员的力量，更要有跨栏、跳高运动员的灵活性、协调性，此外，还必须要有中长跑运动员的耐力水平。其中任何一项身体素质的短缺，都无法成为优秀的全能运动员。

4. 学习和掌握各项技术的能力

由于全能运动项目需要运动员掌握多项技术，因此，运动员学习和掌握各种技术的能力是非常重要的。这种能力是运动员智力、理解技术的能力、大脑指挥肌肉完成各种技术动作的能力的综合体现。

5. 身体条件

现代田径全能运动通过百年的发展，对运动员的身体条件要求越来越高。现代全能运动的男女运动员都具备了较高的身高、匀称的体型、结实健壮的肌肉、克托莱指数适中的特点。世界男子全能前十名优秀运动员的平均身高已经达到1.90米，体重为89.4千克，克托莱指数为454。世界女子七项全能前十名优秀运动员的平均身高达到1.74米，体重为66千克。正是这种优秀的身体条件才使世界全能水平有了进一步提高和突破的可能。

二、优秀运动员的技术特点

现代十项全能运动均衡地设置了径赛、跳跃和投掷中的许多单项，既要求速度、力量、技术，又要求有良好的耐力，即对运动员全面身体素质有着较高的要求。近一个世纪以来，“全面发展，项项都能”是全能运动项目优秀运动员技术表现的特点，也是该项目发展的总趋势。

1. 全能运动员各单项的技术特点

男子十项全能包括10个单项，除铅球、铁饼外，其他8个项目都和跑的技术有直接的联系；女子七项全能有6个单项和跑有直接的联系。如果全能运动员跑的基本技术合理、放松、正确，可以对其他项目起到积极的促进作用。因此，优秀的全能运动员一般都具有较为合理、自然放松跑的技术，这为他们掌握其他单项技术奠定了基础。优秀全能运动员跑的技术一般被认为是像单项400米运动员跑的技术。这是因为400米跑的技术动作步幅开阔，更加放松自然。这种跑的技术可以直接用于跳高、跳远、撑竿跳高的助跑。

除跑的技术合理之外，优秀全能运动员在跨栏和跳远两个方面都体现出了世界一流的技术。如乔伊娜不仅能够在全能比赛中创造纪录，而且能够在跨栏、跳远的单项比赛中，也取得优异的成绩。他们的跨栏技术主要体现在跑跨动作流畅，连接自然；他们的跳远技术主要是速度快，敢于快跑快跳，以保证有限的速度能够得以充分发挥。

对于全能运动来说，运动员必须掌握几个不同投掷项目的技术，比一个单项运动员只需掌握一项技术的要求更高。优秀全能运动员的投掷技术体现出简洁、实用，不追求华丽的特点。一些优秀的全能运动员在掷标枪时，直接引好枪，直接开始交叉投掷步，不完全学习和模仿单项运动员的肩上持枪助跑，然后引枪的技术，就是为了使技术简洁，更容易掌握。要想掌握旋转掷铁饼技术，就要尽量去学习旋转推铅球技术，使旋转技术能够体现在两个项目上，从而减少多学一项滑步推铅球技术的难度。

2. 优秀全能运动员技术构成的特殊性

优秀的全能运动员除素质、技术必须全面之外，还必须具备个人突出的特点，这体现了他们技术构成的特殊性。在优秀运动员各个单项技术中，他们总是会有几个单项技术比较突出，甚至达到单项运动员的运动技术水准。比如，世界纪录创造者罗曼·塞布勒的跳远成绩达到8.11米，在奥运会上可以进入单项前8名，他的400米成绩45.5秒，跳高成绩2.12米，标枪成绩70.16米，都达到了比较突出的单项技术水平。

从目前世界优秀全能运动员的各单项成绩看，不论男女，都是跳远和跨栏成绩突出的运动员占据着世界纪录，如保持全能运动男女世界纪录的捷克运动员罗曼·塞布勒、美国运动员乔伊娜的跳远和跨栏单项成绩非常突出，他们的跳远成绩可以进入单项比赛的前8名，跨栏成绩也非常突出，这两个项目是以绝对速度和爆发力量为基础的。这两个项目的成绩突出，说明他们具有优秀的速度和爆发力素质，以这两个项目的“特长”带动其他单项技术的提高，使他们创造了世界纪录。这是全能运动员“以长促短”的具体表现。我们可以把这两个项目称作是全能运动的“灵魂”。

“补短扬长”也是优秀全能运动员技术的特殊表现。其主要体现在对投掷项目技术的突破方面。因为，从目前的成绩看，全能运动员投掷方面的成绩与单项运动员的成绩差距最大，水平较低，挖掘的潜力较大，因此，一些优秀的全能运动员在训练中，常把提高投掷技术作为一个重要的训练目标。特别是对标枪技术的掌握和提高，因为标枪是一项轻器械投掷项目，如果训练得法，标枪成绩可以提高十多米，得分增加数百分。因此，优秀的全能运动员在标枪方面的技术明显高于其他两项投掷技术，在投掷类项目的得分上也高于其他两个投掷项目，这也是他们技术方面一个鲜明的特点。

3. 全能评分表的构成

全能项目的比赛是按照全能评分表的评分计算决定胜负的。了解评分表的构成是为了更好地分析全能评分表评分的发展趋势对运动员竞技能力的要求。

目前田径规则中对全能项目是以各单项的成绩换算成相应的分数，累加分数后以总分来排列比赛的名次。规则中的全能评分表对各个单项最高分值的确定基本是以接近该单项的世界最高水平的成绩为基准，只有在单项成绩达到世界最高水平的人，才能够获得单项的最高得分。而实际上，全能运动员要想在每个单项上都达到世界最高水平，获得单项最高得分是根本不可能的。

以当前世界优秀全能运动员的实际比赛成绩为准，如果我们把达到该单项的世界水平以中国的国际运动健将为标准，目前世界最优秀的全能运动员只能在1~2个项目上达到单项的世界水平，其他项目仅能够达到健将或一级水平，投掷和耐力项目甚至仅达到二级或三级水平。之间的差距反映出评分表对全能得分构成的影响。

男子十项全能是按照10个项目计算总分，每个项目的得分应该各占总分的10%，七项全能的7项按照均衡得分计算，每项得分应该各占14.3%，如果每个项目真正做到或者接近这个得分率，我们才可以真正称其为是“均衡发展，项项都能”。如果我们按跑跨3项、跳跃3项、投掷3项、耐力1项的设置进行统计，那么十项全能运动员的得分应该趋向于跑类、跳类、投类各占30%，耐力占10%的方向发展；七项全能运动员的分类得分应该趋向跑类、跳类、投类各占28.6%，耐力占14.3%，这样才能真正体现出“全能”的特点和项目的要求。但在实际中，由于运动员的个体差异，运动能力的差别，他们不可能每个人在各项目上的得分趋同。从他们的单项得分中我们可以清楚地看到每个人明显的特点，这些特点是我们分析全能运动员竞技能力的基础，并以此评价他们的发展是否合理。

4. 中外优秀全能运动员成绩的比较

通过全能运动员比赛的成绩对比（表15-1），我们可以看到优秀全能运动员所表现出来的特点。

表15-1　我国与世界男子十项全能优秀运动员成绩技术等级比较表

姓名	100米（秒）	跳远（米）	铅球（米）	跳高（米）	400米（秒）	110米栏（秒）	铁饼（米）	撑竿跳高（米）	标枪（米）	1500米（秒）	总成绩（分）
塞布勒	10.64	8.11	15.33	2.12	47.79	13.92	47.92	4.80	70.16	261.98	9026
	一级	国际健将	二级	一级	一级	健将	二级	一级	一级	三级	国际健将
克　莱	10.44	7.78	16.27	1.99	48.92	13.93	53.79	5	70.79	306.59	8791
	健将	一级	一级	二级	一级	健将	一级	一级	一级	少年级	国际健将
齐海峰	10.87	7.4	13.41	2.03	48.72	14.63	48.57	4.7	64.53	272.02	8290
	一级	一级	二级	一级	一级	一级	二级	二级	二级	三级	国际健将
余　滨	10.93	7.36	14.02	2	50.41	14.78	39.85	4.7	60.98	291.63	7824
	一级	一级	二级	一级	二级	二级	二级	二级	二级	少年级	健将

从世界纪录保持者罗曼·塞布勒和世界优秀全能运动员克莱，以及我国国家纪录保持者齐海峰等十项全能优秀运动员各单项成绩的统计比较可以看到，男子十项全能优秀运动员各单项已经达到非常高的水平。

十项全能优秀运动员罗曼·塞布勒的10个单项中，有1个达到该单项国际级运动健将水平，1个达到运动健将水平，5个达到一级水平，他就创造了男子十项全能的世界纪录，是世界上第一个突破9000分大关的运动员。他的铅球和铁饼仅为二级运动员水平，而1500米仅达到三级运动员水平。我国最优秀的十项全能运动员齐海峰排名当年世界第七名时，也只有5项达到一级运动员水平，1500米仅为三级运动员水平，其他4个项目均为二级运动员水平。很显然，尽管全能项目要求的是“项项都能，全面发展”，但是实际上运动员表现出来的却是各项目发展的不均衡性，速度类和跳跃类项目的技术发展水平远远高于其他单项。

从表15-2，2008年国内外十项全能前八名运动员各单项成绩得分率来看，对于得分率最高的项目，中外运动员分别都是110米栏，各占11.45%、11.15%，再依次排列，中国运动员依次是跳远（11.18%）、100米（10.83%）、400米（10.3%）、跳高（10.09%），国外运动员依次分别是跳远（11.03%）、100米（10.44%）、撑竿跳（10.4%）。国内外前几项得分较高的都是速度类项目，得分最低的项目都是1500米，中国为7.92%、国外为8.08%。从运动员各项成绩所占的比例来看，中外运动员得分贡献率的顺序基本一致，都是跑跨类项目第一、跳跃类项目第二、投掷类项目第三、耐力类项目第四。

表15-2　2008年国内外十项全能前八名运动员平均成绩对照表

项目	国　外			国　内		
	成绩	得分率（%）	得分率顺序	成绩	得分率（%）	得分率顺序
100米（秒）	10.93±0.30	10.44	3	11.25±0.20	10.83	3
跳远（米）	7.46±0.23	11.03	2	7.07±0.27	11.18	2
铅球（米）	15.03±1.06	9.44	9	13.49±0.79	9.38	8

续表

项目	国外			国内		
	成绩	得分率（%）	得分率顺序	成绩	得分率（%）	得分率顺序
跳高（米	2.03 ± 0.06	10.01	6	1.94 ± 0.07	10.09	5
400米（秒）	48.93 ± 1.21	10.24	5	51.08 ± 1.29	10.30	4
110米栏（秒）	14.30 ± 0.23	11.15	1	14.99 ± 0.34	11.45	1
铁饼（米）	47.16 ± 3.32	9.68	7	42.72 ± 2.88	9.69	7
撑竿跳（米）	4.87 ± 0.27	10.40	4	4.40 ± 0.16	9.84	6
标枪（米）	63.76 ± 6.86	9.47	8	56.86 ± 3.73	9.29	9
1500米（秒）	280.66 ± 16.14	8.08	10	295.23 ± 11.94	7.92	10

从表15-3，2008年国内外优秀全能前八名运动员项目分类得分统计表的对比中我们可以看到，国内外运动员跑、跳、投、耐力各类得分比率基本一致，我国运动员所占比率较大的是跑跨类，占32.58%，其次是跳跃类、投掷类和耐力类，分别占31.11%、28.38%和7.92%。而国外优秀运动员所占比率较大的项目也是跑跨类，其次是跳跃类、投掷类和耐力类，分别占31.84%、31.46%、28.6%和8.08%。由此可以看出，国内外十项全能优秀运动员表现出来的特点均是以跑、跳型为主，跑跨、跳跃类项目在得分中占较大的比重。这与全能评分表各项目得分分数设计的构成思想有一定的差距和不同。相比之下，国外运动员得分率比我国运动员得分率的趋势相对均衡一些。

表15-3　2008年国内外十项全能前八名运动员项目分类得分统计表

	跑类	得分率（%）	跳类	得分率（%）	投掷类	得分率（%）	1500米	得分率（%）
国外	2671	31.84	2639	31.46	2399	28.6	678	8.08
国内	2419	32.58	2310	31.11	2107	28.38	588	7.92

三、全能运动训练的主要方法和手段

（一）全能技术训练的原则

1. 跑的技术是全能训练的重点

跑的技术训练是全能运动员掌握多种技术的基础，因此在全能运动员从事训练的开始阶段和整个过程，都必须抓好全能运动员跑的基本技术训练。由于全能运动员跑的技术要求近似于400米运动员跑的技术，所以基本上是借助和按照400米运动员跑的技术来进行训练的。除此之外，由于全能运动员要参加跳远、跳高、跨栏等项目的比赛，对跑的技术还有节奏要求，因此，各种变化节奏跑的练习就成为全能运动员跑的技术节奏练习的主要方法。要通过训练使全能运动员具备短跑运动员的技术和跨栏、跳远运动员的技术节奏感，这样才能把全能运动员跑的技术合理地运用于各个项目之中。

2. 抓好重点项目技术是成绩提高的捷径

实践证明，男子掌握好跳远、跨栏、撑竿跳高、标枪，女子掌握好跨栏、跳远和标枪等一些重点项目的技术，是运动员提高成绩的关键。运动员只要掌握这些重点项目的技术，就能很快地参加比赛，在比赛中锻炼自己，也可以使自己更快地“成材”，更快地达到较高的水平。

3. 相互促进，降低相互制约

全能训练的项目较多，有些项目之间的训练有一定的联系，而有的项目之间可能有一定的冲突。因此，全能训练要尽量争取各单项技术之间的相互促进作用，减少项目之间的制约，最大限度地利用互相促进的正效应，最大限度地降低相互制约的负面效应，才能使训练得到最大的效益。如旋转投掷铁饼的技术可以直接与旋转投掷铅球接轨，跨栏跑栏间快节奏、高步频的技术与跳远最后高步频、快节奏的上板技术相似，就尽量将两个项目共同的技术特点结合起来，让运动员通过训练进行大胆的尝试。

4. 身体素质和技术密切结合，同步提高

通常情况下，提高力量的训练会增加体重，而体重下降意味着力量下降。全能运动员的体重增加，则意味着为跑跳项目带来负担，影响这些项目的成绩。所以，全能运动员的力量训练就要因人而异，一些全能运动员要在降低体重的情况下提高力量素质，而一些身体瘦弱的全能运动员则需要在增加肌肉横断面的同时提高力量素质。全能运动的力量训练应多采用拉长肌肉的伸展性、初长度的训练方法，少采用使肌肉横断面积增粗而使力量增加的训练方法。

全能项目多，要充分利用技术练习全面提高身体素质，用投掷类的技术练习提高力量水平，用跳跃项目技术训练提高弹跳力、协调性。贯彻以技术带素质、以素质促技术的方针，使全能运动员的技术和素质同步提高。

5. 选择先进、实用、简捷有效的技术

全能运动是由各单项组成的，各单项的技术是在不断发展变化的。全能的训练要学会吸收各单项最先进的技术和技术训练手段、方法，通过筛选、压缩、提炼，有意识地组成符合全能运动特点的系列训练手段和方法，以有效地缩短全能运动员掌握技术、提高成绩的过程，加速运动员的成长。只有结合个人特点学习和掌握技术，才能够为运动员创造尽快提高技术水平的有利条件。

6. 全面发展跑、跳、投的能力，以及综合耐力

为了有效地在训练中体现“练为实战”的原则，训练安排中要注意每次课至少练习2~3个项目，每周要保证有三四天上下午进行训练，以适应全天都有比赛的实战要求。要科学、合理、有条不紊地安排各项目的训练，全面发展跑、跳、投的能力及综合耐力，才能够保证全能运动员在连续两天的比赛中有充沛的体力。合理的训练节奏、疲劳的消除、体力的恢复都是以正确的训练方法为基础，以科学的训练安排为保证，这是全能训练任务完成的关键。

（二）全能运动员的身体素质训练

身体素质在全能运动中起着极为重要的作用，全能运动成绩的获得离不开身体素质的提高，故有“力量是基础，速度是关键，技术是保证”的说法。只要有较好的全身各方面的力量素质，就可以保证男子十项全能中9个项目和女子七项全能中6个项目达到较高的水平。速度素质是取得全能各项好成绩的关键，速度的提高使跑、跳、投各项目都能提高成绩。值得重视的是，力量水平发展好的全能运动员对提高动作速度也会产生良好的作用。耐力是全能运动中不可缺少的素质，能否在两天里以充沛的体力赛完全部项目，耐力素质所起到的作用是其他素质无法取代的。各项素质在田径全能各项目中所起的作用见表15-4。

表15-4　各种身体素质在十项全能各单项中的作用

全能项目	速度		力量			耐力		柔韧性	灵敏性
	反应	动作	速度力量	绝对力量	相对力量	一般耐力	速度耐力		
100米	2	3	2	1	2		2	1	1
400米	1	3	1		1		3		
1500米						3	2	1	
110米栏	2	3	2		1		2	3	2
跳远	1	3	3	1	2			2	2
跳高	1	2	3	1	2			2	3
撑竿跳高	1	2	2		3			2	3
铅球	1	2	2	3					2
标枪	3	3	2					3	1
铁饼	2	2	2					1	3

注：3——对本项目起主要作用。
2——对本项目起较大的作用。
1——对本项目起中等的作用。

1. 力量训练

可以把力量练习按用力特点分为四大类：基础力量、快速力量、专项力量、核心力量。

基础力量（大力量）：对全能各项都起作用的力量。训练中主要是以杠铃练习为主，包括抓举、挺举、提铃高位翻、卧推、半蹲、深蹲等。

快速力量（小力量）：对动作速率或局部肌群起作用的力量练习，包括杠铃杆颈后举、轻杠铃跳挺举、哑铃和杠铃片扩胸及摆臂、壶铃蹲跳和抛推、实心球练习、联合器械多种多功能的组合练习等。

专项力量（直接与单项技术结合的专门力量）：包括铅球前后抛、不同重量的壶铃模仿练习（模仿铅球技术）、双臂和单臂坐推练习、掷标枪和掷铁饼专门力量、改善用力顺序所采用的双臂和单臂持杠铃片绕环（转体或头后拉），模仿掷铁饼挥臂（旋转或扩胸）等。

作用于跑、跳项目技术和专门能力的负沙衣沙袋摆动，股四头肌、大腿后群肌肉的收缩和对抗性练习。作用于撑竿跳高技术和专门能力的负重引体、摆体及器械体操门类中的单杠（双杠、跳箱、吊环）练习、肋木悬垂举腿和腰、腹练习等。

三项投掷技术要求采用不同重量的器械，投掷重器械是为了增加肌肉的专项力量，加强肌肉用力过程的本体感觉，投掷轻器械是为了提高器械出手的速度。一般情况下，推铅球的超重器械投掷不要超过标准重量的0.25倍，掷铁饼、掷标枪不要超过0.5倍。而且在训练中更应该注意轻器械的投掷，以保证全能运动员在投掷时有更好的出手速度。投掷轻重器械的比例应根据运动员的特点来安排，力量好的运动员应加大投掷轻器械的比例，力量稍差的运动员应适当增加投掷重器械的比例，使运动员在技术练习的同时增加自己必需的专项力量，在专项力量练习的同时逐步提高投掷专项技术。

核心力量（躯干、腰、髋部位，身体核心区域肌群的力量）：对全能运动员控制基本技术动作、平衡协调掌握各项技术有着重要的作用。核心力量的训练方法常以运动量不大、方法手段简单实用的弹力带、悬吊绳、泡沫轴、滑动器、平衡球等小型器械练习为主，按照身体不同部位的要求进行各种平衡、稳定、晃动、控制动作的练习。如果运动员的身体稳定、平衡能力差，在此基础上建立的技术用力动作，不可能取得较好的效果，身体良好的用力动力链就无法形成，也就是我们常说的“根基不牢，何谈用力”。核心力量的训练就是为了打好这个基础。

2. 弹跳力的训练

弹跳力训练是田径运动员常用的一种力量练习方法。如果全能运动员的弹跳力训练安排科学合理，就可以起到事半功倍的效果。弹跳力训练一般特指跳跃项目技术之外的跳跃练习，又称“级跳”（以次数或级数计量）和“米跳”（以完成的距离计量）两种。

衡量弹跳力指标包括向上跳（丈量高度）和向前跳（丈量距离）两种。常用的练习有立定跳远、立定三级跳（五级跳、十级跳和带助跑的三级跳、五级跳、十级跳）、蛙跳、跳深（由高处落下再跳上高处）、双腿或单腿跳栏架（单栏和多栏架次）、原地和助跑单腿或双腿起跳触高等。从目前的研究看，立定跳远、蛙跳、双腿原地蹲跳的一些力量练习，不如用助跑几步后接单腿的连续跳跃练习效果好，因后者更接近腿部肌肉用力的实际情况，可属于专项跳跃练习类，而前者则属于一般腿部基础力量练习类。

“米跳”包括30~100米跨步跳、换腿跳、垫步跳、单腿跳、单腿跳加跨跳等，这些练习本身都有相应的技术要求。训练过程中要科学搭配和组合，并且可以和全能运动中的跳跃起跳技术结合起来采用，既可以发展弹跳力，改善下肢支撑运动器官的功能，又可以改善跳跃项目的起跳技术，属综合性多功能的练习手段。

全能运动员的一般弹跳力和专项弹跳力应该达到单项跳跃、短跑运动员的水平。我国男子十项优秀运动员的立定跳远应达到3.10~3.20米，立定三级跳远应达到9.60~10.20米，女子七项运动员应分别为2.70~2.90米和8.40~8.70米。

由于跳高、跳远项目都是在较高的速度下完成起跳的，因此在训练中更应结合实际比赛的情况安排跳跃练习。如助跑4~6步的单足级跳或跨步级跳、助跑5~6步的单腿跳栏架等，以使运动员在一定速度和冲量的情况下提高腿部支撑力量。

3. 柔韧性训练

关节的灵活性及肌肉、肌腱的延展性称为柔韧性。柔韧性是全能运动员完成大幅度动作、协调放松技术的基础，同时也是防止受伤、减少肌肉拉伤的基础。柔韧性素质是各项素质中最容易退化的素质，因此全能运动员的柔韧性训练要常年坚持，不能间断。柔韧性练习可以借鉴跨栏、掷标枪运动员的柔韧练习手段，也可以借鉴武术、体操运动员的一些柔韧性练习手段，以丰富全能运动员的柔韧性训练。

4. 灵活性和协调性训练

灵活性和协调性是全能运动必不可少的重要素质。

灵活性是运动员掌握技术、应对外界环境复杂变化的应变能力，如撑竿跳高突然断竿等事件发生时，防止意外伤害，达到自我保护目的。垫上运动、技巧练习、滚翻、空翻、手翻、跳箱练习、体操单双杠的练习，以及跨栏、跳高、跳远、投掷的旋转等，都可以提高这种能力。撑竿跳高技术本身就是极好的灵活性练习。踢足球、打篮球、打排球、滑冰、跳水、游泳、跳舞（交谊舞和迪斯科）等都可以改善灵活性。

灵活性、柔韧性和协调性相伴，不仅能发挥人体神经肌肉系统的共济作用，而且还能起到技能迁移的作用，在整个教学和训练过程中，对每一项技术的学习、掌握、改进和熟练都起到直接、积极的作用。虽然灵活性和协调性没有量化的具体数字表述，但所有的动作、练习和技术，都可以体现一个运动员的协调性和灵活性发展水平。因此，教练员应每时每刻观察、要求运动员提高这些素质，并且通过训练，不断改善和提高这些素质。

（三）全能运动技术训练

由于运动员训练的总时长有限，全能运动员不可能像单项运动员那样在一个项目的技术练习上花费太多的时间，所以全能项目的技术训练必须认识到“跑的技术是基础，跨栏、跳跃技术是重点，投掷速度力量是保证”这样一个总体方针，要清楚地认识到各项技术的学习和掌握是互相促进、互相帮助的。教练员要懂得利用这些项目之间的关系，合理安排训练，争取在训练中达到事半功倍的效果。

跑的正确技术形成后，加之一定耐力跑和速度耐力跑的训练，全能运动员1500米或800米跑的耐力水平也将受益。一项跳跃或投掷正确技术形成后，要注意将这项技术合理的部分引入到其他跳跃项目或者投掷项目的技术学习中。

“留学”其他单项训练队，直接向该单项的优秀运动员学习技术，在单项教练员的指导下，尽快掌握单项技术，这是全能运动员技术训练常常采用的办法。由于全能教练员负责练习的项目较多，对某个单项技术的理解远不如单项教练员。因此，全能运动员的训练采用

“留学”形式可以弥补全能教练员在某些技术认识上的不足。虚心向单项运动员、教练员学习技术，是全能技术训练最重要的一项任务。

（四）女子全能运动员的训练

女子全能运动员各单项的训练要求应该和单项运动员一样，具体训练手段可以参考各单项训练内容。

女子全能运动员的身高平均比男子要低10~12厘米，体重要比男子轻10~15千克，躯干长而下肢稍短，双肩较窄，骨盆较宽大。女子肌肉占体重的35%（男子占40%~45%），脂肪明显高于男子，且肌肉力量小。女子心脏体积小于男子，导致每搏输出量较小。此外，女子运动员一个主要生理特征是12~13岁后随生长发育开始来月经，会影响训练。由于这一特点，女子全能运动员在训练和比赛时要承受着生理和心理变化的压力，特别是在比赛中遇到来月经，女运动员的心理变化会更为明显。

1. 女子全能运动员的力量和耐力训练

由于身体形态和结构的差异，女子全能运动员的力量素质普遍较差，尤其是我国运动员表现得更为突出。所以，女子全能运动员的投掷成绩相对跑、跳项目成绩较低。鉴于这一点，训练中应加强力量训练的比例，重视力量素质的发展，以充分体现全能项目要求全面发展的特点。

女子运动员一般腰腹肌力量、核心力量都比较差，这些肌群是人体连接上下肢、掌握各项技术最重要的肌群，因此，女子全能运动员的力量训练要以腰腹肌力量、核心力量、快速协调的爆发力训练为主；其次，要进行腿部跳跃力量的训练和杠铃、壶铃及各种器械的力量练习，以全面发展女子全能运动员的力量水平。每周各种力量的练习至少应安排3~4次，一些力量练习可以和专项投掷、专项跳跃练习结合在一起进行。

女子心脏体积小，每搏输出量小，耐力相对较差。耐力水平是全能运动员最终获得成功的关键，因此要重视女子全能运动员的耐力训练，为全面发展打好基础。女子全能运动员的耐力训练要以有氧耐力训练为基础，无氧耐力训练为关键进行安排。有氧训练一般安排在训练课结束时进行1500~3000米的放松跑或定时跑。无氧训练则应安排在训练课中用300米或400米×（3~5）次、600米+200×（2~3）次、500米+300×（2~3）次等手段进行专门训练，以提高女子全能运动员的耐力水平。

2. 女子全能运动员的经期训练

随着发展，女子全能项目已经逐渐向男子全能项目靠近，女子撑竿跳高的开展兴起，使女子全能向十项全能发展成为可能和现实。女子全能运动员的训练应尽量按照男子全能运动员的训练来要求，这是女子全能运动员今后训练的发展方向。但在实践中，由于女子每月月经期间训练基本停止，使训练断断续续，影响了女子运动员向更加全面的方向发展。因此，根据女子运动员的这一生理特点，合理安排她们的经期训练成为女子全能运动员训练的一个重要方面。

（1）经期不间断训练。

全能项目多，练习内容多，可以有目的地任意组合。如果女子全能运动员经期下肢运动不方便，可以根据自己经期的身体反应情况，选择原地技术模仿练习、坐姿技术力量练习、上肢力量练习等。如果身体反应较小，可以坚持慢跑、轻跳和一些小力量投掷练习，也可以进行一些有一定强度的准备活动练习。如果经期反应较大，也不应完全停止运动。可以选择原地上肢柔韧性练习，如肩带柔韧练习、肘部哑铃前臂力量练习、手指（脚趾）小肌肉群力量练习、拉橡皮筋练习等。

通过经期不间断的训练，力争使女子全能运动员逐渐适应经期训练和建立经期保持运动的习惯，并且能够逐步做到经期照常参加比赛，尽量不影响成绩。只有这样，女子全能运动员才能像男子运动员一样，保证训练不间断，才能做到有更多的时间进行全面身体素质训练，做到全面发展。

（2）经期间断训练。

如果遇到一些女子全能运动员经期反应特别大，腰疼腿软，出血量较多，可以适当停止训练。对于这样的运动员应进行调查、观察和研究，摸准其月经周期时间。在月经期没有到来之前的几天里，应加大运动负荷训练，让运动员肌体产生较大的疲劳，利用经期休息进入调整期。休息两三天，强烈反应期一过，就应该进行经期适应性训练，逐步增加运动量。由于女子月经期的反应不是一成不变的，可以适应性地改变。因此，对于经期反应较大的运动员，可以从经期停止运动过渡到能够原地练习、走动练习，甚至慢跑练习或者进行上肢力量练习，逐步过渡到腰腹肌力量练习、轻跳力量练习，让她们逐步适应经期训练。

由于女子全能运动员月经期的个人特点不一，教练员应视具体情况合理安排，适当保持训练，逐步适应后再增加运动负荷，切忌操之过急，得不偿失，造成运动员的心理负担和障碍，影响以后的训练。

四、训练过程与控制

优秀的全能运动员需要经过多年的培养才能达到世界级的水平，因此对全能运动员多年训练过程的要求与控制，是全能训练的一个重要组成部分。

1. 全能运动训练过程的阶段划分

为了提高田径运动竞技水平，世界各体育强国对青少年的训练都制定了训练大纲，虽然各有侧重和不同，但是实质上大同小异，都是将青少年的训练分为几个不同的阶段，按照各阶段训练的不同目的进行不同要求的训练，避免运动员因为早期专项化的过度训练，基础打得不牢，影响今后的长期发展。

由于全能运动具有复杂性、多项性的特点，进入全能运动训练的运动员与田径其他项目相比，相对进入训练的年龄偏晚，全能运动员的早期训练一般都从事着其他单项的训练，教练员从其他项目中挑选适合于全能运动的青少年开始进行全能运动的训练。因此，全能运动训练的过程一般分为五个阶段，即基础阶段（12~14岁，从事其他单项训练）、初级专项训练阶段（15~17岁）、专项提高训练阶段（18~22岁）、高级训练阶段（23~26岁）、高水平保持训练阶段（27~30岁），通过10~12年的前四个阶段的训练，将运动员培养成为世界级的优秀运动员，然后继续高水平保持阶段的训练，这样可以维持其最高的竞技能力达6~8年。

优秀的全能运动员由于多年的长期训练，一旦掌握较好的技术、较高的技术稳定性水平，就可以在较高的竞技状态下多年持续参加比赛，使运动员寿命保持较长的时间。曾经创造男子十项全能世界纪录的英国优秀运动员汤普森、德国优秀运动员欣格森在33、34岁时还参加世界大赛，并保持着较高的水平。

全能运动员在不同的训练阶段应该有不同的训练目标，完成不同的训练任务，并且使这些训练与总目标有机地联系起来，通过多年持续不断的训练，达到最终的目标。在全能训练的不同的训练阶段，训练的侧重点不同。

基础阶段：全面发展，重点突出速度、灵活协调性的训练。

初级阶段：重点提高各项身体素质，发展反应性力量，初步学习各单项技术。

提高阶段：重点加强专门性身体训练，提高和发展专项能力，掌握全能各项技术。

高级阶段：突出专项能力的训练，提高和强化全能各项技术，并且在比赛中表现出来。

保持阶段：维持专项能力训练，突出专项技术重点环节的训练，熟练运用全能各项技术。

2. 制定全能运动成绩模式

全能运动训练的每个阶段都应该制定出成绩模式和身体素质模式，按照模式目标进行训练，要求运动员按照成绩目标模式塑造自己，努力在训练中达到各项身体素质指标，至少完成这个阶段成绩模式的最低目标。

表15-5是男子十项全能运动员在高级阶段制定的8000~8600分的成绩模式。运动员通过训练，只要达到各个项目这些指标的下限，就可以完成男子十项全能成绩模式的最低8000分的目标，达到上限，就可以突破8600分，成为世界最优秀的全能运动员，有希望在世界大型比赛中夺取奖牌。

表15-5 男子十项全能高级训练阶段制定8000~8600分成绩模式

100米	跳远	铅球	跳高	400米
11.0~10.5秒	7.00~7.50米	13.50~14.50米	1.95~2.05米	49.5~48.5秒
110米栏	铁饼	撑竿跳高	标枪	1500米
14.5~14.0秒	40.0~45.0米	4.40~4.80米	65.0~70.0米	4.45~4.30秒

在全能训练的各个阶段，都应该制定这样的成绩模式，这也是为运动员制定一个努力的目标，以这个目标模式检查训练、考核训练，要求运动员通过刻苦的训练达到目标。一旦运动员达到了模式目标，就有一种成就感，能够鼓舞自己的士气，增强自信心，运动员就能够

自觉、积极地朝着下一阶段的目标继续前进。全能运动员这种训练的自觉性、主动性、积极性是多年全能运动训练过程中最重要的心理品质，这是全能运动训练最重要的成功要素，应该通过长期的训练培养全能运动员的这种思想品质。

各个阶段的成绩模式一般是按照运动员全面发展的方向进行制定的，而训练实际中，运动员可能因为发展不平衡，有的项目达到了目标的上限，而有的项目还没有达到目标的下限，要允许运动员出现这种不平衡的现象，允许运动员发展其成绩突出的强项，用强项的高分弥补弱项的低分，只要总体上达到8000分成绩目标即可。在全能训练中，突出强项，带动弱项，逐步全面提高的方向永远是控制全能运动训练过程的原则。

3. 全能运动训练的规划和计划

由于全能运动训练的周期较长，因此，应该对全能运动员进行长期、有计划、有目的培养教育。首先要制订长远的训练规划，按照成绩发展和训练年龄的不同阶段，制订出长远的发展要求，每个阶段制定的训练目标、训练内容、训练方法和手段应该和这个阶段运动员的年龄、身体机能相适应；各阶段的连接应该环环相扣，使各阶段的成绩目标、训练要求紧密相连，让运动员和教练员做到心中有数。规划按照基础阶段、初级阶段、提高阶段、高级阶段、保持阶段分别进行制订。

训练规划是从总体上设计全能运动员的发展，因此较为宏观，具体应该包括：训练目标、成绩模式、训练方法和手段的选择、身体素质和技术训练内容的比例要求、各种训练内容的总负荷量和强度要求、综合评价的指标、年度训练周期和参赛的训练安排等。

训练计划则是较为详细的具体安排，首先制订全年周期计划，然后根据全年的计划要求制订出各周期的月训练计划、周训练计划，然后根据周计划制订课时训练计划。各周期的计划原则上是不应该进行调整和变化的，应该在可以控制的范围之内。周计划和课时计划可以根据天气、场地设施、运动员身体等具体情况进行适当的调整，以保证训练的合理性和科学性，但是总体目标和训练内容应该保证完成，不能随意变动。

由于全能训练的项目较多，一次课安排的训练内容也比单项运动员要多，这是全能运动训练的特点。课的安排一般有多种形式：一是按照比赛项目的顺序安排训练，让运动员在长期训练中逐步适应这种比赛的顺序节奏，并且能够在比赛中把训练时的竞技状态表现出来；二是按照身体素质训练与技术相适应的原则安排训练，将专项跳与技术跳、专项投与技术投、速度跑与技术跨、耐力跑与速度耐力跑等形式连接在一起进行安排，让全能运动员的肌肉本体感觉在专项能力练习中不断体会技术动作的用力顺序，又很快地衔接到技术体会中去，使专项得到强化；三是按照减少局部负荷量的原则安排训练，采用练习一项上肢用力项目后练习一项下肢用力项目，将上下肢训练的内容分段进行，这样就可以避免局部负荷量过大造成的运动损伤。几种形式的训练安排可以变换地使用，分不同时期使用，以避免训练安排缺少变化，显得单调。

（熊西北　董永康　李铁录）

第十六章 田径运动员的营养与恢复

第一节　田径运动员的营养需求

竞技体育对运动员体力和体能等方面的要求越来越高，没有营养恢复辅助的单纯“苦练”，已经无法保证运动员在竞赛中取胜，合理营养在提高运动竞技能力和加速运动后恢复等方面起到越来越重要的作用。运动员合理营养主要涉及膳食和运动营养品补充两个方面，其中运动员所需营养素的摄入和补充主要通过食物来获取，合理膳食能为运动员提供充足的能源和各种营养素。因此合理膳食是运动员合理营养的基础，在合理膳食的基础上，有针对性地合理应用运动营养品，保证运动员承受更高强度的大运动量训练，促进训练和比赛后良好的体能恢复，预防或纠正运动员训练中的某些医学问题。

一、营养物质基础

营养素是维持人体生命活动和健康的根本物质，营养素的摄入不均衡不但会影响人体的健康水平，而且会影响人体的运动能力。田径运动员需要的营养素与一般人相同，但田径运动员对各种营养素的需要量远比一般人高。田径运动员对营养素的需求根据项目的不同存在着一定的差距，若从食物中获得的营养素不全或不足，都会导致运动能力明显下降。

（一）糖

糖类也称碳水化合物，碳水化合物是生物界三大基础物质之一，是运动时热能的主要来源之一，它在运动中的利用程度决定了运动员是否能具备良好的耐久力，从而顺利完成规定的运动强度。人体内的糖主要来自食物，食物中的糖主要为淀粉。糖因其化学分析结构的大小在水中的溶解度不同。糖的分类见表16-1。

表16-1　糖的分类

分类	亚组	组成
糖（1~2）	单糖	葡萄糖、半乳糖、核糖、果糖等
	双糖	蔗糖、乳糖、麦芽糖、海藻糖
	糖醇	山梨醇、甘露糖醇
寡糖（3~9）	异麦芽低聚糖	麦芽糊精
	其他寡糖	棉子糖、水苏糖、低聚果糖
多糖（≥10）	淀粉	直链淀粉、支链淀粉、变性淀粉
	非淀粉多糖	纤维素、半纤维素、果胶、亲水胶质等

糖类作为一种营养素，是生物体的重要组成成分之一，并在体内发挥重要的生物学作用。糖是人体三大能源中最佳的能源，运动中糖营养的特殊生理功能表现在以下几个方面。

——提供运动所需的能量，血糖、肌糖原和肝糖原是机体内糖类的主要来源。

——大脑中缺少储存的营养物质，主要依靠糖的氧化获得能量。糖可以通过血脑屏障，营养神经细胞。

——含糖丰富的食物还提供一些B族维生素、少量矿物质；豆荚类和大豆制品提供天然植物化学物；加味酸奶和牛奶饮料可提供良好的钙、蛋白质和维生素B_2。

——运动中补糖使血糖浓度保持良好水平，减少应激激素的分泌，有利于稳定免疫力。

——构成体质。

——调节脂肪酸代谢。

——节约蛋白质。

——增加饱腹感。

（二）脂 类

通常所说的膳食脂肪主要由三类营养物质组成：甘油三酯、胆固醇和磷脂（如卵磷脂、脑磷脂和神经磷脂等）。脂类可分为脂肪、复合脂和类脂三大类。复合脂又分为磷脂、糖脂和脂蛋白，而类脂主要是脂类固醇及其衍生物。

1. 脂类作为食物的功能

① 提供必需脂肪酸；② 食物中浓缩的能源；③ 携带脂溶性维生素A、D、E与K并帮助它们的吸收；④ 提供了制造人体必要物质的原材料；⑤ 增加味觉，对食物的味道和香味有作用；⑥ 有饱腹感；⑦ 使食物质地变得松软。

2. 脂类在人体中的生理功能

能量储存：是人体储存能量的主要形式。

肌肉燃料：为肌肉的活动提供了大部分能量。

紧急贮备：是一种在疾病与减少进食情况下的紧急能源。

缓冲：通过脂肪垫来保护内脏器官不受各种冲击力的伤害。

绝热：通过皮肤下的脂肪层将人体与过高或过低的温度隔离开。

细胞膜：是形成细胞膜的主要材料。

原材料：在人体需要时，转变成各种化合物，如激素、胆汁及维生素D。

食物中的脂肪又称真脂，包括固体的动物脂肪和液体的植物油，植物油的营养价值高于动物脂肪。脂类的脂肪酸由饱和脂肪酸和不饱和脂肪酸构成。必需脂肪酸是机体生命活动所必需的，在机体不能合成时，必须从食物中摄取脂肪酸，包括亚油酸、亚麻酸和花生四烯酸。这些必需不饱和脂肪酸是细胞膜、酶、线粒体及脂蛋白的重要组成成分。人体内合成的内源性类脂往往满足不了机体的需要，因此必须依靠膳食提供充足的脂类物质。

（三）蛋白质

蛋白质的主要功能是构成人体组织细胞的基本成分，参与机体的各种生理活动，例如肌肉收缩、神经活动、运氧功能、代谢调节、生长发育等。蛋白质摄入不足会影响训练后的恢复和相应的适应性变化，它对维持人体健康和运动能力十分重要。蛋白质主要来自主食和动物性食物，蛋白质是由氨基酸构成的一类生物大分子，目前已知的氨基酸有30余种，其中常见的有20种，20种氨基酸以不同的排列组合形式构成了人体的数十万种蛋白质。在构成蛋白质的20种氨基酸中，有9种是人体不能合成的或合成速率不能满足代谢需要的，必须由膳食来提供的氨基酸，称必需氨基酸。组成蛋白质的氨基酸见表16-2。

表16-2　组成蛋白质的氨基酸

氨基酸	简写	氨基酸	简写
丙氨酸	Ala	亮氨酸*	Leu
精氨酸	Arg	赖氨酸*	Lys
天冬酰胺	Asn	甲硫氨酸*	Met
天冬氨酸	Asp	苯丙氨酸*	Phe
半胱氨酸	Cys	脯氨酸	Pro

续表

氨基酸	简写	氨基酸	简写
谷氨酰胺	Gln	丝氨酸	Ser
谷氨酸	Glu	苏氨酸*	Thr
甘氨酸	Gly	色氨酸*	Trp
组氨酸*	His	酪氨酸	Tyr
异亮氨酸*	ile	缬氨酸*	Val

*为必需氨基酸。

蛋白质是生命存在的主要形式，也是构成人体的重要生命活性物质。蛋白质的生理功能有如下几个方面。

（1）生长和更新：蛋白质作为身体生长和组织修复的构建材料。

（2）酶：蛋白质促进所需化学反应的顺利进行。

（3）激素：蛋白质调节各种生理过程。一些激素本身是蛋白质或是由氨基酸衍生的。

（4）抗体：蛋白质形成免疫分子抵抗疾病。

（5）体液和电解质平衡：蛋白质帮助维持各部分体液的分配和矿物质的组成。

（6）能量：蛋白质可以为身体提供需要的能量。

（7）运输：蛋白质帮助机体运输所需的各种物质，如脂、矿物质和氧。

（8）血液凝聚：蛋白质提供网架可以供血块在上面形成。

（9）结构成分：蛋白质是大多数身体结构，如皮肤、筋腱、韧带、膜、肌肉、器官和骨骼的核心成分。

（四）水

水占成人体重的60%，占少年儿童体重的65%，是人体体液的主要成分。水的作用有：①运输营养物质；②清除血液中的垃圾；③溶解矿物质、维生素、氨基酸、葡萄糖和其他小分子；④参与化学反应；⑤关节的润滑液；⑥为眼睛、脊髓、关节和包裹在羊膜里的胎儿提供缓冲保护；⑦帮助保持体温。

因此，人体缺水可引起细胞功能下降、代谢能力降低、大脑机能减退、循环障碍、体温升高、血液酸化等不良后果，从而严重影响运动能力。体内总的水分含量受到一种精密平衡机制的调节，渴和饱两种感觉控制着水的摄取量，可以保持在一个恒定的水平。平衡被打破时，比如发生脱水或者水中毒，我们身体的调节机制能够尽其所能尽快地恢复平衡，可以保持在一个恒定的水平。水的耗费是通过大量出汗实现的，出汗有调节体热平衡的功效。出汗的多少与运动项目及气温、热辐射强度、气压、温度、单位时间运动量饮食中的含盐量有关。人体组织器官含水百分比见表16-3。

表16-3　人体组织器官含水百分比（%）

组织器官	含水百分比	组织器官	含水百分比
血液	83.0	脑组织	74.8
肾	82.7	肠道	74.5
心脏	79.2	皮肤	72.0
肺	79.0	肝	68.3
脾	75.8	骨骼	22.0
肌肉	75.6	脂肪组织	10.0

（五）维生素

维生素是维持人体正常生理功能和健康所必需的一类有机化合物，只需要少量即能满足维持正常生理功能的需要，维生素一般不能在体内合成或合成数量较少，不能充分满足机体的需要，必须经常由食物来供给。维生素不可缺乏，缺乏将引起生理功能障碍和缺乏病。维生素是维持生命活动所必需的营养素，包括脂溶性和水溶性两类，脂溶性维生素有维生素A、D、E、K四种，水溶性维生素包括B族维生素和维生素C等（主要有14种），它们参与促进人体物质代谢和能量代谢等多种复杂的生理过程。维生素的种类与作用见表16-4。

表16-4　维生素的种类与作用

	维生素名称	生物学功能	主要来源	缺乏疾病
脂溶性维生素	维生素A	维持上皮组织的健康，是视紫质的成分，是硫酸转移酶的辅酶，增加抵抗力	鱼肝油、肝脏、奶油、胡萝卜素、绿叶蔬菜、水果	维生素A缺乏症
	维生素D	骨质矿化物（通过消化道吸收和通过骨骼提取钙以及通过促进肾脏保持能力，提高血液中钙和磷的水平）	鱼肝油、肝脏、奶油、蛋黄、动物瘦肉、坚果类	佝偻病，骨质疏松
	维生素E	抗氧化，维持心肌与骨骼肌的健康，维持细胞膜完整，保持正常免疫功能，提高氧的利用率	谷类胚芽、植物油、水产品	无名称
	维生素K	合成凝血蛋白和钙调节蛋白	消化道中的细菌合成，苜蓿、菠菜	无名称

续表

	维生素名称	生物学功能	主要来源	缺乏疾病
水溶性维生素	维生素B_1	构成a-酮酸氧化脱羧酶系的辅酶，促进碳水化合物代谢，促进能量代谢	酵母、谷皮、麦麸、瘦肉	脚气病
	维生素B_2	为呼吸酶的辅酶，参与蛋白质的合成代谢	肝脏、酵母、蛋黄、黄色蔬菜、黄豆	核黄素缺乏症
	维生素PP（B_5）	是脱氢酶的辅酶，参与能量代谢	豆类、酵母、肝脏、瘦肉	癞皮病
	维生素B_6	氨基酸和脂肪酸代谢中的一种辅酶，帮助色氨酸转换成尼克酸、帮助合成红细胞	酵母、米糠、麦皮、肝脏、海产品、瘦肉	无名称
	维生素B_{12}	新细胞合成所需的一种辅酶组成部分，帮助维护神经细胞	肉类、家禽、水产品、蛋类、乳制品和豆制品	无名称
	维生素B_{11}	为一碳集团转移酶的辅酶，提供甲基，参与造血	酵母、肝脏、叶菜	无名称
	维生素B_3	组成辅酶A的成分	蔬菜、酵母、肝脏	无名称
	维生素B_7	与脂肪合成、二氧化碳固定有关	酵母、肝脏	无名称
	维生素C	增加对疾病与传染病的抵抗力，促进铁和叶酸吸收，提高ATP酶的活性，增强机体的应激能力	新鲜水果、新鲜叶菜、柿子椒	维生素C缺乏病
	维生素P	维持毛细血管正常渗透功能	橘皮、柠檬、槐花	无名称

其中抗氧化维生素有维生素E、维生素C、维生素A和前体β-胡萝卜素，这些维生素可以非常活跃地收集和清除自由基，而在此过程中本身被氧化（失活）。

维生素的特点有：① 此类化合物或其前体都在天然食物中存在；② 此类化合物在机体内不能提供能量，也不是身体构造的成分。

摄入适宜量维生素有利于维持组织的正常功能、组织水平代谢物及酶活力增加等改变。在运动时，体内物质代谢过程加强，对维生素的需要量也会增加。维生素的需要量与运动量、机能状态和营养水平有关。剧烈的运动可使维生素缺乏症提前发生或症状加重，并且由于运动员对维生素缺乏的耐受力比正常人差，所以更应补充维生素。优秀运动员每日所需的维生素推荐值见表16-5。

表16-5　优秀运动员每日维生素供给推荐值

维生素A（视黄醇当量）	维生素B_1（毫克）	维生素B_2（毫克）	维生素C（毫克）	烟酸（毫克）	维生素E（α-生育酚当量）	维生素D（微克）
1000	3~5	2.0~2.5	140	20~30	15~20	10.0~12.5

注：神经系统紧张项目应适当增加维生素B_1；视力活动紧张项目注意维生素A的营养水平；控体重项目应增加维生素、微量元素和蛋白质摄入量，达到推荐值；运动员在高原训练时应增加维生素A、C、E的摄入量。

（六）矿物质

人体内除去碳、氢、氧、氮以外的元素统称矿物质或无机盐，根据在人体的含量和日需要量，矿物质或无机盐分为必需宏量元素和必需微量元素。总量超过人体体重的0.01%、日需要量大于100毫克的元素为必需宏量元素，有钠、钾、钙、镁、氯、磷、硫。总量低于体重的0.01%、日需要量在100毫克以下的元素为必需微量元素。目前认为人体必需的微量元素包括铁、锌、硒、铜、铬、钼、钴等。

矿物质虽然不能提供能量，但它在人体内具有重要的作用，矿物质的生物学作用表现为：① 以无机盐形式构成骨、牙等组织；② 参与维持酸碱平衡，对维持稳定的内环境具有重要作用；③ 以离子形式存在于体液内，维持神经、肌肉细胞的兴奋性；④ 维持酶和激素的活性，参与促进物质代谢和能量代谢；⑤ 构成组织细胞的组成成分，如血红蛋白、肌红蛋白等。

在运动中，体内矿物质和微量元素的代谢均可能发生变化。如运动量大时，尿中钾、磷和氯化钠排出量减少，而钙的排出量增加。如果运动员对负荷的运动量适应，体内矿物质的变动幅度将降低。采用食物多样化，选用优质饮料和矿泉水、富含各种微量元素的营养补品，如铁、锌等强化食品，给运动员补充所必需的微量元素，是提高运动能力的必要因素。

优秀运动员每日无机盐供给推荐值见表16-6。

表16-6　优秀运动员每日无机盐供给推荐值

钾（K） （毫克）	钠（Na） （毫克）	钙（Ca） （毫克）	铁（Fe） （毫克）	锌（Zn） （毫克）	硒(Se) （微克）
3000~4000	<5000	1000~1200	20~25	20~25	50~150

（七）食物纤维

食物纤维与淀粉一样同属于糖类，但是由于组成食物纤维的葡萄糖构型与组成淀粉的葡萄糖构型不同，不能被人体内的消化酶降解，其中有些容易被寄生在人体消化道内的细菌降解。小肠内的细菌可以把一些纤维和其他不能被人体消化的物质转化成可吸收的产物，提供一小部分热量，保障人体健康或在人体中产生其他影响。被降解的纤维素的数量因消化道内细菌本性的不同及纤维素本身性质的不同相差很大。由于食物纤维对人体具有极为重要的作用，故又把食物纤维称为第7营养素。食物纤维在机体中所具有的生物学作用表现为：① 延缓糖类的消化和吸收，使身体能更好地控制葡萄糖和胰岛素；② 食物中的不溶纤维会结合或稀释致癌物质并加快它们通过结肠的速度，可能会减少患结肠癌的风险；③ 通过替换食物中富含能量的脂肪和糖，而食用其自身不提供能量的食物，食物纤维有益于控制体重；④ 通过几种机制可能会减少患心血管病的危险；⑤ 提高饱胀感，食物中的可溶性纤维会减慢食物通过消化道的速度，使人更耐饿；⑥ 在肠道吸收水分，与其他废物结合形成柔软的粪便，促进肠蠕动，能有效阻止便秘、痔疮、阑尾炎和其他肠道问题；⑦ 刺激肠道肌肉，使其保持健康，防止肠憩室病的发生。

食物纤维主要存在于粗粮、蔬菜和水果中。要想从富含纤维的食物中得到这些好处，最好能选用多种来源的纤维并饮用足够的水，这样可使纤维产生作用。各种纤维的不同作用见表16-7 。在日常膳食中应该多吃一些粗粮和蔬果类食物，以获取充足的食物纤维。

表16-7　纤维的水溶性、来源及对健康的影响

纤维种类	主要食物来源	可能对健康产生的影响
树胶、黏胶、果胶、半纤维素	大麦、水果、豆类、燕麦、燕麦麸、黑麦、种子、蔬菜	降低血液胆固醇的含量，减缓葡萄糖的吸收速度，减缓食物通过上消化道的速度，保持大便湿润，软化大便，部分发酵成可被身体利用的碎片
不溶性纤维，如纤维素、木质素、一些半纤维素	褐色大米、水果、豆类、种子、蔬菜、小麦麸、全部谷类	软化大便，控制肠蠕动，加速食物通过小肠，增加排便量，加速大便穿过结肠，降低结肠癌的发病率，降低肠憩室病、痔疮、阑尾炎的发病率

二、运动时能量供应与营养素

运动时肌肉收缩的能量供应主要有磷酸原供能，糖酵解供能，糖、脂肪、蛋白质有氧代谢供能三种供能方式。磷酸原和糖酵解供能不需要氧气参加，又称无氧代谢供能。

运动时由ATP（三磷酸腺苷）和CP（磷酸肌酸）联合供能称为磷酸原供能。ATP是肌肉收缩的直接供能物质，ATP能量被消耗时，可以由CP提供能量予以快速恢复。肌肉中ATP和CP的储备量很少，供能持续时间很短，只能供给肌肉最大强度收缩6~8秒钟。磷酸原贮备量虽少，但输出功率大，供能速度快，所以它是田径运动中速度、爆发力项目的主要供能方式。通过科学训练提高肌肉中磷酸原的储备量和供能代谢速度，是提高速度和爆发力的重要措施。

运动缺氧的情况下，由肌糖原分解为乳酸合成ATP的供能方式，称为糖酵解供能。糖酵解供能的输出功率和供能速度次于磷酸原供能，但供能持续时间比磷酸原长。由于糖酵解供能时要生成大量乳酸，使肌肉酸化，反过来又抑制糖酵解供能过程，导致肌肉疲劳。因此，在激烈缺氧性运动中，糖酵解供能也仅能维持2~3分钟，所以糖酵解是30秒至2~3分钟之内的田径项目（如400米、800米、1500米）的主要供能方式。提高糖酵解供能能力，是提高速度耐力的物质基础。

运动时由糖、脂肪、蛋白质在氧供应充足情况下氧化分解为CO_2和H_2O，合成ATP的供能过程，称为有氧代谢供能。有氧代谢供能时间长，但供能速度慢、输出功率低，所以它是田径耐力项目的主要供能方式。糖、脂肪、蛋白质三大营养素，既是人体的主要组成成分，又是运动时人体的三大能源物质，也称产能营养素（energy-yielding nutrient）。酒精也可以产生能量，但它是一种毒素，而非营养素。产能营养素的热量值见表16-8，世界卫生组织制定的人类营养素摄入目标见表16-9，作为田径运动员所需的能量及营养素根据不同的项目特点而有不同的要求，田径运动员一日所需的能量及各种营养素的适宜量见表16-10、表16-11。训练的不同阶段在强度、量和持续时间上有显著的不同，因此要使用不同能量来源的食物来产生能量。运动员年度不同训练阶段的营养素日常推荐方案见表16-12。

表16-8　产能营养素的热量值

营养素	热量值（千焦/克）
糖类	17
脂肪（脂类）	38
蛋白质	17

注：酒精为29kJ/g，但它并不是营养素，因为它对组织的生长、维持和修复有害。

表16-9　世界卫生组织制定的人类营养素摄入目标

食物成分	人类平均营养素摄入限量	
	下限	上限
总脂肪量	能量的15%	能量的30%
饱和脂肪酸	0	能量的10%
多不饱和脂肪酸	能量的3%	能量的7%
饮食胆固醇	0	300毫克/天
总糖类	能量的55%	能量的75%
复合糖类①	能量的50%	能量的75%
膳食纤维②	27克/天	40克/天
糖类③	0	能量的10%
蛋白质	能量的10%	能量的15%
盐	0	6克/天

注：下限表示防止营养不良所需要的最低摄取量，而上限表示与慢性疾病一致的最大摄取量。这套标准由世界卫生组织提出，作为一套国际标准被接受。对于高脂肪摄入的国家，这只是一套过渡性目标。减少脂肪摄入，向总能量的15%努力，会得到更多的益处。

① 每天至少摄入2杯（500毫升）蔬菜和水果，包括半杯豆类、坚果和种子。

② 要从混合来源中摄取。

③ 纯糖，不是天然存在于蔬菜、水果和牛奶中的糖。

表16-10　田径运动员的一日热能供给推荐值

项目	日常能量
跳高，跳远	2200～3200 千卡（平均2700千卡）
短跑(女)	2700～4200千卡（平均3500千卡）
中长跑，短跑（男），跳远（男），竞走	3700～4700千卡（平均4200千卡）
投掷（男），铁人三项，马拉松	4700千卡及以上（平均4700千卡）

注：1千卡=4.184千焦。

表16-11　中国运动员营养素的适宜量

名称	需要量
蛋白质	为总能量的12%~15%，力量项目可以增加到15%~16%，其中优质蛋白质至少占1/3
脂肪	为总能量的25%~30%，饱和脂肪酸、多不饱和脂肪酸和单不饱和脂肪酸的比例为1：（1.1~1.5），注意控制饱和脂肪酸的摄入量
糖类（碳水化合物）	占总热量的55%~65%，耐力项目可以增加到70%，但应注意增加多糖类食物

表16-12　运动员年度训练计划不同阶段的营养素推荐方案

		一般准备期		特殊准备期		比赛期		恢复期	
		小量	大量	小量	大量	小量	大量	小量	大量
估计周训练量	千米/周	<100	>150	<80	>130	<70	>90	<15	>50
	小时/天	5~8	10	4~7	6~9	3~5	4~7	<2	2~4
训练强度		低		中到高		极限训练量和比赛强度		很低到完全休息	
推荐日常营养素摄入（克/千克体重）	糖	7	10	7	10	7	10	4	6
	脂肪	1.5	2	1	1.5	0.8	1.2	1	1.5
	蛋白质	1.5	1.7	1.5	1.7	1.2	1.5	0.8	1.2
总能量摄入百分比	糖	60%		66%		70%		57%	
	脂肪	28%		22%		18%		32%	
	蛋白质	12%		12%		12%		11%	
总的日常能量摄入	千焦	13807	18828	12552	17573	11715	16736	8368	12134
	千卡	3300	4500	3000	4200	2800	4000	2000	2900

注：以上营养推荐标准适应一个体重是70千克的人，不同体重的运动员需要根据情况适当的调整。

营养膳食的五大特点为：① 充分性，食物必须提供足量的各种必需营养素、纤维素和能量；② 平衡性，所选择的食物不因过分强调某一种营养素或某类食物而忽略了其他；③ 热量控制，食物应提供维持正常体重所需的能量，而且保持适当；④ 适度性，食物中没有过多的脂肪、盐糖或其他不需要的成分；⑤ 多样性，每天所选择的食物都有所不同。

运动员的营养状况与运动能力密切相关，营养状况良好有利于提高运动能力，经常对运动员的营养状况进行监督、评定，是了解运动员营养状况、及时调整营养、改善营养状况的重要措施。对运动员营养状况进行评定的方法有膳食调查，同时配合运动员的身体机能评定，才能详细了解运动员的机能状况，有针对性地采取措施提高运动员的竞技能力。

营养调查的方法主要有两种：一是膳食调查，通过称重法、记账法、化学分析法、询问法、食物频数法等来了解运动员每日营养实际摄取量是否符合每日需要量；二是临床体征与化验检查，营养缺乏可使运动员表现出一系列临床症状和体征，并在血液和尿中出现某些生化指标的异常变化，如血红蛋白（Hb）、维生素、微量元素等水平降低的现象，从而帮助判断营养缺乏的类型和程度。

针对营养调查中发现的问题，通过采取合理的营养措施，首先注意膳食上的合理调整，并配合有针对性地补充营养补剂，达到提高竞技能力的目的。

三、田径项目的营养需求特点

田径运动包括40多个项目，这些运动项目对运动员机体的要求有很大的不同。如短跑运动员不仅要速度好，而且要具备较高的灵敏性。而撑竿跳则既要求速度，又要有力量，还要有很好的灵敏性，所以，各个项目对营养的要求也不尽相同。在不同的训练时期和比赛阶段，运动员对营养的需求也各不相同。根据运动项目的不同特点，结合不同的训练和比赛阶段，辅以合理的膳食补充和适当的营养品补充，从而达到提高竞技能力的目的。

1. 短距离项目

（1）田径赛中短距离项目的特点。

短距离项目是以肌肉工作为主的周期性速度力量型项目，属于极限强度运动，主要特点是速度快、强度大、运动持续时间短。比赛的特点是要求运动员在最短的时间内发挥自己的最大体能，表现出最大速度，运动强度很大。短距离项目主要依靠无氧供能系统（包括磷酸原和糖酵解供能），呼吸、循环机能在运动后的变化非常显著。另外，该类项目对速度、力量（尤其是爆发力）以及体脂百分比的要求非常高。

（2）短距离项目的营养指导原则。

①碳水化合物的摄入必须足够，以维持训练中的糖原储存。

②能量摄入必须仔细考虑，如果增大肌肉质量是必需的，能量摄入应该增加；如果肌肉质量是满意的，能量摄入水平应该保持，或许应该仔细监测。

③蛋白质的摄入也许对大多数短距离运动员是适当的，但是如果能量摄入增加，蛋白质或许应该随之增加。

④如果以增加肌肉质量为目的，蛋白质摄入的种类和摄入时机应该仔细考虑。

⑤比赛日的营养补给应该个性化，以避免胃肠道不适和脱水。

⑥肌酸补剂可以提高肌肉的质量和力量，但是短距离运动员必须考虑使用肌酸所带来的额外重量增长。

⑦能够提高短距离径赛成绩的营养补剂有肌酸、β-丙氨酸、碳酸氢盐和咖啡因。

（3）应该注意的问题。

①对所有的短距离运动员使用单一的蛋白质摄入标准是无意义的。

②既然冲刺能力/质量是短距离项目成功的关键因素，如果增加的肌肉质量降低了冲刺能力/质量的比值，那么肌肉质量的增加也许是一个错误。

③使用蛋白质和氨基酸是因为它们提供的营养素优于食物。

④不要在没有明确理由的前提下使用额外的营养品。

（4）关于营养补剂的补充说明。

肌肉肌酸含量水平低的运动员（如素食主义者）对肌酸的使用效果可能好于肌酸含量水平高的运动员，但是碳酸氢钠的使用需注意剂量问题，大多数研究认为200毫克/千克体重运动前1~2小时服用可能会提高运动员的成绩，但是300毫克/千克体重显示是一个适宜的剂量，小于100毫克/千克体重似乎对运动成绩没有影响。β-丙氨酸能够提高肌肉中的肌肽水平，有助于提高运动成绩。小剂量的咖啡因（1~2毫克/千克体重）能够影响神经系统的敏感性，缩短运动员的反应时间。

2. 中等距离项目

（1）田径中等距离项目的生理特征。

中等距离项目包括中跑（800米、1500米）等，比赛的特点与短距离项目类似，项目特点是速度比较快、运动持续时间比较长，对于速度耐力有极高的要求。中等距离项目运动员通常属于中等身高，比较瘦但是肌肉相对发达，同时也需要一个相对较低的体脂水平。中等距离项目强度略低于短距离项目而时间持续较长，功率输出仅次于短距离项目。能量供应属于从无氧代谢为主的混合代谢过程向以有氧代谢为主的混合代谢过程过渡。无氧供能的比例虽比短距离项目小，但持续时间较长，将耗尽全部无氧供能能力。

（2）对中等距离项目的营养策略。

① 制定营养目标必须考虑训练阶段训练量和训练强度的不同。

② 碳水化合物可以提供日常能量摄入的绝大部分，摄入量为7~10克碳水化合物/千克体重/天。

③ 大运动量训练阶段蛋白质的日常摄入量应该达到1.5~1.7克蛋白质/千克体重/天。

④ 为了扩大运动后4小时内糖原的再合成速率，碳水化合物应该达到1.2~1.5千克体重/小时。

⑤ 摄入碳酸氢钠对成绩的改善有微小的提升作用，β-丙氨酸也对成绩的提高有一定的作用。

（3）需要注意的问题。

低碳水化合物的饮食（占总能量的3%~15%）被一致认为可能会影响运动员的高强度和耐力项目的成绩。

（4）关于营养补剂的补充说明。

许多实验数据证明，300毫克/千克体重碳酸氢钠或柠檬酸盐在运动前1~2小时服用，对中距离径赛成绩的提高有微小的改善作用。与急性碳酸氢钠补充相比，慢性碳酸氢钠补充有更好的胃肠耐受性。慢性碳酸氢钠补充的日有效推荐剂量是500毫克/千克体重，连续服用5天。β-丙氨酸的服用方法：可以3.2克，一日一次；也可以0.4~1.6克，日8次服用，最后总量达到3.2~6.4克/天。β-丙氨酸的慢性补充是安全的，没有证据表明长期补充β-丙氨酸（肌肽，

N-β-丙氨酰L组氨酸）会对机体有负面影响。

3. 径赛长距离项目

（1）田径长距离项目的生理特征。

此类项目是一种长距离、中等强度的周期性耐力项目，对于耐力素质特别是有氧耐力有极高的要求。长距离项目以糖原有氧供能能力为主，比赛时间长，机体负荷大，因此赛后疲劳明显，恢复时间长，通常需要3天左右的时间甚至更长。长距离项目运动员大多体重和体脂水平较低，身高适中，肌肉量较少，尤其是上半身。运动开始阶段主要依靠糖供能，后阶段95%以上由脂肪供能，运动中血糖浓度下降而游离脂肪酸浓度明显上升。提高糖的储备量和改善糖的有氧代谢能力是提高长距离项目运动员运动能力的关键。

（2）田径长距离项目的营养策略。

①田径长距离项目在建立策略上应当满足训练负荷对碳水化合物的需求，提升每一阶段训练后的恢复能力，这些策略对促进关键训练阶段的恢复相当重要。

②长距离运动员应该消耗适量的碳水化合物来储备燃料，以满足训练的需要，碳水化合物负荷和糖原的超量恢复对马拉松和50千米竞走有很大的益处，延迟的衰竭阶段可能是有害的，甚至可能损害运动员的表现。

③对超过60分钟的比赛项目，碳水化合物和液体的摄入可能是有益的，每个运动员要制订一个适合自己成绩的可行营养计划。

④一些长距离运动员可能出现铁缺乏问题，诊断时需要排除其他原因的可能，增加生物可利用铁的摄入是预防和治疗的一个重要目标。

⑤一些运动饮料和流质饮食对于满足长距离运动员的营养需求是很重要的，适中剂量的咖啡因能够提高中长跑运动员的运动表现。

（3）需要注意下列问题。

①长距离运动员降低体重和体脂时，应该注意碳水化合物、蛋白质、铁和其他营养元素缺乏对身体机能的影响。

②由于铁缺乏和贫血能够导致运动能力的下降，铁缺乏能够导致严重的医学问题，如含铁血黄素沉着症，因此有规律地补充铁和铁注射剂是有根据的。

③营养品不能代替合理的饮食和训练。

4. 田径跳投项目

（1）田径跳投项目的项目特征和生理特征。

跳跃包括跳高、跳远、三级跳远和撑竿跳高都有复杂的运动技能，属于周期的和非周期的混合性运动，要求具备爆发力、速度、柔韧和灵敏性等各种身体素质。投掷项目包括标枪、铅球、铁饼和链球，除标枪带助跑可视为混合型运动，其余都是非周期性运动，要求力量和爆发力。铅球、链球和铁饼项目都有身体的旋转动作，前庭器的机能稳定性十分重要。另外，对机体（尤其是腰部）的柔韧性和灵敏度也有较高的要求。投掷运动需要瞬间供能，大功率、短时间，总能耗不是很大。跳跃运动对下肢肌肉质量要求较高，尤其是快肌纤维的比例与运动成绩有关。跳跃对自我感觉要求较高。跳跃运动持续时间极短，主要由磷酸原系统供能，虽然爆发力大，但总的能量消耗不多，恢复较快。国内跳跃项目运动员每天能量供给推荐值为2200~3200千卡（平均2700 千卡），而投掷项目运动员则为3700~4700千卡（平均4200 千卡）。

（2）跳投项目的营养策略。

①营养计划的制订应该个性化，因为营养素的需求随体重、训练阶段、比赛计划、恢复期、非训练期的不同而有很大的变化。

②赛季前后应该测试不同的体重和体成分。

③通过适量补充液体，在训练的前、中、后阶段，液体的损失均应该小于正常体重的2%。

④通过摄入足量的液体和钠盐，弥补训练和比赛损失的体液和钠盐，运动员应该摄入充足的水分，以出现淡黄色的尿为标准。

⑤随着个体体重、训练强度和阶段的不同，蛋白质和碳水化合物的需求也不相同。

⑥即使对于高强度和长距离的训练，通过膳食也能满足蛋白质和碳水化合物的需求。

⑦蛋白补剂提供便利的蛋白质来源，但是蛋白补剂品质并不优于食物中的天然蛋白。

⑧在超过1小时的中等强度训练中，消耗的碳水化合物需要补充以帮助恢复糖原的储存。

⑨运动后，补充适量的碳水化合物将会加速糖原储存的恢复速率。

⑩对维生素和碳水化合物的摄入应该满足饮食摄入标准的要求。

⑪膳食补充能够显著地改善速度、力量和冲刺能力，因此可能提高运动能力。

⑫根据训练、比赛、恢复和非赛季不同阶段的实际训练计划变换不同的营养素摄入标准，能够有助于提高运动成绩。

（3）需要注意的问题。

①不要滥用营养补剂和生物补品。

②在一个比赛日过多摄入液体可以导致水分过多和超重。

5. 青少年田径运动员

（1）青少年运动员的生理特点。

青少年运动员在生理、生化、代谢等方面与成人运动员有很大的不同，因此，他们与成人运动员在营养需求上也有很大的不同，青少年运动员的营养需求如下：①为了满足生长发育的需要，每千克体重需要更多的蛋白质；②需要更多的钙来支持骨骼生长；③运动时每千克体重有更多的代谢消耗率；④运动中使用相对多的脂肪；⑤汗液中电解质的损失在儿童、青少年和成人中存在很大的不同；⑥脱水对儿童的危害比对成人更大。

（2）青少年运动员的营养策略。

①对儿童和青少年的大多数研究认为，与成人相比，青少年运动员运动中耗费的能量更高，具有更高的脂肪氧化能力，体温调节系统不太完善。

②和非运动员的青少年相比，青少年运动员的饮食需求存在很大的不同，包括对能量、蛋白质的需求可能更高，甚至包括对碳水化合物的需求。

③对多种维生素的需求也可能增多，尤其是铁，但是需要更多的研究。

④儿童和青少年阶段，骨质结构的优化非常重要，适当的能量和饮食摄入，尤其是钙的摄入，对于规律的负重体力活动是非常重要的。骨密度的降低增加了运动员骨折的风险。

⑤运动员为了降体重或体脂，增加了不适当饮食摄入的风险，这可能导致生长发育迟缓、成熟延迟，对于处于青春期的女性运动员而言，可以导致闭经，骨密度降低。

⑥青少年运动员应该监控液体的摄入量，保证充分的水合状态。

⑦运动后，如果出现明显的出汗，应该补充水和电解质。

⑧在运动中随时饮用适合个体要求的运动饮料。

（3）需要注意的问题。

①经典的糖原负荷法对于青少年运动员并不适宜，改良的糖原负荷法也仅仅适用于马拉松和竞走项目的青少年运动员，其他项目田径运动员，除非他们大于18岁，否则不推荐他们采用这种改良的负荷方法。

②除非有明确的临床指征，不推荐使用补品。

③青少年运动员运动前后不应饮用过多的饮料，建议在运动前后进行体重的监测。

第二节　田径运动员的运动性疲劳与恢复

一、运动性疲劳

（一）运动性疲劳的概念

运动性疲劳是指在运动过程中，机体的机能能力或工作效率下降，不能维持在特定水平上的生理过程。运动性疲劳是由运动引起的一种特有的生理现象。在1983年的第五届国际运动生物化学会议上，将运动性疲劳定义为：机体不能将它的机能保持在某一特定水平，或者不能维持某一预定的运动强度。这一定义得到国内外许多专家、学者的认可。

（二）运动性疲劳的分类

运动性疲劳是由身体活动或肌肉运动引起的，主要表现为运动能力下降。根据疲劳发生的部位可分为整体疲劳和局部疲劳。根据疲劳发生的机理和表现，可分为中枢性疲劳、外周性疲劳和混合性疲劳。按身体各器官划分，分为骨骼肌疲劳、心血管疲劳、呼吸系统疲劳。按运动方式划分，分为快速疲劳和耐力疲劳。运动性疲劳常因活动方式的不同而产生不同的症状。在运动竞赛和训练中，身体疲劳和心理疲劳是密切相关的，故有些专家和学者认为运动性疲劳是身心疲劳的一种。

（三）运动性疲劳产生的机理

人们对运动性疲劳产生的机理提出了多种假说，最具代表性的有以下几种。

1. 衰竭学说

依据长时间运动产生疲劳的同时常伴有血糖浓度的下降，而补糖后工作能力有一定程度的提高现象，认为疲劳产生的原因是能源物质的耗竭。ATP是肌肉收缩的唯一直接能量来源，肌肉中ATP含量不足不仅会使肌凝蛋白横桥摆动的能量供应不足，兴奋—收缩脱偶联，或肌质网摄Ca^{2+}障碍，骨骼肌挛缩，降低肌肉工作能力，而且会引起各种代谢紊乱，破坏肌细胞的正常结构和功能，如胞浆Ca^{2+}平衡失调、细胞坏死等。

2. 堵塞学说

堵塞学说认为，疲劳的产生是由于某些代谢产物在肌组织中堆积造成的。其依据是疲劳时肌肉中乳酸等代谢产物增多，由于乳酸堆积而引起肌组织和血液中pH值的下降，阻碍神经肌肉接点处兴奋的传递，影响冲动传向肌肉，抑制果糖磷酸激酶的活性，从而抑制糖酵解，使ATP合成速度减慢，乳酸的直接和间接堆积会导致运动性疲劳的产生。维斯特布拉（Westerblad）等通过研究不同温度条件下完整肌肉和单肌纤维发现，在酸化条件下、12℃时，最大收缩速度下降了28%，而在32℃时，最大收缩速度仅下降10%。这说明哺乳动物肌细胞内pH下降对最大收缩速度的影响具有温度依赖性，也表明在生理条件下，细胞内pH值下降对肌力的抑制作用不是肌肉疲劳产生的主要原因，pH值下降并不能完全解释肌肉疲劳产生的原因。另外，金（Chin）通过观察不同运动强度下哺乳动物单肌纤维pH值变化对疲劳的作用发现，剧烈运动时，细胞内pH值下降增加，可能是由于酸化导致肌钙蛋白Ca^{2+}敏感性下降，因此肌力下降更明显。

3. 内环境稳定性失调学说

内环境稳定性失调学说认为疲劳是由于机体内pH值下降、睡眠代谢紊乱和血浆渗透压改变等因素造成。研究表明，持续时间约7分钟运动项目的运动员在脱水达体重的2.5%时，其运动能力可能下降45%左右。摄入水可以引起运动员体内的生理变化，促进运动员运动后的恢复，这些生理变化包括细胞内外液体的转移、肌肉水肿的消除、心输出量的增加（并不增加能量消耗），这可以增加血流和营养物质的转运，促进代谢废物的消除。钾离子从收缩的骨骼肌中释放出来导致肌肉收缩持续进行，但也有可能导致疲劳产生。近来，离子代谢在运动性疲劳中的作用越来越受到人们的重视，目前研究较多的与运动性疲劳有关的离子有钙、钾、镁、硒等。

4. 保护性抑制学说

依照巴甫洛夫学派的观点，运动性疲劳是由大脑皮质产生了保护性抑制。运动时大量冲动传到大脑皮质相应的神经元，使其长时间兴奋导致耗能增多，为了避免能量进一步消耗，便产生了抑制过程，这对大脑皮质有保护性作用。此外，血糖下降、缺氧、pH值下降、盐丢失和渗透压升高等，也会促使皮质神经元工作能力下降，从而促使疲劳的发生和发展。到目前为止，对于运动性中枢疲劳的比较经典的假说有5-羟色胺假说、氨代谢假说。5-羟色胺水平提高可以影响动物和人体的运动成绩，5-羟色胺水平降低动物的运动水平下降。运动中血液和大脑中氨离子的增加可能抑制中枢神经系统的功能，促进疲劳出现，转化生长因子-β与中枢疲劳密切相关，是导致运动性中枢疲劳的可能机制。运动可使转化生长因子-β增加，产生疲劳感觉，抑制自发性活动，所以推测转化生长因子-β可能是导致中枢疲劳的主要机制。修改的中枢疲劳假说认为：血清素与多巴胺的比值升高，伴随着疲乏和困倦，加速疲劳出现；而比值下降，通过保持斗志和清醒，有助于提高运动表现。

5. 自由基损伤学说

自由基是指外层电子轨道含有未配对电子的基团，如氧自由基、羟自由基、过氧化氢及单线态氧等物质。在细胞内，线粒体、内质网、细胞核、质膜和胞液中都可以产生自由基。由于自由基化学性质活泼，可与机体内糖类、蛋白质、核酸及脂类等物质发生反应，因而造成细胞结构和功能的损伤和破坏。肌肉运动可以导致自由基和其他种类活性氧的产生，越来越多的证据提示具有细胞毒性的活性氧作为运动诱导肌肉氧化还原作用的一条基本要素，可以导致肌肉的疲劳或损伤。运动中产生的过氧化物质不及时移除会导致细胞分子损伤。虽然有关自由基与运动性疲劳产生机理的研究工作时间不长，但已经肯定了氧自由基的毒性作用在疲劳发生机理中的重要地位。

6. 内分泌调节机能下降学说

生理条件下，机体内分泌环境相对稳定，有赖于机体通过内分泌轴的负反馈，内分泌细胞的自分泌、旁分泌等机制的调节和激素间的相互调节。健身运动、小负荷训练一般不会损害下丘脑—垂体—靶腺轴的调节功能，但大负荷训练，尤其是持续较长时间的大负荷训练往往会造成下丘脑—垂体—靶腺轴的功能抑制。相对而言，下丘脑—垂体—性腺轴对大负荷训练较为敏感，容易出现调节功能的降低，而下丘脑—垂体—肾上腺皮质轴的调节功能因运动而出现降低则发生较晚。运动引起下丘脑—垂体—靶腺轴功能降低时，在调节过程的不同层次（下丘脑、垂体、靶腺）、不同环节（受体、激素合成与释放）出现障碍。

7. 免疫机能下降学说

身体运动作为对机体的强烈刺激，势必导致身体机能与内环境发生剧烈的变动，机体一方面动员全身机能满足运动的要求，同时又必须尽力维持机体内稳态，保护机体安全。大强度训练对免疫功能存在明显的影响，尽管免疫细胞数可能正常。研究数据显示，大强度训练可以导致免疫指标的轻微下降，如嗜中性粒细胞功能、血清和黏膜免疫球蛋白水平、血浆谷氨酸盐的含量、自然杀伤细胞的活性等。相反，中等强度训练对免疫指标没有影响，或可以对免疫指标形成一定的刺激。

以上提出了与运动性疲劳有关的各种假说，疲劳产生的原因是一个非常复杂的过程，仍有待于进一步深入和广泛的研究。

二、田径运动员运动性疲劳的诊断

在训练过程中，对优秀运动员机能状况的生理生化指标进行及时的监控，是当今科学化训练的重要一环。它不仅可以帮助教练员及时地了解运动员在执行训练后的身体反应情况，掌握训练的实效，还为教练员及时调整训练计划，预防过度疲劳的发生，提供了客观的依据，同时也为科研人员制订合理的运动营养补充计划提供主要的参考依据。田径运动员的身体机能监测不仅包括生理生化指标，也包括运动员机能状态。只有这样才能使运动员充分发挥自己的潜力，达到竞技体育的最高峰。

（一）运动员的机能评定

运动员的机能水平与运动项目、训练水平、运动员的身体机能状况、运动量是否适宜以及运动训练后的恢复状况等因素密切相关。因此，进行运动员机能评定时，一定要考虑到上述因素。运动员机能评定主要采用血液指标、尿液指标等，目前较少应用唾液指标进行机能评定。

1. 血红蛋白

血红蛋白是诊断贫血的主要指标之一。中国普通人群安静时血红蛋白正常值的范围，男性为120~160克/升，女性为110~150克/升。世界卫生组织判断贫血的标准是：6个月~6岁低于110克/升、6~14岁低于120克/升、成年男女分别低于130克/升和120克/升。常人血红蛋白正常范围和贫血诊断数值也适用于运动员，血红蛋白值是评定运动员机能的最常用指标。

当运动员进行大运动量训练或运动员机能状态较差时，可观察到血红蛋白值的降低，这种由运动引起的血红蛋白下降称为运动性贫血。在运动实践中，我们发现当运动员上强度或上量训练时，血红蛋白下降，由此引起运动员运动能力的下降。如果运动员血红蛋白值持续下降超过10%，就应采用提高血红蛋白的恢复措施，否则就应调整训练负荷。大量运动实践研究证明，当运动员机能状态较好、身体对训练负荷适应时，血红蛋白值较高，训练和比赛可出现较好的运动成绩。因此，在监测中常采用清晨安静时血红蛋白值来评定运动员的身体机能状态。

2. 尿素氮

尿素是蛋白质和氨基酸分子内氨基的代谢终产物，在肝细胞内经鸟氨酸循环合成后释放入血，称为尿素氮。尿素氮是人体内蛋白质代谢的评定指标。在正常生理状态下，尿素的生成和排泄处于动态平衡中，尿素氮浓度相对稳定，其安静值在1.8~8.9毫摩尔/升。运动员尿素氮的安静值常处于正常范围的偏高水平，原因是受训练的影响体内蛋白质代谢旺盛。我国优秀运动员晨起尿素氮值的正常参考范围为4~7毫摩尔/升。

尿素氮指标可用以评定运动员的负荷量。运动中尿素氮浓度升高一般出现在运动时间30分钟以上，绝大多数的尿素氮升高出现在运动持续时间40~60分钟后。若一次大运动量训练后，尿素氮超过8毫摩尔/升，是训练负荷过大的表现。若在训练或比赛次日晨测定尿素氮浓度，可以评定恢复状况，尿素氮值低表示代谢平衡恢复，即运动负荷适宜，身体机能良好。运动次日晨或第三日晨尿素氮值仍超过正常值水平，则表示机体对训练负荷不适应，身体机能较差。在安排训练负荷量时，依据尿素氮浓度变化，可对训练负荷情况进行分析：

（1）尿素氮在训练前后未发生显著性变化，说明运动负荷量小，未能引起机体足够的应激，应增加运动负荷。

（2）尿素氮在训练后显著上升，调整休息日后显著下降，恢复到训练前水平，说明负荷量足够大，但机体能适应，训练效果好。

（3）尿素氮在训练过程中始终升高，说明运动量过大，机体不能适应，训练后机体还未恢复，这时应注意运动负荷量的控制，否则易造成过度疲劳。

3. 血清肌酸激酶

人体骨骼肌、心肌和脑中都含有肌酸激酶（CK），其中骨骼肌中最为丰富，约占全身总量的96%。骨骼肌肌酸激酶关系到短时间剧烈运动时ATP的快速合成、运动后ATP的恢复。肌酸激酶与运动时和运动后能量的平衡与转移有密切关系。血清肌酸激酶主要来自骨骼肌和心肌，正常安静值范围：男子10~100单位/升；女子10~60单位/升；男运动员10~300单位/升，女运动员10~200单位/升。

运动训练可引起血清肌酸激酶升高，其原因可能与肌细胞膜的通透性增大或肌肉损伤有关。运动强度和负荷量对血清肌酸激酶活性都有影响，一般认为，负荷强度的影响大于负荷量，当负荷强度和量都大时，CK活性升高最明显。由于肌细胞和血液中CK的数量差异特别大，因此，血清CK活性的变化可作为评定肌肉承受刺激和了解骨骼肌微细损伤及其适应与恢复的重要敏感的生化指标。值得注意的是，血清CK活性在负荷后的增加程度存在着显著的个体差异，负荷后血清CK的恢复程度个体差异也很大，其原因尚不清楚。

4. 血睾酮及睾酮/皮质醇

睾酮是体内主要的雄激素，大量研究证实，睾酮能显著增加运动员肌肉蛋白质的合成和肌肉的力量，增加肌肉对葡萄糖的吸收和肌糖原合成，并且在一定条件下能增强运动员的运动能力和竞技能力。因此，科研人员、教练员十分重视血液睾酮的变化。运动实践发现，血睾酮存在较大的个体差异性，对运动员机能评定时，一定要进行自身前后的比较。在运动训练过程中，如血睾酮水平下降意味着运动员机能下降，对运动负荷不适应；如血睾酮处于较高水平，说明对运动负荷适应，训练后机体可较快恢复，运动员机能状态良好。

睾酮/皮质醇比值反映机体合成与分解代谢的平衡状态。因此，研究者对这一比值进行了多年的研究。部分学者认为，睾酮/皮质醇比值可成为早期发现运动员是否有过度训练或过度疲劳的监控指标。比值较高，表示合成代谢大于分解代谢，体内蛋白质合成增加，有利于体力的恢复和运动能力的提高；若比值低于0.35或减少了30%以上，则提示训练过度。但是，比值一时较低，并不意味着训练过度，可能与训练后暂时不完全恢复有关。若比值较长时间持续较低，则表示运动员训练过度或处于疲劳状态。

5. 免疫球蛋白的应用

免疫球蛋白（Ig）（抗体）是机体抗感染的重要屏障，其中的IgG、IgM、IgA对人体的免疫功能显示了重要的作用。IgG是血清免疫球蛋白的主要成分，大多数抗菌性和抗病毒性抗体属于IgG，它在抗感染中起重要作用；分泌型IgA（sIgA）是机体黏膜防御感染的主要因素，可抵御细菌、真菌、病毒引起的呼吸道感染及消化道障碍；IgM在防止菌血症方面起重要作用。

近十年来，免疫机能与运动的关系愈来愈引起人们的重视，认为体育锻炼可提高机体的免疫参数，防止疾病的发生。但在剧烈运动、大运动量训练和紧张比赛之后，运动员免疫机能下降，易感性增加，因此，免疫球蛋白可被视为反映免疫机能和身体状态的指标。运动员在大运动量不适应阶段，血清免疫球蛋白水平明显地变化，而适量运动和合理营养的结合可以改善免疫机能水平。通常认为，急性短时间中等强度的运动可激活免疫系统并提高免疫机能；而长时间的耐力运动或长期的强化训练则抑制免疫机能。在大强度运动，特别是力竭运动后，抗体的免疫机能会出现抑制现象。在对运动员进行评价时，如果运动员免疫球蛋白，特别是IgG、IgA低于参考值的下限或在参考范围内较低，说明免疫机能可能下降，建议采取免疫机能调节措施（如保暖、针对性的加强营养、药物治疗、调整训练等）。

6. 蛋白尿在运动实践中的应用

在运动训练中，蛋白尿等指标由于测试方法简易，常用于评定运动员的身体机能、运动量及训练水平等方面的状态。国内外运动实验证明这些指标是行之有效的。

（1）通过运动性蛋白尿对身体机能进行评定。

正常人尿液中仅含微量的蛋白质（日排出量在150毫克以下，一般为2毫克），运动员安静尿内蛋白质含量很少，常规方法不能检出，故称为阴性尿。在剧烈运动或进行长时间大强度运动后，不但尿中酸性代谢产物增加，而且相当一部分运动员尿中出现蛋白质。但通过运动后一定时间的休息，一般在24小时内可自行消失。研究动物和人体在运动时蛋白尿的排泄量变化时，发现存在较大的个体差异性。有些人在运动后出现蛋白尿，有些则不出现，和训练水平的关系不大。尿蛋白的个体差异性在欧美的研究中也有发现，认为是由个体肾小球膜的小孔半径极限的生物变异性造成的。

每个人运动后的尿蛋白排泄量相对比较恒定。当训练水平提高时，尿蛋白数量减少，当身体机能下降（疲劳、疲劳积累、睡眠不好或病前）时，尿蛋白在运动后的排泄量会突然增加。

影响运动性蛋白尿排泄量的因素有：①运动强度，以糖酵解供能为主的运动项目尿蛋白生成量高，如400米、800米和1500米跑；②运动时间对尿蛋白生成影响不大；③运动项目和训练手段，尿蛋白具有项目特异性，短跑项目最容易出现；④年龄与环境，青少年运动员比成年运动员更易出现尿蛋白，寒冷环境比常温环境易出现尿蛋白，高原训练比平原训练尿蛋白的生成量要多。

在一次剧烈的运动中，尿蛋白排泄量在运动15分钟后才达到最高值，因此，在训练后测定尿蛋白时，应让运动员休息15分钟再取尿。尿蛋白在大运动量训练15~20分钟后即开始消除，4小时基本恢复，如果恢复时间延长也是身体机能下降的表现。

（2）通过运动性尿蛋白对适宜运动量进行评定。

运动强度是导致尿蛋白排出的重要因素之一。在大运动量训练过程中，运动员开始承担大运动负荷时，身体会产生不适应现象，尿液中尿蛋白排泄量较多，继续坚持一个阶段的训练后，在完成相同强度的训练后，尿蛋白又会减少，这是在大运动量训练中身体的适应性反应。如果尿液中尿蛋白排泄量不减少，或反而增加时，表明运动员身体机能下降，不适应训练的运动量，可酌减运动强度或总量。

（3）通过运动性蛋白尿对某些训练手段进行评定。

训练引起人体内环境的改变，大强度的训练课可出现大量的尿蛋白。对短跑运动员来说，主要是在100米或200米的专项训练课中反应明显。中长跑运动员在反复跑训练时反应明显。总之，速度快、强度大的训练手段是引起尿中蛋白质明显增加的主要原因。

7. 通过尿胆原对身体机能和训练量进行评定

尿胆原是体内血红蛋白分解的代谢产物。在一般情况下，每日约有8克血红蛋白经代谢转换，有部分代谢产物以尿胆原形式排出体外。影响尿胆原排泄量的因素主要有三个方面：①肾小管腔的酸碱度；②胆红素的形成量；③肝功能状况。

（1）通过尿胆原对身体机能进行评定。

运动员尿中尿胆原在运动后或恢复期的变化一般在正常范围之内。当运动员身体机能下降或疲劳尚未消除时，早晨起床后尿胆原一般在3安氏单位以上。运动后尿胆原排泄量一般高于安静值。机体疲劳时尿胆原排泄量增多的原因可能是由于肝功能的下降，使肝脏利用尿胆原重新合成血红蛋白的能力下降，因而在尿中的排泄量有所增加。

（2）通过尿胆原对训练量进行评定。

不同运动量训练后，尿胆原的排泄量不同。运动量大，次日晨尿胆原排泄量增多，当达到4安氏单位时，人体有疲劳感。大运动量训练导致尿胆原排泄增多的原因是红细胞的破坏增加，从而使血红蛋白数量下降，其分解代谢产物尿胆原的排泄量也会随之增加。

8. 尿肌酐系数

正常成人24小时尿液肌酐的排泄量非常恒定，运动员，包括青少年运动员，在一个短周期内（如一周），日尿肌酐的排泄量也相当稳定，不受膳食、尿量和一般运动的影响。正常成年男性每天排出肌酐1~1.8克，女性为0.7~1克。24小时每千克体重排出肌酐毫克数称为肌酐系数，一般男子为18~32毫克，女子为10~25毫克。运动员的尿肌酐系数与运动专项有关，从事力量、速度项目的运动员高于速度耐力和耐力项目的运动员。

（1）通过尿肌酐排泄量对肌肉机能进行评定。

研究指出，人体日尿肌酐排泄量的绝对值与体重有关，尤其与肌肉的发达程度有关，肌肉发达者储存在肌肉中的磷酸肌酸（CP）数量较多，因此，亦与肌肉CP的绝对储存有关。尿肌酐排泄量增加，可能是肌肉机能提高的反映。若体重不变，尿肌酐系数增加，可能是肌肉CP提高或脂肪减少、肌肉增加所致。若体重增加，尿肌酐系数不变，则可能是增加了肌肉的数量。肌肉系统患疾病时，如肌肉萎缩、无力或营养不良等，日尿肌酐排泄量可显著下降，当恢复时排泄量又增加。当尿肌酐排泄量减少，而体重不变，可能是肌肉CP浓度下降的反映，若体重也随之减少，则可能是肌肉数量减少之故。因此，尿肌酐排泄量可用来评定运动训练导致的肌肉数量和肌肉所储存的CP总量的变化。

（2）尿肌酐日排出量与某些运动能力的相关性。

理论研究指出，尿肌酐日排出量反映了骨骼肌磷酸肌酸库的储量，骨骼肌磷酸肌酸库则提供了短时间剧烈运动时所需要的绝大部分能量。

9. 尿隐血

由运动训练所引起的血尿称为运动性血尿。运动后血尿分为肉眼血尿和尿隐血。大运动负荷量、大训练强度都可造成尿隐血的出现，它表明机体对训练量不适应，或机体承受负荷量的能力下降。在接触性的运动项目及高原训练中更易出现尿隐血。一旦出现尿隐血，就应及时调整训练量。女运动员中出现尿隐血阳性时，应排除月经原因。

10. 尿比重

尿液是人体代谢的终产物，其中约有97%是水，3%~5%是固体物质，尿液中的固体物质可以由其比重反映出来。尿比重的改变常被作为评价肾对尿的浓缩和稀释功能的客观指标。正常情况下，24小时混合尿的比重介于1.003~1.030。运动后的尿比重变化主要受气温、训练强度、训练持续时间、泌汗、饮水等因素的影响。如果在夏季进行强度较大、持续时间较长的运动或强度不大但时间长的运动时，由于大量泌汗、尿量减少，会使机体产生大量的代谢产物，因此尿比重可能会有所上升。饮水多时尿量增加，比重下降；饮水少或出汗多时尿量减少，比重上升。另外，运动时由于血液重新分配，肾脏血流减少，故尿量少；短时间运动后，尿量无明显变化，尿比重也无明显改变。

（二）科学控制负荷强度

在运动负荷中，负荷强度是重要的因素之一，负荷强度对机体的刺激反应大，痕迹深。如何控制好负荷强度，一直是教练员、科研人员重视的问题。通过国内外多年的科学研究和运动实践，研究人员已摸索出一套用血乳酸、心率等指标控制运动强度的方法。

1. 血乳酸的应用

（1）乳酸耐受能力训练。

乳酸是糖酵解的最终产物。运动员无氧耐力的提高需要糖酵解能力增强，在糖酵解能力增强的同时，必然伴随着大量的乳酸产生，所以运动员耐受乳酸的能力就显得十分重要。运动实践证明，当运动员耐受乳酸能力提高时，运动成绩也随之提高。乳酸耐受能力的训练常用于田径的中跑训练中。

乳酸耐受能力训练一般采用超量负荷的方法。在第一次练习后使血乳酸达到较高水平，目前认为以12毫摩尔/升的血乳酸浓度为宜，然后保持在这一水平上，使机体在训练中保持较长时间的刺激，从而产生生理上的适应和耐受力的提高。在训练中可采用1~1.5分钟运动，4~5分钟休息的多次重复的间歇训练方法。1分钟的运动可使血乳酸达到12毫摩尔/升左右，休息4~5分钟，血乳酸有一定的转移，再进行下一次练习，使血乳酸又回升至12毫摩尔/升左右。运动重复进行，血乳酸保持在较高水平，使机体适应这种刺激，体液和组织的碱储备增多，对酸的缓冲能力增强，从而提高乳酸耐受力。如果强度过大，休息时间短，间歇休息中体力的恢复少，在2~3次运动后血乳酸急剧上升，运动能力也随之下降。

（2）最高乳酸训练。

最高乳酸训练是运动员在训练过程中血乳酸值达本人的最高水平，其目的是充分调动人体糖酵解的能力，缓冲酸的能力及耐受酸的能力。

在持续约1分钟的极量运动如400米跑、100米游泳等项目中，糖无氧代谢生成乳酸的最大能力和机体的最高耐受能力直接与运动成绩有关。研究认为，血乳酸在12~20毫摩尔/升是最大无氧代谢训练最敏感的范围。而采取一次1分钟左右的超极量负荷不可能达到这样高的血乳酸水平。赫尔曼森（Hermansen）让5名运动员进行持续1分钟超极量强度跑，休息间歇为4分钟，跑5次后，血乳酸浓度达到一个很高的水平，最高值为31.1毫摩尔/升和32毫摩尔/升。这一结果说明，1分钟左右的超极量强度间歇运动，可使身体获得最大的乳酸刺激，是提高最大乳酸耐受能力的训练方法。为了掌握适宜的强度和休息间歇，在训练中应多次测定血乳酸值。

（3）乳酸阈强度训练。

进行有氧代谢能力的训练，采用适宜的负荷强度，最大限度地提高运动员的有氧能力是多年来体育界关注的问题。强度过大，机体容易疲劳；强度过小，训练效果不明显。乳酸阈强度训练的提出开拓了有氧训练的新方法，在田径、游泳、皮划艇、赛艇等项目中被广为应用。

4毫摩尔/升血乳酸被认为是无氧阈的血乳酸值。由于运动员的最大无氧耐受乳酸浓度为12~20毫摩尔/升。所以，4毫摩尔/升血乳酸浓度的刺激不是高强度，在这样的强度水平下，运动员运动20~30分钟体内血乳酸浓度不会进一步升高，所以可以认为乳酸阈是提高有氧代谢的适宜强度。以这样的强度运动，机体不会产生酸血症，故能在长时间内进行练习。因此，乳酸阈训练是提高有氧氧化供能能力的负荷强度，是当前训练中应用最多的一种模式。

在进行乳酸阈训练时，教练员应循序渐进地增加强度，当血乳酸在完成相近强度训练时积累减少，则要再增加强度，使练习时的血乳酸水平稍高于无氧阈，以不断提高身体的适应能力。同时也必须考虑到，训练能提高运动员的乳酸阈水平。随着运动员训练水平的提高，以一定强度练习时，血乳酸减少和乳酸排除速率增加，结果使乳酸阈提高，这时应提高运动强度才能达到血乳酸的无氧阈值。当运动员出现以上情况时，也说明其有氧能力提高了。

由于乳酸阈也存在个体差异，为了在训练中达到更高的要求，最好测定运动员的个体无氧阈，并利用个体乳酸阈强度指导训练。

2. 心率或脉搏的应用

心率或脉搏在反映人体生理机能方面是最容易测定的指标，也是训练中控制负荷强度的常用指标。随着运动强度的增长心率呈线性上升，当心率随运动强度增长到一定限度时，心率即达到最大值（最大心率）。运动员的最大心率可以直接测定，即运动员进行3~5分钟的全力运动（跑步或踏车），心率即可达到其最大值。

研究证明，在发展运动员的有氧能力时，运动强度需要达到最大心率的70%，而70%的最大心率相当于最大氧耗的50%~55%。表16-13是最大心率百分比与最大氧耗百分比的对应值。

表16-13　最高心率与最大氧耗百分比的对应关系

最高心率（%）	VO_2max（%）
50	25
60	42
70	56
80	70
90	83
100	100

（引自william，1986）

用心率控制训练强度时，可采用以下公式计算其训练的有效心率阈值：心率阈值=安静心率+75%（最大心率-安静心率）。例如：安静心率为55次/分，最大心率为195次/分。心率阈值=55+75%×（195-55）=55+105=160次/分。在训练中，测定运动后即刻心率为27次/10秒即为心率阈值。

在训练当中实际应用心率的另一途径是寻找出乳酸阈出现拐点时的心率水平，即乳酸阈心率（HR4），以此乳酸阈心率来控制训练过程中的强度。心率在乳酸阈强度时大致相当于最大氧耗的75%，而这个强度对心脏的血液充盈影响最大，可以使心肌收缩力量处于最佳状态，从而达到心脏的最佳训练效应。

通过HR4与乳酸的关系，可以大体（在没有条件测血乳酸时）用心率来掌握血乳酸的无氧阈强度。但是，在训练的不同阶段，血乳酸达4毫摩尔/升时的心率水平有一定范围波动。

如训练的早期阶段为每分钟160次左右（156~174次），在训练后期要使血乳酸值达到同样水平，心率则要达到170次左右（166~188次）。一般认为，当运动员的训练水平提高了，用相同的亚极量强度运动时，运动心率将会出现下降的趋势。因此，对于有一定水平的运动员来讲，为了发展有氧耐力，其HR4的最低心率在训练早期阶段应达到160次/分左右，在训练的后期阶段应达到170次/分左右。

（三）评定运动员的无氧能力

无氧代谢能力是短、中距离项目运动员的重要机能特征之一，无氧代谢能力包括磷酸原系统和无氧糖酵解系统供能两个部分。评定运动员无氧能力一般可采用无氧功率测试和60秒及90秒最大负荷测试法。

1. 温盖特（Wingate）无氧功率测试

1977年以色列温盖特体育学院运动医学系发现，利用固定自行车或手摇测力器为工具，以最快的速度完成30秒的运动，用这种方法可以测出最大无氧功率，平均无氧功率和无氧功率的递减率，进而可以从能源供应的角度了解到磷酸原系统和无氧糖酵解的状况。

2. 60秒最大负荷测试

这是一种评定最大糖酵解供能能力的方法。让受试者在田径场全力跑400米或60秒跑台跑，记录成绩，分别测定运动前安静时血乳酸值和运动后血乳酸峰值。如果运动后血乳酸浓度在14~18毫摩尔/升，是糖酵解供能能力好的表现；如果在10毫摩尔/升以下，是能力差的表现。在一个训练阶段结束后，如果运动成绩提高了，血乳酸值也升高，是糖酵解供能能力提高、训练效果好的表现；如果成绩提高，血乳酸值仍为原水平，是有潜力的表现；如果血乳酸不变或升高，但成绩下降，是训练效果差或机能水平下降的表现。

3. 90秒最大负荷测试

进行持续90秒的最大负荷运动时，无氧和有氧供能比例比较接近，可以反映运动员无氧代谢运动能力随时间衰减的变化过程，间接评定90秒做功过程中每一供能系统相对变化的情况。

让受试者在自行车功率仪上做90秒全力蹬车运动，分别记录90秒的输出总功、最高功率和最低功率，计算其疲劳指数。持续90秒所完成的总功值表示无氧代谢能力，疲劳指数则反映肌肉的耐乳酸能力。

（四）评定运动员的有氧能力

在实验室条件下测定和评定运动员有氧代谢能力的常用方法有三种：最大摄氧量（VO_2max）、乳酸阈测试法、亚极量稳态试验。在运动现场测试则常采用12分钟跑。

1. 最大摄氧量

最大摄氧量又称为最大耗氧量或氧极限。最大摄氧量的表示方法有绝对值表示法（升/

分）和相对值表示法（毫升/千克/分）。一般常人的正常值为2~3升/分，男子高于女子，成人高于儿童，运动员高于一般常人。

从事不同专项的运动员，最大摄氧量不尽相同。从事有氧项目的运动员最大摄氧量最高，其次为既需要有氧耐力又需要无氧耐力的运动专项，而从事力量和灵巧等专项的运动员最大摄氧量一般较低。在进行各种运动负荷时，至少应具备下列指标才能准确地表示机体已达到最大摄氧量水平：① 运动时心率达到或超过180次/分；② 摄氧量达峰值，并保持一定时间；③ 呼吸商（即二氧化碳与氧气的容积百分比）超过1。

2. 乳酸阈

在过去很长一段时期内，人们普遍认为测定最大摄氧量（VO_2max）是评定运动员有氧耐力水平的最好方法，而后来的乳酸阈研究则帮人们开阔了视野。许多研究者认为，与VO_2max相比，乳酸阈能更客观更好地反映运动员的有氧耐力水平。一般认为VO_2max是最大心输出量的函数，即主要依赖于心血管系统的功能。当运动员经过训练其心输出量达到一定水平后，VO_2max进一步增加则受到限制。而乳酸阈与骨骼肌代谢的关系更为密切，高水平运动员经过一段训练心输出量增加甚少时，其肌肉线粒体氧化酶系的活性则可成倍增加。福伦巴赫（Fohrenbach）指出，运动员的耐力不仅表现在VO_2max水平上，更重要的是表现在对VO_2max的利用率上。一个高水平的运动员可利用85%~90%的VO_2max，而不破坏血乳酸浓度的稳定水平。

3. 乳酸无氧阈

目前，国内外较为广泛地将4毫摩尔/升血乳酸作为实验室或运动现场测定时的乳酸无氧阈值。耐力训练可以使血乳酸积累起点的运动强度提高，这一临界运动强度称为乳酸无氧阈，乳酸无氧阈通常用血乳酸达到4毫摩尔/升时的运动强度、功率、耗氧量（VO_2）或VO_2max来表示。近几年来，乳酸无氧阈在运动实践中已得到广泛的应用，它可以用来评定运动员的有氧代谢能力和作为发展有氧耐力适应强度的指标。

4. 12分钟运动测试法

12分钟跑是评定运动员最大有氧能力的一种测试方法。先测安静时血乳酸值，然后让受试者在做准备活动后进行12分钟跑，记录12分钟的最大跑距和跑后3分钟、5分钟、10分钟、15分钟的血乳酸值，用跑距和血乳酸值综合评定。跑的距离长，跑后血乳酸消除速度快，是有氧代谢能力强、机能状态好的表现；跑的距离短，跑后血乳酸消除速度慢，是有氧代谢能力差、训练水平低的表现。

（五）运动员身体成分的评估

1. 运动员身体成分特点

研究证实，保持合理的身体成分比例，可以有效地提高运动成绩。资料表明，运动员的体脂成分和运动项目、训练水平有关，马拉松、长跑运动员的体脂含量为男性1.4%~9.9%、女性8.4%~16.8%。短跑运动员的体脂含量为男性8.2%~15.4%、女性12.4%~16.6%。投掷项目运动员的体脂含量为男性29.4%~30.9%、女性27.0%~33.8%。

2. 评定运动员身体成分的常用方法

运动员身体成分的评价一般用体脂百分比或瘦体重来表示。测量体脂含量是最常用的方法，正常成年人理想的身体成分平均体脂含量为：男性14%~16%，女性20%~22%。应用体重对身体成分进行评价是不准确的。常用方法有：水下称重法、腰臀比测量、皮皱厚度测定法、体重指数法等。

三、运动性疲劳的恢复方法

（一）休息和睡眠

1. 睡眠休息和安静休息

在休息中，特别是在睡眠中，人体交感—肾上腺系统兴奋性减弱，迷走—胰岛素系统兴奋性增强，脑垂体分泌生长激素、促肾上腺皮质激素增多，使各种器官的功能状态得到恢复和调节，机体的各器官、系统的活动能力均下降到最低水平，物质代谢减弱，能量的消耗仅维持在基础代谢水平，这时的合成代谢有所加强，运动时消耗的能量物质能够逐渐得以恢复。另外，睡眠对大脑皮质细胞来说，也是一种保护。对于进行高强度大负荷训练的运动员来说，保证睡眠质量就是保障训练质量。此外，适当安静状态下的休息，包括听音乐等其他调节手段，也是调节体力和消除疲劳的好办法。

2. 积极性休息

积极性休息，也称为活动性休息，是指产生疲劳后，不是以静止休息的方法来消除疲劳，而是采用强度不大、时间不长的运动、活动，或是改变运动方式来作为休息的手段，以达到消除疲劳的目的。当参加主要工作的皮质细胞产生疲劳后，其兴奋性下降，并逐渐转为抑制状态，这时采用变换方式的轻微活动，使皮质另一部分神经细胞兴奋起来，通过负诱导机制，可使原来已经疲劳的神经细胞的抑制过程进一步加深，物质的合成过程加快，从而加速疲劳的消除。如疲劳后的放松走、摆臂以及下肢疲劳后安排一些轻微的上肢活动等。另外，运动中适当变换强度，也可以达到积极性休息的目的。这里要强调的是，在积极性休息的状态下，练习强度要小、时间要短。另外，将静止性休息和积极性休息二者结合起来进行，效果将更好。

（二）合理的营养

人体消耗的能量物质靠膳食中的营养物质得以补充，科学地补充因运动而消耗的物质，对修复损伤的体内部位，帮助消除机体的疲劳，促进运动能力的恢复等起着主要的作用。根据疲劳状况，可主要补充足够的糖、蛋白质、维生素B_1和维生素C等。特别是维生素C，对于消除疲劳和工作能力的恢复有着积极的作用，一般每天可服用日需要量的2~3倍。除此，还要适当补充无机盐。短时间的剧烈运动，如百米跑，赛前可以适当考虑肌酸等营养物质的补充。中距离大强度的运动（如800米跑），赛前可以考虑采用营养手段增加肌糖原的含量及碱性盐的补充。长时间的运动（如马拉松等项目），在比赛之前应注意补充糖类食物，如有条件，运动中也要进行糖、盐和水分的补充。

1. 水和电解质

运动中水的丢失往往伴随有电解质的丢失，特别是钠离子的丢失，因此必须补充水分，并且补充钠离子。由于运动中物质分解的代谢产物增多，因此应以补充适量的碱性电解质饮料为主。研究表明，在运动前、中、后，根据不同的运动项目，适量补充 18~59毫摩尔/升的含钠碱性饮料，不仅可以补充丢失的水分和电解质，而且有助于防止或延迟运动性疲劳的产生，对提高运动成绩有明显的效果。

2. 维生素和矿物质

由于运动时物质代谢旺盛，使维生素的需要量大增。运动量增加时，维生素需要量增加的幅度将超过按热能比例计算的数值。尽管运动员不总是摄入足够量的维生素，但我们可以通过推荐膳食来改进，或是补充不超过每日膳食建议量的复合维生素—矿物质。

3. 能源物质摄入

体育锻炼过程中，能源物质大量消耗，为机体运动提供动力，因此，运动后应普遍增加营养物质的摄取，而且，还应根据不同的运动形式和时间，有针对性地补充不同的营养物质，以加速疲劳的消除。在膳食基本平衡的基础上，强调有针对性的营养品补充，以提高机体的恢复能力。

（三）其他手段

1. 物理恢复法

水浴有良好的镇静作用，能促进血液循环、放松肌肉、消除疲劳。局部热敷和电磁疗能减少肌肉中酸性代谢产物的堆积，消除肌肉僵硬、紧张及酸痛，对疲劳消除有较好的作用。

2. 推拿按摩

按摩是一种良好的物理刺激，能引起局部生理和生化的变化，并通过神经反射和神经—体液调节而影响各器官系统的功能。

3. 氧气及负离子吸入法

运动员训练和比赛后，血液中有大量的酸性代谢产物，吸氧可以促进乳酸氧化，对消除疲劳有一定的效果。负离子能提高神经系统的兴奋性，加速组织氧化，也能消除疲劳。在高原训练过程中更要注意这一点。

4. 针灸

针灸通过针具刺激身体穴位，调节经络、气血，增强人体自身的防御能力，促进机体功能的恢复。

5. 音乐恢复法

在音乐环境下，人的紧张情绪和肌肉得到放松，身心得以调整，对消除疲劳具有良好的效果。

6. 中医药

（1）健脾益肾抗疲劳。中医认为，脾为后天之本，气血升化之源，脾主四肢肌肉，与运动关系密切。结合现代医学研究，脾具有维持脏腑的正常功能与激发和增强元气以抵抗病邪的能力，其正气与现代免疫学的免疫功能相似，它意味着免疫调节和屏障功能。研究表明，脾与运动的关系密切，脾气虚则导致细胞免疫功能下降，使骨骼肌能量代谢降低。而肾藏精，主骨生髓，为先天之本，是体力产生的原动力和源泉，结合现代医学，与雄激素水平和运动能力有关。若肾精不足，则雄激素分泌减少，故补肾能促进体内雄激素的分泌，从而提高机体的运动能力。

（2）专药专方抗疲劳。通过动物及人体实验证实，由霸王七、绞股蓝、阿胶等多味中药配伍的方剂能明显促进运动性疲劳的消除。花粉含有氨基酸、维生素等全面营养物质能促进运动性疲劳的消除。人参、肉苁蓉等也有很好的抗疲劳作用。

（3）药物型运动饮料抗疲劳。在一般饮料中添加一些能提高运动能力而不含兴奋剂成分的药物，运动员饮用这些饮料，不仅能补充水和营养，而且可以促进疲劳的消除。

（曾凡星）

第十七章 兴奋剂控制与反兴奋剂

兴奋剂的英文为doping，它的词头dop来自非洲某部落的一种方言，指的是一种使人兴奋的高度烈性酒。在1869年出版的英文词典中，该词条下有“鸦片”和“麻醉剂”。1933年德国出版的《贝克曼体育辞书》，在“兴奋剂”词条下已经提到了肾上腺激素、睾丸素、咖啡因、洋地黄属、士的宁、尼古丁、可卡因、海洛因、咖啡等药物。在第二次世界大战中，为了刺激军人的战斗力，减轻疲劳的侵扰，人们开始使用一种叫苯丙胺（安非他明）的兴奋药物，20世纪五六十年代，苯丙胺成为运动员选择的目标。60年代是兴奋剂泛滥于体坛的开始，产生这一现象有两个主要原因：一是药物的实验研究得到发展，人们发现药物具有更多的功效；二是药物革命兴起，产生了一批针对性强、作用大、毒性小的高效药物。在这些新药物中，人们发现了一些可以提高运动成绩的药物，于是，像合成类固醇之类的药物就被某些运动员所选择。80年代，药品革命从化学制剂发展到生物制剂，DNA重组技术使红细胞生成素（EPO）和生长激素等肽类激素商品化，而这些激素则更容易被运动员采用。

一、兴奋剂的基本概念

兴奋剂是指违反医学和体育道德，用来提高运动成绩的物质和方法。谈到兴奋剂，我们通常想到的就是类固醇，其实，类固醇仅仅是禁用物质的一种。兴奋剂的违规行为还包括使用其他禁用物质（如刺激剂、肽类激素、利尿剂、麻醉剂和大麻等），采用禁用方法（如血液兴奋剂和基因兴奋剂），甚至拒绝接受兴奋剂检查或企图在兴奋剂检查过程中作弊等。（图17-1）

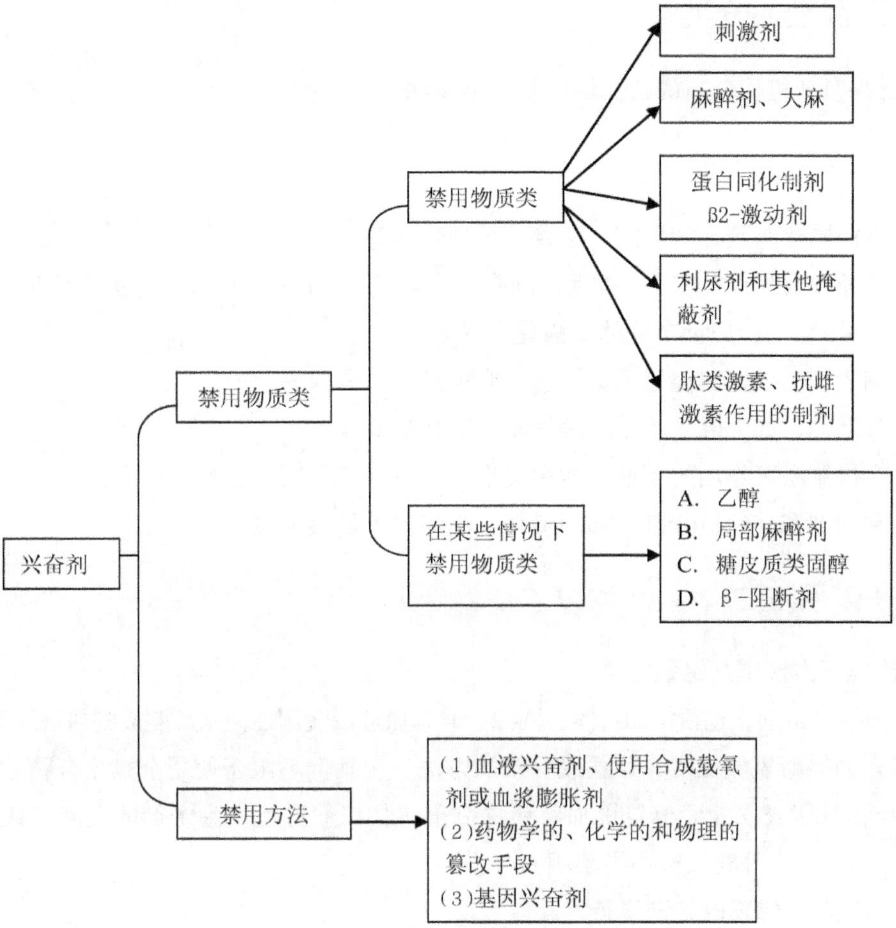

图17-1 禁用物质分类和禁用手段示意图

《世界反兴奋剂条例》明确了以下八种违反反兴奋剂规则的情况或行为。

（1）在从运动员体内采集的样品中，发现禁用物质或它的代谢物或标记物。

（2）使用或企图使用某种禁用物质或禁用方法。

（3）接到依照反兴奋剂规则授权的检查通知后，拒绝样品采集、无正当理由未能完成样品采集或者其他逃避样品采集的行为。

（4）违反运动员接受赛外检查的义务，包括未按规定提供行踪信息，并错过根据合理规则通知的检查。

（5）篡改或企图篡改兴奋剂控制过程中的任何环节。

（6）持有禁用物质和禁用方法。

（7）从事任何禁用物质或禁用方法的交易。

（8）对任何运动员施用或企图对其施用某种禁用物质或禁用方法，或者协助、鼓励、资助、教唆、掩盖使用禁用物质与方法的行为，或其他类型的违反反兴奋剂规则的行为或任何企图违规的行为。

二、兴奋剂的分类

世界反兴奋剂机构公布的2010年度禁用清单如下。

（一）禁用物质

（1）蛋白同化制剂，如睾酮、诺龙、司坦唑醇等。

（2）肽类激素和相关物质，如促红细胞生成素（EPO）、生长激素、胰岛素等。

（3）ß2-激动剂，如特布他林、福莫特罗等。

（4）刺激剂，如安非他尼、苯丙胺、麻黄碱、可卡因等。

（5）麻醉剂，如大麻、吗啡、美沙酮、哌替啶等。

（6）有抗雌激素作用的制剂，如福美坦、他莫昔芬、环芬尼等。

（7）利尿剂和其他掩蔽剂，如丙磺舒、夫噻米、氢氯噻嗪等。

（二）禁用方法

1. 禁用以下方法提高输氧能力

（1）血液兴奋剂，包括使用自体、同源、异源血液或使用任何来源制成的血红细胞制品。

（2）人为提高氧气摄入、运输或释放的方法，包括但不限于使用全氟化合物、乙丙昔罗（efaproxiral，RSR13）及经修饰的血红蛋白制剂（如以血红蛋白为主剂的血液替代品，微囊血红蛋白制剂等）。补充氧气不再禁用。

2. 禁用化学和物理的方法进行篡改

（1）在兴奋剂检查过程中，篡改或企图篡改样品的完整性和有效性的行为是禁止的。包括但不限于：导管插入术、置换尿样和/或变更尿样（如蛋白酶）。

（2）静脉注射禁用，但在医疗机构进行的合理治疗或临床检查过程中的正当使用除外。

3. 禁用基因兴奋剂

禁用以下具有潜在提高运动能力的手段：① 改变细胞或遗传元素（如DNA、RNA）；② 使用药学或生物制剂以改变基因表达。

禁止使用过氧化物酶体增殖物激活受体δ（PPARδ）激动剂（如 GW1516），以及 PPARδ-磷酸腺苷（AMP）-激活蛋白激酶（AMPK）轴激动剂（如 AICAR）。

另外，酒精和ß-阻断剂（如阿普洛尔、拉贝洛儿等）在一些特殊项目中禁止使用。

三、兴奋剂的危害

使用兴奋剂是药物的滥用，何况有些运动员用药超过正常剂量的数十倍，而且长期使用。研究证明，使用兴奋剂会对人的身心健康产生许多直接的危害，使用不同种类和不同剂量的禁用药物，对人体的损害程度也不相同。（图17-2）

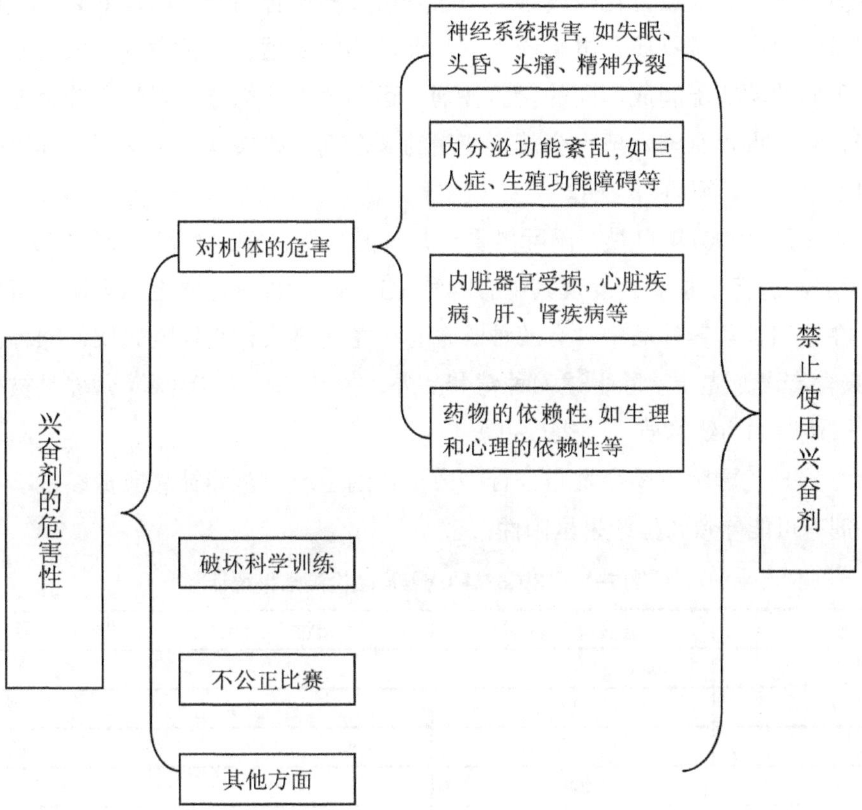

图17-2　兴奋剂的危害性示意图

国际奥林匹克委员会（简称国际奥委会）之所以坚决反对使用兴奋剂，其原因主要有两大方面：一是为了保护运动员的健康；二则是为了捍卫奥林匹克理想、捍卫医学和竞技体育道德的基本原则，使运动员在平等的情况下参赛。

四、兴奋剂防范

教练员和运动员在比赛与训练中应牢固树立防范兴奋剂的意识，应认真做好各项细致的防范工作。在训练与比赛中的防范主要涉及营养补剂、中草药和各种伤病的治疗，特别是感冒的治疗，稍有不慎，就有可能沾上兴奋剂。

（一）清醒认识营养补剂的兴奋剂隐患

运动营养补充品主要是指一些为运动员所选用的，具有消除运动性疲劳、改善运动能力、防治运动引起的机体功能紊乱和疾病等功能的物质。人们对这类物质的称谓很多，如运动营养补剂、强力营养素、强力物质、生力因素、促力因素、营养药物等。

运动营养补剂的组成成分比较复杂，一般是由多种混合剂制成的，如高纯蛋白、乳清蛋白、糖、大量维他命、矿物质、电解质，以及促进体内睾酮、生长激素、胰岛素分泌等各种物质，根据不同的功能配制成不同的营养补剂。运动营养补剂与一般的营养补充品的根本不同之处在于，它不得含有国际奥委会禁止使用的兴奋剂，如果其中包含了国际奥委会限用的物质（如咖啡因），必须加以说明。

自2000年10月至2001年11月，国际奥委会共对美、英、德、法等13个国家的215家企业生产的634种营养品进行了检测，发现其中有94种（14.8%）含有标签上未列出的可导致药检阳性的物质。在这94种营养补品中，有23种既含有诺龙先质又含有睾酮先质，64种只含有睾酮先质，7种只含有诺龙先质。除上述94种营养品外，另有66种（10.4%）营养品被检测出含有多种标签上未注明的边缘物质。（表17-1）

2002年4月4日，国际奥委会发布公告，由于各国生产的营养补品质量参差不齐，运动员服用营养补剂有可能导致药检结果呈阳性。

表17-1　13国634种营养补品检测结果统计

国家	送检样品种类	“阳性”结果	“阳性”百分比（%）
荷兰	31	8	25.8
奥地利	22	5	22.7
英国	37	7	18.9
美国	240	45	18.8
意大利	35	5	14.3
西班牙	29	4	13.8
德国	129	15	11.6
比利时	30	2	6.7
法国	30	2	6.7
挪威	30	1	3.3
瑞士	13	—	—
瑞典	6	—	—
匈牙利	2	—	—
总计	634	94	14.8

针对国际体坛盛行服用运动营养补剂的现象，世界反兴奋剂机构（WADA）在2002年公开申明了如下立场：“我们认为，优秀运动员能够并且应该通过健康和平衡的配餐来补充高负荷运动训练所需要的营养。目前还没有确切的科学证据表明，服用营养补剂可给优秀运动

员带来非常明显的益处。”

如果运动员要服用运动营养补充品，教练员和相关辅助人员应根据运动员训练和比赛中的实际问题来谨慎选择服用营养补剂，依据具体的项目特征、训练特征，来确定不同的营养补剂及相应的剂量和服用方法。当然，作为教练员和运动员在日常的训练和比赛中，应以小心谨慎的态度来审视不同营养补剂的资讯，确保所使用的补剂一定不含违禁物质。运动员必须对自己因服用补剂所引发的后果负责。

国际田联表示，任何运动员都要为其身体内部的违禁药物负责任，无论这种成分是“误服”，还是通过其他途径进入运动员体内的，都将被视为违反兴奋剂法规。不论是以服用营养补剂为幌子，还是营养补剂中含有违禁物质，国际奥委会绝不手软，均视为阳性处理。

（二）警惕中药的安全问题

目前，用于消除运动性疲劳和促进体力恢复的中药较多。许多人认为，中药是天然药物，化学纯度低，即使有兴奋剂，成分也微乎其微，所以以为使用中药作为辅助的体外强力手段十分安全。

事实不然，有些中药中含有兴奋剂成分，使用不当，会引起误服。一些中药本身含有国际奥委会已经禁用的化合物。例如，温肾补精、益气养血的胎盘（紫河车）含有人绒毛膜促性腺激素；补肾壮阳的鞭类含有性激素；壮肾阳、益精血的鹿茸含有性激素；敛肺、涩肠、止痛的罂粟壳含有吗啡；通络止痛、散结消肿的马钱子含有士的宁；发汗散寒、宣肺平喘、利水消肿的麻黄含有麻黄素。还有一些中成药添加了禁用的物质，旨在提高药物的功效。由此造成误服的例证已经出现。因此对使用中药也必须注意，在不了解其化学成分之前，不能轻易服用，尤其应注意中成药的使用。

事实上，中药，特别是中成药，组成成分非常复杂。在兴奋剂检测越来越频繁、精确度越来越高的情况下，成分复杂的中药存在着很大的不确定性，此外许多中成药是否含有违禁成分尚不清楚，在进行中药研究尤其是人体实验前，一定要先做兴奋剂检测，使用时更要十分谨慎。随着兴奋剂检测力度的加大，有可能更多的中药补剂成分被禁用。

含有禁用药物成分的中成药名单举例如下。

（1）含有麻黄碱的中成药：麻黄碱消鼻液、鼻通、咳喘片、半夏糖浆、防风通圣丸、通宣理肺丸、复方桔梗散、清肺丸、大活络丸、人参再造丸、复方川贝片。

（2）含有咖啡因的中成药：复方感冒片、感冒灵冲剂、复方扑热息痛、克感敏片、复方茶碱片。

（3）含有禁用麻醉止痛剂的中成药：复方樟脑酊、复方甘草片、止咳糖浆。

（4）含有禁用雄性激素的中成药：花茸维雄（含有甲基睾丸素）等。

（三）谨慎治疗用药，避免误服违禁药物

某些西药制剂中含有禁用成分，例如不少感冒药含麻黄素、苯丙醇胺、咖啡因等违禁药物，特别是近几年的一些新药，如白加黑含有伪麻黄碱，如康泰克、复方美沙芬中含有苯丙醇胺。在治疗疼痛、感冒、鼻炎、支气管炎等疾病时尤须特别注意。单纯抗生素或抗组织胺药物对运动员是允许的，但这类药物的某些制剂中含麻黄碱或其他拟交感胺成分。一些国家出售的维他命制剂也含有禁用物质，如精神运动急促剂或甾类激素。因此，治疗用药一定要在医生的指导下进行。

非处方药简称OTC，是英文over the counter的简写。一般皆脱胎于处方药，即通过较长时间（国际上为6~10年）的全面考察，确认某些处方药具有安全性好、疗效确切、使用方便、副反应小、价格合理、质量稳定、易于储存等优点，即可由国家药物专门机构审批成为非处方药，不需要医师处方即可在药房或医药商店直接购买使用。一些运动员在治疗感冒、哮喘、伤痛的时候，往往不经医生处方而直接服用非处方药物，以致发生误用兴奋剂的现象。

运动员是特殊人群，由于训练与比赛的强烈生理、心理应激，运动员免疫功能下降，易患感冒等疾病，特别是在比赛期间，感冒是发生率最高的疾病。因而当发生感冒时，其病愈比常人更加困难，所以及时的医疗干预是必须的。运动员服用感冒药的机会较多，而感冒药中又含有兴奋剂成分，所以要十分注意。

在参加国际大赛时，对于突发性的治疗用药，应到赛事指定的医疗机构就医。赛事医疗机构会按照赛事有关兴奋剂的规定给予及时、适当的治疗。本人应保存治疗用药的处方或处方复印件以及其他医疗诊断材料。在训练时的突发性治疗用药，请队医或与治疗医生商量，尽量避免使用含有违禁成分的药物。必须使用时，请队医保存诊断结论、处方、用药剂量和方式等，以备接受兴奋剂检查时，在兴奋剂检查单上如实填写。

（四）其　他

如医疗必须使用一些违禁药物，要及时申报用药豁免。治疗用药豁免分标准程序（TUE）和简易程序（ATUE），TUE申请在获得批准后运动员方可使用，ATUE申请后运动员即可使用。

运动员要遵守纪律，随队集中食宿，不随便吃东西，尽量杜绝接触可能污染了违禁物质的食物。

五、兴奋剂检查的基本程序及运动员的责任与义务

兴奋剂检查分为赛内检查和赛外检查。赛内检查是指在比赛中挑选运动员进行的兴奋剂检查，检查可以在该次比赛开赛前比赛期间及比赛刚结束后进行。赛外检查是指任何非赛内检查的兴奋剂检查。赛内检查和赛外检查均不得事先通知。

（一）兴奋剂检查的基本程序

（1）挑选运动员。挑选运动员接受兴奋剂检查一般通过随机抽取、事先确定标准、目标检查等三种途径。

（2）通知运动员。运动员接到兴奋剂检查通知后，应要求查看检查官的身份证件和兴奋剂检查授权书。确认无误后，运动员应在兴奋剂检查通知单上签名。

（3）到兴奋剂检查站报到。运动员收到兴奋剂检查通知后，应在1小时内尽快到达兴奋剂检查站报到并接受检查。运动员可以参加新闻发布会或进行放松运动。运动员需提供带照片的身份证明，并对自己服用的饮料负责，运动员可以饮用自带的、不含咖啡因和酒精的饮料。

（4）挑选尿杯。运动员可以自己选择一套独立密封的尿杯，并确认其完好无损。在整个收样过程中，尿杯由运动员本人负责保管。

（5）样品采集。只有运动员本人和兴奋剂检查官能够进入卫生间，16岁以下的运动员可有一名陪同人员一起进入卫生间。留样时运动员必须将衣物推至腰以上、膝关节以下，同时手腕至肘部也必须裸露。以便检查官确认收集到的是运动员本人的尿样。

（6）样品量。常规尿检尿量要求不少于75毫升，EPO尿检要求尿量不少于100毫升，如果不够，须启动部分尿样程序。部分尿样程序是在第一次尿样量不够的情况下，密封尿杯，由运动员或检查官保存。再次留样时，要开启一套新的尿杯，并与第一次的尿样混合，直到尿量足够。

（7）挑选样瓶。运动员可以挑选一套独立密封的样瓶，确认样瓶的完整、干净，并核对瓶盖、瓶身和包装盒上的编码相同。

（8）尿样分装。运动员本人将尿样倒入样瓶。应先将尿样倒入B瓶直至规定量，再将剩余的倒入A瓶。

（9）样品封存。运动员本人封存A瓶和B瓶。陪同人员和检查官协助确认样瓶封存完好。

（10）填写兴奋剂检查单。运动员应提供近期使用营养品和药物的信息，包括处方药和非处方药，并填写在兴奋剂检查表中。运动员可以对整个检查过程发表意见并填写在表格上。运动员应确认表格上的所有信息，尤其是瓶号正确无误后，在表格上签名，并保留表格副本。

（11）实验室检测。所有样品应被送交经世界反兴奋剂机构（WADA）认证的兴奋剂检测实验室。实验室采用国际标准进行检测。A瓶样本被用以分析是否存在违禁药物，B瓶保存在实验室，以备需要时确认阳性结果。实验室须向相关反兴奋剂组织和WADA报告所有的检测结果。

兴奋剂检查流程示意图见图7-3。

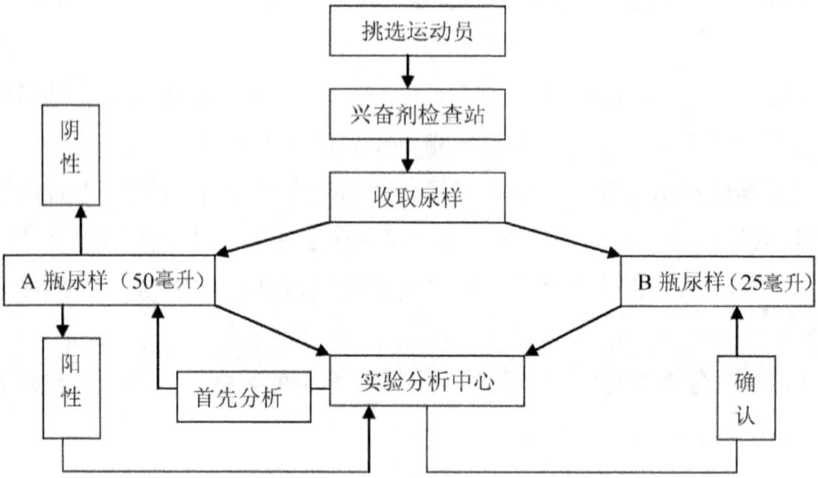

图17-3　兴奋剂检查流程示意图

（二）兴奋剂控制过程中运动员的责任与义务

（1）运动员应及时、准确地提供自己的基本信息、常规训练信息、临时训练信息、比赛计划等行踪信息。如因行踪信息不准确错过兴奋剂的检查，运动员、教练员和相关人员要受到处罚。

（2）运动员在任何时间、任何地点被通知接受兴奋剂检查，经核对检查官证件及检查授权书无误后，应配合接受兴奋剂的检查。

（3）运动员应对所有进入体内的物质负责，包括日常生活、训练、比赛及兴奋剂检查过程中食用的食品、饮料等。

（4）运动员应了解国内、世界反兴奋剂机构（WADA）及所属体育单项协会的反兴奋剂规则，提高自身反兴奋剂的道德觉悟和法治观念。

（5）运动员坚决不使用、持有禁用物质和方法。

（6）如发现任何使用、贩卖、指使、强迫他人使用兴奋剂的现象，应立即拨打举报电话：010-87182332或010-87182428，或登录中国奥委会反兴奋剂委员会网站举报。

（李俊涛　曾凡星）

参考文献

[1] 张英波，孙南. 国际田联田径裁判法[M]. 北京：北京体育大学出版社，2007.

[2] 苑廷刚，李汀，李爱东，等. 十运会男、女20km竞走前5名运动员运动技术分析[J]. 体育科学，2006（8）.

[3] 王琳，牟少华. 竞走运动及竞走运动员训练[M]. 北京：民族出版社，2005.

[4] 孙南，马元康. 田径运动技术英汉双语教程[M]. 北京：北京体育大学出版社，2003.

[5] 李老民. 田径运动教程[M]. 北京：北京体育大学出版社，2008.

[6] 余维立. 从竞走项目谈体能训练有关问题[J]. 田径，2008（7）.

[7]孙海平. 谈对刘翔的训练思路[J]. 田径科技动态， 2005（3，4）.

[8]李汀，李爱东，钱风雷，等. 对刘翔备战第28届奥运会的综合攻关与服务[J]. 体育科学，2006（3）.

[9]孙海平. 深化对本项目规律的认识：狠抓细节训练[J]. 田径科技动态，2007（3，4）.

[10]许以诚，米卫国，张蒙汉. 对雅典奥运会决赛中刘翔跨栏技术的分析[J]. 体育科研，2004（6）.

[10]冯树勇. 如何调整大赛前的最佳竞技状态[J]. 田径科技动态，2008（7，8）.

[11]美国田径运动协会. 美国田径训练指南[M]. 刘江南，等编译. 北京：人民体育出版社，2002.

[12]王林. 现代竞走技术特征浅析[J]. 中国学校体育，2003（4）.

[13]田麦久. 运动训练学[M]. 北京：人民体育出版社，2000.

[14]王林. 电动跑台对提高竞走运动员步频的研究[J]. 中国体育科技，2003（10）.

[15]王林. 我国高水平20km竞走运动员技术的研究[J]. 北京体育大学学报，2007（7）.

[16]王林，任占兵. 2007年国际田联竞走挑战赛中外优秀运动员的速度变化特征[J]. 西安体育学院学报，2008（3）.

[17]文超. 田径运动高级教程[M]. 北京：人民体育出版社，2003.

[18]刘永东. 田径运动实用教程[M]. 北京：人民体育出版社，2007.

[19]李诚志. 教练员训练指南[M]. 北京：人民体育出版社，1992.

[20]宗华敬. 中国优秀田径运动员技术图片选辑[M]. 北京：人民体育出版社，2000.

[21]陈小平. 当代运动训练热点问题[M]. 北京：北京体育大学出版社，2005.

[22]黄化礼. 全国中学生田径教练员培训教材[M]. 北京：清华大学出版社，2004.

[23]章碧玉. 中国青少年远度跳跃项目选材和训练方法学体系的研究[D]. 北京：北京体育大学，2001.

[24]黎涌明，于洪军，资薇，等. 论核心力量及其在竞技体育中的训练：起源・问题・发展[J]. 体育科学，2008（4）.

[25]帕沃・V. 科米. 体育运动中的力量与快速力量[M]. 马铁，高东明，译审.北京：人民体育出版，2004.

[26]吴永宏. 中国高水平三级跳远运动员竞技能力主导因素及训练安排的研究[D]. 北京：北京体育大学，2009.

[27]国际田径联合会.国际田联教练员培训和认证系统高级教程[Z]. 2006.

[28]陈吉棣.运动营养学[M]. 北京：北京医科大学出版社，2002.

[29]田野.运动生理学高级教程[M]. 北京：北京体育大学出版社，2003.

[30]王瑞元.运动生理学[M]. 北京：北京体育大学出版社，2002.

[31]冯连世，冯美云，冯炜权. 优秀运动员身体机能评定方法[M]. 北京：人民体育出版社，2006.

[32]曲绵域，于长隆，等.实用运动医学[M]. 4版.北京：北京大学医学出版社，2003.

[33]张振东. 运动性疲劳之“堵塞”学说研究进展[J]. 体育科研，2002（3）.

[34]何珍文. 教练员反兴奋剂知识读本[M]. 北京：北京体育大学出版社，2007.

[35]孙南，张英波，李铁录. 田径运动技能训练[M]. 北京：北京体育大学出版社，2006.

[36]帕沃・V. 科米. 体育运动中的力量与快速力量[M]. 北京：人民体育出版，2004.

[37]Run! Jump! Throw! . IAAF Coaches Education and Certification System (CECS)[Z], 2007.